经以济世
建言启未来
贺教育部
社科司向项目
征集主题

教育部哲学社会科学研究重大课题攻关项目
"十三五"国家重点出版物出版规划项目

电子商务发展趋势及对国内外贸易发展的影响机制研究

DEVELOPMENT TREND OF E-COMMERCE AND INFLUENCE MECHANISM ON THE DEVELOPMENT OF DOMESTIC AND FOREIGN TRADE

孙宝文 等著

中国财经出版传媒集团
经济科学出版社
Economic Science Press

图书在版编目（CIP）数据

电子商务发展趋势及对国内外贸易发展的影响机制研究/孙宝文等著. --北京：经济科学出版社，2020.12
教育部哲学社会科学研究重大课题攻关项目 "十三五" 国家重点出版物出版规划项目
ISBN 978-7-5218-2266-3

Ⅰ.①电… Ⅱ.①孙… Ⅲ.①电子商务-产业发展-影响-贸易经济-经济发展-研究-世界 Ⅳ.①F731

中国版本图书馆 CIP 数据核字（2020）第 264489 号

责任编辑：孙丽丽　胡蔚婷
责任校对：王苗苗
责任印制：范　艳

电子商务发展趋势及对国内外贸易发展的影响机制研究
孙宝文　等著
经济科学出版社出版、发行　新华书店经销
社址：北京市海淀区阜成路甲 28 号　邮编：100142
总编部电话：010-88191217　发行部电话：010-88191522
网址：www.esp.com.cn
电子邮箱：esp@esp.com.cn
天猫网店：经济科学出版社旗舰店
网址：http://jjkxcbs.tmall.com
北京季蜂印刷有限公司印装
787×1092　16 开　32.5 印张　610000 字
2021 年 5 月第 1 版　2021 年 5 月第 1 次印刷
ISBN 978-7-5218-2266-3　定价：130.00 元
(图书出现印装问题，本社负责调换。电话：010-88191510)
(版权所有　侵权必究　打击盗版　举报热线：010-88191661
QQ：2242791300　营销中心电话：010-88191537
电子邮箱：dbts@esp.com.cn)

课题组主要成员

首席专家　孙宝文

课题组成员　欧阳日辉　李　涛　伏　霖　史宇鹏
　　　　　　　霍　达　严成樑　尹志峰　俞　剑
　　　　　　　徐　翔　李　兵　鞠雪楠　李军伟
　　　　　　　褚天舒　梁艳敏　李　寅　荆文君

总　序

哲学社会科学是人们认识世界、改造世界的重要工具，是推动历史发展和社会进步的重要力量，其发展水平反映了一个民族的思维能力、精神品格、文明素质，体现了一个国家的综合国力和国际竞争力。一个国家的发展水平，既取决于自然科学发展水平，也取决于哲学社会科学发展水平。

党和国家高度重视哲学社会科学。党的十八大提出要建设哲学社会科学创新体系，推进马克思主义中国化、时代化、大众化，坚持不懈用中国特色社会主义理论体系武装全党、教育人民。2016年5月17日，习近平总书记亲自主持召开哲学社会科学工作座谈会并发表重要讲话。讲话从坚持和发展中国特色社会主义事业全局的高度，深刻阐释了哲学社会科学的战略地位，全面分析了哲学社会科学面临的新形势，明确了加快构建中国特色哲学社会科学的新目标，对哲学社会科学工作者提出了新期待，体现了我们党对哲学社会科学发展规律的认识达到了一个新高度，是一篇新形势下繁荣发展我国哲学社会科学事业的纲领性文献，为哲学社会科学事业提供了强大精神动力，指明了前进方向。

高校是我国哲学社会科学事业的主力军。贯彻落实习近平总书记哲学社会科学座谈会重要讲话精神，加快构建中国特色哲学社会科学，高校应发挥重要作用：要坚持和巩固马克思主义的指导地位，用中国化的马克思主义指导哲学社会科学；要实施以育人育才为中心的哲学社会科学整体发展战略，构筑学生、学术、学科一体的综合发展体系；要以人为本，从人抓起，积极实施人才工程，构建种类齐全、梯队衔接的高校哲学社会科学人才体系；要深化科研管理体制改革，发挥高校人才、智力和学科优势，提升学术原创能力，激发创新创造活力，建设中国特色新型高校智库；要加强组织领导、做好统筹规划、营造良好学术生态，形成统筹推进高校哲学社会科学发展新格局。

哲学社会科学研究重大课题攻关项目计划是教育部贯彻落实党中央决策部署的一项重大举措，是实施"高校哲学社会科学繁荣计划"的重要内容。重大攻关项目采取招投标的组织方式，按照"公平竞争，择优立项，严格管理，铸造精品"的要求进行，每年评审立项约40个项目。项目研究实行首席专家负责制，鼓励跨学科、跨学校、跨地区的联合研究，协同创新。重大攻关项目以解决国家现代化建设过程中重大理论和实际问题为主攻方向，以提升为党和政府咨询决策服务能力和推动哲学社会科学发展为战略目标，集合优秀研究团队和顶尖人才联合攻关。自2003年以来，项目开展取得了丰硕成果，形成了特色品牌。一大批标志性成果纷纷涌现，一大批科研名家脱颖而出，高校哲学社会科学整体实力和社会影响力快速提升。国务院副总理刘延东同志做出重要批示，指出重大攻关项目有效调动各方面的积极性，产生了一批重要成果，影响广泛，成效显著；要总结经验，再接再厉，紧密服务国家需求，更好地优化资源，突出重点，多出精品，多出人才，为经济社会发展做出新的贡献。

作为教育部社科研究项目中的拳头产品，我们始终秉持以管理创新服务学术创新的理念，坚持科学管理、民主管理、依法管理，切实增强服务意识，不断创新管理模式，健全管理制度，加强对重大攻关项目的选题遴选、评审立项、组织开题、中期检查到最终成果鉴定的全过程管理，逐渐探索并形成一套成熟有效、符合学术研究规律的管理办法，努力将重大攻关项目打造成学术精品工程。我们将项目最终成果汇编成"教育部哲学社会科学研究重大课题攻关项目成果文库"统一组织出版。经济科学出版社倾全社之力，精心组织编辑力量，努力铸造出版精品。国学大师季羡林先生为本文库题词："经时济世　继往开来——贺教育部重大攻关项目成果出版"；欧阳中石先生题写了"教育部哲学社会科学研究重大课题攻关项目"的书名，充分体现了他们对繁荣发展高校哲学社会科学的深切勉励和由衷期望。

伟大的时代呼唤伟大的理论，伟大的理论推动伟大的实践。高校哲学社会科学将不忘初心，继续前进。深入贯彻落实习近平总书记系列重要讲话精神，坚持道路自信、理论自信、制度自信、文化自信，立足中国、借鉴国外、挖掘历史、把握当代、关怀人类、面向未来，立时代之潮头、发思想之先声，为加快构建中国特色哲学社会科学，实现中华民族伟大复兴的中国梦做出新的更大贡献！

教育部社会科学司

前　言

电子商务是依托信息网络，以信息、知识、技术等为主导要素，通过经济组织方式创新，优化重组生产、消费、流通全过程，提升经济运行效率与质量的新型经济活动。电子商务不同于传统的商业模式，是一类典型的"三高两低"产业，即科技含量高、人员素质高、附加价值高、物资资源消耗低、污染排放低，是推动经济持续增长的有效途径、促进经济结构"再平衡"的"新支点"、实现提质增效的关键驱动力。我国电子商务发展速度迅猛、成长空间巨大，2017年数字经济带动中国电子商务步入新一轮创新增长空间，电子商务交易额达29.16万亿元，完成《电子商务"十三五"发展规划》2020年预期目标的72.5%；网上零售额达7.18万亿元，完成预期目标的71.8%[①]。

我国发展电子商务具备多重独特优势，抓住电子商务发展的历史机遇，有望实现跨越发展掌控竞争主导权，推动经济转型升级。本书立足中国国情，分析电子商务的发展趋势及其对贸易发展的影响态势，研究电子商务在贸易主体、市场效率和政府规制等方面对国内外贸易的影响机制，探讨电子商务影响对外贸易发展的特殊性问题，为指导我国电子商务快速健康成长提供理论参考和方向指引，进而为中国经济发展方式转变提供一个新的方向。

本书的研究重点是电子商务发展趋势，电子商务影响内外贸易发展的贸易主体机制，电子商务影响内外贸易发展的市场效率机制，电子商务影响内外贸易发展的政府规制机制。本书通过深入系统地研究

---

① 国家商务部：《中国电子商务报告（2017）》，中国商务出版社2017年版。

电子商务发展中的这些基础经济问题，力图从理论上阐释电子商务影响国内外贸易的作用机制，从而为中国学术界和实业界抢占未来世界电子商务经济的参与权、话语权和主导权奠定理论基础，为电子商务经济的学科建设做贡献。

本书科学研判电子商务发展趋势，对我国政府制定相关政策提供决策参考。以物联网、云计算、大数据以及移动智能终端为主要代表的新一代信息技术将不仅改变IT产业及整个信息化建设的格局，也将给电子商务（电子商务应用、电子商务服务业）带来重大影响。随着我国电子商务经济发展环境不断改善，电子商务发展模式不断演变，零售电子商务平台化趋势日益明显，平台之间竞争日趋激烈，对国民经济和社会发展所产生的"撬动效应"不断扩大。本书分析了电子商务主流业态发展演化路径，力图科学研判我国电子商务发展趋势，为政府制定电子商务发展战略和发展政策提供决策参考。

本书深入研究电子商务对扩大内需的影响机制，对促进我国经济增长具有应用价值。电子商务经济是中国经济链条中的重要组成部分，作为国家扩大内需、提振经济的关键引擎，其飞速的发展正在彻底改变着消费者偏好及行为、企业创新与融资模式以及生产要素配置，引发了经济与社会变革，为中国提供了前所未有的发展空间和战略机遇。本书的研究对引导电子商务与新兴行业发展，对全面规范电子商务服务水平，推动电子商务发展、降低企业经营成本、提高企业竞争力、拓宽就业渠道、培育新兴经济增长点具有重大意义。

本书深入研究电子商务影响对外贸易发展的特殊性问题，对提高我国国际竞争力具有重要的应用价值。电子商务的快速发展正在重构世界经济竞争新格局。发展跨境电子商务面临着远比国内电子商务更加复杂的问题，我国跨境电子商务发展尚未像国内电子商务那样形成一种相对比较成熟的发展模式。当前的相关政策都还只是针对国内跨境电子商务发展的问题，而要真正构建整个跨境电子商务体系，还需要我们进行深入研究。本书通过研究电子商务的国际化问题、电子商务对外贸中本地市场效应的影响、跨境物流体系、电子商务贸易融资问题、跨境电子商务管理制度创新等问题，为我国电商企业"走出去"提出政策建议。

本书深入研究电子商务经济成长机制，对加快经济转型升级具有重要的应用价值。我国经济发展必须由主要依靠物质资源消耗向主要依靠科技进步、劳动者素质提高、管理创新转变。电子商务经济使信息这一核心生产要素日益广泛运用于经济活动，有效降低社会交易成本、促进社会分工协作、激发社会创新活力，是实现提质增效、打造"中国经济升级版"的关键推动力。本书通过研究电子商务对我国国内外贸易发展起到的引导与牵引作用，论证电子商务正在成为现代产业体系中的枢纽与主导产业，为我国经济快速健康发展提供有力的保障，这对于加快转变经济发展方式，具有重要的应用价值。

综上所述，依托电子商务，有利于扩大内需，加快传统产业转型升级，在全球范围内配置优势资源，占据产品或产业价值链高端，转移产品或产业链低端；有助于中国企业"走出去"，建立规模庞大、具有国际影响力的各类网络市场，成为全球市场中心；有望掌握全球经济发展的主导权，包括重要战略物资控制权、交易信息拥有权、支付结算优先权、交易规则等标准规范的话语权。总之，依托电子商务，可以实现由"中国制造"向"中国创造""世界工厂"向"世界市场""中国被动"向"中国主动"转变。本书充分论证发展电子商务对"三个转变"的作用机制，对当前中国经济发展的战略选择具有重大的指导意义。

摘　要

随着电子商务在国民经济各领域覆盖面的不断扩大，以及联结不同产业的不同要素的深度与广度不断扩大，各产业部门界限被打破，相互介入，形成一种新型的竞争合作关系，呈现产业融合的趋势，电子商务正在成为现代产业体系中的枢纽与主导产业。电子商务发展水平正在成为信息网络时代衡量一个国家或地区是否具有经济发展主导权的主要标志。

本书通过对我国电子商务发展现状进行系统全面的梳理，分析电子商务主流业态的演化路径，对我国电子商务的发展趋势进行科学研判；站在全球电子商务经济竞争格局尚未定型、我国经济升级转型的历史关口，深入分析电子商务发展对我国内外贸易的影响机制；电子商务呈现出多维度融合、产业数字化和全球竞合发展态势，对电子商务、对内外贸市场的融合创新提出了政策建议。

本书主体部分从贸易基础设施、贸易结构转型升级、贸易效率、贸易公平、贸易环境五个方面分析电子商务对内外贸易的作用机制。电子商务通过降低交易成本和改变消费者行为模式扩展了贸易的集约边界，通过产业生产效率提升和品牌塑造增强了贸易竞争力，通过改变消费者消费模式创造新的消费需求、提升消费层次实现增加贸易量。电子商务对市场竞争、流通体系和产业集聚的影响，以及电子商务在提高贸易效率、促进贸易公平、增强市场融资功能、缓解企业融资压力、推动商业模式创新等方面的作用，影响了内外贸易的发展。

本书实证分析了电子商务对我国传统零售业和对外贸易的影响。同时具体分析电子商务对我国传统零售业的冲击，电子商务的发展对我国超级市场存在正向的影响，但影响程度较弱，对百货商店在一定程度上具有促进作用，对便利店的发展具有积极的正面影响。跨境电商是进出口贸易的一个有机组成部分，能够在很大程度上跨越传统进出口贸易所面临的现实壁垒。实证表明，跨境电商对进口贸易的发展有显著的积极影响，综合电子商务对于进口贸易的解释力不强，促进跨境电子商务的发展能够有效拉动我国进出口贸易增长。

我国的电子商务已经进入了新的发展阶段。促进内外贸易发展就是要依托电子商务整合线上线下资源，努力推进电子商务贸易调整升级。这一方面依赖于提高我国电子商务竞争水平和服务品质，继续推进线上线下产业融合发展；另一方面要加强电子商务经济的治理，建立健全电子商务交易保障机制和监测统计体系，积极完善电子商务治理体系，创新电子商务经济治理模式，充分发挥电子商务经济服务贸易、活跃经济的作用。同时本书提出了"一揽子"促进电商发展的政策建议。

Abstract

With the increasing popularity of e-commerce applied in various fields of the economy and the increasing depth and breadth of e-commerce connecting different elements across different industries, all industrial sectors with unlimited boundaries interact with each other and thus form a new type of competition and cooperation relationship, reflecting the trend of industrial integration. E-commerce is becoming the hub and the leading industry of the modern industrial system, and the development of e-commerce is becoming the key measure of whether a country or region has the leading power of economic development in the age of information networks.

Following a systematic and comprehensive review of the development status of e-commerce in recent China, we analyze the evolution path of the mainstream formats of e-commerce and forecast the development trend of e-commerce in the future. Under the background of the unfixed global e-commerce economic competition pattern and China's economy transformation and upgrading, we deeply analyze the mechanism that e-commerce development influences China's domestic and foreign trade. We find that e-commerce has present a promising trend of multi – dimensional integration, industrial digitalization and global competition and cooperation. Finally, we put forward policy suggestions on the integration and innovation of e-commerce in domestic and foreign trade markets.

The main part of this research project explores the mechanism through which e-commerce affects domestic and foreign trade from five aspects: trade infrastructure, trade structure transformation and upgrading, trade efficiency, trade fairness and trade environment. E-commerce expands the intensive boundary of trade through reducing transaction costs and changing consumer behavior patterns, enhances trade competitiveness through improving industrial production efficiency and brand building, and increases trade volume through changing consumer consumption patterns to create new contion demands and upgrade consumption levels. The influence of e-commerce on market competition, circulation system and industrial agglomeration, as well as the role of e-commerce in improving trade efficiency, promoting trade fairness, enhancing market financing function, relieving financing pressure of firms and accelerating business model innovation, have affected the development of domestic and foreign trade.

We empirically analyze the impact of e-commerce on China's traditional retail industry and foreign trade. Specifically, we first focus on the impact of e-commerce on China's traditional retail industry. We find that the development of e-commerce has a positive impact on China's supermarkets, although the impact is weak; e-commerce facilitates department stores to a certain extent and exerts a remarkably positive effect on the development of convenience stores. Cross-border e-commerce is an important component of import and export trade, which contributes to relieving the practical barriers that traditional import and export trade are faced with. Empirical results show that cross-border e-commerce has a significant positive impact on the development of import trade, while comprehensive e-commerce has a weak explanatory power on import trade. Overall, promoting the development of cross-border e-commerce can effectively stimulate the growth of import and export trade in China.

China's e-commerce has advanced to a new stage of development. The growth of domestic and foreign trade largely relies on e-commerce to integrate online and offline resources and propel the adjustment and upgrading of e-commerce trade. To achieve this goal, first, we should make effort to improve the competition level and service quality of e-commerce market as well as boost the integrated development of online industries and offline industries; second, it is necessary to strengthen the governance of e-commerce economy, establish and improve the rules of e-commerce transaction guarantee and the systems for monitoring and statistics, actively improve the e-commerce governance system, innovate the e-commerce economic governance model, and give full play to the role of e-commerce in facilitating trade and boosting economy. We summarize a package of policy advice to promote the development of e-commerce.

目 录

第一章 ▶ 我国电子商务发展的基本事实　1

第一节　电子商务是经济增长的新引擎　1
第二节　电子商务是提质增效的新动力　11
第三节　电子商务是创新创业的新载体　15
第四节　我国电子商务发展的测度　23
第五节　我国电子商务的发展趋势　50

第二章 ▶ 电子商务影响内外贸易的理论分析框架　54

第一节　梅特卡夫法则与电子商务对贸易市场的外部性　54
第二节　内部化理论与电子商务对贸易效率的提升　65
第三节　新经济增长理论与电子商务推动贸易结构升级　71
第四节　信息经济与电子商务中的贸易公平　78
第五节　治理理论与电子商务中的贸易环境　86

第三章 ▶ 电子商务优化贸易基础设施　93

第一节　贸易基础设施的分类及发展概况　93
第二节　电子商务对商贸交易平台的影响　101
第三节　电子商务对商贸物流业发展的影响　117
第四节　电子商务对信用结算与安全的影响　129

第四章 ▶ 电子商务推动贸易结构转型升级　144

第一节　电子商务、我国贸易结构与供给侧结构性改革　144
第二节　电子商务对产业升级的推动作用　157

第三节　电子商务催生出新业态　174

　　第四节　电子商务对转变贸易增长方式的影响　181

第五章▶电子商务提升贸易效率　190

　　第一节　电子商务降低贸易成本的机制分析　190

　　第二节　电子商务提高交易效率的机制分析　195

　　第三节　电子商务优化价值链的机制分析　201

　　第四节　电子商务提升贸易效率的测度　206

　　第五节　电子商务提升贸易效率的实证分析　210

第六章▶电子商务与贸易公平　232

　　第一节　电子商务与贸易公平现状　232

　　第二节　电子商务促进贸易公平的机制分析　252

　　第三节　电子商务与税负公平　256

　　第四节　电子商务促进贸易公平——来自国际贸易的证据　263

第七章▶电子商务规范贸易环境　281

　　第一节　电子商务倒逼市场监管模式创新　281

　　第二节　电子商务促进构建可信交易环境　288

　　第三节　电子商务推进完善知识产权保护体系　300

　　第四节　电子商务营造公平竞争的市场环境　309

　　第五节　电子商务改变国际贸易的市场环境　319

第八章▶电子商务对我国传统零售业的影响　328

　　第一节　电子商务对我国传统零售业的冲击　328

　　第二节　电子商务影响传统零售业发展的理论机制　336

　　第三节　电子商务影响我国超级市场的实证研究　340

　　第四节　电子商务影响我国百货商店的实证研究　361

　　第五节　电子商务影响我国便利商店的实证研究　381

第九章▶跨境电子商务对国际贸易的影响　398

　　第一节　跨境电子商务及对治理体系的挑战　398

　　第二节　电子商务影响对外贸易发展的理论机制　411

　　第三节　跨境电商如何影响进出口贸易的实证研究　416

第四节　跨境电子商务对我国内外贸易发展趋势的影响　432

第十章　电子商务促进内外贸易的对策建议　444

第一节　提升电子商务竞争水平和服务品质　444

第二节　推动电子商务与传统产业融合发展　450

第三节　建立健全电子商务交易保障机制　456

第四节　建设电子商务经济监测统计体系　461

第五节　完善电子商务治理体系和治理模式　466

第六节　推动网上丝绸之路建设发展跨境电商　471

参考文献　474

Contents

Chapter I Basic Facts of the Development of E-commerce in China   1

    Section 1   E-commerce is a New Engine of Economic Growth   1
    Section 2   E-commerce is a New Driving Force for Improving Quality and Efficiency   11
    Section 3   E-commerce is a New Carrier of Innovation and Entrepreneurship   15
    Section 4   Measures of the Development of E-commerce in China   23
    Section 5   Forecast of the Development Trend of E-commerce in China   50

Chapter II Theoretical Analysis Framework of the Influence of E-commerce on Domestic and Foreign Trade   54

    Section 1   Metcalfe's Law and the Externality of E-commerce in Trade Market   54
    Section 2   Internalization Theory and Improvement of Trade Efficiency by E-commerce   65
    Section 3   New Economic Growth Theory and Promoting Trade Structure Upgrade through E-commerce   71
    Section 4   Information Economy and Trade Fairness in E-commerce   78
    Section 5   Governance Theory and Trade Environment in E-commerce   86

Chapter Ⅲ E-commerce's Role in Optimizing Trade Infrastructure 93

Section 1 Classification and Development of Trade Infrastructure 93
Section 2 Influence of E-commerce on the Trading Platform 101
Section 3 Influence of E-commerce on the Development of Trade Logistics Industry 117
Section 4 Influence of E-commerce on Credit Settlement and Security 129

Chapter Ⅳ E-commerce's Role in Promoting Trade Structure Transformation and Upgrading 144

Section 1 E-commerce, China's Trade Structure and Supply-side Structural Reform 144
Section 2 Influence of E-commerce on Promoting Industrial Upgrading 157
Section 3 E-commerce and the Generation of New Business Forms 174
Section 4 Influence of E-commerce on Changing the Mode of Trade Growth 181

Chapter Ⅴ E-commerce's Role in Improving Trade Efficiency 190

Section 1 The Mechanism of E-commerce to Reduce Trade Costs 190
Section 2 The Mechanism of E-commerce to Improve Transaction Efficiency 195
Section 3 The Mechanism of E-commerce to Optimize Value Chain 201
Section 4 Measure of Trade Efficiency Improvement by E-commerce 206
Section 5 Empirical Analysis of Trade Efficiency Improvement by E-commerce 210

Chapter Ⅵ E-commerce and Trade Fairness 232

Section 1 E-commerce and Current Situation of Trade Fairness 232
Section 2 The Mechanism of E-commerce to Promote Trade Fairness 252
Section 3 E-commerce and Tax Burden Fairness 256
Section 4 E-commerce Promoting Trade Fairness – Evidence from International Trade 263

Chapter VII E-commerce's Role in Standardizing Trade Environment　281

　Section 1　E-commerce Drives the Model Innovation of Market Regulation　281
　Section 2　E-commerce Promotes the Construction of Trusted Trade Environment　288
　Section 3　E-commerce Improves the System of Intellectual Property Protection　300
　Section 4　E-commerce Builds a Fairly Competitive Market Environment　309
　Section 5　E-commerce Changes Market Environment of International Trade　319

Chapter VIII Influence of E-commerce on Traditional Retail Industry in China　328

　Section 1　E-commerce's Shocks on Traditional Retail Industry in China　328
　Section 2　Theoretical Mechanism of E-commerce Affecting the Development of Traditional Retail Industry　336
　Section 3　Empirical Analysis on the Influence of E-commerce on Supermarkets in China　340
　Section 4　Empirical Analysis on the Influence of E-commerce on Department Stores in China　361
　Section 5　Empirical Analysis on the Influence of E-commerce on Convenience Stores in China　381

Chapter XI Influence of Cross-border E-commerce on International Trade　398

　Section 1　Cross-border E-commerce and Its Challenge to the Governance System　398
　Section 2　Theoretical Mechanism of E-commerce Affecting the Development of Foreign Trade　411
　Section 3　Empirical Analysis on the Effect of Cross-border E-commerce on Import and Export Trade　416
　Section 4　Effect of Cross-border E-commerce on the Development Trend of Domestic and Foreign Trade in China　432

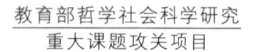

Chapter X Suggestions for E-commerce to Promote Domestic and Foreign Trade   444

    Section 1 Improving the Competition Level and Service Quality of E-commerce   444

    Section 2 Accelerating the Integrated Development of E-commerce and Traditional Industries   450

    Section 3 Establishing and Improving the Guarantee Mechanism for E-commerce Transaction   456

    Section 4 Building the E-commerce Economic Monitoring and Statistical System   461

    Section 5 Improving the E-commerce Governance System and Model   466

    Section 6 Promoting the Construction of Online Silk Road and Boosting Cross-border E-commerce   471

References   474

第一章

我国电子商务发展的基本事实

近年来,我国电子商务发展迅速,同经济社会各领域融合的广度和深度不断拓展,不仅在激发消费需求、拉动投资热潮、创造就业渠道等方面发挥了重要作用,也正在催生、聚合各类创新要素,转换发展动力、优化经济结构,为实体经济注入新动能,成为我国经济发展的新引擎,正在进入快速发展的新阶段。

第一节 电子商务是经济增长的新引擎

电子商务是我国数字经济最活跃的领域,取得了突飞猛进的发展。电子商务发展从消费、投资、进出口三方面促进了我国经济的增长。

一、我国电子商务交易规模持续增长

2009~2016年,我国成为全球电子商务交易规模增长最快的国家。2009年,中国电子商务市场的交易规模为3.7万亿元,2014年则增长至16.4万亿元,增长幅度达到57.6%。2014年之后,尽管由于基数较大增长速度有所减缓,交易规模仍然保持了每年4万亿以上的绝对增速。2016年电商市场规模达到26.1万亿元,增速为19.8%。如图1-1所示。

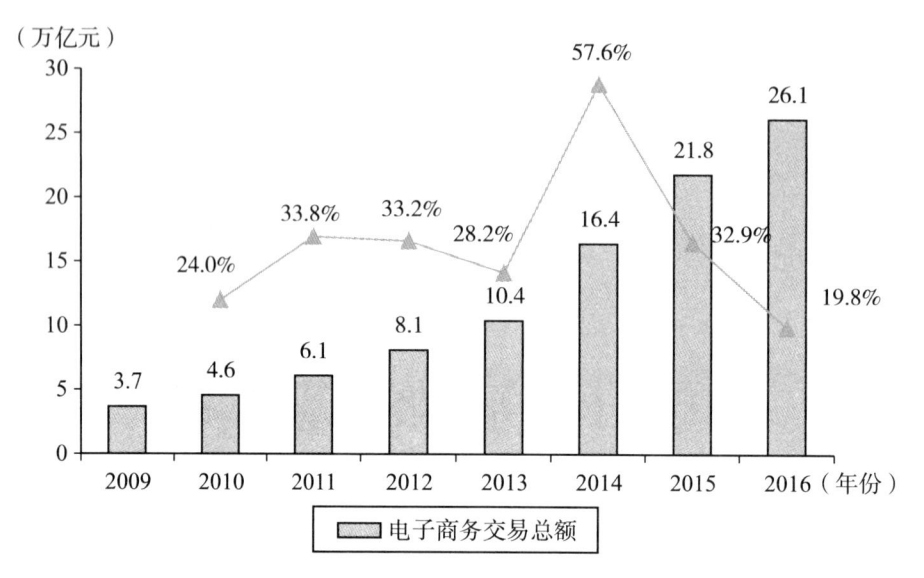

图 1-1　我国电子商务交易规模

注：图中 2015 年电子商务交易额采用国家统计局数据，对《中国电子商务报告（2015）》中公布的 2015 年电子商务交易额 20.82 万亿元进行了修正。

资料来源：国家统计局、商务部相关网站。

二、电子商务成为消费增长新力量

随着居民收入的稳步提升，中国迎来了新一轮消费升级的浪潮。根据中国互联网络信息中心数据显示，截至 2017 年 12 月，我国网民规模达 7.72 亿，普及率达到 55.8%，超过全球平均水平（51.7%）4.1 个百分点，超过亚洲平均水平（46.7%）9.1 个百分点。我国网民规模继续保持平稳增长，互联网模式不断创新、线上线下服务融合加速以及公共服务线上化步伐加快，成为网民规模增长的推动力[1]（见图 1-2）。

网购已成为年轻人的主流消费习惯，网购交易规模稳步增长。国家统计局数据显示，2017 年全国网上零售额为 7.2 万亿元，比上年增长 32.2%。其中，实物商品网上零售额 5.48 万亿元，增长 28.0%，占社会消费品零售总额的比重为 15.0%；在实物商品网上零售额中，吃、穿和用类商品分别增长 28.6%、20.3% 和 30.8%[2]。

---

[1]　中国互联网络信息中心：第 41 次《中国互联网络发展状况统计报告》，2018 年 1 月 31 日，http://www.cnnic.net.cn/hlwfzyj/hlwxzbg/hlwtjbg/201801/t20180131_70190.htm。

[2]　国家统计局网站：《2017 年 12 月份社会消费品零售总额增长 9.4%》，2018 年 1 月 18 日，http://www.stats.gov.cn/tjsj/zxfb/201801/t20180118_1574935.html。

2020年，电子商务交易额超过40万亿元，年均增长15%左右；网上零售额达到10万亿元，年均增长20%左右。如图1-3所示。

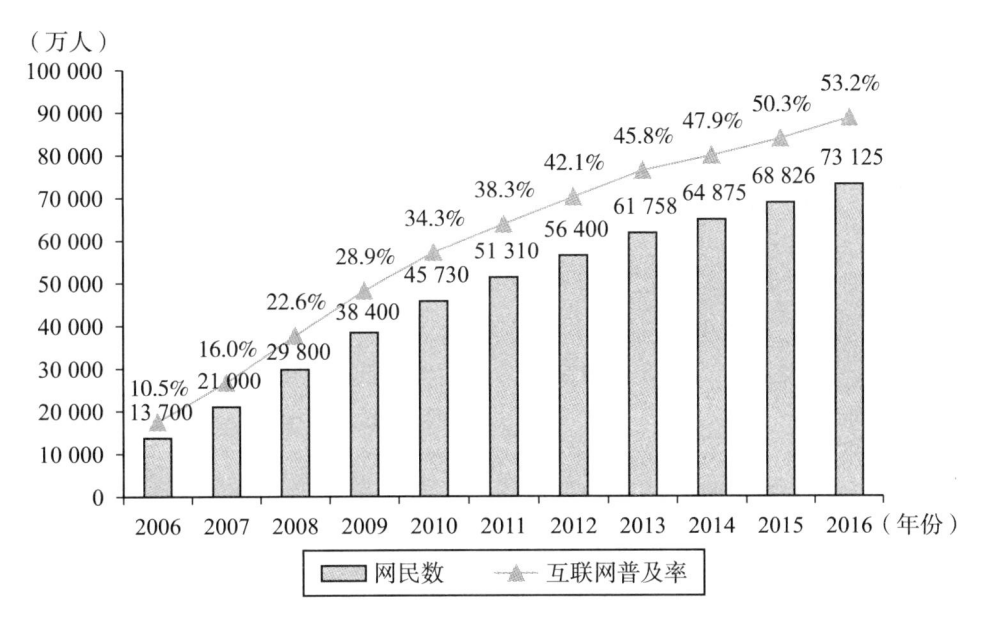

图1-2 2006~2016年中国网民规模

资料来源：CNNIC中国互联网络发展状况统计调查。

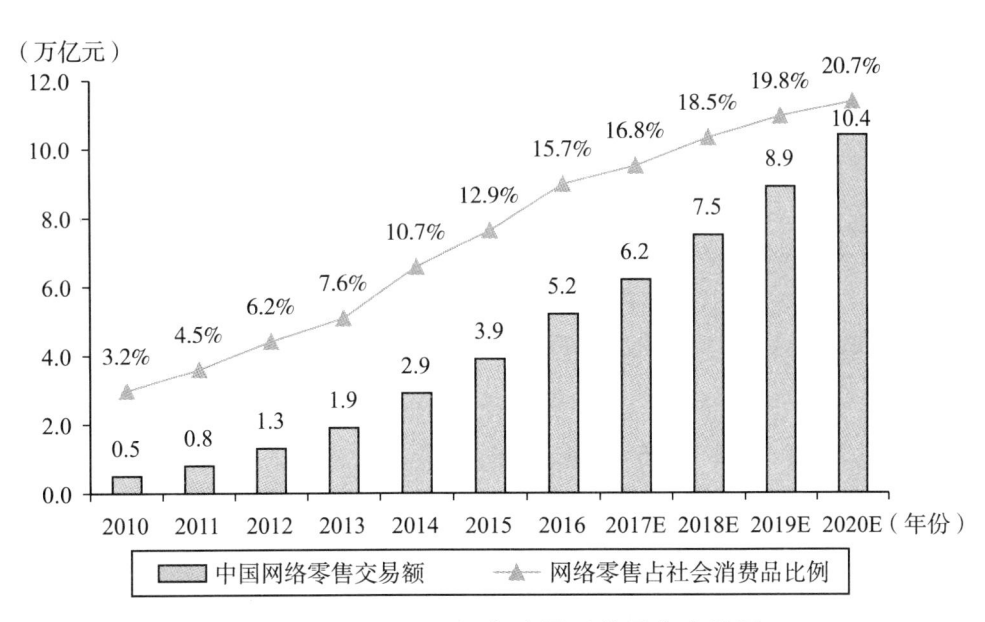

图1-3 2010~2020年中国网络零售交易额

资料来源：根据商务部、国家统计局相关数据整理。

电子商务促进了三四线城市的消费增长和升级，催生新模式、新业态、新消费群体。由于三四线城市的实体零售业尚欠发达，所以新增消费在这些中小型城市更为显著，四线城市的线上消费几乎等同于二三线城市的线上消费者。线上线下融合进一步加深，行业整合、并购更加频繁。消费者对优质、长尾、个性化商品需求突出，电子商务创造出更加广泛的消费场景，网约车、共享单车、网络众筹、房屋短租、网上外卖、在线教育、在线音乐、在线游戏、旅游预订、直播、网络文学等新模式新业态层出不穷，催生出新的消费群体，市场规模不断扩大。

国家发改委2016年统计数据显示，中国在线教育用户人数已增长至1.38亿人，同比增长了25%。使用互联网医疗的人数为1.95亿人，与2015年相比增长了28%；电商平台的外卖人数增长至2.09亿人，年平均增长率为83.7%。网约车平台用户人数为2.25亿人，同比增长41.7%。同时，有2.99亿人使用在线旅游预订，较上一年增长了15.3%。从市场整体角度，2016年，中国O2O本地服务交易金额达到了7 291亿元，增长率为64.2%。

近年来，电子商务为农村经济发展开辟了新路径，农村网络零售规模保持快速增长。2016年，中国农村网上零售总额增长至8 945.4亿元，在全国网上零售额中约贡献了17.4%，从组成来看，实物型网上零售处于优势地位，交易金额达到5 792.4亿元，服务型网上零售额3 153.0亿元。农村网店超过800万家，占全网25.8%，带动就业人数超过2 000万人[①]。农村网络零售单品（SKU）数达到2.93亿个，占全网的20.3%。但城乡互联网普及程度依然差距较大，农村网民在互联网消费领域的潜力仍有待挖掘。

近年来，我国农产品电子商务进入高速增长阶段，年均增长率达到50%，2016年全国农产品的网络零售交易额达到1 589亿元。农产品网络零售商增加，交易种类日益丰富，农业生产资料、休闲农业及民宿旅游电子商务平台和模式纷纷涌现。2016年中国共有各品类农产品电子商务园区200家，在全部品类电子商务园区中占12%，出现高速增长态势[②]。2016年统计数据显示中国淘宝村已经增长至1 311个，淘宝镇增加至135个，有11 000个淘宝村网店年销售额达到了100万元[③]。

三、电子商务成为投融资新热点

实物商品、在线服务及数字产品交易已经成为互联网创业的代表。2015年

---

① 商务部市场体系建设司：2016年农村实现网络零售额8 945亿元。
② 洪涛、洪勇：《2016年中国农产品电子商务发展报告》，经济管理出版社2016年版。
③ 阿里研究院：《2016淘宝村发展报告》，2017年。

统计数据显示，三类互联网创业代表的年投资总额已经增长至153.62亿美元，在全国创业投资总额中占据28.5%。电商基建投资展现活跃态势，阿里研究院在2016年发布了《中国电子商务园区研究报告（2016）》，报告中显示，截止到2016年3月，全国电子商务园区数量达1 122家，同比增长约120%，全国电子商务园区建设热潮仍在持续；全国电子商务仓储空间超过4 000万平方米。

电子商务的迅速发展对金融业产生了深远的影响，人们逐渐习惯了移动终端线上支付。据中国人民银行2016年数据显示，中国银行业金融机构移动支付交易增加至257.1亿笔，交易金额增加至157.55万亿元人民币，与2015年相比增长率分别为85.8%和45.6%。非银行支付机构累计网上支付业务约8.2万亿笔，交易金额达到99.3万亿元，同比增长率分别为99.5%和100.7%。另根据中国支付清算协会2013~2016年的统计数据显示，中国非银行支付机构移动端支付笔数已经增加到970.51亿笔，与最初的33.77亿笔相比，多年间复合增长率超过了195%。由于移动互联网的快速发展，使用户行为向移动端迁移，中国第三方支付交易市场发展迅速，2016年中国第三方互联网支付交易与2015年同期相比增长了61.8%，交易金额增长至19.2万亿元，如图1-4所示。

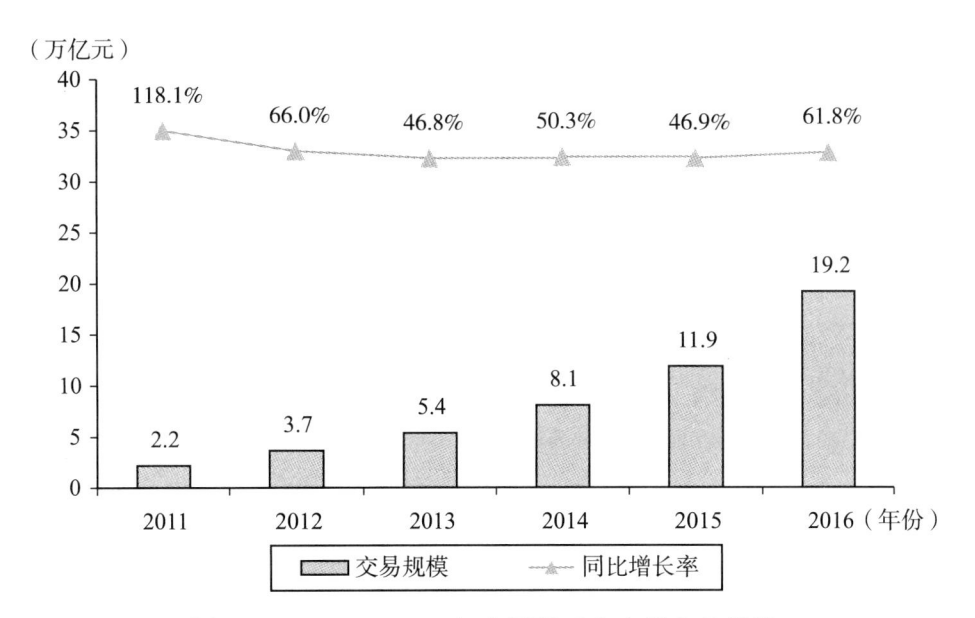

图1-4　2011~2016年中国第三方支付交易规模

注：①互联网支付是指客户通过台式电脑、移动便携式电脑设备，凭借互联网进行支付，实现货币在交易双方转移的行为；②非金融机构支付企业是统计研究对象。

资料来源：艾瑞网，www.iresearch.com.cn。

网络成为用户理财的常规渠道，互联网理财提升了用户体验。2013年6月，余额宝横空出世，经过半年的酝酿，2014年开始爆发。这一现象级的金融产品引爆了我国网络理财市场。2015~2017年相关余额理财类产品层出不穷，触网的金融产品也从基金逐渐扩展到其他各个方面。图1-5显示，我国网络理财市场将逐步趋于稳定，网络资管规模同比增长率基本在25%上下波动，行业规模稳步增长。截至2016年12月，我国购买过互联网理财产品的网民规模为9 890万人，与2015年相比增加了863万人，网民中的使用率达到了13.5%，同比增长了0.4%[①]。根据中国保险业协会数据显示，2016年保险业总保费收入3.1万亿元，同比增长27.5%，互联网保险整体保费规模达到了2 347亿元，同比增长5.1%。用户体验持续提升，网民在线上理财的习惯初步养成。互联网理财市场的发展呈现出平台化、场景化、智能化等新趋势。

图1-5　2013~2020年中国网络资管规模

资料来源：《2016年互联网金融发展报告》。

网络借贷和消费金融经历了爆发到整治，逐步走向规范发展的道路。如图1-6所示，2016年全年网上贷款金额为20 636.26亿元，增长率达到110%。2016年中，P2P网上贷款累计成交金额依次超过2万亿元、3万亿元，其中单月成交金额在2 000亿元以上，2016年"网贷双11"单日再次突破100亿元，实现了116.07亿元，这一系列的成绩都反映了P2P网贷行业仍然获得大量投资人

---

① 中国互联网络信息中心：《第39次中国互联网络发展状况统计报告》。

青睐的事实①。截至 2017 年 7 月底，P2P 网上贷款累计成交金额超过 5 万亿元，增长至 50 781.99 亿元，与 2016 年底成交金额（23 904.79 亿元）相比，增幅达到 112.43%②。互联网消费金融从 2013 年开始爆发到 2016 年，其交易规模从 60 亿元增长到了 4 367.1 亿元，年均复合增长率达到了 192.1%。2016 年我国消费信贷规模是 22.8 万亿元，其中互联网消费金融占 1.92%。

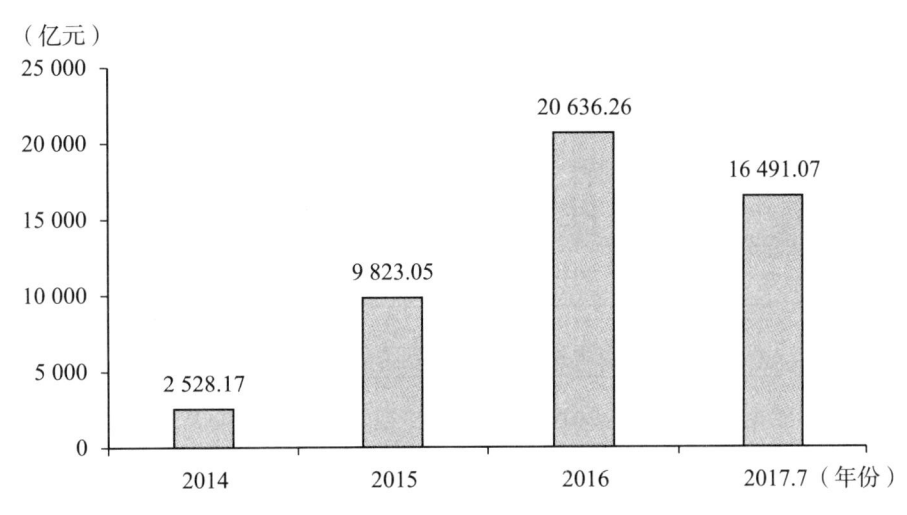

图 1-6　2014~2017 年 7 月中国 P2P 网贷规模

资料来源：网贷之家. http://shuju.wdzj.com/industry-list.html.

四、跨境电商成为国际贸易的新模式

跨境电子商务模式可以划分为 B2B、B2C、C2C 等若干种形式，按照经营主体跨境电子商务可分为平台型、自营型、混合型（平台＋自营）。2015 年，中国跨境电商在全球贸易增速放缓的环境中逆势增长，跨境电商零售作为互联网时代新的贸易模式正大放异彩。据海关数据统计显示，2015 年，全国进出口总值为 24.59 万亿元人民币，比 2014 年下降 7%。其中，出口 14.14 万亿元，下降 1.8%；进口 10.45 万亿元，下降 13.2%，如图 1-7 所示。2016 年持续了下降趋势，全国进出口总值为 24.33 万亿元，比 2015 年下降 1.1%。外贸压力依然存在。虽然中国跨境电商受全球贸易增速放缓的影响有所下降，但是其增速仍大幅高于货物贸易进出口增速，中国进出口贸易中的电商渗透率持续提高。

---

① 2016 年中国网络借贷行业年报。
② 网贷之家. http://shuju.wdzj.com/industry-list.html.

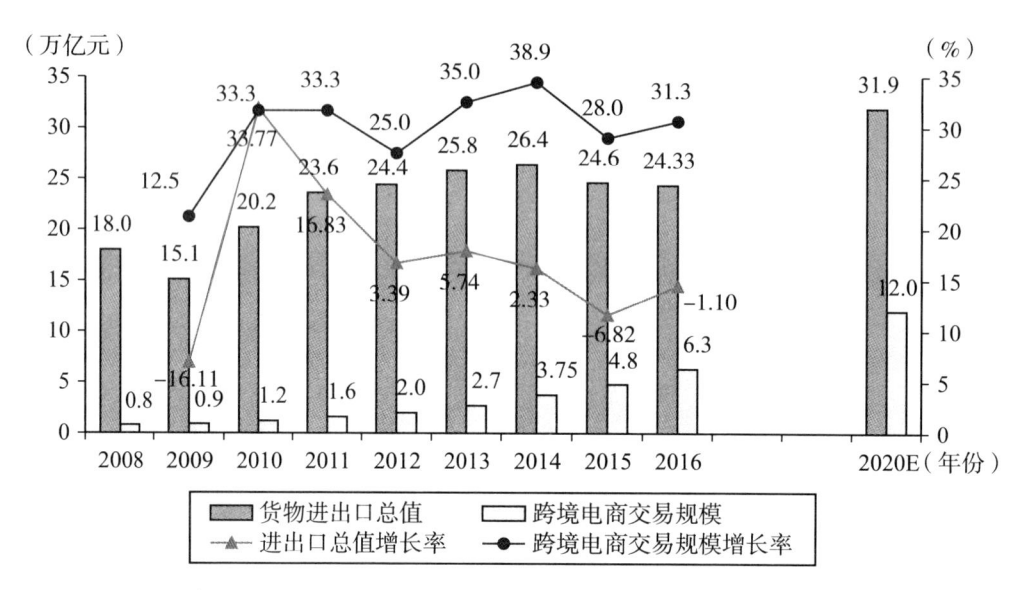

2016年，我国跨境电商交易量增长至6.3万亿元，上升幅度为31.3%。

图1-7 2008~2016年中国进出口与跨境电商交易规模

资料来源：商务部，海关总署，阿里研究院相关网站。

中国跨境电商以出口为主，提升我国企业品牌，推动外贸转型升级。2016年跨境电商出口交易额占跨境电商交易总额的85.7%，进口占14.3%。预计到2020年，跨境电商进口交易额占比将上升到25%。我国的跨境电子商务产业链逐步完善，已经包含了营销、线上支付、线下物流和网络金融服务，我国制造企业依靠跨境电商平台，通过跨境在线零售和小额批发等方式将商品直接销售至境外，促进我国研究高附加值产品、提高服务质量建立国际品牌，在对外贸易中逐步增强自身竞争力。跨境电商还有助于小企业处理外贸订单，凭借电商平台极大地节约了交易成本。通过系统和面向过程的操作，外贸综合服务业已经完成清关，外贸业务流程的物流、退税、外汇、融资等服务，解决了中小微企业以及专门针对大中小外贸企业参与大额贸易经营效率低弱的问题，极大提高了中小微外贸企业的整体效率。

五、电子商务经济对增长的贡献增强

本书认为，电商贡献度可以由电商增加值在经济总量中所占的比重来测度，并建立起自己的模型（见图1-8）。

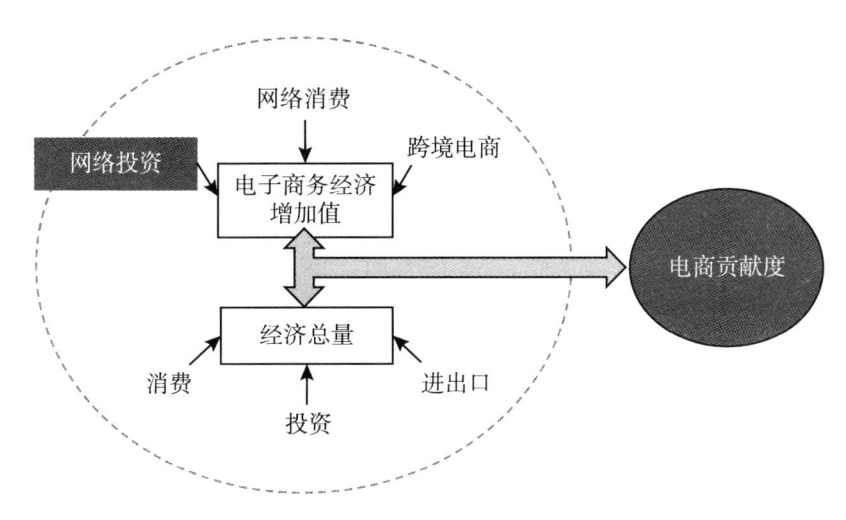

图 1-8　电商贡献度测度模型

同传统国内生产总值支出法相对应,核算电子商务经济增加值同样需要考虑到消费、投资和进出口。因此,电子商务经济增加值由网络消费额、网络投资额以及跨境电商规模三部分构成。其中,网络消费额由实物商品、服务和数字三部分构成;网络投资额主要覆盖同电商经济相关产业的固定资本形成额;跨境电商规模为跨境电商出口与进口之和(见表1-1、表1-2)。

电子商务经济增加值 = 网络消费额 + 网络投资额 + 跨境电商规模

其中,网络消费额 = 实物商品消费额 + 服务商品消费额 + 数字商品消费额

跨境电商规模 = 跨境电商出口额 + 跨境电商进口额

表 1-1　　　　　2012~2013 中国支出法 GDP 核算　　　　单位:万亿元

年份	消费	投资	净出口	GDP(支出法)
2012	27.11	25.52	1.46	54.10
2013	30.03	28.21	1.46	59.70
2014	32.83	30.27	1.62	64.72
2015	36.23	31.28	2.40	69.91
2016	40.02	32.97	1.64	74.63

资料来源:wind。

表 1-2　　　　　2012~2013 年中国电商增加值核算　　　　单位：万亿元

年份	网络消费	网络投资额	跨境电商规模	电商经济增加值
2012	1.3	0.27	2.0	3.6
2013	1.9	0.31	2.7	4.9
2014	2.9	0.41	3.75	7.1
2015	3.9	0.55	4.8	9.3
2016	5.3	0.63	6.3	12.2

资料来源：根据 wind 数据库、商务部、艾瑞网数据整理。

根据上述模型测算，2016 年电子商务对我国 GDP 贡献率约为 16.4%（见图 1-9）。电子商务经济的快速发展，已经成为经济发展的重要推动力。根据模型计算，2016 年通过电商产生的消费增加量推动的制造业、批发业、物流业增加量创造的税收已经突破了 2 000 亿元。

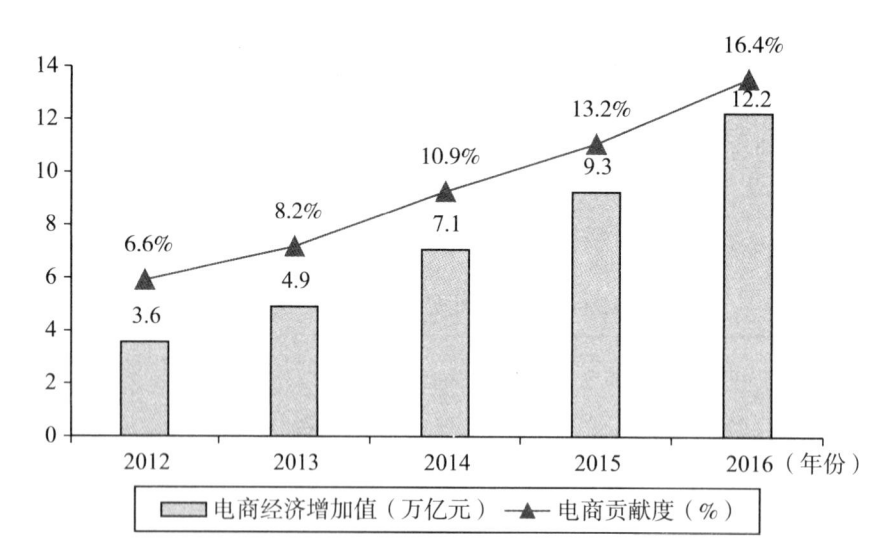

图 1-9　2012~2016 年电商经济增加值及贡献度

第二节　电子商务是提质增效的新动力

电子商务可以提高经济发展的质量，提升经济运行的效率。从经济结构来看，电子商务优化了产业结构，使得农业、制造业、服务业找到转型升级的途径，焕发出新的活力；从远期发展来看，电子商务保证了经济的可持续发展，促使企业向着技术引导、柔性生产的方向发展，缓解了传统发展模式对社会和生态环境造成的压力；从市场环境来看，电子商务提供了一个广阔的信息交互平台，最大限度地减弱了信息不对称，从而有助于促进要素的合理配置。

一、电子商务加速"中国制造"向"中国创造"转变进程

电子商务促进了"智能化、个性化、网络化、服务型"在制造业中的发展，促进了企业生产经营方式的创新和变革，带动了传统产业的转型升级。信息化带来了创新产品的整合，在企业和行业多个层面，显著提高了高端装备产品的附加值，加速研发的集成应用，生产管理和协同营销提升了制造业的生产效率、促进了精细化管理。信息技术推动产业发展模式创新、远程诊断、在线运营维护、个性化定制和供应链集成服务等创新模式不断推进落实，大大降低了生产成本。制造企业通过互联网开展众包生产、定制，探索形成以用户为中心的新型生产体系，促进生产与消费的有序融合。

中国制造走向中高端，已经初见端倪：2017年上半年，高附加值技术制造业和装备制造业分别增长13.1%和11.5%，分别同比，而战略性新兴产业增长10.8%。在智能手机领域，2016年中国品牌贡献了全球发货量的1/3。在全球互联网市场前10大市值的上市互联网公司，中国企业占据三席；在智能化领域中，如大疆，mobike也深受海外用户欢迎，向垂直领域领导者迈进。[1]

二、电子商务有效缓解农业发展"老大难"问题

优化农业产业结构，要以促进竞争，增加农产品的有效供给为突破口。农村电子商务对于我国农业的优化在于塑造了电商化农民群体、重构了农产品的供给

---

[1] 搜狐网，http://www.sohu.com/a/163617672_432250。

渠道，从产、销两个角度助推农业生产、流通现代化。农村的电子商务发展已成为供需衔接、精确扶贫、定向脱贫的关键推手。

在给农业、农村和农民赋能的过程中，互联网催生了一个充满生机和活力的新人群——电子商务农民（见图 1 - 10）。电子商务农民是互联网与农业、农村和农民有机结合的产物，是农民社会先进生产力的代表。电子商务农民是指以网络思维为工具，以农业生产、配送和服务为核心的农业和互联网服务业，指的不仅是与生产有关的服务，还包括管理服务和研究服务。通过电子商务平台，增强了农业与市场信息的匹配精准度，农民可以站在卖家的角度成为市场交易中的主体，跟消费者可以直接联系达成交易，改变了农业生产和流通模式，从而极大地增强了议价权，增强了市场竞争力。电商化农民建立了食品安全溯源系统，从供给端提高农产品质量，提升消费者体验；在农业生产中引入生态农业技术，其中包括养殖种植技术、土壤和水质净化技术、耕作基础设施技术，促进环境保护；创造出更加接近消费人群、更加丰富饱满的创新型互联网品牌。

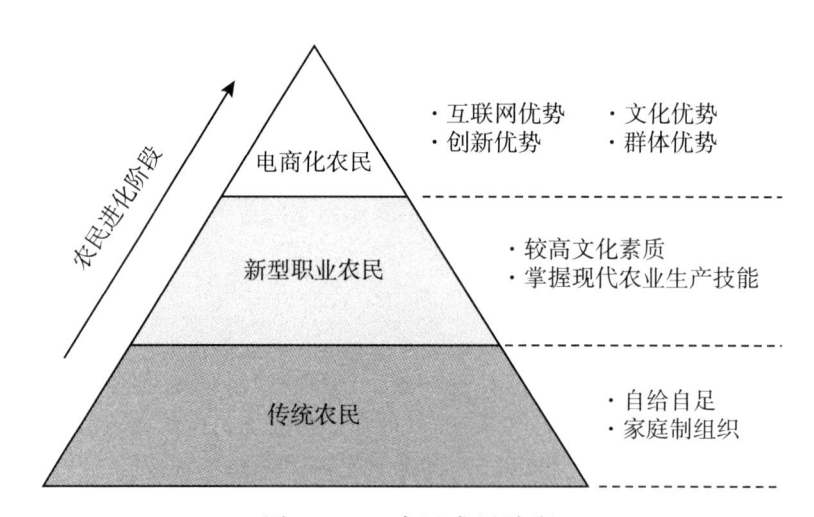

图 1 - 10　农民发展阶段

电子商务优化农产品流通模式。中国传统的农产品流通模式体现了"结构不对称"和"权力失衡"等特征。"中间大两头小"是农产品供应渠道结构呈现出的主要问题，"小"体现在农户端零售端发展规模小，而对于中间复杂的供应链，又出现效率低下等困境；另外，农业龙头企业对于农作物供应渠道有着很大的垄断势力，农民没有定价还价的实力，消费者更多的是被动参与到市场交易中，利益也得不到有效保护。电商通过作用于供应源头、结构组织、供应链两端来改善农业生产商品的市场交易。已经有一部分农民和农村生产组织利用网络电商模式，把农业生产商品放到网上进行售卖，直接对接电子商务平台。传统批发商和零售商主动求变，投身电子商务，将释放出巨大的能量。消费者由被动变为主动，成为主导力量，不断参与到各个商业环节中，订单农业得以提高。

电商促进农业生产的市场化，同时还有利于现代农业向服务化的迈进。在农业市场化组织管理方面，其中"公司+农民个体"、股份合作组织、私人农业化生产是其重要的形式。无论是什么样的管理方式，电商化农业制度都可以促进农产品交易市场化，实现农民从生产自由化向贸易自由化的迈进。近年来，阿里巴巴平台上的涉农网店数量保持快速增长。根据阿里研究院数据，2016年阿里巴巴平台农产品交易额超过1 000亿元，同比增长超过40%，如图1-11所示。

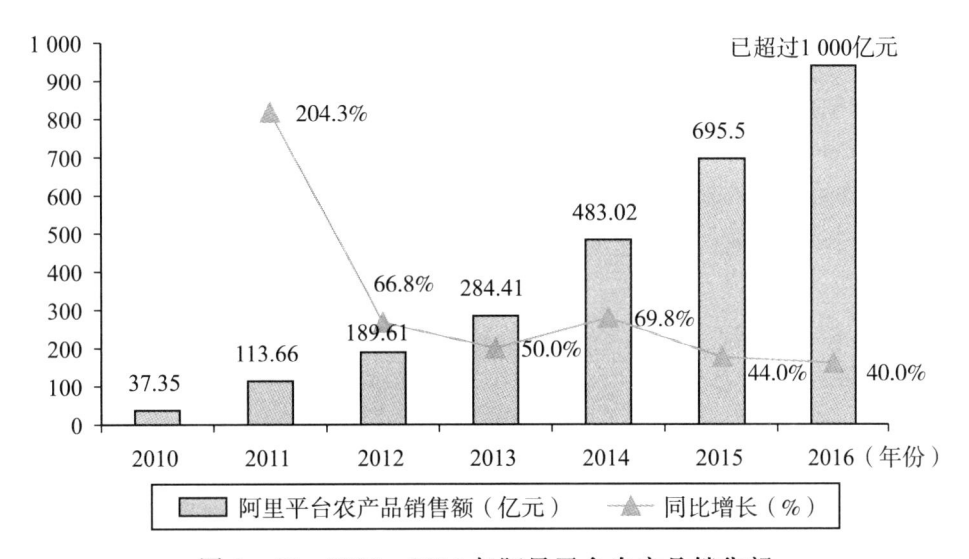

图 1-11　2010~2016年阿里平台农产品销售额

资料来源：阿里研究院，《从"客厅革命"到"厨房革命"——阿里农产品电子商务白皮书（2016）》。

三、电子商务掀起"流通革命"

电子商务在我国掀起了一场流通领域的改革。流通领域的产业链条从以往发展来看，基本上是单向地以生产和产品为中心的链条。自身缺乏内生推动力，简单的转运和传导仅仅是产品售卖和最终生产的一部分。"互联网+流通"行动计划的重点是重新构造循环产业链，使得动能源头和传导方向逆转。根据市场需求，充分利用商品流、现金流、信息数据流，打造新业态下的服务渠道，将产业、信息、数据联系在一起成为整合后的产业链条。这一产业链一旦形成，将为经济增长带来持久的动力，为经济腾飞添上新的活力。

相比之前零售实体店的创新和经营连锁模式,在互联网环境下推动的"互联网+流动"是一次新的流通领域的改革。不同于过去悄无声息的变革,本次革命是中国经济发展的一个重大战略。这不仅符合当前"一带一路"、互联网+、供应端改革、"大众创业与创新"的国家战略,同时它还有助于与中央工作直接相关的稳定增长、结构调整、促进消费、降低成本和提高人民生活质量等目标的实现。

在早、中期的工业化发展历程中,投资和出口是重要推动力,保障了工业快速发展的势头。也是在该阶段,流通领域主要负责为农业和工业的生产活动提供渠道支持。在消费、生产、创新等方面,经济发展的战略指导很少受到流通领域的影响。但是,经济发展的轨迹已经表明了在市场经济体制逐步完善和成熟的工业化后期,流通领域将发挥越来越重要的作用,流通型经济就是以消费需求占据主导的市场型经济。中国经济正处在关键的转折点。

以互联网为载体的电子商务恰逢其时地承担起了新一轮流通革命的引爆点。中国流通革命对经济发展的新动能在于创造和扩大消费,进一步说,流通领域的改革,就是通过互联网结合流通,促进流通领域的创新,创造新消费,实现实体经济的生产、销售模式的转变,开拓新的消费模式,为经济可持续发展提供持久动力。

四、电子商务推动"金融革命"

流通革命的推进,关键点在于降低企业流通成本,创造和扩大消费。随之而来的,则是电子商务环境下的金融革命,一方面互联网金融利用大数据可以准确而快速的判断企业的融资需求以及信用风险情况,从而量体裁衣,推出最适合企业的金融服务,将企业的融资成本降到最低;另一方面通过与消费者的直接接触,催生出基于消费者行为的消费金融模式,从而激发新的需求。

金融科技正在为金融的发展贡献力量,从而提高金融的效率和合规的要求。金融服务体系得益于金融技术高效的科技输出能力,从而使得金融活动标准化、规范化。大数据与云计算的结合有能力分析多维度数据从而对用户的风险给出评级,改善了传统金融的风险控制能力。从商业合规性来讲,区块链技术的引入,使金融机构依靠数学模型代替第三方组织,从而更加可靠,增加了业务的可信度,通过反复试验提高迭代的准确性,人工智能正在一步一步地避免手动操作业务发生的错误。

中国的消费金融市场亟待开发,消费金融的核心是风险控制和消费场景营造。其拥有两重属性:消费性和金融性。如图1-12所示,从消费者的角度看,中国的消费市场正在逐步完善，中国消费市场凭借电子商务和互联网科技得以转型升级，国家的政策方面一直在鼓励和引导消费者；在资金方面，面对传统信用贷款模式转型，信贷消费群体新兴需求非常强劲，资金寻求金融市场和消费带来大量流动性。通过6种动力促进，当前中国的消费金融仍处于蓬勃发展时期，未来的发展空间依然很大，见图1-12。

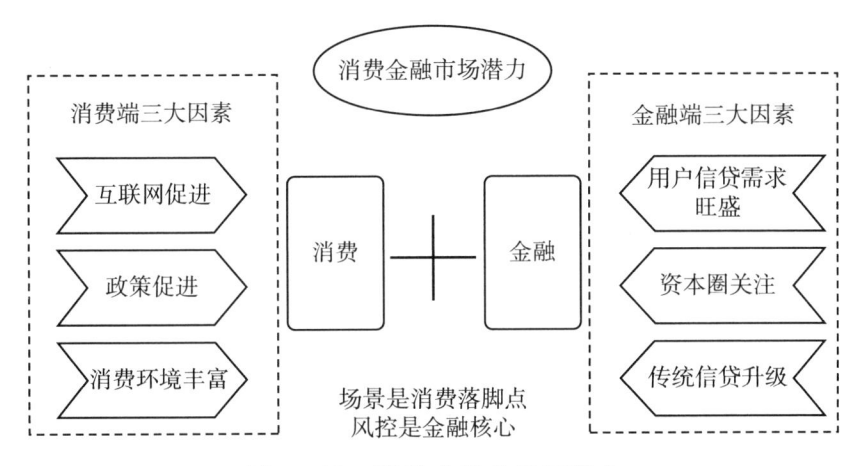

图 1-12 消费金融的发展潜力

消费金融的崛起掀起一股浪潮，从消费场景中获取消费者，完善风险监测是消费金融的核心。2016年统计数据显示，中国消费信贷金额已经增长至22.6万亿，预计未来仍会延续高速发展势头。如此巨大的市场必然带来激烈的竞争。所以，消费金融企业必须坚持技术落地，服务实体经营的同时加强风险监测，才能使企业抓住这次市场转型的机遇。

第三节　电子商务是创新创业的新载体

电子商务以其包容性和延展性成为创新创业的重要载体，随着电子商务在各行各业的渗透，新的商业模式带来了新的就业机会；电子商务园区的建设发展逐渐开始显露出产业集聚效应，放大了电子商务的正外部性；各种新兴的电商创客空间有助于合并创业信息以及创新信息，从而实现高度专业化、互联网化的服务落地，发展创客空间就是鼓励电商孵化器建设，是创新型企业发展的重要保障。

一、电子商务带动创业就业情况

近年来,"大众创业、万众创新"的热情高涨。2016 年,世界发明专利申请次数的 38% 由中国国内居民贡献,是美国居民申请数量的 1.9 倍,位居世界首位。农村人口占据了中国人口的一半,但是有大约 811 万的电子商务企业出生在 2016 年的中国农村。2017 年全球创新指数由世界知识产权组织和康奈尔大学联合发布,该指数显示,中国的创新排名继续从 2017 年的第 25 位上升至第 22 位,是前 25 名国家中唯一的中等收入国家。

电子商务助力创新创业,为全社会创造了大量就业机会。针对电商就业人数的测算,本书课题组建立了模型,如图 1-13 所示。

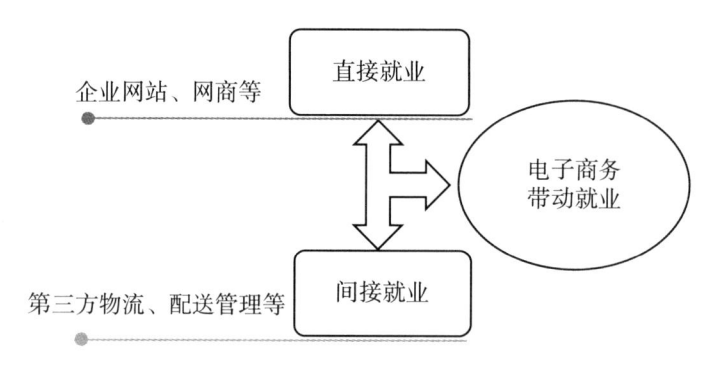

图 1-13 电商就业人数测算模型

电子商务就业人数由电子商务直接就业人数和间接就业人数两部分构成。前者指电子商务企业的从业人数,后者指传统国民经济部门各行业中由于电商渗透所带动的就业量。

电子商务就业人数 = 电子商务直接就业人数 + 电子商务间接就业人数

根据本书课题组测算,2016 年,中国电商通过直接作用和间接作用带动的就业人数达到了 3 700 多万人,如图 1-14 所示。

近年来,我国城镇化发展的趋势不断加快,城市与农村的收入差距不断缩小,很多年轻人的思想观念也发生了变化:从原来的进城务工转变为现在的自主创业。电子商务的发展给农村带来了新的发展机遇,根据阿里研究院研究表明,返乡的年轻人所从事的创业项目大多数都与电商密切相关,其中就包括了凭借电子商务网络售卖自家出产的农产品,也通过网络为当地人购买各种物美价廉的必需品,与当地的快递服务进行对接。

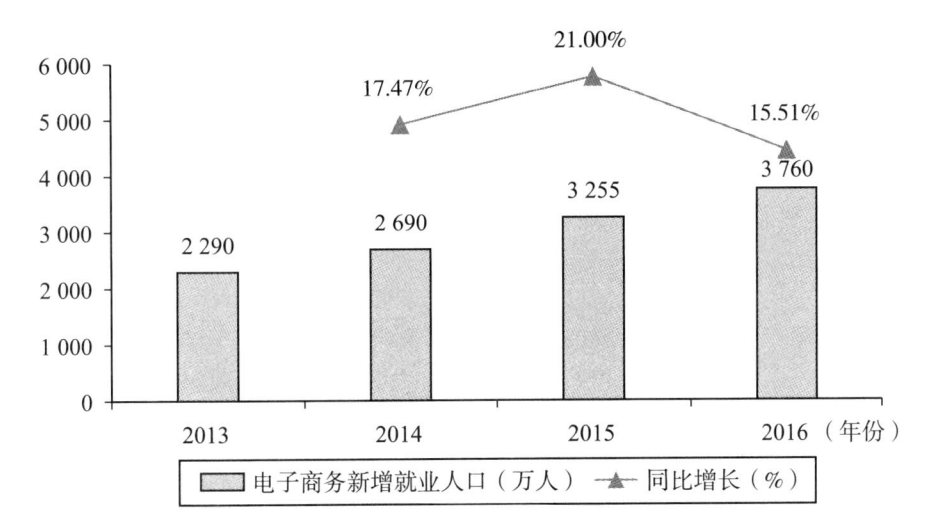

图 1-14 2013~2016 年电子商务就业人数

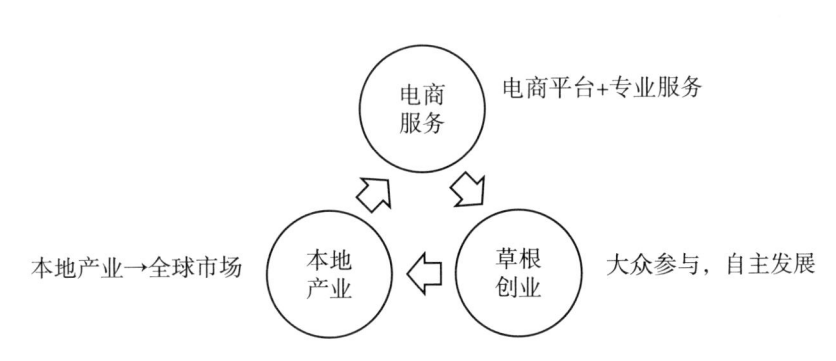

图 1-15 电商环境下的商业循环

图 1-15 很好地说明了电商环境下的良性循环，农村人口不乏创新思维的人才，缺乏的是思想落地的平台，即过高的创业成本与难以承受的创业风险。电子商务天生就带着互联网共享、开放的基因，提供了宽广的市场平台和人性化的服务，让创业梦想不论大或小，不论难与易都能平稳落地、生根发芽。环境的变化让草根创业不再遥不可及，返乡热、创业热会不断发掘本地的增长亮点，形成本地新的发展模式和产业规模，当规模效应接近饱和，本地产业就必然要求助电商平台去开拓市场，这种需求就会在各方面带动电商的发展，于是电商环境—创业者—企业发展就成为了相互促进、相互依靠的共同体。

阿里研究院研究数据显示：2016 年，与无网商村庄相比，有网商的村庄创业比重达到了 18.9%，同比增长 11.1%，在有网商村庄创业家庭中，有 81.0% 为主动创业，与此同时无网商村庄主动创业占比是 78%。从各地区农村外出务工人员占当地总人口比重来看,外出务工的村民在有网络电商的村庄明显减少,平均会减少 133 人,该数据扩展到全国可以看出农村电子商务的普及使农村外出务工人员减少了 1 200 万,也就是为城市节省了 1 200 万个就业机会,缓解了我国的就业压力[①],如图 1-16 所示。

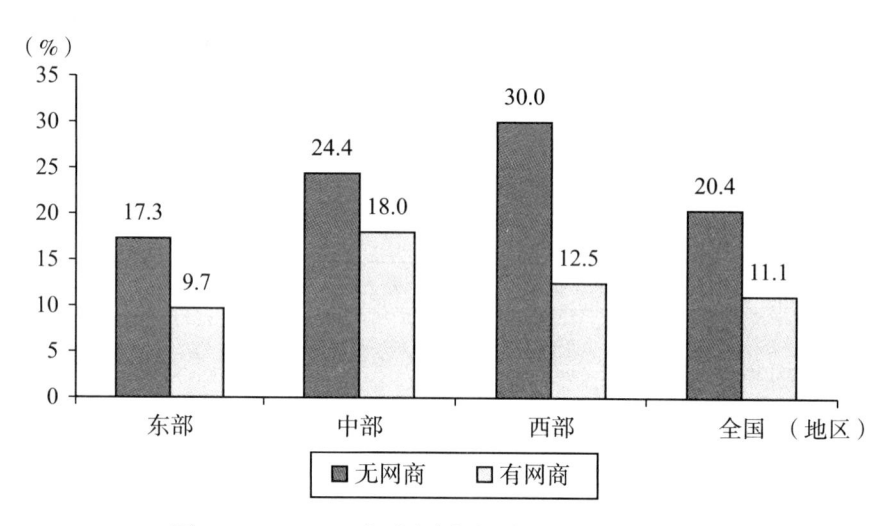

图 1-16　2016 年中国农村外出务工人员情况

注:外出务工人口比重指外出务工人口占当地户籍人口数的比重。
资料来源:根据《中国家庭金融调查》相关数据整理。

在电子商务的环境下,出现了新零售、新娱乐、新金融、新制造四大新的就业场景,随着就业生态的优化,新的就业岗位开始不断涌现。

(1)新零售场景。

在新零售就业场景下,随着网络购物的崛起,消费升级潜力进一步得到释放,未来中国零售产业的市场容量将持续扩大。在就业领域,过往几年的电商大发展细化了零售服务分工,创造了如淘女郎、网店装修师、网店代运营等新兴岗位,并以"淘宝村"为代表,为广大偏远农村闲置劳动力提供了创富消贫的机会。

数字技术将极大带动传统零售企业内数字化就业的旺盛需求,以及传统职能的数字化技能提升。例如,传统的运营销售职位需要进行改革——电视节目中插播的广告等标准化大面积覆盖的营销模式已经逐渐被准确、去中介化的数字营销所取代,这就对新时期营销人员提出了新的要求,需要从业人员迅速适应数据时代下广告营销的方式方法。

---

① 阿里研究院:《农村网商发展研究报告 2016》。

（2）新娱乐场景。

电商环境下的娱乐场景是覆盖文学、动漫、影视、游戏、衍生品、主题乐园等方面，从内容生产、制作发行、到终端呈现及变现的新娱乐生态圈——在不同场景下、以多样化的形式将统一的 IP 形象触达消费者，引发优质 IP 带来的粉丝经济娱乐平台催生新兴的灵活就业机会，打破了职业与兴趣、创作者与消费者的界限。

在上述业态的影响下，网络主播、自媒体运营者、网络小说家、视频原创作者、大 V 红人等一系列新兴职业群体快速产生，在线职业兴起。

电商经济的渗透释放无谓劳动，创造高技术含量的新兴岗位。例如，运用大数据，影视制作人能够精准、实时地了解和预测在特定场景下的客户需求，同时可以将更多精力和关注点放在现有技术仍无法覆盖，需要凭人的认知、经验、协调、管理才能胜任的领域，如维护、拓展与各利益相关方的关系；因此企业需要引入构建大数据基础模型的人才。而在 VR 动画、VR CG 领域，计算机视觉、VR 游戏美术、CG 艺术家、交互工程师等高技术含量岗位也将迎来旺盛需求。

（3）新金融场景。

金融与电子商务、支付场景的联合有利于互联网金融的快速发展，在这个过程中也创造出大量涉及金融、技术的交叉职位。

以"金融＋数字化"为核心促进了传统机构与新玩家就业机会的跨界融合。从传统金融的角度看，风险控制和产品设计是其优势所在。数字化基建、创新型渠道和市场规划都存在不足。新金融天生携带着互联网的特性，它拥有完备的数字平台、连接网络客户中流量门户的优势，与此同时它们在市场和金融科技的深度集成方面有着实际经验。这种特点将扩大新金融行业整体对"金融＋数字化"复合型就业机会的需求：就业机会随着金融化产品的设计、实施而大大增多，从而将满足用户和市场更加细化的要求。

（4）创新型制造场景。

创新型制造场景的特点是对生产端数字化工业技术的深度渗透，不断升级工厂和机器的智能化水平；营销端从 B2C 到 C2B，柔性生产高精度满足客户需求。

制造企业新兴技术岗位以"制造＋数字化"为核心。伴随着工人就业的相对减少，一些高精尖的技术型就业将产生：集中于 IT、硬件、软件、数据科学、工程学、人机交互等领域。例如，工业机器人的应用需要研发、设计、测试、管理和维修等相关人员；生产线模拟仿真技术的应用需要增加工业工程师、模拟专家的岗位；大数据的应用将增加工业数据科学家的岗位……这些就业机会一方面需要较强的数字化技能（如编程），同时也需要具备制造行业的专业经验（如流程、设备方面的知识）。

同时激发智能机械制造、智能家居领域的就业机会。每个制造业的子行业将逐渐开始使用智能机器,随着智能机器行业的繁荣,规模化就业将得以实现。

二、电子商务产业园区的发展情况

互联网与传统商业相结合产生了电商产业园,电商产业园可以看作一种全新的专业市场模式。它涉及网络运营商、网络商品、品牌建设、创造、加工、物流等多个领域。这些领域中运行的是专业化市场模式,在电子商务集群发展中有突出表现,同时作为载体承接电商发展。

截至2016年3月,有1 122家电子商务园区在我国诞生,增长率高达120%,电子商务园区的建设热潮仍然高涨,如图1-17所示。

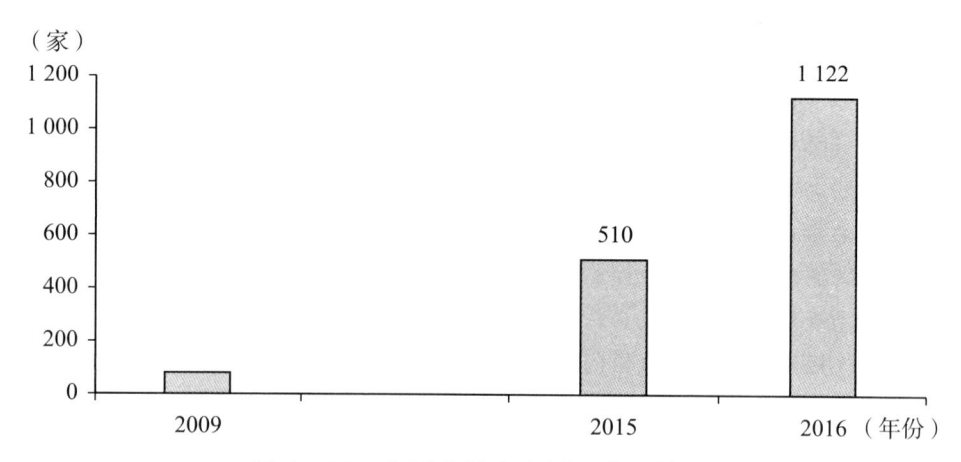

图1-17 中国电子商务园区发展情况

资料来源:阿里研究院:《电商园区研究报告》。

除港澳台外,全国30个省份均已建成电商园区,达到100%全覆盖。其中浙江182个园区,领先全国;粤苏鲁闽分别位列2~5位,西部园区建设热度高涨,四川以将近60个园区数量领先西部(见图1-18)。

电商的快速推广,促使各地区纷纷涌现出大小商务圈。以电子商务产业园区为代表的商务圈为本地企业的规模化发展做出了巨大的贡献。杭州电子商务产业园、成都天府园区、广州花地河电商集中区、泉州电子商务产业区等是具有代表性的电商产业园。

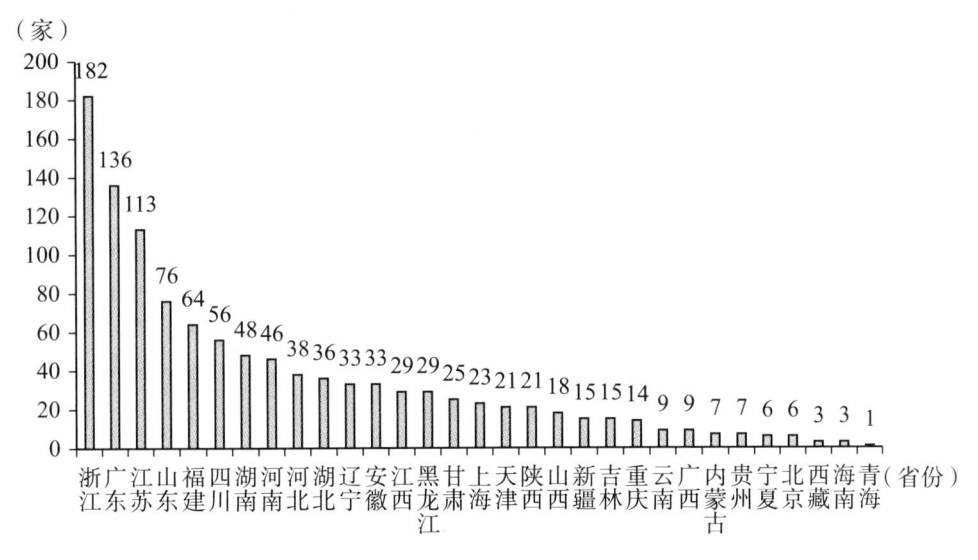

图 1-18　全国各省市电子商务园区数量

资料来源：根据阿里研究院相关数据整理所得。

（1）成都高新区的天府创业产业园：政策吸引。

对于起步不久的网店，体量不大，商务写字楼的租金太高，而电子商务产业园区通常实行减免租、税的政策成为吸引电商创新企业的一个重要亮点。

该模式下的代表是成都天府电商园区，凭借减税、减租等福利条件吸引了一大批高新技术企业。另外除了政策方面的福利，随着入园商家具备一定规模，必然会产生外部经济，商家距离较近就方便交流合作、更高效地了解和掌握行业一手动态。

（2）杭州网上创业园：形成产业链，氛围浓厚。

杭州网商园区是规模化电子商务产业链条的代表园区，一旦商家落地电商园区，就能够以极低的成本享受招聘、美术设计、业务运营、货物储藏运输、人才培训等系统化福利。

该产业园具有如下特征：

a. 准入条件提高商家层次。入园的商家必须申请公司相关执照，淘宝商城或者其他 B2C 服务是商家开展的两项业务。而且它还集成了电子商务运营服务商、软件开发商、摄影机构、教育培训公司等与电子商务相关的全类别第三方服务商企业。

b. 配套设施完善。涵盖了交通、休闲、住宿等设施，园区已经向现代化规模化发展。

c. 形成成熟产业链。区别于电子园区以房租优惠的形式来留住网商的形式，杭州电商产业区入驻了服务供应商、网商卖家、摄影服务等外包商家，占据总商家数量的30%，提供了行业交流商务圈。在"双11""618"等电子商务活动前期，该产业园会提供洽谈交流会。无形的资源和驱动力也成为商家落地产业区的重要吸引力。

（3）北京中科电商谷：多元化。

中科电商谷产业园区拥有完善的设施，硬件、软件条件齐全，成为新兴电商产业园区的代表。中科电商谷产业园区累计投入40亿元。成为第一批国家级示范产业园区和北京市2013年重点建设项目。该产业园区的特点包括：

①CBD转型CED。凭借北京市大兴区的发展布局，中科电商谷正在实现可持续、低碳环保、智慧型商业的平台搭建。

②"一个中心六个附属"作为发展基础。中科电商谷正在积极落实一个中心多线条空间发展的布局战略。一个中心是指实际产业结合电商优势形成的园区主中心；多线条是指依托大兴地铁线、亦庄地铁线将各产业链条连接起来，形成动态产业集群。

③多种商业类型集合。产业园区聚集了现代化写字楼、住房小区、餐饮等多样化的商业形式，通过电商园区的平台将电商、运输、展览、投融资整合起来。

（4）义乌电商园区：一站式，国际化。

跨境国际电商园的出现，是随着外贸电商蓬勃发展而兴起的。其特征为：

①走出国门，面向国际。园区吸引了海关、商品检查、货物运输、外币兑换等专业机构，通过网络即可进行过关申请、外贸商品质量检测、货物运输，将线下服务转移到线上极大地提高了外贸效率。

②有利于跨境贸易的发展。跨境电商近几年发展势头迅猛，表现出了高盈利、高潜力的特性。2016年义乌的电子商务成交额达到1 770亿元，与2015年相比增长了31%①。外贸电子商务化是各省市对外贸易升级转型的重要途径，外贸电商产业园区为此创造了条件。

三、电商创客空间和双创空间发展情况

电商创客空间和双创空间这些具有互联网、电商基因的平台，其特点是集群式管理，群体中性格爱好相近的人可以方便交流，甚至进行商务合作。

推动人才培养，解决人才匮乏的社会问题。大量的民营企业存在人才欠缺的社会问题。建设和发展电商品牌创客服务平台，有利于推动人才的培养和对口就

---

① 浙江省商务厅．http：//www.zcom.gov.cn/art/2017/2/27/art_886_252552.html．

业，助力解决人才匮乏的社会问题。

打造创客生态圈，促进电商产业升级。把创客聚集起来，在创客服务平台的开放空间内一起协作，聚在一起组成生态圈，提供开源硬件和免费代码，资源对接，降低样品制造和社会创新的门槛，促进各种创意、各种想法最终可以变成作品和成果。同时，创客服务平台提供创业投资的企业资源，有助于为创客群体提供机会接触到投资人，消除创客受到的资源和条件的限制，促使其离产业化更进一步。

推进"大众创业、万众创新"的实施和发展。通过平台服务创客进行创新的模式，大大降低了创新的门槛，创新主体不再局限于科研人员，任何人都可以通过低门槛的创客模式参与到创新中，实现自己的创意，促进万众创新的进程。从创客群体来说，该群体为创业提供了前期的试运行，有了想法就可以在很短的时间内进行输出，消除了思路的论证环节，极大地控制了思路落地的成本，成为创新型企业创业指导和投融资服务最好的对接窗口，使创客的创新创业风险更加可控，促进大众创业的发展。

在国家政策的鼓励下，大企业电商平台正在支持双创发展。截至2016年底，以央企为代表的产业领军企业投资"创新创业"平台共计247个，领导创建"双创"组织共计159个，同比增加100多个[①]。举例来说，航天科工集团积极筹建跨领域"创新创业"，鼓励创新型孵化器建设，针对中小企业开展服务，现已经建成了"航天云网"平台等。

根据国家工商行政管理总局统计显示，2016年市场主体继续保持旺盛增长势头，第一季度至第四季度，已经登记的"双创"主体与2015年相比增长率分别为10.7%、14.8%、14.8%和6.1%。其中新登记1 651.3万户，增长率为11.6%。截至2016年底，全国实有各类市场主体8 705万户，其中企业2 596万户，个体工商户5 930万户，农民专业合作社179万户。[②]

第四节　我国电子商务发展的测度

从世界角度看，国际对电商发展的测评方法日益丰富，建立由中国发起和主导的全球电子商务指数可对上述研究进行有力补充，并通过客观及时地反映我国电子商务在全球视野中的定位、潜力、优劣势对比，以提出未来发展方向的指导

---

① 《中国电子商务报告2016》。
② 国家工商总局举行2016年全国市场主体发展等情况发布会［EB/OL］.（2017G01G18）［2017G04G22］. http://www.scio.gov.cn/xwfbh/gbwxwfbh/xwfbh/gszj/Document/1540521/1540521.htm.

建议。本书测度了中国电子商务发展指数，希望可以准确、客观地说明中国各省市电子商务发展的基本情况、比较优势及发展潜力，为各地有关部门实现电子商务可持续高速的发展提供参考。

一、中国在全球电子商务发展综合指数中的排名

本指数综合考量了全球 22 个国家（中国是主要全球贸易对象）在电子商务规模、潜力、渗透及支撑方面的表现。在重视电子商务市场规模的同时，本指数也强调各国电子商务在全球，以及在本国经济社会发展中的作用。本指数创新性地采用变异系数法对各指标进行赋权，从而客观真实地反映各国电子商务综合实力和发展态势。

（一）全球电子商务发展概况

与 2014 年相比，2015 年电子商务市场规模持续增长，增速有所放缓、电子商务对各国经济社会发展的影响（渗透）不断深化、各国支撑电子商务发展的环境逐步改善。中国、美国、英国等电子商务大国占据了排行榜的领先位置，同时墨西哥、巴西、俄罗斯等国家的发展潜力也不容忽视。表 1-3 显示了 2014~2015 年全球电子商务发展指数的综合排名。

表 1-3　　　　2014~2015 年全球电子商务指数排名

排名	国家	2014 年指数	2015 年指数	名次变化
1	中国	33.80	37.57	+1
2	美国	35.50	36.76	-1
3	英国	32.81	35.06	—
4	日本	28.46	34.51	+1
5	德国	29.02	33.75	-1
6	韩国	27.87	32.44	+1
7	法国	28.36	31.68	-1
8	俄罗斯	26.22	29.37	+3
9	荷兰	27.38	28.56	+1
10	加拿大	27.73	28.19	-2
11	澳大利亚	27.57	27.52	-2

续表

排名	国家	2014 年指数	2015 年指数	名次变化
12	瑞典	25.23	27.21	+2
13	丹麦	23.22	26.93	+2
14	西班牙	26.21	26.86	-2
15	墨西哥	16.10	26.70	+4
16	巴西	21.56	25.92	+2
17	意大利	25.94	25.64	-4
18	芬兰	22.74	25.41	-2
19	挪威	22.50	24.57	-2
20	印度	15.59	21.00	—
21	阿根廷	14.70	19.49	—
22	印度尼西亚	11.14	17.39	—

资料来源：作者根据相关资料整理所得。

2015 年电子商务产业持续快速发展，全球电子商务零售交易额超过 1.6 万亿美元，预计 2018 年将超过 3 万亿美元。电子商务零售交易额年增长率为 25.1%，是世界 GDP 增长率（2.3%）的 10 倍以上，成为推动全球经济发展的中坚力量（见图 1-19）。

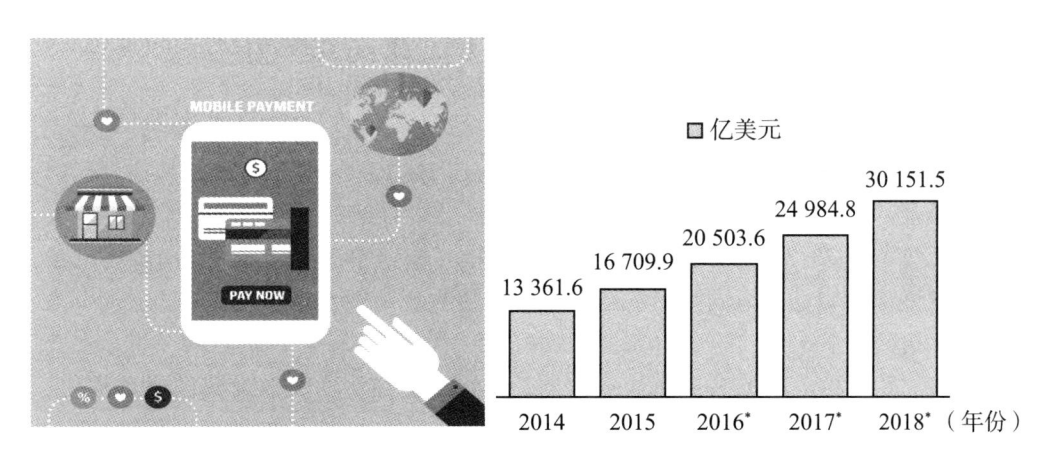

图 1-19　2014~2018 年全球电子商务零售交易额

资料来源：http://www.statista.com/statistics/379046/worldwide-retail-e-commerce-sales/.

随着越来越多的消费者通过多种设备进行网上购物，移动支付额也高速攀升（见图1-20）。2015年全球电子商务移动支付额为205.56亿美元，增速高达95.48%。

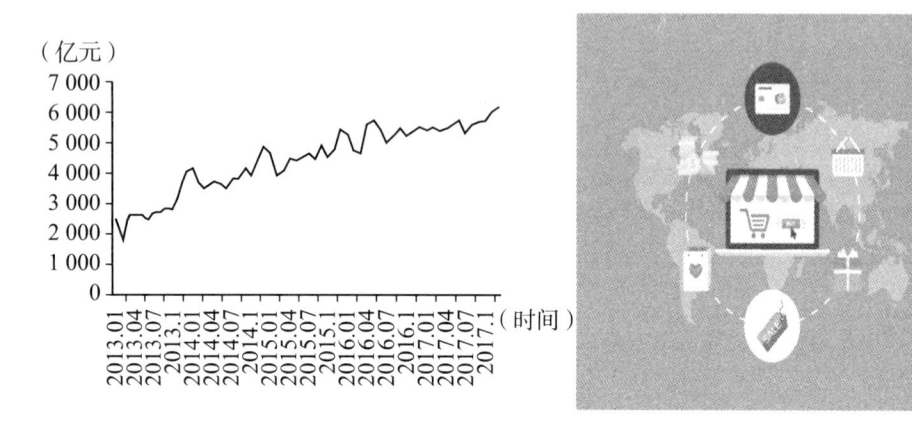

图1-20　中国跨境电商交易额2013~2017年

日益成熟的信息技术和物流产业也促进了跨境电商的崛起。以中国为例，2015年统计数据表明我国跨境电商零售进口金额为2 064亿元，延续了约60%的快速发展势头[①]。

中国摘得了2015年全球电子商务发展排行榜的头筹。这一方面得益于广大的市场规模和高速的发展潜力。以市场规模和消费者数量为例，中国的电子商务市场规模和网购消费者数量均在世界处于领先水平。2015年，中国的网购人数约为3.15亿，是日本网购人数的两倍、英国网购人数的六倍[②]。另一方面，中国的电子商务增长潜力巨大，2014年和2015年两年的增速排名均位列世界第一，这无疑也对2015年综合排名跃居世界第一发挥了积极作用。

与此同时，中国政府也重点关注和培育"互联网+"战略，产业结构不断完善，电子商务对国民经济发展的推动作用日益凸显。B2C电子商务交易额占国内生产总值的比重由5.2%（2014年）上升至6.3%（2015年）；网购人数占总人口的比重也由33.8%（2014年）上升至35%（2015年）。最后，中国发展电子商务的支撑环境也日渐成熟。根据世界银行的物流绩效指数（LPI）显示，中国的LPI指数由3.53上升至3.62，互联网普及率也由45.8%上升至49.5%。在此背景下，中国的电子商务健康快速发展，并在信息经济中充分发挥战略性作用，成为驱动国民经济与社会发展的新要素。

---

① 海关总署、易观智库《2015中国跨境电商研究报告》。
② U. S. Department of Commerce，Cross-Border e-Commerce in China 2015.

在我们考察的22个国家中，同时包含了发达国家和发展中国家。这两种市场存在着诸多差异，电子商务发展所呈现出的特色也不同。第一，两种市场具有不同的经济发展水平和国民收入水平，因此电子商务市场的购买力也存在显著差异；第二，发达国家市场结构更加完善，电子商务发展环境也更为成熟，并且竞争模式呈现出多样化特征；第三，得益于信息技术的普及和市场结构的调整，发展中国家电子商务市场的成长速度令人瞩目。因此，发达国家因市场规模及成熟的电子商务环境等优势，占据了排行榜的领先位置。但同时，发展中国家高速的增长也成为推动全球电子商务发展的中坚力量。

（二）全球电子商务发展指数结构分析

1. 市场规模

规模指数旨在衡量各国电子商务发展的市场规模及其在22国总体中的比重。具体而言，规模指数从电子商务企业数、网购人数、网络零售额及电子商务B2C交易额四个维度进行测算。首先，中国、美国、法国、俄罗斯、日本分列前五位。其中，中、美两国优势明显，成为22个国家中规模指数在10分以上的两个国家。其次，发达国家的电子商务规模庞大，占据排行榜前半段的主要位置；最后，俄罗斯、墨西哥、巴西等发展中国家排名上升较为显著，说明发展中国家的电子商务市场规模大幅扩展（见表1-4）。

表1-4 　　　　2014~2015年全球电子商务规模指数排名

排名	国家	2014年规模指数	2015年规模指数	名次变化
1	中国	13.07	16.08	+1
2	美国	15.05	15.73	-1
3	法国	8.16	8.15	+2
4	俄罗斯	4.84	7.04	+5
5	日本	8.42	6.46	-2
6	英国	5.70	6.29	+1
7	德国	5.53	5.91	+1
8	韩国	7.62	5.14	-3
9	澳大利亚	6.19	3.76	-3
10	荷兰	2.38	3.70	+1

续表

排名	国家	2014年规模指数	2015年规模指数	名次变化
11	加拿大	3.76	3.46	-1
12	意大利	3.10	2.75	—
13	巴西	1.55	2.32	+5
14	墨西哥	1.25	2.28	+4
15	阿根廷	1.27	1.76	+2
16	印度	1.31	1.73	+4
17	西班牙	2.23	1.70	-6
18	芬兰	1.08	1.43	+3
19	瑞典	1.87	1.33	-5
20	丹麦	1.19	1.15	-4
21	挪威	1.09	1.11	-1
22	印度尼西亚	0.62	0.74	—

资料来源：作者根据相关资料整理。

2. 发展潜力

发展潜力旨在衡量各国在电子商务企业数、网购人数、网络零售额及电子商务 B2C 交易额增长率方面的表现，以反映各国电子商务发展的增长潜力。与上一年相比，中国保持了全球增长第一的态势，并且成为增长指数超过20分的国家。增长指数排名的第二段（第2~8名）得分在10分以上，以发展中国家为主。这也延续了近年来发展中国家电子商务发展增长潜力可观的趋势。发达国家的增长指数得分在5~10分区间分布，说明发达国家电子商务发展日趋成熟、增速减缓，这也是影响发达国家综合排名的重要因素之一（见表1-5）。

表1-5　　　　2014~2015年全球电子商务潜力指数排名

排名	国家	2014年潜力指数	2015年潜力指数	名次变化
1	中国	25.27	24.34	—
2	印度尼西亚	12.81	14.79	+5
3	墨西哥	9.11	13.19	+10
4	阿根廷	15.50	12.59	-2

续表

排名	国家	2014 年潜力指数	2015 年潜力指数	名次变化
5	印度	12.19	12.32	+3
6	巴西	13.88	12.05	-3
7	美国	12.82	11.67	-1
8	俄罗斯	13.38	10.11	-4
9	韩国	12.86	9.21	-4
10	澳大利亚	7.69	7.95	+7
11	加拿大	10.66	7.58	-2
12	日本	9.27	7.42	—
13	德国	8.45	7.27	+2
14	丹麦	6.53	7.25	+8
15	英国	10.29	7.21	-5
16	瑞典	6.78	6.77	+5
17	挪威	7.81	6.74	-1
18	芬兰	7.02	6.00	+1
19	荷兰	7.68	5.92	-1
20	意大利	6.79	5.49	—
21	法国	8.59	5.11	-7
22	西班牙	9.62	4.94	-11

资料来源：作者根据相关资料整理。

3. 渗透深度

渗透深度旨在衡量电子商务发展各维度在本国相应经济指标的比重（电子商务企业数/本国企业数、网购人数/本国人口数、网络零售额/本国社会零售品总额及电子商务 B2C 交易额/本国 GDP），以反映电子商务对该国社会经济发展的推动作用。渗透指数排名显示，英国、日本、美国和中国占领前四席，得分均在 40 以上。渗透指数排名前半段中，第 5~10 名得分 30 以上，被德国、法国、西班牙等发达国家占据。其余发展中国家的渗透指数得分较低，说明电子商务发展对本国的推动力量仍有释放余地（见表 1-6）。

表 1-6　　2014~2015 年全球电子商务渗透指数排名

排名	国家	2014 年渗透指数	2015 年渗透指数	名次变化
1	英国	34.38	46.12	+1
2	日本	32.72	44.85	+2
3	美国	36.68	43.32	-2
4	中国	33.19	41.94	-1
5	韩国	28.87	39.09	-2
6	德国	24.97	38.37	+2
7	法国	26.71	33.20	+2
8	西班牙	27.88	32.45	-3
9	丹麦	25.01	31.37	+2
10	瑞典	23.33	30.22	+3
11	芬兰	21.09	29.63	+3
12	俄罗斯	21.18	29.50	+4
13	荷兰	27.88	29.43	-7
14	挪威	22.57	28.50	+1
15	加拿大	26.77	27.49	-8
16	澳大利亚	26.72	27.18	-8
17	意大利	25.07	25.77	-7
18	巴西	18.29	24.15	—
19	墨西哥	15.24	23.47	+1
20	印度	15.78	23.11	-1
21	阿根廷	12.73	22.13	—
22	印度尼西亚	2.53	12.30	—

资料来源：作者根据相关资料整理。

4. 支撑环境

支撑指数旨在考察各国支撑电子商务发展的水平。具体而言，该项指标通过考察各国物流发展水平、互联网普及率、电子商务相关产业就业水平，以及在线支付四个维度的综合表现，反映 22 个国家在支撑电子商务健康快速发展方面的环境及能力。支撑指数排名显示，前半段国家得分在 50 以上，前五名席位由欧美发达国家占据。发展中国家的排名集中在中后段，说明支撑环境是发展中国家电子商务发展进程中相对薄弱的环节。中国排名第 10，是四项分指标中排名最低的一项，也可被解释为我国进一步促进和完善电子商务产业中需重点改善的内容（见表 1-7）。

表 1-7　　　　2014~2015 年全球电子商务支撑指数排名

排名	国家	2014 年支撑指数	2015 年支撑指数	名次变化
1	德国	55.38	59.21	+2
2	法国	50.73	58.34	+3
3	美国	57.31	57.04	-2
4	英国	56.54	56.27	-2
5	日本	54.21	55.53	-1
6	韩国	44.51	53.56	+7
7	荷兰	50.16	53.37	-1
8	加拿大	48.96	52.83	—
9	俄罗斯	47.45	51.44	+3
10	中国	47.69	51.24	+1
11	澳大利亚	49.68	50.76	-4
12	瑞典	47.95	48.92	-2
13	意大利	48.11	48.58	-4
14	墨西哥	27.07	48.23	+5
15	西班牙	44.30	47.17	—
16	巴西	37.09	46.58	+2
17	丹麦	40.92	46.40	-1
18	芬兰	42.86	44.63	-3
19	挪威	40.22	42.50	-2
20	印度	22.70	32.74	—
21	印度尼西亚	21.88	29.73	—
22	阿根廷	20.84	28.67	—

资料来源：作者根据相关资料整理。

二、全国省级行政区域电子商务发展指数

电子商务发展指数旨在从发展规模、成长潜力、应用渗透、支撑环境四个方面全面考察各省电子商务发展水平。不仅关注电子商务既有的发展规模，同样重视各省电子商务发展潜力水平、对传统经济的影响程度以及基础设施的保障能力。2016年全国省级行政区域电子商务发展指数测评结果，如表1-8所示。

表1-8　2016年各省级行政区域电子商务发展指数测评结果

排名	省份	2016年电子商务发展指数
1	广东	69.73
2	浙江	61.09
3	江苏	51.61
4	北京	40.44
5	上海	39.20
6	福建	36.21
7	山东	32.58
8	安徽	32.53
9	四川	30.12
10	重庆	28.41
11	河南	28.06
12	陕西	27.53
13	云南	25.93
14	山西	25.93
15	辽宁	25.69
16	河北	25.45
17	湖北	25.22
18	江西	24.63
19	天津	24.62
20	宁夏	24.47
21	湖南	23.95

续表

排名	省份	2016 年电子商务发展指数
22	新疆	23.60
23	甘肃	22.74
24	海南	22.57
25	内蒙古	22.27
26	贵州	21.60
27	青海	20.87
28	广西	19.32
29	黑龙江	19.13
30	吉林	18.31
31	西藏	16.13

资料来源：作者根据相关资料整理。

(一) 梯度划分

2016 年，广东、浙江、江苏、北京、上海、福建六个省份的电商发展基础良好，构成了排头队伍，是我国电商发展的先驱省份。广西、黑龙江、吉林、西藏四个省份的电子商务仍有较大发展空间，成为我国电商未来发展的待开发梯队。其余省份的电子商务也正在稳步发展过程中。

(二) 名次变化

2016 年排名前几位的省份名次变化不大——排名前十位的省份名次变化均未超过 5 名；与 2015 年相比，排名前 5 位的省份仍为广东、浙江、江苏、北京、上海，这五省已经连续 3 年排名全国前 5。排名上升较快的省份包括：云南、甘肃、宁夏、新疆等，反映出西部地区在政策支持下，电子商务开始发挥后发优势。

(三) 均衡水平

图 1-21 反映了各省电子商务发展水平与平均水平的对比情况。2016 年全国电子商务发展指数的平均值为 29.35，全国有 9 个省份位于该平均值之上未超过平均值的省份仍占大部分。但另一方面，与 2014~2015 年相比，2016 年全国各省电子商务指数差距更为平缓（见图 1-22）。

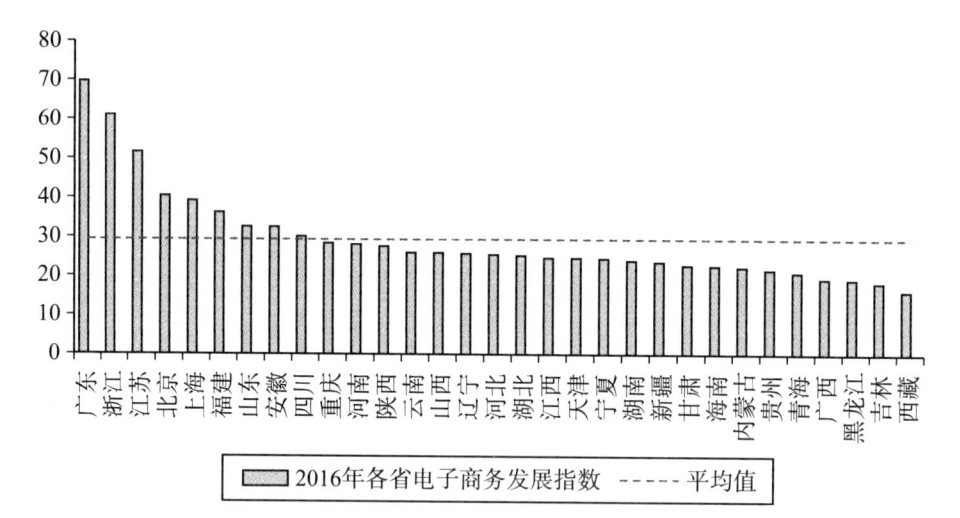

图 1-21　各省份电子商务发展指数

资料来源：作者根据相关资料整理。

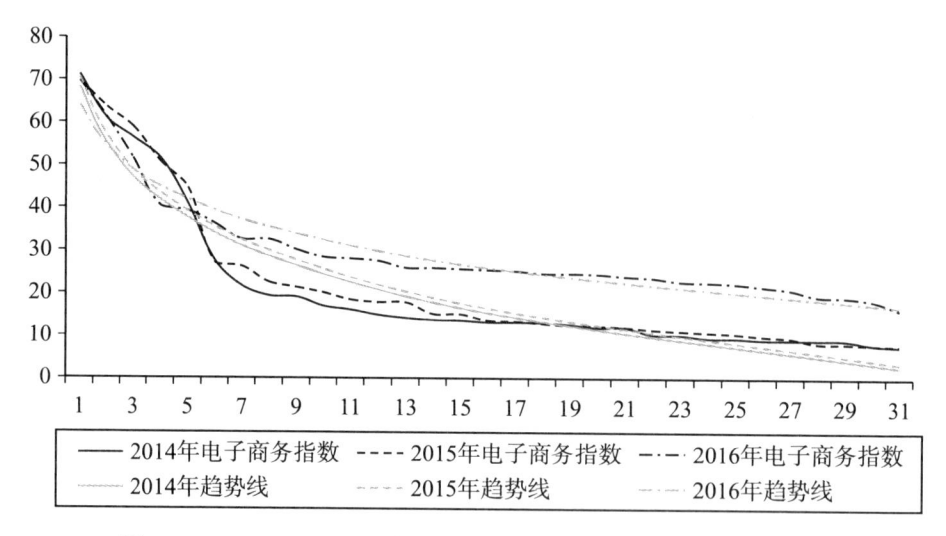

图 1-22　2014~2016 年各省电子商务发展差异水平示意图

资料来源：作者根据相关资料整理。

三、全国省级行政区域电子商务分项指数

（一）规模指数

规模指数反映各省电子商务的发展规模，由各省有电子商务活动的企业总数

占全国有电子商务活动的企业总数比重、各省电子商务交易额占全国电子商务交易额比重、各省网络零售额占全国网络零售额比重、各省网购人数占全国网购人数比重四项指标构成。各省规模指数测评结果如表1-9所示。

表1-9　2016年各省级行政区域电子商务规模指数测评结果

排名	省份	2016年各省规模指数
1	广东	94.69
2	浙江	79.37
3	江苏	64.37
4	山东	42.80
5	四川	33.08
6	北京	29.65
7	上海	29.13
8	福建	26.88
9	河北	25.27
10	湖北	22.09
11	河南	21.31
12	安徽	20.32
13	辽宁	19.83
14	湖南	13.81
15	重庆	13.68
16	陕西	13.60
17	天津	12.35
18	江西	11.26
19	吉林	11.24
20	山西	9.54
21	广西	9.44
22	云南	9.37
23	内蒙古	7.52
24	贵州	7.07

续表

排名	省份	2016年各省规模指数
25	黑龙江	7.03
26	新疆	5.04
27	甘肃	4.18
28	宁夏	1.83
29	海南	1.69
30	青海	0.78
31	西藏	0.00

资料来源：作者根据相关资料整理。

各省电子商务的规模指数呈现如下特征：

首先，2014~2016年三年间，排名前三位的省份均为广东、浙江、江苏。广东继续发挥跨境电子商务优势，跨境电子商务交易额为全国首位；浙江注重电子商务在产业层面的作用，浙江省商务厅在编制规划时重点考虑了"产业布局上兼顾全球性和整体性"；江苏也在跨境电商、农村电商等电子商务新兴领域持续发力，保持全国领先。山东、四川两省排名上升两位，进入全国前五；北京、上海、福建、湖北、河北进入全国前十。

其次，2016年共有11个省份——广东、浙江、江苏、山东、四川、北京、上海、福建、河北、湖北、河南——超过平均值（20.91），数量为2014~2016年三年最高。

（二）成长指数

成长指数反映电子商务的发展前景，由各省有电子商务活动的企业数增长率、电子商务交易额增长率、网络零售额增长率、网络购物人数增长率这四项指标构成。各省成长指数测评结果如表1-10所示。

表1-10　2016年各省级行政区域电子商务成长指数测评结果

排名	省份	2016年各省成长指数
1	宁夏	71.26
2	安徽	70.51
3	重庆	66.76

续表

排名	省份	2016年各省成长指数
4	海南	66.08
5	云南	65.38
6	甘肃	63.47
7	新疆	61.92
8	青海	59.15
9	山西	58.78
10	江西	56.52
11	福建	53.60
12	江苏	52.19
13	湖南	50.49
14	河南	50.41
15	陕西	47.93
16	内蒙古	47.58
17	广西	46.12
18	贵州	44.44
19	天津	43.83
20	黑龙江	41.90
21	广东	41.06
22	西藏	40.96
23	上海	36.90
24	湖北	36.89
25	辽宁	33.77
26	河北	32.99
27	山东	31.65
28	四川	29.04
29	吉林	25.60
30	浙江	21.43
31	北京	21.40

资料来源：作者根据相关资料整理。

各省电子商务的成长指数呈现如下特征：

一是成长指数的名次变化较大。与 2015 年相比，宁夏、云南、甘肃、新疆等省份上升名次超过十五名。甘肃成为全国成长指数排名上升最多省份，与其政策支持密不可分。甘肃于 2015 年编制完成了《甘肃省电子商务发展规划（2015~2017 年）》，该规划将农村电子商务、传统商贸流通业电子商务、旅行电子商务、文化产业电子商务、住宅区电子商务、外贸电子商务、制造业电子商务 7 个领域确立为重点发展电子商务领域。

二是增长较快的省份多为中西部省份，如宁夏、甘肃、新疆、云南等。

（三）渗透指数

渗透指数反映电子商务对经济发展的影响，与信息化渗透概念有所区别。由各省有电子商务活动企业数占该省总企业数比重、各省网购人数占该省网民人数比重、各省网络零售额占该省社会消费品零售额比重这三项指标构成。各省渗透指数测评结果如表 1-11 所示。

表 1-11　2016 年各省级行政区域电子商务渗透指数测评结果

排名	省份	2016 年各省渗透指数
1	浙江	83.49
2	北京	69.74
3	广东	58.06
4	上海	53.59
5	江苏	49.06
6	福建	47.27
7	陕西	43.68
8	四川	39.85
9	天津	36.35
10	辽宁	36.26
11	贵州	33.79
12	山西	33.75
13	内蒙古	32.79

续表

排名	省份	2016年各省渗透指数
14	山东	32.58
15	吉林	31.99
16	河南	31.39
17	河北	29.67
18	安徽	29.26
19	重庆	29.07
20	新疆	28.93
21	湖北	28.82
22	云南	28.29
23	宁夏	27.40
24	青海	26.41
25	江西	26.23
26	湖南	25.72
27	西藏	25.39
28	黑龙江	24.00
29	甘肃	23.92
30	海南	21.94
31	广西	18.51

资料来源：作者根据相关资料整理。

各省电子商务的渗透指数呈现如下特征：

首先，浙江、北京、广东、上海、江苏五省的渗透指数排名全国前五。该五省电子商务已对传统经济产生了深刻影响，如浙江2016年网络零售额突破万亿，同比增长30.89%；网络零售顺差达到5 055.05亿元。

其次，从时间上看，2014～2016年三年间，排名前四的省份没有发生变化，均为北京、浙江、广东、上海。北京、上海的优势在于有电子商务活动数的企业占比较高。广东、浙江的优势在于网络零售额占社会消费品零售总额的比重及网络购物人数占网民人数比重较高。

最后，渗透指数排名变动明显。与2015年相比，辽宁、贵州、山西、内蒙古、山东五省名次上升较快。

（四）支撑指数

支撑指数反映各省支持电子商务发展的环境因素，包括基础环境、物流环境、人力资本环境三方面指标。各省支撑指数测评结果如表 1-12 所示。

表 1-12　　2016 年各省级行政区域电子商务支撑指数测评结果

排名	省份	2016 年各省支撑指数
1	广东	73.58
2	浙江	56.29
3	北京	53.82
4	上海	45.33
5	江苏	31.10
6	福建	19.75
7	四川	16.54
8	山东	15.84
9	辽宁	15.25
10	湖北	12.53
11	河北	12.15
12	天津	10.35
13	陕西	10.28
14	安徽	9.68
15	河南	8.59
16	吉林	7.89
17	黑龙江	6.99
18	湖南	6.77
19	江西	6.55
20	贵州	6.30
21	内蒙古	5.94

续表

排名	省份	2016年各省支撑指数
22	山西	5.71
23	重庆	5.57
24	海南	5.37
25	西藏	4.08
26	广西	3.96
27	云南	3.26
28	甘肃	3.15
29	新疆	2.85
30	宁夏	2.69
31	青海	2.63

资料来源：作者根据相关资料整理所得。

各省电子商务的支撑指数呈现如下特征：

首先，广东、浙江、北京、上海、江苏等五省排名全国前五。广东、浙江在物流支撑方面优势明显，其中广东2016年快递总量占全国快递总量近1/4。北京的技术支撑环境较好，其互联网普及率、本省域名占全国比重均为全国第一，且人力资源丰富。上海、江苏的技术支持及人力资源也居于全国前列。

其次，支撑指数排名变化不大，几乎所有省份的名次变化不超过五名。

最后，云南、甘肃、新疆、宁夏、青海五省的电子商务基础资源需要强化。

四、中国电子商务发展区域结构分析

全国各省按电子商务发展水平可以分为先导省份、中坚省份、潜力省份三大类。

（一）区域结构概况

中国电子商务发展区域结构概况如表1-13所示。

表 1-13　　　　　　　中国电子商务发展区域结构

类型	先导省份	中坚省份	潜力省份
省份	广东、浙江、江苏、北京、上海、福建	山东、安徽、四川、重庆、河南、陕西、云南、山西、辽宁、河北、湖北、江西、天津、宁夏、湖南、新疆、甘肃、海南、内蒙古、贵州、青海	广西、黑龙江、吉林、西藏

注：表中红色字体表示与去年相比梯度上升省份，绿色字体表示与去年相比梯度下降省份，黑色字体表示与去年相比梯度不变省份。

总体上看，从 2015 年至 2016 年，福建省由中坚省份上升为先导省份；宁夏、新疆、内蒙古、青海四个省份由潜力省份上升为中坚省份；广西、黑龙江、西藏三省由中坚省份下降为潜力省份。

（二）先导省份

2016 年，我国电子商务发展排名先导省份为广东、浙江、北京、上海、江苏、福建六省。图 1-23 反映了先导省份各类指数与全国平均值的关系。

从图 1-23 可以看出，先导省份的规模指数、渗透指数及支撑指数明显高于全国平均值。其中，规模指数差异最明显，是先导省份优势的集中体现；同时，支撑指数高于平均值反映了先导省份基础设施的良好保障能力。

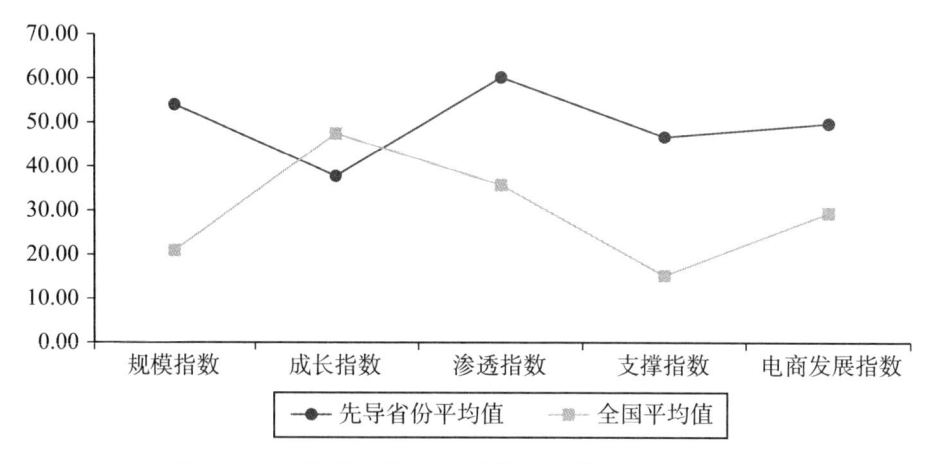

图 1-23　先导省份与全国各分项指数平均值对比

在六个先导省份中，广东、浙江在规模上优势明显，江苏在各方面发展均衡（见图1-24），浙江、北京、上海电子商务经济对传统经济的渗透程度较高（见图1-25），福建为六省份中成长指数最高的省份（见图1-26）。

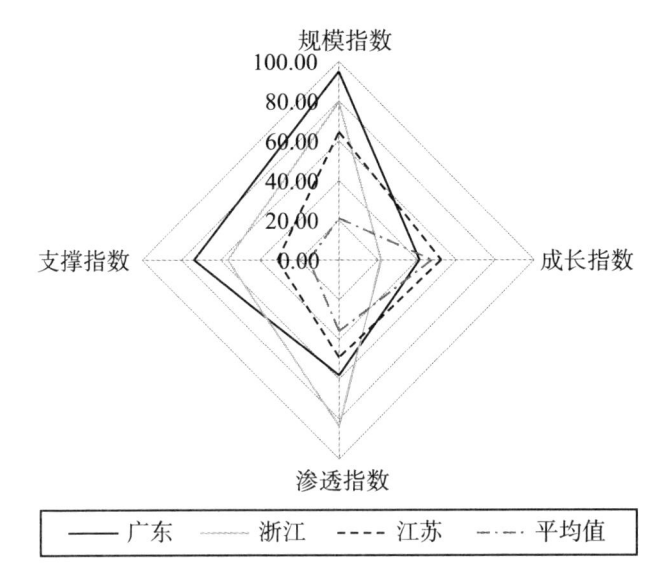

图1-24　广东省、浙江省、江苏省电子商务分项指数

资料来源：作者根据相关数据绘制。

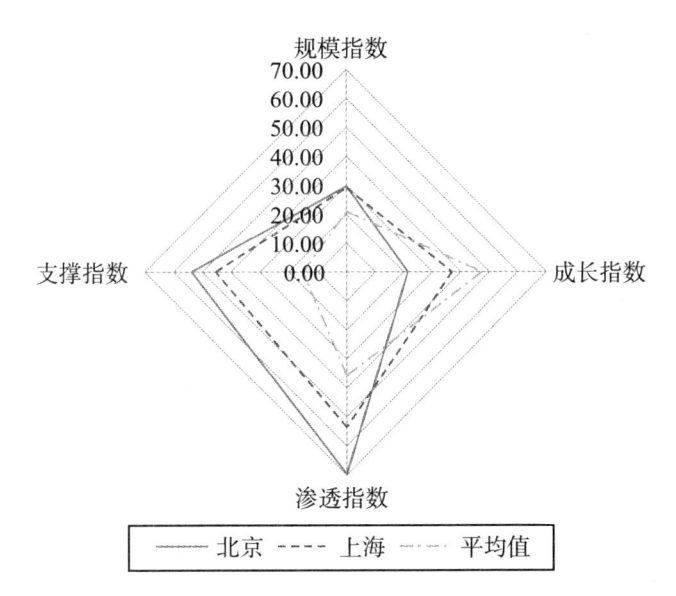

图1-25　北京市、上海市电子商务分项指数

资料来源：作者根据相关数据绘制。

图 1-26　福建省电子商务分项指数

资料来源：作者根据相关数据绘制。

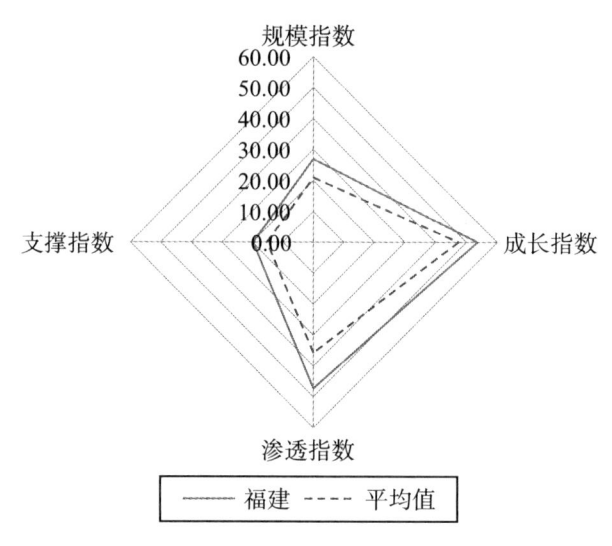

2016年广东省电子商务产业的良好发展来源于：第一，政策支持，出台了《广东省电子商务中长期发展规划纲要（2016~2025年）》《广东省人民政府关于印发大力发展电子商务加快培育经济新动力实施方案的通知》以及促进农村电子商务、跨境电子商务、商贸流通创新发展等系列政策文件。第二，模式创新，跨境电商、农村电商等在新模式下持续快速发展，2016年广东省跨境电子商务进出口额为228亿元，增长53.8%，规模居全国首位，农村网络零售交易额同比增长近50%，占全省网络零售交易规模比重约一成。第三，深度融合，广东省依托高度发达的制造业，通过发展电子商务打通上下游产业链，助力传统产业转型升级。

浙江省电子商务发展的良好态势，既表现在规模上，也反映在对实体经济的带动上。首先，浙江省B2B平台的服务收入、C2C综合交易平台的交易额均位居全国第一。其次，在阿里巴巴等大型电子商务企业的带动下，2016年新增8000余家实体企业应用电子商务，工业企业电子商务应用加快。同时，跨境电商、农村电商等电子商务新模式依然保持高速发展的势头，浙江省"淘宝村""淘宝镇"数量分别占全国总数的38.6%和37.8%，继续领跑全国。最后，浙江省创业创新氛围浓厚，直接解决就业岗位222.13万~233.47万个，间接为574.18万~603.49万人解决了就业问题。

江苏省电商发展具有以下特点：第一，贸易零售产业电商应用程度继续加深，苏宁易购等本地龙头企业积极探索利用电子商务创新自身营销模式，加大对自有品牌的引导和培育，已成为领先所在行业、辐射全国、覆盖国际的平台领导企业；另外，电商总体增长快速，农村电商、跨境电商等新模式成为该省电子商务新的增长动力。

北京市电子商务的发展特点是线上线下融合程度不断提高，如金源新燕莎MALL、西单商场、王府井百货、京客隆等近40家传统零售企业在线上拓展官网、开发移动App和入驻电商平台，线下依托实体门店，开展全渠道营销服务，逐渐构建领导型电商稳步发展，使中小电商特色化、专业化的发展结构快速增长。同时，北京市重视电子商务服务能力的培育，如目前已逐步建立完善了物流配送、便民服务、养老服务等多维度的服务型电子商务模式。

上海市与北京市类似，也加快传统产业线上布局，电子商务促进服务业发展水平不断提升，如支付宝、微信支付等便捷支付方式已经覆盖全市90%以上的实体商业企业。

福建省作为2016年先导省份中电子商务成长最快的省份，全年全省电子商务交易额突破万亿元，同比增长43.3%，连续三年保持40%以上增长速度；社会消费品零售总额同比增长11.1%，高于全国0.7个百分点。快速的增长源于以下四个方面：一是政策环境良好，福建省8个设区市及平潭，60个县（市、区）均已出台电子商务相关政策，省市县三级政策空间比较完善；二是与龙头企业合作大力发展农村电商，相关数据显示，阿里、京东、苏宁等龙头企业在福建省的农村电商月交易量超过100万单；三是福州、泉州、厦门等市跨境电商发展迅速，成为电子商务发展新的增长点；四是成立福建省电商标委会，出台了《三年行动方案》，大力推进电子商务标准化工作。

（三）中坚省份

指数结果显示，2016年中国电子商务发展的中坚省份包括：山东、安徽、四川、重庆、河南、陕西、云南、山西、辽宁、河北、湖北、江西、天津、宁夏、湖南、新疆、甘肃、海南、内蒙古、贵州、青海等。图1-27反映了中坚省份各类指数与全国平均值的关系。

从图1-27可以看出，中坚省份各项指数与平均值接近，除成长指数高于平均值外，其余指数均略低于平均值。

中坚省份电子商务发展各具特色，如山东电子商务发展规模较大，安徽、河南电子商务增长明显，四川、陕西对传统经济的高渗透率。本书就山东、安徽、河南、四川、陕西等五个典型省份进行分析。

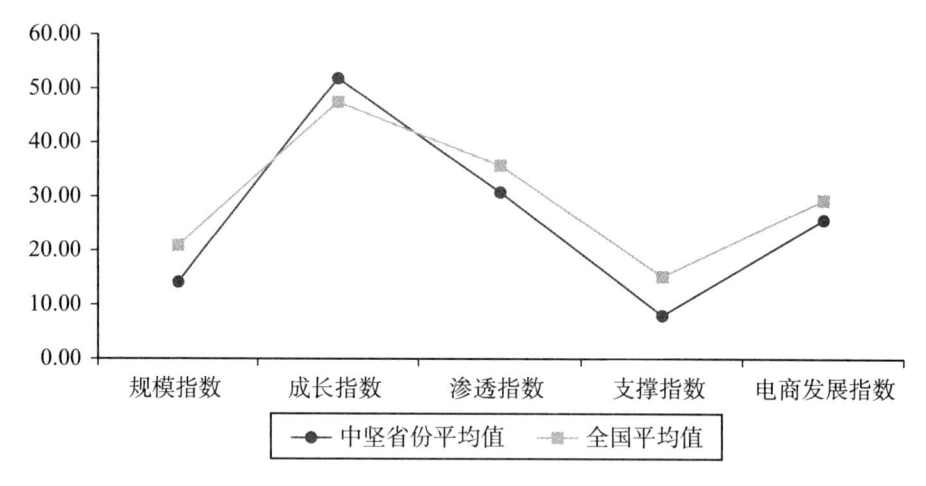

图 1-27 中坚省份与全国各指数平均值对比

资料来源：作者根据相关数据绘制。

山东省规模指数在该阵营中优势明显。2016 年，山东省电子商务交易额达 2.65 万亿元，其中网络零售额 3 007 亿元，居于全国前列。山东省电子商务发展的突出优势在于可以依托优势产业实现实物型商品网上交易的快速增长。2016 年，山东省内企业在淘宝、天猫、京东、苏宁 4 大电商平台上开设的店铺达 15.8 万家，涌现出海尔、海信、红领、九阳、韩都衣舍等一批位居前列、引领行业发展的电商龙头企业。另外，青岛获批国家跨境电商综合试验区以来，带动作用明显，2016 年，山东跨境电子商务出口 477.6 亿元，增长 45%，拉动山东全省出口增长 1.7 个百分点（见图 1-28）。

安徽省 2016 年电子商务增长迅速，得益于安徽省有良好的政策环境，例如以推进"电商安徽"建设为突破口和切入点，出台了《关于推进"电商安徽"建设的指导意见》《安徽省电子商务综合服务平台建设方案》《安徽省电子商务人才继续教育基地方案》等具体配套措施。同时，安徽省积极与大型电子商务平台合作，推进跨境电商、农村电商发展——大龙网、敦煌网、小笨鸟等知名跨境电商平台相继落户安徽，淘宝、京东、邮政、供销、淘实惠、乐村淘六大电商在安徽省落地。最后，重视电子商务基础设施建设，包括推进电商与物流快递融合发展和加强电子商务人才培养两方面内容。

河南省成长指数较高，2016 年该省继续发挥跨境电商、农村电商方面的优势，实现电子商务持续快速发展。在中国（郑州）跨境电子商务综合试验区成功获批后，跨境企业蓬勃发展、跨境电商发展载体不断完善、跨境电商优势正在形成。商务部认定河南省三家农商企业为电商示范点，分别是郑州华粮科技、众品食业和河南大用，且河南省在全国率先开发了农村商务信息服务手机版，开展了专项培训和应用推广业务（见图1-29）。

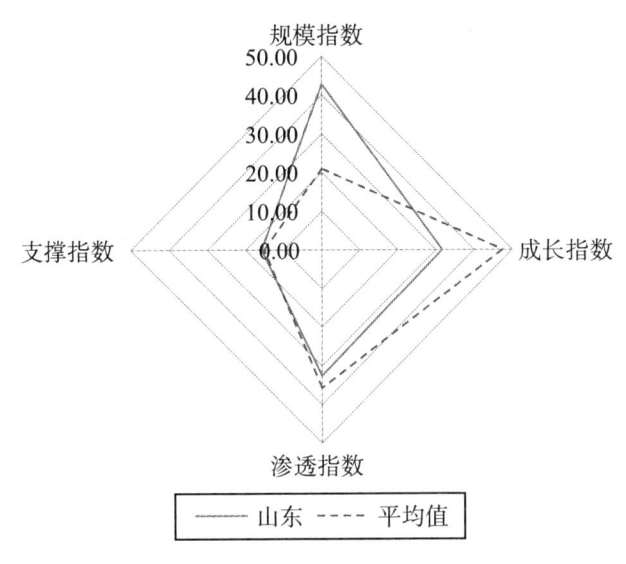

图1-28　山东省电子商务分项指数

资料来源：作者根据相关数据绘制。

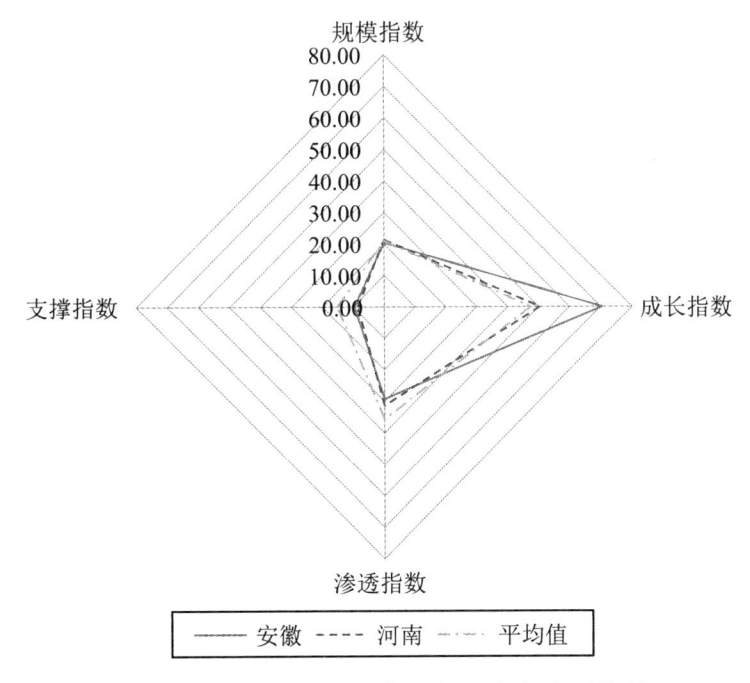

图1-29　安徽省、河南省电子商务分项指数

资料来源：作者根据相关数据绘制。

四川省作为西南地区电子商务发展的领先省份，2016年实现电商交易额21 228.57亿元、网络零售额2 462.4亿元，占社会消费品零售额的近16%。呈现出良好的规模水平和对传统产业的渗透程度。四川省重视培育电子商务领军平台，涌现出如哈哈农庄、极米科技、看书网、票务网等一批全国领先的平台类企业，极大地丰富了电子商务的应用范围。同时，四川省大力促进线上线下融合，开展首届线上线下川货电商体验活动，天府网交会成为"四川造"展示展销服务枢纽中心，传统品牌如泸州老窖、长虹、全友、川红茶叶等特色突出，成为助推产业发展的创新力量。最后，四川省开始积极开展电商扶贫工作，助力精准脱贫，京东、苏宁、汇力农资、蜀品天下、万企共赢等电商企业纷纷进驻贫困地区，通过产业扶贫、用工扶贫、创业扶贫等模式开展扶贫工作。

陕西省电子商务发展的特征是对实体经济的影响加大，尤其是在涉农电商方面的带动作用日益明显，如2016年底，陕西网民数量突破2 000万，其中农村网民规模接近500万，约占全省网民规模总数的25%；凭借电子商务的品牌孵化作用，省内商家树立了诸如"土豆姐姐"等扬名海内外的知名品牌（见图1-30）。

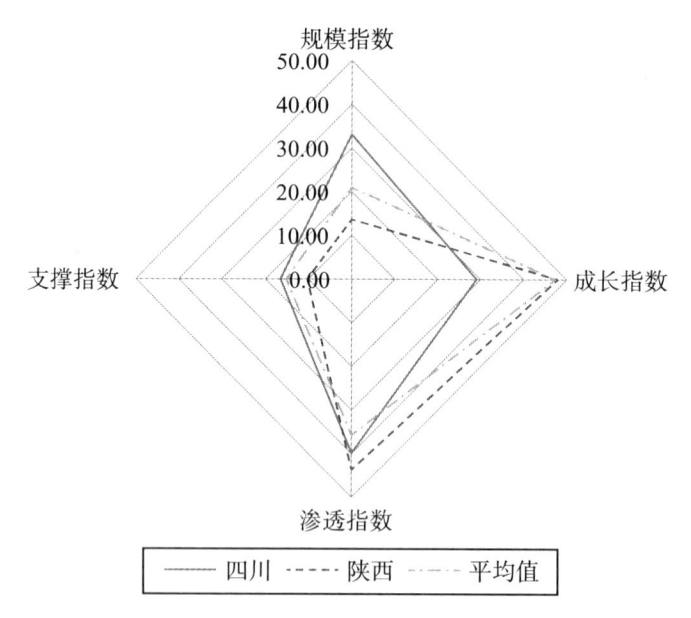

图1-30　四川省、陕西省电子商务分项指数

资料来源：作者根据相关数据绘制。

(四) 潜力省份

指数结果显示，2016年中国电子商务发展的潜力省份包括广西、黑龙江、吉林、西藏。图1-31反映了潜力省份各类指数与全国平均值的关系。

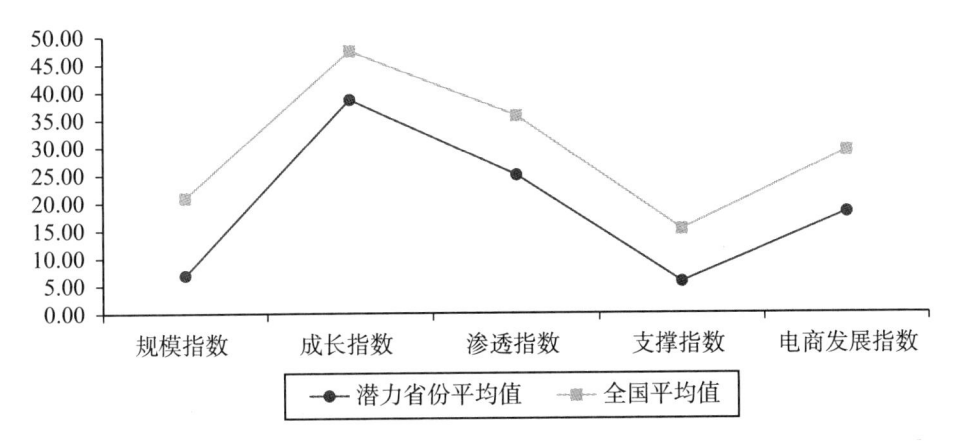

图1-31 潜力省份与全国各指数平均值对比

资料来源：作者根据相关数据绘制。

从图1-31可以看出潜力省份各类指数低于全国平均值，且与平均值呈相似趋势。相对而言，潜力省份仍有较大的发展空间，呈现出以下特征：

一是由于这些省份电子商务起步较晚，电子商务规模小，四省份的电子商务交易额、网络零售额等指标处于全国落后位置。

二是电子商务发展环境有待优化，四省份在物流、人才、技术等电子商务配套设施方面尚显不足，发展环境成为制约其电子商务发展的主要因素之一。

三是电子商务应用水平不高，导致这些省份电子商务与传统经济融合有限，没有充分发挥电子商务应有的作用与优势。

四是潜力省份成长指数低于全国平均值，说明可能受制于本省的区域禀赋差异，电子商务增长水平仍有待提高。

五、结语

本书从电子商务发展的自身水平与环境因素两个方面分析，对我国电商发展基本状况进行测评，给出了各省份电子商务发展指数与排名。根据测算结果，本书得出以下主要结论：

（1）按照各省份电子商务发展水平，分为三大类。第一类先导省份，包括广东、浙江、江苏、北京、上海、福建六省份。第二类中坚省份，包括山东、安徽、四川、重庆、河南、陕西、云南、山西、辽宁、河北、湖北、江西、天津、宁夏、湖南、新疆、甘肃、海南、内蒙古、贵州、青海二十一个省份，这些省份表现出电商多样化发展态势。第三类潜力省份，包括广西、吉林、黑龙江、西藏四个省份。

（2）与2015年相比，2016年各省份电子商务发展指数之间差距更为平缓。

（3）在四个分项指数排名中，广东、浙江、江苏等省份的电子商务发展规模优势明显，宁夏、安徽、重庆等省份具有较高的电子商务发展潜力，浙江、北京、广东等省份的电子商务对实体经济的影响较大，广东、浙江、北京等省份的电子商务支撑环境较好。

（4）电子商务发展的优势省份具有良好的基础条件，发展较早且已经具备一定的行业经验，随着规模的扩大对经济的促进作用愈发明显。2016年，领先省份已经培育出了一批电子商务龙头企业，且跨境电子商务、农村电子商务等有序推进，为电子商务发展带来了新优势。

（5）电子商务发展相对落后省份的主要问题在于电子商务起步较晚，电子商务发展在认识层面及基建设施层面需要得到进一步重视。在选择适合当地特点的电子商务发展路径和方向，加强基建设施建设，为电商发展创造良好的环境，以此为基础，培育本土电子商务骨干企业及打造知名品牌，并扩大电子商务在传统产业的应用和发展规模。

第五节　我国电子商务的发展趋势

依托计算机网络的技术优势，电子商务已逐渐突破地理位置的贸易限制，简化贸易流程的手续，缩短贸易成交的周期，降低人工处理费用的价格并加快企业资金周转的速度，从而产生巨大的经济效益，对传统内外贸易方式影响深远。

一、电子商务环境下经济与社会发展新特征

（一）信息资源、信息技术及信息网络运行平台正在成为经济与社会发展的主导要素

在经济关系日益复杂、风险与机会高度不确定的情况下，信息因为可以减少

不确定性，日益成为比物资、能源更重要的战略资源，信息流正在取代物质流与资金流成为经济与社会相关要素联系的主导方式。

信息技术体现为对各类信息资源进行采集、存储、加工处理、传输及展示的过程，尽管需要融合各种领域技术，但信息技术已成为将不同领域技术联结在一起并产生新技术、新产品、新服务的技术，从而成为经济与社会发展的主导性技术。

信息网络平台的重要作用在于基于信息资源，通过数字化服务过程，联结产业链及产业间相关方，并对其他各类产业运行平台进行有效的整合，是经济与社会发展的主导性运行平台。

（二）电子商务正在成为经济发展的主导产业

随着电子商务在国民经济各领域覆盖面的不断扩大，联结不同产业不同要素的深度与广度不断扩大，各产业部门界限被打破，相互介入，形成一种新型的竞争合作关系，呈现产业融合的趋势，电子商务正在成为现代产业体系中的枢纽与主导产业。

（三）网络化正在成为社会生活的主导方式

网购推动的全时空化、个性化消费方式正在形成；网络化衣、食、住、行快速发展；网络化教育、医疗、保险等社会保障体系逐步建立。

（四）电子商务发展水平正在成为信息网络时代衡量一个国家或地区是否具有经济发展主导权的主要标志

电子商务的快速发展正在重构世界经济新秩序，形成国际竞争新格局。要想在信息网络时代赢得国际竞争优势，必须掌握全球经济发展的主导权，包括重要战略物资的控制权、交易信息拥有权、支付结算优先权、交易规则等标准规范的话语权。获取重要战略物资的控制权、交易信息拥有权、支付结算优先权、交易规则等标准规范话语权的有效途径就是发展电子商务。

二、电子商务业态演化路径

（一）电子商务主流业态现状

我国电子商务主流业态基本形成主要包括：网络定制型、网络平台型、网络中介型、支撑服务型。

网络定制型是指依托网站，以自主创建的网络商品设计、销售等高附加值环节为核心业务，外包网络商品相关的制造、物流、售后服务等低附加值相关业务。如凡客等，类似于传统的品牌商品制造商。

网络平台型是指依托网站、以会员费或租金等为主要赢利模式，为企业、个人及相关组织进行网络采购、销售活动提供网络平台服务的业务活动。如淘宝网等，类似于传统的集贸市场等。

网络中介型是指依托网站，以交易佣金为主要赢利模式，为企业、机构和个人提供产品或服务交易及相关的业务处理、电子认证、在线支付、物流配送等服务的业务活动。如钢铁交易网等，类似于传统的现货、期货交易市场。

支撑服务型是指依托网站，以手续费等为主要赢利模式，为企业、机构及个人提供电子认证、在线支付、物流配送等服务的业务活动。如 CA 机构、物流配送服务平台、支付服务平台等。

（二）影响电子商务主流业态发展演变的关键因素

电子商务主流业态发展演化的动力是对低成本交易的追求，演化的机制是自然选择（差异与新奇、自然选择、遗传与维持）和组织学习（发现组织策略和行为错误、对既定假设质疑、再学习）。演化条件是交易效率的不断提高，演化方向是最小交易费用。演化途径或特征是自组织和个人设计、可复制性下的路径依赖和周期性。因此，交易效率是电子商务主流业态发展演化的必要条件。

交易效率的影响因素包括交易时间、交易空间、交易制度及交易对象特征。交易时间是指完成一次交易所需花费的时间，包括信息搜索时间、交易谈判时间等。交易时间越短，交易效率越高。在电子商务环境下，交易时间取决于网络带宽、网络覆盖率、上网人数等。交易空间是指有形交易对象所覆盖的相对范围。交易空间越小，交易效率越高。在电子商务环境下，交易空间取决于陆路、海路、空路、管道等总里程及平均速率等。交易制度是指与交易全程（交易前、交易中、交易后）相关的法规、标准、技术支撑手段的建立与完善程度。不同的交易对象，由于其特征不同，交易效率有明显的差异。

（三）电子商务主流业态发展演化路径

随着电子商务交易效率的不断提高，目前电子商务主流业态的发展路径主要包括：

（1）专业化。从电子商务基本环节的角度讲，任何电子商务企业，无论其属于何种业态类型，均有可能向专业化在线交易、电子认证、在线支付、物流配送中的某一个方向发展；从交易对象或品类的角度讲，无论其交易的品类属于何种类型，均有可能向某一品类的某一个细分子类方向发展。

（2）平台化。从电子商务基本活动的角度讲，任何电子商务企业，无论其核心活动是在线交易、电子认证、在线支付、物流配送，还是信息服务，均有可能向平台运营商的角色转变，专业化提供信息服务。

（3）消亡。由于市场竞争的原因，任何电子商务企业，无论其属于何种业态类型，均有可能因失去竞争能力而消亡。

任何电子商务企业，无论其属于何种业态类型，其发展方向或路径均是向专业化、平台化或消亡转变，三者只居其一。

三、我国电子商务总体发展趋势

经济全球化和新一轮产业升级为电子商务服务产业发展带来新的机遇。云计算、物联网、移动互联等新一代信息技术的发展正在催生电子商务新的技术架构和新的服务模式，引领电子商务服务产业步入新的发展阶段。电子商务服务正在由目前的线上与线下结合的模式向集电子认证、在线交易、在线支付、物流配送和信用评估等服务于一体的方向发展，正在由目前的服务企业数量多、规模小、秩序乱的混沌状态向品牌服务企业主导、服务过程规范的有序状态发展，正在由目前的采购、销售服务向企业内部的相关业务渗透，呈现出全程在线化、规范化、与传统产业融合发展的态势。

根据目前的技术与经济条件判断，2015年是电子商务发展的转折点。2015年左右，具有彻底的、成熟的网络意识和网络文化的"90后"新生代已步入经济社会各领域，整个社会的网络生产经营与消费氛围基本形成，电子商务由快速发展转变为高速发展。2020年是电子商务发展的攻坚点，基于网络的无形市场规模将接近传统的有形市场规模，电子商务逐步成为国民经济的主导产业。

第二章

电子商务影响内外贸易的理论分析框架

电子商务的发展进一步加速了网络经济领域的数据沉淀和技术迭代,为企业的价值创造和消费者的价值获取提供了更加广泛的市场机遇。电子商务的网络正外部性进一步推动贸易生态网络的优化调整,并通过内部化鼓励企业提升服务和适应市场发展需求的经营管理能力。同时电子商务进一步促进了软科学与生产力之间的转化,推动产业的转型升级,为经济发展提供新的增长动力。电子商务的发展对公平竞争和有序运行的市场机制提出了新的要求,同时对行业规范和监管制度的建立和实施展开了更加广泛的讨论,从而对经济社会产生全方位多层次的影响作用。本章构建理论分析框架,从理论上推导电子商务对内外贸易的影响,为本书研究提供理论支撑。

第一节 梅特卡夫法则与电子商务对贸易市场的外部性

伴随着电子商务的迅速发展,电子商务对贸易市场所产生的影响也逐渐呈现出系统性和网络化的特点。一方面,电子商务通过加快信息和资源在市场上的流动而进一步推动了贸易市场各领域各环节的联动机制。另一方面,电子商务通过加速数据和资讯的沉淀为贸易市场的经营活动寻找新的价值增值点开辟了新的渠道。同时,电子商务的兴起也为贸易市场进一步改进商业模式与优化市场结构注入了新的动力。因此,电子商务对贸易市场的外部性已逐渐成为整合市场资源、推动市场演进和拉动市场流通的重要因素。

一、电子商务对贸易市场产生外部性的理论基础

（一）电子商务经营中的梅特卡夫法则

梅特卡夫法则属于互联网领域较为重要的理论之一，对于网络市场的经营和消费行为具有较为重要的解释力。20世纪80年代由梅特卡夫（Metcalf）提出消费者在购买行为中对于网络的需求性较强。梅特卡夫认为网络的价值随着参与网络购物的消费者数量的增加将不断增强。[①] 梅特卡夫法则将网络科学的思想融入了互联网行业的经营管理中，强调了网络节点对于整体网络价值的贡献和支持，同时对于新兴的市场经济现象和行业结构提供了较为独特的分析视角。梅特卡夫法则认为，根据网络的外部性特征，网络的价值是网络节点数的平方，网络价值是随着用户数量的平方速度增长的，产品会随着该产品的使用者或消费者的增长而不断获得额外价值的特性。梅特卡夫法则对网络经济产业的发展和各个公司选择不同的竞争战略有着很重要的影响，企业可以根据该法则将获得更加广阔的发展空间[②]。企业通过构建网络结构和经营网络关系，进一步发掘现实流通网络和虚拟关系网络中的价值，从而不仅能够在相互关联的市场和行业中寻找新的利润增长点，而且能够在客户关系和渠道管理中建立更加广泛的竞争优势。

梅特卡夫法则认为，随着网络中参与者的增加为用户获得额外效用提供一定的空间，从而进一步指出产品随着使用者的增多而不断增值的特性，且随着节点的增加，网络内成员的整体效应将进一步提高。该法则对网络经济产业的发展和各个公司选择不同的竞争战略有着很重要的影响，企业可以循着这一法则获得更加广阔的发展空间。电商平台是一个基于互联网的虚拟商圈网络，这个网络中包含有大量的买家和卖家，各个参与者之间的关系相互影响表现出明显的网络外部性特征。在整个网络中生产者或企业卖家可以实现信息资源和基础设施的共享，降低成本，获得更多的收益，同时随着越来越多卖家的加入，整个网络打破了地理空间的限制，众多商机集聚各种平台，各个平台直接相互连接，使客户流资源

[①] Hendler, James & Golbeck, Jennifer（2008），Metcalfe's Law, Web 2.0, and the Semantic Web, Web Semantics: Science, Services and Agents on the World Wide Web, 6 (1), 1–20.

[②] 谭玲玲：《网络经济三大法则与企业竞争策略的选择》，载于《经济师》2003年第12期，第109~120页。

共享，促使整体网络扩大，这又会吸引更多的人由线下转为线上消费，从而形成正反馈，网络效应不断扩大。

依据梅特卡夫法则可以看出消费者会因外部性的扩大而获得更多的效益，也会更加乐意购买联盟企业的产品，对产品和企业的偏好程度更容易增加，企业联盟的市场空间和利润将形成较大的增长潜力，这也会使得内部成员的市场空间和利润得到增长。网络外部性的增加将进一步提升市场进入机会的价值。由于网络外部性对利润空间的提升作用，潜在供应商的进入意愿在网络外部性的鼓励下将得到进一步提升。[①] 因此，在电子商务的推动下，市场的经营活动突破了空间、时间和地域的限制，使网络经营的正外部性获得进一步发挥，从而推动企业在市场联动机制和价值网络关联作用的支持下进一步放大由梅特卡夫法则所带来的网络效应，为互联网经营当中各价值网络节点和各节点所组织的商贸流动环节提供了更大规模的增值空间，同时为各经营环境相互关联所带来的价值创造提供了更加有利的市场条件和行业环境。

（二）电子商务的网络正外部性

网络外部性源于参与者增加而导致收益的上升，对研究交易规模对于消费者效用的产生具有重要的支持作用。与传统的消费理论不同，网络外部性效应认为，在消费品自身的效应之外存在额外的网络效应，可以从整体上提升产品的价值。网络外部性认为前一个消费者购买了产品会促进下一个产品被购买，影响市场的需求曲线，并且该效应在高科技产品中较为突出。随着电子商务发展逐渐成熟，具有一定规模的电商平台，如淘宝、天猫、京东、苏宁逐渐兴起，电商融合了规模经济和网络外部性的特征，从而为网络交易平台的产生与集聚提供了支持。电子商务的发展增加了我国经济发展的新渠道，网络市场交易的正外部性也越来越突出，并且将进一步推动投资和消费需求的发展。

外部性的效应存在于一个经济主体的行为对另一个经济主体产生明显的福利影响。在传统商业中集聚体现出一定的外部性的同时，外部性也同样存在于网络经济中。随着商家集聚的规模越大，商家之间的行为会相互影响，商家的福利会提高。平台的发展将从整体上提高平台的人气和关注度，吸引更多的客流量，进而引导新的商家进行参与，带来新的额外福利，也会吸引更多的商家店铺加入。同时，平台每增加一个新的消费者的消费都会吸引更多人的加入，商铺商家和消费者个人只要增加都会给电子商圈带来外部的经济效应。因此，

---

① 倪得兵、唐小我：《网络外部性、柔性与市场进入决策》，载于《管理科学学报》2006 年第 2 期，第 1~7 页。

电子商务将通过吸引商家和消费者的加入，进一步扩大平台的影响力，从而进一步推动网络商圈的构建和外部性所产生的积极效应。电子商务对贸易市场流通发展产生的外部性主要通过直接网络外部性和间接网络外部性两个方面发挥作用。

1. 网络直接外部性

直接网络外部性将促进消费者随着用户量的增加而被网上产品所吸引，从而提升了网络产品的价值。而产品价值的提升将进一步吸引消费者加入平台。而交叉网络外部性将出现于服务商和消费者相互吸引的情形。消费者的增加将吸引更多的服务商选择该网络平台，而服务质量和消费质量也将得到进一步提升，从而通过加快信息传播等方式吸引更多的消费者进入该平台[1]。用户在网络中取得的效用取决于这个网络中现存用户的数量。网络中已经连入的用户数量提升将有利于在网络中相互管理的客户群都将获得比单一个体更多的效用，价值与人数之间存在重大正相关的关系。当网络中有新成员加入时，网络的总效用会随着用户数目的增长呈现平方增长速度。电子商务通过容纳众多的企业集聚平台，削弱地理范围上的限制。市场内的消费者依赖性比较大，相互影响比较强烈，消费者就会对使用该产品的其他人产生直接的网络外部性效应。

2. 网络间接外部性

电子商务对消费者产生积极的交叉网络外部性影响还包括消费者对商家的反馈和消费者之间相互作用而产生的一般外部性的影响。电子商务通过影响产品的互补品或基础辅助性产品，互补的特性将对消费者在产品需求上产生相互依赖性，而单一消费互补品中的一件商品无法实现产品的使用价值，从而对消费者产生间接的网络外部性影响[2]。图 2-1 显示了我国 IT 企业 2011 年在电子商务等跨领域综合国际化发展的复杂网络结构。在计算机与互联网技术迅速发展的推动下，买卖双方在线上开展交易的规模逐渐增大。间接网络外部性将通过买卖双方的关系进行体现，其中一方的效用将伴随另一方的规模提升而进一步加强。伴随着平台经济的发展和 B2B 商业模式在网络经济中的迅速成长，产品的质量也逐渐成为买卖双方在网络经济市场达成交易的重要决定因素[3]。

---

[1] 杨洵、张权、王红亮：《基于网络外部性的网络融合经济学分析》，载于《西安邮电大学学报》2015 年 5 月。

[2] 胥莉、陈宏民：《具有网络外部性特征的企业定价策略研究》，载于《管理科学学报》2006 年第 6 期，第 23~30 页。

[3] 李治文、仲伟俊、熊强：《B2B 平台间接网络外部性维度及竞争策略分析》，载于《系统工程学报》，2014 年 8 月。

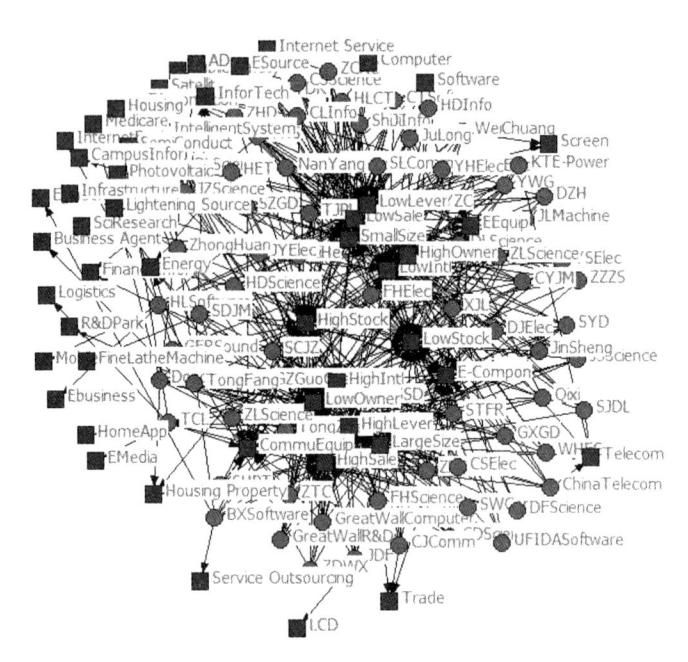

图 2-1　我国 IT 企业跨领域国际化发展的复杂网络

资料来源：Wind 资讯。

在电子商务平台的正网络外部性发挥作用时，直接网络外部性将推动交叉网络外部性的发挥。当平台出现负网络外部性时，直接网络外部性将抑制交叉网络外部性的发挥。同时，网络正外部性的发挥也受到平台所处的生命周期的影响[①]。预期的消费者数量增加将成为网络增长的重要启动因素。物联网的发展将由直接网络外部效应和间接网络外部效应共同推动。用户数量的增加将通过直接网络外部效应推动网络的自身价值。同时，相关互补品的增加将通过间接网络外部效应推动物联网的价值提升[②]。

（三）平台经济的形成与效应

在电子商务不断发展的过程中，平台经济的兴起对于贸易市场的流通起到了进一步的促进作用。电子商务通过经营网络聚集各种各样的产品和服务，将传统的贸易往来电子化，形成了各种电子商务平台。在电子商务发展的同时，与传统的贸易市场集群和产业集群相类似，互联网也将各大电商平台发展出了一个新的

[①] 张云秋、唐方成：《平台网络外部性的产生机理与诱导机制研究》，载于《北京交通大学学报（社会科学版）》2014 年 10 月。

[②] 陈坤、武立：《物联网网络外部性内生机制研究——以打车软件为例》，载于《财经问题研究》2014 年第 9 期。

产业集群,集中化程度不断提高,电商网站集聚。这些平台将线上与线下融合起来,同时与传统的产业接轨,连接更多的生产者和消费者,满足市场上各种不同的需求,通过网络和物流缩短了消费者与供应商之间的距离,更加有利于不同的生产者和消费者进行贸易往来,网络信息传递的高效性也更加有利于将地区与全国甚至国际接轨,进一步推动传统产品和贸易"走出去",增加就业创业,促进地区发展。

互联网在将生产者和消费者连接在了一起的同时也将不同的消费者连接在了一起,这些消费者可以通过电商平台进行沟通交流,将以往在传统市场上无法遇见的人连接在一起,增加了消费者之间的互动,他们对于商品的评价和反馈信息也会实时地传递给对方,这就将使用和想要购买这些产品的消费者形成了一个网络,并且当购买消费同一种商品的消费者越来越多时,这些商品也会更加具有价值,因为一个消费者的行为会影响另一个消费者的选择行为,当其他人也购买同样的产品时,由于加入了这个网络,扩大网络的同时会获得额外的价值,从而进一步推动了网络外部性的发挥。

在网络平台的经营活动中,企业将通过战略联盟与并购重组等方式逐渐形成群落效应,并通过网络外部性进一步扩大范围经济。同时平台经济的网络外部性将进一步满足消费端更加广泛的服务需求和顾客偏好。"一体两翼"的平台型经济架构为企业间的互补性连接提供了更加广泛的合作空间[1]。网络效应将有助于产品市场的进一步成长,通过消费市场的推广吸引更多的消费者,从而推动企业同步加快兼容性产品的开发,在提升产品功能的过程中同步提高产品和服务[2]。电商平台直接将企业与零售商、消费者联系起来,打破了传统的贸易流程,减少了中间商的数量和商品的流转成本,使得厂商业务规模拓展迅速。与此同时,网络的外部性提高了平台内企业的设施共享效应,除了传统商圈集聚的物流配送外,还有在线支付、信用评价这些互联网虚拟商业圈的公共服务等基础设施的共享,充分利用这些基础设施,可以使资源得到更好的利用[3]。

---

[1] 田洪刚、杨蕙馨:《产业链环节重塑架构下平台问题研究》,载于《上海经济研究》2015年第6期。

[2] 纪红丽:《互联网产业的支配性市场结构特点及其形成研究》,载于《现代营销(学苑版)》2012年第11期。

[3] 何泽腾:《电商平台集聚的网络外部性机理与效应分析》,载于《商场现代化》2015年第27期,第53~54页。

二、电子商务对贸易市场产生外部性的作用机制

（一）倒逼机制

在信息的加速流动和市场的竞争加剧过程中，电子商务对产品的供应商提出了新的要求。传统的产品导向型经营在网络经济的业态下逐渐开始向市场导向型经营转变，并且市场信息和行业竞争进一步推动转变的加速。在电子商务的经营中，贸易市场的供需关系发生了新的变化，电子商务所捕捉的长尾效应和对个体需求的不断满足进一步放大了消费端对于供应端的倒逼机制。企业可以从消费者的偏好中发现新的需求，进而发掘企业的潜在优势，正的网络外部性会使企业的这一潜在优势更加凸显。因此，企业经常会对消费者过去的购买信息进行分析处理，对细分市场的消费者进行分类[1]。

电子商务的发展进一步鼓励企业根据消费者个性化的需求推出具有针对性的产品和服务。在具有网络外部性的市场中，企业服务消费者的技术预测将被更加广泛地应用于其他的用户。同时，由于消费者之间相互依赖的程度较传统市场更高，消费者的购买决策受到网络大小的影响，并且反向改变市场的参与者数量，进而又影响网络的大小，消费者与网络大小之间相互作用。所以许多企业会寻求与他人合作的机会建立一个更大的兼容网络，这样使自身的网络扩大，影响消费者对公司产品选择的可能性，将合作的优势转化为自身的优势，可以让各个企业、电商与消费者都实现共赢的结果[2]。

贸易市场上下游的经营与合作关系在电子商务的推动下也将产生深刻的变化。电子商务平台已逐渐成为连接产业链上下游环境的重要媒介。以双边市场为桥梁，产业平台与销售平台将成为产业链主体的两个重要核心，同时将电信运营网络平台和物流平台构成两翼连接，逐步形成具有生态系统特征的"一体两翼"产业链结构。在充分发挥正网络外部效应的基础上，产业链各个环节进一步加快跨界融合，相互促进，协同发展，推动新型业态的产生[3]。在以信息为重要载体的新型上下游供应链关系中，电子商务将进一步推动上游企业深入发展下游企业的价值需求，同时鼓励下游企业对上游企业提出新的诉求，通过下游企业的行业

---

[1] 张云秋、唐方成：《平台网络外部性的产生机理与诱导机制研究》，载于《北京交通大学学报（社会科学版）》2014年第10期，第39~45页。

[2] 刘弘艺：《网络外部性下的电商合作研究分析》，载于《电子商务》2016年第7期，第46页。

[3] 田洪刚、杨蕙馨：《产业链环节重塑架构下平台问题研究》，载于《上海经济研究》2015年第6期。

需求对上游企业形成倒逼机制和市场动力。

(二) 范围经济

电子商务的经营管理与传统商业模式存在较大区别的原因在于传统企业经营管理所关注的利益基础源于规模经济,而电子商务经营管理更注重产品多样化和市场差异化经营所建立的范围经济。企业通过在较大范围满足消费者的市场需求和消费偏好而逐步建立以服务个性化需求的范围经济。同时,在电子商务推动的研发和创新活动中,范围经济的发展将进一步鼓励企业深化对生产方式和组织结构的调整,跨越行业和地域的壁垒,整合企业和市场资源,从而在综合化发展的过程中进一步构建和完善范围经济所需要的经营环境。在平台经济中,创新活动将由单一的企业行为延伸至以平台为核心的生态行为,推动科学管理向契约管理进而向生态管理的转变[①]。电子商务通过平台经济所构建的跨界服务体系将为范围经济的成长提供更加广泛的开发与合作空间。

在传统的商业集聚中,商家的聚集程度往往受到地理位置远近的制约。在互联网的商业集聚中,客户群体突破了地理上的空间限制,通过搜索引擎界面和商品销售界面的交叉连接迅速聚集大量的商家和买家,网络外部性可以使消费流得到更充分的共享。互联网在推动平台上电商和客户群体集聚的同时,还会通过跨平台的连接将各领域的电商和客户集聚在一起,扩大整体网络产业的外部性,实现行业范围经济的提高。服务用户搜索的产品信息在跨平台的流通和传递中相互连接,将买家引向更多的消费,实现同平台客流共享。同时,众多电商平台的协同发展有利于电商的普及,吸引更多的消费者由线下转为线上消费,并且通过各种软件和 App 的连接突破平台间的限制,提升经营网络的整体性,加强了整体的外部性,实现更大规模的消费流共享,从而推动企业在跨平台服务的基础上充分发挥外部性的作用,建立更加广泛的范围经济。

(三) 时间挤压效应

电子商务的发展将在打破传统商业壁垒的同时改变原有的商业格局,为后发企业在贸易市场与先入企业发起追赶和竞争提供了可能。网络经济与传统经济的区别在于网络产品的网络正外部性较强,从而进一步提升消费者的预期价值。预期值的提升将进一步吸引消费者加入网络当中,从而进一步推动网络的正外部性发挥作用。网络产品所传递的知识和信息资源将促进企业进一步提升更新的速度

---

① Gawer, Annablle and Cusumano, Michael A. (2014), *Industry Platforms and Ecosystem Innovation*, *Product Innovation Management*, 31 (3), 417-433.

和频率。同时，网络产品的长尾效应将进一步激发企业自主创新和自我提升的内生动力，从而进一步发挥企业核心竞争力的优势。而进入网络市场的后发者将通过网络正外部性加快对先入者的追赶，从而对原有的先入者优势发起冲击，为大厂商和小厂商间的竞争提供更加丰富的动力[1]。

网络外部性的存在，在使得企业从网络中其他参与者手中获利的同时，各企业间的市场竞争也在加剧，这使得产品的研发创新变得更加激烈，互联网的存在使产品在快速销售的同时，研发出新产品的时间差距缩短，产品的生命周期也较传统的市场更短。在具有明显网络外部性的产业中，创新成果也具有明显的外部性，企业会从其他企业的创新成果中获得额外的网络效用，且这一效用会因网络规模的大小和节点之间相互关系的紧密程度不同而不同。而在这一市场中企业的技术创新也呈现出波动循环的特征，新技术的研发者在初期占领市场，创造一种行业标准，但由于技术的外溢和网络外部性效应的影响，后发者可能会从前者的成果中进行进一步的升级处理，如果成功可能会产生一个新的行业标准，这使得前者与后者为此进行更加激烈的创新角逐，新的标准可能又会被后来者再次赶超，从而表现出循环波动的特征[2]。

网络外部性会打破地理空间的限制，使得技术和产品的扩散更加迅速，商品更新换代的速度更快，越是具有网络外部性特征的行业，这一现象表现得越明显。电商行业网络外部性的特征更加突出，平台的集聚使得众多的产品和技术从研发到上市的时间距离大大缩短，使得产品扩散速度加快，技术的传播和产品的扩散又会使得行业竞争加剧，新一轮的产品竞争提前到来，这又会循环缩短产品间的更新时间。这也表明技术进步与产业组织之间，市场结构与创新之间存在着双向因果关系[3]。经济全球化使中国企业可以与国外企业站在同一个平台上，但是由于我国技术上的劣势，要想与大型国际企业竞争，单靠消化吸收外国企业的技术和优势是不够的，还需要在技术创新上投入更多，构建全球网络或得到更多先进技术，从网络中实现自身效益的提高，整合更多网络资源，实现创新追赶[4]。

---

[1] 吴嘉威：《基于网络外部性的网络经济组织理论分析——一个解决马歇尔冲突的新思路》，载于《现代商贸工业》2013 年第 3 期。

[2] 孟卫东、邱冬阳、赵世海：《网络外部性下基于溢出效应的供应链合作研发模型》，载于《系统管理学报》2011 年第 6 期，第 670~677 页。

[3] 朝克：《技术追赶竞争模式的战略定位及动态分析》，载于《科技进步与对策》2003 年第 12 期。

[4] 曾萍、刘洋、应瑛：《转型经济背景下后发企业创新追赶路径研究综述》，载于《研究与发展管理》2015 年第 3 期。

三、双钻石模型

电子商务的虚拟性和综合性为企业充分利用各国优势建立区位经济提供了合作空间。双钻石模型在钻石模型的基础上加上全球商务活动形成,认为企业的行为受到国内外两个环境因素的影响,同时竞争力的大小也由这两方面的变量所共同决定[1]。企业与顾客、竞争对手、合作伙伴等外部主体形成的网络将作为企业外部网络对企业的社会联系发挥重要作用。企业在参与市场竞争的过程中将竞争者构成竞争网络,而企业在竞争网络中的地位将进一步影响消费者在品牌选择中的决定[2]。

网络外部性说明各个参与者之间的关系和效用的相互影响程度。在全球价值网络中,企业或行业的价值将受到来自全球企业数目和大小的影响。且随着网络中企业的增加,整体网络的效用会加强,网络内部企业的效益也会受到影响。企业在通过电子商务融入全球价值网络的过程中,将与网络中的参与者进行优势互补,从而实现企业可持续的价值增值。企业的外部性同时将受到外部的信息交流与向外延伸的范围和节点数量的影响。

电子商务的发展进一步促进了企业各国的需求充分发掘,并结合各国生产要素在全球市场的整合,为各国的优势互补和协调发展提供了新的机遇。同时,信息资源和技术要素在电子商务经营中的跨国界流动进一步为电子商务促进跨国研发和生产提供了有利条件。同时,电子商务通过网络正外部性作用进一步扩大了各行业间相互支持的合作空间和商业机遇。电子商务的发展将进一步扩大企业在行业经营中的网络规模,增加了企业在经营网络中的管理节点数量,增强了网络外部性,进而对处在网络中的企业竞争力和经济的增加起到正效应。

四、电子商务对贸易市场的外部性形成的影响

(一)加快信息流动

电子商务进一步推动我国贸易市场的信息流动,加快线上线下市场的融合,

---

[1] 孙蛟、薛求知:《跨国并购与国家竞争力——"双钻石模型"》,载于《生产力研究》2006年第5期,第73~76页。

[2] 邵景波、陈珂珂、吴晓静:《社会网络效应下顾客资产驱动要素研究》,载于《中国软科学》2012年第8期。

从而为传统企业的经营方式转变和经营效率的提升提供了新的机遇。我国的电商产业发展十分迅速,将线下实体与线上销售相结合,实现新的生产要素的分配方式,产品形态和服务模式融合创新,不同产业和行业跨区域、跨国际的合作与并购整合更加活跃,使得整个网络的经济效应进一步扩大,成为推动我国经济前行的重要力量[1]。同时电商商业圈的快速扩大,使得圈内的参与者越来越多,网络的扩大使得使用者的效用也随之扩大,一方面同类产品购买者数量的增加直接使得效用扩大,另一方面,该商品的销量增加会引起其互补品的销量扩大,间接增加消费者效用,从而对商家和消费者均产生正的网络外部性[2]。

(二) 加大数据沉淀

电子商务在不断推动贸易市场成长和演进的过程中也为自身的发展积累了较为丰富的数据资源。对于贸易市场中的沉淀数据进行深入的挖掘和分析将为电子商务各环节的价值创造提供更加丰富的拓展空间和更加广泛的延伸领域。在电子商务的经营管理中,通过数据沉淀提取的前瞻创意通过市场信息的沟通和开发平台的合作逐渐成为面向市场的流通产品。当创意空间的复杂网络产生饱和时,创意的生产要素价格提升,同时创意主体对于市场的适应性进一步降低。而当创意区解决了网络效应的降低和外部规模不经济的问题时,创意的效益将进一步提升[3]。同时,电子商务对于数据沉淀的积累和市场咨询的开发将进一步推动竞争者进入该市场,而网络外部性的增强将进一步推动企业加强在市场中的竞争[4]。

(三) 加强结构优化

电子商务的进一步发展对贸易市场的结构优化提出了新的要求,从而进一步推动企业在生产经营和市场互动的过程中不断寻求更加优化的组织方式。由于形成网络外部性的用户基础对企业有一定的偏好,较为广泛的用户资源和基础对于企业在行业里迅速获得竞争优势具有较为重要的战略意义。企业在构建市场经营体系的过程中将更加关注在行业经验中建立的战略联盟。战略联盟的建立将进一步扩大外部性的作用,同时提升企业个体的经营和利润空间。同时,产品具有网

---

[1] 郝建彬:《电子商务成为经济增长新动力》,载于《互联网经济》2015 年第 11 期,第 32~37 页。
[2] 沈骏波:《关于网络外部性影响的研究文献综述》,载于《经济研究导刊》2014 年第 12 期,第 269~303 页。
[3] 王娜、李东、王其文:《基于复杂网络的创意产业空间集聚研究》,载于《技术经济与管理研究》2012 年第 5 期。
[4] 李云龙、杨超进:《基于网络外部性的电子商务零售商与传统零售商的价格竞争模型研究》,载于《广东技术师范学院学报 (自然科学版)》2013 年第 12 期。

络外部性的企业将进一步利用战略联盟所提供的协同效应和跨界合作进一步扩大利润的增长范围[1]。同时，企业在电子商务经营管理中构建的新型网络关系将进一步推动信息的流动和传递，从而推动企业在国际市场的资源获取和交流合作。在网络关系结构中的企业合作将对企业间的诚信机制和道德规范提出更高的要求，从而进一步推动企业间的相互信任[2]。

第二节　内部化理论与电子商务对贸易效率的提升

电子商务的迅速发展对现代企业的管理体系和交易技术均提出了新的调整。管理体系的服务质量提升和交易技术的飞速发展对电子商务的市场成长和拓展具有重要的支撑作用。同时，由于电子商务的交易规模、交易方式、交易渠道和交易内容伴随着信息交互和数据流动的快速更新，在电子商务经营管理中的生产、消费、营销、配送等多个环节对相关的配套管理服务体系和信息交互技术提出了更高的要求。电子商务企业的发展速度在超越传统贸易体系的同时，也对贸易效率的革命性提升指引了新的方向，成为推动贸易体系提升管理和服务效率的重要动力。

一、电子商务提升贸易效率的理论基础

（一）内部化对资源配置效率的提升

内部化理论也被称为市场内部化理论。巴克利（Buckley）和卡森（Casson）提出的内部化理论认为企业通过对外直接投资将外部资源配置不效率的环节纳入企业内部开展将进一步提升企业的资源配置效率[3]。内部化理论以传统的 FDI 理论为基础，将交易成本的概念融入内部化理论，充分地解释了跨国公司的特性和

---

[1] 龙勇、封连全：《产品网络外部性对竞争性战略联盟的外生效应影响研究》，载于《软科学》2008年第10期，第67~71页。
[2] 朱宪政：《国际贸易市场信息不对称及关系网问题探析》，载于《商业现代化》2015年第2期。
[3] Buckley, Peter J. & Casson, Mark C. (1998), Analyzing Foreign Market Entry Strategies: Extending the Internalization Approach, *Journal of International Business Studies*, 29 (3), 539–561.

起源，并且研究了发达国家和发展中国家两种 FDI 行为[1]。该理论认为企业经营管理的内部化产生的重要原因在于中间产品市场的不完全。中间产品可以是半加工原材料和零部件等实物产品，同时也可以是各类知识产品。当公司在进行各项经营活动的时候，从外部市场取得中间产品的过程将进一步提升交易成本。因此，企业可通过各种交易环节在公司内部进行，从而弥补了外部市场不完整所带来的缺陷[2]。

电子商务通过快捷的信息传递和高速的数据交互为供应商和消费者之间寻找不断优化的供需匹配，从而促进企业在获取更加丰富的市场信息后对于市场的资源渠道和发展趋势进行准确的判断，进而帮助企业通过内部化的途径实现对资源的有效配置和合理利用。企业为解决市场进入的壁垒和协调企业在外部资源配置中遇到的市场机制不经济，将外部交易环节改为由企业内部各部门完成，从而实现企业的内部化。企业采取内部化的主要动机源于外部市场资源配置的失灵、中间品原材料交易不经济和外部市场交易成本较高等方面的考虑[3]。企业在电子商务领域开展经营活动的过程中，能够借助便利快捷的信息渠道降低市场的交易成本，从而通过内部化建立更加直接和面向消费终端的销售体系，减少中间和中转环节，从而进一步提升价值网络的增值空间。

（二）内部化对企业优势对接的促进

在电子商务的发展过程中，企业通过对中间产品生产和经营的中间环节的内部化，将价值链的各个单位作为内部化的主体，加快价值网络各环节的整合。内部化的发展程度和过程主要取决于市场的交易成本和行政管理成本，以及两者的比较。较为完善的市场一般拥有完全的市场框架，较为健全的法规以及灵活的信息交换，同时将降低市场的不确定性以及市场交易中各个因素的不确定性。不完全竞争市场将加大市场交易成本，这样就会降低合同谈判的成功率[4]。电子商务通过内部化进一步强化价值网络中各分工环节的优势互补和资源整合，从而为企业与企业之间、企业与消费者之间、企业与市场之间的优势对接提供了更大的可能，加强内部化的协同效应和优化合作，充分开发企业在市场竞争中的可持续发展优势。

---

[1] 黄友星：《透过日本综合商社的 FDI 行为浅析内部化理论的局限性》，载于《商场现代化》2008 年第 534 期，第 61~63 页。

[2] 关涛、任胜钢：《跨国公司内部化理论的发展脉络与扩展》，载于《中南大学学报（社会科学版）》第 2008 年第 1 期，第 11~16 页。

[3] 胡峰、胡月晓：《传统跨国公司理论述评》，载于《河南科技大学学报（社会科学版）》2003 年第 6 期。

[4] 杜晓君：《跨国公司国际生产模式：内部化、外部化与趋势》，载于《国际贸易问题》2005 年第 8 期。

(三) 内部化对贸易管理环节的影响

电子商务通过推动企业的内部化，进一步加快各贸易管理环节的优化和改善，提升贸易管理效率。内部化理论认为企业为克服产品交易中的不完全竞争和较高的市场成本，通过对知识产品的内部化统一管理和对外投资的方式控制外部市场不经济导致的成本提升。企业内部的行政管理效率对企业的内部化也具有重要影响。企业内部的行政管理效率越高，企业内部化的程度越高。一方面，随着计算机的普及和信息技术的广泛影响，电子商务进一步推动企业从集权式管理向分权管理过渡，从而运用更加灵活的决策模式降低决策的风险。另一方面，电子商务的发展进一步促进了企业间通过相互信任和认同的分工，合作构建价值关联的纽带，从而进一步加强了信息传递的及时性和准确性。同时，电子商务通过内部化进一步加快了企业管理科学化的发展，提升管理效率，降低管理成本[①]。

二、电子商务提升贸易效率的作用机制

(一) 电子商务对制造业贸易效率的提升

电子商务推动企业通过定制化生产和柔性制造等内部化生产优化对贸易成本进行有效控制。内部化将进一步推动企业对知识、技术、专利等资源在市场中的资源优化配置[②]。美国对于赛博工业体系 CPS（Cyber Physical System）的推动着重于参考框架、应用案例、CPS 安全、时间同步以及数据交换等方面的理论研究。欧洲在智能设备、感知控制、嵌入式系统等研究方向上采取自上而下的推进方式，其目的是要确定欧盟在未来引领智能电子系统的世界领先地位。德国提出以赛博工业体系 CPS（Cyber Physical System）为核心的工业 4.0 概念，建立了世界首个已投产的 CPS 实验室，重点进行 CPS 的特征、应用和智能设备等领域的研究工作[③]。物联网、互联网、大数据以及云计算等信息和通信技术在电子商务中的应用将进一步通过内部化的方式推动信息技术与传统工业的融合，从而加快制造业贸易效率的提升。以互联网平台为基础的柔性工业制造方式，对生产订单的精细化管理和对数量较多规模较小的分散化需求的满足，为企业在市场竞争中

---

① 叶莉、庞亚新、赵海：《跨国公司理论发展趋势研究综述》，载于《山西财经大学学报》，2006 年第 S2 期。
② 魏拴成：《现代西方跨国公司理论的发展趋势》，载于《经济问题探索》2002 年第 1 期。
③ 姜红德．CPS：《决胜智能制造的"棋子"》，载于《软件与服务》2016 年第 1 期，第 75~77 页。

扩大范围经济优势进一步提供了支持。同时，依托逆向追溯技术而建立的全产业链监控体系将进一步拓展企业在市场竞争中的价值延伸和增值空间。

（二）电子商务对服务业贸易效率的提升

传统的内部供应链运作方式包括以库存推动销售的推式内部供应链和以客户订单拉动生产的拉式内部供应链。电子商务率先通过拉式内部供应链的管理模式来进行工业化私人定制生产。电子商务的运作模式在满足顾客购买需求的同时还将缩短交货周期和拥有更充沛的资金流，从而提升企业内部的供应链对外部环境的变化趋势的感知能力并且实时做出调整。电子商务中系统弹性而智能地调整生产流程，从而实现了全程数据化驱动的生产模式[1]。电子商务通过不断推进软科学在实际商业技术领域的成果转化和应用，为消费者的价值增长带来了更加丰富的便捷性和更加广泛的提升空间。通过信息技术在电子商务领域的各项应用，企业能够对服务人群进行更加精准的定位。在线上家具设计、装饰服务、订餐、订车等一系列线上服务和便民 App 推出的过程中，电子商务结合定制化服务和及时供应等商业管理方式进一步加快了服务质量的提升。市场经营管理中所积累的大数据资源和商业管理模式也为企业的服务增值和市场开发提供了重要支撑。

（三）电子商务对流通业贸易效率的提升

电子商务通过建设运输流通体系和优化配送服务管理进一步提升了流通领域的贸易效率。物流环节是电子商务在贸易流通中的重要环节。电商的快速发展带动第三方物流企业的崛起，同时这些物流企业为电子商务提供了更加高效、便捷的物流服务，单据标准化，无纸化，实时跟踪，发挥国际贸易企业、物流企业在电子商务系统的联动机制，实现线上交易与线下实务转移的无缝对接[2]。在电子商务发展推动科学管理在流通领域应用的过程中，信息技术和基础设施仍在不断提升，电子商务时代物流体系的构建仍然存在一定的拓展空间[3]。政府支持、客户满意度和技术共享等因素在电子商务的供应链管理中具有重要作用[4]。在电子

---

[1] 刘金露：《工业 4.0 时代企业内部供应链管理优化》，载于《管理纵横》2016 年第 16 期，第 130～131 页。

[2] 胡芳：《论我国企业在国际贸易中电子商务的运用》，载于《中国商贸》2010 年第 26 期。

[3] 降雪辉：《电子商务在国际贸易中的应用研究》，载于《电子商务》2011 年第 30 期。

[4] Chang, Kuo‐Pin & Graham, Gary (2012), E‐business Strategy in Supply Chain Collaboration: An Empirical Study of B2B E‐Commerce Project in Taiwan, *International Journal of ElectronicBusiness Management*, 10 (2), 101–112.

商务与国内外市场的对接中,城市最配送最后一公里、冷链物流、运输安全、仓储管理等一系列问题的不断优化管理为企业在电子商务领域中提供更加便捷、稳定和准确的流通服务提供了重要支持。

(四) 电子商务对营销推广效率的提升

企业在经营活动中能够通过电子商务更加便捷的方式获取和传递信息,根据客户的要求能及时地做出反应和应对措施,从而个性化和差异化的产品将获得巨大的优势,以弥补与大企业之间竞争地位的差距。同时企业还能通过网络宣传产品、掌握市场信息、建立销售渠道,从而实现企业竞争力的进一步提升[1]。电子商务的营销手段包括移动营销、E-mail 营销、网络营销和社会网络营销等方式[2]。电子商务对于企业营销推广环节的作用已逐渐由原来单一的产品和市场信息传播转变为综合一体化的市场价值发现,推广的方式也从而传统的线上供需信息的发布转变为市场数据的交互和共享。在电子商务的推动作用下,营销推广环节对于技术信息的传递和市场动态的分析成为企业更加关注的焦点,营销推广的开展更加依赖于电子商务实际经营管理中所产生的大数据沉淀带来的精准预测和商业模式开发带来的市场价值。企业在网络经营中的沟通渠道、品牌认知、营销行为、系统与信息质量等属性对于消费者网上购物具有重要影响[3]。商业数据的共享和分析为企业在营销推广中的协同发展和市场拓展提供了更加丰富的商业机遇。

三、电子商务对贸易效率提升的影响

(一) 提升创新研发能力

在电子商务的激励和推动下,企业通过价值各环节的内部化进一步提高了自主创新和改进升级的研发能力。企业逐步由购买外部市场先进技术满足市场

---

[1] 孟宪军:《论电子商务对国际贸易发展的影响》,载于《黑龙江科技信息》2013 年第 6 期。

[2] Dehkordi, Goodarz Javadian & Rezvani, Samin & Rahman, Muhammad Sabbir & Nahid, Firoozeh Fouladivanda Neda & Jouya, Samaneh Faramarzi (2012), A Conceptual Study on E-marketing and Its Operation on Firm's Promotion and Understanding Customer's Response, *International Journal of Business and Management*, 7 (19), 114 – 124.

[3] Oh, Jong – Chul & Yoon, Sung – Joon & Park, Byung-il (2012), A Structural Approach to Examine the Quality Attributes of E-shopping Malls Using the Kano Model, *Asia Pacific Journal of Marketing and Logistics*, 24 (2), 305 – 327.

发展需要的追随导向转变为自主研发创造服务消费价值需求的领先导向。电子商务的推动和促进作用为企业不断突破关键技术、服务市场需求和拉动技术革新提供了重要的内生动力。传统的内部化理论认为，企业为减少外部市场交易的不确定性，将通过内部化在生产和交易过程中控制各环节所需要的生产要素对外部市场的依赖性，从而降低造成生产要素的供货不稳定和要素市场价格波动给生产造成的损失。伴随着信息技术的飞速发展和商业资讯的快速流通，企业在传统生产和经营方式下对于生产要素的依赖逐步开始向信息要素和技术要素转变，经营模式和渠道结构也开始进行调整，企业在电子商务领域的内部化逐渐开始向企业的核心研发能力和自主创新能力转移，企业在资源整合和经营管理的过程中开始更多的关注由信息技术革命所带来的增值空间和市场领先优势。

（二）构建信息服务体系

电子商务在高速发展的同时，也对信息交互和交易技术提出了新的挑战。云计算、大数据、信息共享等一系列数据流动中的实际问题对企业的贸易效率提出了更高的要求。企业在伴随电子商务发展不断成长的过程中，对于前沿商业技术的思考和突破为企业在信息科技领域构建更加完善和强大的信息服务体系作出了进一步的强化。邓宁（Dunning）在20世纪70年代提出企业内部化所产生的优势，认为企业为了避免由市场的不完整性所带来的问题，将经济活动中的各个环节放到企业的内部进行所带来的优势。20世纪90年代，邓宁进一步指出，企业的内部化减少了商业流通环节中的成本费用，降低了部分经营环节由外部市场承接的过程中由于违约造成相关的法律纠纷的风险，同时减少了投入要素供应的不确定性。在邓宁提出的折衷理论中，内部化优势与区位优势、所有权优势共同作用带来的投资利益将成为企业进行投资决策的重要考虑因素。在电子商务的推动作用下，内部化体系建立的一体化网络平台将进一步促进各部门的统一协调，网络零售平台也逐步开始进入非介入平台治理和完全介入平台治理的中间稳定状态[1]。在线上市场和虚拟经济不断成长和发展的过程中，企业对于数据信息的价值发现和对于计算科学的充分开发逐步成为建立新型区位优势和所有权优势的重要途径，企业通过内部化构建和不断完善的信息服务体系将逐步成为结合区位优势和所有权优势的重要平台。

---

[1] 王超贤：《中美网络零售组织模式本质差异的识别与刻画》，载于《中国科技论坛》2016年4月。

(三) 强化经营管理质量

内部化理论认为企业间的网络体系通过内部治理的方式开发潜在收益，同时内部化将进一步推动整合相互间的优势，从而通过有利于自身发展的形式充分发挥企业的独特优势。企业通过内部化将进一步发挥资产优势从而推动企业获得价值提升。企业在内部化的过程中能够将自身优势扩大到国际市场的拓展中，并结合组织学习进一步发挥知识整合在企业经营中的积极作用[1]。在内部化理论体系下，各种标准的制定与建立较为统一，能够根据具体情况对标准进行实时修改和实施。在内部化理论体系中，企业可以集中研究力量攻克目前亟待解决的技术问题，统一标准，集中技术力量突破关键技术，建立具有统一标准的电子商务平台，以尽早达到其技术要求，实现良性循环[2]。因此，在电子商务的推动作用下，企业将通过内部化进一步加快价值链的延伸，依托信息技术的高速迭代不断寻找新的价值增长点。同时，企业将充分运用互联网的信息传导优势，建立和优化企业的组织结构，提升企业对市场体系的敏锐度和适应性。企业在电子商务领域的带动下还将进一步加强对产品服务质量的管理，通过质量提升从而更大限度满足消费者的市场选择和价值需求。

第三节　新经济增长理论与电子商务推动贸易结构升级

电子商务的发展中伴随着互联网技术的快速更新和计算科学的不断升级。在新一轮的技术革命中，信息科技的突飞猛进对电子商务领域的日新月异起到了重要的支持作用。依托信息和技术高速迭代而迅速崛起的电子商务领域在不断成熟和壮大的过程中对传统的贸易结构提出了新的要求，同时也为传统贸易的转型升级提供了重要契机。随着云计算、大数据、虚拟现实等一系列关键性技术的突破，电子商务对于传统贸易领域的牵引力进一步加强。电子商务领域在从 IT 时代步入 DT 时代的同时，对于贸易结构转型升级的推动作用更加突显。电子商务将逐步推动传统产业的转型升级，加快产业间的跨界融合，以信息技术和知识经济为纽带，为贸易结构的优化调整提出了新的增长动力，促进

---

[1] 关涛、任胜钢：《跨国公司内部化理论的发展脉络与扩展——市场、优势内部化与内部混合市场》，载于《中南大学学报（社会科学版）》2008 年第 2 期。

[2] 吴永林：《我国企业国际化成长中的内部化与外部化》，载于《国际经贸探索》2000 年第 3 期。

贸易快速平稳增长。

一、电子商务推动贸易结构升级的理论基础

（一）新经济增长理论

新经济增长理论的提出为技术要素在经济增长中的作用构建了重要的理论基础。新经济增长理论认为技术要素的不断更新和演进为经济增长提供了新的内生动力。罗默（Romer）和卢卡斯（Lucas）在20世纪80年代提出的新经济增长理论强调技术作为经济增长的内生动力，将知识的传递和外溢效应融入了经济增长的因素当中。知识的积累和演进将推动技术的发展和经济贸易规模的增长，从而在经济增长的过程中进一步发挥外溢效应[1]。传统的经济增长理论将技术的进步归为外生的增长动力。而在新经济增长理论中，阿罗和罗默则进一步强调了技术进步作为内生增长因素对于经济增长的重要解释作用。阿罗提出的"干中学"理论认为生产技术在各企业间的相互学习和流动进一步推动了企业生产经验的积累和生产能力的提高。罗默在新经济增长理论中进一步提出，在研发和生产中体现的技术进入将作为内生的增长动力，为经济增长提供重要支持[2]。新经济增长理论对于信息化建设与工业化建设的结合具有重要意义，同时进一步强调了粗放型向集约型转变的发展方式，并指出了知识的传递在经济发展中所起到的重要作用[3]。

（1）由于突破了地位空间的阻隔，远距离贸易行为变得更加方便，并通过电子商务技术进一步简化国际贸易的流程，降低贸易成本，扩大贸易机会[4]。电子商务可以使进口商和消费者通过网站获知商品的价格，货比三家，在全球贸易市场中寻找更低价格的最优商品，这会在一定程度上影响进口贸易的发展，形成贸易的扩大效应[5]。通过电子商务改变市场同类产品价格和交易数量，从而使得贸易增长，扩大贸易中的集约边际。

（2）电子商务的发展使得无形贸易品的比重将不断提升。互联网本身的特性和电子商务的发展将对知识的生产、分配、交换、传播和消费起到重要的推动作用，信息流和技术流的规模和发展速度都将大大超过以往的商品流和物流。无形贸易品不仅将涉及数字产品、文化产品和技术产品，同时还将涉及旅游、金融、

---

[1] 许宝林：《关于新经济增长理论的若干思考》，载于《理论观察》2016年12月。
[2] 李维、杨蔚：《技术进步对经济增长的贡献分析》，载于《价值工程》2008年第6期。
[3] 徐婷：《新增长理论与我国新型工业化》，载于《经济师》2005年第1期。
[4] 王骊：《浅论电子商务对国际贸易的影响》，载于《中国商贸》2010年第22期。
[5] 孟宪军：《论电子商务对国际贸易发展的影响》，载于《黑龙江科技信息》2013年第6期。

酒店、医疗等服务行业的各类产品①，通过电子商务增加市场交易产品的种类，从而使得贸易增长，扩大贸易的扩展边际②。

（3）电子商务通过交互式的网络机制，以物流为依托，资金流为形式，信息流为核心，商流为主体，实现了国际贸易中"四流一体"的贸易方式③。从而使电子商务能够实现贸易双方的数据和信息交互，降低交易成本④，并通过多层次网络化的互动式商贸模式为企业实现及时供货和零库存的生产管理⑤。同时电子商务通过互联网将国际市场的消费者和生产者更加有机的联系在一起，通过全球范围的生产系统和价值网络打破传统的生产和贸易格局，在提升产品质量的同时实现消费者的价值最大化⑥。

（二）知识的外溢效应

知识的积累和应用成为新经济增长的重要因素，而知识的外溢效应将为经济增长提供更加充足的动力。新经济增长理论进一步强调了知识累积和研发开展对经济增长的推动作用。高新技术的提升和信息化的推广将促进企业从扩大生产型向集约型的转变，同时推动专利技术的保护和应用，进一步加快了科技成果向实际生产力的转化⑦。罗默在新经济增长理论中不仅提出将知识作为经济增长动力具有自身的价值，而且在经济整体中将发挥较大作用，推动规模经济的提升。同时，知识的外溢效应将进一步推动知识和经济在自催化的过程中共同成长⑧。随着知识经济的兴起，知识逐渐成为劳动力和资本以外推动经济增长的重要因素。知识的积累性和延续性将进一步推动投资的收益提升⑨。罗默在研究知识对经济增长的作用时，提出了知识传播的外部性对企业生产能力的提升作用。同时，罗默认为对于知识的投入和重视将进一步推动经济的长期增长⑩。新经济增长理论认为知识的积累将进一步扩大企业的广义资本积累，从而产生对资本收益递减的

---

① 汪德荣：《电子商务应用于国际贸易的发展趋势分析》，载于《科技资讯》2012 年第 12 期。
② Hummels, David, and Klenow, Peter J. (2005). The Variety and Quality of a Nation's Exports, American Economic Review, 95 (3), 704–723.
③ 张晓：《电子商务对国际金融的影响及对策分析》，载于《经济生活文摘》2012 年第 7 期。
④ 覃远覆：《电子商务运营模式及其在国际贸易中的应用》，载于《中国商务》2012 年第 11 期。
⑤ 张联锋：《浅析电子商务对国际经济贸易的影响及对策》，载于《中国商贸》2012 年第 13 期。
⑥ 张花萍：《浅析电子商务对国际贸易的影响》，载于《中国商贸》2010 年第 6 期。
⑦ 宋晓舒：《技术进步对经济增长作用的比较研究》，载于《生产力研究》2010 年第 8 期。
⑧ 虞晓红：《经济增长理论演进与经济增长模型浅析》，载于《生产力研究》2015 年第 2 期。
⑨ 王建福：《论经济增长理论的发展历程》，载于《经济师》2001 年第 10 期。
⑩ 沐年国、杨佐平：《论新经济增长理论与虚拟经济增长之间的鸿沟》，载于《经济问题探索》2010 年第 12 期。

外部补偿性①。IT 企业的国际化对于信息技术领域的企业绩效将起到进一步的推动作用。国际化战略对 IT 企业的绩效将产生正向直接作用,同时通过企业财务杠杆和企业规模产生间接作用②。

(三) 学习效应

知识的积累和技术的更新将进一步推动学习效应在经济增长中发挥的重要推动作用。对于我国与发达国家之间的学习效应,当双方水平差距较大时,学习的边际报酬递增,学习成本也相对较小,学习速度较快。当双方的差距缩小之后,学习的边际报酬是递减的,学习成本也将逐渐升高。在依托制度保障和信息技术的基础上,学习效应将进一步促进知识创新,不断推进知识信息与产业的结合,加快产业间的融合发展。在知识渗透产业经营管理的过程中,新兴产业将获得更加广阔的培育空间,并逐步吸收传统产业升级过程中产生的剩余产能和人才③。生产和经营的组织形式也逐步由原来的"三来一补"向战略联盟转型和过渡,从而进一步提升了我国企业在价值曲线中的增值空间。IT 企业的国际化战略对于企业绩效的影响将呈现总体上升趋势④。

二、电子商务推动贸易结构升级的作用机制

(一) 电子商务对产业融合的促进作用

电子商务将进一步推动产业间的融合,促进产业结构进一步优化。电子商务将推动产业转变生产方式,吸收新型技术,通过交叉跨学科融合,加快产业间的互动和渗透。一方面,电子商务将推动产业结构趋于合理化,产业之间的协调能力增强,关联水平提高。电子商务通过加速信息和技术的流动,促进产业内部构造更加有序协调,同时提升产业与产业之间合作与交流的协调性,并推动产业之

---

① 马蓉:《内生增长理论框架下技术进步的理论依据与度量》,载于《甘肃社会科学》2015 年第 3 期。
② Huo, Da & Hung, Ken (2015), Internationalization Strategy and Firm Performance: Estimation of Corporate Strategy Effect Based on Big Data of Chinese IT Companies in A Complex Network, *Romanian Journal of Economic Forecasting*, 2015, Volume 18, Issue 2, 148 – 163.
③ 邱均平、宋恩梅:《论电子商务中的物流管理创新》,载于《中国软科学》2002 年第 4 期,第 107~110 页。
④ Huo, Da & Hung, Ken (2015), Internationalization Strategy and Firm Performance: Estimation of Corporate Strategy Effect Based on Big Data of Chinese IT Companies in A Complex Network, *Romanian Journal of Economic Forecasting*, 2015, Volume 18, Issue 2, 148 – 163.

间的布局趋向合理，层次更加丰富，上下游之间联系更加紧密。另一方面，电子商务将提升产业结构高度化，通过技术进步，进一步提升产业效率和层次，从而鼓励以低级要素为基础的产业逐渐开始利用高级要素进一步提高自己的生产效率和内部结构。在电子商务迅速发展的过程中，高新技术作为新兴产业将获得进一步的发展，同时通过技术渗透将进一步提升传统产业效率和创新性，从而强化产业之间的关联性和要素流动性[①]。

（二）电子商务对产业升级的推动作用

电子商务通过信息要素带动资本要素，推动传统生产型制造业向服务型制造业转变，凝聚产业核心竞争力和自主研发能力，从中国制造转向中国创造。新经济增长理论认为知识的累积源于消费生产部门和研发部门。知识累积的作用将逐渐超过物质部门的累积，推动研发逐渐成为经济长期增长的重要动力。企业将在边干边学的过程中进一步提升知识的累积，从而推动技术的进步和发展[②]。新经济的出现将进一步带动产业的更新，从而拉动与新经济相互关联的产业迅速发展，并且鼓励企业在市场格局的调整和产业的更新换代过程中积极寻找更具有适应能力的战略方向和市场定位。同时，政府对于新兴产业的扶持政策将进一步鼓励以企业信息化和知识经济为依托的产业进步，并对相对落后的产能和产业进行安置[③]。在信息要素和技术流动的作用下，传统贸易结构的转型升级将通过市场机制的调节和企业战略的适应而逐步实现。电子商务的发展还将促进企业联盟和虚拟企业的发展，通过网络式的产业布局和突破时空限制的经营方式进一步加快创新技术和商业资讯在企业间的流动和传播，从而为企业进一步提升跨行业的研究开发和资源整合能力提供了更加广阔的市场空间。

（三）电子商务催生新型产业形态

电子商务通过平台式的商业交互引导新兴产业的诞生，推动了新型商业模式的出现，并通过信息经济进一步扩大影响。网络化和信息化颠覆了传统信息传递的过程。面对日益复杂的商贸活动和不断更新的市场需求，组织进行商务活动的方式也将随之改变。各项市场活动越来越多的呈现出多元和交错的商业形态。科

[①] 李为：《金融危机后产业结构升级方向性的选择》，载于《国际经贸探索》2010年第9期，第34~39页。

[②] 郭怀星：《新经济增长理论对中国经济发展的启示》，载于《山西经济管理干部学院学报》2005年6月。

[③] 邱均平、宋恩梅：《论电子商务中的物流管理创新》，载于《中国软科学》2002年第4期，第107~110页。

技的引进和传播与技术的开发对于技术推动经济发展具有重要意义。资源的合理分配对于技术推动经济增长发挥了重要作用[①]。经济水平和生产力水平的迅速提高使得人们的需求也同步提高,并进一步促进了产品的市场价值延伸,从而推动个性化商业产品和服务市场的出现。消费者通过信息网络可以直接与生产企业沟通定制依据个人需求的产品。在配送的商品种类上,电子商务进一步推动现代物流突破传统的经营方式,根据客户的具体定制要求进行配送,使配送方式灵活多样,并鼓励企业建立自身完善的配送网络,以信息技术为手段做到快速反应,灵活安排时间。同时,网络化的市场格局将进一步推动市场主体间形成共享互动的协同关系,从而进一步发挥电子商务对信息和技术流动的推动作用,从而为资源的合理配置和市场的高效运行提供了有利条件。

(四) 电子商务对管理驱动创新的影响

电子商务的快速发展对管理模式和组织结构提出新的要求,要求管理驱动创新的机制和渠道作出进一步适应性的调整。有效的企业组织形式和价值导向对企业通过 IT 技术开发实现最终利益具有重要意义[②]。新经济增长理论从实践经验积累的角度对知识技术的提升进行了分析。在不断进行学习的过程中,实践的经验积累和总结将推动知识技术的提升,同时通过知识的传递产生正外部性进一步提升其他企业的技术水平。从而出现投资促进知识积累,知识积累推动经济增长,经济增长进一步吸引投资的良性循环过程[③]。知识技术的积累将伴随市场资源的配置进一步加大发挥对经济增长的支持作用。加快信息技术的发展,建立完善的管理制度和推动人才培养将成为促进知识技术在经济增长中发挥作用的重要途径[④]。为适应信息化时代的发展和电子商务的经营,企业需要对信息和任务处理有更灵敏的反应和更快的速度,所以传统的层级组织方式已经出现了不适应。扁平化的组织机构更有利于沟通和传达任务分配,减少多余冗杂的中间层次,提高效率。同时,扁平化的组织机构还能更有效地面对变化的市场进行调节,具有更强的抗冲击能力。而虚拟化是指虚拟组织的结合,企业与企业,甚至是部门之间随时组建、应对特定任务的组织,这种组织能及时地对变化做出反应,并且在柔性制造等方面发挥了一定作用,同时这种组织加强了彼此的交流与合作,使得其

---

① 高杰、陆风存:《新经济增长理论与中国经济增长》,载于《经济师》2006 年第 1 期。
② Doherty, Neil F & Ashurst, Colin & Peppard, Joe (2012), Factors Affecting the Successful Realization of Benefits from Systems Development Projects: Findings from Three Case Studies, *Journal of Information Technology*, 27, 1–16.
③ 高山:《新经济增长理论》,载于《商业经济》2009 年第 8 期。
④ 彭亮:《新经济增长理论与我国经济持续增长》,载于《当代经济》2008 年第 7 期(上)。

能够发挥跨职能的新作用。同时，虚拟组织将顺应市场变化的形式诞生，依据一定的任务由不同企业或者部门组建，在管理方式上将更加灵活并逐渐呈现更加柔性化的趋势特征。

三、电子商务对贸易结构升级的影响

（一）促进数据融合

随着数据和资讯的不断积累，电子商务的发展为加快跨行业的商业数据融合提供了较为广泛的平台。各领域以电子商务为基础，在生产、经营、管理、流通领域所产生的数据相互融合，进一步推动了信息和资讯的跨领域交流，从而为传统的贸易结构升级提供了较为丰富的数据资源和信息渠道。在数据融合的过程中，电子商务领域对于大数据的关注较为集中。大数据的定义内涵对处理电子商务经营管理中不同来源的结构性和非结构性数据提出了更高的要求，需要通过新的计算和数据处理模式，提供企业的决策力、洞察发现力和流程优化能力，从而充分利用海量、高增长率和多样化的信息资产，获取利益的关键在于对数据本身蕴含的信息的读取和运用。在大数据的背景下，现代的商贸活动、企业运作、机构决策将区别于传统贸易，逐渐渗透大数据的多维与交互特点。在金融、咨询服务和产品个性定制方面，大数据将对高频市场数据进行更加清晰地描述、刻画和预测，对消费者的潜在需求和产品的未来市场价值进行估计和衡量。电子商务将进一步整合碎片化的市场资源和个性化的消费需求，从而推动贸易结构逐步转向更加合理、精准和综合化的发展方向。

（二）推动技术升级

电子商务的发展进一步推动了传统贸易领域的技术升级。在新经济增长的环境中，知识成为组成新经济增长的微观单元，而劳动力将进一步整合并发挥知识的作用，并结合市场的需求和技术条件，将其应用到经济发展当中。电子商务经验区别于传统的工业生产，关注的焦点逐步从传统的产品生产转向市场化的营销和服务。新经济增长更加强调知识的产生和运用。知识作为要素，具有较高的回报价值和较为便利的传播性和外溢性。罗默认为，创新的思想不会因为单一个体的占有和使用而妨碍其他个体的占有和使用。知识作为市场要素的作用将区别于其他生产要素在传统贸易中的作用，通过良好的学习、研发和应用体系，为市场经营和开发带来更高的价值回报和与经济发展的良性互动。

电子商务推动的知识传递和信息的流动将带动传统贸易领域新一轮的技术个性和升级。

(三) 创新商业模式

新经济增长对传统贸易中的商业模式提供了更高的要求。以垂直分工和水平分工为基础的传统商业模式将逐步向更加复杂的全球网络化分工结构演进，各价值创造环节不再是以往相互孤立的单一节点，而是相互联系，互相支撑，彼此学习的知识群落和技术集成。新经济以知识为基石，以信息技术为手段，从而使网络逐渐成为知识经济结构的有机组织。新经济增长的原因包括高新技术的发展和积累，政策的扶持和现代各国日益增多的交流和往来。同时，新经济增长还需要较好的经济环境、积累到一定水平的信息交流网络和对于知识产权保护完备的法律制度。经济实力的提升将进一步推动研发与应用的基础、承担新技术开发的风险、保证经济全局的稳定、支撑新经济的生长[1]。因此，在新经济增长环境中，企业的商业模式也将呈现更加开放、包容和多元的形态，企业在市场之间的商业合作与竞争将更加依赖群体性和联盟式的合作方式，同时使得优势互补和信息互通可以充分挖掘市场的潜在价值。

第四节 信息经济与电子商务中的贸易公平

电子商务将推动贸易市场的公平有序运行，进一步协调行业竞争者之间的关系，通过信息流动加快构建网络贸易体系，加强资源在企业间的合理分配，拓宽企业的生存空间，缓解企业间的市场矛盾。同时，电子商务通过信息传递，将有效降低信息不对称所造成的市场逆向选择和柠檬效应，为消费者和采购者提供更加有效的市场信息和选择环境，帮助消费者进行选择判断，从而进一步减少市场可能存在的信息不对称，避免部分缺乏竞争优势的企业挤压高质量企业的生存空间。电子商务的发展还将进一步促进国内市场和国际市场的对接，推动国内外市场通过贸易便利化为跨境贸易提供更加广泛的市场机遇和联动空间。

---

[1] 李京文：《新经济及对中国经济与企业的挑战》，载于《中国工业经济》2000年第11期。

一、电子商务促进贸易公平的理论基础

（一）信息传递理论

信息经济学认为不对称信息将干扰消费者的市场选择，从而造成逆向选择。而拥有信息的一方将通过信息的传递推动另一方以减少信息的不对称，促进双方达到效率的最大化。同时，市场信息的公开化将进一步加大企业的违约成本，从而强化市场的守信环境。信息的有效整合、行业的信息传递和信息技术的应用对于构建市场信用体系具有较为重要的作用[①]。在电子商务的推动作用下，市场和技术信息的传递速度进一步加快，信息迭代和沉淀的规模迅速增长，供需双方之间寻找平衡支点的途径和方式更加便捷和直接。信息的不对称在电子商务领域通过商业资讯的加速流动而逐步降低，同时贸易信息和贸易资源的合理配置也进一步加强，贸易流通过程中对于信息资源和市场空间的分配方式也将更加趋向公平。企业在信息公开和资源共享的竞争与合作中将进一步提升贸易的公平机制。

（二）逆向选择问题

市场信息的不对称将导致消费对产品质量的认知产生偏差，为低质量的产品通过价格竞争挤压高质量产品的市场空间提供机会，从而引发逆向选择和柠檬问题。信息的传递能够帮助消费者对高质量产品和低质量产品在市场销售中的选择进行判断，从而推动出价较高的消费者对高质量产品进行判断，并促使低质量产品选择降低价格[②]。信息的流动能够为市场消费的选择提供重要支持，在信息不对称的情形下，消费者更倾向于通过平均价格购买产品，而信息流动加快后将促进消费者了解更多高质量产品的信息，从而缓解市场的逆向选择问题[③]。电子商务以互联网为基础形成商业网络在各大平台集聚的现象，平台为这些商业主题建立了便利的沟通联系，与传统的商业圈相比，网络使信息交流的范围更加广泛，信息更加公开透明，降低了信息不对称的成本，商家和消费者会获得越来越多的

[①] 慎金花、赖茂生：《从信息不对称理论谈我国信用体系建设中的信息支持问题》，载于《情报资料工作》2003 年第 1 期。
[②] 周长才：《不对称信息理论应用研究评介》，载于《经济学动态》2001 年第 11 期。
[③] 王锦虹：《基于逆向选择的互联网金融 P2P 模式风险防范研究》，载于《财经问题研究》2015 年第 5 期。

福利效应[1]。电子商务对于信息流动和信息传播的推动作用将进一步为市场的合理选择和理性消费提供更加丰富和更加公开的信息支持,从而提升消费者在消费选择中判断的准确性,并且为公平的市场竞争和良好的市场秩序建立保障。

(三) 代理理论

代理理论提出,由于市场上的代理人与委托人之间存在利益冲突,代理人追求个人利益最大化的投机心理将导致委托人的利益受到损害[2]。传统企业组织结构由于管理层次较多,信息在企业内部传递较慢,难与网上营销的快捷性相适应。现代的经济水平和市场需求都发生了一定的变化,人们的关注点从产品本身延伸到了与之相关的服务以及产品带来的个性化[3]。根据代理理论,在市场存在信息不对称的情况下,代理人将利用信息不对称与委托人签订有利于自己的合同,从而引起逆向选择。逆向选择将通过费用转移和投资风险扭曲等方式使投资者产生更高的成本[4]。在电子商务的经营管理中,由于生产商和消费者之间仍存在线上零售商和批发商等中间环节,对于代理问题的管理和控制成为建立供需双方开展线上虚拟交易和线下实体交接具有重要的现实意义。伴随着电子商务的迅速崛起,企业间的合作和联系更加强调对于商业经营的契约认同,对商业来往中的诚信机制建设和对代理问题管控提出了更高的要求,进一步推动了市场和企业共同努力,为市场交易的公平开展和契约风险的有效控制构建合理机制和保障平台。

二、电子商务对贸易公平的作用机制

(一) 电子商务对城乡消费者福利的影响

随着网络和信息的通达,农村地区的需求量慢慢显露并且成为不容忽视的市场。由于农村地区的基础设施和网络普及覆盖率仍有进一步提升的空间,信息化的网络经营与管理对农村市场的渗透仍有待加强。同时,网络经济的增长和城市化的进程对农村地区的基础设施建设和网络供应体系发展将产生进一步的推动作

---

[1] 孙武军、陈宏民、陈梅:《基于网络外部性的市场结构动态演化分析》,载于《管理科学》2006年第2期,第66~71页。

[2] Fama, Eugene F. (1980), Agency Problems and the Theory of the Firm, *Journal of Political Economy*, 88 (2), 288-307.

[3] 孙健、林则夫等:《试论电子商务对企业管理的挑战》,载于《中国软科学》2000年第8期,第106~109页。

[4] 卞娜、石晓飞:《自主性治理的经济学分析》,载于《现代管理科学》2013年第3期。

用。在农村需求进一步提升的同时，对于产品多样性的需求也进一步提高。电子商务对于产品市场信息的交互和流通将促进农村市场潜力的挖掘，为拉动经济增长提供新的动力。同时，企业采购活动也受到相应的刺激和拉动，如一些企业采购活动对于批量采购和批量销售的规模将产生进一步推动作用[1]。农村电子商务的崛起将缩小农村和城市在物资供应、产品选择和信息流通等各方面的差距，并且在开发农村电商市场潜力的同时拉动农村经济流通和增长，加快农村和城市的市场体系对接，从而逐步形成农村市场服务城市需求和城市发展带动农村经济的协同式经济增长，建立优势互补和市场互通的区域性和系统性发展体系。农村社会环境的外部性进一步推动了农村物流技术对信息技术的应用和农业信息网络正外部性的研究[2]。在电子商务迅速发展的趋势下，农村地区在加快消费市场建设的同时还不断丰富自身的产品供应体系。通过淘宝、京东等电商平台的支持，农村地区逐步开始深入挖掘自身优势和产品特色，将电子商务经营引入农村市场。在我国17个省份的很多地区已逐渐出现由电子商务覆盖的村落，并呈现极强的集群带动效应，从而形成城乡结合的新型淘宝村商业平台[3]。淘宝村的兴起推动了新时代下农村发展新模式的发展，也体现了信息化带动产业发展的新趋势[4]。农村生产商主要通过具有本地特色的手工艺品和农副产品进入电子商务市场[5]。农村供应商作为订单的接收方，直接对接销售市场，从而在接到订单后通过自行生产或委托加工，跨越多个中间环节，逐步进入由信息化发展拉动农村经济和产业发展的新型增长模式和发展轨道。

（二）电子商务对企业间资源分配的影响

随着中小企业外贸能力的不断提高和电子商务对国际贸易门槛的降低，越来越多的中小型外贸公司利用电子商务平台参与国际贸易[6]。由于电子商务大大提高了信息的对称性和完整性，以及贸易供求双方的信息更加公开，减少了市场信息不完全引起的扭曲，同质性产品或类似产品的竞争更加激烈[7]。电子商务的发

---

[1] 侯经川、赵雪梅：《基于国家竞争力视角的中国网络大市场发展策略研究》，载于《中国软科学》2014年第7期，第1~13页。
[2] 岑磊、张凤玲、王世波：《基于网络外部性的农村物流信息技术用户行为模型研究》，载于《物流技术》2013年第3期。
[3] 阿里研究院：《中国淘宝村研究报告》，阿里研究院2016年版。
[4] 吴靖、罗海平：《我国现阶段"三农"问题的成因、性质与对策研究——基于农民组织化的重新审视》，载于《中国软科学》2009年第3期，第17~22页。
[5] 刘亚军、储新民：《中国"淘宝村"的产业演化研究》，载于《中国软科学》2017年第2期，第29~36页。
[6] 谢雪玉：《电子商务对国际贸易的影响及应用现状分析》，载于《企业导报》2013年第15期。
[7] 翁海洁：《电子商务对国际贸易的影响及对策研究》，载于《企业导报》2010年第2期。

展在推动跨国公司生产全球化的同时，也缩短了国际产品的生命周期。与传统的国际贸易将产品质量和售后服务作为竞争点相比，电子商务将贸易的电子化程度和产业链的完整性作为新的竞争点，将先进技术应用于生产和服务的同时推出企业电商平台为企业建立先入者优势[①]。随着网络经济的发展，电子商务进一步促进了以信息网络进行生产、销售和商品流通等活动形式的逐步形成，为经济增长和企业生产发展打开了新格局[②]。电子商务通过信息传递，进一步有效降低了信息不对称所造成的市场逆向选择和柠檬效应，从而为消费者和采购者提供了更加有效的市场信息和环境，帮助消费者进行选择判断。电子商务以信息网络为依托，以商品交换为中心的商务活动，在充分发挥优化传统商业活动的同时，更是一种结合线上和线下、制造和流通等各个环节的运行体系，进一步拓展了企业参与市场和融入市场的空间，也为市场竞争和跨界合作提供了更加广泛的机遇。传统的标准化和系统化在信息不断加快流通的过程中也将逐步发生调整和改变。电子商务市场对于个性化的满足和对于长尾效应的捕捉进一步促进了企业提升自身迅速的反应和灵活生产的适应性，通过加速产品和服务的再设计和再创新实现经营成本管理和经营利润的优化[③]。在电子商务的推动作用下，各企业间对于市场资源的竞争和对于行业诉求的反馈机制逐渐出现新的格局，大型企业和中小企业间的竞争逐渐更加聚焦在产品技术的开发和核心价值的传递过程中，而市场推广的渠道也逐渐从传统的产品覆盖向信息覆盖与体验覆盖相结合的架构体系进行转变。市场竞争的公平机制和市场合作的公共探索将获得更加广泛的空间。

（三）电子商务对行业竞争规则的影响

投资性和有限理性的存在会使交易的双方经常在利益的竞争中相持不下，从而影响交易的沟通效率和结果。由于交易者本身的能力有限，在实现利益的最大化的过程中将承担较高的收集和处理信息支付的成本，大多数交易者的行为通常存在有限理性。在市场不确定性和人类的有限理性的影响下，短期合同将进一步增加交易成本，而长期合同将加大交易沟通的难度和复杂性。市场的不确定性将导致投机性的存在，从而降低市场经济运行的效率，增加市场的交易成本[④]。因此，行业规则的有效制定和行业竞争的规范管理给电子商务领域的快速发展提供

[①] 王建强、刘建宁：《浅论电子商务对国际贸易发展的推动作用》，载于《经济论坛》2013 年第 9 期。
[②] 刘玉萍：《网络经济与中小企业发展》，载于《中小企业管理与科技》2009 年第 4 期。
[③] Hammer M，Champy J. Reengineering the Corporation ［M］. Harper Collins Pub.，1993.
[④] 杜晓君：《跨国公司国际生产模式：内部化、外部化与趋势》，载于《国际贸易问题》2005 年第 8 期。

了重要支持。商品的虚假宣传信息将对消费者信心产生消极作用。电子商务中的交易依赖于文字描述和图片或者视频展示，将影响消费者对商品质量的真实感受。缺乏经验的消费者将承担对商家的信任风险。在购买货物与描述不符合的情况下，商家将以多种缘由推脱责任，为消费者维权造成一定的难度，并对消费者网购的信心产生负面影响[1]。在电子商务经验诚信问题的解决过程中，第三方标记逐渐成为产品信息传递的重要标记，从而为信息不对称问题的解决提供支持。在消费者支付意愿大于诚信卖家的标记而小于投机卖家的成本时，第三方标记将发挥较为重要的作用。而在网络平台中引入竞争，降低平台使用门槛将进一步促进诚信卖家使用标记，同时对投机卖家造成一定压力[2]。企业经营者、消费者、中间商等市场经营的主体在电子商务领域的不断发展和推动下对于行业自律的包容性发展模式逐渐形成共识，对于社会诚信体系的构建逐渐建立起更加广泛和统一的诉求，从而对加强消费者保护、诚信体系建设、知识产权保护提出了更高的要求。

（四）电子商务与国内外市场的对接

信息不对称问题普遍存在于买卖双方之中，而网络大市场对此问题起到了缓解作用。对于企业来说，不了解市场容量和市场需求，容易导致库存的积压，或者无法准确及时生产出消费者想要的产品，导致成本的上升，资源的浪费。随着信息传递的效率进一步提升，例如电子商务带来的及时沟通，可以更有效地让消费者和企业了解彼此，从而起到消化库存，优化企业生产供给的作用。通过长时间的整合发展，也会给企业和行业带来更长远的发展[3]。在电子商务的经营管理中，消费者和生产者将对网络平台进行选择，消费者对于网络平台的评价将进一步促进生产者对于网络销售渠道的构建和管理，从而进一步加快信息在网络经营中的流动和传播[4]。在国内市场与国际市场的接轨中，电子商务的发展逐渐更加强调跨境电子商务的便利化，例如，海关、税务、质检平台一体化，通过电子通关、跨境电子商务负面清单、跨境电子商务网上自贸区等为跨境电子商务提供便利化服务。电子商务的快速成长将为跨境市场的联通和互动提供更加广泛的贸易机遇，从而推动国内外市场的贸易格局进行新的调整。一方面，电子商务在加强

---

[1] 李雁峰：《关于建设国际电子商务平台诚信体系的思考》，载于《中国科技投资》2014 年第 A03 期，第 503 页。

[2] 王宇、千慧雄：《竞争对第三方标记有效性的异质性影响：理论与实证》，载于《当代财经》2014 年第 12 期。

[3] 侯经川、赵雪梅：《基于国家竞争力视角的中国网络大市场发展策略研究》，载于《中国软科学》2014 年第 7 期，第 1~13 页。

[4] 刘颖倩：《小议网络外部性对经济的影响》，载于《才智》2010 年第 1 期，第 147 页。

发达国家和发展中国家市场联动机制的同时,还将进一步推动新兴市场体系内部的相互流通和互动,充分引导和发挥新兴市场国家的比较优势,为各国的经济发展和贸易增长提供新的平台。另一方面,伴随电子商务的发展而不断呈现的商业模式和信息技术的创新将为各地区的经济增长创造更加广阔的市场空间,从而为各地区充分结合区位优势开拓贸易市场提供更加广泛的市场机遇。同时,电子商务所推动的信息加速流动和资讯快速传递将为各国市场的信息互动和跨国交流提供更加有效的贸易平台,从而推动各国在基础设施建设、通信网络构建、商业信息终端完善、仓储配送体系升级等多个领域加强合作与联系,提升跨境网络服务体系的一体化和为综合性价值创造空间。

三、电子商务对贸易公平的影响

(一) 资源合理分配

电子商务将促进平台里的商家通过共享互联网获得更多竞争对手的信息,获得价格、种类、质量等数据比传统的市场调研更容易且成本更低。在价值链的各环节,上下游企业将呈现垂直网络关系,消费者和下游企业在整个外部性中的作用将影响上游企业的决策选择,信息在上下游企业和消费者之间的相互流动将扩大对整个网络外部性的影响[1]。在网络消费平台的经营中,商家越来越多的用户被网络正外部性所吸引,而消费者对于产品的集中购买也将增加其他消费者的信心,提升同款产品的销量。虚拟商圈将进一步降低消费者获取购物和信息获取成本,为消费者带来便利,同时吸引更多的消费者进入虚拟商圈,从而产生更加广泛的外部网络效应[2]。在电子商务领域的市场交易过程中,资源的合理分配成为企业更加关注的焦点。企业通过信息的加速传递和流动将更加快捷和便利地掌握有效的市场资源,在信息流、物流、商流和资金流四流一体的资源整合体系中重新构建市场竞争的格局,并通过网络的外部效应进一步建立新型信息商业领域的可持续竞争优势。

(二) 市场秩序维护

信息的不对称为低质量企业的产品提供了投机空间,使消费者对于不同质量

---

[1] 孙武军、陈宏民、陈梅:《基于网络外部性的市场结构动态演化分析》,载于《管理科学》2006年第2期,第66~71页。

[2] 唐红涛:《基于网络外部性的虚拟商圈成长:理论分析和实证检验》,载于《兰州商学院学报》2015年第4期。

的产品产生支付意愿，为低质量产品挤压高质量产品的市场份额提供了机会[①]。信息传递将进一步推动市场建立信用环境，培育良好的企业诚信体系，推动信任机制在市场诚信体系建设中的传递，同时提高失信企业的经营成本，降低失信企业的商业机会[②]。信息经济学认为道德风险和逆向选择在信息传递的过程中将产生转换[③]。网络交易平台通过对消费者满意评价的反馈，将为高质量卖家传递正信号[④]。电子商务对构建市场机制的调节作用不仅反映在供需关系的匹配和平衡上，还反映在对于良好和稳定的市场秩序构建当中。电子商务的发展进一步促进企业对商业竞争和商业合作的有序开展进行思考，对经营管理中的信息不对称所引发的信任问题和违约风险进行管理和规制，从而为市场秩序的建立和完善提供了更加广泛的支持。在电子商务领域的经营管理中，对于商业诚信体系的构建和行业市场有序竞争的维护逐渐成为企业在虚拟经济与实体经济交互经营过程中逐步形成的共识。

（三）贸易规则构建

电子商务的发展将对贸易市场的规则提出新的要求，企业在网络式资源共享和互补的体系中需要建立更加优化和稳定的契约规则。在电子商务的促进下，企业进一步通过知识的内部化推动知识获取能力的提升，更加注重通过建立企业内部的市场解决由于市场的不完整性所带来的高成本问题。信息的不对称是外部市场成本提高和行业摩擦加剧的重要原因[⑤]。信息的加速流动将进一步带动贸易规则的有效构建，从而为企业进一步提高效率建立更加完善的保障机制。电子商务所致力推进的公平机制越来越多地适用于更加广泛的市场领域，对于公平贸易规则的探讨一方面发生在对于行业和企业的管理过程和经营环节当中，另一方面也越来越多地出现在国际市场的商贸流通和经济合作当中。电子商务经营管理超越地域和时区的特性对跨国市场贸易规则的公平机制提出了新的期待和诉求。同时各国对电子商务领域在国际流通市场的运行规则和机制也已逐步展开更加深化的探讨和对接。

[①] 张红霞、安玉发：《食品质量安全信号传递的理论与实证分析》，载于《经济与管理研究》2014年第6期。
[②] 惠瑶：《企业信用信息传递机制研究》，载于《现代情报》2008年第3期。
[③] 李宁、王秀华：《信号传递理论在业绩评价中的应用》，载于《中国管理信息化》2010年第8期。
[④] 王宇、魏守华：《网络交易市场中第三方标记的有效性研究——基于信号传递理论的一个解释》，载于《管理评论》2016年第9期。
[⑤] 李志远、吴波：《创业导向、知识获取能力与客户知识内部化》，载于《情报杂志》2013年第10期。

第五节　治理理论与电子商务中的贸易环境

制度环境的变化对企业的经营具有重要的影响作用，电子商务在经营过程中对于政策法规和制度引导的探讨和规制进一步推动了企业规范自身经营，加强行业自律，积极参与自由公平和协调有序的市场竞争，为建设诚信规则的贸易环境提供支持和保障。电子商务的发展推动市场建立公平竞争的市场秩序，诚信商贸的经营环境，合理分配的社会资源和责任。同时，电子商务将进一步推动国内外贸易规则的制定和贸易体系的构建，从而为国内外市场的资源共享和协同发展提供更加广泛的平台。

一、治理理论与电子商务规范贸易环境

（一）治理理论

治理理论指出组织之间应相互依存，并将相互交换资源和共同协商目标。统一的行动引导将进一步推动各组织间相互协调[1]。治理理论提出从政治学、经济学、社会学等多个学科进行综合治理，治理的过程中将体现出更多的协调性[2]。全球共同治理的主体包括政府、市场、社会组织等各个层面的主体。而国家治理则表现为政府与各个组织、个人就社会问题的解决、公共品的供给和公共体系的建立等多个方面。同时，地方治理将进一步强调公民参与和治理的多元性，更加关注地方生活和社会交往的层级空间[3]。治理理论更进一步强调了社会治理的多元性和平等性。同时治理理论强调各个主体具有共同的目标，且更强调责任和效率[4]。电子商务领域对于市场的监管和行业的治理逐渐成为企业和消费者更加关注的焦点，也越来越多地引起社会各界的重视。在跨越行业和学科领域的综合化治理体系下，电子商务经营管理中的企业战略决策、大数据市场分析、新兴市场

---

[1] 李汉卿：《协同治理理论探析》，载于《社会经纬理论月刊》2014年第1期。

[2] 翁士洪、顾丽梅：《治理理论：一种调适的新制度主义理论》，载于《南京社会科学》2013年第7期。

[3] 易承志：《治理理论的层次分析》，载于《行政论坛》2009年第6期。

[4] 施雪华、张琴：《国外治理理论对中国国家治理体系和治理能力现代化的启示》，载于《学术研究》2014年第6期。

技术开发、商业诚信体系构建、行业生态网络建设、城乡基础设施发展、国内外商贸体系对接等一系列紧密关联的治理问题从多个方面对贸易环境的规范化建设和发展提出了更高的要求。

（二）制度基础观

制度的含义被界定为人与人之间的人为的、有限的互动[①]。制度分为正式制度和非正式制度。随着社会问题解决方案的不断探求，解决方案的发展和标准化逐渐形成制度，并对社会活动形成重要影响。通过对机构加以实施准则与制度，从而保障了社会顺畅运行和稳定发展。正式制度包括经济、政治、劳动保障和具体的规章条例等。非正式制度是人们在具体的社会交往中形成的，并非是明确具体的规章制度，其是由社会成员一起分享的社会意识形态以及共同遵守的行为准则，它描绘了社会个体之间的凝聚力和协调性[②]。伴随着电子商务的快速发展和对商贸流通领域的作用日益显现，贸易规则的制定和推出成为行业内外政、产、学、研共同关注的焦点。商业政策的制定和行业细则的实施成为电子商务领域优化管理模式、规范商业渠道、协调市场竞争、升级产业结构、便利服务沟通、鼓励创新机制等行业管理和市场监督的重要依据，也逐渐成为充分发挥电子商务行业特点，服务经济社会运转职能的重要支持。

（三）激励相容理论

为进一步畅通信息沟通、协调政策作用、加快危机应对，电子商务的发展将推动企业主动提升业务模式、产品特性、风险识别、法律责任界定等各项机制，促使监管规则遵循激励相容原则，实现金融监管要求与行业内部风险控制要求相匹配，从而有效降低企业的合规成本，逐步建立健全行业规则。行业自律与政府监管需要有机地协调起来，促进企业发挥主动性，在建立行业标准、服务实体经济、服务社会公众等方面，起到排头兵和模范引领作用，树立合法合规经营意识，自主制定自律标准，建立行业内部自我约束机制，强化整个行业对各类风险的管控能力，促进行业的可持续性发展[③]。在新生商业形态和行业事务出现的同时，市场对于新型业态的合理管控成为实现资源有效配置的重要保障。而企业的发展和商业形态的成长需要与市场和行业所形成的商业环境进行磨合，为适

[①] 林花、王珏：《制度基础理论 OFDI 进入模式研究综述》，载于《现代商贸工业》2016 年第 24 期，第 100~102 页。

[②] 马智胜、马勇：《试论正式制度和非正式制度的关系》，载于《江西社会科学》2004 年第 7 期，第 121~123 页。

[③] 伍旭川：《互联网金融监管的方向与路径研究》，载于《吉林金融研究》2014 年第 9 期。

应市场和行业的要求不断进行调整。电子商务的发展对新兴商业模式和形态的出现产生推动和促进作用,同时也引起行业和社会各界对于电子商务领域管理规则的一系列思考,从互联网金融市场监管、虚拟线上交易税收监管、网络交易与个人隐私安全、交易风险与消费者权益保护、跨境线上交易产品质量监管等多个方面对跨领域、跨学科、跨行业的综合化管控体系提出新的要求。在管理规则加快制定和实施的同时,新兴业态也伴随信息的流动和技术的升级而加速成长,对行业规则和市场规则的适应和调整逐渐呈现包容性发展的趋势特征。在适度包容的监管环境下对于电子商务经营管理中的关键问题进行及时反馈并予以有效解决从而成为快速成长的新兴商业形态与贸易规范体系有机结合的重要途径。

二、电子商务对规范贸易环境的作用机制

(一)电子商务与传统零售业融合发展

制度基础观认为企业经营的外部制度环境对企业的经营绩效将产生重要影响。在应对外部制度环境的变化过程中,战略柔性成为企业应对制度环境的重要组织能力[1]。麦肯锡全球研究院发布《中国网络零售革命:线上购物助推经济增长》研究报告显示,2012年中国电子零售额已达到1 900亿~2 100亿美元,规模接近全球最大零售市场——美国。中国将逐渐由单纯依靠传统劳动力成本优势的发展模式转向更加关注生产效率和竞争力的提升。电子商务的发展为中小企业通过较大成本接触更加广泛的客户市场具有较高的网络潜在价值[2]。根据Analysys(易观智库)预测数据显示,中国网络零售市场规模将达到约6.5万亿元人民币[3]。电子商务的发展将大量传统零售业务引入线上终端,通过信息网络技术优化内部资源配置,促进企业开发提高竞争力的途径,改进企业优化管理结构,提升自身企业的技术创新能力,从而推动商贸政策充分发挥制度引导和规范监督的作用,为线上和线下的全渠道管理、社会经济事务的便利化运作、生产经营的资源合理分配等关键性问题提供更加丰富的解决方案。

---

[1] 林亚清、赵曙明:《基于战略柔性与技术能力影响的制度支持与企业绩效关系研究》,载于《管理学报》2014年1月。
[2][3] 亿邦动力,http://www.ebrun.com/20130412/71155.shtml。

（二）社交电商和共享经济等新业态对监管规则的挑战

基于网络视角的多层级治理将有利于政府部门在较为复杂的治理环境中进行系统分析[1]。电子商务将推动产业间的有效融合，整合产业优势，从而形成技术共享和协同效应。随着数字技术的发展和经营环节的信息化，互联网通信技术融合将进一步推动电子商务新型业态的发展[2]。网络型的组织关系将为电子商务领域的信息传递和资源共享提供更加有效的渠道，从而进一步强化在电子商务经营管理过程中逐步成长的新型业态所具有的成本控制力和传播有效性[3]。伴随着电子商务领域的迅速发展，出现了更加丰富的资源共享平台和资讯传播平台。在平台经营和市场拓展的同时，对于信息传播渠道的统一管理和资源共享过程中的市场资源分配方式引起了各界更加广泛的思考。一方面，电子商务领域的经营管理对于信息传播的准确性、有效性和导向性提出了更高的要求。在信息快速传播的新型商业模式下，传播内容和传播导向所产生的经济和社会影响成为行业规范的重要内容。另一方面，电子商务的发展所推动的资源和信息共享对于市场资源、信息资源、公共资源的分配和组织形式提出了新的要求。在合理有效的分配和共享资源的同时，电子商务领域对于资源的整合方式、共享渠道、优化结构等一系列问题的治理和监管提出了新的要求。

（三）完善电子商务信用体系

随着电子商务的迅速发展，电子商务的诚信问题已逐步成为制约我国电子商务企业参与国际竞争的重要因素。诚信问题将降低产品的国际形象，直接影响经济的增长和经济实力的提升[4]。在电子商务信用体系的完善过程中，一方面电子商务的发展对于产品质量的监督和品牌质量的管理成为行业各界关注的焦点。对于电子商务的新型发展趋势跨境电子商务而言，由于电子商务领域法律意识和信用体系的进一步建设对产品通过电子商务渠道参与国际竞争和建立国际品牌具有重要的战略意义[5]。电子商务的经营管理对于产品的质量安全、产品的生产流程、原料成分、包装信息、有效日期等多方面提出了更高的要求，对于品牌的真实描述、品牌的专利设计、品牌的知识产权、品牌的原产地、品牌的功能价值等方面的有效监督和管理提出了新的挑战。另一方面电子商务经营模式的创新对虚拟金

---

[1] 李泉：《治理理论的谱系与转型中国》，载于《复旦学报（社会科学版）》2012年第6期。
[2] 周振华：《信息化进程中的产业融合研究》，载于《经济学动态》2002年第6期。
[3] 周振华：《信息化与产业融合中的公司结构分析》，载于《经济学家》2004年第3期。
[4] 苏珊珊：《浅议打击假冒伪劣与争创中国名牌》，载于《商业经济》2005年第4期。
[5] 孙艳艳：《我国跨境电子商务的发展现状分析》，载于《现代经济信息》2014年第15期。

融服务类产品的契约信用提出了新的诉求。互联网金融等新型业态在快速发展的同时也需要进一步的监管①。电子商务的创新对于金融类产品的线上资金安全、线上融资模式、线上资金流动等多个领域的监督和管理提出了要求，对于服务类消费的服务质量、服务效率、资源配置、配送安全等方面的优化升级展开了新的探讨。同时，电子商务的价值延伸对于消费者权益的保护提出了新的挑战。电子商务的价值创造进一步推动消费者权益保护对于消费者隐私保护、交易风险、退换货服务等多个领域的权益保障展开新的讨论。电子商务信息体系的构建和完善对于电子商务领域在适度包容的环境下的有效监管具有重要的支持作用。

（四）电子商务与国际贸易规则的升级

电子商务的发展使得国际分工更加深化，信息资源代替物质资源成为国际分工的新基础，由此引发各国产业向知识密集型和信息密集型发展，从而不断引进新技术②。电子商务对国际规则的标准化提出了新的要求。通过电子商务推动贸易流通不仅需要积极参加国际公约和贸易伙伴协议，还需要积极参与国际合作与对话③。电子商务对于传统监管方式中的海关监管、通关和税收提出了新的要求，并且对于监管体系的一体化和便利性也提出了更加丰富的内涵④。由于不同国家对于电子商务经营活动的管理规定不同，导致各国电子商务的税收也将产生差异⑤。电子商务在管理有形产品税收问题的同时对于无形产品的税收管理也逐渐展开更加广泛的探讨⑥。电子商务的经营管理仍存在关税和税收、电子支付和国际收支、国际知识产权保护等一系列新型问题，在构建电子商务新贸易规则的同时对于各个国家电子商务的国际化包容性提出了更加广泛的要求⑦。电子商务的经营管理优化问题逐渐成为电子商务政策和跨境贸易规则制度中的关注焦点，同时将进一步加快企业对于全球电子商务一体化建设和跨区域合作的研究和探讨。阿里巴巴集团董事局主席马云在 G20 杭州峰会上进一步提出 eWTP 全球电子商务平台的倡议⑧。敦煌网 CEO 王树彤提出通过数字技术进一步加快跨境电子商务的

---

① 赵渊、罗培新：《论互联网金融监管》，载于《法学评论》2014 年第 6 期。
② 谢雪玉：《电子商务对国际贸易的影响及应用现状分析》，载于《企业导报》2013 年第 15 期。
③ 李斌：《电子商务与对外贸易的关系及作用》，载于《经营管理者》2013 年第 31 期。
④ 裘索：《电子商务对国际贸易的影响及应用现状分析》，载于《现代经济信息》2013 年第 24 期。
⑤ Evans K. R. (2003), Cross – Border E – Commerce and the GST/HST: Towards International Consensus or Divergence, *Canadian Journal of Law and Technology*, 2 (1), 1–13.
⑥ 覃远覆：《电子商务运营模式及其在国际贸易中的应用》，载于《中国商务》2012 年第 11 期。
⑦ 黄晓丹：《在国际贸易电子商务背景下的国际竞争力探析》，载于《中国商贸》2013 年第 34 期。
⑧ 亿邦动力网，http://www.ebrun.com/20160906/190874.shtml。

转型升级，重塑全球价值链，推进大贸服务一体化和平台化战略①。伴随着信息技术的加速发展和信息资源的加快流动，各国企业对于电子商务体系下的国际规则制度和商贸流通便利化逐渐形成更加广泛的市场共识和更加丰富的合作空间。

三、电子商务对规范贸易环境的影响

（一）贸易政策的推出

关于电子商务发展的相关政策和意见的提出为电子商务领域的市场规则和行业管理提供了重要支持，同时也为该领域的监管实施提供了重要参考。2012 年国家发改委、商务部等部委联合发布了《关于促进电子商务健康快速发展有关工作的通知》，该通知对电子商务发展的贸易环境、贸易方式、贸易服务体系提出了支持性的政策和意见②。2013 年国家发改委、商务部等部委联合发布了《关于进一步促进电子商务健康快速发展有关工作的通知》，该通知为加快电子商务流通领域的发展、跨境电子商务体系建设、电子商务监管环境建设等方面提供了政策性意见③。2013 年商务部、发改委等部委联合发布了《关于实施支持跨境电子商务零售出口有关政策的意见》④，2014 年财政部、国税总局联合发布了《关于跨境电子商务零售出口税收政策的通知》⑤，为跨境电子商务的发展提供了重要政策支持。2015 年，国务院办公厅发布了《关于促进跨境电子商务快速发展的指导意见》，该意见鼓励国内企业抓住互联网经济的机遇，利用互联网开展对外贸易，支持大型企业进一步拓展贸易渠道和贸易形式，对海关的监管设施进行优化，并对跨境贸易的税收、国际结算等问题进行科学管理与指导⑥。

（二）行业规制的确立

企业在跨区域发展中将面临不同地区的要求，企业在经营中将进一步面对各地区不同的行为规范和期望⑦。在新兴市场加快发展的过程中，企业在新兴市场

---

① 亿邦动力网，http://www.ebrun.com/20170412/225867.shtml.
② 中国政府网，http://www.gov.cn/zwgk/2012-02/17/content_2069604.htm.
③ 中国政府网，http://www.gov.cn/zwgk/2013-04/24/content_2388045.htm.
④ 中国商务部，http://wms.mofcom.gov.cn/article/xxfb/201309/20130900279911.shtml.
⑤ 中国政府网，http://www.gov.cn/zwgk/2014-01/09/content_2562892.htm.
⑥ 中国政府网，http://www.gov.cn/xinwen/2015-06/20/content_2882205.htm.
⑦ 徐明霞、汪秀琼、王欢：《基于制度基础观的企业区域多元化进入模式研究述评》，载于《外国经济与管理》2010 年第 9 期。

环境对于战略的选择需要进一步充分考虑新兴市场的制度环境变化以及政策与法律制度环境中对于企业绩效的影响。目前规模较大的电子商务交易平台和入驻平台上的进行企业活动的卖家，已经逐步进入纳税人的行列。中国的零售业处在线上与线下相结合的全渠道发展阶段，为打造实体经济与电子商务公平的竞争环境，将对电子商务征税的规则和制度提出了新的要求。在线上线下同款同质的发展趋势下，线上线下对于征税制度的规范和统一也受到更多的关注[1]。同时，通过信任标签和网络商协调等方式建立网上争端解决机制从而处理电子商务中的纠纷问题[2]。随着电子商务市场的不断壮大和电子商务经营管理的不断成熟，线上经营管理体系和线下销售配送系统的对接更加紧密，对于纳税体制的公平性也将提出更高的要求，从而为零售业在线上和线下环境中建立全面有效的公平竞争机制提供重要的制度支持[3]。

（三）社会诚信的提升

电子商务的快速发展对社会诚信体系的构建和线上消费者权益的保护提出了新的要求。在资源共享和信息流通的新兴经济形态下，诚信制度的建立和制度实施的法律保障成为各行业和领域更加关注的问题。对于产品质量和市场信息的准确传导和有效解析成为企业建立消费忠实度和扩大市场信誉的重要渠道。社会诚信的构建对于商业流通中的信息资源交互和线上市场拓展具有重要的战略意义和用户价值。在电子商务的经营管理中，产品信息的准确反映与传递和消费者个人隐私的保护成为线上消费安全的重要影响因素。电子商务的远程交易对于售后服务的质量保障提出了更高的要求，同时电子商务的信息涉及的个人信息和交互信息对消费者的保护具有重要意义[4]。网络时代下的信息安全成为企业、消费者、社会关注的焦点[5]。在电子商务的管理体系中，信息的流动和交互正推动传统的商业模式向更加具有契约认同特征的网络化共享模式转变，而经营网络中的诚信体系构架和对商业合作中的契约维护成为企业在电子商务领域提升核心竞争力和拓展价值增值空间的重要途径。

---

[1] 辛雅青、李镕臣：《基于制度基础观的战略管理研究述评》，载于《经济论坛》2015年第8期。
[2] Hornle, Julia (2002), Online Dispute Resolution in Business to Consumer E-commerce Transactions, Journal of Information, Law and Technology, 1-14.
[3] 江德斌：《电商公平纳税是新零售时代的必选项》，载于《宁波日报》2017年3月9日。
[4] 李雁峰：《关于建设国际电子商务平台诚信体系的思考》，载于《中国科技投资》2014年第A03期，第503页。
[5] 曾萍、吕迪伟：《中国企业成长战略选择：基于三种基础观的分析》，载于《科技进步与对策》2015年第2期。

第三章

电子商务优化贸易基础设施

信息、物流、信用结算与安全三类软硬件作为国内外贸易基础设施的基本内容，是支撑内外贸易高速发展的重要保障。提升和优化贸易基础设施，是在新形势下提高贸易水平、改善和优化贸易结构的重要抓手。本章论证了电子商务发展与贸易基础设施的关系，提出"电子商务发展优化了贸易基础设施"的观点，优化升级后的贸易基础设施具有较强的"正外部效应"，反过来也极大地促进了电子商务的大发展、大繁荣。随着电子商务技术的快速发展，我国电子商务行业日臻完善，电子商务依托信息技术不断优化贸易基础设施，不断释放出信息经济时代的红利。

第一节 贸易基础设施的分类及发展概况

贸易基础设施涉及面广，涵盖众多领域，本节对贸易基础设施的含义进行了界定，并从信息流、物流和资金流三个方面对贸易基础设施进行了分类。本节着重从以上三个方面介绍了国内外贸易交易平台、商贸物流、信用体系发展等我国贸易基础设施几个方面的发展现状，并结合未来电子商务的发展，对我国贸易基础设施未来的发展趋势和可能存在的问题进行了梳理。

一、贸易基础设施的含义及分类

基础设施（Infrastructure）是指为社会生产和居民生活提供公共服务的物质工程设施，是用于保证国家或地区社会经济生活正常进行的公共服务系统。生产性、公用性、自然垄断性、承载性、超前性是基础设施的主要特点。随着社会经济的发展，"基础设施"并不仅仅局限于物质层面，也包含无形的制度安排，"基础设施"的提供者也不局限于政府公共事业部分，也包括企业和个人。按照基础设施服务的性质划分，可以分为生产性基础设施、社会基础设施、制度保障三类，其中生产性基础设施包括服务于生产部门的供水、供电、道路和交通设施、仓储设备、邮电通讯设施、排污、绿化等环境保护和灾害防治设施；社会基础设施指服务于居民的各种机构和设施，如商业和饮食、金融保险结构、住宅和公用事业、公共交通、运输和通信机构、教育和保健机构、文化和体育设施等；制度保障如公安、政法和城市建设规划与管理等。

贸易基础设施的含义，是指为国内外贸易提供公共服务的有形的物质工程设施和无形的制度保障，是用于保障国内外贸易正常运行的公共服务系统。

电子商务交易平台作为一种新型贸易基础设施，在为国内外贸易发展方面发挥着越来越重要的角色。一方面，电子商务交易平台很好地诠释了贸易基础设施的含义。大多数交易主要是通过线上信息传输实现贸易协议，通过线下物流配送实现贸易完成，也有一些交易仅在交易平台上就能完成，这有力地推动了无形的线上制度保障和有形的物质工程设施协调发展；另一方面，电子商务平台能够与传统的交易模式相兼容，实现国内和国外贸易的紧密联系，这也诠释了电子商务平台公共服务设施的性质。

从国内外贸易的达成过程来看，电子商务基础设施类似，都可以分为信息类基础设施、物流类基础设施和信用结算与安全监管类基础设施三个类别。具体地，信息类基础设施在国内外贸易过程中服务于交易双方信息流的对接，这其中包括但不限于如产品展销会、商业信息服务公司、贸易交易平台等等；物流类基础设施关系到货物和服务转移运送的全过程，这其中包括交通基础设施、物流仓储设施、物流配送以及政府税收和检验检疫等诸多方面；而信用结算与安全监管类基础设施包括商业征信系统、政府商业监管与服务、银行与支付结算系统等方面。总体来看，电子商务交易平台作为贸易基础设施的一种新形式，必将对电子商务信息基础设施的建设发挥积极作用。

举例来看，现有的电子商务平台属于信息类的贸易基础设施，例如京东和淘宝。虽然大多数电商平台并不是政府公共部门提供的，但都向符合条件的供求双方开放，具备公共性的属性，交易双方通过电商平台提供的服务进行交易信息的交换和匹配，最终达成交易。在现今电子商务繁荣发展的背景下，电商平台提高了交易达成的效率、降低了交易成本，为国内外贸易的达成提供了极大的便利，也成为国内外贸易基础设施的核心构件。仓储物流体系也是贸易基础设施的重要组成部分，这其中不仅包括仓储物流的物质组成部分，更包括物流企业管理水平、配送效率、服务质量等非物质组成部分，这些都会影响到贸易交易过程中的多个环节。有效提升仓储物流的软硬件服务水平，不仅有助于降低物流成本、扩大市场交易范围，更有助于提升交易过程中的客户体验和服务增值。商业信用环境和政府监管更是贸易基础设施中的重要一环，良好的商业信用环境有助于降低信息不对称带来的交易成本，严格的政府监管和完善的交易规则有助于商务贸易活动的开展。

近年来，随着国内电子商务的飞速发展，国内电子商务基础设施的各个方面也得到了迅速提升，诸多方面已经处于世界领先水平。根据《电子商务"十三五"发展规划》，在"十三五"期间，我国将在现有基础上，逐步完善包括网络基础设施、电商交易服务平台、电子商务市场可信服务体系（主体可信、追溯系统）、电子印章管理及电子合同应用系统、电子发票推广工程、跨境电子商务综合通关提速工程、电子商务物流效能优化工程、电子商务支付安全服务工程等在内的电子商务基础设施，努力将我国的电子商务提高到新的高度。

二、我国贸易基础设施的发展现状

（一）电子商务背景下国内贸易交易平台的发展

从1997年中国化工信息网成立算起，电子商务交易平台经历了四个发展阶段。

第一阶段（1997~2002年）：萌芽起步与初步探索期

在中国接入国际互联网的大背景下，中国的第一批电子商务创业者认为采用互联网方式实现对内对外贸易的信息共享与信息传播，能够降低企业交易成本，扩大商业信息传播面，以此获得更高的企业利润。1997~2002年，国内先后创建了中国化工网、美商网、8848、携程网、阿里巴巴、易趣网、当当网、慧聪商务网、卓越网等电子商务网站。

然而，电子商务平台的发展并不顺利，2000年互联网泡沫的破灭，电子商务受到严重冲击，8848等一大批电子商务企业倒闭，特别是过度依赖外来投资"输血"的行业网站平台深受冲击。在外部冲击较大和内部不确定性较高的商业环境下，创业者们艰难地探索着行业网站的盈利模式。

第二阶段（2003~2007年）：初显成效与高速发展期

2003年"非典"在我国爆发，由此，人们的消费观念有了新的转变，人们对消费方式也有了新的期待，电子商务随之快速复苏回暖，并更加注重盈利模式的转变和经营成本的控制。2003年5月，阿里巴巴集团成立淘宝网，正式进军C2C市场[1]。2003年12月，慧聪网在香港创业板上市，成为国内B2B电子商务首家上市公司[2]。

随着国内国外经济环境的改善和互联网理念的普及，电子商务迎来了高速发展时期，大部分B2B行业电子商务网站实现了盈利，电子商务网站创业热情高涨，行业呈现良性竞争状态。特别是在2006~2007年这一阶段，我国各行业电子商务高速发展，服务形式不断丰富，盈利模式不断创新，商贸交易平台数量快速增加。

第三阶段（2008~2013年）：转型升级与配套完善期

2008年全球金融危机爆发，全球经济大环境迅速恶化并不断加剧，我国众多中小企业破产倒闭。受产业链波及，电子商务企业受到严重冲击，特别是出口导向型电子商务服务商如沱沱网、万国商业网、慧聪宁波网、阿里巴巴等企业举步维艰，或关闭、或裁员重组、或增长放缓，电商企业在危机中寻求生机。在政府实行经济刺激计划、扩大内需的政策指引下，国内贸易在线B2B与商业零售B2C获得了新一轮高速发展[3]，C2C领域也开始起步发展，互联网商贸平台逐步转型升级。

互联网商贸平台向纵深发展，加快了信息在商业、工业和农业中渗透和传播的速度，并不断强化互联网商贸平台与零售业、制造业和物流业等传统行业的配套协同功能。以商贸交易平台为核心的互联网基础设施大大降低了交易成本，越来越多的企业和个人在此基础上实现了商业信息共享和商业模式创新，极大地促进了电子商务的发展。

第四阶段（2014年至今）：创新升级与全球布局期

随着中国经济步入新常态，从要素驱动、投资驱动向创新驱动的转变在时间上更加紧迫，而商贸交易平台作为主要的互联网基础设施，一直处在不断完善和创新升级的时代潮头上，电子商务也一直保持着快速发展态势。

2016年中国电子商务交易额达22.97万亿元，其中B2B电商交易额为16.7

---

[1] C2C为Consumer-to-Consumer的简称，指消费者对消费者的电商模式，下同。
[2] B2B为Business-to-Business的简称，指企业对企业的电商模式，下同。
[3] B2C为Business-to-Consumer的简称，指企业对消费者的电商模式，下同。

万亿元，网络零售市场交易规模为 5.3 万亿元[①]。近年来，网络零售市场的高速发展推动了互联网商贸交易平台的创新发展，促进了宽带、云计算、IT 外包、网络第三方支付、网络营销、网店运营、物流快递、咨询服务等生产性服务业的发展，形成了庞大的电子商务生态系统。互联网电子商务基础设施日臻完善，电子商务对经济和社会的影响也越发强劲，由此进一步催生出新的商业生态和新的商业景观，加速了传统产业的"电子商务化"，带动了经济的结构转变和创新升级。电子商务生态系统的形成和创新商业模式的建立客观上加快了电子商务平台全球布局的步伐。

（二）电子商务与商贸物流的发展历程

商贸物流是指在商业贸易活动中物流运送的过程，统称为商贸物流。

2015 年商贸物流呈现平稳增长趋势，商贸物流需求总体上保持平稳增长，特别是与民生相关的电商物流、冷链物流发展态势良好，保持快速增长，结构性特征进一步优化；社会物流总费用水平进入回落阶段，商贸企业的物流费用率呈现下降趋势，显示出商贸物流效率有所提高。

(1) 我国商贸物流需求平稳增长，物流费用与 GDP 比率进入加速回落期。2014 年社会消费品零售总额为 27.2 万亿元，2015 年社会消费品零售总额为 30.1 万亿元，比上年增长 10.7%，表明与社会消费品相关的物流需求总体上保持平稳较快增长。

2015 年社会物流总费用为 10.8 万亿元，比上年增长 2.8%，增速同比回落 4.1 个百分点。2015 年社会物流总费用占 GDP 比率为 16%，同比下降 0.6 个百分点，连续三年下降，已进入加速回落期，表明物流运行质量和效率有所提升。[②]

(2) 本书将重点关注电子商务方面的物流活动。监测数据显示，2016 年，中国快递业务收入完成 4 005 亿元[③]，同比增长 44.4%。从 2010 年至 2016 年，快递业务营业收入逐年增长，得益于近年来快速发展的电商业务。

在电子商务的快速增长下，以快寄快运为主的单位与居民物品物流总额继续保持高速增长态势，引领着现代物流发展。2015 年全国规模以上快寄服务企业业务量累计完成 206.7 亿件[④]，其中约有 70% 是由于国内电子商务产生的快寄量，同比增长 48.0%。

[①③] 中国电子商务研究中心发布的《2016 年度中国电子商务市场数据监测报告》。
[②④] 2015 年商贸物流运行报告，下同。

(3) 全球物流交易规模和各国现状。从全球来看,据最新数据显示,2013年全球物流业市场的规模已经超过 8.5 万亿美元,相比于 2009 年 6.62 万亿美元的规模增长了 29.58%,年复合增长率为 6.69%。从国别市场来看,中国物流业市场规模达 1.59 万亿美元,占全球的 18.6%,再次位居世界第一。排名第二的是美国,物流业市场规模为 1.36 万亿美元,占全球的 15.8%。预计未来几年,随着各国经济复苏,全球物流业仍将快速发展。[①]

虽然我国物流市场规模全球第一,但是物流的综合指数和贸易与基础设施的质量却并非第一,与主流发达国家相比,仍有一定差距。

(三) 信用体系建设的发展现状

电子商务的新发展,特别是作为一种贸易基础设施的新类别,对信用体系有着较高的现实要求。不管是线上协调、交易,还是线下物流传送,都涉及各交易对象的信用问题。随着电子商务交易平台朝着消费信贷、理财服务等金融服务方向发展,信用体系的与时俱进至关重要。

我国的征信系统起步较晚,又适逢赶上经济由高速发展向中高速发展、经济结构优化调整的转型期,在建设过程中不可避免地产生了一些问题。国家层面上的征信体系建设还不是十分完善,目前各机构的征信体系尚未有效的整合,属于"各自为营"的状况;信用法规不完善,信用规则不明确,中小企业信用意识薄弱,信用度不高;社会信用服务行业市场化程度不高,服务的范围有限。[②]

三、我国贸易基础设施的发展趋势

我国现阶段的贸易基础设施发展不足,在一定程度上限制了国内外贸易的发展,尤其造成了电子商务贸易的发展瓶颈;另外,电子商务的快速发展将协同解决贸易基础设施不足的问题,并将最终促进国内外贸易水平和质量的提高。电子商务的发展与贸易基础设施的发展,两者相互促进,共同发展。

(一) 我国的贸易基础设施制约了国内外贸易的发展

从目前来看,我国的贸易基础设施落后于贸易的发展,尤其落后于电子商务贸易的发展。我国在 B2C 市场上占据全球第一,快递量也排名首位,但是物流体系的综合排名并不高,我国物流产业仍处于发展中阶段。国际物流市场绝大部

---

① 搜狐网站。
② 李乖琼:《中国社会信用体系建设研究》,中共中央党校硕士学位论文,2016 年。

分份额都在国外大型物流企业的把持之下。比如国际快递市场，国际四大快递巨头美国 FedEx、UPS、德国 DHL、荷兰 TNT 已经控制了我国国际市场接近 80% 的业务。在国内，物流体系区域发展不平衡，物流基础设施仍需不断发展，物流的基础性工作有待进一步加强，商贸物流企业竞争力不强，集中度不高；诚信建设落后，标准不完善，不统一。

在平台发展上，农村电商、跨境电商都需不断发展，这方面相应的电商人才应先于培养。目前在农村电商方面，在物流、第三方支付、售后服务人员以及电子商务信用体系服务等方面的专业化人才都需加强培养。同时政府的政策服务与监管要及时，避免产生大的纠纷；在跨境电子商务方面，物流体系建设要加强，跨境手续上仍需简化，消费者售后服务与国内相比，有其一定的特殊性，要适应国内国外不同标准所带来的差异，同时法律方面的人才培养也不可缺少。

（二）电子商务的发展也为我国贸易基础设施的改善带来了契机

电子商务的快速发展推动了我国贸易基础设施的改善，不断缩小着与发达国家的差距。

2015 年，铁路建设各项目标全面完成，实现圆满收官。全国铁路完成固定资产投资 8 200 亿元，投产新线 9 000 多公里，新开工项目 61 个。铁路总公司表示，2015 年铁路投资保持强劲势头，新开工项目顺利实施。2016 年 6 月，全国交通运输、仓储和邮政业固定资产投资额年度累计达 22 376.00 亿元，同比增长率为 12.00%[①]。

根据国家发展改革委中国物流与采购联合会发布的数据，我国社会物流总额由 2006 年的 59.6 万亿元增长到 2016 年的 230 万亿元，全年社会物流总额呈现稳中有升的发展态势[②]。

在信用体系建设方面，随着网络的兴起及普及，电子商务飞速发展，电子商务可以为商品交易提供更多的信用工具，通过交流平台、认证技术等方式提供信用信息的服务，降低信息不对称程度，提高交易的效率，从而使信用管理理论和信用评价得到进一步的发展。因此，电子商务的发展进一步推进了征信行业的升级发展[③]。

在人才培养上，电子商务进入校园，成为一个新的独立专业，培养了一批电

[①②] 中国物流与采购联合会《全国物流运行情况通报》。
[③] 于兆吉：《电子商务在线信誉评价理论与方法》，北京师范大学出版社 2012 年版。

商人才；新型物流的发展，也促进了物流人才和专业化物流设施的发展；电子商务在交易过程中产生了海量的交易数据，因此，数据分析和挖掘工作变得十分重要，相关的人才建设也在发展中；各行各业的人才都因电子商务的发展而在加速培养过程中。

目前，全球出现一种反全球化的贸易一种趋势，各国在贸易开放问题上的态度不再十分鲜明，这对我国的供给侧改革产生了负面影响。当下我国向全球发出贸易开放的信号，积极推进"一带一路"建设，亚洲基础设施开发银行不断向前推进，从而打破贸易壁垒，推动了贸易的全面开展，在这种背景下，电子商务将发挥越来越重要的作用。

（三）我国贸易基础设施的五大发展趋势

我国贸易基础设施的逐步完善，能够产生较强的规模效益，更好地服务于实体经济发展。总结来看，我国贸易基础设施有以下五大发展趋势。

第一，线上交易平台更加人性化、规范化。随着消费规模增加、消费者个性化体验要求增多、消费者维权意识增强，线上交易平台更加注重自身的建设，特别是平台更加注重消费者体验，更加注重完善线上信用认证、交易服务和金融服务，制定规则规范线上交易市场，构建起健康有序的电子商务交易环境。

第二，线下物流运输更加高效和快捷。物流的高效和快捷是赢得消费者的重要因素之一，通过物流运输逐步实现实时监测并反馈信息，多家物流公司信息合并，并不断对传输路径和库存模式进行优化升级。目前，很多线上交易平台能够实现次日达，甚至当日达。可以预见，随着运输速度增加和运输方式的改进，今后的物流必将更加高效和快捷。

第三，智能化技术逐步取代人工操作程序。交易平台的线上沟通与服务、线上数据搜集与处理和线下物流检测与反馈逐步实现智能化，甚至今后的物流运输工人都存在被无人机、机器人取代的可能。智能化操作必将对贸易基础设施产生重大影响，在服务大众的同时，也必然会对工人就业产生一定的冲击。

第四，体验式服务虚拟化，虚拟现实技术在一定程度上取代传统体验式服务。随着虚拟现实技术的发展，消费者的体验逐步突破空间和时间的二维限制，实现服务随时、随地的获取逐渐具备技术上的可行性。消费质量需求上的提升和消费规模的扩大，必然会与虚拟现实相结合，电子商务平台最终实现体验式服务与交易一体化。

第五，贸易基础设施软件与硬件同步优化升级。电子商务交易平台建设与计算机技术改进、计算机设备更新、物流设施完善必然会同步推进，电商平台软件优化和硬件基础设施建设二者是相辅相成的关系，缺一不可。因此，可以预见，软件平台优化必然有着与之匹配的硬件设施建设,这构成了电子商务交易平台的完整体系。

第二节 电子商务对商贸交易平台的影响

在本节内容中,我们首先选择多个视角对电子商务交易平台进行跨国比较分析;其次,从交易对象联结、线上线下协作、事前事后服务、信息经济要求、潜在市场挖掘这五个方面来分析电子商务对贸易交易平台发展的影响机制;最后,对天猫(淘宝)和京东两个国内主要的电子商务交易平台进行案例分析。总体而言,电子商务和贸易交易平台存在相辅相成、相互推进的关系,电子商务的发展需要催生了一大批电子商务交易平台,并不断推动着交易平台的优化升级,交易平台的蓬勃发展又极大地促进了电子商务朝着人性化、便捷化、高效率的方向发展。电子商务在交易平台上的深化发展改变着人们的消费观念、生活习惯、出行方式,对中国经济市场化发展有着多层次、宽领域、全方位的影响。

一、电子商务交易平台发展的跨国比较研究

(一) Top6 国家营收规模比较分析

互联网交易平台的国别差异[1]对各国电子商务的影响是多方面、多层次的,最直接地体现在电子商务的营收规模上。图 3-1 从电子商务的营收总量和营收结构两个方面进行比较分析。

各国电子商务的营收规模在总量上具有较大的差异,联合国贸易与发展会议发布的《2015 年信息经济报告》显示[2],中国是 B2C 市场规模最大的国家,其次是美国。2012~2013 年中国的 B2C 营业收入为 3 010 亿美元,美国则为 2 630 亿美元,其后依次是英国(1 440 亿美元)、日本(1 190 亿美元)、法国(680 亿美元)、

---

[1] Top6 国家是指按照 B2C 收入规模从高到低排前六名的国家,依次是中国、美国、英国、日本、法国和德国,下同。

[2] 报告的英文原名为:PayPal Cross - Border Consumer Research 2016—Global Summary Report。

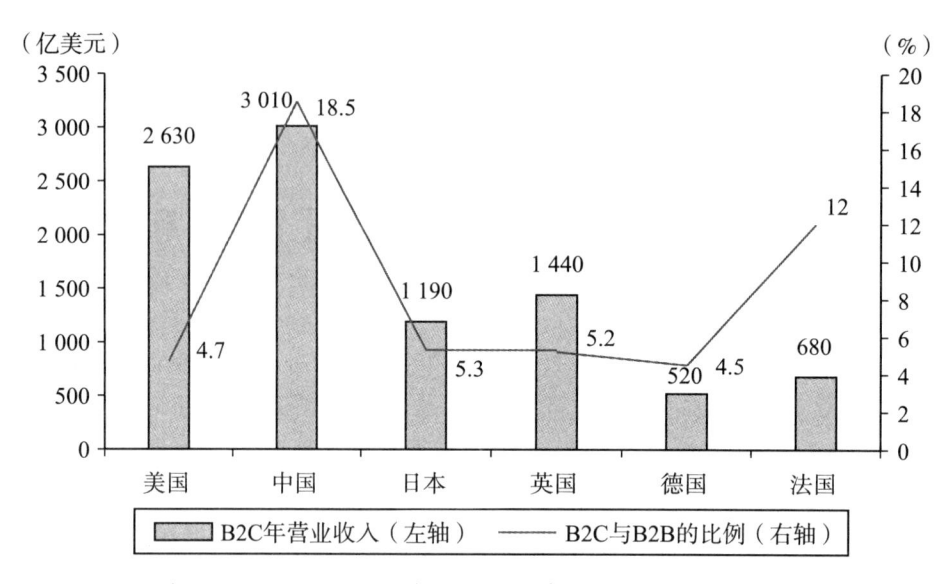

图 3-1　2012~2013 年 Top6 国家 B2C 营收规模情况

资料来源：联合国贸易与发展会议《2015 年信息经济报告》，经作者整理。

德国（520 亿美元）。对于 B2B 市场规模而言，结合 B2C 与 B2B 的比例可以推算出，美国是 B2B 市场规模最大的国家，2012~2013 年其 B2B 市场营业收入为 55 957 亿美元，其次是英国（27 692 亿美元）和日本（22 453 亿美元），其后依次是中国（16 270 亿美元）、德国（11 556 亿美元）和法国（5 667 亿美元）。

各国的电子商务营收规模在结构上也差异较大，中国是 B2C 营业收入与 B2B 营业收入比值最大的国家，高达 18.5%，其次是法国（12%）。而其他国家的这一比例处于 5% 左右。由此可知，美国、日本和英国在 B2B 和 B2C 模式上处于世界前列，但是 B2C 市场还有进一步发展的潜力；中国在 B2C 市场上发展得很好，但是在 B2B 市场上还有较大的发展空间；德国和法国在 B2B 和 B2C 市场上还有待进一步深化发展。

从跨国比较来看，B2B 行业在电子商务中营业收入份额最大，近年来随着互联网的普及和物流业的发展，B2C 模式积极适应各类消费者需求，并有力地推动了互联网交易平台的完善和升级。

（二）Top6 国家线上消费比较分析

线上消费情况能够在一定程度上衡量互联网交易平台的普及程度和经济社会效益。图 3-2 中 Top6 国家 2012~2013 年数据显示，中国线上买家数为 2 710 万，处于世界最高水平，其次是美国（1 330 万），而其他国家这一指标都低于 1 000 万。由此可知，中国和美国线上消费者规模最大，正因为如此巨大的线上购物群体及其释放的巨大需求，不断推动了互联网交易平台转型升级和创新发展。

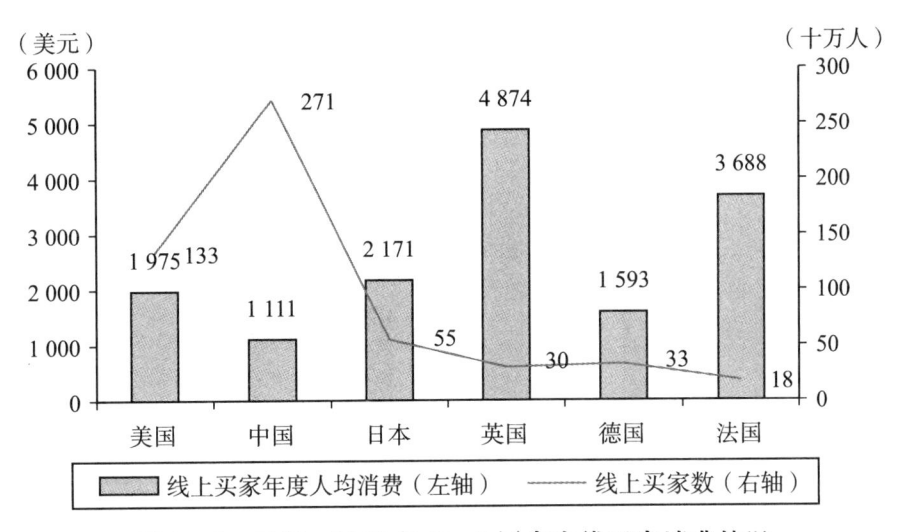

图 3-2　2012~2013 年 Top6 国家在线买家消费情况

资料来源：联合国贸易与发展会议《2015 年信息经济报告》，经作者整理。

从人均消费视角来看，在线买家年度平均消费最高的国家是英国，为 4 874 美元；其次，法国线上买家年度平均消费达到了 3 688 美元的高水平，其后依次为日本（2 171 美元）、美国（1 975 美元）、德国（1 593 美元）；在线买家年度平均消费最低的国家是中国，为 1 111 美元。一方面，这反映了各国人均可支配收入的差距，中国的人均收入水平远远低于其他五个国家，因此，线上买家年度人均消费低于其他国家；另一方面，其也反映了各国互联网交易平台普及程度和消费选择的差异，实际上，2012 年美国、日本和德国的人均收入都高于英国，但是英国在线买家人均消费远高于其他国家，这表明英国消费者更偏好在线购物。总结而言，人均收入的提升固然能够提升线上购物需求，但是互联网交易平台在挖掘潜在消费需求上还有很大的空间。

（三）Top6 国家跨境购物比较分析

随着经济全球化的发展，跨境线上购物变成现实，亚马逊、天猫、京东等交易平台纷纷加大全球布局力度，越来越多的线上买家能够较为方便地实现跨境线上购物。PayPal 在 2016 年发布的全球跨境消费者研究报告显示，英国和法国有 29% 的线上买家在过去一年中同时在国内和国外的互联网交易平台上购物，而美国的这一比例为 28%，其次是德国（25%）和中国（23%），最低的是日本

(4%)。总体来看，跨境购物的比例相对偏低，特别是日本的跨境在线购物比例极低（见图3-3）。跨境在线购物受到支付方式、跨国物流、信息传递、品牌认可、贸易壁垒等多种因素的限制，这在一定程度上也阻碍了互联网贸易平台的全球布局。

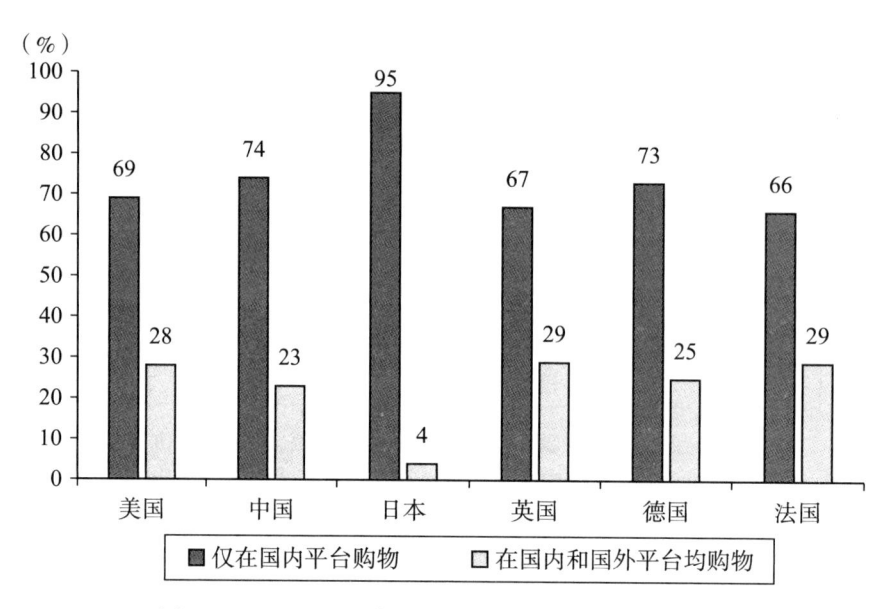

图3-3 Top6国家线上买家选择购物平台情况

资料来源：《2016年PayPal全球跨境消费者研究报告》，经作者整理。

电子商务的发展需要推动了互联网交易平台终端的多样化，终端的多样化反过来也促进了电子商务朝着便捷化、人性化、全方位的方向发展。2016年PayPal的调查报告显示，日本、英国、德国和法国超过70%的在线买家选择台式机和笔记本电脑，特别是日本选用台式机和笔记本电脑的比例高达90%，相对而言，中国线上买家选择购物的终端的多样化程度最高，仅有48%的线上买家选择台式机和笔记本电脑，美国的这一比例为64%。中国线上买家选择智能手机的比例为六个国家中最高，为35%，而美国的这一比例为18%。除此之外，英国、中国、美国、德国四个国家的在线买家购买平板电脑的比例也在10%以上。2016年PayPal的调查报告还显示，中国的在线跨境贸易规模仅次于美国，居世界第二位，中国是全球最受欢迎的在线跨境购物终端所属国，21%的受访者在2016年内选择过中国在线终端购物，其次是美国（17%）和英国（13%）。实际上，来自中国的实践表明，商贸交易平台在智能手机上的广泛应用既方便了广大消费者，也极大地提升了电子商务行业的企业效益和服务质量（见图3-4）。

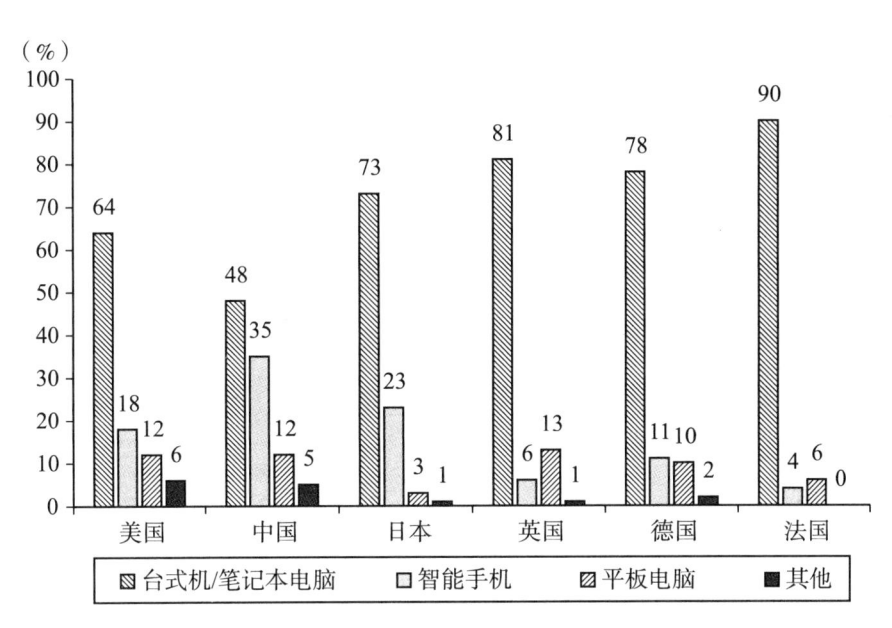

```
(%)
100
 90                                                                                    90
 80                              73              81        78
 70          64
 60
 50                    48
 40                        35
 30
 20      18                          23
            12                                        13   11 10
 10           6            12 5         6 3 1           1        2     4 6 0
  0
          美国           中国          日本        英国       德国        法国

     ▨ 台式机/笔记本电脑   ☐ 智能手机    ╱ 平板电脑    ■ 其他
```

图 3－4　Top6 国家在线买家选择购物平台情况

资料来源：《2016 年 PayPal 全球跨境消费者研究报告》，经作者整理。

（四）全球主要互联网交易平台的比较分析

全球主要的电子商务企业在收入规模和收入结构上也存在很大差别。2012 年 Top6 电子商务企业的营业收入情况如图 3－5 所示，阿里巴巴集团的总营业额在六个电商企业中最高，为 1 700 亿美元，但是其线上收入仅有 41 亿美元，是 Top6 电商企业中最低的。就电商企业的线上收入而言，亚马逊最高，为 610 亿美元，居第二位的是 eBay（140 亿美元），其次史泰博和沃尔玛的线上收入规模均为 100 亿美元，乐天的线上收入相对较低，为 47 亿美元[①]。总体来看，Top6 电子商务企业中线上收入占营业收入的比重具有较大差异，这种差异与电子商务企业的盈利模式、商业规划和交易平台等互联网基础设施的完善程度有着密切的关系。

[①] Top6 电子商务企业是按照 2012 年总营业额从高到低排前六名的电子商务企业，依次是阿里巴巴、亚马逊、eBay、史泰博、乐天和沃尔玛。

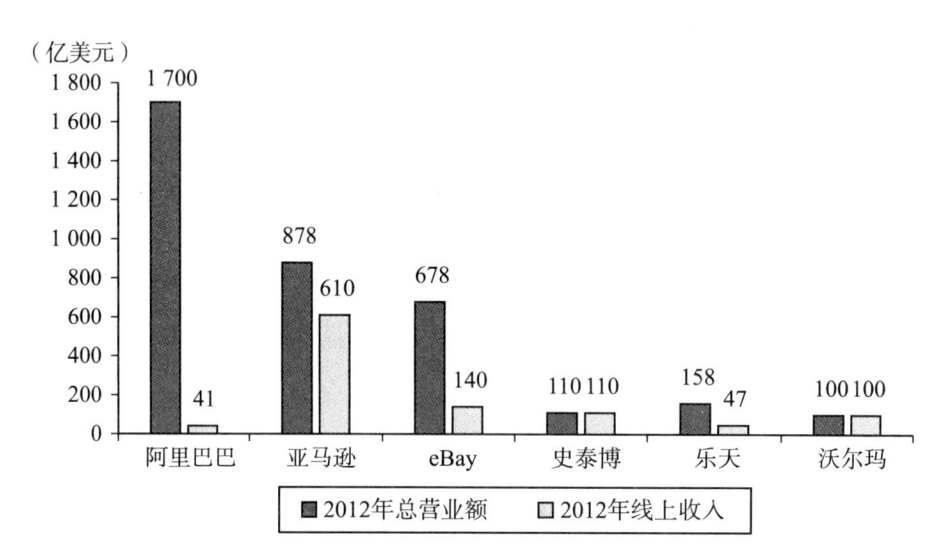

图 3-5　2012 年 Top6 电子商务企业营业收入情况

资料来源：联合国贸易与发展会议《2015 年信息经济报告》，经作者整理。

二、电子商务对交易平台发展的影响机制分析

电子商务以信息网络技术为手段，最终目的是为了实现物品的交换，因此，电子商务的蓬勃发展对信息网络建设和物品交换效率提出了较高的要求，互联网交易平台正是在这样的背景下催生和发展起来的。下面从交易对象联结、线上线下协作、事前事后服务、信息经济要求、潜在市场挖掘这五个方面来分析电子商务对互联网交易平台发展的影响机制。

（一）交易对象联结

电子商务主要的交易对象是企业（Business）、消费者（Consumer）和政府（Government），有一些电子商务活动还有代理商（Agent）的参与，由不同的交易对象进行结合，进而构成了不同的商业模式。根据交易对象划分，常见的电子商务经营模式有企业对企业（B2B）、企业对消费者（B2C）、企业对政府（B2G）、消费者对企业（C2B）、消费者对政府（C2G）、消费者对消费者（C2C）、政府对企业（G2B）、政府对消费者（G2C）、政府对政府（G2G）和企业、消费者、代理商三者相互转化（ABC）等，这些模式的出现反映了互联网时代对电子商务的发展要求。尽管电子商务经营模式多种多样，要实现有效的物品

交换，就必须把物品交换的双方通过直接或间接的方式联结起来，当交易对象双方不再仅局限于传统的"一对一"交易形式，而是"一对多""多对多"的情况下，互联网交易平台作为联结"介质"的作用就更加凸显。随着信息经济的发展，交易对象的数目和物品交换的价值越来越大，电商企业采用互联网交易平台进行对内对外贸易所产生的规模效应越加明显，这在客观上催生并发展了互联网交易平台。

（二）线上线下协作

电子商务的基本要素是线上商城、消费者、产品和物流，实现物品交换的过程是由处于线上线下的多行业多部门协同完成的。随着网络交易市场的扩大，线上商城需要对商家的产品类型、产品规格、产品数量、产品报价等基本信息进行规定和监督，而这些产品信息又来源于线下的生产厂商，线上商城与线下厂商进行协作是互联网交易平台产生的基础。在入驻商家和消费者的规模迅速扩大的情况下，线上商城、入驻商家和消费者进行线上协调和交易更为频繁，而互联网交易平台能够很好地适应线上信息化的要求，提升了交易各方在线上进行协调与合作的效率。物流公司负责线下产品运输，并实时更新物流信息到线上。网上银行则处理交易各方的费用支付业务，保证交易成功。总体来看，线上线下协作构成了一个完整的电子商务服务系统，信息技术的发展为实现电子商务的线上线下协作提供了技术条件，推动了互联网交易平台的发展。

（三）事前事后服务

电子商务的发展使得商品交易有别于传统实体店交易。相对于传统实体店购物通过现场触摸或试用等方式鉴别并选择物品，电子商务则是通过网络信息技术传递商品的详情，主要是采用视频、图片、声音和文字等形式来描述商品，这种间接的信号传递方式增加了购买方对商品质量的担忧。另外，相对于传统实体店购物采用"一手交钱，一手交货"的交易形式，电子商务则采取网上支付的形式，存在支付延迟和支付风险。

采用互联网交易平台可以解决双边市场的信用违约问题，特别是保证买家支付能力和卖家履约能力。一方面，交易平台能够规范交易市场，事前对交易各方进行鉴定和评估，包括对商家的经营情况、消费者支付能力、物流公司可靠性和商品信息真实性等；另一方面，交易平台对商家和消费者的统一管理，对事后发生的、买卖双方不可调和的交易问题进行监督和解决，保证交易后的事后服务顺利进行。此外，网上交易依靠互联网交易平台认定的第三方支付，增加了交易的效率，并且能够保证消费者和企业的支付安全。总之，消费者和企业对高质量、高效率的商务贸易的要求推动着互联网交易平台不断实现技术升级和模式创新，电子商务也朝着更加人性化、便捷化的方向发展。

（四）信息经济要求

随着信息经济的发展，参与电子商务活动的交易方和参与方对必要信息完整性、必要信息公开化、必要信息获取便捷化等有着越来越高的期待和要求，电子商务信息化的广泛需求推进了集约型信息综合管理平台——互联网交易平台的发展。在互联网交易平台上，消费者可以通过多种终端获得商品详情，通过平台的分类筛选等功能获得传统购物中"货比三家"的消费体验，消费者还可以通过商品评价、商品销量等信息来衡量商品或商店在消费者群体中的"口碑"；电子支付方能够获得企业和消费者的信用信息，并以此作为设定贷款额度的依据；互联网交易平台能够很方便地收集市场交易信息，更好地对交易平台进行管理、完善和宣传，不断提升交易平台的竞争力和吸引力；物流公司也能够高效获取快递信息和上传物流信息等。总之，互联网交易平台大大降低了电子商务的信息化成本，缩短了商品交易周期。实际上，互联网交易平台是电子商务朝着信息化、竞争性经济市场方向发展的产物。

（五）潜在市场挖掘

挖掘潜在市场需求是企业的一项重要任务，基于互联网交易平台的大数据统计为这种潜在需求的挖掘提供了技术支持。在电子商务中，企业对消费者的偏好十分敏感，对消费者的统计性特征十分关注，而互联网交易平台能够很好地完成对商品分类、消费者评价、消费者个人信息等基础资料的统计工作，这为企业合理控制产品数量、改进产品质量、完善经营模式、提升服务质量等提供了指导依据，也为政府部门的市场监管、规则制定、经济规划、政策决策等提供了证据支撑。近年来，电子商务朝着"互联网+"、大数据和云计算等方向的延伸，互联网交易平台还有进一步完善和升级的空间，作为最重要的电子基础设施，互联网交易平台具备较强的正外部效应，它在降低交易成本、挖掘交易信息、扩展交易市场等方面依然还有较大的发展潜力。

三、电子商务对交易平台发展影响的案例分析

电子商务对商贸交易平台的影响力与日俱增，中国的电商平台呈现出快速发展的趋势，互联网交易平台的发展在 B2C 网络零售平台市场上表现得最为明显。

图 3-6 绘制出了 2011~2016 年天猫（淘宝）（以下简称"天猫"）和京东在 B2C 网络零售平台市场上占有率的堆积面积图。由此可以得出以下结论，(1) 天猫作为商业帝国阿里巴巴旗下的互联网交易平台，占据了 B2C 网络零售市场的大部分份额，相较于排位第二的京东也是有绝对优势；(2) 天猫和京东两个平台占有 B2C 网络零售平台市场的八成以上，除了 2013 年稍有下降外，其他年份一直保持增长趋势。

中国电子商务研究中心发布的《2016 年度中国电子商务市场数据监测报告》显示，2016 年度天猫所属的阿里巴巴集团占 B2B 电商市场份额的 43%，天猫和京东两个平台的 B2C 网络零售市场占有率高达 83.1%，天猫和京东的市场份额也远远高于其他电商企业，因此，有必要对天猫和京东这两个互联网交易平台做深入地分析。

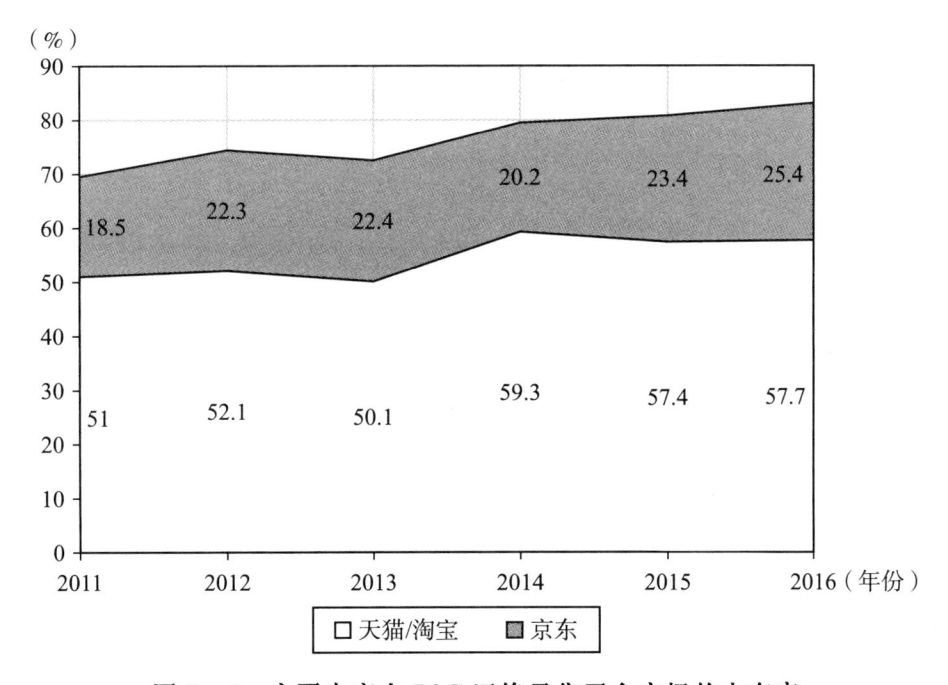

图 3-6 主要电商在 B2C 网络零售平台市场的占有率

资料来源：中国电子商务研究中心，网站为：http://www.100ec.cn/，原始数据来自每年的中国电子商务市场数据监测报告，经作者整理得到。

（一）案例分析：天猫（淘宝）和京东

1. 交易规模

阿里巴巴不断对业务结构、整体框架、交易平台等进行调整优化。如 2012

年 6 月 20 日，阿里巴巴正式从港交所退市，并于该年 7 月 23 日对整体架构进行调整，其中 B2B 业务分为小企业业务和国际业务两大块；2012 年 1 月 11 日，阿里巴巴集团旗下淘宝商城正式更名为天猫，并采用独立品牌拓展在线零售市场。这些调整优化使得阿里巴巴集团的市场规模和竞争力逐渐攀升，电商帝国地位不断巩固。

阿里巴巴集团在上市之后，交易总额呈直线上升趋势，2017 财年全年的交易总额（GMV）更是高达 3.77 万亿元。阿里巴巴 2017 财年的财务报告显示，核心电子商务业务年收入为 1 338.80 亿元，同比增长 45%。在交易总额中，移动端贡献率高达 79%，此外，中国移动端收入占阿里巴巴在中国零售业收入的 80%。这些数据表明，以天猫为主的互联网交易平台已经在移动终端上占据了重要地位[①]（见表 3-1）。

表 3-1 阿里巴巴集团 2014~2017 年交易总额情况　　单位：万亿元

年份	交易总额（GMV）
2014	1.68
2015	2.44
2016	3.09
2017	3.77

资料来源：阿里巴巴集团每个财年的财务报告，经作者整理。

京东是中国最大的自营式电商企业，中国 B2C 网络零售市场的第二大电商企业。近年来，京东顺应电子商务发展新要求，不断加强京东交易平台的配套服务，特别是在提升产品质量、物流速度、平台知名度等方面下功夫。此外，京东还不断加强与其他企业的战略合作，加强资本市场化步伐。2014 年 3 月 10 日，京东宣布与腾讯建立战略合作伙伴关系，同年 5 月 22 日，京东正式在纳斯达克上市。

如图 3-7 所示，2012~2016 年京东交易总额连年攀升，2013 年之后基本保持线性增长，至 2016 年京东的交易总额已达 6 582 亿元。根据京东 2016 年财务报告显示，2016 年京东全年净收入为 2 602 亿元，实现年度扭亏为盈。相较于阿里巴巴，京东市场规模较小、业务范围较窄，但是京东在其他业务扩展方面可以借鉴阿里巴巴的经验，具有一定的"后发优势"，发展空间和潜力较大。

---

① 阿里巴巴集团的财年是把上一年 4 月~本年 3 月称为本年财年，如 2017 财年范围是 2016 年 4 月 1 日~2017 年 3 月 31 日。

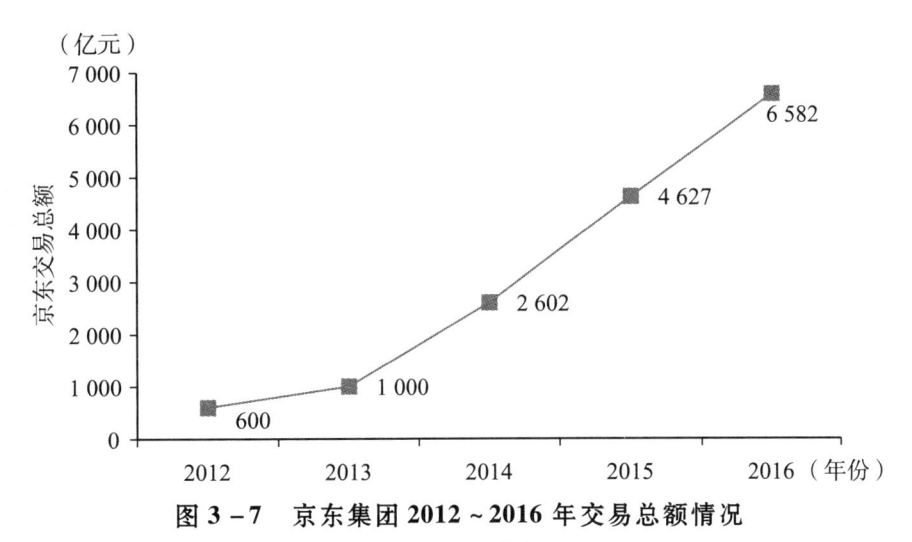

图 3-7　京东集团 2012~2016 年交易总额情况

资料来源：京东集团每个财年的财务报告，经作者整理。

2. 市场份额

阿里巴巴及旗下的天猫等交易平台一直保持着较高水平的市场占有率，除了 B2B 电商业务外，电子商务在 B2C 网络零售市场越来越受欢迎。由图 3-8 可知，

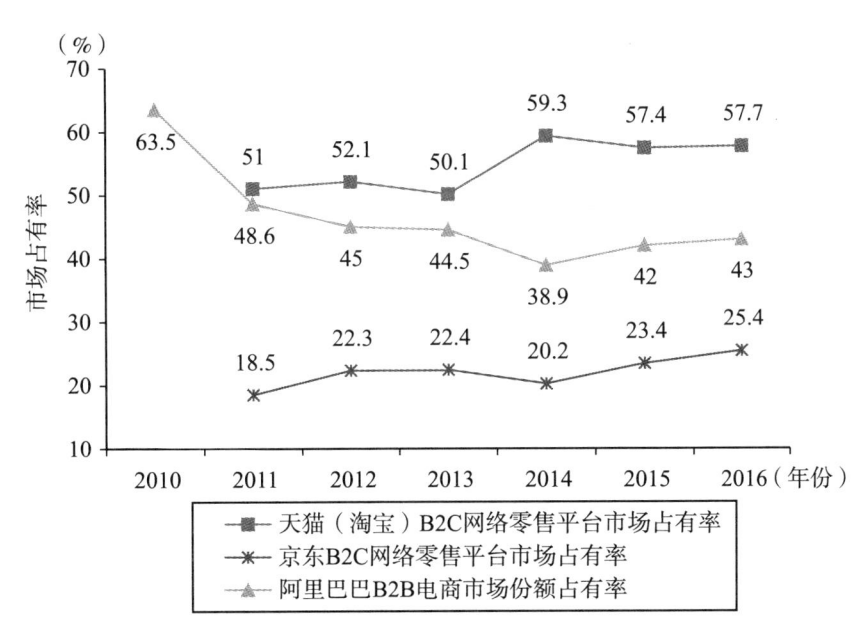

图 3-8　2010~2016 年天猫和京东的市场份额占有情况

资料来源：原始数据来自每年的中国电子商务市场数据监测报告，经作者整理得到。

2010～2014年间天猫在B2C网络零售平台市场占有率呈现整体上升趋势，2014年后市场占有率略有下降并趋稳。而阿里巴巴集团在B2B电商市场上却呈现出相反的趋势，2014年之前的占有率大幅下滑，2014年后呈现上升趋势。可见，近几年来天猫在B2C网络零售市场发展迅速，并逐步趋于饱和，但是B2B市场还有较大的开拓和发展空间，其他诸如京东等电商交易平台市场份额的增加对天猫在电商行业的地位产生了冲击。

京东在B2C网络平台市场的占有率一直紧随天猫，居第二位，且远远高于其他电商平台。以2016年为例，京东的B2C网络零售平台市场占有率为25.4%，远远高于居第三位的唯品会3.7%的市场占有率水平。从2011～2016年京东集团市场份额占有率的趋势来看，尽管2014年有明显下降，但是很快就恢复了上升趋势。总体来看，京东在B2C网络零售平台的市场占有率呈上升趋势。随着天猫市场份额占有率趋于稳定，京东凭借其交易平台优质的服务质量、快速增大的交易规模和用户数量等优势，市场份额占比还有很大的上升空间。

3. 用户数量

在互联网普及程度如此高，信息传播速度如此快的时代，哪个交易平台拥有更多的用户，哪个交易平台就能够获得更大的交易可能性和更多的规模经济好处。由图3-9可知，2014～2016年，阿里巴巴集团的活跃用户数逐年上升，

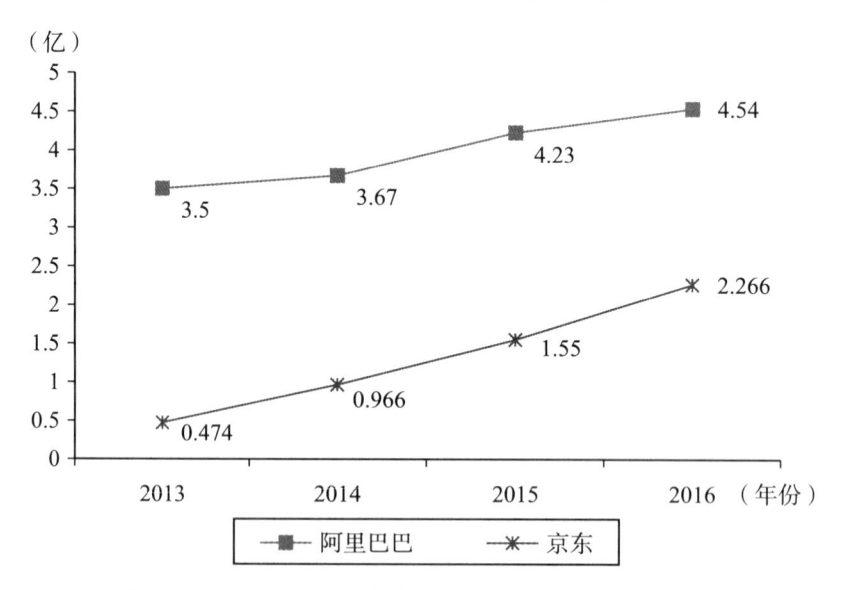

图3-9 阿里巴巴和京东2013～2016年活跃用户数

注：阿里巴巴数据对应的年份为财年向后一年，如2016年的数据为2017年财报上公布的数据。

资料来源：阿里巴巴集团和京东集团每个财年的财务报告，经作者整理。

2017 财年零售平台活跃买家达 4.54 亿,移动端月度活跃用户高达 5.07 亿。用户数量持续大幅增长是天猫等交易平台提升交易规模,增大市场份额,并创造企业利润的基本保障。相较于阿里巴巴趋于饱和的活跃用户数,京东的活跃用户数持续高速增长。从 2013~2016 年的短短三年间,京东的年度活跃用户数就从 4 740 万增加到 2.266 亿,呈现线性增长趋势。

4. 跨境布局

随着信息全球化的发展,阿里巴巴的全球化战略正在加速布局,特别是在 2010 年后,跨境电商和海外布局力度逐步加大。实际上,早在 2007 年阿里巴巴就推出淘宝全球购,后面又上线了全球速卖通、天猫国际等跨境交易平台。2010 年 6 月,阿里巴巴全资收购美国电子商务服务提供商 Vendio Services Inc,正式迈出进军海外市场的第一步,此后多次进行海外并购和投资。阿里巴巴集团跨境布局如表 3-2 所示。

表 3-2　阿里巴巴集团 2010 年以来跨境布局的商业事件

时间	事件
2010 年 4 月	正式推出全球速卖通
2010 年 8 月	收购美国电子商务服务提供商 Vendio Services
2010 年 8 月	收购美国电子商务软件公司 Auctiva
2013 年 6 月	1.7 亿美元参投美国体育用品电商 Fanatics
2013 年 10 月	5 000 万美元投资应用搜索公司 Quixey
2013 年 10 月	2.06 亿美元投资美国电商物流公司 ShopRunner
2014 年 1 月	1 500 万美元投资美国高端奢侈品网站 1stdibs
2014 年 2 月	正式推出天猫国际
2014 年 4 月	2.17 亿美元收购了美国移动社交应用 Tango 20% 的股份
2014 年 4 月	参与 Lyft 达 2.5 亿美元的 D 轮融资
2014 年 5 月	宣布将以 3.125 亿新元(合 2.49 亿美元)购入新加坡邮政 10.4% 的股权
2014 年 8 月	1.2 亿美元投资美国移动游戏开发商 Kabam
2014 年 9 月	纽约证券交易所正式挂牌上市,股票代码"BABA"
2014 年 10 月	5 000 万美元投资智能遥控应用 Peel
2015 年 2 月	旗下蚂蚁金服收购印度支付服务业者 One97 Communications 的 25% 股权

续表

时间	事件
2015年3月	2亿美元注资美国"阅后即焚"移动社交平台Snapchat
2015年6月	宣布向软银机器人控股公司注资145亿日元，在完成注资后，阿里巴巴持有SBRH 20%股份
2015年8月	宣布与梅西百货正式达成长期独家战略合作，梅西百货将入驻天猫国际
2015年9月	阿里巴巴与子公司蚂蚁金服入股印度电商Paytm，投资金额超过6亿美元，成为Paytm最大的股东
2015年9月	宣布与麦德龙达成独家战略合作，麦德龙官方旗舰店将入驻天猫国际
2015年12月	宣布阿里巴巴将成为国际足联俱乐部世界杯从2015~2022年的独家冠名赞助商
2016年2月	与SM公司签署在华音乐业务和电子商务业务的战略合作协议，阿里巴巴将以第三方配股有偿增资的方式入股SM娱乐，持有SM4%的股份，投资金额涉及355亿韩元（折合约1.95亿元人民币）
2016年4月	宣布将购买Lazada的5亿美元新发行股份，并收购该公司部分股东所持股份，投资总额约为10亿美元
2017年3月	阿里巴巴宣布全资收购大麦网

资料来源：商业事件的信息来源于网络新闻及百度百科，检索关键词"阿里巴巴"，经作者整理。

中国电子商务研究中心发布的《2016年度中国电子商务市场数据监测报告》表明，2016年天猫国际和淘宝全球购占跨境进口市场份额分别为24%和18.7%，远远高于京东9.9%的市场占有率水平。从用户数量来看，2017财年阿里巴巴在速卖通、Lazada平台的年度活跃海外买家数合计达到8 300万。整个2017财年，国际消费平台全球速卖通年度活跃买家达到6 000万，目前在运营包括俄语、西班牙语、法语等16个语种的站点。同时，UCWeb国际用户继续快速增长，2017财年第四季度，UCWeb新闻和内容聚合服务在印度、印度尼西亚市场的月度活跃用户合计为1亿。

跨境电商方面，京东的市场份额较小，2016年中国跨境进口电商平台市场份额占比统计数据中，京东全球购仅为9.9%，受到来自天猫国际和淘宝全球购的竞争压力较大。从全球布局来看，2015年6月18日，京东宣布俄语网站上线，该平台将服务俄罗斯市场，这是京东"走出去"的第一步，但是遇到了与阿里巴巴强烈的市场竞争，成效还未显现。总体来看，由于自身发展限制和外部竞争压力,京东在全球布局推进上较为谨慎。

5. 促销大战:双十一购物狂欢节

双十一购物狂欢节是源于2009年淘宝商城(天猫)的促销活动,如图3-10所示,2009年双十一的交易总额为5 200万元,之后一直保持高速增长,不断刷新纪录,到2016年交易额高达1 207亿元。天猫双十一购物狂欢节的高速发展过程,也是互联网交易平台逐步改善和发展的过程。

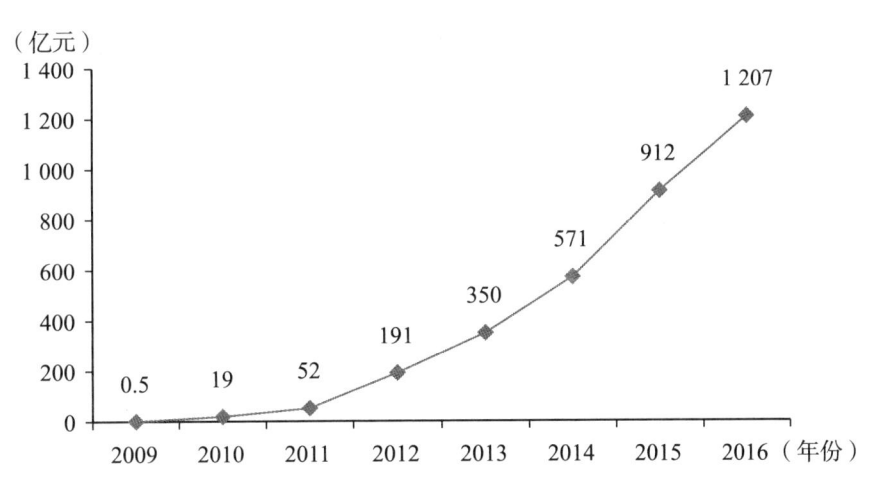

图3-10 2009~2016年天猫(淘宝)"双十一"当天交易总额

资料来源:占明珍:《"双十一"我国电商企业促销战的冷思考》,载于《对外经贸实务》2013年第4期,第47~50页,经作者整理。

在双十一促销活动初期,超出预期的交易额使得淘宝商城难以应付,交易平台主要存在三个方面的问题:(1)店家虚假降价、以次充好、假货泛滥等问题严重,给消费者造成了较大的损失;(2)高峰购物时段,交易平台存在技术性难题,面临崩溃压力,页面刷新较慢,电子支付系统也承受较大压力;(3)店家与消费者产生的纠纷事件较多,规则制定和权益保障不完善。

为了适应不断增长的线上购物需求,阿里巴巴对交易平台及其配套设施进行改善和升级,主要有以下三个方面:

(1)平台技术改进。

攻克异地多活技术难题,实现了交易和支付平台的异地多活,例如2015年由位于杭州、上海和深圳三地的机房分担"双十一"的流量,保证交易平台系统的平稳运行;构建金融级海量关系型数据库,在2015年"双十一"中阿里巴巴集团自主研发的OceanBase承担了天猫100%的流量,实现了零漏单零故障;采用全站HTTPS技术进行安全传输,通过HTTPS从客户端到服务器之间全程加密,保证了消费者和商家的信息安全;设计混合云架构,利用阿里云的公共云计算资源来分担部分流量，2015年搭建在阿里云平台上的聚石塔处理99%以上的"双十一"订单，可支持单个天猫商家日处理订单超过400万单；支付宝在技术上已全面升级到金融云架构，具备每日十亿笔以上的支付处理能力和金融级"异地多活"容灾能力。

（2）消费者权益保护。

天猫交易平台出台了一系列规则规定保障消费者权益，如"七天无理由退换货"规定天猫卖家接受买家七天内无理由退换货，无需担心买到不合适，或者买到的东西和实际相差太大；"正品保障"则保证天猫卖家所卖物品都是正品行货，接受买家的监督和淘宝的监督；2015年"双十一"前夕，天猫携手蚂蚁金服，与中国人保、平安产险等保险公司共同推出了"天猫正品保证险""天猫品质保证险"等保险项目，如果消费者在天猫平台购买到假冒商品，将无条件获得退货退款支持，并可获得4倍的赔偿。

（3）信用体系建立。

淘宝不断升级信用体系，目前淘宝信用评价体系由心、钻石、皇冠、金色皇冠四个等级构成，以作为诚信交易的参考，并在交易过程中成功保障买家利益，督促卖家诚信交易。2017年淘宝又推出了掌柜信用体系，共分为卖家资质、经营能力、买家评价、经营稳定性、合规经营这五大方面，每个方面又由数十个丰富的指标维度组成。掌柜信用分数依靠大数据算法综合评估获得，总分为1 000分，根据分数的高低分为欠佳（0～300）、一般（301～600）、良好（601～700）、优秀（701～800）、最佳（801～1 000）共5个等级。这个信用体系可以体现卖家的差异化经营，对抗恶性竞争。

此外，天猫在双十一购物节期间不断创新营销模式，2015年阿里巴巴在湖南卫视尝试"双十一狂欢夜"全新的互联网+电视晚会营销形式，其他诸如"直播+电商""VR+电商"、电子世界贸易平台（e-WTP）等电子商务模式也不断推出。总之，天猫（淘宝）等交易平台的一系列改进和完善措施助力了网络零售业市场的发展，为我国电子商务的可持续发展注入了源源不断的动力。

（二）案例分析总结

天猫（淘宝）和京东作为中国最大的两个互联网交易平台，适应了电子商务和信息技术发展潮流，获得了良好的企业业绩，最为重要的是提升了消费者的消费体验和效用，创造了较多的就业岗位，促进了信息经济的创新发展。天猫（淘宝）和京东商城这两个交易平台及其所属集团在市场份额、交易规模、业务范围等方面存在较大差异，市场定位和地位也存在较大差距，因此它们的发展模式和路径也不一样，取得的效果也不一样。总体来讲，互联网交易平台要实现持续、健康、稳定的发展，必须做到精确定位、精准设计、精心布局，保持规模和效益并驾齐驱，不断适应新的经济发展态势，不断推进交易平台的创新升级。

第三节 电子商务对商贸物流业发展的影响

物流产业是现代社会化大生产和专业化分工不断加深的产物，其发展程度是衡量一国现代化程度和国际竞争力的重要标志之一。随着社会变革和科技革命的发展，现代物流业受到了越来越多的社会关注，成为我国继交通运输业、金融业、信息业和商贸业之后的第五大服务性行业。[①] 同时由于科学技术的进步、网络信息技术的普及和电子商务的迅速发展使得商贸物流业的发展进入了一个全新的时代。

本章节主要是介绍我国电子商务发展对于商贸物流业发展的影响，主要从以下几个方面进行介绍：第一部分，概括我国商贸物流业的发展现状，并且与其他国家商贸物流业的发展现状进行比较；第二部分，关于电子商务对商贸物流业发展的影响机制进行具体分析；第三部分，利用顺丰速运和圆通速递的案例进一步具体说明电子商务如何影响商贸物流业的发展。

根据国家发展改革委中国物流与采购联合会发布的数据，商务部、发展改革委等相关部门联合颁布的政策，世界银行发布的《2016 联接以竞争：全球经济中的贸易物流》报告，国家邮政局发布的《2016 年中国快递发展指数报告》，艾瑞咨询发布的《2016 年中国跨境网购用户研究报告》以及一些整理自网络的数据，我们得出以下几个结论：

第一，我国商贸物流业的发展开始进入平稳增长的阶段。相比较 2006~2015 年这快速增长的十年，2016 年我国社会物流总额年增长率稳定在 6% 左右，虽然增速放缓，但我国的物流业发展目标已经由增加需求量转向了全面提高服务质量，基础设施投资不断增加，物流成本也在逐年降低。

第二，从全球来看，虽然我国物流业发展起步晚，但我国快递业务量规模稳居世界首位，在全球占比超过四成，对世界快递业务量增长的贡献率达 60%，我国已经成为全球快递市场发展的新引擎。

[①] 王君：《中国物流产业生命周期研究》，载于《现代商业》2015 年第 20 期，第 23~24 页。

第三，我国物流业与发达国家物流业发展现状之间仍存在较大的差距，目前我国急需推动第三方物流的发展，并且鼓励第三方物流公司向国际市场发展。只有大力发展第三方物流服务，才能提高各环节的利用率，有效降低物流成本，为消费者提供更加专业化的物流服务。

第四，电子商务的迅速发展需要更加完善的物流体系作为支撑。电子商务的发展推动物流业增加需求量、拓展产业链、提升服务水平、开拓国际市场、培养专业的服务人才，促进物流业朝着信息化、专业化的方向发展。

一、商贸物流业发展的跨国比较研究

（一）我国商贸物流业发展现状概况

2006 年我国颁布的《"十一五"规划纲要》确立了物流业的产业地位，从此物流产业在国民经济中的地位显著提升，物流业经历了快速发展的十年。如今，我国经济发展步入新常态，现代物流服务体系逐步成型，物流业发展开始面临新的机遇和挑战。当今我国物流业的发展主要有以下几个特征：

（1）中国物流业由高速增长转为中高速稳步增长。

根据国家发展改革委中国物流与采购联合会发布的数据，我国社会物流总额由 2006 年的 59.6 万亿元扩大到 2016 年的 230 万亿元，增长速度逐步放缓到 6% 左右。

从图 3-11 可以看出，自从 2006 年我国正式确立了商贸物流的产业地位之后，物流业经历了高速增长的十年。2015 年后，我国物流业的增长率稳定在 6% 左右，已经由高速增长转为中高速稳步增长。

（2）社会物流费用占 GDP 比率不断下降。

根据国家发展改革委中国物流与采购联合会发布的数据，我国物流费用占 GDP 比值由 2007 年的 18.41% 降到了 2016 年的 14.90%，期间除了 2011/2012 年出现了小幅度回升，其他年份都在稳步下降，并且在 2016 年取得了比较显著的效果。这说明我国自发展物流业以来，一直在不断加大力度减小物流业的成本（见图 3-12）。

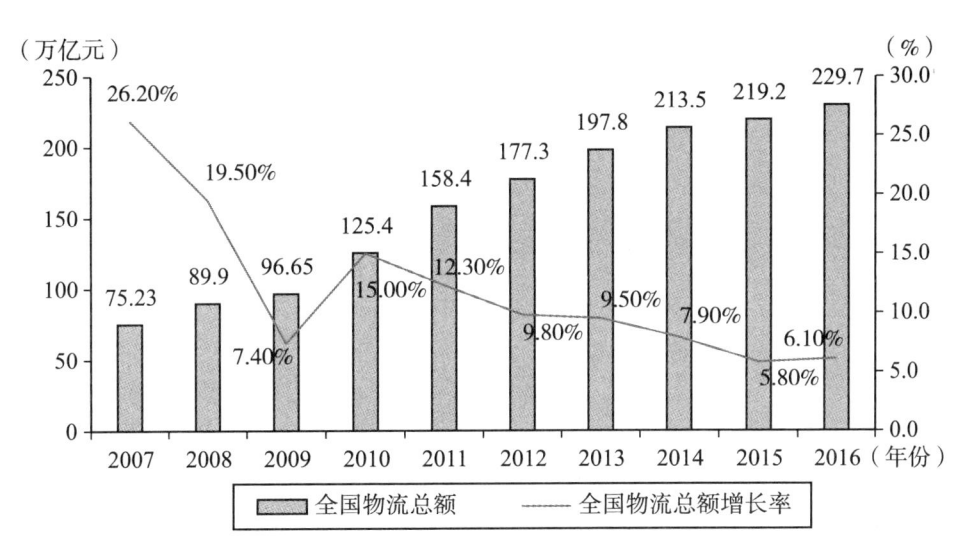

图 3-11 全国社会物流总额及年增长率

资料来源：中国物流与采购联合会《全国物流运行情况通报》。

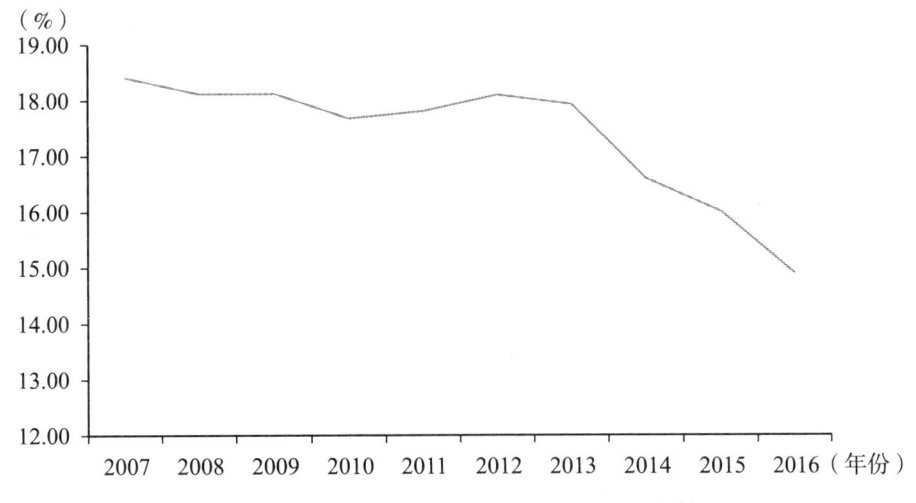

图 3-12 社会物流总费用占 GDP 比值

资料来源：根据网络相关数据整理。

（3）物流业年度增加值稳步增长。

2007~2016 年我国物流行业年增加值在不断上升，由 1.7 万亿元增长至 7.9 万亿元。并且物流行业年增加值的变化率从 2012 年开始放缓，直到现在稳定在 5% 左右，这说明我国物流行业年增加值已经进入了稳定低增长阶段。

（4）商贸物流政策不断加大动力。

物流行业的快速增长离不开相关政策的支持。2017 年 1 月 19 日，商务部、发展改革委、国土资源部等部门联合颁布了《商贸物流发展"十三五"规划》，明确了"十三五"期间我国商贸物流业的发展目标，对于进一步推动我国商贸物流业不断向现代物流业转变有着重大意义。

（5）商贸物流基础设施投资不断增加。

2014 年我国交通运输、仓储和邮政业实现固定资产投资 42 984 亿元，同比增长 18.6%。2014 年交通运输经济运行总体平稳，交通固定资产投资保持较快增长。全国全年完成铁路公路水路固定资产投资 25 259.51 亿元，比上年增长 12.6%，占全社会固定资产投资的 4.9%。①

2015 年，铁路建设各项目标全面完成，实现圆满收官。全国铁路完成固定资产投资 8 200 亿元，投产新线 9 000 多公里，新开工 61 个项目。②

2016 年 6 月，全国交通运输、仓储和邮政业固定资产投资额年度累计 22 376.00 亿元，同比增长率 12.00%。③

（二）与发达国家相比，我国物流产业仍处于发展中阶段

发达国家，尤其是美国和日本，物流产业起步较早、发展迅速、体系完善。

20 世纪 70 年代，美国微电脑技术及应用软件的发展使得 MRP Ⅱ、DRP Ⅱ、Kanban 和 Justin Time 等先进的物流管理技术产生并得到不断地完善，推动了物流活动一体化的进程。80 年代中期，美国进入了信息化及迅速发展的阶段。90 年代早期，美国的进出口贸易在世界上居于领先地位，为降低成本和促进产品的销售，各公司都热衷于建立自己的全球物流网络，国际物流量的增加使物流业在美国占有越来越重要的地位，第三方物流在美国得到迅速发展。

1973～1983 年，日本经济发展迅速，并进入了以消费为主导的时代，降低物流经营成为此时期的主要目标。在推动物流合理化的过程中，全国范围内的物流联网也在蓬勃发展，到 1983 年日本物流企业已发展到 5 万多家，较大的物流公司都在全国各地设有自己的分公司或支社，面向全国乃至国外开展物流业务。

与美国和日本相比，1979 年我国才开始使用"物流"一词，1994 年广州宝供的出现标志着中国本土第一个第三方物流企业的诞生，拉开了现代物流组织的序幕。2011 年中国物流与采购联合会的成立，标志着物流作为一个行业登上了历史舞台。2006 年的"十一五"规划，在中国历史上第一次把现代物流写进五年计划，明确了中国物流在国民经济中的产业地位。相比 1905 年美国第一次使用物流一词，中国物流发展进程接近晚了 80 年。

世界银行 2016 年发布了《2016 联接以竞争：全球经济中的贸易物流》报

---

①②③　中国产业信息网。

告，该报告依据基础设施、服务质量、运输可靠性等多项指标对 160 个国家的贸易物流绩效进行排名。该报告指出，德国连续三届蝉联榜首，中国排名第 27 位，叙利亚垫底。

因此，在高新技术的支持下，发达国家物流业已经成为支柱产业，是提高经济效益、产业升级、企业重组的关键因素，而我国物流业目前尚处于发展中阶段。

（三）全球物流市场持续增长，中国位居第一

虽然我国物流行业发展较晚，但是经历了快速增长的十年，交通、通信等基础设施的投资不断加大，物流技术装备水平逐渐提高，基础物流设施已不再成为制约行业发展的瓶颈，国内物流行业中已经出现了现代物流先进业态的代表，物流技术和管理理念正在向全面的现代综合物流管理发展。

国家邮政局公布的《2014 年快递和国际快递市场监管报告》显示，2014 年中国快递市场规模超过美国，跃居全球第一。事实上，不仅快递业，中国在 2012 年就坐上了全球物流业市场规模的第一把交椅。根据美国供应链调研与咨询公司 Armstrong & Associates 的数据，截至 2013 年底，全球物流业市场的规模已经超过 8.5 万亿美元，相比于 2009 年 6.62 万亿美元的规模增长了 29.58%，年复合增长率为 6.69%。从国别市场来看，中国物流业的市场规模达 1.59 万亿美元，占全球的 18.6%，蝉联全球第一。排名第二的是美国，物流业市场规模为 1.36 万亿美元，占全球的 15.8%。[①]

国家邮政局发布的《2016 年中国快递发展指数报告》显示，2016 年中国快递发展指数（CEDI）为 538.5，同比提高 40.8%。指数显示，我国快递业务量规模继续稳居世界首位，在全球占比超过四成，对世界快递业务量增长的贡献率达 60%，我国已经成为全球快递市场发展的新引擎。

（四）我国第三方物流需要进一步发展

在电子商务这个大时代，我国的市场潜力是巨大的，但是我国第三方物流企业大多数业务都集中在国内，国际物流市场大部分份额都被国外大型物流企业占有。比如四大快递巨头——美国 FedEx、UPS，德国 DHL，荷兰 TNT 已经控制了我国国际市场接近 80% 的业务。虽然，我国已经具有了一定数量规模的第三方物流企业，但这些企业与国外第三方物流企业相比还缺乏竞争力，我国只有某些较大的第三方物流企业建立了自身的配送中心。

---

① 方芬、彭朝霞、赵荣改、朱立刚、葛兆爽：《全球快递市场新格局》，载于《中国邮政报》2015 年。

中国物流与采购联合会发布的《中国采购发展报告（2014）》显示，2013年我国社会物流总费用为10.2万亿元，占GDP的比重为18%，是美国（占GDP 8.5%）的2倍有余。《中国采购发展报告（2014）》称，中国的社会物流总费用占GDP比重不仅高于美国、日本、德国等经济发达国家，而且跟经济发展水平基本相当的金砖国家相比也偏高，例如印度为13%，巴西为11.6%。2014年，全社会物流总费用占GDP的比重为14.9%，这个数据比2013年的18%下降了不少，但相比美、日、德等发达国家，依然高出一倍左右，高于全球平均水平5个百分点左右。这意味着，全社会创造同样规模的GDP和企业创造同样规模的产出，我国付出的物流费用代价更高。

我国物流成本比发达国家高的一个主要原因就是物流效率相对低下，而物流效率低下的原因，除了产业布局不合理导致商品需要长距离、大规模运输，以及企业供、产、销各环节衔接不科学而增加仓储成本外，货运需求与运力资源没有得到有效的整合与匹配是重要原因。解决这一问题的有效方法就是大力发展第三方物流服务，专业的第三方物流公司利用规模经济效应，通过提高各环节的利用率节省费用，使企业能从分离费用结构中获益，真正实现低成本和高收益。不仅如此，第三方物流还可以更好地满足消费者的需求，减少缺货率，与营销有效配合，提供更加专业化的物流服务。

根据我国物流行业的发展现状，我国物流行业与发达国家物流行业发展仍存在较大差距，在产业升级、行业整合等方面存在诸多机遇，行业发展空间广阔。

二、电子商务对商贸物流业发展的影响机制分析

由于电子商务具备高效率、个性化、费用低、全天候、全球性的特点，电子商务产业受到消费者的广泛青睐。电子商务的兴起推动了物流业的进一步发展，同时也给物流业带来了一场新的革命，使传统物流逐步向现代物流转变。电子商务的发展主要是通过以下几个途径带动物流行业的发展：

（一）电子商务的发展带来了巨大的物流需求

根据中国物流与采购联合会公布的数据，2016年全国社会消费品零售额为33.2万亿元，同比增长10.4%。全国电子商务交易额达到26.1万亿元，比上年增长19.8%；其中实物商品网上零售额比上年增长25.6%，比社会消费品零售总额增速高出15.2个百分点，实物商品网上零售额占社会消费品零售总额的比重为12.6%，比上年提高1.8个百分点。中国网络零售市场规模位居全球第一，

导致电子商务物流需求迅速增加。①

2016年"双十一"天猫商城的交易数据显示,交易额20秒过1亿、52秒上10亿、6分58秒破100亿。双十一刚过半,12小时29分26秒,交易额已经达到824亿元,超过了2015年全国社会消费品日均零售额,全天交易额最终定格在1 207亿元,当天累计物流订单量完成6.57亿件,创历史新高。根据历史数据,从天猫2009年11月11日第一次举办"双十一"促销活动开始,物流订单量从2009年的26万件到2018年的6.57亿件,物流订单量实现了2 526倍的增长。②

(二) 电子商务的发展拓宽了传统的物流服务范围

电子商务环境下第三方物流公司不再只从事原来传统环境下的仓储和运输作业,而是进行多方位、多维度的物流服务,不仅涵盖了以前的运输、存储,而且还衍生出了各种顾客需要的物流服务。在电子商务这个环境下我国第三方物流要系统地整合自身所能提供的各种服务,并对这些服务进行系统化的分类和管理,同时针对不同的客户提供合适的物流服务,使得物流服务的功能多样化,更好地满足客户的需求。

2016年3月17日,商务部、发展改革委、交通运输部等6个部门联合发布了《全国电子商务物流发展专项规划(2016~2020年)》,这一规划明确了为了促进电子商务的进一步发展,物流行业的发展需要进行全方位的提升,其中明确指出要加快中小城市和农村电商物流的发展。积极推进电商物流渠道下沉,支持电商物流企业向中小城市和农村延伸服务网络。例如,农村电商伴随着国家多项利好政策实施,京东、阿里、苏宁等电商巨头纷纷将渠道下沉,进军农村市场,传统物流企业也开始尝试村镇O2O业务。2014年11月20日,京东集团全国首家大家电"京东帮服务店"在河北省赵县正式开业,当地农村的消费者将率先体验京东大家电的"最后一公里"服务。"京东帮服务店"是京东实践渠道下沉战略的重大举措之一,这一渠道使得4~6线城市的消费者同样可以享受到京东"快速送货、安装维修"的全流程优质购物体验。

(三) 电子商务的发展促进了物流行业服务水平的全方位提升

在传统的物流活动中,虽然也依据计算机对物流实时控制,但这种控制都是以单个的运作方式来进行的。比如,在实施计算机管理的物流中心或仓储企业中,所实施的计算机管理信息系统,大都是以企业自身为中心来管理物流的。而

---

①② 根据网络相关数据整理。

在电子商务时代,网络全球化的特点,可使物流在全球范围内实施整体的实时控制,明显提高了物流行业的运作效率①。

在业务量高速增长的压力下,电商物流和快递企业加大基础设施投入和新技术应用,加强网络布局和资源共享,不断提升消费旺季和尖峰时刻的应对能力,服务能力与旺盛需求形成了良性互动,成长出一批规模大、能力强、效率高、有口碑的电商物流和快递企业,行业物流时效、履约水平和运作效率都有明显提高。2016年物流时效指数平均为114.8点,比2015年回升16.7点,物流送达时效提高了17%,反映出从下订单到送达客户的物流时间缩短,物流时效性明显增强的特点。全球电商龙头企业亚马逊以其自建物流和云计算、大数据支撑成为全球物流配送楷模。国内京东物流也开启了对外开放物流网络平台模式,菜鸟网络则构建了以数据为依托的快递、仓配和末端全物流网络平台,让"618"和"双十一"期间的配送效率得到了质的飞跃②。

2016年11月,京东推出京准达服务,客户可在指定时段收货,反映出电商物流在追求更快的同时,更加专注个性化客户的物流需求。2016年履约率指数平均为103.3点,比2015年略有提升,反映出电商物流企业按照约定时间送达订单的比例进一步提高。2016年实载率指数平均为111.5点,比2015年提高约10%,反映出物流运输设备的利用效率总体保持提升态势。总体来看,电商物流服务能力得到了消费者的充分认可,2016年电商物流满意度指数为100.7点,保持在100点以上的较高水平。③

(四) 跨境电子商务促使物流走上全球化

根据艾瑞咨询发布的《2016年中国跨境网购用户研究报告》,超过3/4的跨境网购用户都使用过国内跨境电商网站进行购物。数据显示,2016年中国进出口跨境电商(含零售及B2B)整体交易规模达到6.3万亿元,相比2015年交易规模5.1万亿元增长了23.5%。截至2018年,中国进出口跨境电商整体交易规模预计将达到8.8万亿元。2016年,全国共有60个城市开展了跨境电商业务,其中10个城市经批准开展跨境电商进口业务,批准设立杭州、天津、上海、重庆、合肥、郑州、广州、成都、大连、宁波、青岛、深圳、苏州13个城市跨境电商综合试验区。

2016年3月17日,商务部、发展改革委、交通运输部等6个部门联合发布了《全国电子商务物流发展专项规划(2016~2020年)》,该规划明确提出

---

① 魏修建:《论电子商务对物流的影响》,中国大物流网。
②③ 中国物流与采购联合会:《2016年电商物流运行分析和2017年展望》,2017年。

"构建开放共享的跨境电商物流体系"这一发展目标，鼓励有实力的电商物流企业实施国际化发展战略，通过自建、合作、并购等方式延伸服务网络，支持优势电商物流企业加强联合，在条件成熟的国家和地区部署海外物流基地和仓配中心。

受需求和政策利好双重推动，跨境电商企业数量不断扩大，一些企业加快海外物流网络布局。菜鸟网络物流覆盖全球200多个国家和地区，全球跨境物流日处理能力超过400万单，顺丰速运直发业务覆盖全球近250个国家和地区，洋码头布局全球物流中心，大龙网启动中国在欧洲最大跨境电商产业园。

（五）电子商务对物流人才提出了更高的要求

电子商务不仅要求物流管理人员既具有较高的物流管理水平，而且也要求物流管理人员具有较高的电子商务知识，并在实际的运作过程中，能有效地将二者有机地结合在一起。我国第三方物流的发展要向国内外大型物流公司学习先进经验，开展现代物流产业从业人员职业资格认证制度。物流企业还需重视管理层建设，转变自身管理理念，完善企业管理制度，创新管理模式，学习先进的管理思想和管理技术，运用高端物流设备。同时在实现现代物流发展的前提下，拓宽用人渠道，重视管理培训和继续教育，将培养"复合型"管理人才放在首位，逐步形成一支高级管理人才队伍。

由于电子商务所具有的电子化、信息化、自动化、全球化等特点，以及高速、灵活和廉价等优势，使传统物流发生了较大的变化，必将促使物流系统进一步完善，最终发展成具有我国特色的电子商务物流。

三、电子商务对商贸物流业发展产生影响的案例分析

（一）顺丰速运

顺丰速运（以下简称"顺丰"）于1993年3月27日在广东顺德成立。初期的业务为顺丰与香港之间的即日速递业务，随着客户需求的增加，顺丰的服务网络不断向省外延伸。截至2006年初，顺丰的速递服务网络已经覆盖国内20多个省及直辖市，101个地级市，包括香港地区，成为中国速递行业中民族品牌的佼佼者之一。顺丰速运在快递行业中定位于中高端水平，其最大的服务优势在于快速、安全。与其他家快递企业不同的是，顺丰拥有专机和400余条航线的强大航空资源以及庞大的地面运输网络，保障各环节以最快路线发运，实现快件"今天

收,明天到"。这也是广大消费者选择顺丰的主要原因。然而为了支撑起强大的航空及地面运输资源,顺丰公司相对于其他快递企业必须承担较大的运营成本、维护成本以及人力成本,这就导致顺丰快递服务费较高,这是消费者是否选择顺丰快递时的一个顾虑。①

电子商务的快速发展给顺丰带来了机遇但也带来了挑战。2013年前后,国内有60%的快递量来自淘宝网,由于顺丰存在较高的服务费用,淘宝网电子商户默认的物流公司80%都是"四通一达"(申通、圆通、中通、汇通、韵达),顺丰仅占10%左右。同时,随着电子商务的发展,很多电商都已经开始自建物流。2009年,京东斥巨资成立物流公司,开始全面布局全国的物流体系。截至2013年底,京东在国内拥有82个仓储中心、1 453个物流中心、209个提货点、18 005个配送员工、8 283个仓储员工、4 842个售后中心。阿里巴巴2013年联合多家企业共同组建菜鸟物流,目标是建立一个开放的社会化物流大平台。此外,苏宁易购、1号店等都有自己的物流体系。② 电商自建物流在一定程度上分食了传统快递企业的市场蛋糕。在这一背景下,顺丰开始拓展产业链,改变传统的运作模式,2012年正式进军电商市场。

2012年5月31日,"顺丰优选"网购商城正式上线,定位为以全球优质安全美食为主的网购商城,覆盖生鲜食品、母婴食品、酒水饮料、营养保健、休闲食品、饼干点心、粮油副食、冲调茶饮及美食用品等品类,现有商品数量超过一万余种,其中70%为进口商品。2015年初"顺丰海淘"正式亮相,产品类别包括母婴用品、保健品、快消日用品、流行服饰箱包、居家生活用品,以及各种多元化的海外生活体验商品。③

"顺丰优选"及"顺丰海淘"的成立,都是顺丰快递在电子商务快速发展现状下对新的产业领域的尝试,其目的在于顺应电子商务的发展,推动物流行业的发展。顺丰公司自建网上购物平台并且垄断该平台物流业务解决了由于服务费高造成的物流需求量小的问题。

除了自建网购平台,为了适应各大电子购物方式的发展,顺丰还提出了电子产品的网购物流专项服务,充分发挥自身运输安全、快速的特点。

2016年某国际领先手机品牌新品订单分别从北京、上海始发,要求顺丰必须在指定日期完成所有新品派送。为保证新品派送时效,顺丰对首日派送城市明细及件量进行预测,运输环节对每个流向的车辆做了单独运输规划及执行监控安排,中转场提前安排好交接区、装卸区、滞留区、异常处理区域,新品到

---

①② 中国电子商务研究中心:《【物流案例】顺丰:"电商路"的未来》,2014年。
③ 中国电子商务研究中心:《【物流案例】顺丰:"互联网+"产业链布局最深的物流企业》,2015年。

达分点部后,优先出仓,全员派送,派送前 100% 电联客户,当日完成三次尝试派送;为保证新品安全,运输车辆装备 GPS 系统,并在车厢内安装 CCTV,优选选择以无犯罪记录、交通事故最少、驾车经验丰富的司机。装卸车货物交接必须在顺丰 CCTV 下完成,每个流向运输路线准备至少三条,在发车前 30 分钟确定最终行驶路线;为了新品信息保密,对临时场地进行安保改造,保证无死角监控,对人员资质进行审查,高规格安检,手机进入仓库必须提前报备,出仓后专人专车押运①。

正是由于手机新品首发开通了官网或旗舰店购买渠道,顺丰速递必须采取专门的物流方案,运用高科技信息技术,选择具有丰富经验的物流人员以提高物流效率,保证物流的安全性,从而推动了物流行业朝着信息化、技术化的方向发展。

(二) 圆通速递

上海圆通速递物流有限公司成立于 2000 年 5 月 28 日,是国内大型民营快递品牌企业,致力于成为"引领行业发展的公司"。公司拥有 10 个管理区、58 个转运中心、5 100 余个配送网点、5 万余名员工,服务范围覆盖国内 1 200 余个城市,并且开通了港澳台、中东和东南亚专线服务,致力于开拓和发展国际、国内物流市场。②

目前,我国航空货运规模与国外存在很大的差距。就国内快递公司来看,顺丰速运和 EMS 一直以其拥有的大量航空运输资源为支持,在运输速度上领先于"四通一达"。电子商务的快速发展对物流运输速度的要求越来越高,淘宝"双十一"购物街的物流速度也是逐年加快。为了适应这一发展趋势,2015 年 6 月 1 日,圆通集团旗下的"杭州圆通货运航空有限公司"获得了中国民用航空局颁发的《公共航空运输企业经营许可证》,圆通正式拥有了自己的航空公司。随着圆通航空货运公司的成立以及货机数量直逼顺丰,快递业出现了顺丰、EMS、圆通航空"三国争霸"的格局,整体竞争态势也将更加激烈。由此来看,电子商务的发展促进了物流行业不断优化自己的服务质量。

此外,圆通速递还开发了一系列增值服务,其中包括仓配一体服务、代取件业务、夜间服务、保价服务等。其中具有重大进步的就是其开发的仓配一体服务,真正实现了传统物流模式的转变。

传统模式下的仓储和配送是分开的,仓储主要包括打包、称重、速递的交

---

① 顺丰集团:《手机新品首发,顺丰为您保驾护航》,2016 年。
② 百度网、www.baidu.com。

接,配送主要是揽收、称重、发运,整个环节非常复杂。而仓配一体服务可以使B2C的距离更短,提升物流速度;依托于圆通速递配送网络的资源优势,可以更好地解决电子商务在仓储和物流环节的瓶颈,最终实现云仓储。相比普通的物流服务,仓配一体管理服务优势在于:在中国大陆的一线城市均能提供仓配一体的服务;截至目前,圆通已在全国50个主要城市建立101座现代化仓库,总面积超过50万平方米;可让客户就近入仓,满足客户分仓需求;支持异地入仓操作。比如商家在上海,它可以选择货源地在广州直接入仓,而不是传统物流方式下货物必须由广州进入上海的仓库,这样大大降低了商家的物流成本。有许多商品都需要满足分仓发货的需求,比如乳制品、生鲜食品、电器类等不适合进行大规模远距离的运输,非常容易在运输过程中造成损失。这些商品在传统单仓模式的运输方式下破损率非常大,消费者体验差,因此造成消费者投诉很多。而圆通仓配一体服务在全国各地50个城市都设有仓库,可以快速把这类商品直接分仓储存到各个仓库,然后从距离消费者最近的仓库发出,这样不仅大大降低了破损率,提高了服务质量,还降低了配送成本。并且,分仓服务大大提高了配送的效率,在一些比较发达的干线区域,比如江浙沪地区,能做到24小时到,而且经过的中心中转环节也非常少,所以商家很满意。

此外,仓配一体服务还体现了物流行业朝着信息化、技术化方向发展的趋势。圆通运用自主研发的仓配一体服务平台,为客户提供仓配全生命周期的监控,同时实现了和各个电商平台的对接,保证整个信息流能够快速地跟前端进行沟通,最主要的是让消费者及时看到仓配的状态。①

除了仓配一体服务,圆通还针对特定的服务群体制定了特殊的增值服务:对于在电子商务过程中有客户退件、返修等方面有快递需求的客户,圆通速递提出了代取件业务,按照寄件方的指令到指定地点收取快件,并送达指定目的地服务客户;为了解决上班族、移动购物等消费者工作时段收寄件不便的困境,圆通速递为其量身定制夜间服务方案,服务时间为19:00~22:00(根据区域差异,服务时间略有不同);以防在"双十一"等物流量大的时候造成财产损失,圆通速递把物流业和保险业捆绑在一起,提出保价服务,承诺只要单价货物价值最高不超过3万元人民币,如果快件在运输过程中丢失或损坏,公司按照核定的损失进行赔付。

电子商务的迅速发展带动了物流行业上下游增值服务的发展,拓宽了产业链,使得物流公司不再仅仅提供原来的传统仓储和运输服务。相比传统的物流服务,增值服务的多样化与专业化能够更好地满足客户的需求,带动物流产业全方位增值。

---

① 刘非:《圆通速递:仓配一体发展的价值和服务》,2014年。

第四节 电子商务对信用结算与安全的影响

在电子商务交易逐渐普及的同时，政府、企业和消费者在制度安排的约束下相互博弈，从而促成了一套复杂的在线交易结算、信用评价和风险控制体系。在线支付结算相对于传统面对面的结算具有成本低、范围广的优势，随着在线支付结算系统的逐步完善，在线支付结算平台的风险控制水平和安全性不断提高，在线支付结算也逐步由线上电子商务交易结算向线下一般商贸交易结算扩展。从当前的发展趋势看，在线支付结算的业务范围正逐步从线下的日常小额支付向线下的大额贸易结算拓展。

在线支付结算在为商贸结算提供便利性和安全性的同时，电子商务平台企业以平台交易大数据和云计算等发达的技术手段为依托，对电子商务参与者（包括企业和消费者）的线上和线下交易信息进行采集、整理，进而为各交易主体提供信息数据以保证交易顺利开展的活动。电子商务有助于更高效地促成交易双方的匹配，达成国内外贸易的进行。更重要的是依托电子商务发展起来的在线支付及其电子商务大数据，不但改变了传统贸易结算方式，更通过新的信用评估和风险控制技术的应用，降低了传统商贸活动中的支付结算风险，有效控制了贸易过程中资金流的风险。从一定程度上说在贸易达成的相关中后段的各个环节中，以电子商务交易为基础的在线支付结算和基于电子商务大数据的信用评价系统，降低了买卖双方的交易成本，可以促进国内外贸易的增长。

电子商务面对的是全球化的统一市场，电子商务的发展是对现代商贸结算体系、信用体系和风险控制体系的建立和完善，有助于中国企业在国际舞台上发挥比较优势，有助于国内外贸易水平的提升，进而提升中国企业的国际竞争力。反过来，信用体系的建立能够降低电子商务的运营成本，为电子商务交易提供高效及时的信息服务，这对于促进电子商务行业的发展进而推动国民经济又好又快增长具有重大现实意义。[1]

在线支付结算系统的顺利实施和安全保障，以及支付结算过程中的安全风险控制，其核心是商业信用体系的建立和优化。电子商务的发展在客观上促进了商业信用体系的建设，信用体系的建立和完善有助于国内外贸易的增长；反过来，国内外贸易的增长，交易数据的丰富和电子商务大数据的应用，可以进一步促进

---

[1] 于兆吉：《电子商务在线信誉评价理论与方法》，北京师范大学出版社2012年版。

商业信用体系的完善,进而通过降低在线交易过程中的信息不对称促进电子商务更高层次的发展。因此,电子商务的发展与信用体系的建设具有相互影响、相互促进的关系。具体表现在:

一方面,电子商务的发展对于完善我国信用体系具有重要意义。首先,电子商务的交易特点决定了其强大的信息共享与利用功能,而这就要求参与各方都具有良好的信用,这种要求为建立相应的信用体系奠定了基础;其次,电子商务可以为商品交易提供更多的信息服务及交易工具,进而降低信息不对称程度,提高交易效率,促进信用管理、评价的发展;最后,电子商务领域的"长尾客户效应"可以实现以较低的贷款利息覆盖贷款损失,分散信贷的信用风险,有效地降低信用风险。

另一方面,信用体系的建立对于促进我国电子商务的整体发展具有重要意义。首先,信用体系的建立能够提升企业内部及客户的信用管理体系的建设,从而促进企业信用管理体系的科学化、规范化;其次,信用体系的建立能够提高中国电子商务综合水平,从而加快电子商务交易的进程;最后,信用体系的建立有利于提升中国企业的国际竞争力,从而促进国际贸易的发展。①

本节以电子商务为背景,重点探讨了商业信用体系的发展,并对未来信用评价体系及风险控制体系的新发展进行了趋势性分析。本节首先研究了国内外信用体系的构建,对比分析了国内外信用体系的主要构建方法;然后指出了我国信用体系的发展过程,提出互联网征信对征信体系的完善;接着以互联网领域的创新发展——蚂蚁信用和京东白条等为例分析了电子商务大数据背景下信用体系的新发展;最后,对未来信用评价体系及风险控制体系的新发展提出展望。

一、国内外信用体系的构建研究

(一) 国内外征信模式

国际上关于信用体系的建设,以市场经济较为成熟的美国、德国、日本为例。美国采取的是市场化征信模式,市场的自我调节加上政府的法律保障促成了美国完善的信用体系,但是这种模式不适合发展中国家的征信建设;以德国为代表的欧洲采取的是政府主导中央银行的征信模式,政府凭借公共权力强制进行信用信息数据的搜集,这种模式比较快速但是其非盈利性导致政府财政负

---

① 杨春林:《中国电子商务信用体系建设的相关问题研究》,载于《兰州工业学院学报》2013年第20期,第75~77页。

担较大；日本建立的是会员制模式，其采取的以银行协会建立的银行会员制征信机构与商业性征信机构共同组成的混合型征信模式，这种模式有利于协调各方合作关系，但鉴于很多国家的行业协会没有得到充足有效的发展，因此，该模式推广性不强。

我国应依据本国国情，在不同的发展阶段构建适合本国实际的社会信用体系。借鉴各国经验，既要让政府"这只看得见的手"发挥主导作用，积极监管各征信机构的运行，又要让市场"这只看不见的手"发挥辅导作用，建立一个发达且比较完善的征信市场，充分利用各征信机构的服务优势，为各征信主体提供完备的产品及服务。[1]

（二）国内外对信用评级指标体系的研究

信用评级指标体系的建立随着市场经济的发展而逐步完善，其中以美国的发展最为完整，其各种评级业务更加专业化。美国著名的信用评价业务主要是标普（S&P）、穆迪（Moody's）和邓白氏（D&B），三者都是对企业还款能力和意愿的考察。其中标普和穆迪主要针对资本市场规模较大的企业，邓白氏偏重于中小企业。标普企业信用评价的基本要素包括经营和财务；穆迪评价相对标普更加关注经营因素中的特发事件风险和财务因素中的现金流量预测；邓白氏评价的基本要素有商业信息、财务信息和还款信息。[2]

我国的信用评价体系主要以中央银行和各大商业银行自行制定的体系为主，主要进行企业信用评价。其指标体系主要反映企业基本素质、资金信用、经营管理、经济效益以及发展前景。但是央行建设国家信用体系存在问题：既要代表自己的利益，又要代表社会的利益，因此会遇到利益权衡问题；并且央行只对个人和企业进行信用评级，而不对商业银行进行信用评价，提高了金融风险发生的概率。

（三）国内外对企业信用评级指标的选取方法研究

日本银行对企业信用评级采取的是定性与定量相结合的三次评价法。第一次评价是依据财务报表所反映的安全性、收益性、成长性、债务返还能力这四个指标的定量分析；第二次评价是对企业的经营方针、财务管理能力、商品开发能力等进行定性分析；第三次评价主要是对前两次评价未涉及到的与企业潜在偿还能

---

[1] 李乖琼：《中国社会信用体系建设研究》，中共中央党校硕士学位论文，2016年。
[2] 徐广军、倪晓华、肖运香：《标普、穆迪、邓白氏企业信用评价指标体系比较研究》，载于《浙江金融》2007年第3期，第51~52页。

力有关的事项进行补充分析。①

法国中央银行评级指标体系由六个方面的企业信息构成：财务状况、经营者的职业经历、金融环境和行业背景、某些重大事件、是否有支票拒付事件或涉讼、是否从属于某个集团。其信用评级指标的设置特点是根据各种经营活动信用风险的特殊性为各种行业量身定制的一套财务评价指标。②

构成我国传统的企业信用评级指标体系的信用评级要素分析法主要是定性分析，包括5C、5P、4F、5W等方法，但都是对道德品质、还款能力、资本实力、担保和经营环境条件或者借款人、借款用途、还款期限、担保物及如何还款等要素进行逐一评分。其涉及面广且主观因素大，主要依赖银行训练有素的专家凭借个人的常识进行主观判断。因此，针对定性分析的不足，后来又采用定量分析及定量与定性相结合的分析方法进行改进。

（四）国内外对个人信用评级指标体系的研究

银行主要根据消费者的还款意愿和还款能力来决定是否给消费者贷款、贷款多少及贷款利率的高低，因此需要科学合理地评估个人信用以做好贷款决策。

国际上传统的信用评估要素有"5C""5P""LAPP"三种形式。其中"5C"为个人品行（Character）、资本（Capital）、能力（Capacity）、条件（Condition）、抵押担保（Collateral）；"5P"为个人（Personal）、目的（Purpose）、偿还（Payment）、保障（Protection）和前景（Perspective）；"LAPP"是指流动性（Liquidity）、活动性（Activity）、盈利性（Profitability）和潜力（Potentiality）。

美国广泛使用FICO评分系统对个人信用进行评估。该模型利用100万的大样本数据，首先具体化客户的5C指标，然后对各个指标分档次计分并对分数加权计算得出总分，分值区间为325~900分，分数越高，信用风险越小；最后，对不同的机构设置不同的分段定级标准。③

与国外的指标体系相比，国内银行更关注借款者的教育程度、工作单位性质和职务等。因此，国内银行考虑个人变量较多，而关于借款人经济、信用等变量则关注较少。

---

①② 侯昊鹏：《国内外企业信用评级指标体系研究的新关注》，载于《经济学家》2012年第5期，第88~97页。

③ 张丽娜、赵敏：《我国商业银行个人信用评分指标体系分析》，载于《市场周刊：理论研究》2007年第8期，第115~117页。

二、我国信用体系的发展完善

从 2006 年 1 月起,我国一直使用由中国人民银行征信中心运营的信用评价系统。央行征信系统以各商业银行的信贷信息为参考依据进行信息采集与保存。但是传统的银行信贷更多地考虑抵押物或担保,仅记录与银行有过业务往来的客户信息,覆盖人群不全面。[①] 而随着互联网时代的繁荣,互联网金融弥补了传统商行信贷的不足,它利用历史交易的大数据指标,建立了完整的网络信用评级机制,这对促进我国信用体系的完善,推动国际贸易的发展具有重大的意义。

(一) 我国社会信用体系建设及信用监管体系的形成大致可以分为四个阶段[②]

第一阶段 (1999~2003 年):信用信息与数据库建设。在这一阶段,中央部委及地方政府在各自的职权范围内,在全国开展征信活动,搭建征信平台,构建信用数据库,并根据信用评价结果对信用主体进行分类。

第二阶段 (2003~2007 年):社会信用体系建设正式启动。"国务院《关于 2005 年深化经济体制改革的意见》明确要求出台并组织实施《社会信用体系建设总体方案》,探索建立政府监管信息共享机制。全国各地方政府纷纷响应,设立地方社会信用体系建设领导小组。"

第三阶段 (2007~2014 年):全面推进。"2007 年国务院办公厅发布了《关于建立国务院社会信用体系建设部际联席会议制度的通知》,在国务院部际联席会议的领导下,我国社会信用体系建设进入到一个全面推进的时期"。

第四阶段 (2014 年至今):统筹实施。"2014 年 6 月国务院印发了《社会信用体系建设规划纲要 (2014-2020 年)》,部署加快建设社会信用体系、构建诚实守信的经济社会环境。从此我国社会信用体系建设开始了全国统筹协调下有规划、有步骤的实质性推进"。

(二) 我国信用体系建设存在的问题

我国的信用评价理论和实践都很落后,信用评级业处于不断发展与完善中,正在学习探索信用评级的方法及指标体系的建立,缺少专门的信用评价机构来研

---

① 冀华:《互联网金融对商业银行的挑战及对策研究》,河北经贸大学硕士学位论文,2015 年。
② 吴晶妹:《我国社会信用体系建设五大现状》,载于《征信》2015 年第 9 期,第 8~11 页。

究信用评级问题。银行机构主要通过计算贷款风险度进行信用风险评估，各信用评级机构侧重于学习借鉴国外经验。因此，建立一套完整的信用评价体系对我国经济的发展具有深远的意义[①]。信用体系建设的缺陷主要表现如下[②]。

1. 社会征信系统有待进一步完善

首先，征信数据库开发不充分。网络信用评价体系有利于完善社会征信系统，但是目前我国信息技术水平低，对信用信息的挖掘及利用不够，这就导致各商业银行可利用的信用信息数据比较有限，不能满足各交易主体的信息需求。其次，信息共享平台及共享机制不畅通。目前只有中国人民银行的征信系统覆盖了全部企业及个人的征信信息，而其他行业掌握的信息仅限于本行业层面，并且，不同部门之间的信息交流不畅通，信用体系的建设标准不一，这些都阻碍了信息共享，降低了市场的交易效率。

2. 信用法规有待进一步健全

相对西方发达国家的立法，我国的信用立法还存在很大的不足。首先，缺乏专门针对信用问题的统一法律，并且现有立法不健全；其次，失信惩罚力度不够，监管不规范，违约率较高；最后，各部门权责不明晰，政府和市场的信用标准不统一，扰乱了市场经济秩序。

3. 信用服务体系有待进一步市场化

我国信用服务体系市场化程度低，征信机构数量虽多，但是优质高效的服务机构相对匮乏，信用中介服务机构技术和能力有限。再加上缺少专业化信用评级机构和专业的行业指导，导致服务产业化程度低，服务质量得不到认可。并且征信业还存在寡头垄断现象，导致市场交易效率低下。

（三）互联网征信推动征信业升级发展

总结我国信用体系建设的概况，传统征信业务存在覆盖人群局限、数据时效性不强且采集成本较高、信息处理能力弱、市场化程度低、信息共享与利用不充分等一系列问题，而互联网金融征信利用大数据和云计算，凭借自身的技术和服务优势，将弥补传统征信业的不足，更好地促进社会信用体系的建设，进而能够提升贸易效率，降低贸易风险，以更好地促进贸易的发展。

传统的征信模式采用的是小数据传输，数据呈现出财务化特点；而在互联网征信时代采用的是大数据征信，数据呈现出特征化。电子商务可以为商品交易提供更多的信用工具，它利用交流平台、认证技术，来提供更优质的信用信息服

---

① 于兆吉：《电子商务在线信誉评价理论与方法》，北京师范大学出版社2012年版。
② 李乖琼：《中国社会信用体系建设研究》，中共中央党校硕士学位论文，2016年。

务，从而能降低信息不对称程度，提高交易的效率，促进信用评级体系的完善与发展。因此促进互联网金融的发展，进一步推进了征信行业的升级发展。

以淘宝网为例，淘宝网的信用管理模式可分为三类：个人信用评价机制、卖方限制机制、第三方保证机制。个人信用评价机制指注册会员在淘宝网平台上每交易成功一次，就可以对买方进行一次信用评价；卖方限制机制由支付宝实名认证、阿里巴巴诚信自查系统、消费者保障服务协议三个部分组成，这几个部分提高了卖方的真实性，更好地保障了消费者权益；第三方担保机制即担保交易工具——支付宝，可有效降低交易中的信用风险。① 而这些都是对传统信用模式的升级与完善，将更加有利于信用体系的建设，从而促进贸易的顺利进行与发展。

三、电子商务大数据背景下信用评价体系的新发展：蚂蚁信用

在电子商务大数据背景下，蚂蚁金服作为互联网金融的创新发展之一，进一步完善了信用体系的建设。蚂蚁金服的征信模式从互联网大数据等新兴技术出发，以创新性的思维为中小企业服务，建立了独具特色的征信系统。相对央行征信系统而言，其在实际的应用过程中，有很多独特优势，如信用数据信息多；信息数据挖掘能力强；信息数据应用广泛等。

（一）蚂蚁金服

蚂蚁金融服务集团是一家专门服务于小微企业和个人消费者的金融服务集团，由阿里巴巴集团在支付宝的基础上整合了支付宝、支付宝钱包、余额宝、招财宝等金融创新产品。阿里巴巴凭借其拥有成熟的大数据和云计算技术以及逐步完善的信用评级体系，成为我国互联网金融领域的领头羊。

"花呗"是蚂蚁微贷为消费者提供的一种赊购服务。它利用客户线上交易的信息，如金额、活跃度等，为客户提供最低 1 000 元、最高 30 000 元的授信额度。蚂蚁微贷先行垫付款项，然后用户再还款，并且用户可获得最长 40 天的免息期。② "花呗"既增加了消费者的信用额度，又增加了对阿里黏性高的客户数量（见表 3-3）。

---

① 于兆吉：《电子商务在线信誉评价理论与方法》，北京师范大学出版社 2012 年版。
② 冀华：《互联网金融对商业银行的挑战及对策研究》，河北经贸大学硕士学位论文，2015 年。

表 3-3　　　　　　　蚂蚁花呗第一期 ABS 产品资产变化情况

发行主体	蚂蚁金服		
发行时间	2016 年 6 月 3 日		
发行规模	20 亿元		
发行金额/票面利率	优先级 16.14 亿元 3.6%/年	次优先级 1.4 亿元 5%/年	次级档 2.46 亿元 无
报告时间	2016 年 6 月 7 日 ~ 6 月 30 日	2016 年 7 月 1 日 ~ 9 月 30 日	
逾期 1~30 天	0.07	0.3889	
逾期 30~90 天	0.07	0.3685	
逾期 90 天以上	0	0.0203	
逾期率	0.14	0.7777	
不良率	0	0.0203	

资料来源:《德邦花呗第一期消费贷款资产支持专项计划【第一期】服务报告》《德邦借呗第二期消费贷款资产支持专项计划【第一期】服务报告》。

蚂蚁金服的征信体系基于历史交易大数据,能够覆盖更多群体。它利用大数据和云计算,对参与交易的用户的信用信息进行采集、加工与保存,从而形成了自己的一套信用模式:以阿里巴巴为依托,利用四大平台进行征信(见图 3-13)。

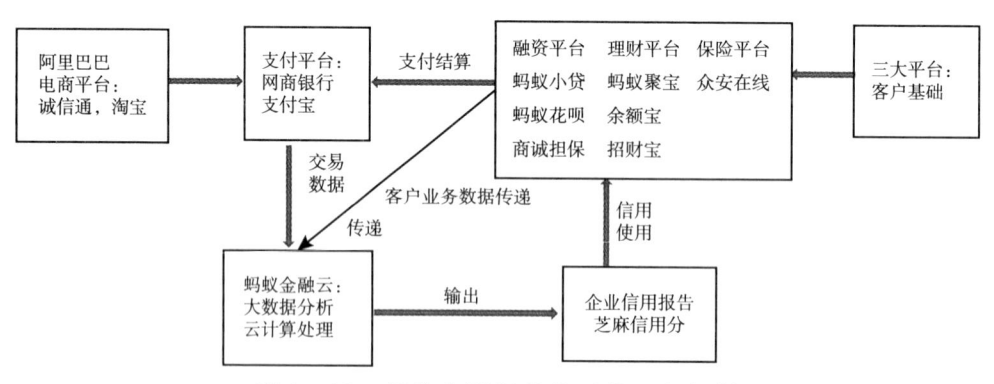

图 3-13　蚂蚁金服征信体系的运行机制

资料来源:刘颖、李强强:《从蚂蚁金服看大数据背景下互联网金融征信的兴起》,载于《河北金融》2016 年第 2 期。

蚂蚁金融云能够将搜集到的客户信息录入大数据库进行云计算分析，形成芝麻信用分和企业信用报告，然后信用评价结果可用于开展借贷业务。比如，个人芝麻信用分的高低会使"花呗"用户有不同的信用额度；企业的信用状况决定了其从小贷公司可获得的贷款额度。反过来，信用评价结果又会形成新的信息数据，可以像"滚雪球"似的丰富信用数据库，使信用评估更加全面准确。

（二）芝麻信用

作为蚂蚁金服旗下一家独立的信用评估及信用管理机构，芝麻信用管理有限公司通过对用户海量数据的挖掘得出相应的个人信用分，能直观地反映用户的信用水平。芝麻分的分值区间为 350~950 分，信用评分在此区间按从低到高划分为五个等级，代表不同的信用状况，评分越高代表用户的信用状况越好。

芝麻信用从用户信用历史、行为偏好、履约能力、身份特质、人际关系五个维度进行展示。其数据来源主要是在线购物、资金理财、工作状况、社交关系等。芝麻信用利用大数据，采用线上征信的模式，覆盖的群体范围更加广泛，是对传统征信体系的一种补充和完善。

目前"芝麻信用分"已经应用到消费信贷、婚恋、租房、租车、住宿、旅游等多个领域，如租车服务公司根据客人信用分数的高低为其提供减免押金租车服务；某酒店规定"高信用分的客户可以享受先住后付的待遇"；某企业招聘时要求"应聘人员的信用分须在 650 分以上"等。未来还将在更多领域发挥更大的作用，通过信用数据的分享，将有助于社会信用体系的建立。

四、电子商务大数据背景下风险控制体系的新发展：捷信、京东白条

在电子商务大数据背景下，互联网消费金融是对传统消费金融的创新与发展，互联网消费信贷借助互联网平台和信息技术对普惠金融的发展具有重大意义，但是各种风险事件也时有出现。互联网金融的创新性、复杂性和综合性决定了其面临的风险既具有传统金融的共性，又具有其基于技术层面的特有风险。捷信与京东白条作为互联网金融风险控制体系的新发展模式，对于防范金融风险，维护消费安全具有重要意义。

（一）京东白条

京东平台具有较为严格的风险控制体系，其在 2014 年 2 月推出的"京东白条"，是一种"先消费，后付款"的全新消费方式，可以有效地应对互联网领域

的风险。京东通过消费记录、购物评价、物流信息等客户交易记录对用户进行风险评级，从而评估出用户信用以作为授信额度的依据。京东用户可以以较低的服务费用获得最高1.5万元的信用额度。在京东网站可以使用白条进行付款，选择最长30天的免息延期付款或最长24期的分期付款方式，延期付款不需要支付服务费，而分期付款需要支付一定的服务费。在免息期间，京东工作人员会对应还款项进行电话和邮件催缴，逾期未还的用户将向京东支付违约金。"白条"实际上是一项个人消费贷款服务。

作为消费贷款类产品，京东白条具有授信、透支、还款、分期等特征。截至2016年4月底，累计已激活客户接近900万人，有使用记录的客户数量接近600万人。京东白条的使用方便了消费者支付，从而积累了充足可靠的消费群体，再加上其业务模式依托网上消费交易场景，使之可以有效降低信用风险和其他法律风险。

京东白条对互联网消费信贷风险的应对[①]：

1. 信用风险的应对

京东利用用户的历史交易信息如支付、评价、物流信息等，来分析客户的违约情况，进而得出信用评分1、2、3、4、5分，信用评分越高意味着违约风险越大。据京东白条的历史数据统计，每月有60%以上的白条客户评分为1分；3%以下的客户评分为5分。截至2016年6月底，京东白条逾期率[②]为2.27%，2016年上半年京东白条整体不良率为1.78%，而同期信用卡透支不良率超过1.80%。由此可见，京东白条能够有效防范并控制信用风险（见表3-4）。

表3-4　　　　　　　　京东白条整体资产不良情况

项目	截至2016年4月底	截至2016年6月底	截至2016年9月底
不良率（%）	1.48	1.78	1.69

资料来源：根据网络数据整理。

截至2015年底，自白条业务开展以来平均核销比例不超过0.5%（累计核销金额/累计发放金额），平均逾期比例不超过2.5%。白条业务对应应收账款计提的坏账准备比例也高于历史平均逾期比例。按照逾期期限区分，逾期大于90天的应收账款比重相对较大，逾期30~60天的应收账款比重最小。随着逾期的累计，逾期大于90天的应收账款比重不断增加，截至2016年4月，其占比接近

[①] 王晋之、胡滨：《互联网消费信贷风险分析与应对——基于"京东白条"案例的分析与思考》，载于《金融与经济》2017年第3期。

[②] 逾期率=逾期金额/京东白条债权月末余额。

1.80%。不同期限逾期率如图 3-14 所示。

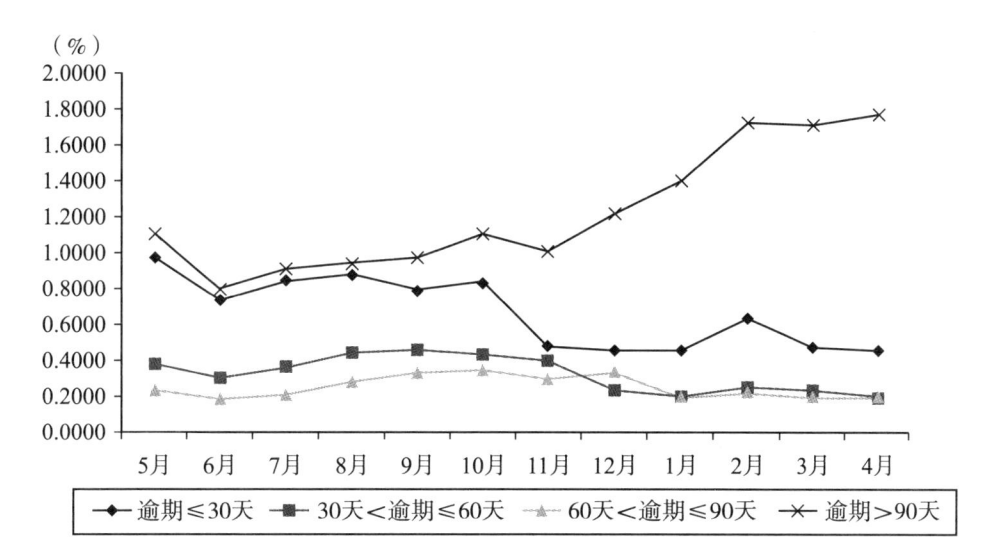

图 3-14　2015 年 5 月~2016 年 4 月末京东白条业务逾期情况

资料来源：京东世纪贸易提供，联合评级整理。

2. 平台风险的应对

截至 2015 年底，京东世纪贸易资产总额 547.43 亿元；2016 年，京东世纪贸易有限公司商品交易总额 9 392 亿元，夺得中国零售百强企业榜单冠军。京东世纪贸易的资本实力决定了京东世纪贸易出现破产、跑路的风险极低。并且，京东世纪贸易风控体系完备、水平较高，可以有效控制和防范风险。京东白条从申请、支付到配送，对账户实行全流程防护，此外，京东世纪贸易建立了较为完善的催收系统，降低了违约风险。

3. 法律合规风险的应对

虽然京东世纪贸易没有从事信贷业务的金融牌照，但是京东白条业务属于《指导意见》中鼓励的金融创新业务。京东世纪贸易具有完善严格的风控体系、京东白条依托交易场景、融资成本低，这些特点可以有效防范互联网金融中常见的诈骗、虚假交易、发放高利贷等法律风险。

4. 中介机构的参与有利于降低风险

京东世纪贸易在资本市场上发行的京东白条资产证券化产品如表 3-5 所示，引入证券公司、律师事务所、评级机构等第三方中介机构对京东世纪贸易的主体资质、风控体系、信用质量等进行审核和评级，并且京东白条资产证券化项目受到了证监会的监管。从京东白条的历史数据来看，每月京东白条余额的 80% 左右都能满足资产证券化基础资产的严格筛选标准。因此，第三方中介机构的参与可以对信用风险、平台风险和法律合规风险进行评价和防范,从而有效降低风险(见表3-5)。

表3-5　　　　京东白条2号ABS产品资产变化情况

发行主体	京东金融		
发行时间	2016年6月7日		
发行规模	10亿元		
发行金额/票面利率	优先A级 7.17亿元 3.8%/年	优先B级 1.3亿元 5.3%/年	次级1档 1.52亿元 7%/年
报告时间	2016年6月8日~ 9月8日	2016年12月12日	2016年12月9日~ 2017年3月8日
逾期1~30天	2.30	3.64	3.20
逾期30~90天	0.96	1.07	1.06
逾期90天以上	0.06	1.12	1.96
逾期率	3.32	5.83	6.22

资料来源:《京东金融——华泰资管2号京东白条应收账款债权资产支持专项计划》。

(二)捷信

作为国内消费金融服务供应商,捷信在2007年12月正式启动消费金融业务,通过与全国零售商建立战略合作,为客户提供店内消费贷款服务。捷信可提供商品贷和消费现金贷两大类型服务,其中商品贷分为线上和线下两类;消费现金贷分为交叉现金贷、捷现贷和捷信福袋。捷信贷款业务作为现有金融体系的有效补充,主要定位于日常生活耐用消费品,基于大量的数据库和先进的风险控制技术,消费金融企业能够覆盖到目前银行业务难以顾及的中低收入人群,其平均贷款额度为2500元,贷款期限为9~36个月,每月还本付息。

对风险控制的考量指标有不良率和损失销售比(无法收回的损失与贷款的比)。根据表3-6中资料显示,捷信总体不良率稳定在4%的水平,其线下的商品贷业务,损失销售比低于4%。并且用"在线反欺诈"系统和先进的测量手段降低了29%的欺诈行为。由此可见,捷信的风控体系比较成功(见表3-7)。

表 3 – 6　　　　　　　捷信消费金融整体资产不良情况

项目	2013 年	2014 年	2015 年
不良率（%）	5.48	2.57	3.69

资料来源：根据网络数据整理。

表 3 – 7　　　　　捷信 2016 年第一期 ABS 产品资产变化情况

项目	捷信消费金融有限公司		
发行时间	2016 年 10 月 11 日		
发行规模	13.07 亿元		
发行金额/票面利率	优先 A 级	优先 B 级	次级
	9.6 亿元	1.7 亿元	1.77 亿元
	3%/年	3.6%/年	无
报告时间	2016 年 10 月 31 日		2016 年 11 月 28 日
违约率	0.0106		0.0112

资料来源：《捷信 2016 年第一期个人消费贷款资产支持证券》。

捷信对消费金融风险控制体系的完善举措：

1. 丰富信用管理体系，减少系统风险

根据监管要求，消费金融公司根据央行有关"定期向央行征信系统提供相应个人贷款信用数据"的要求提供信贷数据，丰富了现有的银行系统个人信用数据库，大量的个人客户信用记录将有助于信用信息系统基础设施的建立和完善，为构建完善的个人社会信用管理体系做出了有益补充。

根据国外成熟的市场运作经验，与大额的公司贷款相比，小额个人消费贷款的损失更小，也更容易被预测和控制。因此，消费金融有助于金融市场细分，完善金融服务体系，减少系统风险。

2. 依托核心竞争优势，完善风控体系

捷信消费金融公司属于人员密集型金融企业，风险控制技术基于大数法则，商业模式类似保险公司。拥有强大的资金实力、训练有素的员工、持续的融资能力以及精确的风控水平，这些都成为捷信的核心竞争力。

捷信作为目前国内先进的消费金融服务商，与商业银行相比，无抵押、无担保的快速消费贷款更能满足经济社会发展的新需求。捷信最核心的竞争优势在于依托强大的 IT 系统实现对消费贷款生命周期的全流程风险管理。消费金融的风险控制技术会根据当地实际的市场情况进行本地化，其风控管理由三个至关重要的部分组成：第一是贷款的审批，包括对客户的选择，审批他们的贷款申请；第二是反欺诈；第三是催收[①]。

五、未来信用评价体系与风险控制发展的新趋势

近年来，经济持续快速发展提升了国民物质文化生活水平，也促进了贸易流通的日益活跃，但是同时商务领域的信用问题也频频出现。随着我国立法进程的加快，再加上政府、企业及行业协会的积极推进，信用体系建设将进一步加强与完善，营商环境更加法制化与公平化，网络交易失信行为将得到有效治理。既要促进线上线下公平竞争，也要促进不同行业、企业间的公平竞争，反对垄断与无序竞争，为零售业健康发展创造良好的环境。

未来《中华人民共和国电子商务法》（以下简称《电子商务法》）的出台将使电商市场有法可依，电商领域的许多不合理现象也将进一步得到规范。随着"新零售"时代的到来，实体零售与电商的融合将会更加紧密，二者之间的不公平竞争现象也将随着《电子商务法》的出台逐渐减少[②]。中国作为互联网大国，商业征信会更加市场化，产品和服务也更加先进，未来征信市场的发展将会领先全世界。

趋势一：信用大数据征信

21世纪以来，信息量逐渐快速增多，大数据、云计算等高科技的使用将会更加普及，依托于信息数据的社会信用体系建设也将进入大数据征信阶段，信用大数据征信将成为社会信用评价体系新的必然趋势。

信用大数据是指利用大数据及云计算技术，对各种信用信息进行采集、处理和分析，然后依托分析结果进行决策管理、预测评价及智能分析。相比传统的征信方式，信用大数据利用云计算等科学技术手段，极大地丰富了我国的征信市场。它利用计算机技术完成整个信用评价过程，对风险进行量化管理，既避免了主观判断的影响，使评价结果更加可靠准确，又使风险控制得到加强，解决了中小微企业"融资难"的问题。大数据征信还具有明显的成本优势，能同时处理很多数据，并能使信用信息与评价结果同步，保证了信用的高效性与实时性。因此，顺应信息大数据时代，构建全国统一的信用信息数据平台成为社会信用体系

---

① 《捷信的线上之策——全球最大消费信贷供应商的线上试验》，和讯网。
② 《2017年中国商业十大热点展望之七——商务信用体系建设加快，网络交易失信行为得到有效治理》，载于《商业时代》2017年第7期。

建设的必然趋势，随着我国信用体系不断发展和完善，未来大数据将成为行业增强用户黏性、提升运营效率的重要方式①。

互联网时代的到来将会使传统商贸流通企业与电子商务企业实现优势互补和资源整合，通过大数据、信息共享、网络平台、物流管理等服务，加速商贸流通企业的转型升级发展，促进电商行业的进一步繁荣。

趋势二：大数据征信接入央行征信系统②

将互联网金融信息纳入央行征信系统将是未来完善信用体系，防范金融风险的新发展。一方面，分批次将符合条件的大数据机构接入央行征信系统；另一方面构建互联网金融征信机构间信息共享平台，实现大数据征信机构间的信用信息共享。这将为更广大的人群建立起信用记录，这些信用记录未来又作为金融机构发放贷款的依据，从而拓宽了整体市场的金融服务供应水平，有利于构建完善的信用管理体系。

建立个人线上与线下的信用行为相互影响的机制，实现线上与线下信用信息的共享与互补，通过整合个人信用信息资源，提高个人征信评分产品的全面性与准确性，有利于建立网络信用信息的统一平台，建立严格的风险防控体系，从而能够极大地降低借贷的投机和违约风险，进一步完善失信惩戒机制及机构监管制度。

---

① http://www.thebigdata.cn/YeJieDongTai/30837.html（中国大数据）未来十年，信用大数据成为新趋势。

② 叶文辉：《大数据征信机构的运作模式及监管对策——以阿里巴巴芝麻信用为例》，载于《海南金融》2015 年第 7 期，第 60～63 页。

第四章

电子商务推动贸易结构转型升级

电子商务时代的到来使我国的贸易结构发生了翻天覆地的变化，极大地激活了各市场主体的贸易活力，有力地促进了贸易结构的转型升级。电子商务通过对各种贸易要素发生作用，加快了产业间的互动与渗透，进而改变了贸易的内在机制，创造了新的商业模式。电子商务还影响了贸易的区域格局，改变了传统价值链格局，推动传统制造业向定制化转变，推动了企业组织结构调整，并催生了众多新型产业形态，凸显出"中国制造"优势。本章主要阐述电子商务如何推动我国贸易结构转型升级，分析贸易结构的发展现状、提出旧有贸易结构所面临的问题，以及电子商务促进贸易结构转型升级的具体机制，并给出相关例证。

第一节　电子商务、我国贸易结构与供给侧结构性改革

近年来，特别是自 2015 年以来，中央多次提到供给侧结构性改革这一概念。根据权威人士解读，不妨用"供给侧 + 结构性 + 改革"这样一个公式来理解"供给侧结构性改革"，即从提高供给质量出发，用改革的办法推进结构调整，矫正要素配置扭曲，扩大有效供给，提高供给结构对需求变化的适应性和灵活性，提高全要素生产率，更好地满足广大人民群众的需要，促进经济社会持续健康发展。可见，研究供给侧结构性改革，可以从调整经济结构，提高全要素生产率这两个重要方面着手。分析供给侧结构性改革对贸易结构变化的意义，则分别要从

出口和进口两个方面研究。作为本章的第一节,本节着重介绍了我国贸易结构的变化特征,以及供给侧结构性改革环境中我国贸易结构变革的趋势,并在此基础之上讨论电子商务通过哪些途径助推我国贸易结构变革。

一、我国贸易结构现状及趋势分析

(一) 我国贸易发展的总特征

改革开放以来,贸易规模持续扩大是中国的一个显著特征。改革开放首年,当年贸易额只达到206亿美元,在国际贸易额中占比尚不到1%。在此之后两年时间,随着中国改革开放的不断深化,尤其随着我国外贸体制改革的不断推进,我国贸易额升至381.4亿美元,短短两年时间,迅速提高了85.1%。随后1998年,我国外贸额飞速增至1 027.8亿美元,第一次冲破1 000亿美元关口,2004年首破一万亿美元大关(徐一宾,2015)。进入21世纪之后,我国国际贸易总额仍然保持了较为稳定的态势,2016年贸易总额超过3.6万亿美元。[①] 最近十余年我国对外贸易情况见表4-1。

表4-1 中国近年进出口贸易额

年份	进口额 (亿美元)	增速 (%)	出口额 (亿美元)	增速 (%)	进出口总额 (亿美元)	进出口增速 (%)
2004	5 608.17	35.76	5 936.53	35.39	11 544.71	35.57
2005	6 602.23	17.73	7 623.29	28.41	14 225.50	23.22
2006	7 917.92	19.93	9 693.34	27.15	17 611.29	23.80
2007	9 559.50	20.73	12 186.35	25.72	21 745.85	23.48
2008	11 325.67	18.48	14 306.94	17.40	25 632.60	17.87
2009	10 059.22	-11.18	12 016.10	-16.01	22 075.33	-13.88
2010	13 962.48	38.80	15 777.53	31.30	29 740.00	34.72
2011	17 434.83	24.87	18 983.81	20.32	36 418.64	22.46
2012	18 184.05	4.30	20 487.14	7.92	38 671.19	6.19
2013	19 499.90	7.24	22 090.05	7.82	41 589.93	7.55

① Wind 资讯。

续表

年份	进口额（亿美元）	增速（%）	出口额（亿美元）	增速（%）	进出口总额（亿美元）	进出口增速（%）
2014	19 592.35	0.47	23 422.93	6.03	43 015.27	3.43
2015	16 795.65	-14.27	22 734.68	-2.94	39 530.33	-8.10
2016	15 879.26	-5.46	20 976.31	-7.73	36 855.57	-6.77

资料来源：Wind 资讯。

由表 4-1 可知，中国在 2004 年到 2016 年期间，外贸额基本是持续增长的，且增幅较大。由于我国经济总量已经达到较为庞大的体量，所以近年来经济扩张趋于稳定，外贸增长增速趋缓，但外贸额依然在稳定持续地增长。从贸易顺差情况来看，从 2004 年到 2016 年，我国对外贸易始终是处于顺差状态，除了金融危机之后的三年，其余年间贸易顺差也是保持逐年增长的趋势，说明我国的出口始终大于进口。从经济发展情况来说，贸易发展大大促进了我国的经济增长，对外贸易自身也有很好的发展趋势。2004 年我国贸易排名尚居世界第三，2012 年我国已排名全球第二，而 2013 年我国贸易额更是首次跃居全球第一，远超贸易强国美国。中国已然成为一个贸易大国，外贸现状与势头都反映了我国经济保持了良好的发展态势。

（二）我国贸易结构的现状与特点

1. 工业制成品与初级产品

自 1978 年以来，随着我国企业技术的不断进步，工业制成品在出口产品中的比重不断提升，目前已大幅超越了初级产品。2013 年，我国工业制成品与初级输出比值突破 19∶1，与我国同性质的国家这一比例均值是 3∶2，我国的领头羊地位是显而易见的，甚至大大超过以美国为代表的发达国家平均水平。因此，从对外贸易整体的比例看，我国在工业制成品的出口方面已处于国际领先水平（徐一宾，2015）。

2. 资源密集型和劳动密集型

根据经典的国际贸易理论，要素禀赋对一国对外贸易结构有着至关重要的影响。在对外开放初期，丰富的劳动力是我们发展的资源禀赋所在。立足这个基本国情，政府在改革开放初期，首先致力于通过各种政策推动劳动密集型产业的发展。一方面，我国政府在城市中实行国企放权改制，另一方面扶持乡镇企业发展，双管齐下推动劳动密集型企业的发展。政府出台相关优惠政策，利用沿海地区的区位优势以及丰富的人力资源,构成了一个独特的轻工业产业模块,主要生产服装、轻纺、机电组装;同时,加大对外开放力度,吸引外商投资,致力于推动三来一补等加工贸易的发展,使得沿海地区的加工产业得到快速发展。由于政策得当,我国的工业与劳动力优势在出口贸易上得到了体现,极大地推动了出口贸易的快速发展,并为进一步提升出口贸易结构奠定了基础。1986 年,我国纺织品与服装取代了长时间占据第一位的石油,一跃成为出口首位的商品,这标志着我国外贸结构发生了质的变化,即主要输出由资源产品向劳动密集型产品转变。

3. 机电产品在外贸中占比上升

1995 年,附加值较高的机电产品在外贸出口总额中的比重达到 29.5%,从而取代纺织品与服装,一跃成为我国出口贸易中第一大类出口商品。表 4-2 是近十几年来我国机电产品进出口的情况,可以看出,机电产品的出口比例连续二十年蝉联我国各种出口商品首位,从而成为扩大我国出口的发动机。

表 4-2　　　　　2004~2016 年机电产品进出口情况

年份	进口额 (亿美元)	占总进口额比重 (%)	出口额 (亿美元)	占总出口额比重 (%)
2004	3 022.23	53.89	3 235.15	54.50
2005	3 505.44	53.09	4 268.99	56.00
2006	4 280.59	54.06	5 495.97	56.70
2007	4 998.56	52.29	7 012.67	57.55
2008	5 390.58	47.60	8 231.30	57.53
2009	4 916.45	48.88	7 132.22	59.36
2010	6 604.02	47.30	9 337.86	59.18
2011	7 535.95	43.22	10 859.52	57.20
2012	7 828.32	43.05	11 803.76	57.62
2013	8 395.80	43.06	12 659.19	57.31
2014	8 553.03	43.65	13 114.41	55.99
2015	8 105.70	48.26	13 174.27	57.95
2016	7 752.77	48.82	12 268.31	58.49

资料来源:Wind 资讯。

由表 4-2 可以看出截至 2011 年,机电产品输出额首次突破万亿美元,随后一直保持在万亿美元以上。就机电产品的进出口总额来看，2013年其外贸额首次突破2万亿美元。2016年，机电产品出口额超过1.2万亿美元，占我国全部出口总额比重高达58.49%，是名副其实的出口创汇大户。

4. 高新技术产品的外贸规模稳中有升

改革开放以来，中国高新技术产品持续飞跃，2000年输出370亿美元，是1995年的6倍。在产品输出额中占比也拉高近三倍。

从表4-3可以看出，近年来中国高新技术产品出口总额一直在稳步增长，除了2009年因受全球金融危机的影响有短暂下降以外，其外贸额始终在拉升。2011年，我国高新技术产品出口总额首次突破5千亿美元，进出口总额首次突破万亿美元。2004~2016年期间，高新技术产品外贸额在我国外贸总额中占比虽然有小幅波动，但始终保持在27%以上。虽然近年来其进出口总额增长速度有所放缓，但总量上依然稳中有升，从这个意义上说，高技术产品的比重较高，且基本保持稳定是最近十几年来我国贸易结构的又一个基本特征。

表4-3　　　　近年我国高新技术产品进出口情况

年份	进口额（亿美元）	出口额（亿美元）	进出口总额（亿美元）	占进出口总额的比重（%）
2004	1 614.79	1 656.03	3 270.82	28.33
2005	1 976.95	2 182.87	4 159.82	29.24
2006	2 473.69	2 815.92	5 289.61	30.04
2007	2 869.24	3 468.85	6 338.09	29.15
2008	3 420.77	4 157.40	7 578.17	29.56
2009	3 101.09	3 769.82	6 870.92	31.12
2010	4 127.43	4 925.55	9 052.98	30.44
2011	4 632.25	5 488.30	10 120.54	27.79
2012	5 069.02	6 014.91	11 083.93	28.66
2013	5 576.45	6 604.29	12 180.75	29.29
2014	5 522.91	6 606.49	12 129.39	28.20
2015	5 516.94	6 590.56	12 107.50	30.63
2016	5 267.87	6 083.62	11 351.49	30.80

资料来源：Wind资讯。

(三) 我国贸易结构的变动趋势

1. 我国外贸结构变动和宏观经济表现联系紧密

从宏观经济的角度而言，投资、消费、净出口是推动我国经济发展的"三驾马车"，因此，我国外贸结构的变动虽然有其自身规律，但与我国宏观经济表现联系紧密，基本上同步变化。从表4-4可以看出，表中三种产品出口额的增速变化，与我国经济增长速度高度相关。从2000年到2016年间，伴随着我国经济的高速发展，这四组数据基本是始终保持增长的。但是，在我国整体经济增长速度放缓之后，这三大类商品的出口额有明显下降。这从另一个侧面验证了，宏观经济的基本面是决定外贸结构变动的重要因素。

表4-4　　　　　　　近年来我国贸易结构及经济增长概况

年份	初级产品出口额（亿美元）	增速（%）	工业制成品出口额（亿美元）	增速（%）	机械及运输设备出口额（亿美元）	增速（%）	国内生产总值（亿美元）	增速（%）
2000	2 543.29	27.57	22 380.68	27.70	8 259.78	40.00	15 326.55	7.60
2001	2 647.62	4.10	24 018.49	7.32	9 509.83	15.13	16 944.03	7.60
2002	2 847.15	7.54	29 717.05	23.73	12 700.84	33.55	18 602.97	8.40
2003	3 481.74	22.29	40 365.51	35.83	18 790.17	47.94	21 003.24	9.40
2004	4 054.84	16.46	55 309.87	37.02	26 848.49	42.89	24 735.24	9.50
2005	4 905.24	20.97	71 327.43	28.96	35 248.05	31.29	28 629.35	10.70
2006	5 296.13	7.97	91 636.35	28.47	45 651.19	29.51	33 538.42	12.10
2007	6 147.17	16.07	115 668.38	26.23	57 733.84	26.47	41 301.61	13.60
2008	7 766.86	26.35	135 119.32	16.82	67 358.56	16.67	48 833.94	9.10
2009	6 319.92	-18.63	113 874.83	-15.72	59 047.41	-12.34	53 352.69	8.90
2010	8 176.98	29.38	149 667.44	31.43	78 058.69	32.20	63 126.49	10.10
2011	10 063.18	23.07	179 864.89	20.18	90 218.57	15.58	74 783.43	9.00
2012	10 054.45	-0.09	194 956.47	8.39	96 516.29	6.98	82 588.38	7.30
2013	10 731.55	6.73	210 334.67	7.89	103 957.68	7.71	90 975.62	7.20

续表

年份	初级产品出口额（亿美元）	增速（%）	工业制成品出口额（亿美元）	增速（%）	机械及运输设备出口额（亿美元）	增速（%）	国内生产总值（亿美元）	增速（%）
2014	11 236.21	4.70	223 086.01	6.06	107 105.27	3.03	98 423.33	6.80
2015	10 406.07	-7.39	217 838.22	-2.35	106 594.57	-0.48	105 312.93	6.40
2016	10 549.23	1.38	203 110.26	-6.76	99 381.30	-6.77	113 730.49	6.70

资料来源：Wind 资讯。

2. 工业制成品出口比重不断上升

从表 4-4 可以看出，工业制成品出口额、机械及运输设备出口额增速都远超初级产品。此外，表中数据还显示，前两类产品的出口总额在全部商品输出贸易总额中所占比重都远远大于第一种产品。

最近几年来，工业制成品出口额在我国贸易出口总额中处于绝对优势地位。2001 年以来，工业制成品出口额占我国贸易出口总额的比重一直保持在 90% 以上的水平。由此可以看出，我国长期以来初级产品在出口贸易总额中占比最大的情形已经得以改变。近年来，我国机械及运输设备出口额显著上升，占出口总额的比重也呈扩大趋势，这些现象都表明我国输出类型已经倾向于资本输出，外贸结构日益完善。

图 4-1 显示了 2000~2016 年工业制成品和初级产品出口额的变动趋势。工业制成品与初级产品出口额的变动趋势大致相同，但工业制成品出口额远大于初级产品。由此可以看出，工业制成品的出口在我国对外贸易中占据相当重要的比重。制造业是外贸的重要支撑，我国经济的健康可持续发展与工业制造业的进步息息相关，同时工业制造业的发展也离不开我国技术水平的提高。

3. 工业制成品中各产品配比不断完善

在我国商品输出贸易中，劳动投入一直占据较大比重。早年由于技术限制的存在，工业制成输出产品只能侧重于人力投入。近几年，我国对外贸易延续回稳向好走势，技术水平不断提高，人力投入的比重呈下降趋势，资本技术投入的比重不断上升。图 4-2 显示了 2000~2016 年二者的变化趋势。

依照国际贸易标准分类（SITC）的划分标准，前五类产品被划归为初级产品，其余产品为工业制成品。在工业制成品中，第六、八、九类侧重于劳动，其他类别侧重于资本技术。图 4-3 显示了 2000~2016 年间工业制成品出口结构的变动趋势。

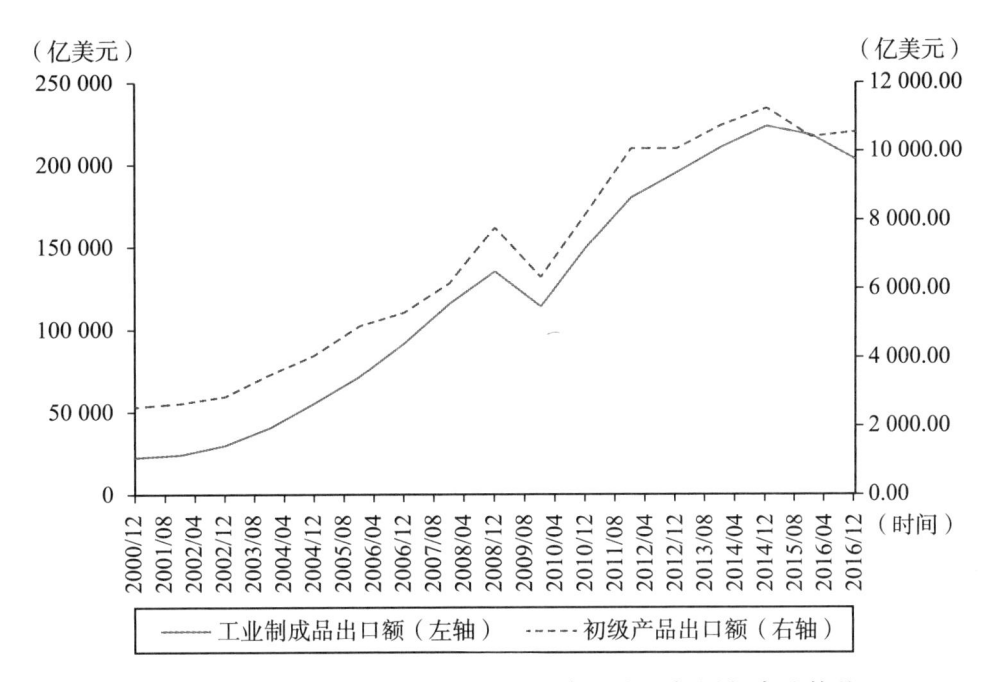

图 4-1 工业制成品出口额、初级产品出口额逐年变动趋势

资料来源：Wind 资讯。

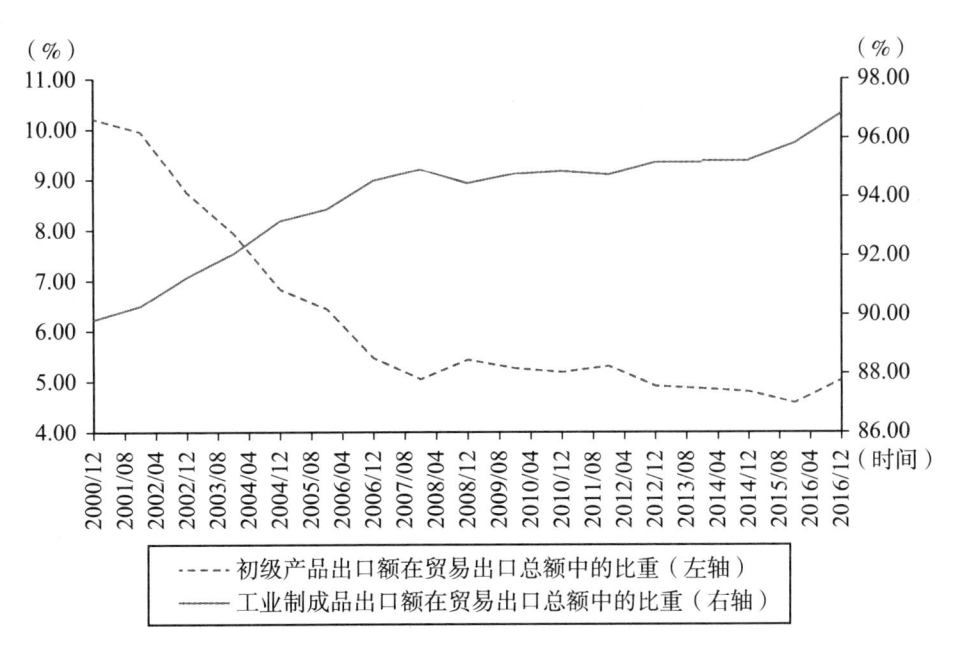

图 4-2 初级产品、工业制成品占贸易出口额中的比重逐年变动趋势

资料来源：Wind 资讯。

图 4-3 初级产品、机械及运输设备占贸易出口额中的比重逐年变动图
资料来源：Wind 资讯。

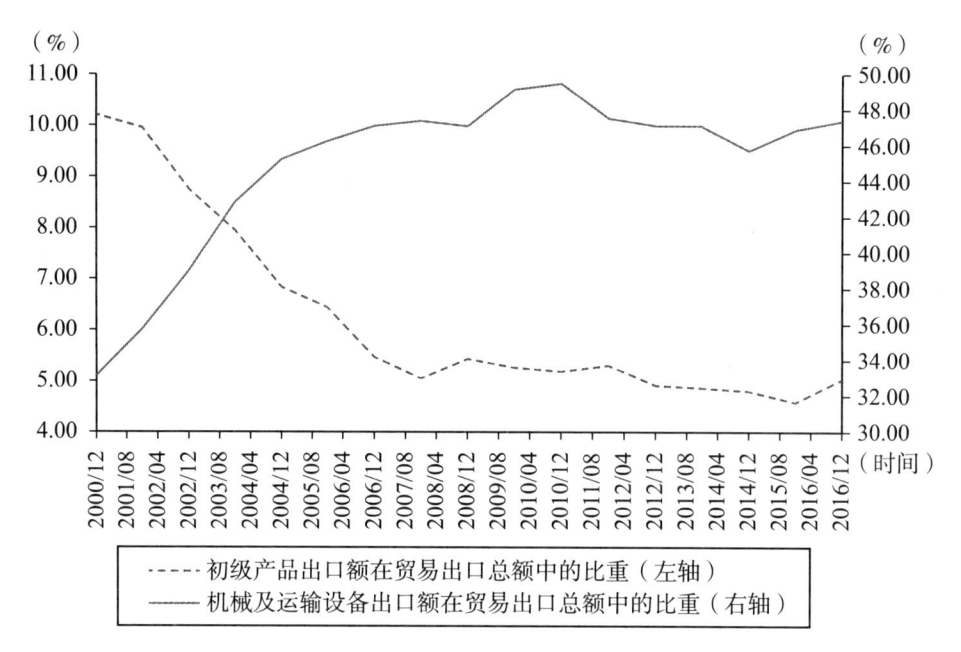

根据图 4-2 和表 4-3 可以看出，在过去很长一段时间里，劳动密集型产品所占比重大于资本技术密集型产品所占比重，但劳动密集型产品所占比重一直呈现下降趋势。2003 年，资本技术密集型产品所占比重首次超过劳动密集型产品所占比重，并维持其领先优势至今。最近几年来，劳动密集型产品与资本技术密集型产品所占比重均波动不大，资本技术密集型产品所占比重保持着 10% 左右的领先优势。这说明我国对外贸易已经侧重于资本输出，对外贸易结构不断完善。

有很多因素会影响到资本技术密集型产品的出口情况，例如我国对外贸易的现有水平、贸易政策的完善程度、我国当前的比较优势等。在我国开始开拓国际市场的改革开放初期，以丰富的人力资源为依托，大力推进劳动生产和输出，逐渐形成了劳动密集型产业占绝对优势的外贸格局。随着我国国民经济的持续快速发展，资本不断积累，技术水平不断提高，外贸格局向侧重于资本技术输出的方向发展。目前，我国外贸在全球市场中占据重要份额，货物进出口大国地位继续巩固，国际市场对我国的要求也在逐步发展变化。面对外贸发展面临的新形势和新要求，我国政府要进一步推动新一轮高水平对外开放，积极开发外贸发展新动能，进一步推进外贸转型升级。

二、供给侧结构性改革背景下我国贸易结构的改革趋势

（一）供给侧结构性改革对进口结构的作用

供给侧结构性改革在扩大有效供给、减少无效供给的同时，还注重生产要素的有效配置，积极践行"使市场在资源配置中起到决定性作用"这一伟大创新成果。不断完善市场的自由竞争机制，利用好国内国外两个市场、两种资源，寻求供给和需求的最佳平衡点。每个经济体拥有不尽相同的资源禀赋，供给侧结构性改革的不断深化与进口商品结构的优化息息相关。增加高技术高附加值产品的进口比重、实现进口结构多元化发展以及推进进口产品本土化生产，都是供给侧结构性改革对优化进口结构发挥作用的重要展现（秦娟，2017；袁其刚，2010）。

1. 增加高技术高附加值产品的进口比重

高技术高附加值产品的研发需要投入大量的人力和物力，增加该类型产品的进口数量，在节约人力物力的同时，还能有效减少时间成本。引进技术设备后，要想实现先进科学技术的效益最大化，就要会灵活掌握和应用这些技术，提高先进技术设备的利用率，从而推动产业优化升级。发展进口贸易要与我国基本国情结合起来，注重国家重点建设、重点改造先进技术设备的引进，着眼于通信、交通、能源、原料等领域需要的技术设备，实现进口结构的进一步优化。

2. 推进进口产品本土化生产

在供给侧结构性改革的浪潮中，我国贸易结构中进口产品的结构日益优化，从以往的进口主要零部件、备件的依赖型结构逐渐过渡到技术引进、自主生产的进口替代型结构。2016年，我国企业攻克了原子笔笔头的制作工艺是这一过程的典型案例。在未来的两年内，我国每年生产的400多亿支圆珠笔芯将渐渐装上国产笔头，并最终完全替代进口笔头。

3. 实现进口结构多元化发展

自2003年起，我国便开始进入重化工业阶段，随之而来的是对基础资源物资需求量的不断提高。我国要不断发掘矿产、能源等基础物资的输出国，实现进口渠道的稳定化与多元化。在保持自身经济健康稳定发展、减少其他经济体对我国控制的同时，还能更有效地应对外来冲击，为全球经济的稳定运行贡献一分力量。

随着供给侧结构性改革的不断深化，我国的进口结构正在向技术、服务、资源等多种目标发展。人民日益增长的美好生活需要满足的程度在民生项目的不断

推进中得以增大,产业结构的转型升级也在新兴产业商品进口的持续上升中得以推进。

(二) 供给侧结构性改革对出口结构的作用

1. 通过新技术、新产业、新业态和新模式缔造新供给

供给侧结构性改革对出口贸易转型升级的推进与新供给的创造息息相关,而新供给的创造离不开新技术、新产业、新业态和新模式的发展。具体来说,技术引进和自主创新的发展催生了新技术的产生。随着供给侧结构性改革的实施,可以把技术引进和自主创新作为原动力,优化出口产品结构,使粗放外延型出口贸易增长模式向集约内涵型模式转变。首先,抓住供给侧结构性改革的宝贵机遇,推动创新环境的优化和创新平台的发展,增强自主创新收益的法律保护力度,酌情补贴知识开发者,激发公司自主创新的热情,推进高质量产品的创新和出口。其次,不断完善和推动外商投资管理体制改革,适当降低外资准入限制,增加全球先进产业链的引进,推进出口结构升级。随着新技术的发展,不断催生新产业,缔造新供给。企业作为创新主体,要勇于解放思想,积极结合市场需要,发展个性化定制生产,催生新业态和新模式,实现新的供给,推进出口贸易产品结构的高级化和多元化(李俊杰,2017)。

2. 调节要素市场扭曲现状,发掘比较优势,鼓励技术革新,优化供给结构

在我国市场化改革进程中,要素市场的市场化进程一直滞后于产品市场的市场化进程,逐渐导致了要素市场的扭曲。我国各级政府对要素市场交易活动存在干预行为,这些行为的主要表现就是人为压低包括土地、资本、劳动在内的要素价格。虽然短期内有促进经济增长的作用,但长期来看,这可能会导致企业密集使用有形要素,自主创新的动力不足,抑制了企业的研发投入,使得生产效率停滞不前。要调节要素市场扭曲的现状,就要转变要素扭曲会产生不合理优势的情况,清理落后产能,努力激发企业自主创新的积极性,发掘比较优势。以劳动力市场为例,企业可以通过劳动力市场的分割获得廉价劳动力,形成劳动密集型商品的出口优势。若劳动力市场的扭曲状态一直持续下去,会导致整个国家进入到"比较优势陷阱"中。供给侧结构性改革有利于减少劳动力流动的限制,让劳动力价格由市场来决定。这样有助于淘汰落后产能和低效企业,激发企业自主创新的动力,发掘新的比较优势。土地、能源也存在类似的问题,为了吸引外资进入,土地和能源价格被人为压低。供给侧结构性改革的实施可以使土地、能源的价格由市场决定,从而清理高耗能企业,促进企业转型升级。此外,高耗能企业给经济带来了严重的负外部性,但企业支付的要素价格中并未包含环境治理的部分。通过供给侧结构性改革可以矫正扭曲的要素价格,内部化环境污染。此外,

"中国制造+互联网"的发展有利于制造业的转型升级,使用先进技术加快传统制造业折旧,提高制造业的科技水平。同时,企业要有对自己的产品精雕细琢有精益求精的工匠精神,争当行业最优,努力提高产品质量,完善出口结构。

三、电子商务对贸易结构优化、供给侧结构性改革的影响与途径

在过去的几年中,我国电子商务大力推动了促增长、调结构、促创业、助扶贫的发展。这有助于供给侧结构性改革的深入推进,是发展数字经济的重要原动力。同时能推进民生服务的发展,促进传统零售业转型升级,提高消费者的获得感和体验感,进一步扩大国际影响力。

(一)电子商务有助于供给侧结构性改革的深入推进

在电子商务的发展中,互联网并不仅仅发挥着技术手段和销售渠道的作用,还延伸至上下游,形成由生产企业、平台商和消费者构成的生态链,打造出一个全产业链生态化系统。电子商务有助于供给侧结构性改革的深入推进主要体现在五个方面:去产能、去库存、去杠杆、降成本和补短板(骞芳莉,2016)。

"去产能"方面:电子商务产生的实时交易监测数据与大数据分析技术相结合,可以获取产品需求量、需求结构和发展趋势信息,从而为产量的决策提供科学依据,有利于消费者差异化需求的满足。以宝钢为例,基于丰富的电子商务数据,该企业自发减少产能,促进产业结构优化升级,开发附加值更高的特钢产品,减少附加值较低的板材产品的生产,有助于核心竞争力的提高。

"去库存"方面:电子商务能够挖掘潜在的购买力,实现库存清理。例如,天猫商城经常推出限时特卖活动,以更新频率较高的服饰类商品为例,限时特卖有利于快速售出过季商品,减少商品积压,实现资金回笼。

"去杠杆"方面:电子商务有利于满足实体中小微企业的资金需求,弱化资金集中和过度杠杆化问题,实现信贷结构和资源配置的优化升级。例如,腾讯微众银行面向微信用户和手机QQ用户推出的"微粒贷",是一种纯线上个人小额信用循环消费贷款产品,贷款人可获得最高30万元的贷款额度。

"降成本"方面:根据麦肯锡的统计研究,商品在网上出售的价格比实体店的价格低6%~16%。若投入一元成本,网络零售能够完成49.6元销售额,实体店仅能实现10.9元销售额。另外,电子商务的综合运营成本比传统商业低29%,同时商品周转时间比传统商业减少26%。

"补短板"方面:电子商务的迅速发展能够降低贫困地区和农民群众的创业

门槛,扩宽就业途径,有利于推进精准扶贫和精准脱贫。

(二) 跨境电子商务保持健康快速发展势头

最近几年,我国跨境电子商务整体发展势头良好,有效推动了我国对外贸易回稳向好。与此同时,跨境电子商务在我国政府相关政策措施的推动和引导下,发展迅速且日趋规范化。基于杭州跨境电子商务综合试验区取得的一系列成果,2016年1月,国务院颁布了《关于同意在天津等12个城市设立跨境电子商务综合试验区的批复》,将跨境电子商务综合试验区增加到天津等12个城市。杭州跨境电子商务综合试验区的良好发展为各跨境电子商务综合试验区提供了以"六大体系""两个平台"为代表的实践经验,使得各跨境电子商务综合试验区在此基础上结合自身优势和特色,因地制宜快速推进。在跨境电子商务综合试验区建设不断推进的基础上,我国相关政府部门进一步完善跨境电子商务监管模式,积极实现全国通关一体化改革,鼓励企业建设出口产品"海外仓",不断优化跨境电子商务产业链。随着监管环境的日益规范化,市场对商家的服务能力提出了更高的需求,规范化运营的企业更容易在竞争中取得胜利,有效提高了行业集中度。从跨境电子商务出口来看,跨境电子商务出口平台的进入条件开始提高,速卖通作为出口平台的代表,开始采取措施清退个人卖家,努力提高商家服务质量和经营规范化水平;从跨境电子商务进口来看,我国政府不断完善监管及税收政策,有效增强跨境电子商务进口规范化的发展程度,劣质商家得以淘汰,国内消费者的权益得到保障。

(三) 积极促进传统零售业转型升级

2016年4月,国务院办公厅印发《关于深入实施"互联网+流通"行动计划的意见》,同年11月印发《关于推动实体零售创新转型的意见》,旨在促进线上线下融合发展,推动实体商业创新、协同、转型发展。在企业层面上,阿里巴巴提出了"新零售"理念,以线上服务资源为依托,推进实体流通企业发展模式创新化,同时还举办了一连串着力于线下流通资源的收购活动。在京东等电子商务平台上,加大了对实体流通企业服务的投入。此外,亚马逊开办了实体书店,百草味等电商品牌也重回线下开实体店。与此同时,一些传统流通企业积极发展线上市场,沃尔玛等传统流通企业通过与线上电商平台合作,吸引线上客流,努力实现商业模式转型升级。线上和线下的数据、渠道、供应链、场景等多方面正在逐渐打通,进一步显现了融合创新发展的趋势。这样的融合发展是传统流通企业与电子商务企业共同发展需求的体现,也就是把线下实体店面的体验优势和信誉优势与线上企业的数据优势、技术优势、供应链优势结合起来,以便更好地满足消费者日益多样化的消费需求。线上线下的融合创新发展可以为各类客户群体提供更加精准的服务，有利于全方位、不间断、跨时空的消费服务体验的形成，最终发展为零售新生态。

（四）网络零售新业态新模式层出不穷

近几年微商、网红电商等社交电商发展迅速，形成了电商新形态。现阶段，网红经济大爆发，移动直播全民化，促进了图文、音频、视频直播全方位场景化营销模式的形成，网络零售和社交平台融合度增强。根据易观智库发布的数据显示，2016 年我国网红产业规模已经增至 528 亿元，未来三年网红产业复合增长率将达到 59.4%。具体来看，"电商+直播"作为网红产业形式的重要代表，市场规模约为 456 亿元，占比高达 84.6%。近几年微商发展迅速，市场规模不断上升。根据中国互联网协会发布的数据显示，2016 年微商行业的市场规模已增至 3 607.3 亿元，增长率高达 98.3%。与此同时，行业从业人员从 2015 年的 1 257.4 万人增加至 2016 年的 1 535.2 万人，增长率为 22.1%。[①] 网红电商进入快速发展期，产业链初具形态。此外，近几年我国分享经济继续保持快速发展，在培育经济发展新动能、引领创新、带动就业等方面发挥着举足轻重的作用。根据国家信息中心数据显示，未来几年我国分享经济将保持年均 40% 左右的高速增长，预计 2025 年分享经济规模占 GDP 比重将增加到 20% 左右，未来十年我国分享经济领域有望出现 5~10 家巨无霸平台型企业。分享经济的企业国际化步伐进一步加快，以滴滴出行、小猪短租为代表的分享经济企业开始加速全球化布局。分享经济能进一步提高就业岗位的创造能力和就业市场的匹配能力，有效缓解新一轮技术产业革命引发的结构性失业问题。

第二节 电子商务对产业升级的推动作用

制造业和服务业在要素、禀赋需求上存在着固有的差异和异质性。反映在和电子商务结合上的差异更为明显。一方面，电子商务通过解决信息沟通障碍、降低交易成本的方式，可以推动制造业和服务业的转型和升级。另一方面，制造业和服务业作为电子商务的提供者，他们的生产能力直接决定了市场上电子商务的功能、规模和结构。鉴于这个产业自身的特殊性，本节分别结合各个产业的特点对电子商务推动已有产业升级的影响机制进行论述。

[①] 作者根据相关资料整理。

一、我国产业结构调整和优化升级的现状与主要挑战

(一) 产业结构调整和优化升级的现状

在过去的五年中,我国的三次产业在就业人数和产业增加值上都发生了很多变化。总体而言,呈现在数量上,表现出其他产业就业劳动力向第三产业转移的特征;呈现在结构上,反映了第三产业日益庞大,成为推动国民经济发展和解决就业的主导产业的特点。随着第二、第三产业在国民经济中的地位发生变化,中国进入了工业化后期的发展阶段(郭旭红、李玄煜,2016)。

表4-5统计了各产业就业人员的数量。由于2012年采用了新的行业分类标准,与前期数据不具有可比性,所以数据的统计区间为2012~2016年。从统计数据不难看出,我国三次产业的就业情况在数量和结构上都发生了巨大的变化。2012年,三次产业的就业人员数量依次为25 773万人、23 241万人和27 690万人;2016年,三次产业的就业人员数量依次为21 496万人、22 350万人、33 757万人。总体就业人数不断增多,但第一、二产业就业人员不断下降并流向了第三产业。第三产业已然成为促进经济发展和就业增长的核心支柱。

表4-5　　　　　　近年来我国三次产业就业结构

项目	2012年	2013年	2014年	2015年	2016年
就业人员(万人)	76 704	76 977	77 253	77 451	77 603
第一产业就业人员(万人)	25 773	24 171	22 790	21 919	21 496
第二产业就业人员(万人)	23 241	23 170	23 099	22 693	22 350
第三产业就业人员(万人)	27 690	29 636	31 364	32 839	33 757

注:全国就业人员1990年及以后的数据根据劳动力调查、人口普查推算,2001年及以后的数据根据第六次人口普查数据重新修订。城镇单位数据不含私营单位。2012年行业采用新的分类标准,与前期不可比。

资料来源:国家统计局网站。

表4-6给出了各产业增加值同国内生产总值过去五年的统计数据。从国民经济的视角分析发现,第三产业增加值的增长是推动国内生产总值增长的首要驱动力。尽管近五年我国第一产业、第二产业的就业人数逐年递减,但并没有影响第一产业和第二产业增加值的增长。这表明,中国的产业转型是伴随着劳动生产率的不断提升而发生的。创新、创业的结果得到了体现,新兴技术、新兴产品、

新兴市场的推广促进了产业结构的升级。再者,"一带一路"倡议等推动我国走向全球贸易市场的战略规划将中国经济同世界经济紧密地连接了起来。在这样一个开放化、包容化、国际化的环境当中,我国可以充分学习其他国家在进行产业调整的过程当中所积累的经验,拓宽我国产业革新的视野。从这些方面来看,我国的产业结构调整面临着重大机遇。

表 4-6　　　　　　　　近年来我国三次产业增加值

项目	2012 年	2013 年	2014 年	2015 年	2016 年
国内生产总值（亿元）	540 367.4	595 244.4	643 974	689 052.1	744 127.2
第一产业增加值（亿元）	50 902.3	55 329.1	58 343.5	60 862.1	63 670.7
第二产业增加值（亿元）	244 643.3	261 956.1	277 571.8	282 040.3	296 236
第三产业增加值（亿元）	244 821.9	277 959.3	308 058.6	346 149.7	384 220.5

注：①1980 年以后国民总收入与国内生产总值的差额为国外净要素收入。②三次产业分类依据国家统计局 2012 年制定的《三次产业划分规定》。③按照我国国内生产总值（GDP）数据修订制度和国际通行做法,在实施研发支出核算方法改革后,对以前年度的 GDP 历史数据进行了系统修订。

资料来源：国家统计局网站。

（二）我国产业结构调整和优化升级过程中所面临的主要挑战

中国的产业结构调整在产业转型和生产效率的提升方面取得了质的突破,但是在空间分布的均衡性与资源约束等方面还面临着诸多挑战。产业在空间上的过度集中,造成了局部地区资源约束趋紧和其他地区的资源浪费。具体来讲,主要体现为以下三点内容：产业现代化水平低,发展落后,且内部结构不合理；第二产业承担就业压力大,创新驱动力不足；第三产业发展相对滞后,产业内存在一定的结构失衡（邱晨,2014）。

1. 现代化水平低且内部结构不合理

各个行业的科技含量在经济发展的过程中都有不同程度的上升。比如,在农业、矿业等第一产业的行业当中,生产技术和基础设施的持续改善提高了第一产业的生产效率,大幅提升了第一产业的产量和产值。可一旦从国民经济的全局视角来审视第一产业,其就业人员在国民经济中的占比同其产值在国民经济中的占比就显得极不相称。生产技术和科技含量较低的第一产业滞留了大量就业人员。这不仅制约了第二产业、第三产业的调整与发展,还使得滞留在第一产业人群的收入和生活水平难以提升。此外,产业内部结构不合理,农业部门占整个产业的比重一家独大,对产值贡献不多。

2. 第二产业承担就业压力大，创新驱动力不足

伴随着我国劳动力和产业结构的调整，第一产业的劳动力不断向第二、第三产业转移。由于这部分劳动力所拥有第一产业生产所需的全套技能与技术并不能满足高度专业化行业和资本密集型行业对劳动力的要求，他们大多流向了第二、第三产业中的劳动密集型生产领域。但是，人口红利的逐渐消失使我国劳动密集型产业面临着转型升级和淘汰的两难抉择。如果引进新技术走转型升级的路子，势必会致使大量劳动者失业；如果继续采用传统的生产方式，劳动力成本的提高会让这些产业在国际市场上逐渐被淘汰，这些决策最终也可能会面临让这部分劳动者失业的情况。只有合理处理产业结构升级带来的挑战，才能让经济社会继续稳定运行。除此以外，我国第二产业还面临着中高端制造业产能不足的问题。资本密集型、知识密集型、高附加值产业的规模不大，难以满足消费者对产品的要求，在国内外市场上竞争乏力。

3. 第三产业仍欠发展，内部结构存在失衡

这些年来，我国的第三产业一跃成为国民经济当中的主导产业，体量增长和在经济总量中的占比保持着高速上升。但从全球视角来审视，我国第三产业竞争力仍不够高，发展相对滞后，第二产业与第三产业之间的结构仍不尽合理。以2015年为例，我国第三产业产值占GDP的一半，但同年发达国家第三产业产值已达GDP总量的七成。同年，我国第二产业占全球第二产业的比重已达25%，但是第三产业占全球第三产业的比重却不到10%。此外，我国的第三产业也有劳动力主要聚集在劳动密集型领域的现象。大部分第三产业的从业人员集中于运输、旅游等传统领域，金融、保险等资本密集型、高附加值的行业人才缺乏严重。第三产业之中的生产性服务占比偏低，生活性服务所占比重太高。

二、电子商务推动产业升级的影响机制分析

（一）电子商务助推制造业产业升级影响的研究

当前国内经济下行压力持续加大，制造业面临劳动力成本上升、资源能源约束日益突出、缺乏核心竞争力、产业结构有待改善、信息化进程落后、品牌影响力不高和产能严重过剩等诸多问题。电子商务是互联网和实体经济深度结合后的产物。它利用互联网的信息优势，在从根本改善了流通业的现状与格局的同时，将上下游的供需信息进行及时的反馈和整理，提升制造业对供应链和市场管理的效率，为切实推动国民经济发展和制造业转型带来了新机遇。通过推动电子商务的成长和发展来促进市场和企业、产业的互动，激活社会创新能力，进而变革社

会生产模式，为产业转型和经济的发展注入新的活力（周琰，2015；万琳，2016；张国栋，2009）。

1. 企业：推动工业企业深刻变革

电子商务作为信息化条件下的新型经济活动，不仅极大突破了工业企业的物理环境限制，帮助企业大幅缩减交易成本、提高库存与资金周转率并扩大原有市场半径，更引起了企业在经营谋划和组织管理等方面的巨大变革。如随着从交易环节逐步向研发设计、生产制造、客户关系管理和售后服务等环节的延伸，工业企业在电子商务的倒逼之下迅速接受了结合互联网和信息技术的生产组织方式，开始改善经营管理模式并让企业更快地对市场需求和行业动向做出反应。这样的一个变革过程不仅节省了产品的研发、生产的时间和成本，还不断催生出新的市场和业态，释放出新型的市场红利。可见，电子商务是实现企业集成化管理、激发企业创新能力、提升企业运营和竞争能力的有效途径。

2. 产业：加速产业链协同

普及电子商务能够助推各产业、各行业以及产业上下游之间的业务流、信息流的优化重整。在电子商务当中，物流流通、仓储库存、原材料开采、中间品加工、研发制造、销售售后、服务和反馈等各个环节的信息得以实现有效共享，实现了对社会供需诉求的充分发掘，在发挥各环节比较优势的同时减少了社会资源的浪费。电子商务进一步深化了产业上下游之间的沟通与合作，释放了显著的正外部效应。当某个企业引进电子商务之后，电子商务技术将会传导至供应链、销售链的各个环节，信息的高度共享使得整条业态链得以高效的布置每一个生产、流通过程当中的资源和资金，并最终构建良好的具有实时反馈功能的电子商务产业链，给整个产业创造了巨大利润。

3. 生产模式：由以生产者驱动向以消费者驱动转变

随着未来互联网的发展，消费者的声音将成为未来价值链的第一推动力，即是需求创造供给而不是供给创造需求。由此可见，C2B（即消费者驱动模式）将是未来商业模式的主流。互联网技术和工业所孕育的工业电子商务有着有效沟通市场需求和企业供给得天独厚的能力。它能将消费者的切实需求迅速地反馈给产品生产厂商，从根本上将供给决定消费的市场变革为消费决定供给的市场。

电子商务凭借其庞大的产业数据、市场数据，能够为 R&D 环节提供坚实的数据支持，推进市场当中众包、众创研发模式的兴起，将市场和企业当中分散的创新主体和研发资源链接成为一个有机体，给相应消费者的相关创新产品提供更好的设计环境和生产环境。此外，电子商务的深度交互功能能够帮助生产制造环节对消费者的个性化需求做出及时反应。生产链上的各个厂商结合电商平台获取的第一手信息对产品的生产进行精准化调整，在充分发掘和满足市场上消费需求的同时实现了规模经济。最后，电子商务的数据分析能力还能够帮助产业实现精准销售，帮助上下游企业之间、产品和消费者之间形成良性配对，提高经济体的生产能力和消费能力，对于实现"三去一补"和防范产能过剩有着十分重大的意义。综上所述，工业电子商务能使市场一改供给决定需求的旧貌，让消费者的实际需要传达到厂商，对产业的转型升级，提升产业产品附加值有着深刻意义。

4. 国民经济：促进结构调整，培育新动力

电子商务的广泛应用和普及深刻地影响了经济结构。它不仅推动了生产性服务业的蓬勃发展，还不断促进了制造业服务化的进程，给国民经济的发展带来了新的动力源泉。具体来讲，电子商务使生产性服务业和制造业当中的各种资源和业务有效的融合起来，是传统制造业渐渐适应制造、营销、设计、运营以及培训等业务的开展，淡化了产业链中各环节之间的界限。在延伸产业链的实践操作中，制造业通过技术引进和技术改良的方式，开始涉足金融、信用、物联网、市场咨询等新的经营领域。这样一来，企业可以更有效地利用自己的生产能力、资本和资源，业务范围则拓展到产品出售以外的出售生产服务、设备租赁、信贷等生产性服务。此外，电子商务还会推动生产性服务业周边产业的联动发展。为了助力生产性服务业的发展，金融借贷、信用支付、云计算、网络安全、软件开发等产业在强大的企业需求下迅速崛起，孕育了各种以企业为主要客户的电商借贷平台、网店装修平台、云计算服务平台、工业软件开发市场，带来了新的市场空间，在投入产出的不断正向反馈中壮大了产业规模。

（二）电子商务助推服务业产业升级影响的研究

产业结构的改善、产业效率的提高是衡量产业升级的重要指标。就服务业而言，其产业结构和产业效率体现为技术研发、资金链、人员素质和产品组合等维度。当服务业同电子商务相融合以后，电子商务以其低成本的实时信息传输优势、现代科技集成化优势，为传统服务业带来技术引进、改善资金链、提高人员素质并优化产品组合的效率，帮助现代服务业解决不少产业升级过程当中的障碍和难题。除此之外，电子商务的诞生还促成了传统技术与现代信息技术的完美融合，催生出一批新型服务业态。这些新业态在满足了市场新需求的同时也通过一个正反馈机制推动了服务业产业结构的不断优化（肖鸿晶等，2017；陈强，2016）。

1. 产业素质与效率的提高

（1）降低运营成本。近年来，我国在保证GDP总量稳定增长的同时，力求实现经济增长质量和资源配置效率的提升，这也就意味着各个产业面临着不同的转型升级压力。以服务业为例，在融合了电子商务以后，服务业的价值链、产业链实现了高效的集成化，精简了供应链。正如前文所言，电子商务服务业显著地减少了信息的收集、分析、处理所需的时间，使产业链中的交易成本、流通成本不断下降。

（2）提升产品质量。服务业企业可以通过电子商务及时、迅速地获取行业信息和政策信息，通过数据挖掘与信息梳理等技术及时发现行业和政策动向，适时调整企业战略，降低市场的交易风险。凭借海量的信息汇集、处理与运算能力，电子商务还可以帮助服务业企业发掘潜在客户以及现有客户的潜在需求，进而让企业生产出消费者所需要的产品与服务。同时，电子商务还能增进服务业企业同消费者之间的良性互动，企业也能在互动当中不断更新自己的信息，向消费者提供个性化、柔性化的产品与服务，改善产品质量，提升企业的竞争力。综上所述，电子商务不仅能够帮助服务业进行产品与服务创新并满足客户需求，还能以精准营销来拓宽市场并改善客户对企业产品的忠实度。

（3）提高资源配置效率。产业的转型同时需要产业结构与劳动力结构的不断优化。电子商务服务业的兴起将互联网、大数据分析、人工智能等一大批人类科技的结晶运用到服务业的生产、运营之中，从根本上优化了服务业的产业组织形态，激发了服务业的创新能力。科技与产业的结合往往能够释放出非常强大的正外部性。在完成自身业态升级、结构集成、管理质量提升的同时，电子商务服务业收集到了海量劳动力市场的供需信息。用人单位根据自己对劳动力的切实需求所建立的相关劳动力市场服务网络，显著减少了劳动力需求市场同劳动者之间的信息不对称，创造出大量的就业机会。新兴产业的不断诞生也通过这一网络将产业对劳动力技能的需求直接反馈到劳动力供给端，促进劳动者不断更新自身的技能，提升人力资本。

2. 产业结构的优化

（1）增加现代服务业在服务业中占有的比重。电子商务服务业主要从以下两个途径来提升现代服务业占服务业当中的比重。首先，电子商务将新的技术和经营方式引入传统服务业，让传统服务业转型成为现代服务业。互联网技术、大数据技术和云计算技术是电子商务服务业的核心技术依托，电子商务也借助网络将信息技术传播到了整个服务业，提升了服务业的信息化水平和流通效率。其次，电子商务服务业还为现代服务业创造了巨大的生存空间。其自身所拥有的信息处理能力和其创造出来的知识经济、共享经济、数据经济有着强大的正外部性和扩散性，可以对一系列通过供应链、信息链与其相连的行业产生积极的正向影响。电子商务服务业的不断扩大会增加其对这些源头和后续行业的需求，扩大整个市场的空间，比如：大数据计算、金融征信、移动支付等交易辅助服务领域的市场空间，指导营销、确保信息安全、为消费者提供私人订制服务等销售辅助领域的市场空间，促进管理透明、规范管理模式、精简政务结构的电子政务领域的市场空间（汪旭晖，冯文琪，2016）。电子商务使得这些产业慢慢地形成一个有机整体，实现了1+1>2的产业建设模式，让产业在市场上具有更高的竞争能力。

（2）提高服务业中生产性服务业的比重。在生产性服务业领域中，电子商务的主要作用并不是提高产业、行业的增加值，而是通过把物流、资金流、信息流等交融集约在一起，缩短生产时间、降低管理成本、减少信息不对称，进而促进了生产效率的提升。将生产性服务业的比重提升，使其处于一个合理的体量和比例，能够推动产业升级，优化行业内部结构。快递行业、信息软件行业、餐饮外卖行业、共享经济行业都从中获得了巨大的发展机会。图4-4总结了电子商务推动现代服务业升级的作用机制。

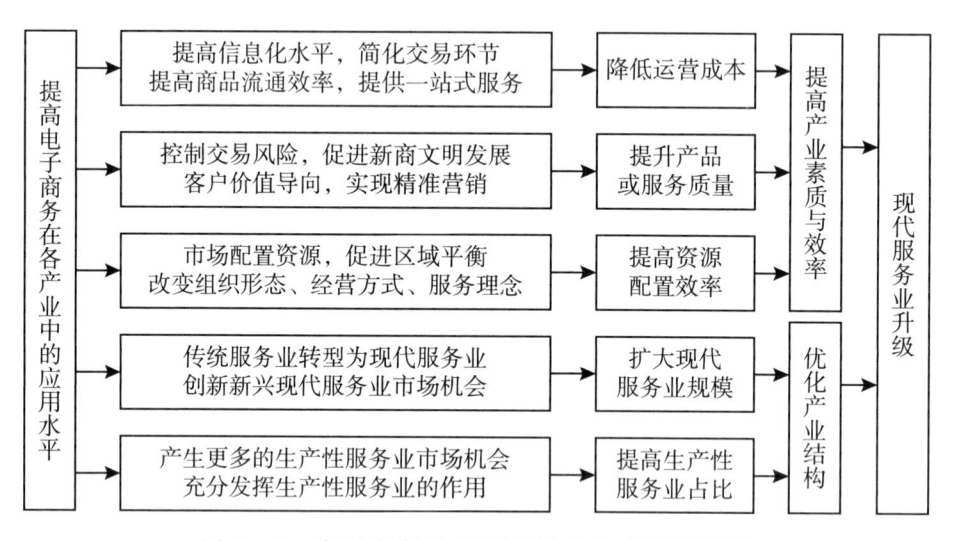

图4-4 电子商务助推现代服务业升级的机制

（3）继续扶持和培育电子商务产业，助推现代服务业优化发展。提供合适的政策环境。政府在鼓励电子商务发展的时候，需要将对电子商务业的支持落到实处，比如创造公平竞争的良好市场环境，提供对应的金融支持，适当地降低税率等等。

支持创新创业。增进政府与创业者之间的沟通，让政府在第一时间了解时下创业者所面临的困境、问题和难题，并制定可行的惠民政策，用良好的创新创业环境和营商环境帮助小微企业。对待电子商务发展过程中出现的大量新局面和新问题时，不能"一票否决"，需要坚持"边发展、边规范，在发展中规范"的原则。

推进电子商务产业园区的基础设施建设。基础设施具有良好的外部性和辐射效应。园区基础设施的改善，可以吸引更多的电子商务企业入驻、发展，形成产业集聚，改善整个园区的运作效率。

三、电子商务推动产业升级的典型案例

近年来，电子商务显著驱动了经济规模的增长，给国民经济带来了重大影响，优化改变了经济增长方式。如今全国电子商务的迅速发展无疑给绍兴提供了难得的发展契机。本案例旨在阐明，绍兴凭借电子商务提升传统物流效率、信息交换效率的优势，将市场优势和电子商务优势合二为一，进而实现区域经济竞争力的提升，是实践"电商换市"的一个良好思路（绍兴市统计局课题组，2016）。

"一核多支点"的区域发展规划取得了卓著的初期成果。绍兴市以传统制造业为主要产业，有着明显的特色区位特征。据绍兴市统计局的数据显示，在2013年年底，绍兴已形成137家电子商务促进会会员单位，4个国家火炬计划特色产业基地，6个省级高新技术特色产业基地和32个现代服务业集聚示范区。在电子商务营销方面，绍兴市在2013年以99.69亿元的网络零售总额位列地级以上城市网商发展指数中的第35位。据同年阿里巴巴《县域电子商务发展报告》统计，来自浙江的县市在全国的"电子商务百佳县"中占比高达49%，电子商务的发展呈现"独具特色，模式丰富"的特点。绍兴市全部的5个区、县都位列前100强：上虞区位居第52位，新昌县位居第69位，嵊州市位居第73位，诸暨市位居第40位，柯桥区位居第29位。凭借电子商务的发展，上虞的伞业、童装，新昌的茶叶、丝绸家纺，嵊州的领带绸巾、厨具，诸暨的珍珠、袜业，绍兴的家纺产品、黄酒成功地创造出新的销售渠道，给这些传统商品的销售和流通注入了新的发展活力，给当地产业的发展带来了新时代的新契机。而对于机械、家电、纺织、化工、医药这一类中间产品产业集群的行业，他们将生产性电子商务服务业广泛地运用到了产业的生产经营当中，加强了行业的集约程度，提升了产业的市场竞争能力。这一"一核多支点"的区域发展规划取得了远超预期的效果。

电子商务园区发展已经具备了一定的规模。2014年，浙江省发改委等10部门联合公布的《浙江省电子商务产业基地规划建设实施意见》当中，绍兴设立了嵊州市领带园区等9个电商园区，园区数目排名全省第4，仅次于杭州、金华和温州。此外，绍兴市还建立了网络经济科技园、绍兴港现代物流园、锦亿电子商务产业园等多个对应的生产性电子商务服务园区。据统计，仅2013年，汤浦电子商务创业园开辟出了6 000平方米的场地，并吸引了42家电商企业前来入驻；娥江商城大学生创业园的发展也是旗鼓相当，开业至今吸引了大

量创业大学生，创销售 8 200 万元，利税 120 余万元。绍兴还联合众多国际性的大型电商公司，通过引进他们的电商技术改善当地的电商运行、管理的效率，实现双赢。暨阳街道同阿里巴巴公司在暨阳电子商务产业园区协同创建了阿里巴巴—诸暨产业带。集聚效应越来越明显，大量的盈利机会让园区的入驻企业越来越多。开放的竞争环境使得落后企业和产业及时被淘汰，促进市场全要素生产率的不断提高。

相比产业本身，电子商务交易平台具有更大的发展潜力和盈利能力。绍兴市在发展电子商务的过程中，充分运用了其自有的产业，形成了一大批具有区域性影响乃至全国性影响的电子商务交易平台。

"私人订制"模式已然成为电子商务企业的业务发展新方向。标准化生产向"私人订制"的逐渐过渡是全球产业发展、转型的一个必经过程。据 2014 年的统计报告显示，绍兴市规模以上工业企业均开始逐渐部署互联网销售端，在淘宝、天猫、京东、凡客、唯品会等平台开设网络 C 店或旗舰店，以 B2C 模式进行商品销售。一批知名企业采取自建网络销售平台的模式开展电子商务活动。在开展针对个人消费者的 B2C 业务时，大部分企业采用了以天猫为平台的"私人订制服务模式"，企业在提供标准化生产服务的同时，利用大数据分析和消费者的反馈信息、数据，渐渐实现了服装、装饰等具有设计特点的个性化服务。

制造业和服务业在要素、禀赋需求上存在着固有的差异和异质性。反映在和电子商务的结合上差异更为明显。一方面，电子商务通过解决信息沟通障碍、降低交易成本的方式，可以推动制造业和服务业的转型和升级。另一方面，制造业和服务业作为电子商务的提供者，他们的生产能力直接决定了市场上电子商务的功能、规模和结构。鉴于各产业自身的特殊性，本节分别结合各个产业的特点对电子商务推动已有产业升级的影响机制进行论述。对于近年来出现的诸如共享经济等新型产业形态与电子商务之间的关系我们将放在下一节展开详细讨论。

四、电子商务推动产业升级的实证研究

电子商务的急速发展取得惊人的经济成就，吸引着社会的广泛关注。在日常讨论或学术交流中，电子商务的概念自然很容易理解，但要严谨地从定量的角度对各个地区的电子商务发展情况进行比较和研析的时候，仅凭概念和定义并不能得到有意义的结果。社会急需一套客观、规范化的反映电子商务发展情况的指标体系。这样的社会需求和学术需求推动了阿里研究院于 2012 年开始筹划我国省、市、县电子商务发展指数的监理工作，并于 2014 年发布了《2013 年中国城市电子商务发展指数报告》。报告的发布引起了政府、学界和社会的高度关注。之后

的两年里，在国家发展和改革委员会的指导下，清华大学电子商务交易技术国家工程实验室、中央财经大学中国互联网经济研究院、中国社会科学院中国社会科学评价中心、商务部中国国际电子商务中心研究院、亿邦动力研究院和阿里研究院联合完成了更为系统和全面的电子商务发展指数的测定工作，并在2016年5月公布了《中国电子商务发展指数报告（2015～2016）》。以上介绍的这两份报告将成为本章实证分析的重要基础。

（一）核心变量的识别方法

本节实证部分讨论的核心问题是电子商务对我国产业升级有怎样的影响。对于产业升级的衡量是一个常规问题，国家统计局已经为我们提供了丰富的统计数据。但衡量电子商务发展情况的数据却不是很多。在引入正式的分析之前，我们有必要简单介绍一下电子商务发展指数的构成模式与计算方法。

1. 指数构成

电子商务的发展指数由成长指数、支撑指数、规模指数以及渗透指数4个部分构成。这4个指数的设计全面考虑了电子商务的自身成长以及电子商务与不同产业的相互影响。其中，成长指数用来衡量一个地区的电子商务在未来的发展潜力。支撑指数则客观反映了当地是否具有电子商务发展所需要的各类基础设施和营商环境。规模指数测量了电子商务当前的发展状况和经济规模。渗透指数则度量了电子商务的发展促进其他产业共同发展的程度。图4-5介绍了以上指数的设计思路。

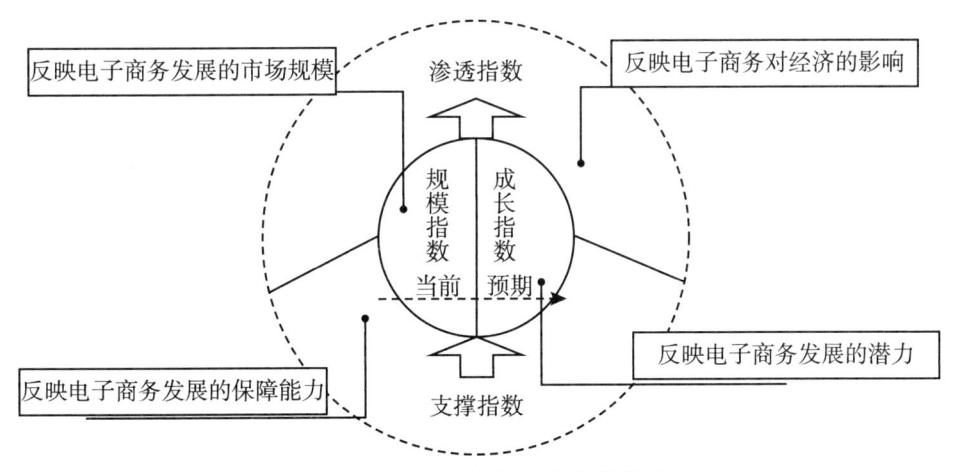

图 4-5 电子商务发展指数结构

规模指数：刻画了各省电子商务发展的市场规模。该项数值越高，表明该省份电子商务的市场规模越大。该指数可以反映当前各省电子商务市场自身发展水平。

成长指数：反映各省电子商务发展的成长水平。该项数值越高，表明该省份电子商务成长潜力越大。该指数可以反映市场对一个地区电子商务发展的预期情况。

渗透指数：测量了各省电子商务对经济活动的影响程度。该项数值越高，表明该省份的经济活动中电子商务渗透程度越高，电子商务的发展推动了当地经济发展的乘数效应越高。

支撑指数：度量了各省保障电子商务发展的能力。该项值越高，表明该省份电子商务的发展环境越好，对全国市场的电子商务企业有着较强的吸引力。

2. 核算方法

电子商务发展指数包括 4 个一级指标，14 个二级指标。《中国电子商务发展指数报告》中，数据主要来源于各省各地统计局发布的统计年鉴以及各省商务厅定期公开数据等稳定客观的数据源。报告中所提及的各个指数采用变异系数法加以构建，以主观与客观相结合的方法确定权重。具体思路为：假设有 n 个指标，这 n 个指标的变异系数为：

$$V(i) = s_i / \bar{x}$$

s_i 代表第 i 个指标的标准差，$\bar{x}$ 代表样本均值，则各指标的权重为：

$$\omega_i = V(i) / \sum_{i=1}^{n} V(i)$$

3. 模型设定与其他变量介绍

本节主要讨论电子商务的发展对产业升级有怎样的推动作用。囿于数据的精度，本节拟以省份为观测单位，基于 2014 年和 2015 年两期的面板观测数据，采用固定效应的方法来研究电子商务对产业升级的影响。具体来讲，本节所涉及的计量模型为：

$$Y_{it} = X_{it}\Gamma + Z_{it}H + u_{it} \quad (4.1)$$

$$Y_{it} = X_{it}\Gamma + C_{it}K + Z_{it}H + u_{it} \quad (4.2)$$

上式当中，Y_{it} 为一个地区某一产业在 GDP 当中所占的比例。X_{it} 为衡量电子商务发展情况的一组向量，Z_{it} 为宏观层面的控制变量，在本模型当中主要为省人口数和省 GDP。C_{it} 为可能的传导途径，在下文当中将是指 i 省在 t 年采用信息化以及电子商务的企业数目。Γ、K、H 为相关解释变量对应回归系数所构成的向量。u_{it} 为随机扰动项。理论上来讲，当引入 C_{it} 之后，X_{it} 的系数下降或者显著性降低，则说明 C_{it} 可能是 X_{it} 影响到 Y_{it} 的渠道和途径。

(二) 描述性统计

1. 主要变量的统计结果

表4-7当中，enterprise是指由国家统计局调查得到的各省引进信息化或电子商务技术的企业数目，pop为各省人口数，indamount1、indamount2、indamount3分别为第一产业、第二产业、第三产业的年产值，gdp指国民生产总值，scale为规模指数，grow为成长指数，penetrate为渗透指数，strength为支撑指数，develop为电商发展指数。从上述结果中不难看出，在我国目前的产业结构的构成当中，尽管二、三产业基本能平分秋色，但是第二产业的规模还是要略高于第三产业。第一产业在国民生产总值中的占比较小，仅为5.9%。此外，我国各省份之间的发展不大均衡，在统计结果中表现为各变量的标准差较大，极差较大。

表4-7 模型中各变量的描述性统计结果

变量名	观测值	均值	标准差	最小值	最大值
enterprise	62	29 342	27 016	597	103 661
pop	62	4 409	2 785	317.6	10 849
indamount1	61	260.7	197.2	12.26	645.7
indamount2	61	2 191	1 795	21.56	7 058
indamount3	61	1 990	1 801	138.5	7 828
gdp	61	4 442	3 640	172.3	14 949
scale	61	19.59	22.57	0.0100	96.51
grow	62	28.96	12.96	7.600	61.04
penetrate	62	27.73	21.40	9.820	100
strength	62	15.28	18.37	2.110	74.97
develop	62	20.75	17.08	7.590	71.26

资料来源：《中国统计年鉴》(2015年、2016年版)，《中国电子商务发展指数报告（2015~2016）》。

2. 电子商务对产业结构的影响初探

图4-6至图4-8依次展示了衡量电子商务发展情况的规模指数、成长指数、渗透指数、支撑指数和电子商务发展指数同各产业在GDP中占比的关系。

从总体上来看，这些指数同第一产业在 GDP 中的占比呈现负相关关系，但是不大明显，表现为三点分布离散，成长指数甚至同第一产业在 GDP 中的占比有较弱的正向关系。电子商务的发展对第二产业和第三产业的作用与影响更为明显。随着各类衡量电子商务发展程度的指数不断上升，第二产业在 GDP 中的占比随之下降，而第三产业在 GDP 中的占比稳步上升（见图 4-6）。

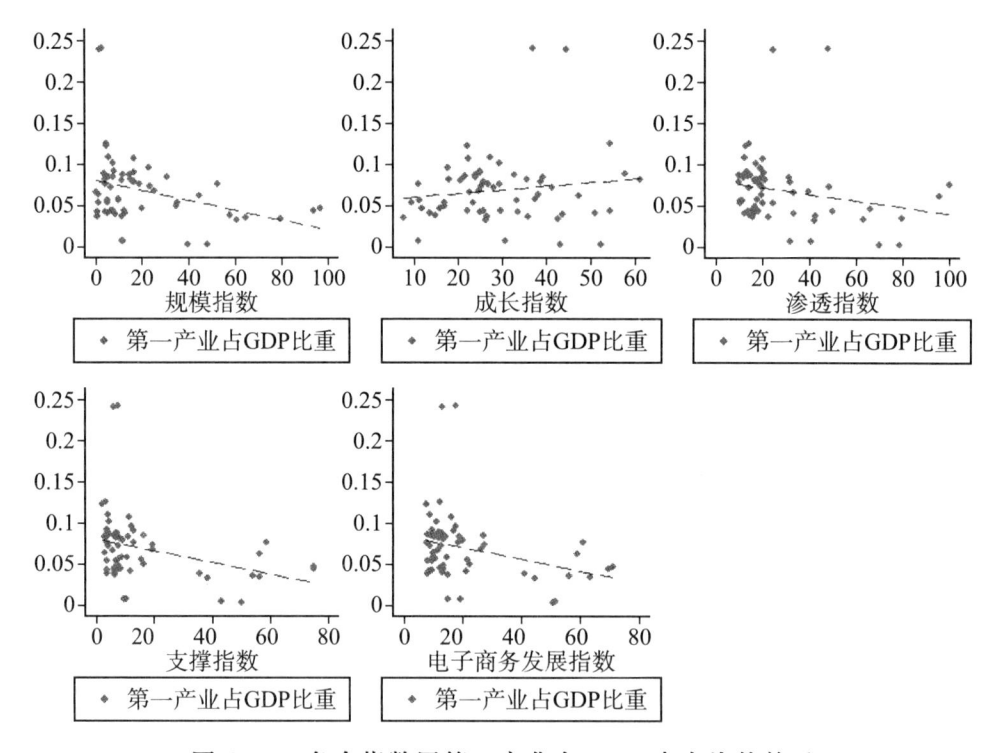

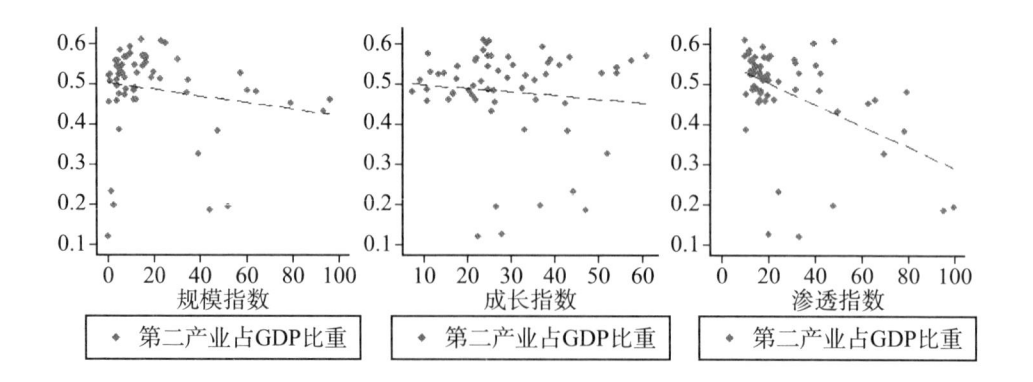

图 4-6 各个指数同第一产业在 GDP 中占比的关系

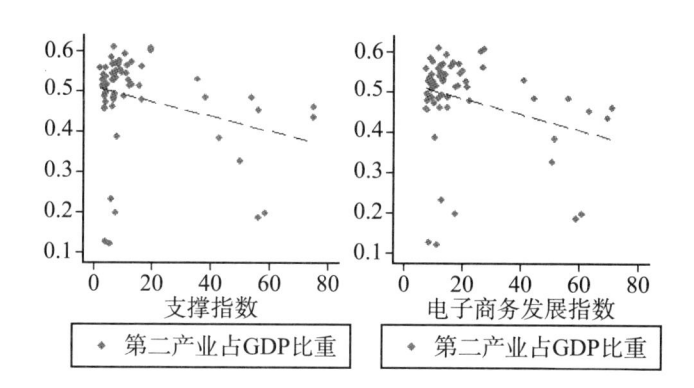

图 4-7 各个指数同第二产业在 GDP 中占比的关系

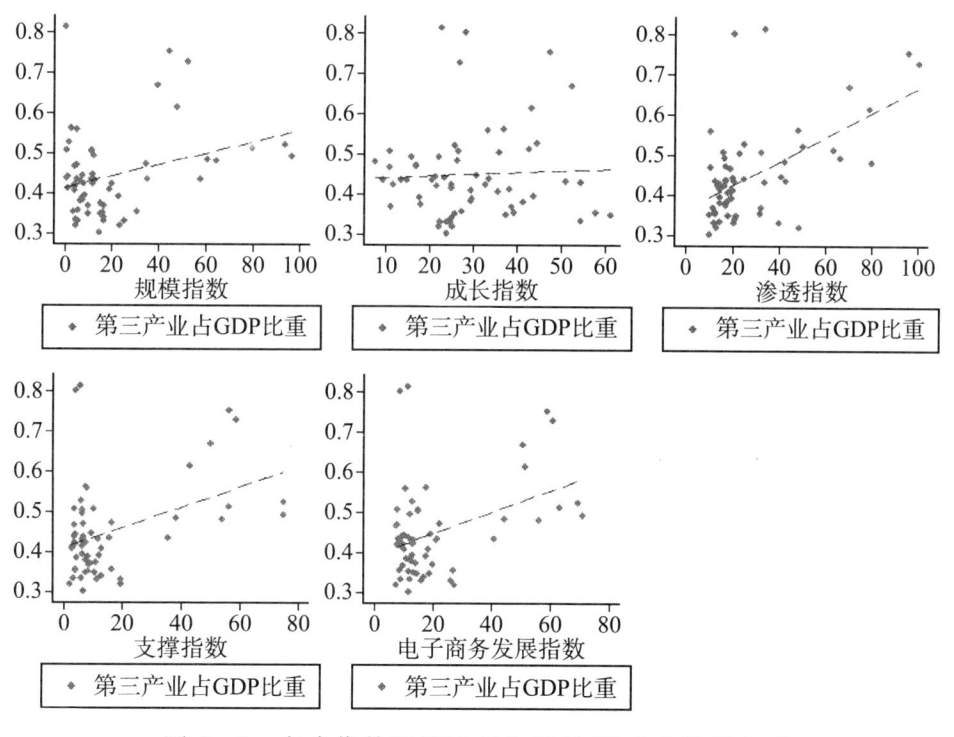

图 4-8 各个指数同第三产业在 GDP 中占比的关系

（三）电子商务对产业结构的影响及可能途径

1. 电子商务对产业结构的影响

本节采用固定效应的方法拟消除省份层面不随时间变化的遗漏变量对回归结果造成的影响。在表 4-8 中，第 1、3、5 列为在控制其他变量的前提条件下电商发展指数对各个产业在 GDP 中占比的影响，第 2、4、6 列为在控制其他变量的前提条件下,规模指数、成长指数、渗透指数、支撑指数对各个产业在 GDP 中占比的影响。总体上来讲,从回归结果中容易看出,一个省份中电子商务发展得越好,第一产业和第二产业的比例越低,第三产业比例越高。但当将影响分解到各个细微指标上时,这样的一个整体态势在各子指数上存在一定的异质性。由于各个子指数各自的影响相对较小,因此,他们对于第一产业的占比没有显著影响。规模指数显著地提升了第二产业占比、降低了第三产业的占比。这可能是由于规模指数主要由地区电子商务的相关基础设施数目多少所决定的,而基础设施又同制造业的发展水平有高度的正向相关性。然而,规模指数的效果最终被渗透指数和支撑指数所抵消,最终反映为电子商务发展使得第二产业占比降低,第三产业的占比上升。

表 4-8　　　　　　　电子商务对产业结构的影响

变量名	lnratio_1 (1)	lnratio_1 (2)	lnratio_2 (3)	lnratio_2 (4)	lnratio_3 (5)	lnratio_3 (6)
lndevelop	-0.018** (0.008)		-0.031* (0.018)		0.042*** (0.015)	
lnscale		0.001 (0.010)		0.074*** (0.016)		-0.066*** (0.014)
lngrow		0.010 (0.011)		0.002 (0.017)		-0.011 (0.014)
lnpenetrate		0.012 (0.015)		-0.063*** (0.023)		0.048** (0.020)
lnstrength		-0.023 (0.018)		-0.071*** (0.027)		0.080*** (0.024)
常数项	0.116*** (0.023)	0.050 (0.043)	0.479*** (0.052)	0.573*** (0.068)	0.248*** (0.045)	0.222*** (0.058)
控制变量	Y	Y	Y	Y	Y	Y
观测值	61	60	61	60	61	60
R^2	0.080	0.156	0.049	0.506	0.114	0.544

注:括号中为异方差稳健标准误。*** $p<0.01$,** $p<0.05$,* $p<0.1$。

2. 电子商务影响产业结构的渠道探究

理论上来讲,当引入 C_{it} 之后,X_{it} 的系数下降或者显著性降低,则说明 C_{it}

可能是 X_{it} 影响到 Y_{it} 的渠道和途径。为此我们进行了式（2）的回归，回归结果见表 4-9。

我们假定电子商务是通过促进企业的发展从而影响到了各个产业在 GDP 中的占比。对比表 4-8 和表 4-9 的结果我们发现，在引入采用电子商务技术的企业数目以后，各电商发展指数对各个产业占比的影响确实有所减弱，但仍然显著。因此笔者认为，电子商务能同时通过企业以及企业以外的其他渠道对产业结构造成影响。

表 4-9　　　　　　　电子商务影响产业结构的渠道探究

变量名	lnratio_1（1）	lnratio_1（2）	lnratio_2（3）	lnratio_2（4）	lnratio_3（5）	lnratio_3（6）
lnenterprise	-0.006（0.005）	-0.004（0.021）	0.072***（0.008）	0.087***（0.031）	-0.058***（0.007）	-0.077***（0.026）
lndevelop	-0.011（0.010）		-0.119***（0.015）		0.113***（0.014）	
lnscale		0.006（0.029）		-0.038（0.042）		0.034（0.036）
lngrow		0.010（0.011）		0.000（0.016）		-0.009（0.014）
lnpenetrate		0.010（0.018）		-0.022（0.026）		0.011（0.023）
lnstrength		-0.025（0.019）		-0.048*（0.027）		0.059**（0.023）
常数项	0.153***（0.041）	0.085（0.188）	0.031（0.061）	-0.188（0.274）	0.611***（0.055）	0.898***（0.235）
控制变量	Y	Y	Y	Y	Y	Y
观测值	61	60	61	60	61	60
R^2	0.098	0.157	0.598	0.571	0.575	0.607

注：括号中为异方差稳健标准误。*** $p<0.01$，** $p<0.05$，* $p<0.1$。

第三节 电子商务催生出新业态

什么是新业态？新业态指的是不同产业之间通过生产、经营技术的互相渗透而诞生的新的产业组织形态。新业态并不是形成了一个新的产业，而是向传统产业引入了新的运营和生产方式。新业态中最典型的例子是近几年壮大起来的共享单车行业。传统和自行车租赁行业在引入电子商务和互联网技术后能够更快地发现市场需求，带来巨大的盈利空间。网购、网络课堂、新媒体等则是新业态在零售业、教育和媒体领域的具体表现。在新业态中，消费者多元化的需求得到尊重。信息技术的广泛普及和电子商务的急速发展推动了我国的新业态在最近几年如雨后春笋一般迅速成长（邓向阳，荆亚萍，2017）。

一、电子商务背景下我国新型产业形态与发展概况与存在的问题

（一）电子商务背景下我国新型产业形态与发展概况

1. "互联网+文化"

（1）消除产业进入壁垒：通过互联网贯穿文化产业的组织链。2010年，百度出资创建了爱奇艺视频公司，并于2013年正式收购PPS视频业务。阿里巴巴在2014年以股权收购的方式将文化中国影业更名为阿里巴巴影业并成为阿里巴巴的子公司。腾讯公司也迅速对市场的需求做出了反应，拓宽了传统视频娱乐公司的经营范围，将音乐、动漫等关联领域纳入了自己的视频平台之中。这些互联网巨头企业均选择了以互联网作为依托，通过股权并购、平台构建、宣传销售、发行推广以及经营文化周边产品的方式成功地加入到了文化产业中，推动文化产业走向了一个多元化发展、准入门槛低、百花齐放的时代。

（2）跨界融合：创新文化金融合作模式。

互联网电子商务孕育了新的文化金融融资模式。以往文艺类项目的融资通常是在固定的影视文化业投资法人之间展开。一些有新意但风险较高的文艺作品经常会因投资人的风险厌恶而不能和观众相见。电子商务为文艺项目资金的融通提供了新思路。艺术家或工作室能够在淘宝等众筹网站上发布自己作品的创意展示或预告片来吸引大众投资者。传统影视业投资人也可以通过大众的投资意向来把

握未来的投资方向。这种新的文化金融融资模式将激励文艺工作者创作出更多的优秀文艺作品。

2. "服务性制造业"

有别于传统的以产品生产为主营业务的制造业，服务型制造业是融合了产品生产和服务、劳务提供而形成的新的产业形态，是制造业由产品生产向服务提供为中心进行转型的具体成果。它既表现为投入的服务化，在生产的过程当中服务要素发挥着越来越重要的作用；也表现为产出的服务化，服务型产品、劳务供给在企业的产品中有着更高的比重。

服务型制造业目前已在通信设备与信息技术、机械装备、电气设备等领域取得了实质性的成功。通信设备与信息技术领域的企业以"O2O"的经营模式将其业务范围拓展至咨询服务、软件开发、客户管理以及供应链优化等设备制造以外的领域。在以往销售基本产品和提供售后服务的基础上，机械装备领域的工程机械公司渐渐涉足了融资租赁、工业信息咨询、项目方案设计、高端机械定制、设备改造、工程管理等高附加值的领域。生产电气设备的企业也由简单能源设备生产扩展至合同能源管理等现代服务领域，为数字化电厂的建设、管理与运营提供全面的解决方案。

3. "互联网+物流"

"互联网+物流"将云计算、大数据分析、供应链管理等新兴运营管理技术注入物流产业当中，成功地发挥了物流网络节点汇集、整理物流信息的功能，提升了整个物流行业的运输效率。它缩减了物流、信息流、资金流之间的错配，让原料开采、仓储、运输、加工、配送、装卸、信息等阶段环环相扣，给企业、消费者带来安全、及时、全面、个性化的物流服务。互联网理念、数据分析、物联系统从商业模式、设备、技术等各个层面给传统物流运输行业带来了创新，它们是"互联网+物流"的本质。互联网的植入优化了物流行业的管理手段，创新了物流行业的服务理念，给物流行业创造出新的服务内容，互联网成功地重塑了传统物流业。

艾瑞咨询的统计报告显示，我国电子商务的市场规模从2012年的8.5万亿元增长到了2015年的16.2万亿元。就增长速度来说，2013年增速最快，为28.8%。电子商务市场规模的强劲涨势带动了其他关联产业的迅速增长。以快递行业为例，我国快递行业业务量在相同统计区间内急速扩大。特别是2015年，全年快递业务总量高达206.7亿件，位居世界第一。强劲的市场需求也拉动了快递业收入的提升。2015年，我国快递业实现了2 770亿元的业务收入额，同比增长35.4%。这一案例表明，电子商务的发展具有强烈的正外部作用。电子商务发现并满足了消费者对各类服务及产品的需求。

4. "旅游+互联网"

"旅游+互联网"的发展在给游客提供便利体验的同时，还可以将游客的反馈信息、需求资料整理成数据并反馈给旅游企业和景区的管理单位，为他们今后的决策和改善服务提供方向和依据。浙江省旅游局副局长提到，旅游业可以通过互联网技术实现游客的动态监测，提升旅游产业的服务水平。这样一来，不仅可以让游客分散旅游，充分利用景区空间，还可以挖掘出客源结构的相关数据、消费偏好和购买力，通过大数据分析，为景区的规划、运营、推广提供更多的科学依据。

2016年9月，住房和城乡建设部选取了黄山、武夷山、武当山等十处国家级风景名胜区，启动了门票预约和游客容量监测试点的工作，下一步将结合现有国家级风景名胜区监管信息系统网络平台的功能，共同构建行业信息共享的发布平台，提升风景名胜区的游客调控与服务能力。尽管"旅游+互联网"有着众多优点，但目前的发展还不够完善，存在一些大大小小的问题。在这些问题中，OTA网站（Online Travel Agency，即在线旅游网站）对景区评分偏高最为严重。根据旅游3·15投诉平台数据，OTA的投诉率整体居高。部分景区通过改写或刷分的方式提高网站对景区的评分，但当游客来访后便发觉实际体验并没有达到描述的水平。

（二）我国新型产业形态发展中所面临的挑战与问题

1. 新业态发展程度不高

高端人才缺乏、标准体系混乱、法律法规不配套、准入限制较多等因素是阻碍目前新兴产业存在和发展的主要问题。以会展行业为例，近几年为了给会展行业创造健康的发展环境，商务部出台了一系列文件来保护和规范会展业的发展，但会展行业混乱的现象仍然普遍，有关政策和法规亟待进一步完善。除此以外，会展行业的从业人员专业素养和技能不达标也在一定程度上抑制了会展行业的成长。这些种种不成熟的表现是制约会展行业发展的主要原因（李杨，2014）。

2. 投资机制不健全

金融资本的迅速汇集促成了近几年新型产业的快速成长。与此同时，金融抑制仍然是限制新兴产业发展的主要因素之一。目前，新兴产业中很大一部分资产由无形资产构成，而我国公允的无形资产估值体系还有待建立。估值的混乱带来了交易不透明、法律法规执行不严等一系列问题，也反过来制约了企业凭借无形资产进行债权股权融资。另外，中小微企业的资金扶持仍然不够。新型产业中没有既成巨头，很多公司都是刚创立的中小微企业。它们的发展对小额贷款和担保服务有着强烈的需要，普通商业贷款普遍难以满足它们的需求。

3. 人才缺口较大

人才培养机制不健全是新型产业人才缺口较大的核心原因。劳动力市场对人才需求信息的快速变化同人才培养耗时相对较长之间的矛盾限制了新型产业的发展。究其原因，主要有以下几个方面。首先，学业教育没能跟进新型产业对劳动力的新需求。从宏观层面来看，国家教育部门同商务部门、发改委之间的沟通不够，教育主管部门未能准确把握我国产业政策的调整，导致与新型产业发展相适应的人才培养体系建设滞后。从学校教育的角度来讲，各院校并没有对劳动力市场进行充分地调研，而是根据学校的发展需要来确立开设的专业和招生规模。其次，新型产业领域的专业教学要求同院校的师资能力脱节。新型产业往往需要新的知识进行经营管理，但学界对于相关领域可能并没有形成较为系统的理论与教学方法。最后，各院校对教师的考评体系不尽完善。大多数老师重科研轻教学、重学术轻应用的特点明显。不从以上三点进行改革，难以开辟同新型产业相配套的人才资源。就动漫产业而言，尽管目前国内有 1 800 多所院校设置了艺术类专业，但各院校所培养出来的动漫人才并没有同动漫企业实现有效对接，最终形成一定的结构性失业（李旭颖，2016）。

二、电子商务助推新型产业形态发展的影响机制分析

（一）电子商务助推新型商业模式的影响研究

互联网时代下，主要有以下 6 种新型商业模式（葛晓滨，2013）：

1. 工具 + 社群 + 电商模式

互联网的普及加速了信息的传播和扩散。人们也因此更容易找到兴趣相同的人，并构建属于他们的社群平台。社群平台是成员共同需求的集散中心，它将每个成员的各自需求进行汇集并形成规模，让需求更容易被市场上的供给者发现。于是便催生出"工具 + 社群 + 电商"的新型商业模式。以微信为例，起初微信仅仅是一个社交软件，但社群的形成促使社群成为一个大型的目标用户集合，最终形成了如今以微信支付为核心的囊括化妆品、电子产品、汽车、动漫周边等各个领域的微商市场。

2. 长尾型商业模式

克里斯·安德森最先提出了长尾型商业模式的概念。这一概念指的是，生产方一改以往销售面向大众的主打产品的风格，开始着手推广品种众多的利基产品的现象。长尾型商业模式的核心思想是多款少量，它利用 C2B 的商业平台，以低库存的运营模式，向潜在买家提供更符合他们需求的产品和服务。

3. 跨界商业模式

电子商务的颠覆性影响集中体现在效率的提升。除了改善传统产业已有的运营模式减少中间环节从而降低成本，它还将各个产业的信息进行及时的公布，便于各行各业的生产、管理人员吸取彼此的长处，即以跨界商业的方式实现产业革新。因此，抓住传统行业价值链中的高利润环节，并以电子商务的经营视角截断多余的损耗过程，进而重构商业价值链成为电子商务企业新的盈利模式。

4. O2O（Online To Offline）商业模式

从狭义上来讲，O2O 是指线上交易和线下消费的并行商务模式。目前最主流的形式是，客户可网络上完成购买或预订服务，然后在线下商户提货或享受服务。广义的 O2O 则是指互联网技术、思维同传统产业的交融。O2O 的价值体现在使用网络平台带给用户丰富、多样、跨时间、跨空间选择的同时，保留了线下交易这一实体性的具体消费过程。O2O 实现了线上线下的无缝衔接，并同时提升了每个渠道的价值。

5. 平台商业模式

平台本身是市场需求的结晶。一个平台规模越大、产品越为丰富，其带来的商业价值越高。平台的开放性决定了平台商业能够统筹市场上的各种资源，并吸引所有的消费者和生产者参与其中，实现企业和用户及时、零距离的良性互动。平台商业模式可以在第一时间发掘客户多元化的动态需求，迅速汇集资源并传播市场需求，建造出一个让厂商和消费者各取所需的双赢互惠的商业生态圈。

（二）电子商务助推知识型经济加速发展的影响研究

早前经济学理论并没有知识经济的概念。直到 20 世纪下半叶，经济增长理论的不断流行吸引了大量经济学家思考经济增长的真实动力——技术进步究竟是怎样产生的。在众多的内生增长模型当中，罗默将知识视作内生增长的独立因素，提出知识可以通过提升资本的投资效益来增进经济增长。卢卡斯的人力资本模型也强调了知识这一人力资本。知识经济正是在知识成为经济增长内生因素之一的背景下才吸引了大量的学者、商人围绕其进行研究和实践。

知识经济将盈利的着眼点从传统的资本回报、产品销售和传统服务提供转向了知识等无形资产，给投资模式带来了巨大的变革，并深刻变革了教育、传媒等产业。在知识经济时代，知识可以打破传统规模报酬不变或递减的增长模式，以较低的成本实现报酬递增，让经济的长期增长成为可能。随着资本市场的逐渐完善，以往难以被市场定价的农业等传统行业的知识也开始逐渐资本化，使知识经济的投资标的更为明晰。明确的知识经济还能够带动周边产业的同步发展，电子商务、网络经济、在线教育等产业发展迅速，势如破竹。

1. 电子商务推动知识经济加快发展

移动互联网持续渗透，人民获取信息的方式从纸质向移动终端转化；支付宝和微信为代表的移动支付工具连接线上线下；中产阶级为代表的社会群体对消费品质的要求日益提高，对自身素质提高的意愿不断增长，对知识付费不断探索，这些因素交织在一起，知识经济正在迅猛发展，电子商务是其重要的催动剂。

2. 知识付费典型平台对比分析

（1）喜马拉雅 FM。

喜马拉雅 FM：依托移动终端的迅猛发展，APP 成为人们日常生活中的重要信息渠道，10 万认证主播，200 多家媒体，1 200 多家品牌商，70% 畅销书有声版权使得其借助电子商务将知识转化为付费。

（2）知乎。

知乎：本身是阅读平台，由优质用户提供问题解答，自身用户多为高知群体，收入较高，推出的付费产品有：值乎、知乎书店、知乎 live，为内容需求双方提供平台，电子商务使得优质用户获得收益，内容需求者享受个性化需求得以实现。

（3）分答。

一分钟的问答格式化产品：直接问答，使用"悬赏""偷听"等回答方式，将知识通过交流方式传递，电子商务为其提供媒介，使得回答者获得收益，知识分享者得到回报。

（4）得到。

借助微信公众号，推出付费会员，再到得到 APP，其包括付费订阅专栏，付费音频 & 电子书，通过免费内容吸引客户群体，借助电子商务，使得用户享受其所在领域专业化问题的解读。

电子商务在知识经济时代，为其提供平台，实现以下目的：①产品化，把内容包装成好的产品再卖出去；②格式化，演讲变成文字和图片，一分钟问答；③工具化；④商业化：得到、分答、喜马拉雅，这些公司都要帮助整个组织上产生的各种达人、各种知识网红、知识明星来实现商业价值，为知识付现，加速知识经济发展。

（三）电子商务助推共享型经济加速发展的影响研究

共享经济是指一种建立在社会信任值上，以获取报酬为目的的新型租赁经济。共享经济的实质是依靠在线平台，统筹社会当中处于闲散状态的劳动力、物品等资源。也有相关定义将共享经济描述为民众按自己的实际情况供给和享有社会资源，人与人之间互惠共赢的经济模式。互联网和电子商务是共享经济的运转和控制中枢。

共享经济这个术语最早由美国得克萨斯州立大学社会学教授马科斯·费尔逊（Marcus Felson）和伊利诺伊大学社会学教授琼·斯潘思（Joel Spaeth）于1978年发表的论文"社区结构和协作消费、常规活动方法"（Community Structure and Collaborative Consumption: A Routine Activity Approach）中提出。共享经济现象在近几年格外流行。从最初的共享单车、共享充电宝到最近的共享汽车这些鲜活的案例不难看出，共享经济通常都由一个或多个第三方互联网电子商务公司提供技术平台。第三方通常是商业机构，但根据具体需要也可以是组织或者政府。在这些平台上，个人消费者可以租售自己的闲置物品等有形资产或经验、知识等无形资产来获取收入，也可以很方便地租赁自己所需要的一些临时商品满足自己的不时之需。此外，共享经济平台须以纽带身份完成供需双方的物品交割、物流运输和定价问题。其自身往往同时兼具平台和物流枢纽的功能（黄赫，2016）。

三、电子商务助推新型产业形态发展的典型案例

提起新型产业形态，当下最火的无疑就是共享经济。特别在共享单车服务出现以后，共享经济让处在互联网大浪中的投资者们垂涎欲滴，争相入场。滴滴投资OFO，腾讯和美团入手了摩拜，而中国市值最高的公司阿里巴巴也入主了永安行。

为了破解"最后一公里出行难"的问题，几年前，政府出资的公共自行车租赁项目曾在上海进行过试点。最终浦东的试点无疾而终，只剩下闵行区继续留存。而面对广阔的自由市场，共享单车想方设法对症下药，利用互联网和各大电商平台，尝试有桩到无桩的策略，不仅解决了"最后一公里出行难"的问题，同时解决了停放难的问题，为使用者提供了最大程度的便捷。

共享单车就是典型的电子商务助推在共享经济加快发展的模式，是共享经济在城市交通领域的有效应用。共享单车最终是一个工具载体，依托的是一个线上搜索和支付的平台以及一个线下流动的平台。

这就是电子商务推动共享经济加快发展所带来的创新商机，通过市场推广和品牌建设来逐步增大自己的用户量。电子商务这个大平台被视作一个体跟商家共享粉丝的大平台。几乎所有的电商在一个平台上共享着千万用户。

共享经济有效激活了产业发展领域的众多商业创新模式，提高了新兴产业以及周边关联产业的发展质量与速度。以高能耗、高排放、高污染的粗放型传统资源企业为例，此类企业可以通过互联网电子商务技术为媒介，聘请专业的环境分析、资讯公司，深度挖掘企业和市场的产销数据对企业运营当中存在的问题进行

诊断，改善生产计划和投融资方式，实现去库存、去产能的目标。企业还可以借此更好地实现同业之间的规模效应，通过共享节能的方式充分利用同行业不同企业之间的限制资源。无独有偶，在手机制造领域，小米手机实现了手机设计、生产和营销的共享运营模式。公司自身将主要精力和资源投放在产品研发与设计上，采用电子商务和私人订制的方法，在利用大数据了解到消费者的产品需求后，用饥饿营销的手段最大限度地降低营销、物流成本，并激发市场关注。此外，公司还将手机生产过程中的零件制造、整机装配和产品流通外包至第三方企业，充分发挥各个行业的比较优势，降低手机整体的生产成本。共享经济给生产领域带来的不仅仅是产业内部资源、信息市场的共享，还有不同产业之间市场的互惠互利，有效提升各产业的市场规模和生产效率。

在新型产业的革命中，电子商务既表现为一场技术革命，催生了众多新产业，也创新出了新的运营模式和新业态，改变了很多行业的生产方式和人们的生活、消费方式。新型产业形态诞生也伴随着管理驱动的不断创新，后文中将进一步从电子商务的角度对管理驱动创新展开探讨。

第四节　电子商务对转变贸易增长方式的影响

狭义上，经济的"新常态"指的是我国的经济增长速度由高速增长转为中高速增长的模式。"新常态"本身有着深刻的经济内涵，它重点强调经济增长的持续性和高效性，需要经济结构的不断升级和各个产业的变革，创新驱动取代投资驱动并成为经济增长的核心推动力。贸易作为经济中的一个重要环节，在"新常态"时期出现了传统竞争优势下降，要素成本逐渐攀升，贸易摩擦增多的发展问题。本节内容将对新常态下我国贸易增长的概况进行介绍。

一、新常态下我国贸易增长的概况与面临的主要挑战

（一）新常态下我国贸易增长的概况

1. 对外贸易的主要方式是进料加工

同东亚"四小龙"当年的发展历程类似，我国外贸的发展也经历了由来料加工向进料加工的逐步转变。自从 1989 年进料加工总额实现了超过来料加工总额

的历史性突破，进料加工成为了我国外贸的主要内容和方式，且在我国外贸当中的占比越来越重。

2. 对外贸易主要出口国家以东盟和美国、日本等为主

尽管多边贸易是全球贸易发展的大趋势，但在反全球化呼声又起的今天，双边贸易仍是国际贸易的主要形式。就我国而言，对外贸易的出口对象一般是美国、日本和东盟。美国既是全球最大的产品进口市场，也是我国最大的产品出口市场。在新常态时期，我国保持面向这三个固有贸易伙伴的出口优势将决定我国对外贸易今后的整体发展状态。

3. 外贸增速放缓

我国的外贸规模在过去改革开放四十年中不断扩大。但是在 2008 年前后，我国外贸发展出现了增长趋势的重大变化。2008 年以前，中国的外贸总额和世界占有量一直以较高的速度快速稳定的增长。2008 年金融危机之后，国际需求的长期疲软让我国的贸易出现了较大波动。特别是在 2015 年，中国对外贸易出口总额下降了 2.8%。随着近年来国际经济回暖，我国外贸的增速重新稳定在了 4% 的水平，呈现明显的新常态特征（代玉簪，王春艳，2016）。

4. 外贸主要集中在东部地区，中西部地区增速明显

中国外贸企业的分布有着极强的区域集聚特点。大部分外贸企业都位于东部沿海地区。越靠近海外（比如离韩国较近的山东），越临近香港地区、上海、深圳等国际贸易中心的地区（比如福建和广东），越有着更强的贸易地理优势和更好的特区发展环境，自然也吸引着大量外贸企业在此聚集。自"一带一路"倡议开展后，我国同内陆地区邻国的外贸交易也得到了有效提升。仅 2014 年，中西部地区同地缘外贸国之间的进出口增速高达 14.8%，占全国比重的 15.4%，并较上一年提升了 1.5%。

（二）我国贸易增长方式转换所面临的主要挑战

1. 发展方式不合理

我国的外贸出口产品仍旧以高污染、高能耗和劳动密集型产品为主。此类产品附加值不高、技术要求低，没有知识产权，难以实现外贸的持续发展，并使得我国的对外贸易一直表现为大进大出两头在外的低盈利水平的经营模式。随着中国人口老龄化的日益严重，传统的粗放式进项加工的对外贸易方式直接影响了我国经济、社会的可持续发展。

2. 对外贸易过程中的贸易摩擦加剧

在进项加工成为中国主要的对外贸易生产形式后，中国外贸领域呈现出较强的进出口市场不对称的局面。中国的原材料和零部件进口主要来自韩国、日本和东盟等国家,而出口对象则是美国、欧盟和日本。进出口市场的分割成为国际贸易摩擦产生的诱因。贸易摩擦增加了中国出口产品在国际市场上的销售成本,降低了中国产品的国际竞争力。

3. 发展空间不均衡

和中国外贸的集聚发展相伴的是贸易发展的地区差异大,发展空间不均衡。尽管 2014 年,中西部地区同地缘外贸国之间的进出口增速高达 14.8%,占全国比重的 15.4%,并较上一年提升了 1.5%,但同年东部地区的进出口总额高达 3.66 万亿美元,占全国进出口总额的 84.6%。[①] 东部地区的集聚发展并没有形成良性的反馈机制从而带动中西部地区的协同发展。在中西部地区的资本、资源和劳动力大量流向东部地区的同时,中西部地区仍旧没有建立起来自己的主打产业,收入增速显著慢于东部地区。地区经济发展差异的不断扩大势必会影响中国的总体发展水平。

4. 外贸发展的要素禀赋优势逐步削弱

改革开放以后,中国低廉的劳动力成本吸引了很多国际制造业来华投资,并使我国成为世界的制造工厂。随着刘易斯拐点的到来,中国劳动力成本从 2008 年开始迅速上涨。进项加工领域的劳动力成本每年以近 10% 的速度增长,且沿海地区的上涨速度显著高于内陆地区。成本的增加意味着劳动密集型制造领域不再是我国的比较优势。大量的国际制造业甚至我国的部分制造企业开始向有着更为低廉劳动力供给的东南亚国家转移,市场份额面临着严重的下降危机。

5. 对外贸易企业经营无序化较为严重

我国目前的外贸监管体系十分复杂,牵涉到税务、海关、外汇管理局、商贸等众多机构。庞杂并行式的管理体系形成了一定的管理真空范围,让部分不良企业找到了制度上的套利空间。有些企业打着对外贸易的幌子,进行骗税、洗钱、走私等违法活动,给经济和外贸的正常运行带来了严重的负面影响。目前我国已经加强了对此类违法行为的打击力度,在一定程度上遏制了这些行为的发生。要想从根源上营造良好的外贸发展环境,我国仍须在精简外贸管理体系、提升管理效率等方面进行不断改革。

[①] 作者根据相关资料整理。

二、电子商务推动贸易增长方式转变的影响渠道分析

（一）电子商务对国际贸易的正向影响

1. 加快经济贸易一体化进程

传统国际贸易高度依赖地缘特性。较近的地理距离意味着较低的运输成本和较少的信息不对称。电子商务的迅速普及弱化了地理区位优势的重要性。即时通信、沟通的网络环境增进了地区、国家之间的沟通，拓展了外贸合作领域。此外，电子商务模式还可以加快跨境物流的流通速度，减少外贸中的信息差异，进一步促进国际经济贸易的全球一体化进程。

2. 打破新贸易壁垒，促进跨国交易健康发展

社会壁垒和绿色壁垒是以技术壁垒为核心衍生出来的新型贸易壁垒。前者由国际贸易对社会等人文领域的综合影响构成，后者则主要牵涉到国际贸易对自然环境的依赖和影响。在国际贸易中发展电子商务，能够有效缓和这些贸易壁垒，推动国际贸易的健康发展。

3. 大幅降低国际贸易成本

电子商务降低国际贸易成本的渠道有以下三条。首先是降低信息成本，互联网的兴起加大了对外贸易活动中的信息传播速率，极大地降低了交易费用中的信息成本。另一条途径是企业经济活动成本。企业内部在组织跨境贸易活动的时候能够借助电子商务迅捷的分析运营数据和市场反馈数据，给企业的经营活动提供了便捷的分析基础。最后一个渠道是降低了企业的溢价成本。便捷的通信手段和及时的数据分析能够让企业在第一时间掌控市场动态，提高企业在国际贸易中的议价能力。

（二）电子商务对国际贸易的负向影响

1. 对国际贸易主体的负面冲击

在国内贸易当中，支付宝等第三方担保平台成功地沟通了电子商务的买方和卖方。担保平台和买卖双方形成互信关系构成了电子商务促进贸易发展的基础。但是在国际贸易环境中，时常发生的国际网络欺诈成为阻碍电子商务国际化发展的绊脚石。很难找到一家担保公司能够同时获得多个地区或国家的消费者信任。在国际贸易中电子商务的参与者需要有较高的信誉和资信等级。较高的入门门槛抑制了电子商务在国际贸易当中的拓展应用。

2. 对国际贸易安全的负面冲击

电子商务的发展依赖安全的网络支付系统。在互联网时代，云计算和大数据为支付平台提供了高效可操作的基础设施。数据流在发生的同时也会发生大量的信息泄露，并进一步衍生为交易欺诈。在跨国贸易当中，各国的法律存在或多或少的差异，硬件和信息管理政策也各不相同。监管上的差异将国际贸易中的交易风险进一步放大，阻碍了电子商务在国际贸易当中的应用。

3. 对电子商务国际贸易监管体系的负面冲击

电子商务虚拟化的特点让很多违法交易变得更加难以追踪。作为电子商务的产物，比特币一直具有洗钱和协助走私违禁品的作用。交易发生频繁且难以追踪让大多数国家的监管体系滞后于电子商务的发展。建立起完善的跨国电子商务督查和监测系统，成为各国亟待解决的问题。

（三）电子商务对国际贸易的综合影响

综上所述，在经济新常态时期，电子商务对我国的对外贸易既有积极作用，也有消极作用。尽管电子商务极大地拓宽了国际贸易的参与市场，推动了贸易交易量的显著提升，但由于贸易中资金与实物的进一步分离，贸易失信带来的贸易风险的提升成为新时期国际贸易的一大挑战。电子商务给国际贸易降低成本、提升运营效率的同时，给监管体系和物流体系提出了更高的要求。互联网大数据的理念虽然能够帮助外贸企业更好地分析上下游和市场的发展情况，制定合理的生产战略，但是数据安全隐患也成为企业不得不考虑的问题。核心数据的泄露将把企业的核心竞争力毫无保留地暴露在国际竞争者的面前。总的来说，电子商务在国际贸易当中，既推进了国际贸易的急速发展，改善了国际贸易的发生效率，推动了经济全球化的进程，又给经济利益的全球共享做出了积极实践。

三、电子商务促进贸易增长方式转变的实证分析

（一）电子商务助推贸易增长方式转变的实证文献综述

在讨论电子商务助推贸易增长方式转变这一问题之前，我们需要先回顾一下贸易增长方式转变的含义与衡量方法。文献中往往从规模指标（发展总量与速度）、结构指标、效益指标、可持续发展指标与竞争力指标这五个视角对外贸增长方式进行测度。国内不少学者采用这些指标对外贸增长方式进行了研究。降国

强（2007）认为提升我国在全球产业价值链中的地位是转变外贸增长方式的关键。简新华、张皓（2007）认为，衡量贸易增长方式转变的最佳方法是进出口数量增加额和效益提高的比率。郭明（2013）认为外贸增长方式的转变是指，将技术、品牌、营销等战略因素引入国际贸易的政策制定中，实现外贸在规模、结构和效益上的转变。曲凤杰（2006）通过研究发现，现如今知识型服务贸易对贸易转型的影响越来越显著，以发展知识型服务贸易来优化贸易结构是未来我国实现贸易升级的重要方式。唐宜红和林发勤（2009）分析了服务贸易同我国贸易增长方式转变之间的关系之后发现了服务贸易是以增加中间投入品的附加值和让增长呈现集约化这两条渠道来改善我国贸易结构的。杨丽（2010）则从服务贸易结构的调整对国内贸易的影响进行了探讨。陈万灵和任培强（2011）从服务业固定资产投资、服务业 FDI、服务业人力资本和技术进步等变量入手，研究并讨论了不同服务贸易要素的配置模式对贸易增长方式转变的作用方式。但周密（2011）对服务贸易支撑贸易增长和结构转变的想法提出了一些疑问。大部分研究都在呼吁要以服务贸易推动外贸发展，但却没有回答如何推动我国服务贸易健康发展的问题。

另一篇文献从国际竞争力的视角为理解服务贸易的增长提供了直接或间接的证据。大量研究通过构建各种各样的指数来衡量中国服务贸易出口竞争力的总体状况（姚战琪，2009；殷凤和陈宪，2009；黄建忠等，2009；陈虹和林留利，2009）。诚然，这些指数的构建缺乏客观的具有公信力的标准。指数本身是构建者主观态度的数值体现。这样的研究无法客观地对我国的总体外贸和服务贸易的体量、结构变化进行评判，只能为我们展示一些粗略的描述和认识。此外，这些指数也没有深挖我国服务贸易内部有着怎样的结构。同制造业类似，服务业内部本身也有着金融、教育、文艺这些不同的行业划分。笼统的来讲服务贸易容易误导服务业内部的布局结构，错失提升服务贸易附加值的良机。

（二）电子商务对贸易转型影响的实证分析

1. 识别假定

本节主要讨论电子商务的发展对贸易增长方式有怎样的推动作用。囿于数据的精度，本节拟以省份为观测单位，基于 2014 年和 2015 年两期的面板观测数据，采用固定效应的方法来研究电子商务对贸易增长方式的影响。具体来讲，本节所涉及的计量模型为：

$$Y_{it} = X_{it}\Gamma + Z_{it}H + u_{it}$$

$$Y_{it} = X_{it}\Gamma + C_{it}K + Z_{it}H + u_{it}$$

上式当中，Y_{it} 为一个地区社会消费品零售总额。X_{it} 为衡量电子商务发展情况的一组向量，Z_{it}为宏观层面的控制变量，在本模型当中主要为省人口数和省GDP。C_{it}为可能的传导途径，在下文当中将是指i省在t年采用信息化以及电子商务的企业数目。Γ、K、H为相关解释变量对应回归系数所构成的向量。u_{it}为随机扰动项。理论上来讲，当引入C_{it}之后，X_{it}的系数下降或者显著性降低，则说明C_{it}可能是X_{it}影响到Y_{it}的渠道和途径。

2. 描述性统计

表4-10当中，enterprise是指由国家统计局调查得到的各省引进信息化或电子商务技术的企业数目，pop为各省人口数，GDP指国民生产总值，retail为社会消费品零售总额，scale为规模指数，grow为成长指数，penetrate为渗透指数，strength为支撑指数，develop为电商发展指数。同产业结构一样，我国的社会消费品零售总额在不同省份之间的分布差异也十分明显。

表4-10   模型中各变量的描述性统计结果

变量名	观测值	均值	标准差	最小值	最大值
enterprise	62	29 342	27 016	597	103 661
pop	62	4 409	2 785	317.6	10 849
GDP	61	4 442	3 640	172.3	14 949
retail	60	9 372	7 331	614.6	31 333
scale	61	19.59	22.57	0.0100	96.51
grow	62	28.96	12.96	7.600	61.04
penetrate	62	27.73	21.40	9.820	100
strength	62	15.28	18.37	2.110	74.97
develop	62	20.75	17.08	7.590	71.26

资料来源：《中国统计年鉴》（2014年、2015年版），《中国电子商务发展指数报告（2015~2016）》。

在进行回归分析以前，笔者先通过图像就电子商务对社会消费品零售总额的影响进行一个简单的相关性分析。除成长指数同零售总额为非相关以外，其他四个指标同社会商品零售总额之间存在着十分显著的正相关关系，如图4-9所示。

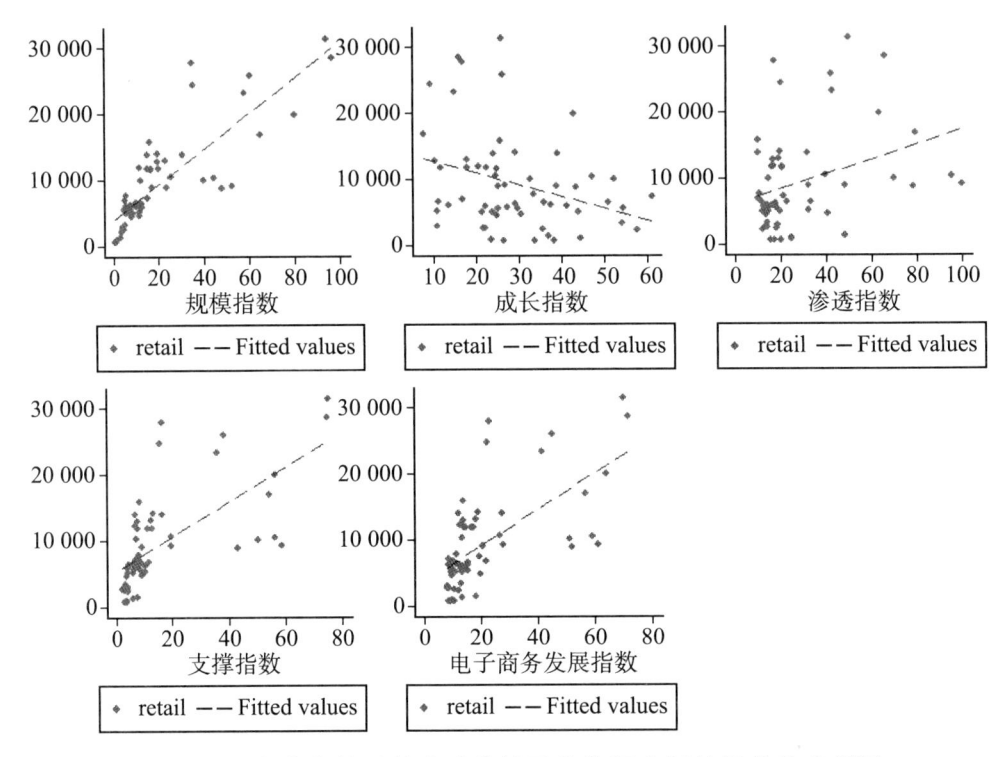

图 4-9　各个指数同社会消费品零售总额之间的相关性分析图

3. 电子商务对国内贸易的影响以及渠道探究

表 4-11 分析了电子商务对国内贸易的影响以及可能渠道。其中第一列和第二列为分析电子商务影响社会贸易的初步尝试，第三列和第四列为对可能渠道的分析。从上表的结果中我们发现，电子商务促进社会贸易中零售品的增加主要是通过电商规模来进行的。在引入电子商务公司数目这一变量以后，各类指数的相关系数不仅在显著性上出现减弱，在影响的数值大小上也开始降低。这些结果意味着，电子商务的发展促生的一批电子商务企业对曾经日渐式微的零售业有着极强的提振作用，给我国贸易注入了新的活力，推动零售业不断发展。

表 4-11　电子商务对国内贸易的影响以及渠道探究

变量名	lnretail (1)	lnretail (2)	lnretail (3)	lnretail (4)
lndevelop	0.943*** (0.162)		-0.135 (0.176)	
lnscale		1.028*** (0.068)		0.521*** (0.150)

续表

变量名	lnretail（1）	lnretail（2）	lnretail（3）	lnretail（4）
lngrow		－0.041 （0.064）		－0.050 （0.058）
lnpenetrate		－0.846*** （0.089）		－0.652*** （0.096）
lnstrength		0.164 （0.107）		0.250** （0.099）
lnenterprise			0.980*** （0.047）	0.411*** （0.111）
Constant	6.082*** （0.477）	8.591*** （0.257）	－0.528 （0.359）	5.015*** （0.996）
控制变量	Y	Y	Y	Y
Observations	60	60	60	60
R－squared	0.369	0.950	0.926	0.960

注：括号中为异方差稳健标准误。*** $p<0.01$，** $p<0.05$，* $p<0.1$。

长期以来，我国外贸呈现大而不强的特点，其增长始终建立在传统的粗放模式之上。如何转变外贸的增长模式是我国外贸发展面临的首要问题。电子商务的迅速崛起为我国外贸的转型升级提供了良好契机。本节总结了现有的理论研究和实证研究，发现电子商务对外贸的影响体现在正反两个方面。一方面，电子商务改善了国际贸易的交易方式、运输系统和市场模式，促进了国家之间的贸易往来。另一方面，由于交易发生的成本极大降低而履约约束却未能及时跟进，电子商务给国际贸易带来了监管、交易安全和风险管理等方面的新挑战。本书将在后文当中详细研究电子商务同贸易安全、贸易公平之间的关系。

第五章

电子商务提升贸易效率

本章论证电子商务对贸易效率的影响机制。电子商务以虚拟的网络空间为活动范围，突破了传统商业方式面临的时间与空间的限制，使得信息跨国传递和资源共享的成本大大降低，从而在经济上得以真正实现通过降低交易成本和交易价格来提高贸易效率。电子商务使得企业可以从国际互联网庞大的信息资料中获得所需要的产品、原料、技术等信息，从而大幅降低搜寻信息的成本；电子商务全天候、不间断运作可使全球范围内的客户随时得到所需的产品、原料、技术等信息，提高交易成功的可能性；买卖双方可采用标准化、电子化的格式合同、提单、保险凭证、发票和汇票、信用证等，使用电子支付系统，大大提高交易效率。电子商务加速了产品和半成品在国家和地区间的流动速度，深化国际分工，使国际贸易交易方式发生重大变化，推动世界产业结构向高级化发展。电子商务既改变了原有的行业价值链结构，又为企业内部价值链重整寻找到新的商机，比如降低生产成本、改进产品质量、搜寻新的顾客或供应商、开发销售现有产品的新渠道、整合新技术等。

第一节 电子商务降低贸易成本的机制分析

电子商务对于内外贸易最直接的影响就是降低了贸易成本，而贸易成本又是决定贸易量、贸易方式与贸易利得的最主要因素。电子商务可以从多个方面降低贸易成本,本节将从以下几个角度重点关注电子商务对市场竞争、流通体系和产业集聚的影响,以及电子商务在增强市场融资功能、缓解企业融资压力、推动商业模式创新等方面的作用。

一、电子商务降低贸易的固定成本

贸易的固定成本可以分为企业生产用固定成本和企业从事贸易所需固定成本。其中,贸易的固定成本包括开设销售网点所需的固定经营场所、固定的人员薪酬,以及广告、宣传、促销等固定开支,而电子商务对于企业发展新的贸易固定成本有明显作用。从传统商业模式角度来看,企业的生产经营需要一定的场所和资金,国内企业进入海外市场必然面临一个的规模限制,这对于绝大多数中小企业,尤其是家庭作坊式的小微企业来说是一个不可逾越的障碍,而同时一些新兴产业和市场的开拓恰恰是由这些中小企业和小微企业来完成的。以 B2C 为代表的电子商务经营模式已逐渐创造全新的线上市场,减少了企业对固定经营场所的依赖,降低了企业的市场进入壁垒。在电子商务模式下,企业只需要通过网站的建立和维护便能从事商品营销,而建立和维护网站的成本要远远小于建立和维护固定商品营销场所的成本,这在海外市场方面尤其明显。企业进入成本的降低将为中小企业进入市场创造条件。而作为最具有市场活力和创新性中小企业通过电子商务能够提高市场竞争程度,从而降低在位企业的垄断利润,提高整体经济效率。电子商务的发展还降低了市场信息的搜寻成本,提高了信息的传播速度和扩大了传播范围,从而提高市场的灵活性,这有助于优化供应链和降低企业存货成本,从而进一步刺激产品价格竞争,最终增加消费者的福利。

但是需要我们注意的是,由于网络经济的外部性特征,电子商务的发展也可能会损害市场竞争性。先进入市场的企业可以利用网络平台进行广告营销,在消费者中先行培养消费习惯和塑造品牌忠诚度,充分利用先发优势获得市场垄断力量,并阻碍新的企业进入。本节基于企业市场进入博弈模型,通过收集和使用电子商务企业和传统企业相关数据,实证考察不同经营模式下的企业规模、经营状况等情况,检验电子商务的发展对企业市场进入和市场竞争性的影响。

二、电子商务降低贸易的可变成本

贸易成本中的另一个主要部分是可变成本,这个部分的成本会随着贸易的规模增加而增加,电子商务的出现不仅改变了贸易的固定成本,也由于电子商务将改变商品交易模式和商业业态,从而改变产业空间集聚模式,降低产业集聚的成本，充分发挥产业集聚的规模经济效应，进而降低了贸易的可变成本。电子商务的发展推动传统零售企业纷纷"触网"，建立自己的电子商务平台，在电子商务的冲击下，全国实体专业店、超市和百货业的销售增速普遍放缓，与之相反，网络零售业发展迅猛。电子商务的发展推动了我国商品交易方式由实地交易转向网络交易，推动了商业业态从实体店经营快速转向虚拟网络市场经营。进一步，电子商务对商业业态的影响，间接改变了我国产业聚集模式，使企业由空间上的集聚转向在网络平台上的集聚。产业集聚是产业发展中的常见现象，通常是指同一产业的企业在某个特定地理区域内高度集中和产业资本要素在空间范围内不断汇聚的情况。传统的产业集聚强调的是物理的集聚、空间的集聚，好处是可以充分发挥外部规模经济、共享基础设施、减少消费者的搜寻成本、企业可以利用知识和技术的外溢性等，但是它也会造成较高的空间拥堵成本和土地等要素的价格高涨，进而提高企业的运营成本。

电子商务推动的商业业态的变革将打破由地理空间造成的市场分割，形成新的企业集聚模式。电子商务使传统的线下交易转为在电子商务平台进行交易，使商业活动不再依赖于地理空间，而是集中在网络平台进行的，网络平台成为新的产业集聚场所。电子商务时代的产业集聚既有传统产业集聚的特点，也表现出新的特点，更为强调信息流的集聚以及生产、销售网络的集聚。总体而言，以电子商务平台为支撑的产业集聚一方面能够充分利用集聚的规模效应，另一方面可以避免传统空间集聚下的拥堵成本和要素成本。除通过影响产业集聚方式对市场规模效益产生影响外，电子商务也能够降低企业的固定成本投入，从而产生规模经济。

三、电子商务降低了贸易的融资成本

电子商务对于企业贸易的融资成本也有明显的作用。现在的企业从事生产与贸易已经不能再仅仅依赖自有资金，更多的依赖外部资金作为初期的投入，有效的投资项目选择是企业可持续成长的核心，而投资是否能筹集到足够的资金，则取决于一国相关制度安排的效率。由于受金融体制改革严重滞后和银行信贷资源高度集中的影响，中国的金融市场在配置资源时具有明显的选择性压制或制度偏向特征（黄玖立和冼国明，2010），这使得效率低下的国有企业或国有控股企业能够获得充足的贷款，而效率较高的民营企业却往往无法获得应有的资金支持，进而内生出了民营企业"融资难"的问题。全球商业投资环境调查亦表明，中国在80个样本国家中面临的金融约束最大，超过80%的民营企业将融资约束视为投资扩张的主要障碍之一。在所获得的外部融资使用上，民营企业融资成本支出对利润造成了显著的"挤压"效应,而与之形成鲜明对比的是两者在国有企业中却呈现出显著的"共生"关系,而且民营企业贷款成本支出对资产增长率也造成了显著的"抑制"效应,但国有企业和外资企业中则没有表现出该类"抑制"效应。

在传统经济活动中,金融机构普遍有歧视性的信贷政策,对企业融资一般存在"嫌贫爱富"的倾向,从而导致企业尤其是中小企业的融资更加困难。互联网金融是互联网时代金融行业的新兴形态,以互联网技术为代表的现代信息科技,特别是移动支付、云计算、社交网络和搜索引擎等,使对中小企业以及个人信息的获取便利化,对金融模式产生了根本影响,形成了区别于商业银行间接融资与资本市场直接融资的第三种金融运行机制。互联网金融是互联网与金融相结合的新型领域,是互联网时代金融的新生态。已有的基于信息技术的中小企业融资模式可以主要分为"众筹模式"与"网商金融"两种类型。

(1)众筹平台的主要作用是,利用众人的力量,集中大家的资金、能力和渠道,为中小企业或个人进行某项活动等提供必要的资金援助。

(2)网商金融中最为典型的案例就是阿里巴巴的小额信贷业务,即阿里金融。阿里金融符合国内小微企业数量庞大,且融资需求旺盛的特点。

虽然新生的互联网金融贷款模式和传统的信贷模式不同,但很快就以其灵活、方便的特点吸引了不少小微企业。互联网金融可以及时获取供求双方的信息,并通过信息处理使之形成时间连续、动态变化的信息序列,并据此进行风险评估与定价。这样的融资平台不仅可以很容易地获得交易双方的各类信息,而且还能有效地将众多交易主体的资金流置于其监控之下,与传统金融模式相比,这极大地降低了风险控制成本。

同时,跨境电子商务对我国出口企业的外贸融资也具有重要作用。出口成本融资约束是决定很多国际贸易特征的重要因素,融资约束对中国企业的出口能力具有显著影响。已有研究发现,应收账款相对比例较低的企业,出口的可能性较大,而应收账款相对比例较高的企业,出口的可能性较小。我国电子商务跨境交易可以实现实时到账,减少了应收账款的积累,缓解了企业融资约束,同时我国电子商务交易平台目前也在提供网络金融服务,也会对企业融资约束有一定的缓解作用。

后金融危机时代的发展对金融机构提出了更高的资本金要求,大多金融机构都在大力发展资本占用少、经济效益高的非利息收入业务。由于低资本占用和低风险的优势,国内金融机构大多通过产品的创新和服务能力的提升,实现了贸易融资业务的快速发展。面对新的贸易格局和新的贸易规则的挑战,各家金融机构都着力于拓展代理商网络,实现贸易产品创新,以更好地适应国际贸易的发展和服务于各种客户不断变化的需求。

通过互联网金融的方式实现外贸企业的供应链融资，将成为公司在有限的信用条件和紧缩性货币政策下获得融资的重要渠道之一。供应链融资作为一种贸易流通领域重要的融资手段，将对全球金融市场的一体化建设和国际市场的贸易平衡起到重要作用。从企业层面来看，贸易融资对于宏观政策的调控具有重要意义，通过供应链融资缓解紧缩的货币政策给国内企业带来的资金压力。外贸企业对供应链融资的选择不但取决于短期的贸易融资需求，还取决于企业内部资金的流通情况和企业的长期偿债能力。通过电子商务从事外贸活动的企业偏好在已经注册的电子商务平台开展其他相关业务，从而在业务开展的过程中获得更多的协同优势。该过程将有利于电子商务平台与客户建立更加良好的长期合作关系，将电子商务的职能逐渐从传统的电子商务平台供应商，如网络营销等，向金融机构延伸，如互联网金融、贸易融资、网上理财等。一方面，在日趋激烈的行业竞争中，进一步了解客户的需求，为境内外客户提供具有针对性的、个性化的金融服务将成为各大电子商务平台的发展方向。另一方面，大型电子商务平台在为客户提供更加便捷的跨境服务的同时，也将因此产生更高的成本和开支。各大电子商务平台在互联网金融业务的收益与投入之间需要进行权衡，从而做出更加合理的决策。应该从互联网金融的视角，对电子商务在贸易融资中的作用和影响渠道进行分析，并对外贸企业通过电子商务缓解融资约束的方式和途径进行探讨。

四、电子商务降低了商业模式创新的成本

商业模式的创新是贸易创新发展的重要推动力量，然而，创新就意味着巨大的前期投入和风险，也就是巨大的成本。电子商务本身就是互联网时代的一种全新商业模式，但是这一模式在不同的行业和领域呈现的具体商业模式有着显著不同，电子商务降低成本的作用也体现在商业模式创新的成本降低上，电子商务将改变传统商贸流通的各个层面和环节，引领商业模式创新，使商业组织结构、商业业态发生重大变化。

电子商务的发展将推动商业组织结构的创新，使传统的大规模标准化生产向新兴的个性化定制以及实时生产转型。电子商务能够提高信息传播速度和传播范围，降低信息搜寻成本，减少生产者和消费者之间的中间环节，使生产者直接面对消费者，使个性化定制生产成为可能。信息在消费者和生产者之间的快速传播也使得实时生产成为可能。

电子商务的发展创造了大量的网上商场和虚拟店铺。从电子设备到食品、服装，各种类别的商品供应方都建立了网上商店，消费者可以做到足不出户，坐在

电脑前就可以采购各种日常需求品,并等待商家送货上门。越来越多的实体企业在维持实体店面的同时开办网上销售平台,将网络销售和实体店销售相结合,创新了线下体验线上交易的新模式。这同时导致了线上与线下企业数量的大幅增加,增大了市场竞争的激烈程度,也促使电子商务企业不断创新商业模式,适应新的市场环境。

第二节 电子商务提高交易效率的机制分析

电子商务在降低贸易成本的基础上,进一步提高交易的效率,具体体现在以下四个方面。第一,电子商务会在集约边际和扩展边际上提高交易的效率;第二,电子商务会提高企业竞争力从而提高交易效率;第三,电子商务会通过增强中小企业活力来提高交易效率;第四,电子商务会推动企业走向国际化从而提高交易效率。

一、贸易二元边际增加的机制

贸易集约边界是指同一家企业、同一种产品、同一个贸易伙伴贸易量的增加。电子商务的应用从两个方面扩展了企业的贸易边界:一是通过降低企业交易成本增加贸易量;二是通过改变消费者消费模式创造新的消费需求、提升消费层次实现增加贸易量。电子商务的发展将为本国企业带来效率上的提升,进而增强了产品与服务竞争力,如果使得原来的出口企业可以出口更多,就是集约边际(intensive margin)的增长;如果电子商务使得原来不能参与交易的企业参与了交易,或者是原来不能参与交易的产品参与了交易,或者是原来不能参与交易的交易对象参与了交易,都是扩展边际(extensive margin)的增长。

(一)电子商务降低贸易成本,增加贸易集约边际

根据传统经济学理论,企业通常采取扩张态势,直到企业内部交易成本与在企业外部通过公开市场获取交易的成本相同时为止。这一论断意味着通过建立内部管理体系和独立于外部环境的执行体系,从而以较低成本运营的企业具有成本优势。如果将交易成本定义为契约成本,电子商务应用的一种重要体现是商品生产和交易实现的在线化和电子化,从以下五个方面降低了企业的交易成本:

(1)电子商务将降低销售成本。在传统经济下,消费者和生产者之间的信息

不对称严重，信息沟通的障碍导致交易成本较高。而电子商务应用缩短了生产者与消费者之间的距离，会降低实体经营场所的运营成本、订单成本以及售后服务成本。

（2）电子商务降低了企业采购成本。由于实际的采购交易通常发生在企业外部，这会产生较大的交易成本。电子商务在线采购不但规范了采购程序还提高了采购速度，从而节省了交易成本。

（3）电子商务降低了质量控制成本。电子商务交易可以降低交易错误率，使得交易质量得到保障，避免这些错误对企业造成的无谓损失。

（4）电子商务使得存货管理更加容易，采购速度和销售越快，企业存货越低，相关的仓储成本也会降低，因而会降低交易成本。

（5）电子商务会有更低的广告成本，同时由于电子商务企业生产的目标客户群更加明确和细化，广告费投入更加精准有效，这使得企业的营销成本也会相应下降。

在采用电子商务后，由于交易成本下降，企业的贸易产品数量升高，这促进了国内贸易和国外贸易的发展，尤其对于中小企业来说更加明显，从而产生贸易集约边界的扩展效应。

（二）电子商务将改变消费者的行为模式，增加贸易集约边际

在传统经济中，消费者的有限理性与局部、不对称信息并存，因此传统经济中，消费者在较紧的信息约束集下会更加注重产品本身提供的效用。而在互联网经济中，由于信息呈爆炸式增长，消费者的有限理性与突破局部不对称信息的完整、对称信息可能性并存，这大大放松了消费者的信息约束集，使得消费者的关注点从消费产品本身产生的效用可能转向从购买和消费产品的整个过程中所产生的愉悦体验。

传统的消费者行为模型可以总结为 AIDMA 模式，即注意（attention）、兴趣（interest）、欲望（desire）、记忆（memory）和行动（action），这个模式下，消费者经历注意商品、产生兴趣、产生购买愿望、留下记忆、做出购买行动，整个过程都可以被传统的营销手段所左右。但在互联网经济中，电子商务网络外部性更大，生产者与消费者之间频繁的互动信息可以使得消费者的信息不对称、信息不完备问题得到缓解，使得消费者在线消费具有以下特征：

（1）个性化的消费需求与大众需求相结合，消费的异质性代替了同质性。

（2）消费者与生产者之间、消费者与消费者之间的互动意识增强，消费者对商品需求的长尾效应和聚集效应并存。长尾效应指小众商品的需求具有很长的持续性，其需求量可能占总需求的大部分份额，从而需求曲线具有很长的尾部。聚

集效应指互联网会使得具有相似经历或拥有相似情绪的消费聚集在一起短时间内形成巨大的消费能力或者流行趋势，从而使得消费需求在短时间内呈爆炸性增长。消费将从"理性"向"感性"转变，消费者对商品的需求回归"价值"本身，即价值效应。

电子商务还将创造新的消费需求。在传统经济下一些个性化需求产品的生产和销售由于受到场地和规模的限制，成本较高，而电子商务使得企业经营灵活性增强，成本降低，使得这些个性化需求较强的产品生产得以实现，并满足新的需求。另外，电子商务模式下消费者和企业之间的互动使得企业更容易了解消费者购买意愿和偏好，并根据消费者的这些意愿和偏好生产新的产品和服务，创造新的需求，提升消费者的需求层次。

国内新消费需求的产生和消费需求层次的升高将会进一步产生规模效应，使得交易成本进一步下降，将会导致国内贸易转向国外贸易，扩大贸易集约边际。

（三）电子商务将促进企业交易的扩展边际

从贸易产品的角度来说，扩展边际主要表现为出口产品种类的扩张，而集约边际主要是现有销售产品在数量上的增长。从企业角度来说，扩展边际意味着有新的企业进入市场，或者现有企业进入新市场，或者现有企业生产新产品，企业的出口额增加即为集约边际。在国家层面上，定义的扩展边际指出口国和其他国家建立新的贸易伙伴关系，已有的双边贸易关系的贸易增长则为集约边际。电子商务的发展还将使得原来无法出口的企业可以出口，扩大企业出口的地理范围，丰富企业出口的产品种类，从而增加贸易扩展边际。

在价格信息更加开放的电子商务时代，企业通过电子商务将为自身建立更加广泛的品牌知名度，降低交易成本，提升企业产品或服务的附加值，扩大对国际价值链的延伸。一方面，我国企业将通过电子商务扩大原有产品的出口份额，提高市场知名度和市场占有率，从而增加产品的集约边际。另一方面，我国企业将通过电子商务加强与国际市场的交流，提升企业技术价值的实现和转换能力，从而推动更多的产品进入国际市场，并对同类企业产生示范效应，拉动更多的企业参与国际竞争，从而增加企业的扩展边际。以阿里巴巴为例，浙江省越来越多的中小型出口企业以较低的会费（办理出口通业务会费为 29 800 元/年）通过阿里巴巴的平台走向世界，参与国际竞争（漆晗东、王德奎，2009）。更多的外贸企业将通过电子商务的方式参与国际竞争。同时电子商务平台的应用也将对我国企业参与国际竞争提供重要支持。

二、电子商务提高企业竞争力，提升交易效率机制

贸易竞争力，尤其是国际贸易竞争力的提升，一方面源于电子商务应用对企业价值链进行重构和提高，从各个方面提高企业生产效率和促进产业升级；另一方面源于电子商务对企业品牌的重塑效应，有利于提高品牌价值。

（一）生产效率提高、促进产业升级

在价值链的概念中，每一个企业都是用来进行设计、生产、营销、交货以及对产品起辅助作用的各种活动的集合。这一系列互不相同但又相互联系的活动在运行过程中会产生价值增值，其总和便构成了企业的价值链。价值链体现出总价值，并且包含价值活动和利润。价值活动是企业所从事的物质上和技术上界限分明的各项活动，包括基本活动和辅助活动。

电子商务以现代化的电子技术和信息手段为基础，利用国际互联网在信息传递和资源共享方面的特长，在成本节约、信息获取、企业管理等方面起到了积极的作用，使企业价值链中的基础活动和辅助活动都得到改善和优化，从而实现企业价值链的延伸。电子商务将从以下方面提升企业的生产效率，促进产业升级：

（1）电子商务将推动业务流程重组，优化组织结构。对企业内部而言，企业实行电子商务的前提条件是实行数字化管理，企业数字化管理也是企业进行全方位改造的过程。传统的企业组织结构基本是垂直型结构，它仅适应于大工业环境下的细密性专业分工和规模化生产的需要。信息技术的飞速发展，将从根本上改变组织收集、处理、利用信息的方式，从而导致组织结构形式的巨大变革，推动业务流程重组乃至组织结构的再造。因此，扁平化组织结构取代了传统的、直线型的、等级式的组织结构。这种扁平式减少信息传递的层级，使得企业内部的交流更加顺畅，信息传播更加充分和有效，从而支持企业管理层更容易作出正确的决策，增强企业的管理效率。

（2）电子商务的应用将极大地降低企业的生产经营成本。一方面，自动化的进货程序可使负责进货的职员有更多的时间去为更划算的价格进行谈判。据估计，在进货成本方面，使用电子商务的公司一般能节省5%～10%的成本。另一方面，电子商务的开展可以减少企业库存量，将有效降低经营成本。同时，降低库存量还意味着现有的生产加工能力可以得到更有效地发挥，减少或者消除企业和设备的额外投资。

（3）电子商务的应用还将加快企业创新步伐，进而促进产业升级，促进产业升级转型、提高产业竞争力。近几十年来，中国经济发展更多依靠粗放型的生产

方式，要改变这种生产方式，产业升级转型是核心内容。对于制造业而言，电子商务推动产业升级主要是促进制造业产业定制化、高端化和智能化。对于服务业而言，电子商务促进产业升级转型包括打造现代物流业、发展教育、医疗等产业远程服务，打造现代金融模式。对于农业而言，电子商务推动产业升级的作用主要放在发展现代农业方面，打造农产品物流业、促进农产品生产智能化、降低农业生产风险、促进农业产业化。电子商务将从以下四个方面引致创新并促进产业升级：

第一，电子商务促进了技术创新，降低了信息不对称性和成本。在交互作用突出的互联网上，由于消费者更加容易进行价格对比，因而电子商务企业更注重全产品和全服务链上的成本最小化，而不是单一产品定价的最小化，这使得消费者受益更多。

第二，电子商务发展促进了市场创新，电子商务企业利用以往个人的消费记录、网上浏览记录、留言记录等相关信息将消费者不断进行细分，根据个人的消费习惯和心理进行定制式生产与精准营销，引导消费需求，增强了企业在细分市场中的竞争。

第三，电子商务促进了经营模式的创新，与传统企业仅仅将电子商务作为销售渠道不同，真正的电子商务企业应充分利用互联网经济的开放性使得生产和经营更具有针对性。

第四，电子商务缩短了企业的生产周期。这是因为电子商务扩大了企业的联系范围，使得企业之间的合作更加容易，通过互联网企业可以共享产品的规格和设计，提高产品设计和开发的速度。因此，这使得行业创新速度加快，促进产业升级。

企业生产效率提高和产业升级将从生产方面增强我国企业国际贸易竞争力，有利于我国企业更加深层次地参与到国际分工和合作中，推动我国从"中国制造"走向"中国创造"。

（二）塑造企业品牌，增强营销方面的国际贸易竞争力

互联网具有信息聚集功能、交流沟通功能以及交易消费功能。聚集功能指网络能够给相似经历的人提供聚集的机会，交流功能指网络消费者可以通过网络空间聚集在一起互相交流买卖和消费的信息和经验。随着电脑和互联网的普及，消费者足不出户就能远程购买商品，并在线支付，从而形成互联网消费的独特形态。一方面，相对于传统的经营方式，电子商务为企业提供更多的途径来展示企业形象，消费者不用进入实体店即可获得企业产品和服务的声像资料，丰富的媒体展示会增强信息获得感和购物经历的兴奋度，虚拟展品体验对网购意愿有直接

的正面影响，这也暗示虚拟产品体验比让消费者被动地观看视频来推动消费者购买意愿有更好的作用。消费者也更愿意为体验产品支付代价。另一方面，互联网销售成本更加低廉，使得企业品牌更容易深入人心，产生显著的"长尾效应"。互联网的"聚集"和"交流沟通"功能使得获得良好口碑的企业声誉得以迅速传播，有利于企业品牌在短时间内获得较高的知名度。

我国企业在国际市场的竞争地位将通过电子商务发生改变。我国企业通过电子商务将与国际市场建立更加直接和广泛的联系，从而扩大销售渠道和品牌知名度，为企业国际化战略提供支持。企业通过电子商务参与国际市场竞争的过程，使得产品的同质性加强，买卖双方的信息对称性提高，传统意义上的企业竞争将发生重大转变。为提高企业的竞争力，企业将为消费者提供更加丰富和更有针对性的定制化、个性化产品和服务，从而使消费者有更多的机会参与产品的生产、设计和定价。相比传统经济，电子商务的应用将为我国企业提供机遇，有助于我国企业在比较短的时间内提高产品的知名度，并走向国际市场，真正使我国从"世界工厂"走向"世界市场"。

三、电子商务对中小企业贸易扩展的影响

近年来，中小企业已逐渐成为我国电子商务应用的主力军。艾瑞咨询最新数据显示，2016 年中国电子商务市场交易规模为 20.5 万亿元，增长了 25.6%，增速略有上升。艾瑞咨询发布的《2017 年中国网络经济报告》显示，2016 年电子商务市场细分行业结构中，B2B 电子商务合计占比超过七成，仍然是电子商务的主体；2016 年中国中小企业 B2B 平台服务营收规模为 239.9 亿元，同比增长 17.4%。整体而言，中小企业 B2B 平台服务营收规模呈稳步增长态势。

电子商务的应用显著提高了中小企业的发展水平。首先，电子商务在提升中小企业经营收入、促进中小企业经营效率、帮助中小企业实现产业升级等方面发挥了较为显著的作用。其次，中小企业通过网上交易，在降低销售及采购成本、增加销售收入、缩短库存周期等方面均取得收益，同时在降低订单错误率、库存缺货率、客户投诉率、提高按时交货率等方面也有明显改善。

但中小企业在开展电子商务方面还存在诸多问题，例如中小企业电子商务应用主要集中在采购和销售环节，并保持着高速增长的势头，但在物流仓储等供应链其他环节上的应用水平还有待提升。另外，一些中小企业采用电子商务不是出于主动创新，而是迫于竞争需求，创新积极性不够，导致不能发挥有效作用。

四、电子商务推动企业国际化，提高交易效率

企业国际化是指企业的生产经营活动不局限于单一国家，而是面向世界经济舞台的客观现象和发展过程。在此过程中，电子商务将促进对外贸易，刺激企业研发、生产、销售以及售后服务的一体化。

电子商务将潜在改变商业运营中所涉及的各个环节。企业国际化可以大致采取三种进入模式：

（1）出口进入模式，以间接或直接代理的方式或者直接开设分公司的形式进入。

（2）契约进入模式，通过特许经营、技术协议、许可等方式进入海外市场。

（3）投资进入模式，通过直接投资、兼并和合资等方式进入海外市场。

电子商务的应用将改变企业传统的运营模式，尤其极大地降低了企业的交易成本，加速了中小企业国际化的步伐。电子商务将以极低的成本为中小企业提供相当多的信息帮助其显著降低海外市场的不确定性，尽管并不能完全消除风险。电子商务可以加快交易速度，使企业更加接近全球市场实行客户化制定。B2B业务还允许海外用户在线接触产品，便于获取新客户及提供更好的客户服务。此外，电子商务的应用还使得网络数据传输的准确性得到保障，节约时间的同时降低人力成本，便于企业内部资源的重新分配。

第三节　电子商务优化价值链的机制分析

电子商务的发展不仅带动贸易发展，而且在全新的全球价值链视角下，有着更加深刻的意义。随着全球分工不断深入与贸易形式的新发展，传统的贸易理论已经无法解释某些现实，越来越多的学者与政策制定者从全球价值链（global value chain）的角度来重新认识当前的贸易现象，并以此为政策制定提供新的思路。全球价值链，有时候也被称为全球供应链（global supply chain）是指一个全球范围内的一个增加值来源与目的地的系统，在每一个供应链中，每一个生产者都购入投入品，然后生产增加值，这部分增加值会包括在下一个生产阶段的成本（投入品）中，在每一个阶段，增加值就等于出口国在生产过程中获得的要素回报（Koopman, Wang, Wei, 2014）。本节通过以下四个部分对电子商务优化全球价值链的机制进行分析：电子商务与全球价值链的关系、我国电子商务与贸易发

展情况、电子商务促进全球价值链攀升、以及电子商务与贸易价值链集群发展。

一、电子商务与全球价值链

电子商务的发展在降低贸易成本的同时也促成了全球价值链的优化。根据已有研究发现，中间品贸易在全球国际贸易中占 2/3（Johnson，Noguera，2012），这就对传统的国际贸易测量方法提出了三个主要的挑战：第一个问题是传统的贸易统计只统计贸易总额，这就会造成一个重复计算的问题（double-counting）。贸易总额中既包括了中间投入品的价值——这些中间投入品可能是进口的—也包括了增加值部分，出口国的要素收入只有增加值部分，而不应该包括进口的中间投入品的价值。第二个问题是"间接出口"的问题。由于中间产品贸易的盛行不局限于两个国家，更多的是多个国家之间的供应关系，一个国家可能并不直接出口产品到另一个国家，而是通过出口中间产品到第三个国家，从而间接出口到目的国。第三个问题是"本国增加值返销"（domestic value-added returns home）。也就是一国出口中间产品到另一国生产最终产品后，返销回国内消费。这些问题很早就引起了学者们的注意，但是由于没有合适的方法与数据支持，一直没有得到系统的研究。最近有一系列的研究开始使用全球跨国投入产出表（global inter-country input-output table），试图利用现有数据估计增加值贸易额。例如，基于全球贸易分析计划（global trade analysis project，GTAP）的研究（GTAP，Narayanan，Walmsley，2008），基于世界投入产出数据库（World Input – Output database，WIOD）的研究（Timmer，2012），但是目前还没有形成一致认可的分析框架。同时，当前大部分的国际贸易都是跨国公司的内部贸易（Antras and Chor，2013），外商直接投资实际上成为国际贸易以及新一轮全球化的主力。

二、电子商务与贸易发展

进入 21 世纪之后，我国电子商务进入大发展时期，而同时也是我国贸易发展最为迅速的时期。我国自 2001 年加入世界贸易组织（WTO）之后已经迅速成长为全球第一大货物贸易国（2013 年），也是第一大吸引外资的发展中国家，并且在全球价值链中处于一个重要的位置。但同时，国际贸易对经济增长的拉动作用在不断减弱，而且在几乎占全部贸易额一半的出口加工贸易中，进口中间产品占出口比重很高，而我国国内的附加值并不高（Yu，2014），这会导致一个普遍的感觉，即似乎对外贸易对我国经济增长已经不再重要了。实际上，这种国内增加值比重低的情况恰恰导致了我们低估了对贸易拉动经济增长的作用。考虑到我国在加入 WTO 之后贸易总额的大幅增长中的国内增加值并不高，已经对经济增长有了很大的拉动作用，在今后的经济现实中，即使贸易总额不变，但国内增加值比重增加，贸易对经济增长的拉动作用仍然会很大。但是，由于之前研究都主要使用贸易总额来估计贸易对经济增长的影响，而对国内增加值贸易（出口）对经济增长的拉动作用却缺乏研究，使得我们对贸易、对经济增长的作用没有一个准确和清晰的认识，也无从制定相关的政策。由于我国在国际分工中的特殊地位，国内文献对全球价值链的考察比较早，但是关注点有所不同。陈海波、朱华丽（2012）在 2001～2010 年数据的基础上，使用 AHP 的方法进行实证分析，从外贸结构、发展动力、外贸增长和可持续发展四个方面对我国外贸发展方式转变进行了研究，他们发现在全球价值链的角度下，我国外贸发展方式先快后慢，取得了一定成效。张珉、卓越（2010）通过对世界银行 PICS 数据进行分析发现，在全球价值链治理过程中，俘获型或者层级型的治理模式并不利于我国企业的绩效。陈爱贞、刘志彪、吴福象（2008）对我国纺织业企业进行了研究，通过数学建模和格兰杰因果分析，解释了我国装备制造业市场需求不足和受到制约的现象，下游纺织企业为了满足全球价值链中最终买方驱动者的需求，从而选择引进国外技术和设备，因此对我国本土设备生产企业产生了制约。陶锋、李诗田（2008）选择东莞 10 家电子信息制造业企业的数据，进行了偏最小二乘法回归分析，发现在全球价值链的代工过程中，学习倾向、知识复杂度等都会对学习效应产生影响，进一步提出政策建议即企业应该融入全球价值链，并遵循"引进消化吸收再创新"的模式。刘志彪、张杰（2009）使用江苏省 342 家制造业企业的调查数据进行了实证研究发现，产业供应链是决定我国企业出口竞争力的重要因素，因此一旦被国际企业锁定在全球价值链的低端，将严重影响我国本土企业在国际上的竞争力和地位。顾国达、周蕾（2010）基于投入产出法对我国服务贸易参与全球价值链的程度进行了讨论，并且与美国和韩国进行了横向比较，我国大多数服务行业并没有融入全球价值链，参与全球垂直分工和生产性服务投入的程度都比较低。高彦彦、刘志彪、郑江淮（2009）在对苏州企业的微观数据进行研究后，得出了类似的结论，他们认为企业在价值链中所处的位置和企业的技术能力水平都对企业竞争力有积极的影响，同时二者还与企业规模存在正向联动关系。由于我国在加入全球价值链后改变了企业面临的大环境，张宗庆、郑江淮（2013）提出了后发国家企业创新的规模异质性假说，认为大企业更偏向于引进现有技术后再进行改进和创新，而小企业则因为考虑到成本问题，更愿意自主创新。陈健（2010）对 500 强中制造类公司进行研究后发现跨国公司在全球价值链中的增值环节分布受到很多因素的影响，既有共性（服务发展水平、市场规模等），也有个性因素。

三、电子商务与全球价值链攀升

我国贸易发展的同时，也有研究对我国所处的全球价值链的位置有所担忧。张杰、新夫（2010）对1999~2007年我国纺织业企业的微观数据进行研究，通过对这些企业的全要素生产率进行测算和观察后，他们认为我国本土企业有可能被锁定在全球价值链的低端而且倾向于通过购买先进设备来提高生产效率和竞争力。唐海燕、张会清（2009）通过对SITC五位数的数据进行了分析得出结论认为，我国在国际价值链中仍然处于低端位置，但是近年来我国已经实现了一定的产业升级，具有向高端价值链移动的趋势。唐东波（2012）注意到我国出口产品的技术复杂度有所升高，但是他通过计算加工贸易与一般贸易产品的出口附加值率得出结论认为，我国出口产品结构升级是参与全球垂直分工所导致的，而没有进一步融入全球价值链。张少军（2009）使用广东和江苏作为珠三角和长三角的代表，并选择投入产出表的方法对两个地区的国际和国内价值链进行测量，研究表明，两省在国际价值链和国内价值链上的发展不均衡，均更倾向于切入国际价值链，同时与其他省份在自然资源密集型行业的经济联系更密切，笔者认为，这现象对经济发达地区带动中西部地区产业升级是不利的。汪斌、侯茂章（2007）针对我国企业处在全球价值链低端的问题提出了一些建议，他们认为我国应该选择由易到难的升级路径，从产品升级、工艺升级逐步转向功能升级和产业链升级。张向阳、朱有为、孙津（2005）认为，嵌入不同的全球价值链会对产业升级带来不同的机遇和挑战，在此背景下，他们对苏州和温州的产业升级战略进行了探讨，认为虽然二者嵌入了不同的全球价值链，但是二者都应该在升级过程中努力进入价值链战略环节，来规避可能的国际产业转移和市场不确定性风险。吴解生（2005）认为，在全球价值链重组的过程中，我国近年来对制造业国际转移的吸纳促进我国融入全球价值链，这也将成为我国未来一段时间的发展方向，但同时，我国也应注重制造业产业结构的升级。朱有为、张向阳（2005）认为，近年来，西方国家掀起的价值链模块化对我国是个机遇，我国应该抓住这一机会，积极加入价值链高端环节，进而提升我国在全球价值链中的位置，促进我国制造业升级。徐从才、盛朝迅（2012）认为，在全球价值链逐步从生产者驱动演化为购买者驱动的背景下，大型零售商主导产业链将成为我国产业转型升级的新机遇。申明浩、杨永聪（2012）同样探讨了全球价值链分工背景下产业升级的问题，他们基于2000~2009年第二产业的面板数据进行实证研究，得出资本市场对第二产业升级有积极影响的结论，而信贷市场则会产生负面影响，从而使政府引导在第二产业升级中发挥重要作用。华广敏（2012）提出了一个新的计算产品技术含量的方法，她利用投入产出表计算了中美两国出口产品的技术含量，从而得出结论，通过参与全球价值链分工，我国及美国的出口产品技术含量都有提高，但是，我国仍然处在全球价值链低端，她在此基础上提出了有关产业升级的几点政策建议。孙红燕、张先锋（2012）探讨了我国台湾地区和韩国国际代工企业在升级过程中的成功经验，总结认为我国本土企业在升级过程中应该注意管理结构优化、企业异质性、嵌入价值链的选择、技术升级和创新等问题。许南、李建军（2012）同样认为，全球价值链的分解对我国产业升级和从全球价值链低端向高端转移是一个重大机遇，我国企业应该把握这个机会，突破国际企业的封锁，并在国内价值链实现有序和谐的发展。许南、李建军（2010）基于全球价值链的升级理论，对我国加工贸易升级进行了研究，他们针对我国加工贸易企业技术升级能力低等问题提供了建议，建设学习型企业，沿价值链进行攀升，通过技术创新和品牌设计，抓住战略性环节，最终加工贸易功能升级，培养高技术人才。汤碧（2012）提出近年来的产品内分工发展为发展中国家产业升级提供了机遇，我国企业应借此机会从单纯的劳动密集型企业转而嵌入全球价值链，并向价值链的高端移动，使我国本土企业具有更强的国际竞争力。

电子商务的发展直接效果就是降低贸易成本，从而激发大批企业进入，在经历激烈竞争与淘汰过程之后，有能力的企业将在全球价值链上攀升，并充分发挥电子商务的先发优势，不断实现产业升级。

四、电子商务与贸易价值链集群

电子商务的发展并不一定会使得空间概念弱化，线上线下的交易是一种互补关系，由于线上交易成本下降，线下交易也会更加活跃，从而出现产业和贸易的集群，而这种集群会进一步降低贸易成本，发挥电子商务的贸易促进效应。侯茂章、汪斌（2009）对温州鞋业集群的国际化发展进行了研究，他认为在国际化发展的过程中，嵌入全球价值链是必然的过程，然而面对发展过程中存在的贸易摩擦、多样性低等问题，需要借鉴发达国家的经验教训。刘林青、周潞、陈晓霞（2009）针对我国运动鞋产业本土企业国际竞争力不足的现象展开研究，他们发现究其根本原因，是我国的运动鞋企业并未进入该产业领导企业的核心价值链。罗勇（2008）的研究结合了全球价值链曲线，通过观察研究他认为，我国的产业集群已经嵌入了全球价值链，但是由于我国的比较优势在于劳动力，因此不可避免地处在了低端位置，他提出建议，认为我国企业应该首先提升核心竞争力，提升价值链上该生产环节的附加值，其次，我国应该加强技术或服务创新，向价值链左右两端高附加值的研发或营销环节改变。张杰、刘志彪、季新野（2008）对江苏省 342 家制造企业的调查数据进行研究，发现在转型和全球价值链的背景下，由于转型的特殊制度因素和代工的双重刺激，企业规模与出口形成"U"型关系，推动小企业出口。使用代工模式嵌入全球价值链会产生锁定效应，对一国的产业升级可能造成不利影响，杜宇玮、周长富（2012）将锁定效应分解为三个维度——要素、市场和价值链锁定效应，他们利用 2001～2008 年制造业分行业面板数据进行了实证分析，发现不同要素密集型行业所面临的锁定效应是有差异的，因此应该设计有针对性的策略来进行产业升级。张少军、刘志彪（2013）使用 1997 年、2002 年、2007 年江苏省和广东省行业数据和投入产出表，利用联立方程模型进行实证研究，他们认为我国国内价值链和与全球价值链并没有实现对接，这对我国产业升级和缩小地区差距是不利的，因此我国应该延长全球价值链在国内的分工，来改善价值链关联现状和产业升级。汪斌、侯茂章（2007）从全球价值链和生命周期理论的视角探讨了区域创新体系和产业集群的关联关系，得出结论认为区域创新通过促进产业集群融入全球价值链而使产业实现升级，同样产业集群对区域创新体系也会有类似的影响。张少军、刘志彪（2010）提出我国在全球价值链中的低端锁定问题，可以通过区域一体化来延长我国企业参与全球价值链的环节，进而构建可以参与国际竞争的国内价值链，但是他们指出区域一体化对构建全球价值链存在"双刃剑"的作用，需要注意转变政府职能、发展服务业等来解决我国现有的问题。

　　由以上研究分析可知，贸易的全球价值链模式已经发生深刻变化，电子商务的发展不仅促进贸易成本下降、贸易额的增长，也在不断优化全球价值链的过程中发挥越来越重要的作用。

第四节　电子商务提升贸易效率的测度

　　电子商务是一个新兴事物，即使得到政府高层重视，也会因为历史惯性的原因，往往不会纳入官方正式的统计框架，从而也就无法测度电子商务发展。虽然很多研究机构也在使用不同的测量方法来衡量电子商务的发展水平，但是在企业层面，还没有一个精确的测度指标，而在没有测度指标的情况下，很多电子商务的作用以及机制的检验就会沦为纸上谈兵，因此，这方面的研究首先就要解决电子商务指标的测度问题。

一、电子商务指标测度的数据来源

　　为了考察跨境电子商务对中国各地区出口的影响，本节使用了三个数据库：

阿里巴巴中国站付费会员数据、中国海关数据库、各省年度宏观统计数据。

第一套数据为中国海关数据库。该数据库以美元计价，基于国际通行的《协调商品名称与编码体系》HS8 位码对产品进行分类，详细记录了每一笔进出口交易，包含了每个企业出口到每一个目的地市场每一个 HS8 位码的商品金额及贸易类型。按地区—出口国家—出口产品编码对样本期内的中国海关数据进行了加总，并测算相应的区域的年度出口指标，进而采用省际面板考察电子商务对中国各地区出口的影响。

第二套数据为中国各省年度宏观统计数据，从中经网获得。数据库包括各省年度的宏观经济指标，如 GDP、人口规模、财政收入、铁路运输线路长度等。

第三套数据为阿里巴巴中国站付费会员数据，是本节研究的关键数据。阿里巴巴中国站（1688.com/www.1688.com）是中国最大的 B2B 电子商务平台，是阿里巴巴旗下的电子商务平台。它是全球首个 B 类注册用户超过 1.2 亿户的平台；每天有超过 1 200 万客户来访；有 1 000 万家企业开通公司商铺；覆盖原材料、工业品、服装服饰、家居百货等 49 个一级行业和 1 709 个二级行业。

阿里巴巴中国站付费会员数据来源于阿里巴巴中国站黄页网站[①]。这一网站由阿里巴巴官方开设，提供了所有在阿里巴巴中国站开店的企业信息。通过行业、地区、产品等关键词信息，我们可以很快地在该网站上搜索到任何一家平台上的企业及其在阿里巴巴中国站上开设的公司主页。主页上提供了大量的企业信息，包括企业的主页链接、名称、法人姓名、联系方式、地址、邮编、企业付费会员使用年限等。在以上信息中，企业付费会员使用年限是指企业从成为付费会员起至 2016 年 1 月 1 日所经历的年限，为系统记录数据。企业付费会员使用年限按年计算，成为付费会员时间每增加 1 年，年限增加 1，例如已经成为付费会员 6 年 7 个月的企业的会员使用年限为 6。一般情况下，付费会员企业会在会员到期前 4 个月内进行续费。对于没有及时续费的企业，只要在到期后 1 年内进行续费，会员年限将继续累积；超出 1 年才进行续费的企业，会员使用年限记录将重新进行计算。虽然其他的企业信息大多由企业自行填写，但付费会员企业每年必须接受一次由第三方具有独立资质的认证公司对其合法性和真实性进行核实及申请人是否隶属该企业且经过企业授权的查证，认证内容包括工商注册信息（名称、注册号、注册地址、法人代表、经营范围、企业类型、注册资本、成立时间、营业期限、登记机关、最近年检时间）和认证申请人信息（认证申请人姓名、性别、部门、职位）。

我们使用 Python 编写的爬虫程序对阿里巴巴中国站黄页网站海量的企业数

[①] 阿里巴巴中国站黄页网站，huangye.1688.com。

据进行收集整理。考虑到阿里巴巴上的交易 90% 由付费会员达成，我们只收集了付费会员这一部分的企业信息。具体的，由于阿里巴巴网站每一分类下所能反馈的企业信息存在一定上限，在获取信息时我们采用了分批分层的获取方法：（1）按省分类，获取各省分类下所能获取的付费会员企业信息；（2）对于超出信息反馈上限的省份，继续按城市进行分类，并获取信息；（3）对于超出信息反馈上限的城市，继续按城区进行分类，并获取信息；（4）对于超出信息反馈上限的城区，继续按行业进行分类并获取信息，至此已经没有一个分类达到信息反馈上限；（5）汇总所有信息，根据信息来源（企业域名）去除重复企业。我们一共获得了 732 069 万家现存的付费会员企业信息。2016 年 7 月，阿里巴巴 B2B 事业群旗下阿里巴巴中国站宣布其累计认证的付费会员已经超过 100 万家。考虑到企业为了扩大影响力，发布数据应该就多不就少，实际的累积认证付费会员应该与 100 万家非常接近。而我们所获取的企业均为现存的认证付费会员，不包含曾经认证成为付费会员但现在已经停止付费的企业，因此我们有理由相信我们所获取的 70 万家企业应该已经包含了绝大多数现存的付费会员企业。

根据所获取付费会员的诚信通使用年限信息，我们计算了 2002～2015 年各省诚信通付费会员的数量，并将其作为各地区电子商务发展水平的代理指标。选取这一变量作为区域电子商务发展水平的代理指标主要原因有：（1）文中跨境电子商务是指分属不同关境的交易主体通过电子商务手段达成交易的跨境进出口贸易活动。阿里巴巴中国站是世界级的电子商务平台，各地区阿里巴巴中国站付费会员数量能很大程度上区域电子商务发展水平。（2）阿里巴巴中国站的信息全部是中文。几乎所有电子商务平台网站上的交易流量数据都是保密的。想要获取交易流量数据进而分析其对企业线上交易乃至贸易的影响并不可行。较为理想的方案是结合电商平台的会员名录、工业企业数据和海关数据展开定量研究分析。这就要求电子商务平台的数据必须是中文的。

此外，将阿里巴巴中国站的付费会员数量作为区域电子商务发展水平代理指标还有着多方面的优势：（1）阿里巴巴公司旗下的阿里巴巴国际站是我国最大的跨境电子商务平台。阿里巴巴中国站同为阿里巴巴旗下的电子商务平台，被视为"中文版的阿里巴巴"。通过人工检索，我们发现大部分的阿里巴巴国际站付费会员同时也是阿里巴巴中国站的付费会员。（2）阿里巴巴中国站是重要的跨境进口平台，进口业务的开展也会为企业的出口带来商机。（3）阿里巴巴中国站在国内 B2B 市场占据垄断地位，中国电子商务 B2B 市场收入份额达 45.79%，有较大的市场影响力。是否在我国最大的 B2B 电子商务平台开设店铺并成为付费会员能很大程度上反映企业运用电子商务的能力。（4）付费会员是阿里巴巴中国站的核心卖家，90% 的交易由付费会员达成。成为付费会员意味着企业必须支付相应的服务费用，大大提升了企业运用电子商务的可能和水平。（5）通过阿里巴巴中国站旗下的企业黄页网站，可以较容易地获取网站会员企业信息。

二、电子商务企业测度指标

（一）区域出口国家层面出口二元边际的定义及测度

区域出口国家层面出口二元边际反映了区域出口国的数量及向每个国家出口的平均数额，其中国家层面出口广延边际为 CEM_{it} 表示以 2001 年为基期，第 t 年 i 区域新出口国的个数；国家层面出口集约边际为 $CIM_{it} = IMPORT_{it}/CN_{it}$，其中 $IMPORT_{it}$ 表示 t 年 i 区域的出口额，CN_{it} 表示 t 年 i 区域出口国的数目，CIM_{it} 表示 t 年 i 区域向每个国家出口的平均数额。

（二）区域出口产品层面二元边际的测算

区域层面出口二元边际反映了区域出口产品种类及每种产品的平均出口数额，区域产品层面出口广延边际 PEM_{it} 表示以 2001 年为基期，第 t 年 i 区域新出口产品的种类数；集约边际为 $PIM_{it} = IMPORO_{it}/PN_{it}$，其中 PN_{it} 表示 t 年 i 区域出口产品种类，PIM_{it} 表示 t 年 i 区域每种产品出口的平均数额。

（三）产品出口技术复杂度的测算

产品技术复杂度主要用来反映商品生产的复杂程度。本节我们借鉴了 Hausmann 等（2007）提出的两步计算法对区域出口产品技术复杂度进行了测度。这一测度方法被广泛运用于相关研究中，如王永进等（2010）、齐俊妍等（2011）、许治和王思卉（2013）、戴翔和金碚（2014）的研究中均借鉴了该方法。其测度过程包括以下两个步骤：

第一步，计算每种产品的技术复杂度，其公式如下（式 5.1）：

$$PRODY_k = \sum_j \frac{X_{jk}}{X_j} \times Y_j \qquad (5.1)$$

其中，$PRODY_k$ 表示商品 k 的技术复杂度；X_{jk} 是国家 j 的商品 k 的出口额；X_j 是国家 j 的出口总额；Y_j 是国家 j 的人均收入水平，为购买力平价下的人均 GDP。$PRODY_k$ 直接的经济意义为以各国商品 k 出口额占其总出口额的比重为权数计算的出口国人均 GDP 的均值，当商品 k 在高收入国家出口额所占比重越大，出口国家越多时，这一数值越大。

第二步，测度区域的出口产品技术复杂度，计算公式如下（式5.2）：

$$IMPY_{nt} = \sum_k \frac{X_{nkt}}{X_{nt}} \times PRODY_k \tag{5.2}$$

其中，$IMPY_{nt}$ 表示区域 n 的出口技术复杂度；X_{nkt} 表示区域 n 出口的产品 k 的总额；X_{nt} 表示区域 n 的出口总额；$PRODY_k$ 为产品 k 的技术复杂度。$IMPY_{nt}$ 的直接经济意义为以产品出口金额在总出口额中所占比重为权数计算的技术复杂度的均值。

（四）区域出口产品质量的测算

区域出口产品指标的构建借鉴了坎德瓦尔等（Khandelwal et al., 2013）的方法，假定消费者的偏好受到产品质量 λ 的影响，效用方程可以写为：

$$U = \left(\int_{\zeta \in \Omega} (\lambda_c[\zeta]q_c(\zeta))^{\frac{(\sigma-1)}{\sigma}} d\zeta \right)^{\frac{\sigma}{(\sigma-1)}} \tag{5.3}$$

同时，在这一条件之下，消费者的需求函数可以为：

$$q_c(\varphi) = \lambda_c^{\sigma-1}(\varphi) p_c^{-\sigma}(\varphi) p_c^{\sigma-1} Y_c \tag{5.4}$$

当对式（5.4）等号两边取对数，并假定 σ 等于一个特定的常数，那么区域产品国家年的出口产品质量则可以通过对式 6 – 13 进行 OLS 回归所得残差进行测度。

$$\ln q_{fhct} + \sigma \ln p_{fhct} = \alpha_h + \alpha_{ct} + \varepsilon_{fcht} \tag{5.5}$$

在等式中，q_{fhct} 表示区域出口产品的需求水平；p_{fhct} 表示价格水平；α_{ct} 为出口目的地国的收入和价格水平的固定效应；α_h 为产品类型的固定效应。文中 σ 分别尝试带入布罗德等（Broda et al., 2006）、陈等（Chen et al., 2014）的测算值。最终估计的区域产品国家年的出口产品质量为 $\ln \hat{\lambda}_{fct} = \frac{\hat{\varepsilon}_{fcht}}{\sigma - 1}$。

在得到区域产品国家年度出口产品质量指数后，由于同一家区域对于不同国家的出口产品质量指数并不同，为了方便估计分析，我们按照区域在不同国家出口额的比重求算了区域年出口产品质量的平均水平，如式（5.6）所示。其中，X_{fkt} 表示厂商 f 在 t 年向 c 国的出口额；X_{ft} 表示厂商 f 的 t 年出口总额。

$$quality_{ft} = \sum_k \frac{X_{fct}}{X_{ft}} \hat{\lambda}_{ft} \tag{5.6}$$

第五节　电子商务提升贸易效率的实证分析

本节将验证电子商务对区域出口的影响。首先我们采用总样本（1998~2009

年 31 省）进行估计，考察了电子商务对区域出口规模的影响及其影响路径；其次我们又考察了电子商务对区域出口技术复杂度和质量的影响。在进一步的研究中，我们分别考察了电子商务对东部、中部、西部三个地区出口的影响。

一、跨境电子商务提升贸易效率的机制分析

（一）跨境电子商务对出口的影响

1. 帮助企业提高市场影响力

众所周知，广告宣传是企业发现或挖掘准消费者和众多商家需求的重要营销手段。在跨国贸易中，由于存在彼此文化语言的差异、法律体系的不一致、信息不对称等问题，广告宣传则更显重要。因为没做好宣传工作，一些国内的知名企业可能在国际市场上默默无闻；而因为做好了市场宣传，一些在国内不具知名度的企业却可能在国际市场上大放异彩。海外市场宣传的好坏决定了出口企业是否能被国外进口商发现，以及出口企业的商品是否能被客户了解和接受。相比传统广告的宣传手段，在互联网上进行企业推广和产品宣传往往显得更为高效和廉价。一方面，由于互联网通用性、交互性、开放性和共享性使得在互联网上发布的广告传播范围最广；另一方面，在互联网上投放广告价格相对低廉。当前，出口企业在互联网上有多种广告宣传选择，如在门户网站上投放广告，在微信、微博等公众平台上投放广告，在百度或电商平台搜索引擎上提高搜索排名，在电子商务平台上开设网店等。

2. 方便出口企业获取海外市场信息

与企业宣传相对应的，企业通过电子商务等互联网手段也能获取大量的海外市场信息。充足的目的地市场信息是企业顺利出口的前提和保障。以往为了了解海外市场状况，出口企业需要花费大量的资金对目标市场进行调研，或是支付费用以获得贸易中介和咨询公司的信息服务。这一过程既费时又费力，极大地制约了外贸的发展，阻碍了文化语言差异较大、距离较远国家之间的贸易。随着信息技术的发展，信息流转不断加速，出口企业获取海外信息的成本不断下降。一是各国的门户网站可以为出口企业提供本国政治、经济、法律和文化等多方面的新闻和咨询，帮助出口企业了解目的地市场的状况；二是网络搜索引擎的发展提升了企业获取特定信息的能力，企业可以有针对性地获取想要的信息；三是不断发展的电子商务平台为买方和卖方提供了一个信息交换的场所，出口企业通过平台了解客户的需求偏好，提升买卖双方的匹配效率。

3. 降低出口的不确定性

出口的不确定性是影响企业出口决策的一个重要因素。例如阮（Nguyen，2012）、阿尔本尼茨等（Albornoz et al.，2012）认为，企业只有在向某一市场实际出口后才能了解向该市场出口的实际收益情况。因此出口可能给企业带来收益，也可能会给企业造成损失。在这一条件下，企业在向某一市场出口之前，为了降低出口不确定性，会先将产品在与之相似的曾经出口过的市场上销售，以测试市场反应。可见出口的不确定性会对企业出口选择产生巨大的影响，当不确定性较小的时候，企业出口的可能性更大。电子商务显著降低了出口的不确定性。一是帮助企业了解目标出口市场的价格水平、需求状况、消费者偏好、税收和贸易政策等信息，有助于企业预判向该市场出口的风险和收益及针对市场偏好研发和设计产品。二是降低了企业的收款风险。对于出口商而言，从进口商处顺利地取得货款是其出口过程中最重要的一环，直接关系到企业的损益。这一过程很大程度上会受进口国国家风险和买方风险的影响。前者是指在国际经济活动中，因主权国的某些政府行为或政府有关的某些特殊因素，给国外债权人和投资者造成经济损失的可能性；后者是指国外买方未能依约支付货款的可能性。互联网一方面提供了大量目标市场的信息，有助于企业判断目的市场的政策变化趋势；另一方面，有助于企业更好地了解市场对交易厂商的评价，降低了上当受骗的可能性。出口的不确定性的下降最终会反映在企业出口倾向的提升上，特别是一些抗风险能力较差的中小企业可能会因此走向国际市场。

4. 降低出口市场进入门槛

根据梅里茨（Melitz，2003）的模型，企业在进入出口市场时需支付一笔固定的费用。从现实来看，这笔进入出口市场所需要支付的固定费用包括上文提到的宣传费用、信息费用和销售费用等。当固定费用越高，企业的出口潜在收益越低，出口的临界生产率水平越高，选择出口的企业数量将减少；反之，出口的企业数量增多。电子商务对国际贸易最大的帮助在于其降低了企业参与国际贸易所需付出的与信息相关的固定成本（Freund and Weinhold，2002，2004；Clarke and Wallsten，2006；Bojnec and Ferto，2010；Yadav，2014）。如上文所示，电子商务可能通过多个渠道降低企业进入出口市场所需付出的固定成本。一是降低了企业的宣传成本。通过门户网站和电商平台，出口企业可以进行企业宣传和产品推广，以达到扩大市场影响力和提高产品知名度的目的，为国外买家发现和选择自己的产品创造有利条件。此外，网络平台上的宣传成本远低于传统宣传手段，企业可能仅仅需要在电子商务平台上开立店铺和上架自己的产品即可。有需求的买家会通过平台搜索引擎直接找到相应企业，并与之联系。二是出口企业更容易获取海外市场的需求信息。以往为了了解海外市场需求，出口企业不得不投入大量的人力、物力与海外潜在客户保持联系。随着信息技术的发展，进口企业同样会在电子商务平台或网站上发布采购计划。出口企业仅需要注意主要进口商在网上发布的采购信息即可。三是跨境电子商务平台的出现降低了企业开设实体店的投入。在现实中开设店铺需要支付不菲的场地租金和管理费用，而在跨境电子商务平台上开设店铺仅需要支付平台会员费、虚拟店铺管理费和客服人员的人工费用，相对成本较低。因此电子商务的运用使一些原本不具备参与国际贸易能力的中小企业或者生产率相对较低的企业也能参与国际贸易。

5. 电子商务促进了企业间的分工与合作，进而推动了贸易的发展

根据科斯（1937）的理论，企业和市场是两种可以相互替代的协调生产的手段，市场中的资源配置通过价格机制来完成，而企业内部的资源配置是通过权威实现的。市场交易需要费用，企业存在是因为企业可以节约交易费用。然而企业的运作也是需要组织管理费用的，其组织管理费用随着企业规模的扩大而增加。因此，企业的规模取决于市场交易费用和组织管理费用的大小关系。根据阿罗（1973）的信息成本决定论，认为信息不对称引起的"市场失灵"决定了企业存在的必要。罗伯茨和密尔格罗姆进一步发展了阿罗的思想，他们认为在信息不对称条件下，市场交易双方要耗费更多的信息搜寻、甄别成本；通过建立企业可减少市场成本，但企业也会产生集权组织成本。因此，企业规模的大小由"市场失灵成本"与"中央集权组织成本"的大小决定。

电子商务带来的积极影响，一是为不同国家的企业之间提供了联系的纽带和工具，降了交易的成本，将身处不同国家的产品生产的各个环节有机的联系在一起，为企业间合作、资源在不同地区的配置提供了便利；二是为买卖双方提供了大量市场信息、商家信息和产品信息，一定程度上降低了市场信息不对称问题的影响。在电子商务快速发展的背景下，出口企业将会把部分生产环节外包，专注于在产业链的某一个环节专业化地生产某一类产品。国家与国家之间、企业与企业之间的生产联系将变得比以往任何一个时期都紧密，经济全球化的脚步不断加快，带来国家间贸易流量的增加。

6. 电子商务缩短了供应链

在以往出口贸易中，贸易中介扮演了一个极其重要的角色，帮助企业开拓国际市场，向海外客户销售商品，并为没有出口经营权的企业提供代理出口服务。因此很多实力不足的企业选择间接出口方式出口。然而贸易中介和销售中介为企业出口提供便利的同时，也会向企业收取相应的佣金和费用。这既增加了企业的贸易成本，又使得商品的最终价格节节攀升，降低了企业出口商品的竞争优势。

随着互联网的发展，越来越多的中小型企业开始依托大型 B2B、B2C 跨境电子商务平台进行企业宣传、产品推广和产品销售，大型企业则选择自建网站进行相应活动。互联网平台为出口企业与国外进口商搭建了直接沟通交流的桥梁，绕过了传统的中间商、贸易中介等环节。传统的国际贸易渠道被缩短为"生产商—网络零售商"或"网络直营店—境外海量消费者"的新型流通渠道，企业在出口中对中间商的依赖程度将不断减弱（张莉，2015）。因此企业间接出口的比重将不断下降，而直接出口的比重将不断上升。新的出口渠道促进了企业出口规模的扩大。

7. 电子商务导致企业出口转内销

电子商务赋予了企业更多的选择，不仅帮助企业开拓出口市场，同时也对企业在国内市场的销售大有裨益。然而，从短期来看，企业的生产能力是有限的，生产出来的产品究竟是出口到国外市场还是在国内市场上销售取决于企业对不同决策成本收益的考量。当向国际市场出口获益更多时，企业无疑将选择出口；当在国内市场上销售获益更多时，企业则将毫不犹豫地转向国内市场进行销售。这就有可能导致一些外贸企业在使用电子商务以后反而出现出口规模下降的情况。

（二）跨境电子商务对出口市场结构的影响

1. 对出口国家层面二元边际的影响

（1）电子商务对出口国家层面广延边际的影响。

电子商务的运用促进了企业出口国家层面广延边际的提升。一是电子商务降低了外贸企业出口的固定成本，从出口市场角度看，表现为特定市场进入成本的下降。不同国家进入固定成本的下降以及进入的临界生产率水平的降低使得外贸企业有可能向更多的国家出口销售自己的商品，即企业出口目的国的数量将会增加。二是信息技术的发展使企业有更多机会深入了解不同国家市场及其进口商，增加了企业向新的市场出口的可能。特别是对于一些与中国距离相对较远或是经济发展相对落后的国家，在信息技术发展普及之前，我国外贸企业可能很难深入了解这些国家以及与其进口商取得联系，因此也很难向这些国家出口。电子商务的运用在一定程度上改变了这一局面，增加了企业向他们原本不熟悉的市场出口商品的概率。三是电子商务拓宽了企业的出口销售渠道。在互联网上发布企业和产品信息可有效提高企业及其产品的知名度和影响力，使得外贸企业更容易被国外买家找到，形成了一条新的出口商与国外进口商取得联系的渠道。互联网搜索引擎的发展又进一步促进了企业网上信息的流转，为买卖双方相互寻找提供了便利，促进了市场交易效率的提升，使得市场中的供给和需求更加容易得到匹配和满足。

（2）电子商务对出口国家层面集约边际的影响。

电子商务的运用也将促进企业出口国家层面集约边际的提升。一是因为一个国家内部的不同的地区也可以被看成是一个个小的市场，电子商务将提升企业向每一个小市场的出口可能，随着企业向一个国家内越来越多不同小的市场出口，那么从总体上来看将表现为企业向该国出口总额的增长。二是因为可变成本的下降有助于企业在特定市场出口规模的增长。三是因为跨境电子商务为企业与企业之前的合作提供了便利，强化了国际市场上的分工关系，进而促进了企业在特定市场出口总额的增长。信息的高速流转使得市场信息高度透明化，市场变得更趋近于"完全竞争"。从消费角度来看，丰富的市场信息赋予了进口企业更多的选择机会。在充分比较不同企业不同产品的质量和价格之后，进口企业会从市场选择最物美价廉最合乎企业需求的产品。由于这些"胜出"的产品往往来源于少数具有比较优势国家的高生产率企业，企业的进口来源国可能会变得高度集中。从生产者角度来看，出口企业会更专注地生产具备比较优势的产品，与特定进口商之间的联系会得到一定程度的强化。国家间分工的强化会使得出口企业在少数国家出口的比重不断上升。

2. 电子商务对出口市场选择的影响

由于不同国家在地理距离、基础设施建设等方面的差异，跨境电子商务对向不同目的地市场出口的影响可能并不一致。

第一，目的地市场互联网基础设施发展水平对跨境电子商务贸易效应的影响。在互联网较为普及的发达国家，企业能更好地运用互联网工具开展进口贸易，因此互联网上的海外进口商主要来自发达国家，跨境电子商务的发展有可能更多地促进我国企业向欧美发达国家出口。但换一个角度来看，互联网高度发达国家的企业已经具备了极强的信息获取能力，进口企业有较强的能力从国际市场上进口到所需商品，不容易受到出口国信息的干扰。此时出口国电子商务的发展可能会更多地促进企业向相对落后国家的出口。

第二，目的地市场与出口国距离的远近对跨境电子商务贸易效应的影响。在传统贸易理论中，国与国之间的贸易规模与双方的经济总量成正比，与距离成反比。两个国家之间距离越远，贸易的规模就越小。因为和与出口国接壤或临近的国家相比，企业对距离较远国家的市场了解程度较低，贸易风险更大，双边贸易难以展开。跨境电子商务对贸易的影响主要是基于其对信息传递的促进作用，由于边际效应递减，跨境电子商务对获取远距离国家的信息帮助更大，因此有可能会促进企业更多地向更远的市场出口。当然，跨境电子商务也有可能会更进一步激活临近市场的进口热情，从而带动企业向邻近国家出口。

总而言之，跨境电子商务究竟使企业向哪些类型国家的出口更多、出口比重上升更快，是多方面共同作用的结果，取决于我国的经济发展阶段以及不同出口企业和出口目的地市场的特定状况。

（三）对出口产品层面的影响

1. 电子商务对企业出口产品层面三元边际的影响

（1）电子商务对企业出口产品种类的影响。

电子商务的运用将极大地丰富外贸企业的出口产品种类。一是电子商务平台上形色各异的客户推动了企业新产品的研发和设计。在电子商务平台上，外贸企业面对的是来自世界不同国家的客户。由于文化、语言、风俗和人情方面的差异，不同国家不同地区的企业和消费者对商品的偏好可能存在巨大的差异。为了满足国外进口商的需求，扩大企业出口规模，企业在条件允许的范围内将会尽可能地改进产品设计和制作工艺。随着面对客户类型的增多，外贸企业出口的产品种类也将不断增多。二是电子商品平台为外贸企业提供了相互比较学习的环境，有助于企业新产品的研发设计。跨境电子商务平台高度透明化的信息为企业的学习提供了便利。除了通过平台上的商品展示信息可以直接地了解竞争对手的产品特点和制作工艺外，平台上其他企业交易额和客户评价也是可以用作学习和参考的重要对象。"平台学习"效应将会直接推动企业新产品的研发设计。

（2）电子商务对企业出口产品价格的影响。

电子商务对企业出口产品的价格可能同时存在正向和负向的影响。正向影响主要是因为以下几个原因。一是需求的增多促进了出口产品价格的上涨。电子商务为外贸企业带来了更多的海外客户。随着客户数量的增多，市场对企业出口产品的总需求也将不断增大。假设市场竞争是不完全的，在企业供给曲线不变的前提下，总需要的增多将会导致产品价格的上涨。二是因为电子商务为企业提供了不同市场的需求信息，有可能提高企业在不同市场制定差异化销售策略的能力，从而提高产品的平均出口价格。三是市场对产品个性化需求的增多使企业出口产品价格上涨。随着客户对产品质量、工艺、外观设计等方面个性化需求的增多，产品的生产成本不断上涨。为了迎合国外进口商的偏好以及确保从出口中获益，企业在不断改善产品的同时，也将相应地提高出口销售价格。

电子商务对企业出口产品价格的负向效应主要有三个方面影响因素。一是市场竞争迫使企业降低出口产品价格。随着使用电子商务的企业增多，越来越多的企业开始在电子商务平台上开设店铺，市场竞争日渐激烈，厂商间价格战时有发生，最终有可能导致企业出口产品价格的下降。二是需求增长带动了出口产品生产和销售的增多，有利于企业形成规模经济，降低产品生产的平均成本，为外贸企业出口产品价格的下降提供了空间。三是电子商务为企业带来了更丰富的采购渠道，有助于企业以更低的价格购买生产所需的要素，从而降低了产品的生产成本。

(3) 电子商务对企业出口产品数量的影响。

从电子商务对外贸企业每一种产品出口数量的影响来看，同样可能存在正向和负向影响。正向影响主要源于电子商务为企业带来了更多的海外客户，使得企业出口产品的总需求增多，进而使得每种产品的出口数量增多。负向影响主要是因为电子商务有可能导致扩大出口转内销的规模。在关注电子商务对企业出口促进作用的同时，我们也不该忽略其对企业对内贸易的巨大影响。当企业使用电子商务后发现国内销售环境优于国际市场时，如商品报价更高、运费更低、交易手续更简单等，在企业生产规模不变的前提下，企业就很有可能减少向国际市场的出口，转而将其产品转向国内市场进行销售。这将导致外贸企业出口产品数量的下降。

2. 电子商务对企业出口产品技术复杂度和质量的影响

(1) 需求引致的企业出口产品技术复杂度和质量提升。

市场需求的变化是导致企业出口产品技术复杂度或质量发生变化的根本原因。发达国家的互联网普及率和电子商务发展水平较高，使用电子商务的企业会相对较多。因此我国外贸企业在使用电子商务平台推广和销售产品时接触到的海外客户大多来自相对发达的国家。由于这些国家的客户对产品技术复杂度和质量普遍有较高的要求，企业为了满足他们的要求和实现出口规模的扩张，将不得不努力提高产品的技术复杂度和质量。

(2) 激烈的市场竞争推动了企业出口产品技术复杂度和质量的提升。

随着跨境电子商务的不断发展，跨境电子商务平台上的出口企业将越来越多，能妥善运用信息技术开展贸易的出口企业也将越来越多。特别是在相对低技术的行业，生产准入门槛较低，中小企业就更为繁多。这些中小企业生产的产品可替代性强、同质化严重，使得同类产品间的竞争趋于白热化，并且市场信息的高度透明化无限度放大了企业的优势和劣势，强者越强，弱者越弱。为了生存下来，平台上的企业不得不努力提高生产率，提升产品质量和技术水平。

(3) 电商平台上的企业间相互学习推动出口产品技术复杂度和质量的提升。

关注跨境电子商务平台上企业及其产品资讯的不仅有国外采购商，还有同行业的竞争对手。向同行业企业模仿和学习是企业改善产品工艺和提高竞争力水平的重要渠道。跨境电子商务平台高度透明化的信息为企业的学习提供了便利，推动企业生产产品技术水平和质量的提升以及"新产品"的研发设计。同时由于相互模仿现象加剧，还将迫使企业努力提升自身的核心竞争力，例如产品特别的工艺和功能等。

二、模型设定和变量定义

在充分借鉴以往省际出口经验分析文献的基础上，本节在选取各类型变量

时,建立了计量分析模型,模型方程如式(5.7)所示:

$$y_{ft} = \partial_0 + \partial_1 alibaba_{ft} + \beta X + \lambda_f + \varepsilon_{fipt} \qquad (5.7)$$

其中,y_{ft}是 f 省 t 期的结果变量(包括省级出口规模、出口国家层面二元边际、出口产品层面二元边际、出口产品技术复杂度和出口产品质量);$alibaba_{ft}$是区域电子商务发展水平指标;X 是一系列省级的控制变量,λ_f 是省虚拟变量,控制不随时间变化的个体特征。此外,为了控制潜在的异方差和一系列的多重共线性,我们在估计时从省级层面对标准差进行聚类(Bertrand et al.,2004)(见表5-1)。

表5-1　　　　　　　　　匹配变量定义及度量

项目	变量名	名称	形式	变量说明
因变量	export	出口规模	对数	出口规模的对数
	EX_c	广延边际(国家)	对数	见上文
	IM_c	集约边际(国家)	对数	见上文
	EX_p	广延边际(产品)	对数	见上文
	IM_p	集约边际(产品)	对数	见上文
	Sophi	出口技术复杂度	对数	见上文
	Quality	出口产品质量	对数	见上文
自变量	gdp	区域发展水平	对数	区域生产总值
	popu	人口规模	对数	区域城镇人口
	railway	交通发展水平	对数	区域铁路营业里程
	fix	固定资本投资	对数	区域固定资产投资完成额

(一)电子商务对区域出口的影响

1. 电子商务对区域出口规模的影响及其影响路径

为了考察电子商务对出口规模的影响及其影响途径,我们选取了十个城市的数据,并将研究结果放在图5-1中,从图中可以看出,总的来说,所选取的十个省份的贸易出口额随着诚信通企业数量的增加而增加,其中可以明显看出,广东省的贸易出口额一直处于最高。其次是江苏省、上海市、浙江省,河北省的贸易出口额则处于最低状态。

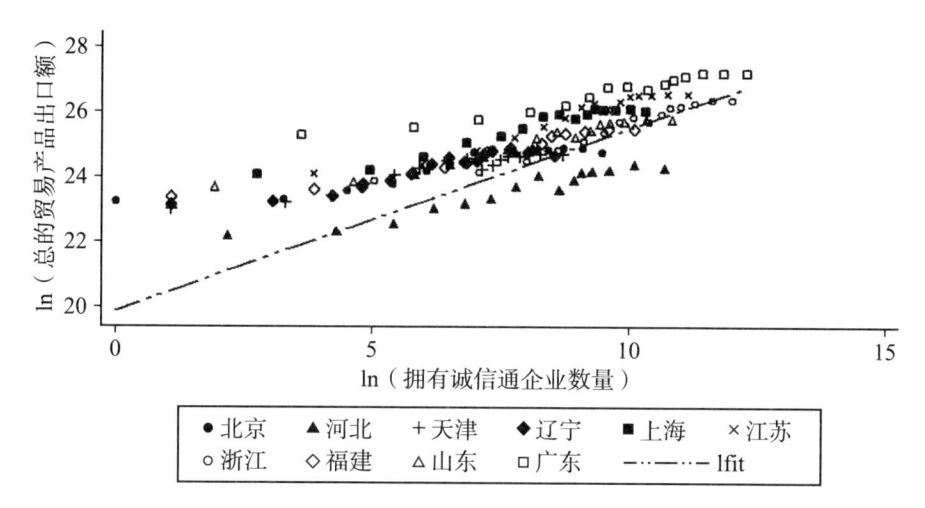

图 5-1 2001~2015 年排前 10 位的省份总的贸易产品出口额和诚信通企业数量变化趋势

资料来源：笔者收集计算。

表 5-2 显示了总样本电子商务对区域出口规模影响的估计结果。其中列（1）的因变量为区域出口规模的对数，从估计结果中可以看出，电子商务的发展显著促进区域出口规模的扩大，核心自变量电子商务的估计系数在 1% 统计水平内显著为正，为 0.214。进一步地，我们对区域出口规模进行了拆分，将其分解为国家层面二元边际和产品层面二元边际，然后估计了电子商务对两个维度二元边际的影响。列（3）~列（4）为电子商务对区域国家层面出口二元边际的影响，其中列（3）的因变量为国家层面广延边际，列（4）的因变量为国家层面集约边际。从估计结果中我们可以看出，电子商务主要是促进了国家层面集约边际的上涨，对广延边际的影响并不显著。列（5）~列（6）为电子商务对区域产品层面出口二元边际的影响，其中列（5）的因变量为产品层面广延边际，列（6）的因变量为产品层面集约边际。从估计结果中我们可以看出，电子商务对产品层面二元边际的影响并不显著。

表 5-2　电子商务对区域出口规模的影响及其影响路径（总样本）

因变量	（1）Export	（2）EX_c	（3）IM_c	（4）EX_p	（5）IM_p
alibaba	0.214*** (0.039)	0.041 (0.026)	0.135** (0.057)	0.006 (0.161)	0.065 (0.238)
popu	-0.081 (0.123)	-0.020 (0.080)	0.128 (0.177)	0.192 (0.183)	0.087 (0.271)

续表

因变量	(1) Export	(2) EX_c	(3) IM_c	(4) EX_p	(5) IM_p
fix	-0.626*** (0.200)	-0.647*** (0.131)	0.089 (0.289)	0.110 (0.314)	-0.621 (0.466)
gdp	1.542*** (0.312)	1.180*** (0.204)	0.484 (0.449)	0.592 (0.601)	1.245 (0.892)
railway	-0.327* (0.179)	-0.059 (0.117)	-0.615** (0.258)	-0.388 (0.245)	-1.312*** (0.363)
Constant	14.972*** (1.850)	-1.963 (1.212)	13.948*** (2.669)	10.645*** (3.823)	5.050 (5.670)
Observations	241	241	241	201	201
R-squared	0.733	0.397	0.427	0.255	0.116

注：括号内为聚类在区域层面的标准差，***、**、* 分别表示在1%、5%、10%的水平上显著。

2. 电子商务对出口产品技术复杂度和出口产品质量的影响

为了考察电子商务对出口产品技术复杂度和出口质量的影响我们选取前十个省份出口一般贸易产品复杂度和诚信通企业的数量关系，并将结果放在图5-2中，从图中可以看出，总的来说，所选取的十个省份的一般贸易产品复杂度随着诚信通企业数量的增加而增高，其中可以明显看出，广东省的一般贸易产品复杂度最高。其次是山东省、江苏省等省份，上海和北京的一般贸易产品复杂度则一直处于最低状态。

接着，我们考察了电子商务对区域出口产品技术复杂度和质量的影响。考虑到一般贸易和加工贸易出口产品类型差异巨大，我们除了考察电子商务对区域总出口以上两个指标的影响，还对贸易类型进行了估计。表5-3中列（1）~列（3）为电子商务对区域出口产品技术复杂度影响的估计结果，他们分别对应总出口、一般贸易出口和加工贸易出口。估计结果表明，虽然总体上电子商务对出口产品的技术复杂度没有显著影响，但是却对加工贸易出口产品技术复杂度产生了显著的负向作用，列（3）中alibaba的估计系数在1%水平内显著为负。表5-3中列（4）~列（6）为电子商务对区域出口产品质量的影响，从估计结果可以看出电子商务并未对出口产品质量产生显著的影响。

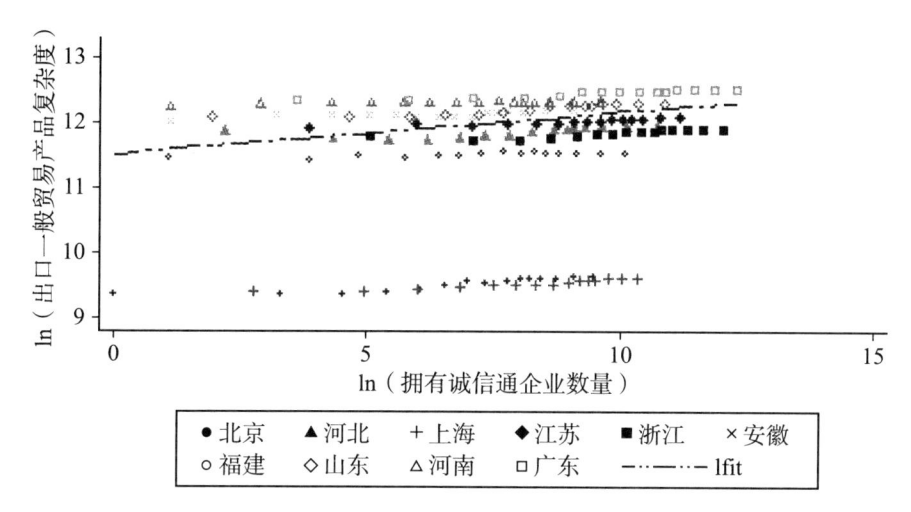

图 5-2　2001～2015 年排前 10 位的省份出口一般贸易
产品复杂度与诚信通企业数量

资料来源：笔者收集计算。

表 5-3　电子商务对区域出口产品技术复杂度和质量的影响

因变量	(1) Sophi1	(2) Sophi2	(3) Sophi3	(4) Quality	(5) Quality	(6) Quality
alibaba	0.009 (0.010)	0.004 (0.013)	-0.106*** (0.039)	0.185 (0.473)	0.764 (0.576)	0.186 (0.806)
popu	0.041 (0.030)	0.005 (0.042)	-0.011 (0.121)	-1.938 (1.479)	-0.450 (1.801)	-2.146 (2.518)
fix	0.023 (0.050)	-0.151** (0.069)	0.049 (0.197)	1.833 (2.410)	-2.652 (2.935)	7.331* (4.105)
gdp	0.037 (0.077)	0.358*** (0.107)	0.819*** (0.307)	7.323* (3.752)	10.769** (4.569)	3.897 (6.391)
railway	-0.024 (0.044)	0.051 (0.061)	-0.372* (0.218)	-3.018 (2.150)	0.039 (2.619)	3.796 (4.539)
Constant	8.813*** (0.459)	7.074*** (0.634)	4.975** (2.022)	5.731 (22.284)	-28.026 (27.138)	-63.801 (42.117)
Observations	241	241	240	241	241	240
R-squared	0.217	0.259	0.231	0.460	0.373	0.414

注：括号内为聚类在区域层面的标准差，***、**、* 分别表示在 1%、5%、10% 的水平上显著。

（二）分地区的估计

在这一部分，我们将估计样本分为了东部、中部、西部三个地区的分样本，并分别考察了电子商务对三个地区省份出口的影响。

1. 东部地区

从图5-3可以看出，总的来说2000~2015年东部省份的贸易出口产品种类数随时间不断上升，其中广西的贸易出口产品种类数最高，其次是天津、浙江、山东、辽宁其余省份都较为低，但是总体来说出口加工贸易产品复杂度较为平稳。

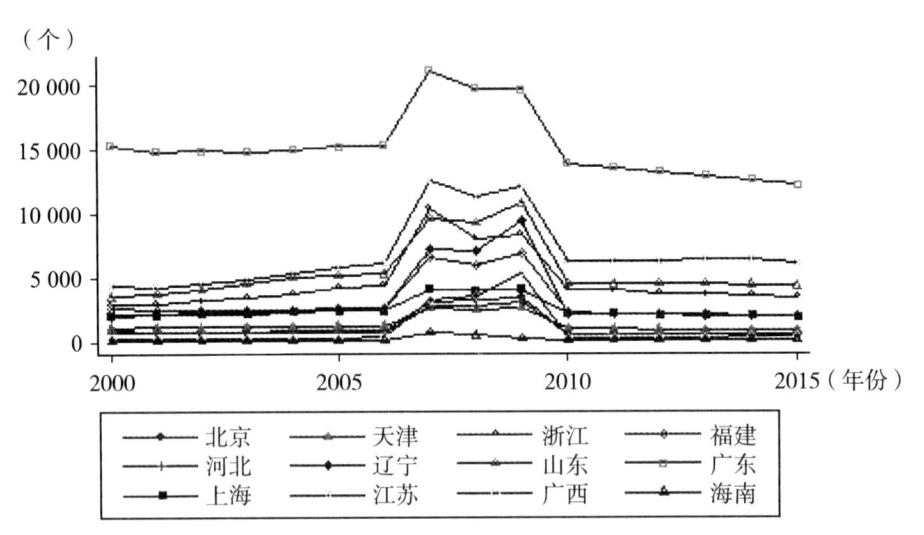

图5-3 2001~2015年东部省份的总贸易出口产品种类数随时间变化趋势

资料来源：根据海关统计数据整理所得。

从图5-4可以看出，2000~2015年东部出口总贸易产品出口额随时间都不断上升，其中广西壮族自治区的贸易出口额最高，其次是江苏、浙江、上海、其他省份出口额较低且增速不大。

从图5-5可以看出，东部省份的出口额随着诚信通企业数量的增加而提高，其中可以明显看出，广东的出口额最高，其次是江苏、上海、浙江。河北和北京的出口额则一直处于最低状态。

从图5-6可以看出，东部省份的加工贸易产品复杂度随着诚信通企业数量的增加而提高，其中可以明显看出，广东的加工贸易产品复杂度最高，上海的加工贸易产品复杂度最低。

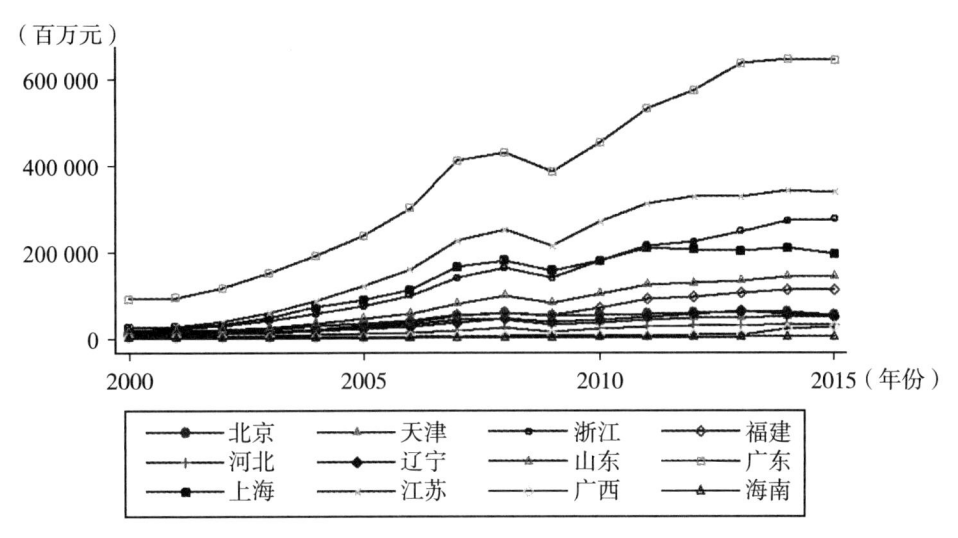

图 5-4　2001~2015 年东部省份的出口额随时间变化趋势

资料来源：根据海关统计数据整理所得。

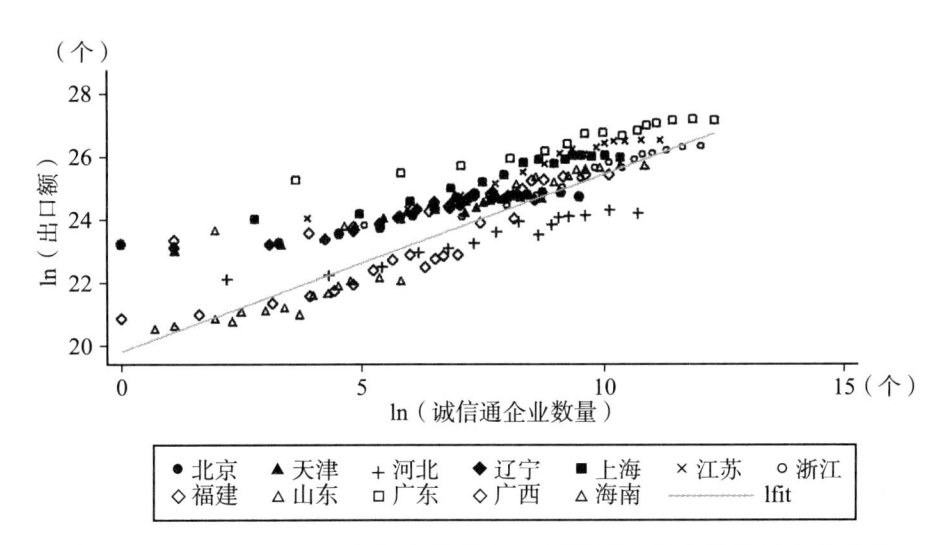

图 5-5　2001~2015 年东部省份的出口额随诚信通企业数量变化趋势

资料来源：根据海关统计数据整理所得。

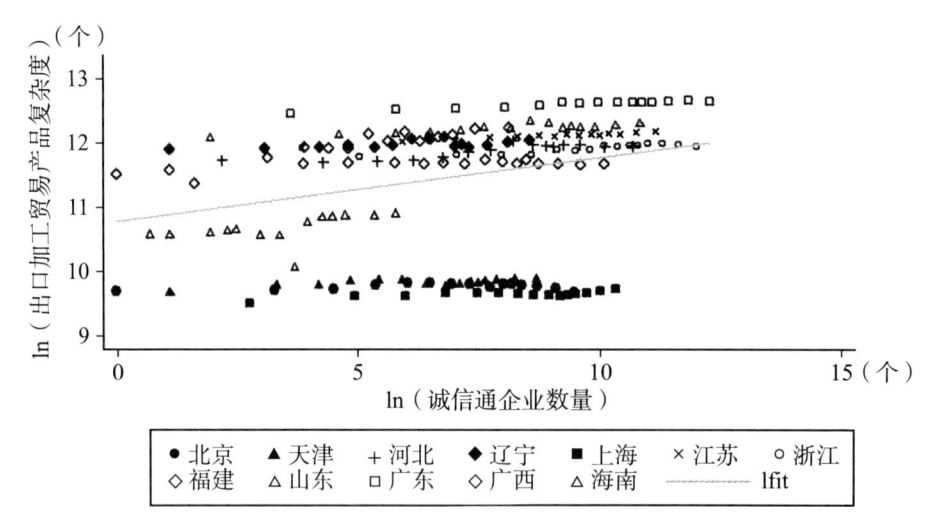

图 5-6　2001~2015 年东部省份的加工贸易产品
复杂度与诚信通企业数量的变化趋势

资料来源：根据海关统计数据整理所得。

表 5-4 列出了电子商务对东部地区省份出口规模、国家层面出口二元边际和产品层面出口二元边际的影响。从估计结果可以看出，电子商务显著促进了东部地区省份出口规模的扩大，与总样本相同，列（1）中 alibaba 的估计系数在 1% 水平内显著为正。从国家层面二元边际来看，电子商务对国家层面广延边际和集约边际均产生了显著的正向促进作用，表明其同时通过国家层面广延边际和集约边际影响区域的出口规模。从产品层面上看，电子商务仅促进了产品层面广延边际的提升。从产品层面上看，电子商务对出口规模的促进作用主要是通过促进出口产品种类的增多来实现。

表 5-4　电子商务对区域出口规模的影响及其影响路径

因变量	（1）Export	（2）EX_c	（3）IM_c	（4）EX_p	（5）IM_p
alibaba	0.137*** (0.032)	0.055** (0.025)	0.134** (0.060)	0.534** (0.264)	0.090 (0.450)
popu	-0.117 (0.077)	-0.004 (0.059)	0.069 (0.142)	0.041 (0.157)	0.021 (0.268)
fix	-0.566*** (0.166)	-0.665*** (0.127)	0.145 (0.307)	0.400 (0.375)	-0.212 (0.638)

续表

因变量	（1）Export	（2）EX_c	（3）IM_c	（4）EX_p	（5）IM_p
gdp	1.776*** (0.266)	1.257*** (0.204)	0.447 (0.493)	-1.117 (0.945)	0.530 (1.610)
railway	-0.136 (0.239)	-0.354* (0.183)	-0.669 (0.441)	-0.231 (0.501)	0.279 (0.854)
Constant	12.675*** (1.884)	-0.649 (1.442)	14.732*** (3.488)	20.278*** (6.449)	-3.808 (10.986)
Observations	101	101	101	82	82
R-squared	0.897	0.678	0.576	0.445	0.087

表5-5列出了电子商务对东部地区省份出口产品技术复杂度和质量的影响。估计结果表明，电子商务显著促进了总贸易出口产品技术复杂度的提升，但是对出口产品质量没有产生显著的影响。

表5-5　电子商务对区域出口产品技术复杂度和质量的影响

因变量	（1）Sophi1	（2）Sophi2	（3）Sophi3	（4）Quality1	（5）Quality2	（6）Quality3
alibaba	0.014** (0.006)	0.001 (0.014)	0.010 (0.020)	0.288 (0.538)	0.875 (0.642)	0.032 (0.725)
popu	0.035** (0.015)	0.016 (0.034)	-0.008 (0.048)	-1.776 (1.282)	-0.649 (1.529)	-2.699 (1.726)
fix	-0.062* (0.032)	-0.106 (0.073)	-0.028 (0.104)	3.179 (2.767)	-1.203 (3.300)	5.573 (3.724)
gdp	0.118** (0.052)	0.286** (0.117)	0.230 (0.167)	2.804 (4.439)	7.996 (5.294)	-0.377 (5.974)
railway	-0.071 (0.046)	0.007 (0.105)	-0.558*** (0.150)	2.670 (3.979)	10.192** (4.745)	8.210 (5.355)
Constant	9.160*** (0.367)	7.584*** (0.831)	11.509*** (1.185)	-7.660 (31.437)	-89.154** (37.491)	-31.865 (42.307)
Observations	101	101	101	101	101	101
R-squared	0.501	0.320	0.253	0.481	0.565	0.349

2. 中部地区

从图 5-7 可以看出，总的来说，2000~2015 年中部省份总的贸易产品与国家配对数都在不断上升，其中安徽省的国家配对数最多，在 2012 年有一次激增，然后回落趋于平稳。其次是湖北省、江西省。其他省份则较为平缓。

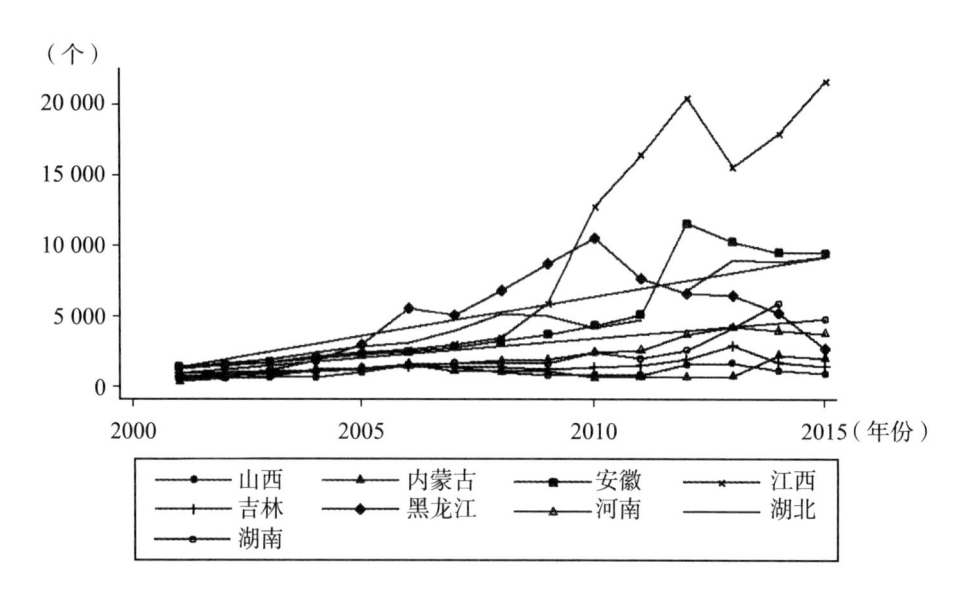

图 5-7 2000~2015 年中部省份贸易出口产品与国家配对数随时间变化趋势
资料来源：根据海关统计数据整理。

从图 5-8 可以看出，2000~2015 年中部省份总的贸易产品出口复杂度都不断上升，其中河南的出口加工贸易产品复杂度最高，其次是安徽、内蒙古、湖南，但是总体来说出口加工贸易产品复杂度较于平稳。

电子商务对中部地区出口影响的估计结果汇报在表 5-6 和表 5-7 中，从中可以看出虽然电子商务显著促进了中部地区出口贸易，但是对国家和产品两个维度的二元边际的影响并不是很显著。

表 5-7 列出了电子商务对中部地区出口产品技术复杂度和质量影响的估计结果。列（1）~列（3）列出了技术复杂的估计结果，可以看出电子商务对中部地区总出口产品技术复杂的影响并不显著，但是却对其加工贸易的出口产品技术复杂度产生了显著的负向影响。列（4）~列（6）为中部地区因变量为出口质量的估计结果，电子商务对总体的出口产品质量的影响同样不显著，但是却对一般贸易出口产品质量产生了一定的负向影响。

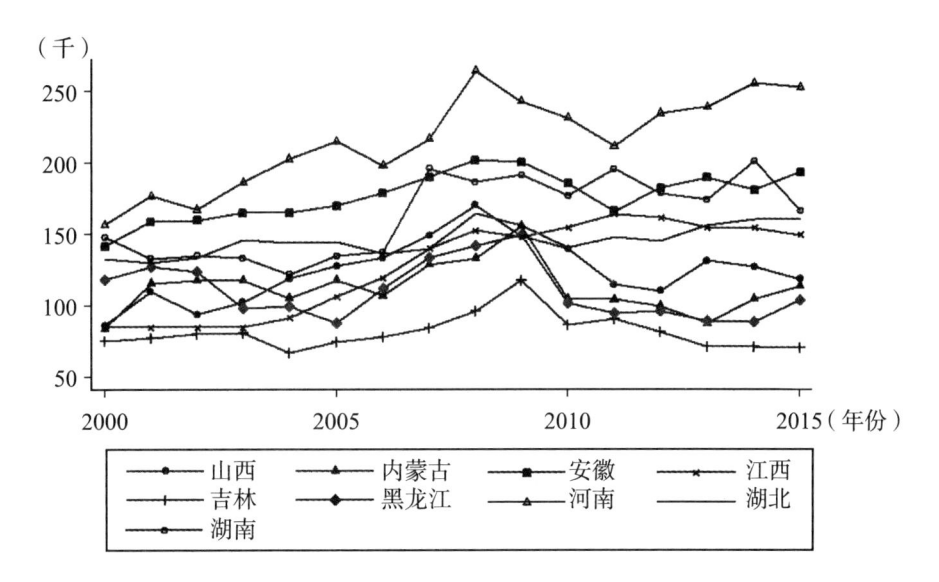

图 5-8　2000~2015 年中部省份贸易出口产品随时间复杂度变化趋势

资料来源：根据海关统计数据整理。

表 5-6　电子商务对区域出口规模的影响及其影响路径

因变量	（1）Export	（2）EX_c	（3）IM_c	（4）EX_p	（5）IM_p
alibaba	0.322*** (0.059)	0.042 (0.052)	0.189 (0.130)	0.349 (0.398)	-0.407 (0.453)
popu	-0.140 (0.984)	-0.635 (0.860)	0.503 (2.162)	0.451 (2.735)	4.662 (3.117)
fix	-0.484 (0.367)	-0.388 (0.321)	0.658 (0.806)	-0.650 (0.875)	-0.887 (0.998)
gdp	1.385** (0.553)	0.974** (0.483)	-0.396 (1.215)	0.643 (1.354)	2.450 (1.544)
railway	-3.400*** (0.873)	-0.056 (0.763)	-3.175 (1.918)	0.783 (1.984)	-5.840** (2.262)
Constant	39.922*** (9.709)	2.269 (8.478)	34.978 (21.326)	3.113 (24.406)	2.007 (27.822)
Observations	69	69	69	57	57
R-squared	0.845	0.364	0.386	0.216	0.215

表 5-7　　电子商务对区域出口产品技术复杂度和质量的影响

因变量	(1) Sophi1	(2) Sophi2	(3) Sophi3	(4) Quality1	(5) Quality2	(6) Quality3
alibaba	-0.007 (0.016)	-0.010 (0.021)	-0.184*** (0.066)	-0.870 (0.786)	-1.678* (0.875)	0.009 (1.651)
popu	0.335 (0.263)	0.542 (0.357)	2.449** (1.091)	31.574** (13.061)	32.521** (14.549)	94.902*** (27.453)
fix	-0.041 (0.098)	-0.247* (0.133)	-0.582 (0.407)	2.469 (4.871)	2.979 (5.426)	-17.720* (10.239)
gdp	0.231 (0.148)	0.512** (0.200)	1.855*** (0.613)	7.723 (7.340)	8.883 (8.177)	30.244* (15.429)
railway	0.019 (0.233)	0.197 (0.316)	-0.758 (0.968)	-29.967** (11.586)	-29.012** (12.907)	-13.097 (24.354)
Constant	5.074* (2.595)	1.218 (3.518)	-14.272 (10.763)	-29.695 (128.818)	-56.803 (143.503)	-692.449** (270.773)
Observations	69	69	69	69	69	69
R-squared	0.612	0.518	0.550	0.661	0.589	0.613

3. 西部地区

总的来说，西部省份的出口额随着诚信通企业数量的增加而提高，其中可以明显看出，新疆的出口额最高，其次是四川、云南、贵州，甘肃和宁夏的出口额则一直处于最低状态。

西部省份的贸易产品出口复杂度随着诚信通企业数量的增加而提高，其中可以明显看出，四川的贸易产品出口复杂度最高，重庆的贸易产品出口复杂度最低。

西部省份的贸易产品出口种类数随着诚信通企业数量的增加而提高，其中可以明显看出，新疆的贸易产品出口种类数最高，甘肃的贸易产品出口种类数最低。

2000～2015 年西部加工贸易出口产品种类数在 2006 年出现一次大幅上升，在 2010 年又回落到原始状态，其中上升幅度最大的是新疆，其次是云南、四川。西部出口总贸易产品复杂度随时间都不断上升，其中四川的出口总贸易产品复杂度最高，其他省份的贸易出口产品复杂度都较为低且平缓，其中最低的是重庆，这些年基本保持不变。西部出口一般贸易产品复杂度随时间不断上升，其中四川省的出口一般贸易产品复杂度最高，其他省份的贸易出口产品复杂度都较为低且平缓，其中最低的是重庆，这些年基本保持不变。

电子商务对西部地区出口规模及两个维度二元边际的估计结果汇报在表 5-8 中。列（1）的因变量为地区出口规模，从中可以看出电子商务对西部落后地区的出口规模并未产生显著的促进作用，alibaba 的估计系数并不显著。（3）~（4）列是因变量为国家层面出口二元边际的估计结果，alibaba 的估计系数同样不显著。（5）列是因变量为产品层面出口二元边际的估计结果，可以看出电子商务对产品层面出口广延边际产生了负向影响，表明其使区域出口产品种类减少，但是对出口产品集约边际的影响并不显著。

表 5-8　　电子商务对区域出口规模的影响及其影响路径

因变量	(1) Export	(2) EX_c	(3) IM_c	(4) EX_p	(5) IM_p
alibaba	0.224 (0.184)	-0.052 (0.104)	-0.147 (0.185)	-0.516** (0.245)	0.092 (0.434)
popu	1.462 (1.728)	-0.522 (0.971)	4.710*** (1.738)	2.929** (1.410)	-2.505 (2.504)
fix	-1.494** (0.736)	-0.824* (0.414)	-0.764 (0.740)	0.041 (0.631)	-0.218 (1.120)
gdp	2.238** (0.957)	1.649*** (0.538)	1.712* (0.963)	1.453 (0.949)	1.132 (1.685)
railway	-0.434 (0.356)	0.091 (0.200)	-0.978*** (0.358)	-0.744** (0.297)	-1.169** (0.527)
Constant	5.319 (9.631)	-1.580 (5.413)	-16.606* (9.686)	-9.409 (8.322)	19.451 (14.775)
Observations	71	71	71	62	62
R-squared	0.514	0.212	0.457	0.303	0.241

表 5-9 中列出了电子商务对西部地区出口技术复杂度和质量影响的估计结果。其中列（1）~列（3）列因变量为总贸易、一般贸易和加工贸易出口产品技术复杂度的估计结果。结果表明，从总出口贸易来看，电子商务对西部地区出口产品技术复杂度没有显著影响；分贸易类型来看，电子商务对西部地区一般贸易出

口产品技术复杂度产生了显著的正向影响,但同时又对加工贸易出口产品技术复杂度产生了显著的负向影响。列(4)~列(6)出了对不同贸易类型出口产品质量的影响,结果表明电子商务显著促进了总贸易和一般贸易出口产品质量的提升。

表 5-9　电子商务对区域出口产品技术复杂度和质量的影响

因变量	(1) Sophi1	(2) Sophi2	(3) Sophi3	(4) Quality1	(5) Quality2	(6) Quality3
alibaba	0.037 (0.044)	0.096* (0.057)	-0.486*** (0.175)	2.983* (1.738)	5.237** (2.065)	2.464 (2.714)
popu	0.547 (0.417)	-0.335 (0.532)	6.840*** (2.280)	-43.401** (16.300)	-57.657*** (19.370)	67.424* (35.464)
fix	-0.096 (0.178)	-0.568** (0.227)	-0.258 (0.693)	-10.252 (6.943)	-22.370*** (8.251)	1.607 (10.774)
gdp	-0.089 (0.231)	0.606** (0.295)	1.101 (0.880)	22.722** (9.029)	29.850*** (10.730)	-6.972 (13.684)
railway	-0.059 (0.086)	0.090 (0.110)	-0.024 (0.378)	0.756 (3.356)	3.781 (3.988)	5.026 (5.882)
Constant	7.440*** (2.324)	9.968*** (2.966)	-42.285*** (14.096)	211.288** (90.858)	307.067*** (107.971)	-427.435* (219.228)
Observations	71	71	70	71	71	70
R-squared	0.050	0.201	0.318	0.480	0.365	0.545

三、结论与政策建议

通过以上的研究内容可以看出,电子商务对不同地区出口规模促进的影响与程度不同;电子商务对不同地区贸易出口的影响方面不同;电子商务对出口贸易的不同方面影响程度不同。针对以上研究结果,我们还就应对互联网电子商务的政策提出了一些积极意见。

随着互联网的普及,信息技术在经济中的作用不断加深,电子商务已经从对内贸易延伸到了对外贸易。近年来,跨境电子商务在我国已经形成蔚为可观的产业集群和发展规模。其发展有利于我国出口规模的持续扩大,实现进出口贸易结构的优化,形成新的外贸增长点。然而,当前关于电子商务对国际贸易影响的研究尚处于起步阶段,远没有跟上其发展的脚步。

本节在系统分析跨境电子商务对出口贸易影响机制的基础上，通过 2002 ~ 2009 年阿里巴巴中国站付费会员数据、中经网各省统计年鉴数据和中国海关数据库的合并数据，采用省级面板数据定量地考察电子商务对区域出口贸易的影响。总样本的估计结果表明：（1）电子商务显著促进了区域出口贸易规模的扩大，并且从影响路径上来看主要是因为其促进了地区国家层面出口集约边际的增长。（2）电子商务对加工贸易出口产品技术复杂度产生了显著的负向影响。进一步的我们分东部、中部、西部地区考察了电子商务的出口贸易效应，估计结果表明：（1）电子商务仅促进了东部、中部地区出口规模的扩大，对相对落后的西部地区的出口规模没有显著影响。（2）电子商务促进了东部地区总出口产品技术复杂度的提升，却对西部地区加工贸易出口产品技术复杂度产生了显著的负向影响。（3）电子商务对不同地区出口产品质量均没有显著影响。

本节的政策启示在于：第一，应当完善互联网基础设施建设，为企业使用互联网提供便利，促进企业进口，促进资源配置效率的提高。特别对于相对落后地区，政府更应加大投入，以便促进其互联网的进口效应进入上升区间。第二，审慎地看待互联网的贸易效应。互联网加强了企业与特定国家和产品的联系，可能使企业由原本的分散采购转变为向少数国家集中进口，一定程度上加大了企业的外贸风险，使得企业更容易受制于人。

第六章

电子商务与贸易公平

电子商务的发展不仅给人们的生活带来了极大的便利,催生了新的商业模式,促进了贸易的繁荣,同时也在改变着整个社会的贸易生态,通过瓦解传统的贸易模式从而剔除其贸易弊端,促进了贸易公平的不断发展与进步。在国际贸易中,反倾销、反补贴与技术性贸易壁垒等措施已经沦为贸易保护的工具而偏离了贸易公平的初衷,电子商务的出现却是在一定程度上减少了这种不公平现象的发生。此外,我们将会看到电子商务不仅在国际贸易中,在农村与城市的贸易公平以及线上和线下的贸易公平上也体现出其特有的魅力。

第一节 电子商务与贸易公平现状

一、贸易与贸易公平

贸易是指在自愿平等的基础上进行商品和劳务交换的行为,依据不同的划分标准可以将贸易划分为不同种类。按地域划分,可以分为国际贸易和国内贸易。在今天国际贸易的作用已经不再仅限于为经济增长提供动力,各国通过参与贸易加强与其他国家的经济联系,国际间的商品流动使得先进技术在全球范围内扩散,促进本国技术进步和产业结构变迁,更重要的是各国能够通过进出口贸易调节国内市场的供求关系,解决国内过剩需求转移过剩供给,防范经济危机。国内贸易的作用更加重要,国内贸易是现代商业体系建立的基础,要素的跨区域流动促进了消费,消费和投资带动了经济增长,并且通过国内贸易能够改善民生,提高人们的生活水平。此外,通过国内贸易,促进城乡、区域间协调发展,也是解决居民就业问题的重要方式和国家财政收入的源泉。

贸易能够得以持续进行离不开对贸易公平的把握,买卖双方实现了贸易的公平才能将商品和劳务的交换过程不断进行下去。贸易公平的存在则是要求商品和劳务之间具有等价交换的关系,但是一些国家和地区为了在贸易中获得更多利益开始进行贸易保护,损害了贸易的公平性。在国际贸易中,贸易保护体现为设置贸易壁垒,包括关税壁垒和隐蔽的非关税壁垒,具体体现为一些国家和地区频繁提出的反倾销、反补贴调查以及设置不合理的技术贸易措施、对出口企业进行补贴、进口配额等。国内贸易中的贸易保护则表现为地方保护,地方政府以设置市场进入壁垒的方式保护本地企业。此外,国内贸易的不公平还体现在城乡之间、区域之间的资源分配不均。

在传统贸易方式屡屡碰壁的情况下,电子商务的开展一定程度上缓解了贸易不公平的程度。电子商务跨越了时间和空间的限制,能够在全球范围内开展,交易双方能够在任何时间进行交易。通过互联网交易,能够有效规避传统贸易中不合理的贸易壁垒,在国内贸易中则能够突破地区封锁。电子商务能够促使贸易在更加公平的基础上进行,但同时也催生了一种新的贸易不公平模式,因此在电子商务模式下,贸易的不公平不仅包括传统的贸易不公平,还包含了线上、线下贸易的不公平以及城市与农村贸易的不公平问题。

二、国际贸易不公平现状

(一)反倾销案件发起数量随时间的变化趋势

图 6-1 为 WTO 内部 1995~2016 年上半年关于反倾销案件的统计数据,由图中数据可知,每年 WTO 内部发起的反倾销案件数量在 150 件以上(2016 年的数据只截止到上半年),发生案件最高的年份为 2001 年,反倾销案件的发起数为 372 起。在 21 世纪的前十年里,反倾销案件每年的发起数总体呈下降趋势,但在 2010 年之后反倾销案件的发起数量又逐渐回升。

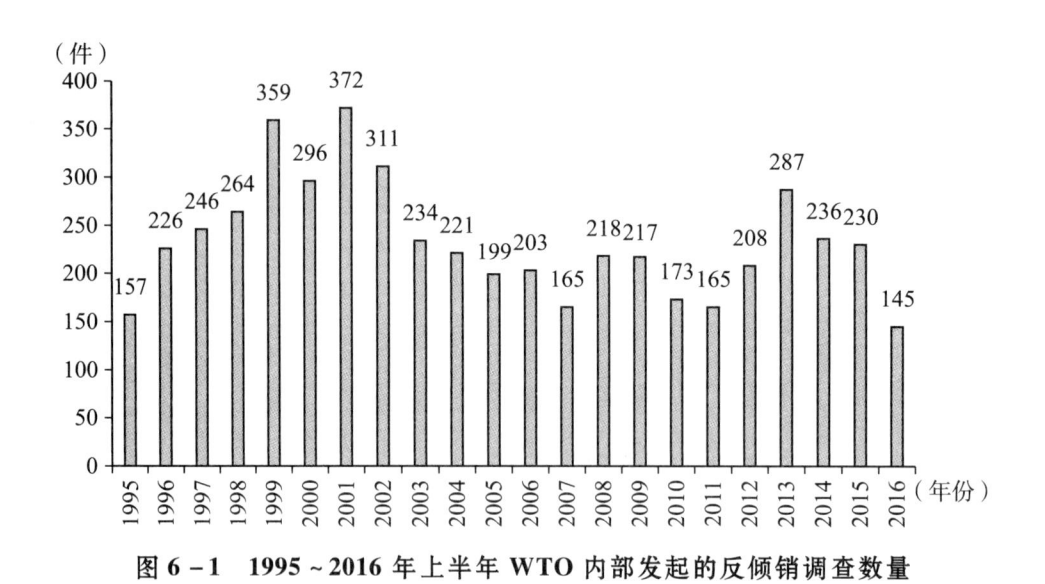

图 6-1　1995~2016 年上半年 WTO 内部发起的反倾销调查数量

（二）反倾销案件主要针对的商品类型

表 6-1 展示了 1995~2016 年上半年发起的反倾销调查案件中所针对的商品类型，由表中信息可知贱金属及贱金属制品类（ⅩⅤ）商品所引发的反倾销案件数量最多，其次是化学及相关工业产品类（Ⅵ）商品以及塑料及橡胶制品类（Ⅶ）商品。

表 6-1　1995~2016 年上半年各类商品遭受反倾销调查案件数

商品类别	数量（件）	占比（%）	商品类别	数量（件）	占比（%）
Ⅰ	58	1.13	Ⅻ	35	0.68
Ⅱ	61	1.19	ⅩⅢ	213	4.15
Ⅲ	15	0.29	ⅩⅣ	1	0.02
Ⅳ	74	1.44	ⅩⅤ	1 545	30.11
Ⅴ	85	1.66	ⅩⅥ	423	8.24
Ⅵ	1 020	19.88	ⅩⅦ	54	1.05
Ⅶ	670	13.06	ⅩⅧ	58	1.13
Ⅷ	5	0.10	ⅩⅨ	0	0.00
Ⅸ	101	1.97	ⅩⅩ	95	1.85
Ⅹ	251	4.89	ⅩⅪ	0	0.00
Ⅺ	368	7.17	汇总	5 132	100.00

注：商品类别的具体含义见附录。

(三) 发起反倾销案件数量最多的前 10 名国家 (地区)

图 6-2 为样本区间内发起反倾销案件最多的前 10 名国家 (地区)，依次为印度、美国、欧盟、巴西、阿根廷、澳大利亚、中国、南非地区、加拿大和土耳其。其中印度发起的反倾销案件数占前 10 名总案件数的 22%，等于后 4 名国家 (地区) 中国、南非地区、加拿大和土耳其加总的份额。

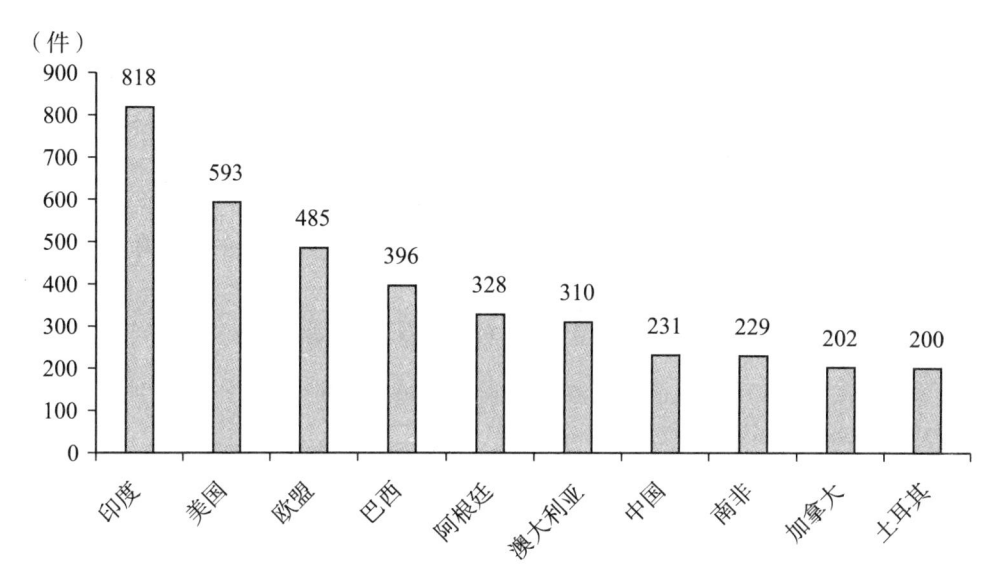

(件)

国家(地区)	案件数
印度	818
美国	593
欧盟	485
巴西	396
阿根廷	328
澳大利亚	310
中国	231
南非	229
加拿大	202
土耳其	200

图 6-2　1995~2016 年上半年发起反倾销调查最多的前 10 名国家 (地区)

注：南非此处含义为南非地区关税同盟，包括南非、博茨瓦纳、纳米比亚、莱索托和斯威士兰 5 国。

图 6-3 为 1995~2016 年上半年发起反倾销调查最多的前 10 名国家中发达国家与发展中国家发起反倾销案件数的变化趋势对比图，1995~2001 年发达国家与发展中国家所发起的反倾销调查案件数快速增长，而从 2001 年之后发达国家 (地区) 与发展中国家 (地区) 所发起的反倾销调查案件数均呈现一定的下降趋势，而且发达国家 (地区) 发起的反倾销案件数下降趋势更大；值得注意的一点是 2001 年之后发达国家 (地区) 所发起的反倾销案件数总量均比发展中国家 (地区) 要少，在 2008 年和 2013 年发展中国家发起的反倾销调查案件数出现两个高峰值。

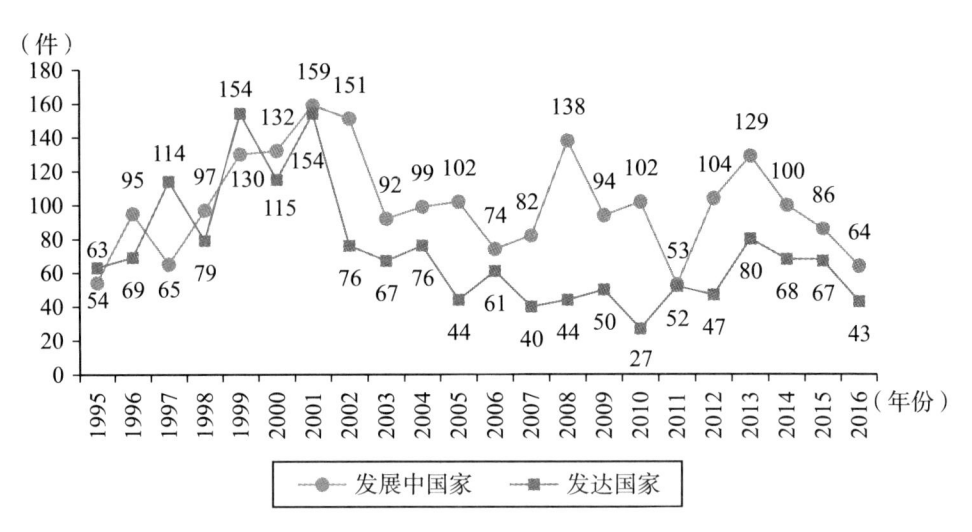

图 6-3 发达国家与发展中国家发起反倾销案件数量变化趋势对比

(四) 遭受反倾销调查数量最多的前 10 名国家 (地区)

图 6-4 为样本区间内遭受反倾销调查数量最多的前 10 名国家 (地区)，依次为中国、韩国、中国台湾、美国、印度、泰国、日本、印度尼西亚、俄罗斯和巴西，其中值得一提的是中国大陆地区遭受的反倾销调查案件数占据前 10 名国家 (地区) 案件数总和的将近一半。

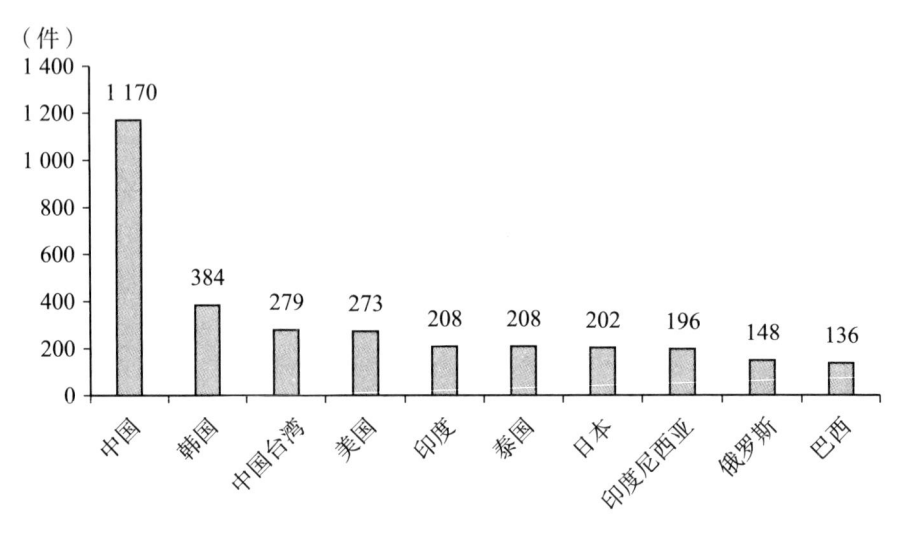

图 6-4 1995~2016 年上半年遭受反倾销调查最多的前 10 名国家 (地区)

（五）中国的反倾销贸易现状

1. 中国遭受的反倾销调查数量

图 6-5 为中国遭受的反倾销调查数量随时间的变化趋势，从图中可以看出在中国 2001 年加入 WTO 之后反倾销案件的数量相较之前呈上升的趋势，一直到 2009 年中国遭受的反倾销调查案件达到顶峰，2010 年中国遭受的反倾销调查案件数下降到 44 件为 10 年来最低水平，但在 2010 年之后中国遭受反倾销调查案件数又开始呈现出上升的态势。而不论每年中国遭受反倾销调查的总数是如何变化的，从图 6-6 中 1995~2016 年上半年中国遭受的反倾销调查案件数占 WTO 内部总案件数比例的折线图随时间变化趋势可以看出，中国遭受的反倾销调查案件数占总案件数的比例呈总体上升的趋势，相较于 WTO 内部国家平均每年遭受反倾销调查案件数占总案件数不足 5% 的比例来说，中国遭受的反倾销调查案件数尤其值得引发关注。

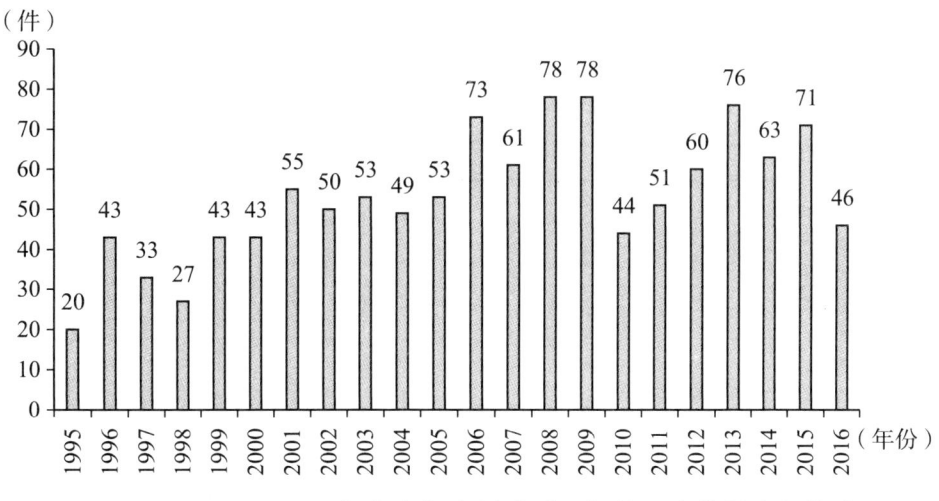

图 6-5　1995~2016 年上半年中国遭受反倾销调查数量变化趋势

2. WTO 内各国（地区）对中国发起反倾销数量统计

表 6-2 为 1995~2016 年上半年各国（地区）对中国发起反倾销的数量统计，印度、美国和欧盟这三个国家（地区）对中国发起的反倾销案件数量稳居前三，与之前图 6-3 中的数据内容相对比也是印度、美国和欧盟在 WTO 内部发起的反倾销案件数量排名前三，这里将数据作一下比对则可以发现在该段时间内，印度发起的反倾销案件有 23.59% 是针对中国的，美国有 23.61%，而欧盟的则有 26.39% 是针对中国的。

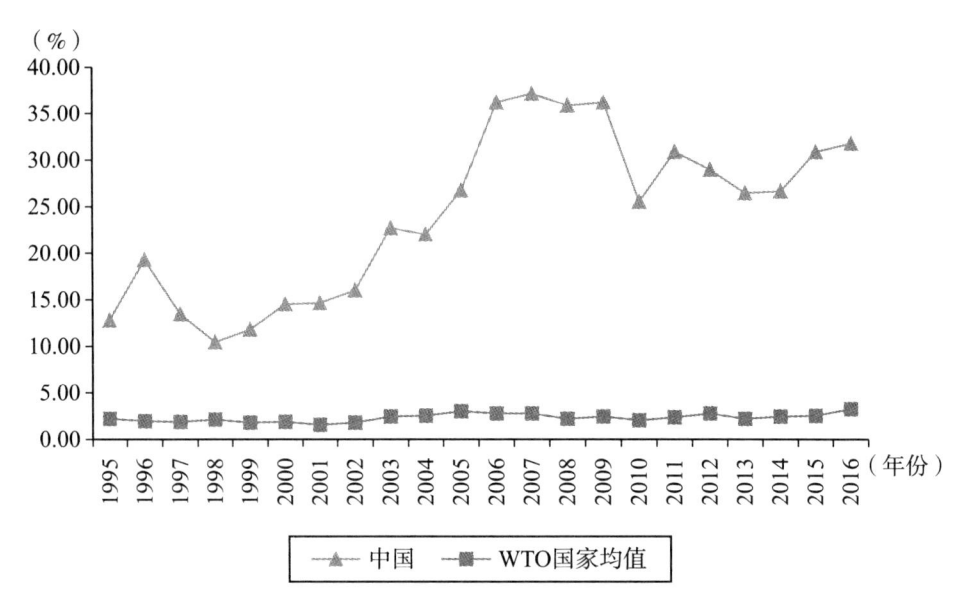

图 6-6　1995~2016 年上半年中国遭受反倾销调查
案件数占 WTO 内部总案件数比例

表 6-2　　1995~2016 年上半年各国（地区）对中国发起
反倾销数量统计

国家或地区	数量（件）	国家或地区	数量（件）
印度	193	马来西亚	11
美国	140	俄罗斯	11
欧盟	128	新西兰	9
阿根廷	97	乌克兰	9
巴西	92	委内瑞拉	9
土耳其	76	以色列	7
墨西哥	51	日本	3
澳大利亚	49	特立尼达和多巴哥	3
哥伦比亚	46	摩洛哥	2
南非地区	39	菲律宾	2
加拿大	38	波兰	2
韩国	28	越南	2

续表

国家或地区	数量（件）	国家或地区	数量（件）
印度尼西亚	22	智利	1
巴基斯坦	22	多米尼加	1
秘鲁	22	危地马拉	1
泰国	21	牙买加	1
埃及	19	乌拉圭	1
中国台湾	12		
合计			1 170

资料来源：依据 WTO 反倾销数据库（www.wto.org）整理。

3. 中国各类商品遭受反倾销调查数量统计

表 6－3 是中国各类商品遭受反倾销调查数量统计，从表中可以看出贱金属及其制品（ⅩⅤ）类商品、化学及相关工业产品（Ⅵ）类商品和机电及音像设备（ⅩⅥ）类商品为中国遭受反倾销调查数量最多的前三类商品，占据了中国遭受反倾销调查案件数的近 60%，而在 WTO 内部贱金属及其制品（ⅩⅤ）类商品和化学有相关工业品（Ⅵ）类商品也是遭受反倾销最多的前两类商品，对比表 6－1 和表 6－3 中的数据可以发现在样本区间内，WTO 内部针对贱金属及其制品（ⅩⅤ）、化学及相关工业产品（Ⅵ）、机电与音像设备（ⅩⅥ）和塑料及橡胶制品（Ⅶ）类商品发起的反倾销调查案件中，针对中国的比例分别为 21.49%、21.96%、33.10% 和 13.58%。从 WTO 内部发起反倾销调查案件所涉及的主要商品角度来看，中国是 WTO 内部反倾销的主要受害方。

表 6－3　1995～2016 年上半年中国各类商品遭受反倾销调查案件数

商品类别	数量（件）	占比（%）	商品类别	数量（件）	占比（%）
Ⅰ	2	0.40	Ⅶ	91	18.38
Ⅱ	9	1.82	Ⅷ	5	1.01
Ⅲ	0	0.00	Ⅸ	21	4.24
Ⅳ	6	1.21	Ⅹ	31	6.26
Ⅴ	16	3.23	Ⅺ	90	18.18
Ⅵ	224	45.25	Ⅻ	22	4.44

续表

商品类别	数量（件）	占比（%）	商品类别	数量（件）	占比（%）
XIII	82	16.57	XVIII	18	3.64
XIV	0	0.00	XIX	0	0.00
XV	332	67.07	XX	53	10.71
XVI	140	28.28	XXI	0	0.00
XVII	28	5.66	汇总	495	100.00

4. 中国遭受反倾销调查的原因分析

反倾销调查行为的产生涉及双方当事国（地区），因此可以从中国自身的角度以及针对中国发起反倾销的主要国家（地区）角度来入手分析。

（1）中国自身的角度。

中国的出口贸易额从1995年的1 487亿美元到2015年的22 749亿美元，20年间增长了14倍，形成了中国出口导向型的经济模式，中国制造在不断走出国门的同时其遭受反倾销调查的数量也在不断增加。

中国在承接国际产业转移的格局中接受了大量劳动密集型的产业，因而更容易成为反倾销调查的对象。

出口企业应对反倾销意识淡薄，对他国发起的反倾销调查采取躲避的态度，使他国更倾向于对中国的出口产品发起反倾销调查。

中国在加入WTO时非市场经济国家的地位使中国企业在应对他国反倾销调查时处于不利的地位。

（2）发起国（地区）的角度。

容易发起反倾销的国家有两种类型，其一是其国内产业处于形成或成长阶段，相较于国外的同行业企业不具有竞争优势，出于保护本国企业成长的目的而对别国产品发起反倾销调查，确保本国产品在国内的市场份额；其二是国内的某些产业处于夕阳产业的地位，生产效率低下已无法同国外的企业进行竞争，但出于维持就业率等目的，进口国也会对进入本国的别国产品发起反倾销调查。

在对中国发起反倾销调查最多的前几名国家中，印度、美国和欧盟排前三位，从中国遭受反倾销调查最多的商品角度入手来分析，贱金属及其制品类商品遭受的反倾销调查中印度、美国和欧盟占据了31.67%；化学及其相关工业产品类商品遭受的反倾销调查中印度、美国和欧盟占据了66.42%，其中印度就占据了39.55%的份额；机械及电子设备类商品遭受的反倾销调查中印度、美国和欧盟占据了42.86%。

中国企业出口产品与进口国出现同质化竞争时往往最容易遭受反倾销调查，中国与印度同属发展中国家，都有着丰富的劳动力资源，在发展工业的过程中难以避免地会出现竞争的现象，而在质量方面未能形成自身特色的中国产品很容易在类似的国家遭受反倾销的调查。

5. 中国的反倾销应对策略

基于以上的分析，针对中国的反倾销贸易现状，可以从中国遭受反倾销调查涉及商品的角度以及对中国发起反倾销调查的主要国家（地区）入手来采取应对策略。

（1）反倾销涉及商品的角度。

从上文的分析中可以发现，中国遭受反倾销调查最多的前几类商品与WTO内部遭受反倾销调查最多的前几类商品是重合的，中国企业出口的这些类别商品在别国存在着激烈的同质化竞争，这些商品大多属于初级的工业产品，因而其所包含的科技含量以及产品特色不足以与其他国家生产的产品有明显的区分。

因此，中国应在经济不断转型的过程中改变出口产品结构，降低这些类别商品的出口比例，转而出口更多包含有科技含量的产品。

（2）发起国（地区）角度。

从历史数据来看，针对中国发起反倾销调查的国家中部分国家（地区）常年占据靠前的位置，除了贸易双方各自的原因外，这还与双方的经贸关系有着密切的联系，因此中国可以建立基于WTO框架之上的双边的经贸协议来建立良好的经贸关系，减少双方的贸易摩擦。同时中国企业应不断提升自身产品标准，将企业在环保、科研等方面的不易衡量或被忽视的成本计算在出口成本之内，在向这些国家出口时应该摒弃薄利多销的观念，以这种最直接的方式减少被反倾销调查的可能。

（六）反补贴案件发起总体概况

图6-7为1995~2016年上半年末WTO内部成员方每年发起的反补贴案件数量。与反倾销类似，反补贴案件发起情况存在集中爆发期，1997年开始进入反补贴调查申请的爆发期，随之进入快速增长期并于1999年达到顶峰，随后逐年回落，2006年WTO收到的反补贴调查申请量回落到1995年的水平，但是自2008年开始又进入快速增长期，并于2014年达到最大值。

图 6-7　1995~2016 年上半年 WTO 内部发起的反补贴调查数量

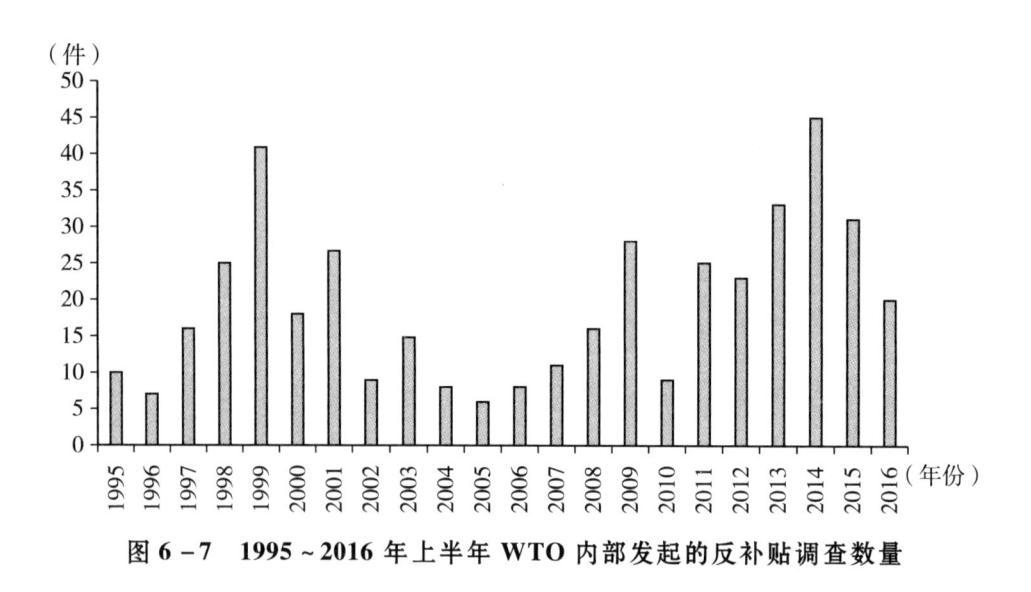

（七）反补贴案件发起特征

1. 反补贴案件发起情况呈现商品类别集中

WTO 将国际贸易中的涉及的商品分为 21 类，根据 WTO 统计数据 1995~2016 年上半年发起方发起的反补贴案件中涉及的商品主要涉及其中的 16 类，如表 6-4 所示。在发起的 431 起反补贴调查案件中涉及对象类型最多的为贱金属及贱金属材料，案件总量为 187 起，占全部案件的 43.4%，其次针对树脂、塑料和橡胶制品的案件数量为 45 起，占全部案件量的 10.4%，其他行业的案件数量均较少，案件发起量占比不超过 10%。

表 6-4　　　　反补贴调查涉及的商品类别及案件数量

商品类别	案件发起量（件）	占比（%）	有效案件量（件）	占比（%）
Ⅰ	16	3.7	6	2.7
Ⅱ	9	2.1	9	4.0
Ⅲ	8	1.9	5	2.2
Ⅳ	34	7.9	14	6.2
Ⅴ	9	2.1	6	2.7
Ⅵ	38	8.8	21	9.3
Ⅶ	45	10.4	18	8.0
Ⅸ	5	1.2	3	1.3

续表

商品类别	案件发起量（件）	占比（%）	有效案件量（件）	占比（%）
X	17	3.9	8	3.6
XI	23	5.3	8	3.6
XII	1	0.2	0	0
XIII	5	1.2	3	1.3
XV	187	43.4	103	45.8
XVI	26	6.0	17	7.6
XVII	7	1.6	3	1.3
XX	1	0.2	1	0.4
合计	431	100	225	100

资料来源：依据 WTO 反倾销数据库（www.wto.org）整理，商品类别具体含义与表 6-3 相同。

2. 反补贴案件发起情况表现出国家集中的情况

图 6-8 中列出了 1995~2016 年上半年末发起反补贴调查最为频繁的 10 个国家。发起反补贴调查次数排名前 10 的国家案件发起量合计达 405 起，美国发起的反补贴案件调查量居于首位，仅比其余 9 名国家案件发起量合计数少 23 起。

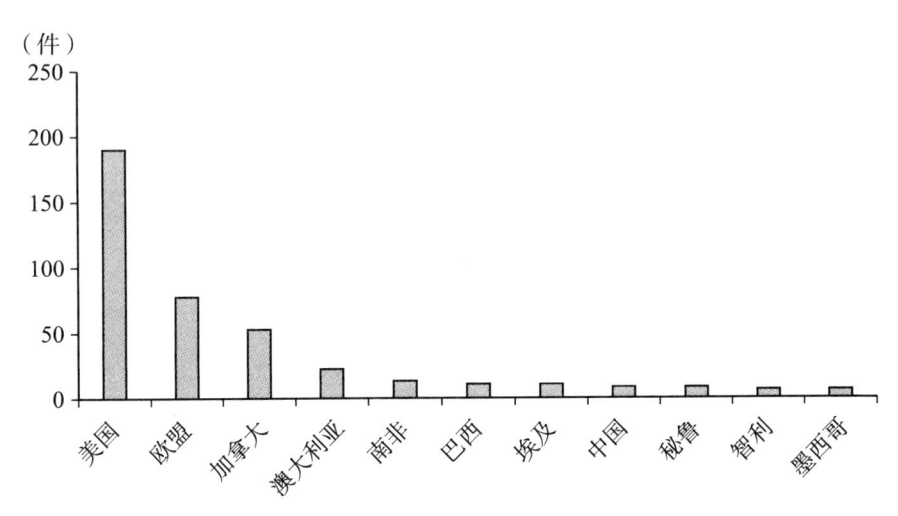

图 6-8　1995~2016 年上半年发起反补贴调查最多的前 10 名国家（地区）

3. 发达国家与发展中国家在发起反补贴时存在差异

图 6-9 为 1995~2016 年上半年发起反补贴调查数最多的前 10 名国家中发达国家和发展中国家发起反补贴调查次数的时间趋势图，从图中能够看到 WTO

成员方发起反补贴调查情况与发起反倾销调查情况存在类似的时间趋势。

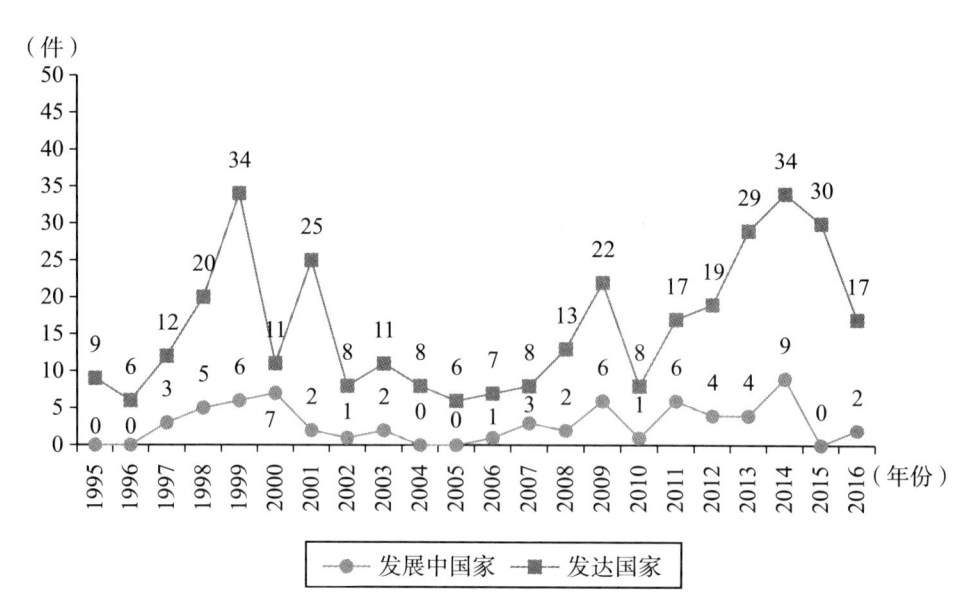

图 6－9　发达国家与发展中国家发起反倾销案件数量时间趋势图

从上文中的图 6－3 可以看出 2001 年后反倾销案件发起量开始呈现下降趋势，但本部分图 6－9 中反补贴案件发起量呈现上升趋势，表明贸易保护的方式开始逐渐转变为反补贴方式。

4. 反补贴案件的裁定条件更加严格

表 6－5 为 1995～2016 年上半年各成员方发起的反补贴调查中最终裁决有效的案件数量。从中可以看出在成员方发起的 431 起案件申请中，裁定有效的案件数量为 225 件，有效率仅达到 52.2%，其中美国和加拿大发起的反补贴调查申请中裁决有效的案件比例分别为 51.3% 和 50.9%，其他国家提请裁定的反补贴案件有效率也维持在 50% 左右。

表 6－5　1995～2016 年上半年裁定有效的反补贴案件数量

国家	案件数量（件）	国家	案件数量（件）
阿根廷	4	墨西哥	11
澳大利亚	11	新西兰	4
巴西	8	秘鲁	6
加拿大	27	南非	5

续表

国家	案件数量（件）	国家	案件数量（件）
智利	2	土耳其	1
中国	6	乌克兰	1
哥斯达黎加	1	美国	98
欧盟	37	委内瑞拉	1
印度	1	合计	225
日本	1		

资料来源：WTO 反补贴数据库。

（八）遭遇反补贴调查总体概况

1995~2016 年上半年有 49 个遭遇反补贴调查，根据 WTO 统计数据，在遭遇反补贴调查的成员中，发达国家的数量为 23 个，遭遇的反补贴案件总量为 123 件，占全部案件的 28.5%，其中韩国遭遇的反补贴调查案件量为 26 件，占发达国家总量的 21.1%；美国遭遇的反补贴调查次数为 16 次，占发达国家案件总量的 13%，两者遭遇的反补贴调查案件次数占发达国家遭遇的反补贴案件调查次数的比重达到 34%。发展中国家部分 1995~2016 年上半年有 26 个国家遭遇过反补贴调查，所遭遇反补贴案件调查数量合计数为 308 件，占全球反补贴案件全部案件数量的 71.5%。图 6-10 为 1995~2016 年遭遇反补贴调查次数最多的 10 个国家（地区）。

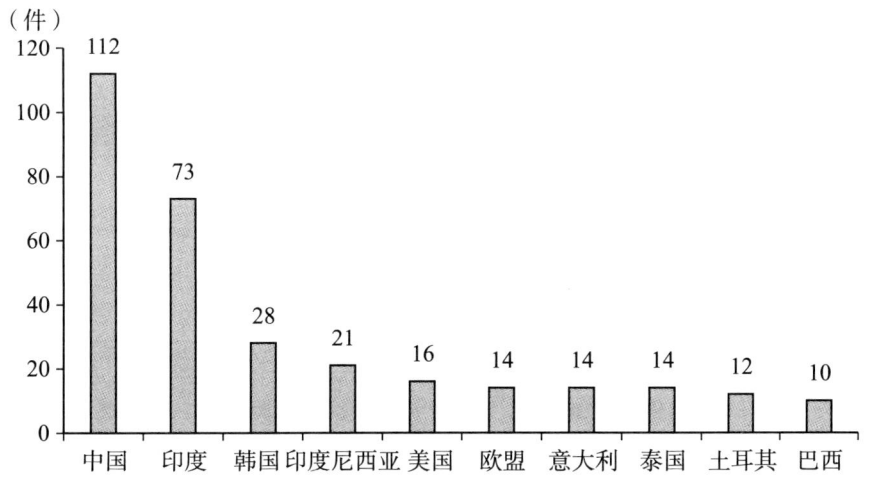

图 6-10 1995~2016 年上半年遭遇反补贴调查最多的前十名国家（地区）

中国 112、印度 73、韩国 28、印度尼西亚 21、美国 16、欧盟 14、意大利 14、泰国 14、土耳其 12、巴西 10

其中，中国累计遭遇的反补贴案件量居第一位，其次是印度。在遭遇反补贴调查次数最多的10个国家中，绝大多数案件发生在发展中国家（90%）。与反倾销类似，遭遇反补贴调查的国家主要集中在东亚、南亚和东南亚。

（九）中国遭遇的反补贴现状

1. 中国遭遇的反补贴调查总体概况

2004年加拿大发起3件针对中国的反补贴调查，这也是中国加入WTO以来第一次遭遇反补贴调查。2005年WTO做出裁决，加拿大发起的两件针对中国的反补贴案件最终裁决有效、加拿大政府可以采取反补贴措施的案件数量为2件。加拿大政府开辟了对中国进行反补贴调查的开端，使中国自2004年开始不断地遭受反补贴调查，并与印度一起成为国际反补贴调查的主要对象国。2009年起，中国取代印度成为累计遭受反补贴调查次数最多的国家，截至2016年6月30日，中国遭遇的反补贴调查案件总量112件，是印度遭遇的反补贴调查案件量的1.53倍，是所有遭遇反补贴调查国家平均水平的12.7倍，中国已经成为世界其他国家反补贴调查的主要对象国。图6-11仅就1995~2016年上半年中国遭遇的反补贴调查案件画出年度分布图，为了与印度对比，图6-11同样给出了印度历年遭遇的反补贴调查情况。

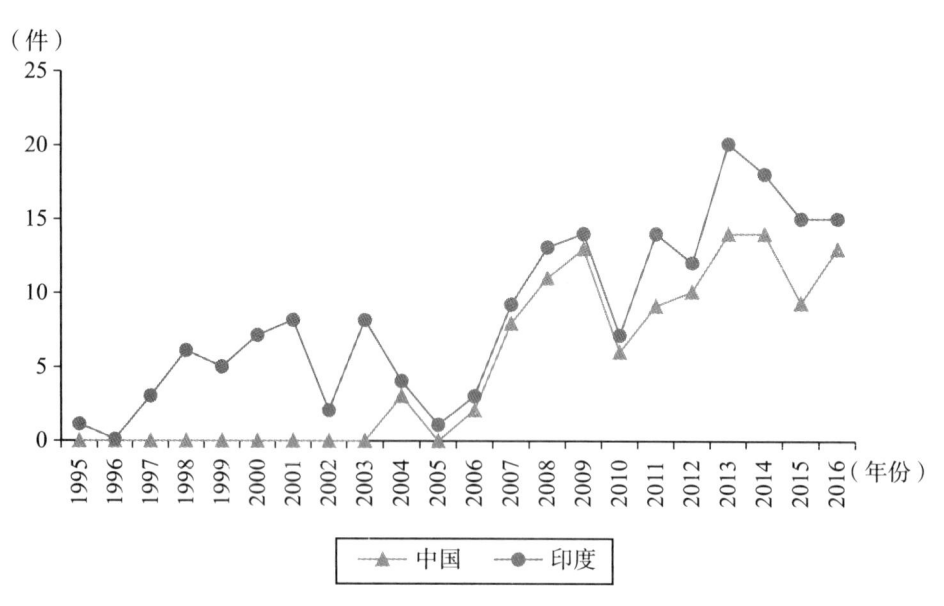

图6-11 1995~2016年上半年中国和印度遭遇的反补贴调查

2. 中国遭遇的反补贴调查特征

（1）对中国发起反补贴调查的国家比较集中。中国现已成为世界上遭遇反补贴调查最多的国家，表6-6为1995~2016年上半年对中国提起反补贴调查的国家和案件量。截至2016年6月30日，美国对中国发起的反补贴调查案件量为59起，占中国受到的反补贴调查案件总量的52.7%，在中国遭遇的112起反补贴调查案件中，由发达国家发起的占案件总量的93.8%。

表6-6　1995~2016年上半年对中国发起反补贴调查的国家（地区）

国家（地区）	澳大利亚	加拿大	埃及	欧盟	印度	墨西哥	南非	土耳其	美国
案件量（件）	14	22	1	10	3	1	1	1	59

资料来源：依据WTO反倾销数据库（www.wto.org）整理。

（2）中国遭遇的反补贴调查表现出商品类别集中。表6-7为1995~2016年中国遭遇的反补贴案件商品类别分布情况。中国遭遇的反补贴调查主要集中在贱金属及贱金属材料类商品，中国遭遇的反补贴调查案件中贱金属类、化学及相关产品类和机电设备类分别占总量的50.89%、12.5%和10.71%。WTO成员发起的涉及贱金属及贱金属类商品的反补贴案件总量为187件，针对中国的为57件，中国贱金属类商品、化学和相关产品以及机电类商品分别集中了30%、36.8%和46.2%的来自WTO成员方的反补贴调查。

表6-7　1995~2016年上半年中国遭遇的反补贴调查商品类别分布

商品类别	案件数量（件）	占比（%）	商品类别	案件数量（件）	占比（%）
Ⅳ	1	0.89	ⅩⅢ	3	2.68
Ⅵ	14	12.5	ⅩⅤ	57	50.89
Ⅶ	7	6.25	ⅩⅥ	12	10.71
Ⅸ	3	2.68	ⅩⅦ	4	3.57
Ⅹ	7	6.25	ⅩⅩ	1	0.89
Ⅺ	3	2.68			

资料来源：依据WTO反倾销数据库（www.wto.org）整理。

（3）中国遭遇的反补贴案件数量与出口总额之间存在共同趋势。图6-12为我国1996~2015年出口贸易额和遭遇的反补贴调查案件量，从图中可以看到随着我国出口贸易额的增加，我国遭遇的反补贴数量逐年上升，基本上与出口贸易额保持相同的趋势。

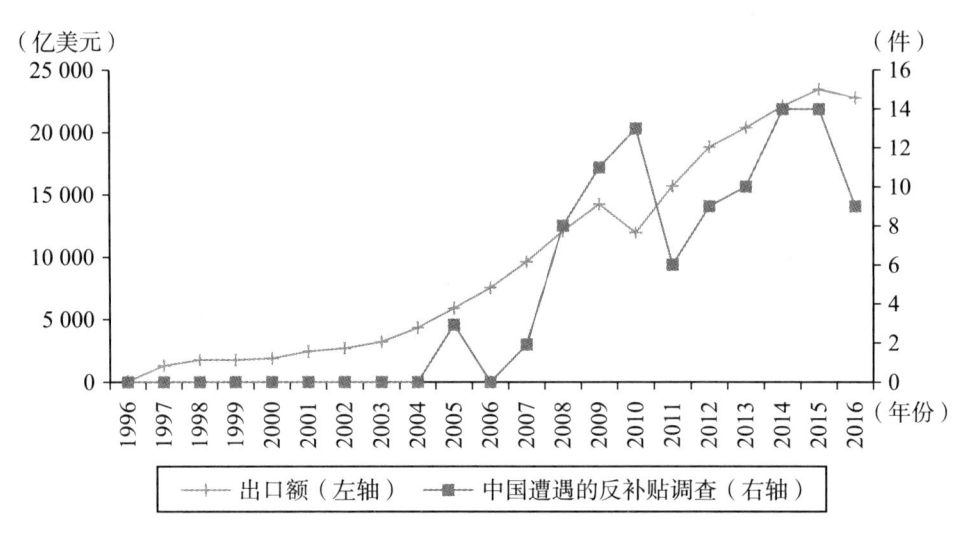

图 6-12 1996~2015 年中国出口额与遭遇的反补贴案件对比

资料来源：根据国家统计局、WTO 数据整理。

3. 总结

我国现已成为反补贴调查的重灾国，但是我国出口企业在面临反补贴控诉时并没有积极采取应对措施。此外，在对外贸易中我国也并没有有效利用 SCM 协议，利用反补贴武器维护自身利益。WTO 统计数据表明中国第一次对其他国家提出反补贴指控是在 2009 年，2009~2016 年上半年，我国作为发起国累计发起的反补贴调查案件数量只有 8 起，远低于美国、欧盟、加拿大等发达国家，这也是发展中国家普遍存在的一种现象。发展中国家在积极参与国际贸易的同时更应当有效利用国际贸易规则维护自身权益。

（十）TBT 通报总体概况

根据世界贸易组织（WTO）统计数据，2016 年新发 TBT 案件通报量为 1 639 件，比 2015 年增加了 13.98%，2016 年同时也是自 WTO 成立以来 TBT 通报次数最多的一年。

图 6-13 为 1995~2015 年 WTO 公布的 TBT 通报量。从图中可以看到 2001 年开始进入 TBT 通报的高速增长期，平均年增长率达到 13.5%，并在 2009 年达到阶段性最高峰，2009 年以后直至 2015 年，通报量开始进入稳定期。

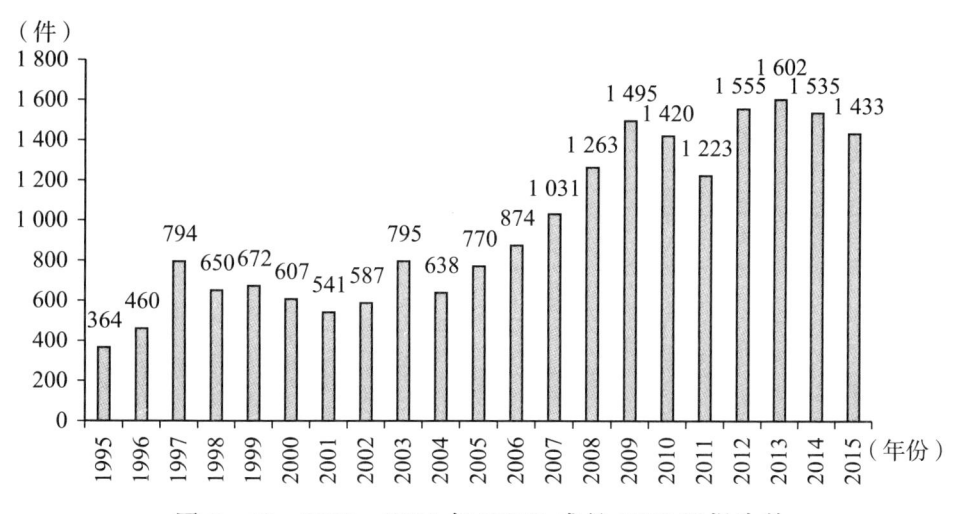

图 6-13　1995~2015 年 WTO 成员 TBT 通报次数

资料来源：TBT 协定施行报告。

（十一）TBT 通报次数特点

1. 通报国家较为集中

根据 TBT 协会公布的年度报告，2015 年共有 128 个国家进行了 TBT 通报，1995~2015 年新发起的 TBT 通报总次数为 20 314 次，其中通报最为频繁的最多的六个国家分别是美国（2 176）、巴西（1 210）、欧盟（1 174）、中国（1 131）、以色列（978）、沙特（833），六国通报次数占通报总次数的比重达到 36.9%，远高于平均水平。

2. TBT 通报集中发生在某些商品类别

在 WTO 划分的 21 个商品类别中，TBT 通报主要集中在机电设备（16.37%）、熟食、饮料（12.16%）、树脂、塑料、橡胶及其制品（9.83%）类商品。在 WTO 统计的 23 153 次 TBT 通报中，发生在以上三类商品大类的通报次数为 8 882 次，占总通报次数的比重达到 38.4%。涉及其他商品类别的通报量占比均不超过 9%，具体情况如表 6-8 所示。

表 6-8　　　　1995~2015 年间 TBT 通报涉及的行业

商品类别	通报次数（次）	占比（%）	商品类别	通报次数（次）	占比（%）
Ⅰ	1 208	5.22	Ⅳ	2 816	12.16
Ⅱ	1 814	7.83	Ⅴ	1 085	4.69
Ⅲ	564	2.44	Ⅵ	2 275	9.83

续表

商品类别	通报次数（次）	占比（%）	商品类别	通报次数（次）	占比（%）
Ⅶ	1 893	8.18	ⅩⅤ	1 325	5.72
Ⅷ	75	0.32	ⅩⅥ	3 791	16.37
Ⅸ	356	1.54	ⅩⅦ	1 135	4.9
Ⅹ	181	0.78	ⅩⅧ	1 283	5.54
Ⅺ	420	1.81	ⅩⅨ	44	0.19
Ⅻ	183	0.79	ⅩⅩ	1 453	6.28
ⅩⅢ	1 195	5.16	ⅩⅪ	22	0.1
ⅩⅣ	35	0.15	合计	23 153	100

资料来源：依据 WTO 网站，www.wto.org 整理，商品类别具体含义与表 6-3 相同。

3. TBT 通报最终采取措施的次数少

WTO 成员在修改本国进口产品的技术规范、标准、合格评定程序时，需要向其他成员通报并经过 TBT 委员会评议通过后才能采取措施。1995~2016 年成员方新发 TBT 通报次数为 20 134 次，但最终 TBT 评议组裁定可以采取措施的只有 2 492 次，可以采取措施的案件比率只有 12.4%，通过 TBT 设置贸易壁垒的难度远大于反倾销和反补贴。

（十二）SPS 通报总体概况与特点

表 6-9 为 1995~2016 年利用《实施动植物卫生检疫措施的协议》（SPS 协议）提起案件的主要国家及其数量，美国这方面的数量稳居第一，接近巴西、中国以及加拿大的案件数量之和。相对于反倾销和反补贴等措施，SPS 的运用更为便捷，这种出于非价格的因素从而将一国的产品拒于国门之外，让许多出口国的企业难以应对，因 SPS 的推行会受到进口国的严格操纵，这种贸易行为具有非常强的针对性。

由于 SPS 协议针对的是卫生与植物卫生采取的相关措施，故受其影响的商品类别也比较集中，在蔬菜、动植物脂肪、肉类及相关产品和化学制品等容易成为受影响的商品，因此出口这些类别商品较多的国家其遭受 SPS 协议调查的可能性越大。

表 6-9　　1995~2016 年 SPS 的主要发起国家（地区）

国家或地区	案件数（件）	国家或地区	案件数（件）
美国	3 080	厄瓜多尔	264
巴西	1 252	泰国	242
中国	1 217	沙特阿拉伯	241
加拿大	1 098	阿尔巴尼亚	222
秘鲁	980	哥斯达黎加	207
欧盟	842	阿根廷	199
韩国	746	印度	173
新西兰	599	巴林	168
智利	567	俄罗斯	167
澳大利亚	528	乌克兰	146
日本	518	萨尔瓦多	125
中国台湾	446	印度尼西亚	117
菲律宾	377	尼加拉瓜	107
墨西哥	361	阿拉伯联合酋长国	101
哥伦比亚	275	埃及	89

资料来源：依据 WTO 网站，www.wto.org 整理。

可以看到，国际贸易中的不公平现象在反倾销、反补贴以及技术性贸易壁垒上均呈现出一定的特色，在其所针对的商品上、主要发起国的特征上以及遭受贸易不公平待遇的国家特征上均有所表现。制定这些贸易措施的初衷是为了促进贸易的公平进行，但在国际贸易竞争日益激烈的状况下，这些措施在政治或是经济的目的下被用来作为贸易保护的手段，从而严重背离了其最初的目的，因而在基于现有规则的基础上，有必要引入新生事物来实现贸易的公平，电子商务恰巧就能做到这一点。

三、国内贸易不公平现状

国内贸易的不公平主要体现在线上和线下的不公平以及农村和城市贸易的不公平上。

传统的贸易形式受到诸如时间、地域以及交易环节等因素的限制,掌握着较多的市场信息,利用这种信息不对称性能够在贸易中获得一定的优势,但就消费者的角度而言,不同地域的同种商品有差价就会有部分消费者的福利受到损失,这也就有悖于公平贸易的实质。在一个统一的市场中,同一种商品的价格受到地域、时间以及交易环节的影响,这是影响线下贸易公平的主要因素,而随着电子商务的出现,这些贸易不公平的现象正在消失。电子商务这种线上的贸易方式使消费者能够掌握更多的市场信息,可供消费者选择的商品类别大大增多,也更容易形成相对公平的交易价格,而且这种线上的交易方式摆脱了以往线下交易方式的地域、时间以及交易环节的限制,极大地弥补了线下贸易不公平的缺憾。

一直以来,中国城乡发展的差距都比较大,而这也导致了城市与农村在贸易领域呈现不同的发展特色。城市的贸易发展有着更为便利的条件,在商品的供给与需求上更为均衡,与之相对的是农村的贸易发展所面临的许多困境,农村地区在市场信息获取、贸易基础设施以及购买力方面均与城市存在较大的差距,农村地区的贸易不仅仅涉及购买相应的商品,也有将农村产出的农产品向外销售的贸易行为,而对农村地区而言这比购买到商品的需求更加迫切。近年来,农村电子商务的发展,很好地解决了一直以来困扰广大农村地区的问题,借助互联网电商的平台,农村地区可以更方便的购买到类别丰富的商品,也可以为自己的农产品找到较好的销路,进而不断缩减城市与农村地区的差距,推进城市与农村的贸易公平发展。

第二节 电子商务促进贸易公平的机制分析

不可否认电子商务开辟了国际贸易的新途径,在国际竞争日趋激烈、非关税壁垒层出不穷的情况下,能否通过电子商务降低本国遭遇的不公平贸易是各国在进行对外贸易活动时不能忽略的因素。本节将分析电子商务促进贸易公平的机制,我们将会看到电子商务不仅在国际贸易中,而且在农村与城市的贸易公平以及线上和线下的贸易公平上也体现出其特有的魅力。

一、电子商务促进线上线下贸易公平

根据国家统计局公布的数据,截至 2015 年末,在我国的 87 436 家企业中,9.6% 的企业有电子商务交易活动。

2014 年，企业电子商务购销额相比 2013 年增长了 40% 以上，2015 年这一增速有所下降，增速为 13.35%，企业电子商务购销额达到 14.52 万亿元。从 2015 年社会零售额上看，线上零售额占社会总零售额的比重达到 12.88%，并且比重还有望继续提升，线上交易方式已经成为企业业务开展的重要途径。线上交易方式成为企业开展业务重要途径的原因在于线上交易方式使得企业的销售范围扩大，企业的销售信息受众增加，同时电子商务交易方式破除了传统区域间贸易中的贸易保护行为。

贸易保护的一个表现即为本土偏好，具体的体现在一国的国内贸易水平远高于该国的国际贸易水平。一些学者表明在国际贸易中确实存在本土偏好的现象[1]。贸易保护不仅存在国际贸易中，国内贸易中也存在贸易保护。从一国角度来看，国内市场中的贸易保护体现为地方保护主义。国际上研究地方保护主义的文献并不多，而国内的一些学者从中国国内市场出发研究了国内贸易中的地方保护主义的现象，考虑到数据的可得性，我们仅以中国市场为例分析不公平贸易。目前中国仍然存在地方保护主义，虽然与二十多年前相比程度已有大幅减轻，但地方保护的现象仍然存在[2]。

电子商务的出现则改变了这种线下贸易模式中存在的不公平现象，使贸易行为突破地域与时间的限制，改变着不公平贸易的现状。而随着电子商务的不断发展，线上、线下融合的贸易方式正在兴起，线上店铺拥有着巨量的交易信息，掌握着便捷的交易方式，而线下的实体企业则可以让消费者拥有真实的购买体验，这种线上交易线下体验的方式，正在试图结合线上线下贸易方式的优势，同时也弥补了两种交易方式各自的不足，促进线上与线下的贸易公平发展。

二、电子商务促进城市和农村的贸易公平

在传统贸易模式中商品从生产者到消费者之间要经历多重中间商的程序，在中间商层层加价的基础上，最终消费者需要承担高昂的产品价格，这导致了生产者与最终的消费者之间的信息不对称，尤其是在产品进行跨区域销售时，使得非当地市场的产品在与当地市场的产品的竞争中处于不公平的地位。而电子商务的出现改变了这种状况，基于互联网时代的信息易于获取，且伴随着专业化物流供应的普及，这种因地域等因素而造成的信息不对称的贸易将极大程度的减少。

---

[1] Wolf H. C. Intranational Home Bias in Trade [J]. *Review of Economics and Statistics*, 2006, 82 (4): 555–563.

[2] 行伟波、李善同：《本地偏好、边界效应与市场一体化——基于中国地区间增值税流动数据的实证研究》，载于《经济学》（季刊）2009 年第 4 期。

在中国，农村的互联网普及率远不及城市，但移动互联网因及接入成本较低，只需要一部智能的移动电话就可以接入互联网，因而其在农村的发展速度较为迅速且已经成为农村地区互联网使用的主要方式，① 这为农村地区电子商务活动的普及提供了有利的切入口。

中国国内市场有巨大的消费需求可以挖掘，那么农村消费市场绝对是极有前景的，随着农村消费水平的不断提升，越来越多的农村年轻群体正在改变着农村地区的消费结构，农村与城市的消费将会越来越趋同，商品的生产厂家不会因为产品的销路问题而忧虑，因为农村地区的消费力量加入进来之后对整个市场的拉动作用将是非常明显的。而中国的广大农村地区享受到的电子商务的福利却远不止于在网上购物这么简单，对于以第一产业为主的农村地区来说，将其生产出来农副产品以理想的价格销售出去，可以说是电子商务带给他们最大的实惠。

在以往，农村地区的产品受限于交易信息以及物流运输的能力，农民生产出来的农副产品要么选择在当地小范围的进行零售，要么被动等待着中间商的批量收购，否则生产的产品无法销售而导致农民无法获得收入，而中间商在收购农产品的过程中出于对自身利益最大化的考量会倾向于压低收购的价格，以在转手商品时获得较高的利润。农村电子商务的普及则改变了这一现象，它使得农民可以自己主动联系有收购意愿的买方机构或者直接将产品销售给最终的消费者，从而使得农民或是最终消费者都可以得到极大的福利。在电子商务交易的过程中，甚至一位个体的农民可以与市场上大的零售商一样直接面对消费者，而省略中间层层的中间商，双方信息的畅通使得产品在更大的地域范围内能够获得公平的交易价格，专业化的物流配送体系让买卖双方不再担心路途远运输慢的问题，传统企业依靠信息不对称取得的各种行业壁垒在电子商务时代作用将极大的降低。而农村经济的发展则依靠电子商务这一新模式的推动而获得极大的活力。

不仅如此，对于具有农村特色的商品除了农副产品外还有特色的农村区域文化、特色景观等，而这些也可以很好地作为在电子商务平台上交易的商品，通过O2O等电子商务的方式来推广农村的这些特色商品，可以使广大农村地区做到与正规景区一样有着对外宣传的效果，吸引城市群体的消费者前来消费，从而将这一商品推销出去公平的参与市场竞争，促进农村地区的经济提升。

三、电子商务促进国内外贸易公平

与国内贸易中的地方保护主义相对应的是国际贸易中的贸易保护现象。一些

---

① 王永生：《农村电子商务》，甘肃教育出版社2016年版，第24页。

国家打着保护国内幼稚产业或者维护国民生命健康安全的旗号对进入本国市场的国外产品征收不合理的超高关税或者直接禁止进入本国市场，形成了贸易保护。最初贸易保护表现为对进入本国市场的产品征收高关税，但是关税壁垒容易遭到贸易伙伴的指责同时也容易遭遇贸易报复，在这种情况下，隐蔽的非关税壁垒成为一种更加高明的贸易保护方式。2008年金融危机给大多数国家的经济造成重创，普遍认为的观点是当前世界经济仍然未能从经济危机的阴影走出来，国内市场不景气、经济增长缓慢、失业率上升等经济危机的产物仍是摆在各国政府面前的难题，许多国家将战略眼光放到促进外贸稳定增长上。国际市场竞争加剧使得贸易保护问题变得更加严重，具体表现即贸易摩擦次数不断增加，想要从国际贸易中获得好处变得愈发艰难。与此同时，2014年以来中国的跨境电子商务焕发出郁郁生机。短短一年内国内市场上涌现出了十几家开展跨国网购业务的企业，纷纷想要从海外市场上分一杯羹，"海淘"似乎变成了一种时尚。《中国电子商务报告2016》显示，2016年我国跨境电子商务货物贸易进出口额达24.33万亿元，其中出口额为13.84万亿元，进口额为10.49万亿元。此外，我国的跨境电子商务贸易伙伴数量也在迅速增加，2014~2015年我国的跨境电商贸易伙伴覆盖了全球220多个国家和地区[①]。

  中国市场跨境电子商务之所以如此火爆，离不开政府的政策扶持，2013年开始国务院密集发布了一系列跨境电商利好政策，跨境电商开始迎来"春天"。跨境电子商务开启了外贸增长的新动力，但是跨境电商在业务开展过程中遇到了一系列的难题，首要问题就是在货物通关时面临手续烦琐、效率低下的问题。跨境电商的特点是货物零散、批次较多，给海关的通关效率提出了更高要求。为解决跨境电商发展的瓶颈，国务院陆续发布了一系列支持跨境电商稳定发展的指导意见，大刀阔斧地解决制约跨境电商发展的障碍，建议海关、质检和税务机关优化管理程序，进行信息共享，实现单一窗口完成通关手续，提高通关效率。为响应国务院号召，中国电子商务研究中心制定了《促进电子商务发展三年行动实施方案（2016~2018年）》，围绕电子商务基础设施建设制订了详细计划，敦促公安部门、商务部、信息部、国家发改委、海关总署、质检总局、税务部门等十几个政府部门加强合作，实现信息共享，旨在实现海关、港务、质检、邮政和税务等部门的对接，提高跨境电商通关效率。2016年4月，深圳跨境电子商务通关服务平台上线为电子商务的发展提供了又一助力。跨境电商在通关服务平台上备案，商品销售后电商企业、物流公司、支付企业向服务平台提交单据，跨境电商服务平台审核后自动生成货物清单，随即货物被运输到跨境电商监管仓库，海关

---

① 中国国际电子商务中心研究院：《跨境电子商务发展报告》，2016年，第40~42页。

根据跨境电商服务平台提供的货物清单对货物进行审核,审核通过后放行,电商企业再根据报关单向税务部门申请退税。政府部门前期发布了推动电子商务基础设施建设的系列政策,在这一过程中,真正实现了无纸化作业。单据的电子化和政府机构监督管理机制的优化使得企业、海关、质检和税务部门的信息共享变得更加快捷,单一窗口实现报关的目标正一步一步被实现,海关、质检及税务部门越来越向一体化方向发展,为电子商务发展提供了坚实的基础。

可以说跨境电子商务贸易方式的横空出世打破了国际贸易市场上的僵局,推动国际贸易朝着更加公平的方向前行。在传统贸易方式下,消费者通过外贸厂商获得国外产品,最终能够到达消费者手中的仅限于经过政府层层筛选后的商品。这一过程中在政府干预下,一些可能会威胁本土产业发展的商品被拒之门外,可以说这时政府主导了消费者的需求。但在电子商务的销售方式下,消费者可以借助电商平台直接获得国内外商品信息,商品通过邮件的方式到达消费者手中,消费者化被动为主动。国际贸易中的竞争归根究底是价格的竞争。在国内贸易中,外地商品欲进入某地市场需要缴纳市场准入费,国际贸易中也需要缴纳关税,经过关税的层层加价,能够进入市场的商品往往价格昂贵,在与国内市场类似商品的竞争中处于不利地位,一些商品可能根本没有机会进入一国市场。虽然在跨境电子商务的贸易方式下关税仍然不可避免,但是出于贸易保护目的征收的不合理的反倾销反补贴税可以规避,这些都导致企业的成本降低,能够以更加公平的价格与国内产品竞争,不公平贸易程度有所缓解。此外,一些贸易技术壁垒形成的屏障也被打破,政府"这只手"的力量在这种新型贸易方式下被大大削弱。国际贸易中优势的保持不能再仅依靠贸易保护手段维持,不断进行创新实现产品多样化、提高产品质量才是维持竞争优势和安身立命之本。

电子商务在促进线上线下贸易公平的过程中促进了企业间资源的合理分配和有效利用,提升了企业经营效率,使地域不再成为商业发展的限制。其在促进城市和农村的贸易公平的过程中着重解决了由信息不对称所产生的贸易不公平问题,同时电子商务的发展使城市和农村之间的发展日益紧密地联系在一起。电子商务在促进国内外贸易公平中通过推动海关、税务以及质检等平台一体化的进程加速了跨境电商的发展,促进着国际贸易向着更加公平的方向发展。

第三节 电子商务与税负公平

电子商务作为一种新兴交易方式在世界范围内广泛传播,已经成为人们的重要生活方式。随着电子商务交易方式的大获成功，电子商务征税问题开始引起人们的关注。

一、电子商务与纳税制度

（一）电子商务交易方式的兴起形成了对传统纳税制度的冲击

根据国际会计准则，可以将税种分为所得税和流转税，在所得税纳税制度中各国根据税收管辖权对纳税主体征税，纳税管辖权又可以分为属地管辖权和属人管辖权。属地管辖权意味着一国政府有权对发生在其辖区内的应税行为征税，如中国现行法律规定在本国收入源自本国的纳税人无论是否为本国公民、法人都要向中国政府缴纳税款。属人原则则规定一国可以向本国公民、法人征收税款而不论本国公民、法人的应税收入是在境内取得还是在境外取得。流转税国际税收管辖权分为来源地原则和消费地原则，目前各国涉外流转税征收普遍采用消费地管辖权原则。由于电子商务交易方式具有隐匿性、无纸化的特点，交易发生的地点、消费地点和涉及的金额不能可靠确定，通过电子商务方式交易的用户能够轻而易举地躲避税收制度的监管，依托传统税收管辖权界定建立的税收制度在电子商务领域失效。

（二）各经济组织电子商务纳税制度的差别

对电子商务活动征税存在难度，同时电子商务作为一个新兴产业，出于鼓励新兴产业发展的目的，电子商务出现后相当长的一段时间内各国均采取电商免税政策。目前，各国电子商务已经初具规模。国际上关于电子商务纳税的问题开始出现分歧。关于所得税的征收不存在争议，各国普遍对国内电商征收所得税，仅在税率方面存在差别。但对于流转税的征收存在不同意见，尽管1998年10月在加拿大渥太华召开的部长级会议上OECD成员对电子商务征税问题在原则上达成了一致，主张电子商务活动需要缴纳增值税和消费税，但实际上不同国家实施的流转税征收政策并不相同，大体上可以划分为以美国为代表的免税派和以欧盟为代表的征税派两大阵营。

美国作为电子商务最初的兴起国，在电子商务征税问题上一向主张不征收流转税的原则。1996年11月，美国财政部发布了《全球电子商务选择性的税收政策》对互联网上交易的产品和劳务都不征收增值税和消费税，同时美国与欧盟成员国签订了为期一年的免税协议，要求欧盟成员对彼此间开展的电子商务不征收流转税，但协议期结束后不久欧盟就规定线上交易同样也要缴纳增值税、消费税，同时促使美国对互联网交易活动征收流转税。迫于欧盟施加的压力，1998年9月美国国会颁布《因特网免税法案》决定对在线销售活动实行3年的缓征期，但2000年5月美国众议院决定将征税的开始时间延长到2006年。2007年11月1日美国总统布什签署法案，再次将免税时间延长到2014年11月1日。为维护公平竞争的环境，使得线下销售商能够与在线商家公平参与市场竞争，2011年9月，部分参议员向美国国会提出了《市场公平法案（2011）》，该法案要求对在线销售的商家同样也征收消费税，但该法案最终并没有获得通过。截至目前，在美国现行法律下，只有当在线零售商在某个州拥有实体店的情况下政府才能向其用户征收消费税。

与主张免税派的美国不同，欧盟主张对在线销售的商家同样也征收流转税。在1996年11月与美国签订的免税协议期满后，1998年欧盟开始要求对电子商务征收增值税。2002年5月，欧盟发布《增值税指令》，规定对所有的非欧盟企业在欧盟取得的电子商务收入都要缴纳征收增值税，无论是否为欧盟居民都要通过互联网交易都要缴纳增值税、消费税。在欧盟成员内部，2002年英国颁布《电子商务法》再次明确规定凡在通过互联网销售的产品都要缴纳增值税，并明确了不同商品使用的不同等级的增值税率。在英国之后，德国开始也颁布法案明确规定各类商品对应的增值税率。经过多年的发展，欧盟已经形成了一套比较完善的电子商务纳税制度。

广大发展中国家的电子商务起步较晚，出于扶持新兴产业的目的，发展中国家普遍采用的是对线上交易活动只征收所得税的政策，对增值税、消费税之类的流转税则采取不征税政策。

（三）我国的电商纳税制度

电商免税制度造成的税负不公不仅体现在国际间跨境电子商务贸易中，在国内贸易中电商免税制度也会导致税负分担不公，阻碍公平贸易实现。

中国的电子商务属于起步较晚的一批国家，但电子商务这种购物模式在进入中国后就开始以前所未有的速度发展，目前为止，我国已经形成了以"淘宝""天猫""京东"等为代表的电商市场。在电子商务兴起之初，为扶持新兴产业发展，国家对于电商企业实行免征增值税政策，电商企业得以凭借低廉的成本参与市场竞争。但伴随着我国的电子商务发展迅猛发展，线下零售商的生存空间不断被挤压，关于电商征税的话题开始被频繁提起。

国内关于电商企业是否应当纳税的意见主要分为两派：一方是免税派，主张电商免税政策小企业免税；另一方则是征税派，主张出于税负公平起见电商也应当征税。两方人马关于纳税的争议源于两派盈利模式的差别。线上销售的模式可以分为"B2B""B2C"和"C2C"三种模式。"淘宝""天猫商城""京东商城""苏宁易购"等电商平台存在"B2B""B2C""C2C"卖家，但不同平台各种卖家所占比重存在差异。我国现行税法规定对于月销售额低于 3 万元的小微企业不用缴纳增值税，"淘宝"上的众多"B2C"卖家均满足免税条件，因此不需要缴纳增值税，而京东卖家主要是"B2C"卖家，月销售量大，需要依法纳税。此外，除"B2B""B2C"卖家便于进行税收征收，以"淘宝""天猫"为代表的电商平台卖家主要是个人卖家，以"C2C"的方式开展业务，个人卖家无须到工商部门进行注册，纳税机构就无法向个人卖家征税，这部分卖家主要实行的是"不开票不纳税"政策，甚至有一些"B2C"卖家伪装成"C2C"卖家，逃避缴纳增值税。而以自营业务为主的"京东商城""苏宁"等平台以"B2C"方式进行商业活动电商企业以及线下大批零售企业就需要依法到工商企业部门注册并依法缴纳税款，形成线上线下税负分担的不公平。卖家缴纳的增值税以及消费税等最终还是要转嫁给消费者，与需要纳税的卖家相比，线上销售卖家不用纳税自然更能够以低成本的价格进入市场，给线下销售商造成威胁。

二、电商是否应该纳税

早在十几年前国内就有人提出电商也应纳税，格力董事长董明珠、苏宁董事长张近东都曾公开表示电商已经对传统产业造成冲击，为维护纳税公平，应对电商征税。2015 年 4 月，北京、上海、江苏、山东、深圳等一些全国重要省市税务部门相继约谈辖区内的电商企业，引发大量关于电商纳税的猜测，但是 5 月 5 日中国税务总局发布的《关于坚持依法治税更好服务经济发展的意见》规定税务部门不得对某一新兴行业或者新型商务模式进行纳税调查，侧面否定了电商纳税的传言，这一消息给一些电商吃了"定心丸"。但 2017 年"两会"期间有观点认为应当促进纳税公平，营造电商与实体店公平竞争的环境。尽管电商纳税存在种种困难，但是国际上一些经济组织已经提供了可供借鉴的经验，电商纳税（尤其是"C2C"卖家征税问题）应该逐步提上日程。

（一）电商免税制度造成的纳税损失数额巨大

根据增值税暂行条例规定，我国境内法人、从事增值税应税行为的一切单位、个人以及虽不从事增值税应税行为但赋有代扣增值税义务的扣缴义务人都是增值税的纳税义务人。企业法人，无论是在线经营还是实体店销售都需要缴纳企业所得税，满足纳税条件的还要依法缴纳增值税、消费税，由于企业设立必须到工商部门进行注册,因此企业法人的纳税行为容易受到监督和稽核,但线上销售的"C2C"卖家不需要进行工商注册,其纳税行为也无法加以监管。增值税课税范围广的特点决定了增值税收入是我国中央财政收入的重要部分,根据2016年中国电子商务报告显示,2016年我国仅服务业在线零售交易达3 470亿元,其中"B2C"业务零售交易额2 040亿元,"C2C"业务的零售交易额为1 430亿元,若长久实行个人卖家免税制度必然会导致大量税收流失[①]。

(二) 电商免税制度不利于维护市场秩序

2013年苏宁集团董事长在"两会"上一纸提案提出电商纳税的主张,国税局尚未做出回应就引来众多电商卖家的口诛笔伐。低价是电商在激烈的市场竞争中取胜的关键,电商征税可能会影响个人卖家及一些小微企业的生路,但是应当看到正是由于这种不正当的价格战导致电商市场的乱象丛生。为降低成本,一些卖家销售假冒伪劣产品,一些侵犯知识产权的行为横行,损害消费者利益的同时也破坏了市场秩序。此外,大量电商卖家为提升店铺等级进行刷单,甚至捏造虚假买家好评,增加了消费者甄别信息的难度,损害消费者的利益。电商征税要求卖家根据发票缴税,一定程度上起到监督卖家行为的作用,这样能够有效规制电商市场的乱象,帮助电商市场健康成长。

(三) 商家痛失领地,电商免税制度有失公平

在线购物方式有节约时间、方便快捷、价格低廉、商品种类繁多等诸多优点,在过去十几年中我国的电子商务迅速发展,但是盈利的大部分是"C2C"卖家,而"B2B""B2C"业务并没有获得高额利润,甚至一直处于亏损状态。税法并没有严格规定在线销售商家的税收稽核制度,"C2C"卖家凭个人意愿向税务机关纳税。开展"B2C"及"B2B"业务的卖家必须缴纳增值税,"C2C"卖家具有天然的竞争优势,这种现实甚至使得一些实际上属于"B2C"业务的卖家伪装成个人卖家以达到避税目的。这也是"C2C"业务为主的"淘宝""天猫"处于盈利状态,而"京东""苏宁"这些以自营业务为主电商卖家长期处于亏损状态的原因之一。至于线下零售商,电商也在逐渐蚕食其市场份额。电商的优势:其一,在线购物的方便快捷、透明度更高;其二,成本优势。根据麦肯锡研究,网上销售的产品价格可以比线上销售价格低6%~16%,一些个人买家及企业买家甚至到实体店挑选商品,但却根据选中的产品商标、型号直接到网上购物或者订货,造成实体店客户流失。这些电商优势充分发挥的结果是线下零售商销

---

① 中国国际电子商务中心研究院:《电子商务服务业发展报告》,2016年,第17~22页。

售额和利润的下降。电商盈利能力更强似乎已经成为民众普遍的认知。2017 年 6 月 16 日，美国电商巨头亚马逊宣布收购美国生鲜杂货连锁超市全食公司，这一举动直接导致全食超市的竞争对手股价大幅下跌，次日股票市场上美国最大的零售巨头沃尔玛的市值蒸发 314 亿美元。线下购物固然能为消费者带来舒适的购物体验，但社会的总需求总是有限的，线上业务与线下业务还是处于一种此消彼长的状态，出于长远考虑，还是应当平等对待线上、线下商务活动，推动和塑造公平竞争的制度环境，确保平等的法律待遇。

（四）国内电商已经渐入正轨，理应还商家一个公平的市场环境

国内关于纳税的呼声越来越高，但政府部门在这个问题上一直保持着比较谨慎的态度，一方面担心对电商征税会阻碍其发展，另一方面又出于振兴实体经济发展的目的想要缩小两者的竞争优势差距。在电子商务产业形成之初，实施电商免税制度确实能够降低在线零售商销售成本，取得竞争优势，帮助这一新型商业模式走向成熟，但 2016 年中国电子商务报告显示中国网络购物用户规模已经达到 4.67 亿人，网民规模增速放缓，电子商务已经有了足够的用户基础。报告还指出，2016 年我国网上零售交易额达 5.16 亿元，占全球电子商务零售市场交易总额的 39.2%，连续多年成为全球最大的网络零售市场[①]。2012～2016 年我国的电子商务交易总额增长速度开始放缓，已经进入了一个平稳增长的阶段，支撑电子商务发展的电子支付、物流、认证服务体系也日渐完善。中国的电子商务市场逐渐发展成熟，出于维护公平竞争的目的，"幼稚产业保护理论"也理应存在一个期限，不应仅为扶持电子商务发展过度苛责企业卖家。

三、如何建立完善的电商纳税制度

依据《中华人民共和国税法》（以下简称《税法》）的规定，只要产生了应税行为就要纳税，不管是线上的应税行为还是线下的应税行为，但一直以来税法所考虑的征收形式多是针对线下实体经营的企业，这样的企业因办理有工商注册登记手续，在注册地有明确的经营场所，因而比较容易实现税收的征管。而电子商务企业的交易行为则完全发生在线上，针对线上交易行为的征税是我国税收征管所面临的新课题。

电子商务主要可以分为 B2C（business to customer）、B2B（business to business）、C2C（customer to customer）三种模式，其中 B2C 以及 B2B 模式中线上企

[①] 中国国际电子商务中心研究院：《2016 年中国电子商务发展总报告》，2016 年，第 1~5 页。

业因其具有相对较大的规模应是办理过工商注册登记的，其所实施的经营行为可以通过"以票控税"的方式来达到征税的目的，"C2C"模式下买卖双方均为个人，其销售货物或提供劳务服务等行为是否办理过工商注册登记未能实行严格的监管，因此C2C模式下即使产生了大量的应税行为，税收征管部门也难以对其征税。由此可见，对电子商务的征税难点主要集中在未经注册登记难以实现有效监管的各类电子商务应税行为中，在明确了应当对电子商务进行征税这一点后，就要针对这种交易方式制定有效的税收征管办法。

电子商务活动主要涉及的税种包括增值税和所得税（包括企业所得税和个人所得税）等，而我国的《税法》规定"在中华人民共和国境内销售货物或者提供加工、修理修配劳务以及进口货物的单位和个人，为增值税的纳税义务人"，在明确权责范围的前提下针对电子商务企业的税收谁来征收谁来监管，需要结合我国相关法律来进行制定，为了实现税收公平的目的，电子商务企业的征税应和实体企业适用同一部税法、实行同样的税率，当下争论较多的是将电子商务做为一种新兴的产业来对待，故而应该对其进行税收政策的倾斜，而我国税法中已经有对于小微企业的税收优惠，电子商务中难以进行监管的"B2C"和"C2C"部分中大多企业是满足税收优惠条件的，故不应再另行对其制定新的税收优惠措施，而对于目前已经登记注册的大型线上企业店铺，它们已经与线下企业一样实行了纳税行为，而电子商务通过不断地发展也证明了其对于线下实体企业所具有的优势不仅仅是基于税收而产生的，这也就更加印证了对电子商务企业的征税不会对其优势产生质的影响。

由于我国税法实行的是属人兼属地的原则，因而税法在电子商务的适用上也应该坚持属人兼属地的原则，要对电子商务企业进行征税，就必须明确纳税的主体以确保税务机关对纳税人的纳税行为进行监管，虽然主动申报纳税是每个公民应尽的义务，但依靠公民的自觉性来实现税收的有效征收毕竟还不太现实，因而在对电子商务征税的过程中可以重点做好以下方面工作来确保征税能够顺利有效的进行。

（1）进行线上销售的电子商务企业和个人均应进行真实身份的登记注册，电商平台应设立有效的电商准入机制，使具备资质的企业才可以依法从事电子商务活动。

（2）简化电子商务企业纳税流程，充分发挥电商平台的优势，挖掘电商平台成为税收监管助手的潜力。

（3）目前国家工商总局网站已经推出了"全国网络交易平台监管服务系统"，各相关单位间应充分协作形成对于电子商务企业经营活动的有效监管，确保各纳税人依法纳税。

（4）电子商务的发展越来越呈现线上和线下相融合的方式，因此对于线上和线下企业的税负公平问题更应该认真对待，要做到线上线下税收征管同等对待。

第四节　电子商务促进贸易公平——来自国际贸易的证据

在第二节我们已经论述了电子商务促进贸易公平的机制，但是仍需要经实证检验电子商务是否确实可以促进贸易公平。尽管已经有一些文献论述了电子商务对国际贸易发展起到的促进作用[①]，但能否通过开展电子商务缓解不公平贸易的研究仍然甚少。本书拟从电子商务发展的角度分析电子商务的开展能够减少国际贸易中的不公平贸易，与已有文献相比本书的创新点在于：（1）本书从遭遇国的角度研究一国屡遭反倾销、反补贴调查的原因。（2）本书引入电子商务发展程度，利用1995～2015年WTO成员方发起和遭遇的反倾销、反补贴申诉面板数据研究电子商务能否降低一国遭遇反倾销、反补贴调查频率。完成回归方程构建与相关的数据说明之后，为电子商务的发展对于一国遭受反倾销和反补贴调查进行实证分析。

一、回归方程构建

本节通过模型构建的方法来探究电子商务的发展与一国遭受反倾销和反补贴调查之间的变化关系，从而分析电子商务的发展是加剧了还是减少了一国遭受反倾销和反补贴调查的数量。

模型设定

$$Y_{it} = f(E_{it}, X_{it}, \varepsilon_{it}) \tag{6.1}$$

其中，Y_{it}为回归方程中的因变量，在这里代表AD_{it}和CV_{it}，其中AD_{it}表示i国t年遭受反倾销调查案件的数量，CV_{it}代表i国t年遭受反补贴调查的案件数量，$f(\cdot)$表示各解释变量与被解释变量的函数关系，E_i表示i国t年电子商务测试指标变量，X_i表示i国t年相关控制变量，包括GDP增长率、汇率、出口额占GDP比重和失业率，ε_i表示i国t年其他相关影响因素。本书将按照惯例使用

[①] Terzi, N. The Impact of E-commerce on International Trade and Employment [J]. *Procedia Social and Behavioral Sciences*, 2011, 24: 745-753.

负二项回归方法研究电子商务是否会减少一国遭遇反补贴调查的次数[①]。

在实际生活中我们经常会遇到一些因变量是非负离散数据的情况,如航空公司发生飞行事故的次数、一年中降雨的天数以及在某一地区野生动物的数量等,这类数据我们又叫作计数数据。计数数据的特点是通常方差比较大,异方差现象比较严重,在这种情况下最小二乘(OLS)估计量将变得有偏差且非有效,这是因为最小二乘方法的前提是不存在异方差。在因变量是计数数据的情况下,我们通常建立计数模型,利用泊松回归(Poisson Regression)或者负二项回归(Negative Binomial Regression)分析某一事件发生的可能性和影响因变量发生的因素。计数模型在实际生活中的应用十分广泛,例如,在每次世界杯赛事之前,彭博会用计数模型实现较为准确地预测球队的输赢。实际生活中很多事件发生的次数都服从泊松分布,此时,我们就可以建立泊松模型对事件发生的概率进行预测。泊松回归的前提是被解释变量的期望和方差一定相等,即均等分散(Equidispersion),但在实际生活中很多数据并不满足这个条件,有些数据方差超过均值,即存在过度分散(Overdispersion)的现象,这时就需要负二项回归模型解决这种问题。根据表6–10和表6–14核心变量及主要影响因素的统计描述能够看到因变量存在过度分散问题,因此我们将采用负二项回归法分析电子商务与遭遇反倾销和反补贴调查频率之间的关系,同时由于本书利用1995~2015年WTO成员遭遇的反倾销和反补贴调查数据,因此本书使用面板负二项回归方法。

在对面板数据的处理中通常有固定效应模型和随机效应模型,二者在使用中也有不同的要求,随机效应模型要求回归方程的误差项与解释变量不相关,而固定效应模型中误差项与解释变量可以相关,本书在回归方程中仅是选取了部分主要的解释变量进行控制,故误差项中包含有其他在一定程度上与解释变量相关的因素,为了使回归结果尽可能精确,因此在回归中选取负二项固定效应模型为主进行分析,同时以随机效应模型分析和混合OLS回归结果作为补充。

二、变量选取与数据说明

(一)核心控制变量

电子商务的发展情况是核心控制变量,根据WTO于1998年9月总理事会通过的电子商务工作方案,电子商务可以定义为为了工作计划的目的,在不损

[①] 王孝松、谢申祥:《中国究竟为何遭遇反倾销——基于跨国跨行业数据的经验分析》,载于《管理世界》2009年第12期。

害其结果的前提下,"电子商务"一词被理解为指通过电子渠道生产、分销、销售、销售或交付货物和服务。同时还规定了服务贸易理事会、货物贸易理事会、TRIPS 理事会以及贸易和发展委员会四个世贸组织机构负责执行电子商务工作方案。

然而对于如何衡量一个国家或地区的电子商务发展水平目前并没有统一的规范,而欧盟（EU）、亚太经合组织（APEC）以及 OECD 国家等都在尝试整理其电子商务发展的数据,因为不同地区的统计方法以及统计口径的差异,简单地将这些区域的电子商务统计资料对比是不明智的,因此我们从世界银行的数据库中选取了每 100 人固定宽带互联网使用量、每 100 人移动电话使用量以及每 100 人互联网使用量作为本书电子商务的简单的发展测度指标。

$broadband_{it}$:出口国 i 在 t 年的每 100 人固定宽带互联网使用量；

$mobile_{it}$:出口国 i 在 t 年的每 100 人移动电话使用量；

$internet_{it}$:出口国 i 在 t 年的每 100 人互联网使用量。

这三个变量与电子商务的发展是紧密相连的,电子商务作为一种交易方式必定是通过一定的媒介进行交易过程,而以上这三个变量中包含的宽带、移动电话和互联网正是电子商务赖以生存和发展的媒介基础。

（二）其他控制变量

本书将 1995~2015 年遭遇反倾销、反补贴调查的国家遭遇的双反案件数量作为被解释变量。WTO 组织成员签订反倾销、反补贴、技术贸易壁垒协议的初衷在于营造一个公平的国际贸易环境,促进公平贸易的开展。但是在实践过程中,反倾销、反补贴调查和技术贸易措施逐渐成为 WTO 成员方进行贸易保护的手段。由于数据的可得性,本书在实证部分仅以反倾销、反补贴案件数量刻画贸易保护程度,则一国遭遇反倾销、反补贴案件调查的次数越多,表明国际贸易市场上贸易保护的可能性越大,本书所考察的国家遭遇的反倾销、反补贴调查案件量数据来自 WTO 反补贴案件数据库,WTO 根据成员提交的半年报整理每年 WTO 成员遭遇反补贴案件调查次数,欧盟成员每年分别向 WTO 提交本年本国遭遇的反补贴案件量,为了避免重复统计,本书将删除欧盟所有成员各自统计的本国遭遇反补贴调查案件量。

在电子商务之外,基于已有文献研究发现的影响一国遭遇反倾销、反补贴调查因素,本书将以下因素作为控制变量：

$unemp_{it}$:出口国 i 在 t 年的失业率,马克思在政治经济学曾论述道失业人口的存在一方面起到劳动力蓄水池的作用,为生产过程提供产业后备军；另一方面失业人口的存在使得资本家能够不断压低工资水平。一国失业率水平提高,资本家用于支付工人工资的部分减少，劳动力成本的降低使得单位产品成本下降，本国在产品出口上居于有利地位，更容易被其他国家提起反倾销或反补贴调查。

$gdpr_{it}$：出口国 i 在 t 年的 GDP 增长率，该变量用来考察不同经济增长水平的国家其出口产品遭受反倾销或反补贴调查的情况，出口国在经济增长出现放缓迹象时会倾向于通过扩大出口量来提振本国经济，进而影响其遭受反倾销或反补贴调查的数量。但同时根据已有文献，本国经济增长速度加快会为本国招致反补贴调查的原因在与有些国家发起反补贴调查的对象存在偏好，主要针对那些经济增长速度较快的国家。因此，经济增长速度加快能否缓解反倾销、反补贴案件频发的现象并不确定。

$export_{it}$：出口国 i 在 t 年的出口额占 GDP 比重，一国的出口额占 GDP 的比重越高，其整体经济对出口的依赖就越严重，越易形成出口导向型的经济模式，而这在客观上增加了出口国产品遭受反倾销或反补贴调查的可能性。

$exchangerate_{it}$：出口国 i 在 t 年对美元的汇率，该汇率为官方汇率即由一国官方决定的或者是经合法批准的外汇市场决定的汇率，其每年的均值是基于每月的汇率均值计算而来的。汇率的变化与一国的出口活动紧密相关，一般认为同等条件下一国或地区货币对美元汇率越高，其产品在出口时越具有价格优势，也正是因为如此，出口国的产品更容易遭受进口国发起的反倾销或反补贴调查。

（三）数据说明

1. 电子商务数据

电子商务数据是基于世界银行数据库中对于每 100 人固定宽带互联网使用量、每 100 人移动电话使用量以及每 100 人互联网使用量的统计而得到的 1995～2015 年的数据，其中每 100 人固定宽带互联网使用量在 2000 年之前存在较多缺失的情况，因此本书的回归分析中仅将其作为一种补充的稳健性检验部分放进回归结果中，而每 100 人移动电话使用量以及每 100 人互联网使用量数据则相对较为完整，但仍有小部分数据缺失，本书已经通过线性预测的方法将数据补齐。

2. 控制变量

基于世界银行的数据库，其中 GDP 增长率和出口额占 GDP 比重相对较为完备，而失业率则缺失 2014 年度和 2015 年度数据值，为此本书在 EXCEL 中使用 TREND 函数是基于前三年的数值拟合出各国 2014 年度和 2015 年度的失业率数据，各个国家（地区）的货币与美元之间的换算比率为世界银行已有的数据资源，而如部分国家法国和德国等加入欧元区之后本国的流通货币为欧元，而世界银行中没有关于欧盟和美元之间的汇率数据，故这部分数据使用美国农业部官网的汇率数据进行填补。

通过 WTO 的数据库整理得到反倾销与反补贴的数据，同时基于世界银行 WDI 数据库获得相关国家电子商务发展水平刻画的数据，建立负二项的面板数据回归模型。通过参照前人的研究成果，从出口国遭受反倾销与反补贴的角度入手分析，在控制失业率、人均 GDP 增长率、出口额占 GDP 比重以及汇率因素的基础上，分析电子商务对一国遭受反倾销或是反补贴调查的影响，进而探讨电子商务的发展对于贸易公平的影响。

三、实证分析

（一）反倾销部分

1. 样本信息描述

反倾销数据回归设定中的被解释变量即各国遭受反倾销的数量来自 WTO 反倾销数据库（www.wto.org），该数据库记录了从 1995 年以来各国遭受反倾销调查的面板数据，本部分从总的反倾销数据中剔除了部分遭受反倾销数量极少的国家（地区），并最终选取了以下 62 个国家（地区）的数据进行回归分析，它们分别是阿根廷、澳大利亚、奥地利、白俄罗斯、比利时、巴西、保加利亚、加拿大、智利、中国、捷克、丹麦、埃及、爱沙尼亚、欧盟、芬兰、法国、德国、希腊、中国香港、匈牙利、印度、印度尼西亚、伊朗、爱尔兰、以色列、意大利、日本、哈萨克斯坦、韩国、立陶宛、中国澳门、马来西亚、墨西哥、荷兰、新西兰、挪威、阿曼、巴基斯坦、秘鲁、菲律宾、波兰、葡萄牙、罗马尼亚、俄罗斯、沙特阿拉伯、新加坡、斯洛伐克、南非、西班牙、斯里兰卡、瑞典、瑞士、泰国、土耳其、乌克兰、阿拉伯联合酋长国、英国、美国、乌拉圭、委内瑞拉和越南。所选取国家中并不是所有国家每年都会遭受反倾销调查，因而会存在一些国家有些年份数据为 0 的情况。表 6 - 10 为反倾销回归方程中涉及的相关变量描述性统计结果。

表 6 - 10   反倾销回归中相关变量的描述性统计

变量名	均值	标准差	最小值	最大值
AD	3.535	7.836	0	78
broadband	12.87	12.21	0.000203	49.37
mobile	72.61	53.79	0.00802	324.4

续表

变量名	均值	标准差	最小值	最大值
internet	35.73	29.91	0	96.81
unemp	7.761	4.512	0.700	36.52
gdpr	3.405	4.004	-20.35	26.75
export	45.39	34.14	6.730	230.3
exchangerate	596.9	2 767	0	29 011

注：其中 AD 表示一国遭受反倾销调查的案件数量，broadband 表示每 100 人固定宽带互联网使用量，mobile 表示每 100 人移动电话使用量，internet 表示每 100 人互联网使用量，unemp 表示失业率，gdpr 表示 GDP 增长率，export 表示出口额占 GDP 比重，exchangerate 表示该国或地区货币对美元汇率。

2. 回归结果分析

表 6-11 为对出口国的各项指标数据在国别水平上聚类进行简单线性混合回归得到的结果，其仅作为后续回归结果的参照。

表 6-11　出口国遭受反倾销调查数量与电子商务发展水平简单线性回归结果

变量	(1) AD	(2) AD	(3) AD
broadband	-0.030 (-0.95)		
mobile		-0.015*** (-3.56)	
internet			-0.015 (-1.31)
unemp	-0.295** (-2.12)	-0.294* (-1.89)	-0.291* (-1.90)
gdpr	0.311 (0.94)	0.289 (0.98)	0.296 (1.00)
export	-0.036 (-1.65)	-0.033 (-1.56)	-0.037 (-1.65)

续表

变量	(1) AD	(2) AD	(3) AD
exchangerate	-0.000 (0.09)	-0.000 (-0.10)	-0.000 (-0.13)
常数项	6.785*** (3.51)	7.479*** (3.28)	7.032*** (3.28)
观测量	954	1 296	1 296
R^2	0.078	0.083	0.076

注：其中 *，**，*** 分别表示在10%、5%和1%的水平上回归显著，括号内的为t值。其余各字母含义同表6-10。

但从国别水平上进行聚类简单线性混合回归的结果来看，在控制其他条件一定时，以每100人移动电话使用量（mobile）作为电子商务发展水平的衡量指标时，其对出口国遭受反倾销调查数量有负向的影响且回归显著，而以每100人固定宽带使用量（broadband）和每100人互联网使用量（internet）为核心控制变量时的回归结果也显示为负向的影响，但在国别聚类的回归条件下并不显著。

表6-12为所选取的样本国家遭受反倾销调查数量与其电子商务发展水平的面板负二项固定效应模型回归结果。

表6-12　　　　出口国遭受反倾销调查数量与电子商务发展
固定效应分析回归结果

变量	(1) AD	(2) AD	(3) AD
broadband	-0.023*** (-7.71)		
mobile		-0.004*** (-7.40)	
internet			-0.008*** (-7.19)
unemp	0.055*** (4.06)	0.035*** (3.23)	0.044*** (4.07)

续表

变量	(1) AD	(2) AD	(3) AD
gdpr	-0.008 (-1.05)	0.003 (0.49)	0.000 (0.04)
export	-0.001 (-0.41)	-0.002 (-0.74)	-0.001 (-0.65)
exchangerate	0.00 (0.336)	0.00** (2.51)	0.00 (1.55)
常数项	2.362*** (9.36)	1.851*** (10.96)	1.798*** (10.70)
观测量	954	1 296	1 296

注：其中 *，**，*** 分别表示在 10%，5% 和 1% 的水平上回归显著，括号内的为 t 值，该模型记录的是发生率比值，即其他控制变量保持在平均值时，改变某一变量一单位对应的被解释变量的比例变化（百分比），其余各字母含义同表 6-10。

表 6-12 中的第一列是每 100 人固定宽带互联网使用量（broadband）为核心控制变量时各国遭受反倾销调查与电子商务发展的回归结果，从结果中可以看出 broadband 对一国遭受反倾销调查数量的影响显著为负，给定其他变量，broadband 每增加一单位可以降低其遭受反倾销调查的比例为 2.31%。从其他控制变量的回归结果可以看出，失业率（unemp）对于一国遭受的反倾销调查的影响显著为正，这与上文中的分析一致，其他 GDP 增长率（gdpr）、出口额占 GDP 比重（export）与汇率（exchangerate）因素对一国遭受反倾销调查的数量影响回归结果不显著。

表 6-12 中的第二列和第三列分别是以每 100 人移动电话使用量（mobile）和每 100 人互联网使用量（internet）为核心控制变量的回归结果，二者具有相同的样本观测量，从回归结果中可以看出，二者对于一国遭受反倾销调查的量具有显著为负的影响，在给定其他变量的条件下，mobile 和 internet 每增加一单位，一国遭受反倾销调查的数量分别下降 0.39% 和 0.74%，这与表 6-11 中第 1 列的回归结果相类似，失业率（unemp）在回归方程中的影响依旧是显著为正，而 GDP 的增长率（gdpr）、出口额占 GDP 比重（export）和汇率因素（exchangerate）对回归结果的影响基本不显著，且与第 1 列的结果也是相类似。

参照表 6-11 中的回归结果可以看出，三个关于电子商务的测度指标均减少了出口国遭受反倾销调查的数量，尽管在表 6-11 的结果中并不是所有核心控制变量均具有统计显著性，但其作为参照依然表现出与表 6-12 的回归结果方向的一致性。在其他控制变量的回归表现中可以看出，失业率（unemp）在表 6-11 和表 6-12 的结果中系数符号完全相反，而 GDP 增长率（gdpr）、出口额占 GDP 比重（export）和汇率因素（exchangerate）的影响则基本相似。

综合以上的回归结果可以看出，在控制了失业率、GDP 增长率、出口额占 GDP 比重以及货币汇率的条件下，出口国电子商务的发展显著减少了其遭受反倾销调查的案件数量。

从表 6-13 回归结果中可以看出以每 100 人固定宽带互联网使用量（broadband）、每 100 人移动电话使用量（mobile）和每 100 人互联网使用量（internet）为指标衡量的电子商务发展水平，作为核心控制变量回归结果均显著为负，这表明在控制其他条件一定时，其对一国遭受反倾销调查的数量影响为负，而且其回归系数值与表 6-11 中的结果非常相似，因此不管是负二项固定效应分析还是负二项随机效应分析，其回归的结果均支持出口国的电子商务发展水平对其遭受反倾销调查的数量具有负向的影响。同样的，从表 6-13 的回归结果中还可以看出失业率（unemp）对出口国遭受反倾销调查的数量呈现出显著为正的影响，这与表 6-12 中的回归结果也保持一致。其他控制变量 GDP 增长率（gdpr）、出口额占 GDP 比重（export）以及汇率因素（exchangerate）对回归结果的影响也与表 6-12 相似。

表 6-13　　　　出口国遭受反倾销数量与电子商务发展
随机效应分析回归结果

变量	(1) AD	(2) AD	(3) AD
broadband	-0.023*** (-7.65)		
mobile		-0.004*** (-7.61)	
internet			-0.007*** (-7.21)
unemp	0.038*** (2.78)	0.026** (2.46)	0.034*** (3.18)
gdpr	-0.008 (-1.00)	0.003 (0.47)	0.000 (0.035)

续表

变量	(1) AD	(2) AD	(3) AD
export	-0.002 (-0.90)	-0.002 (-1.01)	-0.002 (-0.97)
exchangerate	0.000 (0.74)	0.000*** (2.70)	0.000* (1.79)
常数项	2.281*** (9.83)	1.850*** (11.34)	1.794*** (11.07)
观测量	954	1 296	1 296

注：其中*、**、***分别表示在10%、5%和1%的水平上回归显著，括号内的为z值，该模型记录的是发生率比值，即其他控制变量保持在平均值时，改变某一变量一单位对应的被解释变量的比例变化（百分比），其余各字母含义同表6-10。

（二）反补贴部分

1. 样本构建与变量统计性描述

1995~2015年WTO成员有过遭遇反补贴调查历史的国家与遭遇过反倾销调查的国家不同，在分析电子商务活动的开展能否降低一国遭遇反补贴调查的频率时，本章考察的国家（地区）包括：阿根廷、澳大利亚、奥地利、比利时、巴西、加拿大、智利、中国、哥伦比亚、捷克共和国、丹麦、厄瓜多尔、欧盟、法国、德国、希腊、匈牙利、印度、印度尼西亚、伊朗、以色列、意大利、韩国、马其顿、马来西亚、墨西哥、荷兰、挪威、阿曼、巴基斯坦、秘鲁、菲律宾、波兰、俄罗斯、沙特阿拉伯、新加坡、南非、西班牙、斯里兰卡、泰国、特立尼达和多巴哥、土耳其、乌克兰、阿拉伯联合酋长国、英国、美国、委内瑞拉、越南，仅有极少数国家（地区）因为数据缺失而不被包含在样本内。表6-14为本部分使用的主要变量的统计性描述。

表6-14　　　　　反补贴回归中相关变量的描述性统计

变量名	均值	标准差	最小值	最大值
CV	0.403242	1.317502	0	14
broadband	11.26159	11.97232	0	42.42
mobile	67.55139	50.00269	0	194.51

续表

变量名	均值	标准差	最小值	最大值
internet	33.01343	29.34491	0	96.81
unemp	8.15769	5.773305	0.7	37.3
gdpr	3.340495	3.567951	-14.8	18.29
export	40.37354	30.4823	6.73	230.27
exchangerate	1 413.691	5 059.108	0.0458	44 166.98

注：其中 CV 表示一国遭受反补贴调查的案件数量，其余同表 6-10。

2. 回归结果

在用负二项回归法分析电子商务能否缓解一国遭遇反倾销、反补贴调查次数之前，为了与负二项回归形成对比，我们先用混合 OLS 法估计变量之间的关系。前文类似，在用 OLS 法分析电子商务能否降低一国遭遇反补贴调查的频率时，将数据在国家水平上进行聚类。表 6-15 为 1995~2015 年遭遇反补贴调查的国家电子商务发展状况对遭遇反补贴案件调查次数的混合 OLS 回归结果，其中回归（1）是以互联网普及率衡量的电子商务发展程度，回归（2）以宽带普及率衡量电子商务发展程度，回归（3）以移动电话使用率表征电子商务发展情况。根据回归结果能够看到混合 OLS 的回归结果与我们预料中的结果有很大出入。例如，一国失业率的上升会使得一国遭遇反补贴调查的频率显著下降，这与理论分析的结果完全不同。此外，混合 OLS 回归结果表明一国出口越多，遭遇反补贴调查的可能性也越小，这与理论并不相符，尽管这是电子商务发展情况对一国遭遇反补贴调查的回归结果具有一定的合理性。混合 OLS 估计结果表明在用 OLS 方法时，若因变量存在过度分散现象，异方差问题会使得估计结果确实存在一定的问题，这也是众多学者在研究反倾销、反补贴问题时并不能仅仅依靠 OLS 法进行估计的原因之一。

表 6-15　　出口国遭受反补贴调查与电子商务发展水平简单线性回归结果

变量	(1) CV	(2) CV	(3) CV
broadband	-0.003 (-0.44)		

续表

变量	(1) CV	(2) CV	(3) CV
mobile		-0.000 (-0.18)	
internet			-0.000 (-0.12)
unemp	-0.032** (-2.24)	-0.025* (-1.82)	-0.025* (-1.84)
gdpr	0.056 (1.06)	0.048 (1.15)	0.048 (1.11)
export	-0.005* (-1.80)	-0.005* (-1.78)	-0.005* (-1.74)
exchangerate	-0.000 (-1.00)	-0.000 (-1.11)	-0.000 (-1.16)
常数项	0.742*** (3.10)	0.704*** (2.76)	0.701*** (2.73)
R^2	0.049	0.037	0.037
观测量	722	981	981

注：其中*，**，***分别表示在10%，5%和1%的水平上回归显著，括号内的为t值。其余各字母含义同表6-10。

在混合OLS法不能得到一致估计时，本书将采用固定效应的面板负二项回归法分析电子商务能否降低本国遭遇反补贴调查的频率。表6-16是1995~2015年49个遭遇过反补贴调查的国家电子商务对反补贴案件量的回归结果。

表6-16　　出口国遭受反补贴调查数量与电子商务发展
水平固定效应回归结果

变量	(1) CV	(2) CV	(3) CV
broadband	-0.025** (-2.57)		

续表

变量	(1) CV	(2) CV	(3) CV
mobile		0.001 (0.54)	
internet			-0.001 (-0.31)
unemp	-0.072 (-1.36)	0.035 (1.03)	0.031 (0.93)
gdpr	-0.099*** (-3.99)	-0.047** (-2.42)	-0.048** (-2.50)
export	0.013 (1.17)	0.003 (0.33)	0.005 (0.56)
exchangerate	0.000** (2.06)	0.000** (2.51)	0.000*** (2.62)
常数项	1.000* (1.94)	-0.073 (-0.18)	-0.057 (-0.14)
观测量	586	960	960

注：其中 *，**，*** 分别表示在 10%，5% 和 1% 的水平上回归显著，括号内的为 t 值，该模型记录的是发生率比值，即其他控制变量保持在平均值时，改变某一变量一单位对应的被解释变量的比例变化（百分比），其余各字母含义同表 6-10。

回归（1）、回归（2）、回归（3）是所有遭遇过反补贴调查的国家遭遇反补贴调查次数分别对以互联网普及率、宽带覆盖率、移动电话使用率表征的电子商务发展情况面板负二项回归结果，根据列 1、列 2、列 3 的估计结果可以看到在衡量一国电子商务发展程度的 3 个指标中，宽带覆盖率的提升能够显著降低一国遭遇反补贴调查的次数，宽带覆盖率提升一个单位能够使得本国遭受反补贴调查的案件量减少 2.5%。控制变量中，汇率上升会使得一国遭遇反补贴调查的次数上升，经济增长速度加快会有效降低一国遭遇反补贴调查的频率，这与我们之前的分析一致，但失业率水平的上升和出口增加不能显著降低一国遭遇反补贴调查的频率。

互联网普及率、移动电话拥有量的增加也能减少一国遭遇反补贴调查的次数，但是效果并不显著。电子商务的发展依托于互联网的发展，随着信息技术的发展和互联网技术的日趋成熟，电子商务活动开展的途径逐渐由借助电脑作为媒介转移到手机上，但是在本书所考察的期间，电脑还是电子商务发展的主要工具，因此在衡量电子商务发展成的 3 个指标中宽带覆盖率与电子商务发展情况的相关性更强，宽带覆盖率的提升能够更有效降低一国遭遇反补贴调查的频率表明电子商务的发展确实能够缓解贸易不公平。

尽管负二项回归的结果与我们预期的并不完全相同，但是与混合 OLS 相比，负二项回归的结果更加符合经济意义。

前文已经分别用混合 OLS 法和面板负二项回归法估计了电子商务发展能否降低一国遭遇反补贴调查的频率，且面板负二项回归的估计结果更加合理，但是我们仍然有必要对面板负二项回归的估计结果进行稳健性检验。在接下来的部分，本书将使用随机效应的面板负二项回归方法再次估计所要考察电子商务发展情况与遭遇反补贴调查的可能性之间的因果关系。表 6 - 17 为随机效应面板负二项回归结果。

表 6 - 17　　　出口国遭受反补贴调查数量与电子商务发展
水平随机效应回归结果

变量	(1) CV	(2) CV	(3) CV
broadband	-0.023** (-2.45)		
mobile		0.001 (0.58)	
internet			-0.001 (-0.23)
unemp	-0.095** (-2.52)	-0.004 (-0.17)	-0.005 (-0.22)
gdpr	-0.085*** (-3.35)	-0.041** (-2.04)	-0.043** (-2.15)
export	-0.003 (-0.51)	-0.005 (-0.84)	-0.003 (-0.62)
exchangerate	0.000 (1.23)	0.000 (1.57)	0.000 (1.58)
常数项	1.423*** (3.17)	0.206 (0.59)	0.243 (0.70)
观测量	722	981	981

注：其中 *，**，*** 分别表示在 10%，5% 和 1% 的水平上回归显著，括号内的为 z 值，该模型记录的是发生率比值，即其他控制变量保持在平均值时，改变某一变量一单位对应的被解释变量的比例变化（百分比），其余各字母含义同表 6 - 10。

面板负二项回归随机效应回归结果与固定效应回归结果大致相同。根据回归结果能够看到电子商务的发展能够降低一国遭遇反补贴调查的可能性，但是这时除了以宽带普及率衡量的电子商务发展程度外，互联网普及率、移动电话拥有率的回归系数并不显著。根据随机效应面板负二项回归结果，这时只有 GDP 的增长才能使得遭遇反补贴调查的频率下降，失业率上升和出口额的增加对本国遭遇反补贴调查的影响并不显著。

这里用实证分析的方式证明了电子商务的发展水平对于一国遭受反倾销或是反补贴的调查确有显著的影响，不论是固定效应模型还是随机效应模型的分析结果都表明了这一点。通过不同的电子商务衡量方式来看，宽带的使用量则对贸易不公平有着较好的抑制效果，而电子商务对于减少一国遭受反倾销调查的数量相较于反补贴的情况有更好的效果。包含在回归方程中的控制变量失业率、人均 GDP 的增长率、出口额占 GDP 比重以及一国汇率，则反映出不同国家或地区的经济发展状况是如何影响其遭受的不公平贸易的。

四、结论与建议

本书在分析 WTO 中 1995～2015 年反倾销和反补贴数据的基础上发现当前国际范围内反倾销和反补贴发起的变化特征，从提起反倾销和反补贴案件的数量、涉及商品类别、反倾销和反补贴发起国结构的动态变化以及中国当前面临的反倾销和反补贴贸易现状等方面分析了反倾销和反补贴的变化趋势，同时本书从当前蓬勃发展的电子商务角度入手研究分析了出口国电子商务的发展水平与其出口过程中遭受的反倾销和反补贴调查数量的关系，以探讨电子商务的发展是否在一定程度上减少了国际贸易中的不公平现象，进而得出以下结论。

（1）WTO 内部发起的反倾销数量呈现动态的变化趋势，具体而言在 1995～2001 年发起反倾销的数量整体呈上升态势，而在 21 世纪的前十年中反倾销的发起数量呈整体下降的形势，2010 年至今又逐步回升。基于已有的数据形势来看，WTO 内部的反倾销发起数量呈现一定的周期性特征。WTO 内部发起的反倾销案件所针对的商品呈现集中分布的特征，贱金属及其制品和化学相关类产品为遭受反倾销调查案件数量最多的前两类商品，产品包含相对较低的技术水平以及较强的可复制性，在国际市场上流通的过程中极易成为进口国发起反倾销所针对的目标。WTO 内部发起反倾销案件的动态变化特征中还包含发起国结构的变化，从以发达国家为主要发起国向以发展中国家为主要发起国的转变，一方面发达国家相对发展中国家发起的反倾销案件数量的减少，是基于发达国家通过 SPS 和 TBT 等技术性贸易壁垒手段达到阻止外国产品进入本国市场的目的；另一方面，发展中国家发起的反倾销案件数量不断增长也说明其贸易保护的倾向日益加强，同时这种贸易保护的产生有着强烈的出于保护本国产业发展的目的。

（2）WTO成员内部发起的反补贴案件次数呈现出独特的分布。首先，各成员在发起反补贴调查时存在周期性，在本书考察的期间，成员国发起的反补贴案件次数分别在1996年、2006年到达低谷期，并在1999年、2010年达到高峰期。其次，反补贴案件发起量呈现行业集中和国家集中现象。利用反补贴调查进行贸易保护的国家主要集中在欧美各国，涉及的行业集中在贱金属及其制品和化学产品这两大初级产品行业。最后，与反倾销案件的发起情况相反，发达国家而非发展中国家更多的使用反补贴手段进行贸易保护，发展中国家目前主要还是利用反倾销手段保护国内市场。

（3）中国遭受反倾销调查的数量在整体上呈现上升的态势，相比于WTO内部各国遭受反倾销调查案件数量占总体案件数量的比例平均不到5%而言，中国每年遭受反倾销调查的案件数占WTO内部总案件数的比例在10%～35%是非正常的一种状态了。在对中国发起反倾销调查的国家中，印度、美国和欧盟排在前三位，在对中国发起的反倾销调查案件中贱金属及其制品和化学类相关产品排在前两位，这与WTO内部遭受反倾销调查最多的前两类商品一样。考虑到中国在WTO内部遭受的反倾销调查案件数占据着最高的比例，一向被认为是价廉物美的中国商品在出口过程中可能并未将企业的诸如环保以及职工福利等隐性成本计算在内，因此在与别国竞争中形成的价格优势是中国作为出口国让渡了许多利益。

（4）中国在国际反补贴调查中处于被动地位。自2004年以来，中国遭遇的反补贴调查次数一直呈现上升态势，1995～2016年上半年中国遭遇的反补贴调查次数占WTO成员发起的案件总量的1/3以上。在中国遭遇的反补贴调查中，由美国与加拿大发起的最为频繁，两个合计发起的案件数量占中国遭遇的反补贴调查案件总量的一半以上。此外，中国遭遇的反补贴案件量也呈现行业集中的特点，发生在贱金属及其制品和化学产品行业的反补贴调查最为频繁，同时中国的贱金属及其制品行业和化学产品行业集中了全球发生在这两大行业合计数30%以上的反补贴调查案件。中国已经接替印度成为各成员方反补贴调查的头号目标，但中国并没有充分利用反补贴工具维护自身利益，1995～2016年上半年由中国发起的反补贴案件量仅8件，中国在国际贸易摩擦中还处于比较被动的位置。

（5）电子商务的迅速发展极大地改变了传统的贸易方式，同时跨境电商的活跃也在时刻改变着国际贸易的面貌。本书使用WDI中每100人固定宽带互联网使用量（broadband）、移动电话使用量（mobile）和互联网使用量（internet）作为电子商务发展的衡量指标，分析了其与出口国遭受反倾销和反补贴调查数量的关系，发现电子商务的发展可以有效地减少出口国遭受反倾销和反补贴调查的案件数量，当其他变量保持在均值水平时，以上三种衡量电子商务发展的指标每增加一单位，可以有效地减少出口国遭受反倾销调查案件数的比例依次为2.3%、0.39%和0.74%，而电子商务的发展也在一定程度上减少了出口国遭受反补贴调查的数量，因此电子商务的发展在一定程度上减少了国际贸易中的不公平现象。作为一种当下非常具有前景的贸易方式，电子商务的发展必将对旧规则体系下的不公平贸易现象进行修正，带来贸易领域的新一轮大发展。

基于上文中作出的结论，本书对中国当前面临的反倾销贸易现状提出如下建议。

（1）中国出口产品结构上尽量避开国际贸易中容易遭受反倾销调查的商品，鉴于此类商品的较低技术含量和高可复制性，在出口产品没有很强的自身特色时要将向同一地区出口的比例控制在一定范围内，进而避开在认定倾销行为时存在的商品销量的问题。同时中国出口企业在为产品定价时要考虑到产品的隐性成本，提高企业的环保意识、产权意识以及企业社会责任等成本，从而避免因价格过低而引来进口国的反倾销调查。

（2）通过与主要贸易伙伴磋商，达成双边或多边的贸易协定，清除与贸易伙伴之间的贸易壁垒，为相关出口产品打开快速流通的通道。目前中国已经加入或达成的贸易协定已经较多，但与主要贸易对象间特别是有着较多贸易摩擦的贸易对象之间的更高水平的贸易协定尚欠缺。目前中国提出的"一带一路"倡议沿线所涉及的国家中分布着许多中国的重要贸易伙伴，因此可以借此契机达成有效的规避双方贸易壁垒的协定，维护公平贸易的发展。

（3）通过借助新兴的手段改进传统国际贸易方式中的弊端，借助电子商务的兴起推进贸易方式的转变，电子商务的普及使得贸易更加自由化便利化，电子商务的不断发展减少了出口国产品遭受反倾销调查的案件数量，推进跨境电子商务向更加深入的领域和层次迈进，促进公平贸易的发展，因此政府应当鼓励电子商务的发展，通过借助互联网平台交易突破贸易壁垒，减轻本国在国际贸易中遭遇的不公平贸易。此外，作为电子商务发展的基础，政府应积极发展信息产业，在全国范围内普及互联网，为电子商务的发展提供力量。

（4）长期以来各国将经济增长的着眼点放到扩大出口上，但是随着国际市场上竞争加剧，为了维护本国利益，有些WTO成员开始进行或公开或隐秘的贸易保护，各方想要通过国际贸易得到好处已经变得越来越困难。经济的增长已经不能再仅依托净出口的增加，更重要的是通过扩大内需带动经济增长。与此同时，维持汇率的稳定不仅是维持国内金融市场安全与稳定的重要着眼点，也是减少本国在国际贸易中遭遇不公平贸易的重要手段，因此维持本国汇率稳定也可以作为实现缓解本国遭遇的不公平贸易的重要方式。

第七章

电子商务规范贸易环境

  本章聚焦于论证电子商务对规范贸易环境的影响机制，并主要从市场监管模式创新、信用保障体系构建、知识产权保护体系确立、公平竞争环境及国际贸易环境营造五个维度分别展开论述。本章首先论证电子商务模式运行对既有的市场监管规制带来前所未有的挑战，指出政府需要及时调整、升级规制工具；其次，阐释电子商务模式的兴起，在对可信交易环境、知识产权保护、公平竞争带来冲击的同时，亦为上述市场因素的完善提供了重要的工具；最后，分析电子商务改变国际贸易市场环境的作用机理。

第一节　电子商务倒逼市场监管模式创新

  电子商务作为一个日渐成熟的经济发展"新模式"，在其自身不断发展的过程中同时向人们传递着经济发展的新理念，这种新的模式突破了传统企业发展的限制，促进了电商市场的发展壮大，但也相应出现了监管不力、消费者权益受损、电子商务市场混乱、交易信用安全水平低等方面的问题，归根结底在于电商新经济与行政管理"老机制"之间的矛盾日益突出，电子商务经济产生新的市场主体、市场客体、市场载体和市场交易规则，对于这种"新模式"，长期以来在传统经济模式下形成的行政管理机制一时难以适应。本节是在当前电子商务快速发展的大背景下对市场监管模式进行了研究分析，并具体从以下四个方面展开分析：首先，对当前电商发展倒逼政府行政管理体制革新的现象进行描述，指出当前行政管理体制落后于电子商务发展。其次，透过对电商与传统产业之间利益博弈的这种现象的分析，我们认为当前传统的监管模式很难协调好两个产业之间的关系。再次，对由于政府监管不力而使电子商务频繁诱发社会问题的情况进行了描述。最后，对如何通过提升行政监管能力以营造良好的电商环境等问题进行论述，并提出解决问题的根源在于加大对电商平台监管力度，完善社会信用体系。

一、电子商务"新模式"倒逼行政管理"老机制"

近年来，电子商务在我国的发展取得了巨大的进步，社会经济发展整体也向电子商务方向倾斜，电子商务具体形式呈现多样化的趋势，国内外电子商务的联系日益密切，社会经济发展更具活力。作为经济"新亮点"，具体表现为：一是对于消费者可以针对不同个体，提供个性化服务。电子商务的发展简化了交易流程，缩短企业与消费者之间的距离，减少了产品信息的流通时间，降低了交易成本，不同主体之间信息的不对称现象也相应减少，信息更加透明，这为个性化定制服务发展提供了良好的环境，个性化需求能得到更大的满足。二是对于企业，在电子商务不断发展的基础上，形成巨大的信息数据库，企业可以通过对于这些信息数据进行利用和分析，优化产品供应链，降低仓储物流成本，同时，对于可以针对不同消费者进行精准的营销，为企业发展开辟新的市场。三是对于社会，电子商务的发展使得社会形成一张巨大的无形的"网"，使得整个社会的物资流、信息流、资源流、资金流的传递和流转过程更加顺畅，不同主体之间的联系也更加密切，不同主体之间的沟通成本不断地下降，隐藏在大数据背后的社会信用更加透明，整个社会的运转效率水平有了质的飞跃。

相较电子商务的"新"的发展，我国的行政监管机制则处于相对比较落后的状态，在电子商务的快速发展的背景下显得更加不足。虽然国家相关部门以及各个省份都在为营造公平竞争的电子商务市场环境做出不懈地努力，各主要省份也在根据各地方发展特点，不断完善漏洞，但整体电商市场机制仍不规范，而且国内电商和跨境电商贸易所涉及的市场交易主体存在差异，特殊的国内经济环境也使得政府在监管过程中面对着许多特殊的问题，我国电商经济本身跨区域特征较为明显，立法仍处于起步阶段，政府监管方面存在漏洞，具体表现为：一是从国内电子商务发展的角度来讲，虽然各地方政府在监管方面取得很多成功的实践，但我国电商企业涉及的交易主体较为复杂，政府缺乏完善的社会信用体系建设。社会信息泄露问题频发，对知识产权侵权行为采用的也是柔性监管的手段，政府对电商市场的监管存在严重缺位。尤其是对数据传输过程中遇到的信息泄露和信息篡改问题，政府并未设置专门的监管部门，大数据云平台建设面临挑战，这在某些方面也纵容了电商企业的侵权行为（黄伊莎，2016）。二是政府对于电商平台的规范建设缺乏统一标准，监管规范程度较低。政府监管以工商管理部门为主，多部门联合的多头监管方式权责不够明确，监管效率低下，且并未形成专业有效的监管团队，对于电商经济出现的信息安全、不正当竞争和道德风险的问题，政府监管也需要警惕并逐步完善。例如，针对淘宝网平台上出现的假冒伪劣产品，我国出台的部门规章及地方性法规并没有针对性的处罚标准，且电商平台对入驻企业信息审查及产品质量情况，政府监管部门并未给予明确规定[①]；各部门职责不明晰，在监管过程中电商平台和监管机构之间更多的是责任推诿，并未形成有效的政府监管及其行业标准。因电商经济具有跨区域性，从事电商交易的主体不受国别限制，从跨境电商贸易方面来说，政府监管方面的漏洞，也使电商贸易的法律适用性及监管安全性受到质疑。三是现如今电子商务的跨区域性更加明显，而且我国的跨境电商贸易行政监管体系尚不成熟。跨境电子商务采用注重交易时效与速度的小件物品零售模式，周期快、订单小、批量多，在交易方式、货物运输、支付结算等方面与传统国际贸易模式差异较大，而现行的通关、结算、退税、口岸管理等外贸管理机制注重交易总量和规模，致使企业在海关、检验、收付汇、税收等环节难以合规，成为跨境电子商务的发展瓶颈。而且多部门合作的监管的体系也未形成，当前各部门的监管举措并不能适应跨境电商新模式发展的需要，我国对电商市场的监管在具体操作上更多的是沿袭传统国际贸易企业的监管经验，而这种监管政策可能会对电商新经济造成监管的缺位或者越位[②]。

通过研究分析，我们可以看出，电子商务"新模式"对行政监管"老机制"产生了比较大的冲击，电商对于当前中国经济发展注入了新的活力，在很大程度上盘活了现有实体经济，并为人们的生活带来了很大的便利，生活质量水平也有了较大的提升，在新常态经济下，解决电子商务进出门槛相对较低，各种假冒伪劣产品盛行，商品质量没有统一的标准，技术保障体系落后，知识产权尚未得到有效保护，社会信用体系缺失，支付安全以及法律建设滞后等问题可以说是迫在眉睫，现行的行政监督管理机制不适应电子商务经济发展新要求，严重抑制电子商务创新活力、发展动力的释放，成为电子商务发展面临的体制性障碍，迫切需要相关部门大力推进制度创新、管理创新，用新思路和新办法服务、管理"新经济"。只有将行政管理这一"老机制"发展为适应电商的"新机制"，实现行政

---

① 许聪：《电子商务：盛况背后亟待法律监管》，载于《人民法院报》2016年3月14日。
② 田珍祥：《积极推进电子商务立法　完善网购监管方式》，载于《中国消费报》2015年3月11日。

管理模式的与时俱进，我国经济才能更加健康的发展，电商发展才会迎来又一个春天。

二、传统产业与电子商务之间资源争夺、利益博弈亟待解决

传统产业和电子商务之间的关系可以说是一个"矛盾体"，既相互依存，又相互竞争。电子商务发展的是建立在传统产业不断成熟发展基础上的，社会物质资源的日益丰富为电子商务的快速发展提供了良好的环境；传统产业也在电子商务发展的影响下，实现了资源更加高效合理的配置，产业也朝着更加健康、合理化的方向发展，缺乏朝气的实体经济也被注入了新的活力。传统产业和电子商务在凭借各自优势进行深度合作的同时，也不可避免地存在市场竞争、利益碰撞的情况，由于社会总资源是有限的，相比传统产业，电子商务作为一种新型的产业形态在各个方面拥有更多的优势，会对社会生产要素包括资本、人才、资源等有更大的吸引力，从而挤占了传统产业的更多资源，对传统产业的发展形成一种约束限制，同时，电子商务的便捷性和高效性为其赢得了广泛的市场，其也在不断适应人们愈发快节奏的生活，电子商务使得人们许多无法从传统产业中所获得的需求得到满足，从而成为传统产业强有力的竞争对手，这使得传统产业与电子商务之间的资源争夺、利益博弈将日趋激烈。

我们可以从以下几个例子中看出电子商务的发展给一些传统产业带来严峻的挑战和巨大的竞争压力：一是网络零售的快速发展使得一大批线下实体店丧失了大批量的顾客，快速便捷的网购体验使得人们更加倾向于在网上购买自己所需的产品，实体门店在网店的冲击下盈利水平出现下降，加之运营成本较高，许多门店已经难以维持甚至关门歇业。二是伴随着网络的快速普及和发展，微信等新的通信方式的出现使得人们对于打电话、发短信等传统通信手段使用频率不断下降，传统通信行业的电话、短信等业务大幅萎缩，行业发展面临很大困境。三是传统金融企业在第三方互联网支付、新兴互联网金融业态的市场竞争中，也已处于明显劣势地位，支付宝、微信支付等新型的支付方式吸引了大量的货币资金从银行流出，这使得银行的传统借贷业务受到了很大影响；传统行业也利用其某些垄断优势遏制着电子商务竞争创新发展，在互联网金融出现伊始就被银行等一些传统金融机构视为"蛋糕抢夺者"受到挤压。例如，中国银联规定了第三方互联网支付企业不能与商业银行直接连接，必须统一接入银联接口，这就在一定程度上抑制了金融创新，增加了全社会资金支付清算成本，降低了资金流转效率。四是电子商务作为一个正在崛起的新兴产业也吸引了大批劳动力从传统产业流出并

转入电子商务行业。

传统产业和电子商务之间的这种竞合关系不可避免地会在一定的经济周期中长期存在，如果我们不能处理好、协调好传统产业和电子商务之间的关系，不仅会使竞争、博弈更加激烈，而且会影响国民经济的整体质量，甚至损害人民的利益、降低政府公信力，传统产业和电子商务之间的关系会越走越远，更加难以实现两个产业之间相互弥补短板，产业间协调发展的目标。究其原因，我们认为很大程度是因为现行的行政监督管理体制难以适应当前传统产业与电子商务并存的局面，对这两个产业实行了"一视同仁"的监管，没有针对各个产业的特点，制定不同的监管体系，致使两个产业都彼此存在一定的监管漏洞，不可避免的引起两个产业在资源争夺，利益冲突。因此我们在解决这一矛盾时，必须站在全局的高度不断妥善协调各方利益，制定完善的行政监督管理体制，同时在制定、执行相关的政策时，不仅要考虑当前的现状、还要着眼于长远利益，既要鼓励各个产业的创新、又要合理规范各个产业的发展。

三、电子商务发展伴生一系列社会问题考验政府治理能力

电子商务经济的快速发展不仅会给经济领域带来巨大的变革，也会对整个社会产生深远影响。因此我们必须注意观察电子商务发展过程中可能产生的一些不良信号，同时要清醒认识并且高度重视电子商务爆发式增长可能伴生的社会问题。一是电子商务的虚拟性与开放性导致传统的监管措施根本无法执行。由于电子商务领域日新月异的发展以及不断变更的经营主体，增加了相关监管部门利用准入规则进行监管的成本，电子商务的新特点使得相关的监管部门无法利用传统监管的方法轻易找到经营主体。目前，由较大规模的电商平台核实网络交易主体身份，并审查进入平台的企业信息，这不只是关系到线上交易主体的真实性，还涉及对应的线下主体的真实性，监管部门往往无法承担核实线下主体的真实性。例如，开设网上药店需要具备多种许可证书，如食品流通许可证、互联网药品信息服务资格证书、药品经营许可证、互联网药品交易服务资格证书等，监管措施之严格，不仅不利于网络药品交易市场正常发展，还导致网上很多的"黑"药店的出现，进而造成主体混乱，而且因为"黑"药店想避开各部口的许可管理，也进一步加大了相关部门后续监管的难度，难以在互联网上核实药店主体的真实可靠性，这样就导致大量药品在网上无序流通，这给人们的健康问题带来了很大的隐患，需要政府调整其传统的监督管理体制，帮助克服因电子商务的虚拟性和开放性引起的社会问题。二是以电子商务为中心所辐射带动的相关行业的监管机制

发展不完善。在传统的市场监管下，对于销售禁止销售的商品或服务的一些违法行为，各监管部门履行着其监管的职责。但是监管部门职责由网下至网上延伸时，因为以电子商务为中心所辐射的相关行业比较多，监管机制的不完善和不健全导致许多监管环节不能覆盖，从而产生许多监管漏洞，使一些不法人员有机可乘，做一些危害社会的行为。从与电子商务有密切关系的物流行业来看，电子商务的发展带动了国内物流行业的快速发展，但与之配套的监管机制则处于相对比较落后的状态，而且由于监管不力引发了一系列社会安全问题，例如，前几年出现的快递运送化学药品引发的包裹爆炸，给社会带来了很大的影响，这是由于快递行业缺乏统一的运输物品的标准，致使某些快递公司存在侥幸心理，运输危险物品，给社会人民带来了很大安全问题。三是电子商务所引起的社会问题不只是由于监管机制的不完善，监管技术的落后也是很大原因。在电子商务不断发展的大背景下，信息泄露的问题层出不穷，个人企业的一些隐私暴露在网上，在互联网大数据的时代，由于传统监管电子数据搜索分析技术的薄弱，使监管部门很难进行网络上海量数据的监督管理，对于数据源头以及数据的传输难以做到严格监控，许多不法商贩利用这些信息资源推送不良信息，并且出现倒卖个人信息资源的现象。

从目前来看，政府已经注意到电子商务发展中可能会存在的一系列问题，并希望通过进一步完善我国电子商务的相关法律法规来提升政府治理能力，提供更好的社会服务，但仍有以下问题亟待解决。第一，电商立法监管存在较为严重的问题如缺乏有效的电子商务基本法，目前的电子商务的监管难以在基本法律基础上进行扩展和延伸，并在此基础上形成多维度多方面的监管体系，这使得在面对电子商务的虚拟性与开放性等特性时传统监管措施的失效，对电商市场交易中的违法侵权行为，交易主体身份不明的问题尚不能进行有效解决等。例如，英国政府电子商务立法更多的是继续沿袭对传统市场立法的经验，发挥自由市场的作用，通过设立行业协会、专门的管理机构或者第三方监管平台来规范电商运营，政府的立法规范更多地发挥组织协调的作用；美国政府则依靠法治来实现对电子商务的监管，通过调整财政税务政策来促进和扶持电商行业，但政府一般不介入管理[1]。相较而言，我国电子商务起步较晚，尤其是缺乏统一的电子商务基本法，对电子商务市场的监管更多的是沿袭传统实体企业发展的经验，与电子商务有关的法律条文，只存在于一些部门规章和地方性文件中[2]，电子商务还存在法律法规实施效果不佳的问题，这就更加考验政府的治理能力在电子商务发展中所能发

---

① 黄益华：《对电子商务经营行为监管的思考》，载于《中国工商报》2015年7月23日。
② 左京生、王茂林：《探索适应电子商务特点的监管方式营造良好网络交易环境》，载于《电子商务立法》2016年第11期。

挥的作用。第二，电子商务正在发展成为社会经济的重要支撑，我们不能只注重建立和完善电子商务行业的监管体系，因为电子商务它不仅是网络交易设施，也是就业谋生、生活消费的重要场所，已成为国民经济社会发展的重要基础设施，政府必须加强对一些对社会经济有重大影响的平台的监管治理，同时也要加强对电子商务所涵盖的相关行业的监督管理，进一步完善相关行业的监管机制，以避免因为安全风险防控机制的缺失从而造成重大公共安全隐患。第三，在电子商务发展不断成熟的过程中，容易使这一领域的经济问题转化为社会问题的不仅仅是监管机制的不完善，监管技术落后也值得我们给予重大关注，我们要深刻地认识到传统的监管缺少电子数据搜索分析技术这些问题对社会安全问题的重大影响，加大对这方面的技术投入，使之对社会安全问题的整体影响降到最低。因此，我们要加强对电子商务的研究，借鉴其他国家的经验，制定专门的监管机构和法律，提升监管技术水平，通过一系列的社会管理创新，提升政府治理能力以便为社会提供更好的公共服务，提高社会发展可承受力。

四、大数据市场监管营造良好的营商环境

大数据市场监管是指政府及其相关的监管部门，通过借助电子商务发展下形成的巨大的数据库，运用公共权力，根据相关的规章制度，约束和控制社会经济生活的交易和相关事件中出现的不合理的现象和问题，它具有以下三个优点：一是便捷性，通过利用日常电子商务发展所形成的大数据，监管部门可以更加方便地获得交易数据并通过对其分析监控，并且可以从源头对数据进行监督管理，从而更好地维护市场秩序。二是有效性，相比较传统的监管体系耗费大量人力、物力而且难以做到对网络形成全方位的监管，利用大数据监管可以帮助监管部门减少成本的同时，更加有针对性地对重点领域进行监管，以便营造良好的营商环境。三是广泛性，电子商务发展下形成的大数据网络，形成了一个涵盖社会经济各个方面的数据库，人们在参与电子商务的过程中，其自身的交易数据和信用水平也都录入这个巨大数据库，监管部门可以通过对某一个交易记录进行查询，从而得到相关的交易数据并进一步确定交易主体的信用水平，这样就能避免一些因漏查而引起的相关社会问题，监控不法分子的行动，及时打击扰乱市场秩序的违法活动。

政府的大数据市场监管起因在于它作为一只有形的手具备着纠正市场失灵的功能，消费者、厂家和监管机构间的博弈是政府经济性管制的本质。政府的大数据市场监管对于营商环境的作用方式主要是从价格管制、进入和退出管制、质量管制、信息管制等几个方面渗透的。在价格管制方面，政府通过获取充分的信息

资源，研究分析市场价格，对于市场中存在的垄断现象进行及时处理，对于一些巨头企业，制定相应的法律规章制度，合理规范其行为，使得价格控制在合理的区间范围，避免因为价格波动从而造成社会经济的波动，引发社会经济问题。在进入和退出管制方面，政府以及其相关机构通过制定电商平台监管统一的标准，建立完善的预警机制，形成对电商企业行为的软约束，对于企业的违法违规问题，制定严厉的惩罚措施。在质量管制方面，政府借助数据库资源对交易中一经存在的假冒产品进行及时查处，从源头进行监管，控制产品质量，对于不符合质量的企业进行严厉的处罚。这是由于某些电商企业为了获取更大的利润而发生的侵权行为，使得假冒伪劣产品盛行，劣币驱良币的现象始终存在，一些企业本身资格审查不过关，甚至只注重眼前利益，以虚假网站、虚假广告等不诚信行为来从事电商交易，严重损害了电商市场秩序的有效运行[①]。在信息管制方面，政府通过借助数据库中的交易信息，对电子商务的信息进行管控，保证信息安全和真实。这是因为在当前电商平台存在严重的社会失信问题，比如电商企业依靠"刷单""炒信"等来对企业进行增信的行为，由于消费者只能通过电商交易记录对商品质量进行评估，这也在一定程度上会误导消费者的消费行为，危害消费者的合法权益（安志宾，2015），所以我们要通过政府这只"有形的手"来更好的维持社会经济秩序。

当前，我国电商新经济快速发展与监管旧模式之间的矛盾日益突出，经济监管的旧模式已经不能满足电商经济发展的新要求，无论对电商企业的监管还是对消费者维权方面的保护，与国外相比，我国均存在较大差距。电子商务的健康发展需要不断加强国家立法体系建设，完善电商平台自身运营建设及政府行政监管，增强多部门沟通协商，不断总结经验，充分发挥政府这只"有形的手"在监管方面的作用。政府对于经济活动的监管可以说是十分重要，但政府对于市场活动的监管要在尊重事实、尊重客观发展规律的基础上，借助电子商务数据库中的交易记录和相关的数据资源，建立有效的监督管理体制，从而推动市场主体更加支持政府的监督管理活动，使政府监管对市场的干预进一步正当化。

第二节 电子商务促进构建可信交易环境

随着大数据、云计算等信息技术的快速发展与应用，电子商务作为"互

---

① 吕来明、董玫：《我国电子商务监管体制改革思路及立法建议》，载于《电子商务监管》2015年第2期。

联网+"战略的重要实现形式，呈现出了良好的发展态势。同时，由于电子商务市场的虚拟性、跨地域性，现行监管体系难以对电子商务进行及时有效的监管，导致电子商务市场存在电子商务主体信用状况不佳、交易环境不可信等问题。现行市场经济是信用经济，信用影响着市场的运行，电子商务作为经济社会的一部分，可信的交易环境和良好的信用环境是其健康有序发展的基石。中国在发展电子商务市场的同时建立了相应的可信交易保障体系，但已有保障体系存在一定的不完善之处，如法律体系等基础服务体系不完善、信用评价体系不完善、信用信息共享平台建设不完善、监管体系和支撑体系不完善等。可信交易保障体系的不完善导致了电子商务市场信用问题频发，商品质量难以保证，假冒伪劣、刷单炒信、虚假发货等问题层出不穷，侵害了电子商务主体的合法权益。完善电子商务可信交易保障体系，构建可信交易环境不仅对于电子商务市场的长远发展而言尤为重要，更能促使电子商务发挥国民经济新引擎的作用，进一步促进国民经济发展。

一、可信交易保障体系与优化信用环境

目前，中国信用体系尚在建设进程中，信用环境有所改善，但存在许多信用问题仍未解决，缺乏可信交易环境成为限制电子商务发展的主要瓶颈。信用环境是指企业与企业之间，企业与个人之间，以及个人与个人之间的信任关系与信用程度。信用关系作为现代社会生活中一种最普遍的经济关系，直接影响了一个社会经济实体的规模、组织方式、交易范围和交易形式以及社会中非直接生产性寻利活动的规模和高度[①]，决定着市场是否能够有效运行。市场经济中，信用环境影响经济主体之间的沟通与交易；而经济主体作为信用环境的微观个体，也在经济活动中影响信用环境。中国尚未形成经济主体行为和信用环境之间的良性循环，存在失信主体以不信用行为牟求经济利益，破坏信用环境的情况。而电子商务由于交易环境的虚拟性和跨地区性、交易对象的匿名性，交易更依赖于电子商务主体的信用程度和电子商务市场信用环境，失信行为对电子商务市场的损害更为严重；并且，由于电子商务近年来发展迅速，越来越多的经济主体进入电子商务市场，电子商务主体的信用行为不仅影响电子商务市场信用环境，更影响着整个经济社会的信用环境。因而电子商务领域信用环境的优化对于电子商务市场自身及整个经济社会的信用环境而言都尤为重要。

---

① 张维迎、柯荣住：《信任及其解释：来自中国的跨省调查分析》，载于《经济研究》2002年第10期，第59~70页。

随着中国信用体系建设的进程，逐渐形成了一些描述中国信用环境的指标，如中国信用小康指数中的人际信用和企业信用等指数和中国城市商业信用环境指数（CEI）。从中国信用小康指数来看，近年来，中国信用环境有所改善，但发展缓慢。为优化信用环境，应先构建可信交易环境；而为实现可信交易环境，应先构建可信交易保障体系。可信交易保障体系是从经济主体的信用意识、法律监管体系、信用信息共享体系等相关支撑服务体系等多维度出发实现可信交易环境的保障体系，对促进可信交易环境的构建和信用环境的优化具有重要意义。依托于互联网的电子商务对可信交易环境的需求较传统市场更高，电子商务领域的信用问题也集中体现了当下社会的信用状况，因而构建电子商务领域可信交易保障体系一方面促进了电子商务市场可信交易环境建设，实现电子商务的健康可持续发展，另一方面促进了社会信用环境优化，改善国内贸易环境，促进国民经济发展。

目前，电子商务市场假冒伪劣、刷单炒信、虚假促销、虚假发货等信用问题频发，严重影响了市场秩序，侵害了电子商务主体的合法权益，不利于电子商务的健康可持续发展。同时，电子商务市场的信用问题发酵，对整个社会的信用体系建设产生了不利影响。在改革进入深水区，社会信用体系不健全的大背景下，建设完善的电子商务可信交易保障体系，优化信用环境对电子商务市场和社会经济而言都尤为重要。

电子商务市场有效运行依赖于可信交易环境。电子商务凭借现代信息技术和发达的支撑体系，降低了生产经营成本；并且通过交易评价积分等机制设计减少了电子商务市场的信息不对称，降低了交易成本，提高了经济效率。与此同时，由于交易环境的虚拟性、交易对象的未知性、信息流转的瞬时性及有效性，电子商务市场又出现了新的信息不对称问题。信息不对称所导致的道德风险和逆向选择问题，影响了电子商务市场的健康发展，侵害电子商务主体的合法权益。另一方面，改革开放以来，中国生产力高速发展，部分产业甚至出现了产能过剩情况，买方市场普遍形成，企业之间的竞争手段已经从传统的质量价格、服务逐步转移到品牌和交易方式，信用取代货币成为主要的交易媒介[①]。在电子商务领域，信用决定着交易的达成及成本，信用问题将导致电子商务的优势无法充分展现，增加交易成本，降低经济效率。电子商务的迅猛发展对信用提出了更高的要求，现有电子商务可信交易保障体系需要进一步完善，以保障信用在经济中更好地发挥作用，实现交易环境的可信度。

---

① 韩家平：《商务信用领域存在的问题与对策》，载于《征信》2015 年第 1 期，第 22 ~ 24 页。（2015 - 01 - 14）［2017 - 08 - 29］. http：// kns. cnki. net/ kcms/ detail/41. 1407. f. 20150114. 0832. 006. html。

电子商务可信交易保障体系的构建对于整个经济社会的信用环境而言同样重要。近年来，电子商务凭借自身优势和政府政策的支持迅速发展，已经成为中国国民经济发展中最具活力、创新力和社会影响力的朝阳产业，其作为国民经济的重要经济增长点，解决了国内部分就业问题，促进了国内经济发展和产业结构优化升级。数据显示，截至2016年，中国网民规模达7.31亿元人，占总人口比例为53.2%。而网络购物用户规模达到4.67亿元人，占网民比例63.8%。企业开展在线销售、在线采购的比例分别为45.3%和45.6%[①]。2016年中国电子商务交易规模超过22万亿元，电子商务行业直接从业人员超过305万人；随着电子商务的发展，产业链不断扩张，创造出了新的职业和岗位，间接带动就业人数已超过2 200万人[②]。电子商务在国民经济中的地位，要求建立完善的电子商务可信交易保障体系，以保障电子商务的有效运行，更有力地促进国民经济发展和产业结构升级。

对于电子商务本身而言，完善电子商务可信交易保障体系是形成可信交易环境，保证电子商务得以健康发展的基本条件。完善的电子商务可信交易保障体系能有效维护商务关系、降低营运成本、改善营商环境，保障电子商务交易主体的合法利益，促使电子商务主体可持续发展和市场有效运行。对于整个经济社会而言，完善电子商务可信交易保障体系是推进商务诚信建设的关键，也是加快社会信用体系建设的重点。同时，完善电子商务可信交易保障体系促使电子商务在对扩大内需、解决失业问题和促进产业结构优化升级方面发挥更重要的作用。

二、中国电子商务可信交易保障体系现状

自2012年起，国家工商总局先后批准十个省市作为电子商务可信交易环境建设试点，各试点均取得一定的成果。2014年1月17日，国家工商行政管理总局在无锡组织召开《电子商务可信交易环境建设标准规范指引》专家评审会，对建设电子商务可信交易环境提出标准和指导。经过多年探索创新，中国电子商务可信交易保障体系建设取得了一定的进展，但由于电子商务的飞速发展，现有监管和服务体系难以适应，仍存在许多问题亟待解决。中国现有信用体系建设大部分是行业性质的，银行、法律、税务和保险等部门为自身运营的需要，建立了各自的信用信息库，但具有行业特性，难以实现信息共享；电子商务的跨区域、跨

---

① 中国互联网络信息中心：《第39次中国互联网网络发展状况统计报告》，http://www.cnnic.net.cn/hlwfzyj/hlwxzbg/hlwtjbg/201701/P020170123364672657408.pdf，2017-4-19。
② 中国电子商务研究中心：《2016年度中国电子商务市场数据监测报告》，http://www.100ec.cn/zt/16jcbg/，2017-4-19。

行业性使得各行业的信用信息库在一定程度上相互流通，但由于行业的商业信用信息保密制度，电子商务主体难以从其中获得相关信用信息[①]。另外，由于中国现有的监管方式是按职能和属地划分，进行分块管理，难以对电子商务这种具有虚拟性和跨区域性的行业进行良好的监管，相关法律体系建设也较为落后，导致了中国电子商务可信交易保障体系不完善，缺乏可信交易环境的现状。

总体而言，中国电子商务可信交易保障体系建设已取得一定成效，但仍存在一定的问题，需要进一步的完善。电子商务相关立法较为滞后，已出台了多部相关行政法规，但目前还没有一部电子商务基本法出台；各电商平台构建了各自的信用评价体系，但缺乏统一完善的信用评价体系和客观独立的第三方评级机构，信用信息未能得到有效整合利用；建立了相应的信用信息共享服务平台，但信息管理和应用还有待进一步完善；第三方服务体系完善了电子商务可信交易保障体系，进一步引入第三方并合理监管将更好地支撑电子商务发展。

（一）电子商务法律体系

法律法规是规范一个市场的有力工具，是电子商务可信交易保障体系的有机构成之一，中国电子商务领域的法律体系还在建设的进程中。

随着电子商务的发展，中国政府为规范电子商务市场陆续出台了相关政策法规。自 2005 年 4 月 1 日起，《电子签名法》施行，电子签名的法律效力得以确立，为电子商务领域的合同签订和交易提供了基本的法律依据。2010 年 5 月 31 日签发的《网络商品交易及有关服务行为管理暂行办法》，在施行期间内对电子商务领域的商品和服务进行了有效规范，维护了交易双方的合法权益。2010 年 10 月 29 日商务部中国国际电子商务中心发布了中国首个《电子商务信用认证规则》，实现对购物网站的分类监管，对电子商务进行认证和信用评级。2013 年 3 月 1 日起，《征信业管理条例》施行，开启了依法征信的新局面。征信开始有效的市场化，多个层次多个维度对信用信息进行征集和管理；并加强了对征信市场和征信机构的监管，保护信息主体的合法权益不受侵害。2016 年 5 月 1 日，实施《流通领域商品质量监督管理办法》，将网络销售纳入流通领域商品质量的监管范围，对电子商务领域的商品质量进行有效监管，避免假冒伪劣等产品在电子商务市场流通，维护消费者的合法权益。

《电子商务法》于 2016 年 12 月 19 日提交全国人大常务委员会审议，作为中国首部电子商务领域综合性法律，《电子商务法》的出台将弥补电子商务领域法

---

① 李晓红：《互联网 + 时代电子商务信用体系建设亟待加强》，载于《中国经济时报》2016 年 2 月 29 日。

律体系的缺失，规范电子商务市场，加快完善电子商务可信交易保障体系。但在《电子商务法》正式实施之前，电子商务实践中指导、规范电子商务发展主要还是依靠已出台的法规条例和部门规章制度。中国电子商务领域法律体系正在完善，后续也需要根据市场环境的变化而进一步发展完善。

（二）信用评价体系

信用评价作为信用信息的重要组成部分，信用评价体系的建设对于完善电子商务可信交易保障体系而言必不可少。目前，中国的电子商务信用评价体系主要是由各电商平台自行建立，采用的方式主要是交易双方，根据交易情况进行好中差评，并累计积分，形成商家店铺评分和买家积分并划分等级。

电商平台的信用评价体系大体相似，在此，以淘宝网为例介绍中国电子商务评价体系。交易结束后，消费者从商品情况、卖方服务和物流服务三个方面对本次交易进行评分。评分为5分制，采用动态指标形式，对6个月内的评分进行算术平均计算，并展示在卖家商品页面。同时，消费者对本次交易进行整体评分，分好、中、差评，分别给卖家积+1分、0分、-1分，积分加总后分级形成店铺星级标识。卖家对消费者的评价可以进行回评，并且对消费者进行好、中、差评，同样积累评分并划分等级。2016年11月，淘宝网对信用体系进行升级，从单一依靠消费者评价的信用评价体系，扩展为考核商家资质、商家经营能力、消费者评价、商家经营稳定性、商家合规经营情况五个维度的"掌柜信用"体系，完善了评价体系。但目前此体系未在前台展示，消费者选择交易对象仍然依靠之前的信用评价体系。

信用评价体系的完善降低了交易双方获取对方信用信息的成本，促使了交易的达成，并且对交易主体形成了激励和惩戒，对电子商务可信交易保障体系的完善发挥了重要作用。

（三）信用信息共享平台

信用信息共享平台的建设，一方面有助于电子商务主体了解交易方的信用状况，降低交易成本，提交经济运行效率；另一方面通过对守信和失信信息的披露，对电子商务运营者产生激励和惩戒，倡导运营者诚实守信。因而信用信息共享平台同样是电子商务可信交易保障体系中不可或缺的一环。

2006年，中国人民银行征信中心设立，建立了全国统一的企业和个人征信系统，基本上为国内每一个有信用活动的企业和个人建立了信用档案。2015年初中国8家个人征信机构获准开始个人征信业务准备工作，征信事业快速发展。征信业的快速发展，促进了信用信息的收集和管理，电子商务交易双方信用信息可得性和准确性提高，改善了电子商务信用情况和交易环境。

2014年2月"中国国家企业信用信息公示系统"网站上线运行，对企业信用信息和严重违法失信企业等相关信息进行披露。2015年6月，"信用中国"网站正式上线运行，归集来自最高人民法院、国家发展改革委员会、财政部、税务总局、证监会等部门的信用记录。同时"信用中国"网站对国家信息中心发布的"涉电子商务的受惩黑名单"进行公示，实现了"反炒信"信息共享和联合惩戒措施。2015年10月，商务部商务领域企业信用信息交换共享平台项目第一期中央平台正式上线运行。除以上由政府相关部门推出的信用信息共享平台外，个人征信机构也在其各自的网站上发布了相关信用信息，促进了信用信息共享，完善了电子商务可信交易保障体系。

（四）第三方服务体系

电子商务领域出现的相关第三方服务体系主要包括第三方支付担保平台和保险机构。第三方服务体系是电子商务得以良性运行的一个重要支撑，完善电子商务可信交易保障体系的重点之一是完善电子商务第三方服务体系。

第三方支付担保制度在中国电子商务中应用广泛，主流电子商务平台大多建立了相应的第三方支付担保平台，如淘宝网的支付宝、腾讯的财付通等。第三方支付担保平台与各银行进行对接，电子商务主体能够通过第三方支付担保平台对名下各银行账户发出支付指令，实现货币支付与资金转移[①]，降低了电子商务主体的交易成本和银行的运营成本。第三方支付担保平台通过实名认证确认交易主体身份，降低了道德风险，提高了交易主体的信用度。第三方支付担保平台在电子商务交易中提供代收代付的中介服务和第三方担保功能，保障了交易中的资金安全，在交易过程中交易双方可以取消交易，收回资金或商品，提高了交易达成的可能性，降低了虚假订单等不信用问题出现的可能性。基于第三方支付担保的电子商务交易操作流程如图7-1所示。

消费者提交订单支付货款到第三方 ⇨ 卖方发货 ⇨ 买家确认收货 ⇨ 第三方支付货款到卖家

图7-1　基于第三方支付担保的电子商务交易操作流程图

[①] 王丽：《试析第三方互联网支付业务发展与监管》，载于《长春大学学报》2013年第5期，第533~535页。

同时，保险机构为电子商务交易提供了相应的保险服务，降低了信用风险，保障了交易主体的合法权益。以淘宝网为例，各保险机构为交易主体提供商品质量保证险、退货运费险、物流破损险、正品保证险等相关险种，保证交易主体在交易过程中出现问题能得到合理解决与赔付。针对商品质量的保险能降低消费者的选择成本，避免柠檬问题的产生，一定程度上规避了制假售假等不信用问题的出现。针对售后的险种，一定程度了消除了消费者的不信任心理，促进了交易的达成。

第三方服务引入电子商务领域对电子商务可信交易保障体系的完善具有重要意义。在电子商务市场中加入新的信用主体，能够改变信用机制的运行，引导电子商务领域信用的良性发展[1]。

三、电子商务可信交易保障体系存在的问题

中国电子商务可信交易保障体系已大体形成，但仍存在许多问题亟待解决。据中国电子商务研究中心 2016 年监测报告显示，2016 年全年中国电子商务各渠道投诉相比 2015 年增长了 15% 左右，其中，被投诉最多的领域为零售电商类，占 64.20%，其次为生活服务 O2O、互联网金融和物流快递，分别占 21.19%、7.62% 和 3.11%[2]。近三年零售电商类投诉中，投诉问题各年大致相似，比例有所变化。2014 年与 2015 年投诉主要集中于售假问题和售后服务问题，而 2016 年关于售假问题的投诉大幅下降；2014 年虚假促销、信息泄露问题严重，2015 年有所缓解，2016 年再次加剧；发货问题及物流问题日益严重，截至 2016 年已成为投诉的主要原因。

由以上数据可看出，中国电子商务可信交易保障体系正在有效运行并发挥作用，自 2016 年将网络销售纳入流通领域商品质量监管范围后，政府联合各电子商务平台严厉打击假冒伪劣产品，肃清电子商务市场。2016 年售假问题投诉比例大幅下降，表明对假冒伪劣产品的打击取得了相应的成效，电子商务市场产品质量得到有效改善。但发货物流、虚假促销、售后服务质量、信息泄露等问题仍未得到有效解决。物流问题中虚假发货问题成为主要问题。虚假发货是指电子商务商家在承诺发货期限内填写快递单并提交至电子商务平台，但实际并未将商品发出的行为。这一行为使得商家规避了延期发货导致的处罚，实际上侵害了消费

---

[1] 郭志光：《电子商务环境下的信用机制研究》，北京交通大学 2012 年版。
[2] 中国电子商务研究中心：《2016 年中国电子商务用户体验与投诉监测报告》，http://www.100ec.cn/zt/16tsjcbg2/，2017-6-9。

者和物流公司的合法权益。

　　同时，由于电子商务销售主体意识和信用在电子商务交易中的重要性，刷单炒信出现并形成不法产业，对整个电子商务可信交易保障体系造成了严重伤害。刷单炒信是指商家直接或间接雇佣人员对所售商品进行虚假交易并进行好评，以积累信誉；或购买竞争对手商品并进行差评，损害他人商誉等操纵信用行为。同时由于部分电商平台设置了对入驻商家刷单炒信的自动处罚机制，部分商家利用这一机制，雇佣他人多次购买竞争对手的商品以触发自动处罚机制，对竞争对手进行处罚，使得竞争对手蒙受商誉及经济损失等行为都隶属于刷单炒信行为。近年来，刷单炒信问题日益严重，对电子商务市场秩序造成了严重危害，国家和地方陆续出台了相关行动计划严厉打击刷单炒信行为。国家信息中心已于"信用中国"网站发布了两期刷单炒信失信名单和重点监测对象名单，包括涉及刷单炒信的平台、商家及广告平台，对刷单炒信形成了有效惩戒和打击。但利益驱使下，刷单平台和手段层出不穷，甚至形成上下产业链；公示平台在消费者中普及率不高等问题都导致现有可信交易保障体系难以根除刷单炒信行为。

　　中国电子商务领域信用问题仍然严重，现有电子商务可信交易保障体系还存在许多问题有待完善，才能有效解决层出不穷的信用问题，保障电子商务主体的合法权益。笔者认为现行电子商务可信交易保障体系主要存在以下几方面问题。

（一）信用评价体系不完善

　　本节第二部分介绍了中国现有信用评价体系，其对于可信交易保障体系而言十分重要，但目前信用评价体系并不完善，导致了炒信刷单、恶意侵害竞争者信誉等问题产生。现行电子商务信用评价体系主要存在以下两方面问题。

1. 评价指标不完善

　　现有信用评价指标主要针对商品质量、卖家服务和物流服务三个方面，但都未进行细分，较为笼统，评价指标的不完善导致交易中问题的根源难以识别，不利于有针对性地解决电子商务交易中出现的问题。商品质量层面未进行细分，评价较为主观，难以区分商品质量问题产生的根源，不利于对假冒伪劣产品的打击。物流服务评价同样单一，仅从评分难以区分造成物流问题的原因所在，导致虚假发货问题日益严重，且目前没有相关机制解决虚假发货问题，侵害了消费者和物流公司的合法权益。基于交易所形成的电子商务信用评价体系较为片面，消费者难以了解商家资质、商家经营能力、商家合规经营等信息，从而对商家形成一个全面客观的评价。完善评价指标是完善电子商务信用评价体系的前提，以形成更科学有效的信用评价，针对性地解决交易中出现的问题，打击不信用行为，维护交易主体的合法权益。

2. 信用评价体系的不对等性

信用评价体系对商家形成的约束力较大，可通过动态评分和店铺星级等机制对商家的交易达成产生影响，但对消费者形成的约束力较弱，造成了交易双方的不对等。买方市场的特性导致商家不会拒绝与消费者达成交易，因而即使消费者的信用评价较差也不会对交易产生影响。信用评价体系对消费者的弱约束力，导致部分消费者出现以差评威胁商家返现、参与刷单等不法行为。另外，商家通过刷单炒信等方式，以达到高信用评价的目的，导致消费者难以识别信用评价的真实性，造成了交易双方信息不对等。信用评价体系中的不对等导致其难以发挥维护电子商务市场信用的作用，不利于电子商务市场的长远发展。

电子商务信用评价体系主要由各电子商务平台构建，信用评价体系的完善要落实到每个电子商务平台才能得到有效推进。同时，由于电子商务平台之间的竞争性导致其信用信息难以互通，未信用评价信息能有效整合，这也是现行信用评价体系存在的问题之一。然而这一问题仅凭电子商务平台难以解决，需要在政府领导下解决完善。

（二）电子商务主体信用意识问题

个人信用是构成信用环境的基本载体，电子商务可信交易保障体系完善的根本在于电子商务主体责任感和对信用的正确认识。电子商务可信交易保障体系建设不能只依靠外部环境的改善和技术等硬件条件的发展，而忽视其背后的诚实信用建设问题。2016年10月25日，阿里巴巴、腾讯、京东等11家电商签署了《守信践约书》，部分电子商务平台认识到信用的重要性，并践行于日常运营中，对电子商务平台自身及入驻商家进行约束以维护市场信用。但目前社会信用体系建设不完善，部分电子商务主体对信用的认识有所欠缺和偏颇。

部分电子商务商家认识到信用对交易的重要性，但采取了错误的措施提高自身信用。信用并不仅限于交易所形成的信用评价，合规经营同样是信用的一方面。电子商务商家过分追求信用评价，进行刷单炒信等不法行为，不仅对自身商业信誉造成了不可逆的伤害，并且对整个电子商务市场造成了不利影响。电子商务市场中以刷单炒信为主的中介平台信用意识严重偏差，侵害了电子商务主体的合法权益，严重影响了电子商务市场秩序。从事刷单炒信的人员多为家庭主妇、在校学生等信用意识薄弱的群体，大部分并未认识到其行为对信用的侵害。而部分消费者利用商家对信用评价的重视恶意差评等行为同样源自信用意识偏差。电子商务主体信用意识有待进一步加强，国民信用素质教育有待进一步普及，主体的信用意识和道德约束对于完善可信交易保障体系而言尤为重要。

（三）支撑监管体系不完善

电子商务的发展源于其发达的支撑体系，但目前其支撑体系尚不完善。就网络服务体系而言，存在一定的网络安全问题，信息泄露、账号被窃取，以及后续可能出现的诈骗、推销等问题，对电子商务主体的资金安全造成了威胁。就物流体系而言，尚未形成完善有效的物流信用体系，主要依靠电子商务平台的信用评价体系中的物流服务指标体现物流信用状态，但由于商家合作物流一般而言并不会在信用评价中体现，难以对物流公司形成有效的信用评价。物流信用体系的缺失导致了虚假发货、快件丢失破损等问题频发，对物流公司日常运营和电子商务市场的健康可持续发展产生不利影响。就信用信息共享平台而言，现有信用信息共享平台尚不完善，未能充分利用大数据挖掘，整合电子商务主体相关信用信息。同时由于各电子商务平台的独立性和竞争性，信用信息存在壁垒，有待进一步整合利用。信用信息共享平台普及率有待进一步提高，进而提高信用信息利用率，对守信失信主体形成有效激励与惩戒。

中国电子商务领域监管体系同样不完善。电子商务领域法律体系尚不完善，电子商务市场出现的问题难以利用法律手段有效解决，电子商务主体的合法权益难以得到保障，违法失信行为难以得到法律约束和惩戒，不利于电子商务市场的健康可持续发展。负责电子商务市场监管的政府部门过多且协调不畅。电子商务市场的虚拟性和跨地区性使得政府监管难度加大，要落实实名认证制度，才能对电子商务主体进行有效监管。目前，电子商务中实名制尚未完全落实，对从事刷单炒信、恶意差评等不法行为的个体难以追责。就电子商务产品流通领域而言，产品溯源制度尚未完善[①]，假冒伪劣产品仍层出不穷；海外代购等产品来源信息不明给打击假冒伪劣产品工作带来严重不便。

完善电子商务可信交易保障体系是一个永久发展的过程。电子商务在不断地发展和成长，部分问题得以解决，新的问题又会涌现。可信交易保障体系也需要不断地发展完善，以适应更新的局面，预防和解决假冒伪劣、刷单炒信等层出不穷的信用问题，构建可信交易环境，维护电子商务主体合法权益，保障电子商务市场健康可持续发展。

---

① 《关于全面加强电子商务领域诚信建设的指导意见》，http：//www.creditchina.gov.cn/newsdetail/15309，2017-4-19。

四、构建可信交易保障体系促进贸易环境改善

信用是现行经济运行的基础,如由美国次贷危机而导致的全球金融危机,经济危机的产生通常源于信用的崩溃。中国社会信用体系尚处于建设进程中,尚未形成良好的信用环境和贸易环境,而电子商务市场的虚拟性和交易对象的匿名性导致信用问题集中地体现在电子商务领域。因而一方面,为实现电子商务市场的健康可持续发展,中国要加快构建可信交易保障体系的进程,改变缺乏电子商务市场可信交易环境的现状。另一方面,在全面推进社会信用体系建设的大环境下,以构建电子商务可信交易保障体系为切入点,构建电子商务可信交易环境,推进商务诚信建设,从而改善贸易环境,促进国民经济发展。

在可信交易保障体系完善、具备可信交易环境的前提下,电子商务主体的信用意识提升,避免假冒伪劣、刷单炒信、虚假发货等不信用行为的发生,降低交易成本,维护电子商务市场秩序。同时,电子商务通过主体效应、信息效应和经济效应三个渠道促进信用环境改善,从而改善国内贸易环境。

主体效应来源于电子商务可信交易保障体系建设促使电子商务主体的信用程度提高,进而影响其在参与其他社会经济活动时的信用程度,从而改善信用关系。随着信息技术的发展,电子商务凭借其高效率和低成本的特性吸引了越来越多的个人和企业进入电子商务市场。截至2016年,中国网络购物用户规模达到4.67亿,占总人口的34%,企业开展在线销售、在线采购的比例分别为45.3%和45.6%。电子商务市场可信交易保障体系建设促使电子商务主体信用意识提高,电子商务主体的信用意识提升和信用行为改善一方面促进电子商务市场贸易环境改善,另一方面电子商务主体在参与其他社会经济活动时的信用程度提高,从而优化其他市场的信用环境,进而促进贸易环境改善。同时,凭借电子商务市场,企业的交易环境和竞争环境扩大,部分具有竞争力的企业规模得以扩大,而随着企业规模的扩大,企业竞争力进一步增强,信用程度也得以提高。企业信用是信用环境的重要组成部分,企业信用的提高对于信用环境的优化具有重要意义,进而促进贸易环境改善。

信息效应来源于电子商务领域可信交易保障体系建设改善市场中信息不对称问题,良好的信息环境改善信用环境[1],进而改善贸易环境。电子商务市场的交易活动在大数据环境下有迹可循,信用信息收集和共享较传统交易市场而言更为便利。电子商务信用信息共享平台的建设,以及反炒信黑名单、电子商务领域制

---

[1] 陈燕:《我国信用环境优化研究》,南京师范大学博士学位论文,2007年。

假售假黑名单等失信主体黑名单和守信红名单的发布等联合惩戒措施的实施,实现了电子商务主体的信用信息收集和共享。电子商务主体的信用信息的完善改善了整个市场经济的信息不对称问题,避免逆向选择和道德风险发生,从而改善信用环境。同时,一方面,征信体系建设的发展促进电子商务市场可信交易保障体系建设;另一方面,电子商务市场的发展和电子商务交易形成的信用评价信息等信用信息促进了征信体系的建设。征信体系的建设进一步避免了信息不对称问题,从而提高经济主体的信用程度,改善信用环境。信息环境的改善促使信用环境改善,从而肃清市场秩序,改善贸易环境。

经济效应来源于电子商务领域可信交易保障体系建设促进电子商务健康可持续发展,作为国民经济新引擎,促进国民经济发展,而经济发展水平的提高也促进了信用的形成和信用环境的改善。地区经济发展水平被认为是地区信用环境的一个典型指标,有研究表明,随着人均 GDP 的增长,信用将经历可有可无、大肆破坏、信用重组和良性循环四个阶段。中国目前正在经历信用重组阶段,经济的发展增加各种信用活动的数量,从而促使信用形成。而电子商务正凭借其便利、高效和低成本的优势迅速发展,成为国民经济重要组成部分,2011 年以来,电子商务市场交易规模逐渐扩大,占 GDP 的比重也逐渐提高,截至 2016 年,中国电子商务交易规模为 22.97 万亿元,较 2011 年的 6 万亿元增长了 283%;占 GDP 的比重为 30.87%,较 2011 年 12.26% 提高了 18.61 个百分点[①]。电子商务的发展促进着产业结构优化升级和国民经济增长,从而提高人均 GDP,扩大社会交易规模,形成新的信用关系,进而改善信用环境。而良好的信用环境同样促进贸易环境改善,促进经济增长,信用环境改善和经济增长进入良性循环。

中国经济已进入新常态,社会信用体系也正处于建设进程中,中国可以以电子商务领域可信交易保障体系建设为突破口,逐步改善信用环境和国内贸易环境。贸易环境的改善将促使中国更好地适应新常态,在经济增速放缓的同时,实现产业结构优化升级,促进国民经济健康可持续发展。

第三节　电子商务推进完善知识产权保护体系

本节首先对电子商务知识产权保护的特征加以分析,指出了新的产品和技术

---

① 张淳清、曹加:《信用环境的影响因素分析》,载于《生态经济》2008 年第 11 期,第 61~63 页。

是企业的主要竞争力，而知识产权是保护这种竞争力的主要手段。其次，本书对知识产权的现状加以概述，电子商务的发展打破了人们对传统知识产权的认知，扩大了知识产权的范围，权利人的智力成果与虚拟载体相结合形成了一种新型的知识产权，这种新型知识产权的出现对传统知识产权保护的法律和方式形成了冲击。最后，文章针对目前我国的知识产权保护体系出现的几个问题进行了深刻剖析，说明了目前我国电子商务环境下知识产权保护问题的新特点。

一、电子商务对知识产权保护的冲击与挑战

电子商务是依赖于信息网络技术而产生的一种商品交换活动，是不同于实体经济的一种虚拟经济，主要通过对传统的实体经济进行信息化和电子化来实现买卖双方互不相见的交易行为，是一种新型的商业运营形式。对于电子商务来说，最重要的就是"数据信息"，只有保护好了"数据信息"，电子商务的垄断性才能够得以实现。对于电商平台上面进行的任何一笔交易，其操作流程都包括四种基本的"流"，依次是信息流、物流、商流、资金流。在这四种"流"中，"信息流"是最基本的也是最必不可少的。它的内容涵盖了商品信息的提供、促销行销、技术的支持以及售后服务等内容，也涵盖了询价报价单、付款通知单、转帐通知单等商业贸易单证，还包括交易双方的支付能力和交易双方的支付信誉等内容。目前，随着知识经济的不断发展，电商平台上的主要交易对象已经逐渐的从实物商品转移到知识产权商品。在社会上也逐渐涌现出一些以知识和人才等智力资源为第一要素配置的知识产权产业，这种产业也被叫作高科技产业和版权产业。电子商务和电子商务平台的发展也给知识产权的普及提供了新的途径和方法。电子申请———一种新的获得知识产权的途径也已经问世。在 2017 年 3 月 29 日北京版全家科技有限公司发布了其开发的互联网数字版权服务产品版全家 1.0，完成了三分钟申请数字版权的功能，大大提高了申请的速度和效率。

随着"互联网+"战略的持续推进，电子商务迎来了进一步的发展，知识产权的保护反而会受到一定程度的冲击。首先，最明显也最主要的就是，由于电商平台的普及速度远远超过人们的知识产权保护意识的提高速度，"信息流"在不断拓宽的同时，对其安全保护也愈加有难度，这会导致电子商务下的知识产权"信息流"会受到冲击。其次，很多不法人士的侵权问题在近年来也愈发的严重，如：抄袭网络小说、抄袭原创歌曲等，并以此牟利，社会的法律法规并不能很好的对侵权行为进行处罚，因此也使得很多不法人士不能够被绳之于法，这种情况会大大打击权利人创新的积极性，也对法律法规进行了冲击，进而会阻碍社会发展的脚步。最后，电商平台的管理监督机制以及电商平台自身的技术安全问题也

受到了冲击,平台的安全性和稳定性需要针对电商平台的发展而进一步完善,近年来,信息泄露、电话诈骗等案件不断发生,受害者轻者损失钱财,重者丧失性命,这些案件的发生会在社会中产生很大的负面影响,人们会对电商平台失去信心与信任,这将会让电子商务发展速度不断地变得迟缓。

电子商务的发展对与知识产权保护来说,如同一个"潘多拉的魔盒",在不断暴露出知识产权保护制度的种种问题的同时,也是对我们社会和我们政府的一个挑战,只要我们能够合理的完善好知识产权保护制度,维持好电子商务平台的安全性和稳定性,那就能保证电商企业的自主创新战略的实施,提高人民对电商平台的信心与信任,进而促进电商行业能够更加健康、稳定地发展。

二、电子商务下知识产权保护现状

互联网技术的日益成熟和不断发展暴露出了大量知识产权的侵权问题。企业的市场竞争力主要来自新技术和新产品的专利申请,而侵权行为会大大降低企业的市场竞争能力,对企业的利益造成了重大的损害,从而减少了企业进行技术和产品创新的动力。新型电子商务技术的不断涌现引起了传统知识产权制度和互联网电子商务结构之间的矛盾,同时也引起了多方面权利人之间的利益矛盾,这就使互联网时代下电子商务中的知识产权问题更加严峻[1]。

知识产权具有垄断性,地域性和政府的确定性[2]。在传统的知识产权中,智力成果必须与纸质版的文学、艺术作品或商标的设计等实际的载体结合才能体现出其价值,在这种情况下,通过对知识产权的垄断,权利人就可以获取收益。但是在网络环境中,知识产权的垄断性被特殊弱化了,智力结果与数字云结合,储存在虚拟空间中,并在虚拟空间进行传播[3]。所以,数字化的知识产权不需要经过权利人的同意,只要在网络上面公开发表,就能够被所有人共享,就能够被所有人接收。因此,在电子商务环境下,和虚拟载体相结合的知识产权,其侵权产品在网络中的传播速度快,传播范围广,并且侵权行为一经被发现,对侵权产品进行转移或销毁的速度也是极快,执法机关很难在短时间内追踪到侵权人的位置并进行追捕,这就导致对侵权行为的追究极度困难。

---

[1] 李旭东:《"互联网+"时代电子商务知识产权保护的影响因素及策略研究》,载于《科学咨询(科技·管理)》2016年第19期,第5~6页。

[2] 廖淑洁:《浅谈电子商务中的知识产权法律保护问题》,载于《知识经济》2011年第22期,第22~23页。

[3] 文家兴:《互联网领域的知识产权法律保护》,载于《法制与社会》2017年第1期,第254~255页。

在法律方面，电子商务背景下的侵权行为主要是通过侵犯著作权、侵犯专利权和侵犯商标权。一方面，虽然我国的《刑法》针对这些行为有着法律条文规定，各类司法机关和第三方组织也投入了大量资金和人力来打击侵权行为。但是由于电子商务的特殊性，对于侵权行为的举证和判定十分困难，因此对知识产权的保护力度也会相应地降低。当权利人无法享受到合理的产权保护时，其创新的动力必然会受到打击。另一方面，我国目前各方面发展水平还有待提高，如果不借鉴其他国家产品，我们的技术水平就会无法提高。但是如果通过借鉴其他国家的产品来实现我们国家的经济利益，这样就会造成侵权，在当今互联网如此发达的情况下，很容易遭受其他国家的制裁，对我国的名誉造成损失。与此同时，习惯性的借鉴会扼杀我国的创新能力。

随着"互联网+"行动计划的开展，我国的商品贸易流通以及电商产业进行了全面的转型，跨境电子商务成为电子商务的一个新的表现形式。但是跨境电子商务的发展也带来了很多新的问题，如侵犯别国知识产权、误犯他国法律等等。其中，跨境电子商务下知识产权成为当前需要处理的一个重大问题。在电子商务活动中，出售假冒伪劣产品、盗用他人商标和侵犯著作权的行为极为普遍，而这些问题放到国际社会中就会产生放大效应。由于电子商务的便利性、流动性和低门槛性，知识产权保护更加成为一道难题。

三、电子商务下知识产权保护所遇到的问题

跨境电子商务是一种新型贸易方式，主要以企业和消费者之间的交易（B2C）为主，依靠于电子商务平台，将国际贸易网络化、电子化，使得不同国家和地区间的交易双方通过互联网及相关信息平台来实现交易和共同盈利[1]。相关数据显示，2016年跨境电商的交易规模预计达到6.5万亿[2]。不断扩大的跨境电商规模进一步推动了电子商务平台的快速发展。电子商务平台发展的同时，也暴露出了很多问题。

（一）知识产权保护意识问题

尽管电子商务在飞速的发展，我国对于知识产权保护情况却不甚乐观。我国人民从整体上对知识产权的保护意识比较薄弱，大部分的人对知识产权的接触仅仅停留在表面的理解层次。原因有三点：第一，部分人群的知识水平低，对于知

---

[1][2] 郑海宇、李林：《第三方跨境支付平台的现状分析及建议》，载于《物流科技》2017年第1期，第137~139页。

识产权的理解程度几乎为零,缺乏知识产权的保护意识;第二,知识产权的保护观念比较狭隘,当侵权事件发生的时候,侵权发生地和产权注册地的相关部门会出现"踢皮球"等现象,这就会导致侵权行为不能够得到及时的处理;第三,知识产权的保护范围存在缺陷,保护的对象更多是专利或商标,而没有重视设计过程、绘制图纸等过程性的知识产权;第四,缺少严格的惩罚机制,侵权人对于自身的侵权行为只需进行一定的赔偿,而对知识产权的泄露不能承担足够的责任,这就导致了很多侵权人对侵权事件保持着轻视的态度。

很多中小企业就是一个很好的例子,尽管我国政府部门对他们进行了知识产权保护意识方面的教育和普及,但是在中小企业的实际经营中,往往显示出了他们并不能很好地理解知识产权保护的深层含义,对于如何保护企业的新技术和新产品、申请专利之后如何防止侵权行为的发生以及如何处理侵权行为等问题都没有很好的解决方式,也没有在意识层面充分地重视起来。在如今跨境电子商务快速发展的大环境下,我国有关知识产权意识的种种不足必然会降低处理侵权事件的效率,使之远远落后于其他国家。更严重的是,部分人对知识产权采取了完全抵制的态度,他们主张"文化排斥论",认为现阶段知识产权的保护制度对于权利人的保护过于宽泛,不适合中国的国情[①]。他们对知识产权采取着短视的态度,认为只要是低风险的侵权,就不会给自己带来危害,也不会对权利人造成多少侵害。很多集团更是为了自身利益而阻止知识产权的发展,并且知法犯法,对侵权行为无视甚至给予其一定方便和发展条件,甚至有意地在权利人不知情的情况下,擅自复制下载、传播权利人的作品,侵犯权利人的权益来使自己获利。

(二) 法律法规需要完善

过去的知识产权法律,基本都是对书籍、图像、艺术作品等实体产权进行保护,经过多年的发展才形成比较完善的知识产权管理体系[②]。但随着互联网的发展,知识产权的发展反而产生相对的退步。这是因为在电子商务环境下产生的侵权问题是全新的,是游离于传统知识产权保护法律范围之外的。目前,并没有完善的法律条文和规范来专门处理与虚拟载体结合的智力成果的侵权问题,多数情况下都是参考之前的经典案例来进行判定和裁决的,这就造成了电子商务环境下知识产权保护法律缺乏整体的系统性、权威性和协调性,导致了知识产权保护法律出现了纰漏,大量侵权行为并没有受到应得的处罚。针对电子商务环境下的侵

---

① 罗冠男:《作为观念的知识产权文化建设》,载于《天津法学》2017 年第 1 期,第 5~10 页。
② 郑珺、赵文燕:《浅谈我国跨境电商知识产权保护制度》,载于《经营管理者》2016 年第 33 期,第 249~250 页。

权行为，我国提出了《互联网出版管理暂行规定》等一系列有关的网络立法，同时也提出了相当一部分司法解释等规定，以及规范性文件和通知等。但是它们是由不同的政府部门制定的，这就导致了一系列的相关法律和规定之间存在着很大的地域性冲突。总体来说，知识产权保护的法律法规缺乏一体性。

电子商务涉及了各个年龄段的消费者，其知识水平和辨别真假的能力参差不齐，而且电子商务本身就依赖于网络的虚拟电商平台，大部分消费者对于想要购买的商品不能进行实物接触，只能凭借图片和评价来分辨其质量好坏和产品真假，这就给了很多侵权盗版商品可趁之机，扩大了侵权的范围，而传统的知识产权法律并不能对这种侵权行为进行很好的管制。

再者，我国对其他国家的知识产权法律并没有予以足够的重视。由于各个国家的政治、经济和文化等背景的不同，他们对本国知识产权的保护内容和保护重点也会不同，因此每个国家的知识产权保护法律都具有明显的地域性。其他国家对于侵权行为的责任认定是通过间接责任制来完成的，以电商平台是否知道侵权行为来判断其责任[①]。比如美国 DMCA 法、欧盟《欧盟电子商务指令》、法国的"黑名单制"与"HADOPI 法案"。但是我国对"间接侵权责任"暂时没有相关的规定，并且没有一项单独的法律条文来对其进行规范。但是，随着"互联网＋"和经济全球化的飞速发展，各国之间的文化交流逐渐增多，各国知识产权法律的差异也在逐渐减少，网络空间中的国家界限越来越模糊。网络的开放性为文化交流和共享提供了无国界的条件。与此同时，跨境电子商务的发展带来了越来越多的知识产权侵权问题。

（三）电商平台的管理机制需要完善

首先，电商平台的管理机制还不够完善，监管机制和维权机制还不够严格，对于跨境电子商务并没有统一的管制和规范，这也导致了一定的司法混乱。由于跨境电子商务平台有着严重的信息不对称问题，买卖双方的语言、文化、政治都有着矛盾和差别，对于很多消费者来说，他们对于国外的销售者、销售企业并没有很高的信任度，而且交易过程中物流速度慢、丢件、损坏等问题以及售后的退换货问题也会引起双方之间的矛盾。这也导致了国内外对知识产权问题进行沟通的困难。

互联网的迅速发展对跨境电子商务的电商平台提出了更高的要求和标准。电子商务领域中，要加强对知识产权的管理机制。首先，要完善电商平台的知识产权监管机制，合理的监管机制是知识产权保护的前提基础，是保证电子商务平台

---

① 徐伟：《网络服务提供者侵权责任理论基础研究》，吉林大学博士学位论文，2013 年。

顺利发展的必要条件。其次,要增强平台电商电子商务领域中知识产权的维权机制,高效的维权机制是知识产权保护的必要组成。在电商平台中侵权和反侵权的行为屡见不鲜,如果维权机制不能够很好的进行判决和裁定,就会导致各方面的利益损失,长此以往电子商务平台会失去电商和消费者的信赖[①]。

(四) 电商平台的监督需要加强

我国对于电子商务平台的监督还需要进一步加强,目前电商平台经常会有信息审核不全面、不完全等现象,这就会产生大量的虚假交易或者非法交易现象。并且,目前电商平台的进入标准比较低,电商们往往不需要实名认证即可进驻平台,这就让人们对平台企业的合法化和真实化产生疑惑。再者,电商平台中的企业自营店铺盗用他人图片、信息等事件屡见不鲜,这都反映出了电子商务平台的监管问题。电商平台需要提高企业的准入机制,及时核对上架商品的商标专利号和工商局颁布的授权信是否一致;按时审查平台企业的正规营业许可证和知识产权证明的文件;检查产权商品是否添加了防伪标识,尤其是动画、图片等网络产品,要进行独特的水印添加等方法来确保不被侵权;阶段性的对电商企业进行核查,要求他们保留能够证明自己是权利人的证据,以维护自身合法权益。

同时,电子商务平台需要进一步和执法机关进行合作,一起打击知识产权的侵权行为。电商平台应当做好管理工作,在电商入驻平台之前进行实名登记,对商家的认证资格、商品的知识产权认证书以及商品质量的认证文件建立严格的审批制度[②]。电商平台也应当做好监督工作,在日常的销售活动中,平台应该及时的发现和制止恶性竞争以及带有故意性质的价格战等行为,认真处理消费者的投诉问题,对侵权的商品要进行及时的下架处理,维护权利人的利益。电商平台需要建立电子商务知识产权的执法协同机制,建立配套的协助性制度,如加强执法机关的职能建设、建立监督机制、定期对电子商务人员和商户进行知识产权教育、积极设立相关咨询部门等。电商平台对于商家的销售行为也需要承担一定的法律责任,如连带责任、隐瞒责任等,这样才能确保知识产权能够得到很好的控制和监督,才能很好的维护我国电子商务平台的信誉,促使我国电商平台更好的走向国际化。

---

① 刘斌、陶丽琴、洪积庆:《电子商务领域知识产权保障机制研究》,载于《知识产权》2015 年第 2 期,第 64 ~ 68 页。
② 黄艳:《互联网电子商务知识产权协同执法机制的构建》,载于《科技展望》2016 年第 27 期,第 283 页。

(五) 电商平台的技术安全需要提高

跨境电子商务平台的安全问题也值得堪忧，由于电子商务知识产权的特殊性，很多智力成果依附于虚拟载体储存在电商平台中。如果电子商务的交易过程出现问题，就很有可能发生知识产权信息的大量泄露问题，从而给权利人的利益造成严重的损害。电商平台还需要建立安全的技术保障体系。电子商务是以互联网为基础的，而电商平台上面储存了大量的知识产权信息，这些信息一旦泄露可能会被不法人士恶意利用，进而导致了大量的侵权问题。国家为此要大力引入发达国家的计算机网络技术，帮助我国互联网技术水平的发展。我们需要建立严密的技术保障体系，增加对电商平台系统的安全性检查，保证电商平台系统没有技术上的纰漏，及时修复电商平台的应用程序暴露出来的安全漏洞，对平台系统的运行进行定期的维护和严格的管理，防止知识产权的有关信息被不法人士恶意窃取，来保证知识产权的存储安全[①]。只有我国的电商平台系统越来越趋于完善，才能建立趋于全球性的电子商务市场，才能加快电子商务发展的步伐，促进全世界经济的共同进步和发展。

四、完善知识产权保护体系，促进贸易环境改善

新兴互联网技术的飞快发展并没有带来电子商务中的知识产权保护制度的同步发展，反之，这就如同打开了"潘多拉"的魔盒，在给社会发展提供了诸多便利之时，网络上的知识产权侵权行为更加频繁的涌现。长此以往，这会使得传统知识产权体系必须进行重新的建构，过多的侵权事件将会阻碍电商的健康发展。在电子商务平台中，侵权问题的频繁发生，不仅仅会对电商平台健康、顺利的发展产生影响，也会给知识产权的法律体制带来更多新的挑战。政府想仅仅依靠行业的自律性和自身的监督和管理是不足以解决这些问题的，必须要完善目前的法律法规和制定一些具有可操作性的法律法规，来适应多变的形势[②]。

众所周知，假货以及侵犯知识产权问题是一个社会问题，假货源于实体领域的制假领域，而电子商务平台的高效性、聚集性与虚拟性，使得这一问题在网络上得到了放大。电子商务的发展成为保护知识产权的一剂良药。第一，在电子商

[①] 郑海宇、李林：《第三方跨境支付平台的现状分析及建议》，载于《物流科技》2017年第1期，第137~139页。

[②] 于凯旋：《电商平台知识产权侵权责任之阻却》，载于《电子知识产权》2015年第5期，第1页。

务平台上，由于每一笔交易都会在后台上面存有记录，能够通过技术手段很快的寻找出来，这样，平台如果收到了有关售假的举报，就能够以最快的速度调取到售假者的各方面的信息，这就意味着，传统线下因假货的隐蔽性和流传广等特点而导致发现假货困难的问题会得到很大程度上的解决。通过互联网技术能够迅速的找出侵权人并且对之进行相应的惩罚。第二，电子商务能够为知识产权进行合理的网络申请，互联网数字版权服务产品版全家1.0，完成了三分钟申请数字版权的功能，大大提高了申请的速度和效率。减少了以前知识产权申请的流程，提高了知识产权申请的效率，能够更好地让权利人对知识产权行使支配的权利。第三，电子商务的飞快发展能够给知识产权的保护和打击制售假冒伪劣商品提供更为有利的条件。电子商务平台需要和相关政府部门进行双向联系，同时在线上和线下进行搜查，将互联网的信息技术手段和传统社会上的执法力量结合，这样才有可能根治社会上的侵犯知识产权和出售假冒伪劣和商品的现象。最后，电子商务能够为侵权事件的鉴别做出贡献，电子产品能够精确的检验出真品和侵权品之间的差异，能够更加精确的判断物品是否进行了侵权，保证了知识产权审查的公正和公平。

相反，电子商务平台的特点也为侵权产品的藏匿提供了更好的方式，在电子商务领域有关的知识产权纠纷中，最有代表性的行为就是"偷图、盗图"现象，一些投机取巧的电商卖家，经常会不经过经权利人的同意，擅自在自己的店铺的描述商品详情中使用其他卖家拥有的知识产权产品，如图片、文字、视频等，以此来误导消费者，为自己制假售假提供便利。更有甚者，还会制造舆论向权利人施压，来达到自己牟取暴利的目的。遗憾的是，我国目前的知识产权保护体系对于"盗图""抄袭"等事件不能够对权利人进行完善的保护，也没有合理的法律将侵权人绳之以法，这就会使得权利人的创新积极性受到打击，并且，由于电子商务的知识产权的独特性，对侵权事件的鉴定也变得十分困难，这就给许多不法分子以可乘之机。

所以，如果想合理正确的处理侵权事件，保护知识产权制度，建立合理的知识产权体系，政府就应该对电子商务的优缺点进行详细的分析。利用其便利性的优点，提高技术，加强对侵权事件的搜索与追踪能力。并且将这种追踪能力和线下执法能力结合起来，线上全面追踪，线下及时处理，真正做到对侵权事件的全方面调查与整理。同时，分析目前电子商务平台的不足，完善相关法律，建立合理的法律法规制度，不给不法人士钻任何漏洞，严肃处理侵权事件。对于电子商务平台的安全性和保密性要加以提高，防止消费者的信息被相关人士泄露出去。以此来提升电商平台的可信任度。政府需要保护好知识产权，这样才能保证电子商务飞快稳定的发展。

我们需要利用好电子商务的优点，并且改正电子商务的缺点，让更多的人接受电子商务的便利性，同时学会在电商平台的使用过程中保护自己的个人信息。社会才能够真正的保护好我国的知识产权体系，进而维护我国贸易环境的稳定，我国的互联网经济和实体经济才能够更好更快的发展。

第四节　电子商务营造公平竞争的市场环境

本节试图从政府角度以及消费者角度分析当前我国电子商务公平竞争体系的行业现状以及问题隐患。本节共分为四部分：第一部分着重分析电子商务营造公平竞争秩序的机制；第二部分着重分析该行业的竞争现状，当前的行业状态已阻碍电商行业公平竞争体系的构建；第三部分着重分析该行业的发展弊端：税收结构不合理，税收流失严重；竞争模式变化，垄断趋势明显；信息不对称问题频发，信用管理工作不到位，监管漏洞较多；第四部分着重从电子商务技术对于市场公平竞争秩序的推进与冲击两方面分析该市场秩序对于贸易环境的改善。

一、电子商务营造电商公平竞争环境的机制

互联网的普及推动电子商务的迅猛发展，并对当下的消费渠道与消费环境产生巨大影响。电子商务可定义为利用互联网得到产品和服务，从而使目标市场能够利用计算机或其他可行的技术购物，并通过交互式电子方式完成购买交易，这种虚拟化的交易方式，省略了存在垄断隐患的地域优势和资源优势，客观上有利于市场公平竞争环境的构建。

首先，电商的成熟可促进传统企业与电商企业的公平竞争。电子商务业已成为企业的一种主流营销方式，虽然并不能完全取代传统企业的营销渠道，但电子商务可推进传统企业的转型和优化，线上渠道与线下渠道并存，共同满足消费者多样化的需求[①]。电商凭借网络虚拟空间可节省店面租金，其低廉的价格和尚佳的产品品质，不断冲击传统市场，电商的价格竞争优势使得传统零售商的最优定价不断降低，从而压缩传统企业的垄断利润，优化整个市场的竞争环境。同时大型零售商也正在发展相应的互联网运营模式，寻求网络驱动优势和成本降低，其

---

① 徐广业：《电子商务环境下双渠道供应链协调机制研究》，重庆大学博士学位论文，2011年。

竞争地位相应提高，电商市场与传统市场的竞争结构、竞争关系达到平衡，社会资源得以合理分配，进而实现整个市场的公平竞争，消除实体经济日益萎缩的隐患。

其次，电商之间的竞争可优化竞争环境。首先，电商竞争更为注重价格与品质，完善的价格体系是市场公平竞争的必要前提，产品品质是市场公平竞争的底线。传统的电商竞争多为"价格战"，即价格低廉的电商可赢得多数客户，但传统 C2C 模式因盲目的价格战而致使"劣货驱良货"现象频发，产品品质难以得到有效保障，随着电商竞争加剧与电商市场的发展与成熟，C2C 模式已逐步转变为 B2C 模式，低价驱动竞争模式有所转变，品质保障已成为电商角逐的第一要务，电商平台的统一规范管理与强劲的信用背书逐步成为价格支撑者，价格体系逐步成熟。其次，电商供应链战略竞争已趋白热化，物流链的完善是营造公平竞争市场环境的有利支持者①。成熟的大型电商可整合资本和政府资源，打造仓储中心、自建物流体系、建设全国呼叫中心，并通过规模经济打造集约化运营能力的核心竞争力，即通过完整的物流链控制"市场覆盖面"，完善上游供应与消费者需求的妥善衔接，节省社会资源与交易成本，净化市场冗余的竞争环节，客观上有利于推进营造公平竞争的市场环境进程。

最后，电商竞争可通过改善电商与消费者之间的竞争关系进而完善公平竞争的市场环境。在传统的消费方式中，消费者需承担搜寻费用，搜寻费用分为搜寻产品价格信息的费用、搜寻产品质量信息的费用，以及在相互竞争的电商之间进行比较选择的费用。在差异化的市场中，卖方利润会随着搜寻费用的降低而降低；当搜寻费用降低到一定程度时，买方可通过产品比较做出最优选择，从而达成社会最优均衡，但当搜寻费用很高时将导致资源分配的无效率，造成市场崩溃②。电商竞争可保持最大限度的产品信息透明度，且能够降低消费者的搜寻费用，这种信息成本和搜寻成本的降低可引发激烈的价格竞争，消费者可从价格竞争中获益，通过压缩厂商利润，使市场的真实价格接近完全竞争市场的价格，增进社会总福利，减少无谓损失，从而推动市场的公平竞争。

---

① 梁淑慧、荣聚岭、周永圣：《电子商务物流发展现状与对策研究》，载于《中国市场》2015 年第 12 期，第 164~168 页。

② 吕玉明、吕庆华：《电子商务对营销渠道管理的影响》，载于《商业研究》2013 年第 6 期，第 55~60 页。

二、当前我国电子商务产业的竞争状况

互联网科技的飞速发展，使得人们的生活已然离不开这种便利而迅捷的载体，随之演化的电子商务技术也已渗透到我们生产、生活和消费的方方面面。电子商务技术不仅突破了传统交易的时空限制，缩短了社会生产与再生产之间的距离，更是将信息流、资金流、物流三者进行了高度深入的融合，并将制造链、销售链和消费链紧密有机地结合在一起，有效地满足了生产方、销售方以及购买方的需求。自从国内首家专业电商网站——中国化工网 1997 年问世以来，我国电商产业经历了短短二十几年从无到有、从小到大的发展与蜕变，现已呈现出裂变式、爆炸式的增长趋势，并开辟出了竞争更为激烈、交易更为广泛的国际商贸市场。如今，淘宝、京东等电商平台已然成为大众生活中不可或缺的部分。

（一）电商与传统企业的竞争

现今，我国电商产业发展事态良好，网购或将成为主流消费方式。我国商务部 2017 年 2 月公布的最新数据显示，2016 年全年线上零售交易额达 5.16 万亿元，同比增长 26.2%，超过同期线下零售总额增速的两倍。由此可见，线上零售已然对实体零售业形成了巨大冲击。根据中华全国商业信息中心统计数据显示，2015 年全年，全国重点 50 家大型零售企业中，仅有 18 家实现营业额同比正增长，其余企业的规模和利润均呈现不同程度的下降[1]。2015 年的中国连锁经营协会行研报告显示，中国传统实体零售业的销售额与利润增速均逐年下跌，其中，超市的销售额仅以个位数的水平增长，而一些的大型百货甚至要面对增速为负的窘境[2]。

面对这样的困境，越来越多的实体经济商表示不满。电商的高增速不单纯是技术的带动，更多地应归因于不正当竞争——不公平的纳税体系，特别是电商企业根据体系漏洞逃税漏税、低价倾销。商务部最新数据显示，2016 年全年，电商零售额达 3.8 万亿元，除驻扎天猫的传统品牌商依照线下标准缴税外，大部分 C2C 电商并未按既定规则缴税，税收流失严重，其对实体经济的打击不言而喻。当下中国零售业正在寻求突破，线上已不再是电商的"特区"，实现传统销售与互联网的的高度融合已大势所趋，因而，纳税不公的"毒瘤"（尤其是 C2C 电商税收及其不规范）已经到了不得不除的阶段。

---

[1] 黄荣：《全国人大代表王填：电商纳税利于公平竞争》，载于《中国经营报》2017 年 3 月 13 日。
[2] 窦菲涛、杨召奎：《营造电商和实体零售公平竞争环境》，载于《工人日报》2017 年 3 月 7 日。

目前主流电子商务模式有三种：B2B（卖家与买家均为企业）、B2C（卖家为企业，买家为个人）、C2C（卖家与卖家均为个人）。从卖家主体来看，电商企业本就是工商注册企业，都需要依照相关规定依法纳税，平台注册商家，业已纳入电商征税范畴，也应按照相关的法规行事，因而线上线下零售的巨大的差异多来自于 C2C 领域。C2C 商家不仅可以凭借网络虚拟空间节省店面租金，且其低廉的价格和尚佳的品质更为其赢得了数量可观的忠实客户群，若再对其实施免税保护的话，势必要将一直以来就颇受争议的 C2C 推至风口浪尖，加剧市场秩序的混乱。而传统零售行业其不仅要承担额外的店面成本，更有可能承受电商厂家凭借成本优势所展开的价格战所带来的巨大经济损失，这使得越来越多的传统线下零售商家在利润亏损的打击与避税获利的利益最大化的指引下，从线下转至线上，而这无疑是对实体经济的巨大打击。

虽然在电商发展之初，应该采取一些税收减免政策来支持新生事物的发展，但纳税须坚持公平原则，电商行业的不同发展时期与阶段，其征税应有不同梯度的规定与解决方案，政府的扶持与减免政策应有一定的时限和门槛。因而，该现状若不作出相应的调整，电商企业的可持续发展将会受到严重威胁。

（二）电商之间的竞争

当前，我国电商行业发展事态可观，竞争依然激烈。但根据中国电子商务研究中心 2016 年监测数据显示，B2B 电商服务商市场份额积聚现象明显，数家核心企业所占市场总份额过半，其中阿里占比为 38.5% 独占鳌头，环球资源、慧聪网分别占比为 4.5%、3.4%，列居二、三位；B2C 市场三足鼎立之势依旧明显，淘宝、京东、唯品会市场份额分别为 53.2%、24.8%、3.8%。电子商务作为一种互联网经济，有着极强的网络效应，当某种电商平台或产品被大多数人所认可和使用时，网络效应便会带来正反馈，而正反馈又会激化产品用户规模，大型电商正是凭借该种先发优势以及用户规模效应建立并强化自身市场地位，并对该市场的交易规则、运营方式具有一定的话语权。总之，随着网络技术的进步与营销模式的创新，电商行业业已呈现新的竞争格局，但垄断趋势明显。

首先，电商竞争模式有所变化[①]。就竞争形态而言，电商移动化趋势明显，移动客户端竞争激烈。贝恩数据报告显示，移动电商 2015 年市场交易额占比 55%，比 10 年同比上涨 54%，并预计该份额在 2020 年将达到 70%；就竞争范围而言，电商服务趋于全球化。各大电商均在积极部署海外战略，并开拓海外市场，积极寻找海外合作商家，如天猫国际、淘宝全球购等；就竞争内容而言，同

---

① 吴剑、马自泉：《电商巨头垄断的是与非》，载于《人民论坛》2017 年第 12 期，第 98～99 页。

质倾向凸显,商家谋求多领域发展,垂直经营转型为全方位经营,如电器起家的京东转型为综合自营电商平台;就竞争结构而言,电子商务实体经济一体化进程加速。

其次,垄断倾向明显。该行业的垄断并不完全等同于传统的垄断,传统垄断多借助于合谋等手段控制市场价格,攫取超额利润,而"电商垄断"则侧重借助流量优势,快速复制并扩张用户,掌控某一市场的绝对优势,因而该垄断并未完全限制竞争。其主要垄断表现有:(1)电商合并,谋求新的突破。2015年起,该行业合并势头便已凸显,2016年其势头则愈演愈烈。企业合并方式所有差异,如并购、投资、相互持股等;且其合并目的也并不唯一:以经营专业化,引流大型平台的客户资源为目的,如同是专注于女性消费的电商——蘑菇街与美丽说合并,该类合并有助于实现行业资源优化配置,避免过度竞争;以最大化市场份额为目的,如滴滴、Uber通过相互持股达成更高层次战略协议,该类合并有助于扩大行业影响力,但存在操控市场的风险;以减少资金消耗为目的,如携程与去哪儿共同整合独家领域的客户资源,该类合并有助于减少行业内耗,推进企业转型。电商合并在某种程度上通过整合资源优化了市场竞争,并为中小电商谋求公平竞争机会,但寡头电商的形成,则会对公平竞争体系的构建造成负面影响。(2)大型电商谋求全方位多维度发展。以阿里为例,其凭借庞大的用户规模积极扩展平台购物相关领域,构建包括在线支付、物流服务在内的全局电商模式。当下,某些巨型电商的竞争更是延伸至物流领域,金融领域以及娱乐领域。大型电商掌握大量的客户流量与数据资源,其全方位的布局虽可以进一步便利大众生活,但其垄断势力不容忽视。

(三) 电子商务企业与消费者的竞争

电商市场商品种类繁多、质量参差不齐,且网络交易与服务无法提供真实的客户体验,通过网络间接知晓商品及服务信息是消费者进行选择的直接甚至唯一依据。因此电商经营者理应对其所提供的商品与服务进行如实描述。然而由于买家和卖家之间存在着严重的信息不对称,且现有的监管体系并不成熟,消费者的知情权难以保障。如索要发票环节的缺失,使得消费者难以在遇到粗制滥造的产品和服务时得到应有的赔偿,再如网络上频繁发生的"刷单行为"[①]。众多侵害消费者正当权益的行为使得消费者对于电商市场的信任正在瓦解。根据电子商务协会的统计数据显示,对电商持怀疑态度的个人受访者占比为3.3%,而企业受访者占比高达36.6%。长此以往,必然会对我国电商行业的可持续健康发展造成负面影响。

---

① 刘宝:《维护市场公平竞争 当割除电商刷单"毒瘤"》,载于《中国商报》2015年9月29日。

总之，商家采取虚假手段进行宣传、促销等信息不对称问题所造成的不正当竞争行为侵害了消费者的合法权益，损害了其他正规商家合法利益，同时该虚拟空间的监管体系并不全面和完善，均不利于构建电商市场的公平竞争秩序。

三、电商之间竞争现状下存在的问题

我国电商产业起步较晚，与美国、欧盟等大型经济体相较而言，发展时间短、交易平台低，起初并未得到政府、国企以及大型企业的关注和青睐，这样的"放养状态"为新生事物的发展提供了自由而广阔的空间。但新生事物的萌芽与发展，都需要一个从自由到规范的过程。基于以上对该行业竞争现状的分析，该产业的迅猛发展，一方面促进了市场的繁荣，刺激了国内需求水平，另一方面暴露出的问题也越来越明显。

（一）电商与传统企业的竞争导致该行业税收流失严重

网络消费节省了店面租赁等费用，商品定价较低、购买方式简便快捷，因而消费者越来越青睐网络购物，电商得以迅猛发展，其营业额呈几何态势攀升，抢占了传统企业的大量市场份额，也冲击了传统企业的地位。但电商企业之所以价格低廉，不仅是支出的节省，更多得益于当前我国税收体系的不完善（黄荣，2017）。就现状而言，我国当下电商纳税体系主要存在一下问题：（1）税收政策较为单一且对象指向并不明了，分阶段分领域分梯度征税方式尚未完善，没有具有针对性且可行性强的税收方案。税收政策应切实可用，而且要指向清晰，针对不同的电商模式，采取不同的税收方法，如对 B2C 模式只收增值税等。从长期看，电商企业应与传统销售企业遵循统一的纳税政策。现阶段，我们可通过解决分阶段分领域分梯度征税问题而逐步过渡为统一规范的的税收管理体系。（2）税收监管工作不完善：首先，未规范其税收登记制度[①]；其次，未建立合理的税收申报制度，且已有的申报制度对申报内容及申报程序未作出明确的规定；再次，未形成合理的且可控的缴税方式，如第三方支付平台代扣代缴税收等方式；最后税务机关的互联网稽查技术与我国当前/电商技术的发展水平不相适应：由电子商务的非纸质化与网络虚拟化等特性所决定，其交易订单、协议合同、发票凭证等均以电子化形式存在，非纸质化的各种单据凭证易被修改且难以留痕；且具体的协商、交易过程、支付及物流等也均借助互联网进行，电商卖家往往通过加密、授权等网络技术限制权限，这些均在客观上进一步增加了税收稽查难度。

---

① 王元媛：《我国 C2C 电子商务税收征管法律问题研究》，西南大学硕士学位论文，2014 年。

建立公平的纳税体系不仅是维护税收公平原则的需要，而且有利于避免国家财政收入流失，更是企业自身实现可持续发展的需要。总之，我们必须推进电商公平纳税征管办法的改革与创新，营造电商与实体零售商公平竞争的市场环境。

（二）电商竞争垄断现象日益明显，相关立法工作不完善

垄断存在合理性和必然性，且是一个行业通过竞争发展，由初级走向高级的必经的暂稳阶段，诸如淘宝、当当、京东在维持其鼎力之势的同时依然保持着强劲的创新动力。虽然大型电商统治地位多系正当竞争和成功经营，但大型电商控制价格或排除、限制竞争的做法也屡见不鲜，反垄断的调查或诉讼也不断发生，且相关立法工作并不完善。当今电商垄断行为已经对市场的公平竞争造成了一定程度的影响，负面新闻之多，让众多龙头电商饱受非议。

首先，就当下电商竞争内部环境现状而言，主要存在以下问题：（1）电商竞争领域同质化。众多电商以单一优势领域起步，随后都转型为综合电商平台，因而经营领域相同，商品相似，价格相仿，用户难以得到专业化服务。（2）电商合并现象多发，行业进入壁垒高。用户多具有盲目从众心理，往往选择用户数量较多的大型平台，难以对产品的性能做出中肯的判断，且众多电商通过合并等方式，进一步整合客户资源，巩固行业地位，因而新进入的电商往往步履维艰，难以得到大众的认可。在互联网经济中，初创企业生存与否，取决于其用户数量，因而初创企业首先要获得足够数量的使用者，这意味着，他必须要抢夺有限的客户资源，这必然会触及大型电商企业的利益。大型电商企业为维持其竞争优势，往往会采取相应措施。例如，采取价格战打压初创企业，或者通过非价格性掠夺手段阻止初创企业的进入，甚至可以通过提高转移成本"绑架"现有客户，使其不能轻易成为新进入者的潜在客户等。进入壁垒过高不仅导致初创企业起步艰难，还会引发投融资市场行情低迷，进一步激化电商企业收购、并购、合并现象，那些当下没有现金支持、未来没有创新的盈利模式的电商企业必然会被淘汰，虽然这是一个行业发展的必经之路，但就反垄断而言，这无疑固化了行业进入壁垒。且特定领域的寡头电商合并，不仅垄断市场份额，其进入壁垒更难以以非法律形式消除。（3）大型电商凭借优势，排除或限制竞争（张芳，2013）。大型电商通过全方位的布局和多领域的扩张，不仅在其自身经营领域占有绝对优势，在其相关领域亦有绝对话语权，且凭借互联网经济所特有的运行模式使得大型电商限制交易或拒绝交易成为可能：电子商务的产品价值与电商企业本身的市场地位与其产品应用规模相关，占据市场优势地位的大型电商往往会限制交易甚至拒绝交易，其"底气"便来自庞大的用户规模和产品的网络效应所带来的正反馈，但由此引发的危害也不容忽视。垄断厂商绑定用户，不仅损害了弱势厂商的

平等竞争权，限制交易行为或拒绝交易行为更会侵害广大消费者的合法权益。

其次，就电商竞争外部环境而言，真正限制垄断的相关立法工作并不完善。2007年中央正式颁布《中华人民共和国反垄断法》对我国的电商的发展与反垄断行为提供了一定的法律依据，但依然不够详细，对出现的漏洞与新的问题并未做出明确的规定：(1) 未明确规定和判断电商垄断标准。传统的垄断界定方法，如捆绑销售、差别待遇、掠夺性定价等判断指标已经远远无法满足当下的需求。大型电商资本雄厚，技术尖端，更能满足当下的创新需求，并由此确立进一步的领先优势地位，对于这种垄断，立法应做出更为综合和切实的判断，适当的宽松是合法的，其并未滥用市场支配地位，但有些典型的滥用市场支配权的垄断行为，法律并未做出相应的判断。(2) 未明确处罚标准，现今一些相关法律法规对于电商滥用市场支配地位的处罚较为模糊。由于缺乏可明确定义事件如何处理的可遵循的法规与条例，诉讼结果迟迟没有定论，其处罚也相对模糊。(3) 立法前瞻性不足，遵循传统行业相关的立法工作经验，未把握电商行业特点，制定针对性的法律法规。当下立法工作应细致剖析电商行业的发展现状，广泛结合行业前沿案例信息，深入总结相关领域立法工作经验，而且应该更加注重防患于未然，对电商领域的发展前景做出准确判断，而不是将立法工作置于事件发生之后，忙于补救却收效甚微。

总之，众多垄断现象已扰乱了电商领域公平有序的市场秩序，重塑电子商务自由且公平的竞争秩序，保护电子商务消费者正当合法权益已成为当务之急。限制垄断行为不得不提到立法的高度，以法律之手，对逾越"雷池"的企业予以严厉打击，且随着技术的发展，法律也应与时俱进。

（三）电子商务行业信息不对称现象频发，信用保障工作不足，监管漏洞较多

在电商与消费者的竞争中，信息不对称现象严重，信用管理工作不到位，监管工作存在不足。电子商务作为一种新生事物，众多新技术、新手段并未形成统一的应用体系，且网络购物难以如线下消费般提供给消费者切实的购物体验，交易仅基于"买家"对"卖家"的信任。该领域的不正当竞争因互联网的联通特性，成本低，效率高，其所带来的危害相较于传统市场也更为严重和复杂。

首先，随着网络技术的不断发展，假冒伪劣，虚假宣传现象频发，消费者无法掌握商品真实信息，处于信息劣势地位，如刷单行为：电商刷单行为，其实质是雇佣非消费体验者进行虚假评论，属虚假宣传行为，违背了电商交易的公平、公正、公开、诚信原则，损害了消费者公平交易权等合法权益，不利于电商行业公平竞争体系的建立。

其次，信用管理工作尚未全方位落实，卖家信誉难以保证，包括信息披露工作不足，信用评级工作不到位，惩罚机制不完善：（1）卖家实名认证工作尚未彻底落实。在电子商务领域企业进行商业交易时，为保证卖家信用水平，落实监管工作，卖家实名认证是首要前提。简单的卖家基本信息公开已不能确保监管工作的全面性，缺乏更为完善且真实的卖家信息是当前信息披露工作的不足。该工作需要相关政府部门或者权威社会组织对卖家出示能够证明卖家个人资产和信用状况的证明材料。同时，网站平台需要对对卖家资产状况、履行经济承诺能力、信用水平、商业信誉等进行全面评估，得出该卖家最终信用评价报告。虽然这种实名认证工作较为繁琐，且不利于保护卖家私密信息，但这确是当前经济情况下保障消费者权益的必要基础，且能够有效降低交易风险，进而提高商业交易网站的成交量，也会有利于网站信誉的维护。（2）细化信用评价等级工作尚未完善。为准确反映用户评价，可细化信用评价等级必不可少。同时，卖家信用评级动态管理工作未真正落实，信用动态评估应适时更新，且评估周期为半年或一年为宜。通过变更信用评级，真实且可观地反映客户评价。（3）缺乏信用惩罚机制，商品的售价与信用惩罚力度未成正比。在具体的信用管理体系中，需加强对电商欺诈等不良行为的惩罚力度，违规商家必定重罚，并进行信用降级处理，且其处罚与降级额度与该商家的售价成正比。

最后，电商行业监管落后、管理失位的问题普遍。电商监管体系的逐步完善需要社会各部门的相互协作和共同努力。不仅需要健全法律法规、完善规章制度，还需要政府相关部门不断加强监督管理职能，同时还需运用大数据技术发挥监测评价功能，各有关执法部门联合协同监管。

电商领域目前暴露出的种种问题都表明，规范该市场的运行标准，净化行业竞争环境，任重而道远。我国当前处于经济转型期，房地产等大量积累"热钱"的领域的整顿与改革已势在必行，国家必须对该资金流向做出正确的引导与严格的规划，非理性的资金流向必然会引起某一领域的非正常通货膨胀。电子商务领域是国家最有可能选择资金输入的领域，唯有正确引导电商行业有序、健康、可持续发展，唯有真正构建起该行业公平竞争体系，电商领域才能承担此重任。

四、构建公平竞争市场秩序促进贸易环境改善

电子商务的发展与完善推动了三次产业的转型与升级，其新型的运营模式可压缩交易成本，加快贸易流速。电子商务本身作为一种技术、一种模式对于推进市场公平竞争环境的构建具有得天独厚的优势，进而促使贸易环境得到改善。

首先，就电子商务对于传统企业、传统零售商的变革而言，该技术有利于提

高其竞争地位，促进整体贸易的公平竞争。传统企业的盈利模式基于空间聚集优势，不管是批发业、零售业还是国际贸易中心，集聚产生规模优势，降低分散经营的冗余交易成本，促进贸易的发展壮大，形成现代商贸业的形态，集聚一旦被瓦解，传统企业的基础就会动摇，商贸业将面临空间的形态重组，其格局、组织、业态、规模都将发生变化。电子商务所构建的虚拟化的网络贸易平台使得传统贸易呈去"实体中心化"的趋势发展[1]，且线上线下可实现一体化监管，使得网络贸易环境相对于传统贸易环境更为纯净，且传统运营模式改变，中间环节的删减使得传统企业的运效率得到提升，空间环境限制的解除，有助于其经营成本的压缩。总之，传统企业、传统零售化电商化趋势可显著提高其竞争地位，推进整体贸易公平竞争环境的构建进程。

其次，就电子商务整体竞争发展而言，该技术可提高整体核心竞争力，加速整体贸易流转。全球电子商务体系可通过其所建立的虚拟网络交互平台实时处理海量贸易信息，企业可远程操控贸易进展，且可通过信息的交互与比较扩展市场范围，将业务外包到具有比较优势的地区以最优化运营管理，提高供应链管理的效率，即电子商务技术为国际贸易提供了一种信息较为完备的市场环境，通过国际贸易这一世界经济运行的纽带达到跨国界资源和生产要素的最优配置，使市场优势的地区以最优化运营管理，提高供应链管理的效率，使市场机制在全球范围内充分有效地发挥作用[2]，进而提高整体贸易的竞争效率。且国际网络贸易平台可"一站式"解决贸易企业与海关、税务、银行、货运等部门的网上对接，优化国际贸易流程，改善国际贸易环境，推进全球贸易公平竞争市场秩序的构建。

最后，就电商与消费者的竞争而言，该技术有助于改善消费者的竞争劣势。经前文分析可知，电子商务技术可缩减消费者的搜寻成本，信息透明度的提高可改善商家与消费者之间的信息不对称状况。且传统贸易的电商化，若干中间环节的删减使得生产者与消费者之间供求链的距离变短，生产者和消费者可直接对接交易，消费者不必再去商场等实地场所从而缩减时间成本，提升其生活质量。总之，消费者竞争地位的改善，可提升整个贸易市场的公平性。

可见，电子商务正在以其交易虚拟化、交易成本低、不受时间限制、海量信息和交互性等特点，深刻地影响着国内外贸易的运营模式和贸易方式，促进了贸易领域的变革和创新，改善且优化了国内及国际贸易环境，对于整个贸易市场的公平竞争秩序的构建优势明显。然而，电子商务技术的发展尚不成熟，在其成长

---

[1] 李骏阳：《电子商务对贸易发展影响的机制研究》，载于《商业经济与管理》2014年第11期，第5~11页。

[2] 张希颖、王恒书：《电子商务环境下的国际贸易方式创新》，载于《商业时代》2006年第30期，第75~76页。

与发展的过程中，对于该市场秩序的构建亦会产生明显冲击。

首先，传统企业的固有运营模式劣势凸显：未电商化的传统产业，其交易成本、经营成本高昂，且受实体经营的地域限制，资源供应短缺限制，销售额亦在电商的冲击下滑趋势明显，加之如前面分析，在未完善的税收体制中，相对不公平的税收制度，传统企业的竞争劣势加剧；其次，具有技术优势、流量优势的电商垄断趋势明显：如前面分析，垄断已阻碍市场秩序的进一步规范化，且当下BAT 三足鼎立的电商大环境已然形成，垄断优势明显；且一些优势领域虽尚未形成垄断之势，但过多电商的盲目进入，易造成严重的资源浪费；最后，消费者的竞争地位可能进一步恶化：信息透明度的提高是一个漫长的过程，在信用体系未完善的大环境下，电商造假成本低廉，其产品难以得到质量保障，消费者权益受损的状况难以得到妥善处理。

电子商务的发展与成熟是一个曲折的过程，该技术对于市场秩序的冲击是无可避免的，为妥善解决这些冲击，不仅需要相关技术的进一步提升，更需要整个社会的配套体制的进一步完善。总之，成熟的电子商务体系有助于公平竞争市场秩序的确立，且可促进整个贸易环境的改善。

第五节　电子商务改变国际贸易的市场环境

本节开始论述电子商务是如何改变国际贸易的市场环境并产生积极推动作用，然后从理论上论证为什么会促进这些贸易环境的改善和规范，共分四个部分，首先论述在新时期市场交易环境的具体变化，其次论述交易技术在新时期新技术的影响下取得的拓展，再次阐明新时代下电子商务带来的机遇与挑战，最后综合论述电子商务带来的宏观市场影响。

一、电子商务改变国际贸易的交易环境

通过对文献以及经济现状的研究探讨可以发现，电子商务对交易环境的影响渠道是通过改变外贸市场的交易结构实现的。具体来看，电子商务技术主要通过内部和外部两种渠道改变交易环境：（1）通过内部渠道即对交易主体的改变，也就是对参与到市场交易中的贸易中间商、生产企业、消费者的改变。（2）通过外部渠道即对监管结构的改变，也就是对监管部门职能的转变。总的来看，电子商务简化商品交易中原本复杂的报关、检疫、质检、报税和结汇等监管流程，直接

提升跨国交易中监管程序的可执行度，同时这为贸易中间商创造了新的服务契机，为生产企业进入国际市场提供了最经济的进入条件，为消费者带来了差异化、个性化的产品定制服务，同时也为监管部门的监管带来了挑战。下面详细分析这两种渠道及作用机制。

1. 对交易结构的改变

电子商务技术的运用通过缩短贸易周期和商品流转时间，降低企业进入门槛，改变企业在贸易环节中的职能，彻底改变了传统的贸易中间商、生产企业、消费企业的运营模式，对交易结构产生了深刻的影响，下面分而论之：

（1）对贸易中间商的影响。

在传统贸易模式中，贸易中间商的作用是直接参与到交易活动之中，作为交易不可缺少的中间环节联系生产企业和消费者，位于传统外贸交易结构中的重要中心位置。而在电子商务被大量运用的今天，贸易中间商的地位和作用都发生了显著的改变，中间商通过高效高质的收集生产企业和消费者的信息，并将数据进行处理匹配后再互相传达给有匹配需求的生产企业和消费者，虽然在直观意义上其只是利用互联网技术为整个交易提供一个信息交互平台，然而这一从直接交易参与者到信息平台的角色变化却能够使中间商更加高效地参与到交易活动中，生产企业与消费者的产品需求都得到了更深层次上的满足，整个市场也会因信息更加充分的共享流通而处于良性循环中，市场对于资源的有效配置作用亦得到了最大限度的发挥。

（2）对生产企业的影响。

首先，论述电子商务对生产企业的组织运营结构的强大影响力。在无电商环境的外贸模式中，传统生产企业由于信息的不对称、市场的垄断作用，在管理结构上通常会采用自上而下的控制层次结构，以此保证企业生产经营活动的有序运行[1]。这种组织结构强调专业化的分工、流程的顺序执行和严格的权利等级层次结构。然而，在当下竞争日益激烈的外贸大环境下，这种传统的等级制生产组织管理结构暴露出生产组织能力低效、层级间信息交流滞后、产品对市场需求缺乏适时创新、管理制度僵化、企业市场适应性差等缺陷。电商技术的应用使企业的组织结构发生了下列变化：第一，管理结构的扁平化趋势愈发明显。扁平化的企业管理结构突破了原本企业部门之间的等级界限，依托互联网技术原本层级之间信息交流的滞后情况被极大的改善，企业内部信息的传输效率大大提高，部门之间在这种条件下可以进行更有效率的沟通，减少不必要的业务管理，提高决策时

---

[1] 丛海彬、邹德玲：《论电子商务发展对国际贸易交易结构的影响》，载于《商业时代》2008年第16期，第86~87页。

的信息丰富度，变相提高决策可靠性，同时原本的中间协调部门的职能被信息网络取代大幅优化企业职能结构并且降低企业管理成本。第二，由于信息的高度共享互通带来了组织决策的分权。信息网络的建立使得更多的部门可以参与到企业决策中，将传统的高度集中的中心组织决策制度转变为多中心组织决策制度。由于决策者的主观条件约束，传统的单一决策容易产生低效的决断和上下级间的决策执行沟通障碍。然而在多中心决策中，员工通过参与企业的决策活动，既增强归属感、责任感和成就感又能提高员工的执行力以及对生产决策的了解程度，同时由于决策人员的广泛化、基层化，原本不被高层所知的经营风险可以受到足够的重视，多决策人员的不同知识和经验也在决策过程中被充分考虑运用，知识得到相互补充和修正，有效提高了决策的可执行性和科学性。

其次，体现在对于企业经营门槛的影响上，电子商务技术降低了运营成本。正如前述电商促进企业间、企业与消费者间的信息共享。这种高效的信息共享可以促成营收成本的大幅下降，这主要发生在采购、库存和营销环节：采购上，原本复杂的多阶段货物或服务的采购过程在电子商务环境下，可通过网络信息技术实现采购信息的快速获取和传输，原本采购中信息获取、传递所带来的时间成本、"菜单成本""皮鞋成本"都得到大幅缩减。同样的，在库存环节，企业的成本也得到了有效的控制。一方面，由于信息网络自身的高效性，大幅提高了企业的生产采购的目的性，使得企业零库存变为可能。无论是企业在原材料的采购上，还是在产品的销售上，通过大数据技术处理后，企业可以翔实的掌握产品生产能力和市场用户需求，并且可以系统的、集成化的分析确定自己的产能和产品细节。加上信息化后组建的高效物流系统这一切都使得原材料可以高效地被利用，实现无库存的目标。另一方面，生产企业无论是向原材料提供厂商下达订单还是对国内外客户的订单进行处理都可以直接通过网络完成，客户对产品的需求信息，也可以以直接的方式反应在企业生产线中，这样能够有针对性的满足客户需求，产品自然不再需要存储在仓库等待理想的客户购买，而是能够直接销售给客户，无库存生产也就能够被充分实现了。在营销环节中，生产企业借助互联网手段搭建商业网站，发布企业信息，直接与公众进行沟通，加强对消费者需求的了解，得到他们对产品或服务的意见建议以及个性化的需求，等等。综上所述，通过网络信息技术的应用，企业在采购、库存和营销环节相对于传统企业实现了全面的优势，且由于其成本更低、收益更高其市场进入门槛也就更加低，可以预计在不远的将来电商企业规模将远远超过传统企业。

（3）对消费者的影响。

首先，电商技术意味着个性化消费时代的到来。由于地域和文化等方面的差异，不同消费者对商品的需求往往具有一定的差异性。而正如前面所述，电商技术为企业带来了定向满足消费者需求的生产可能。因此，可以预见，未来的市场将是广泛意义上的买方市场，在未来企业想要生存下去必须针对不同消费者的特点，有针对性的生产以及提供服务，对于消费者而言物质产品将极大地丰富，在原本卖方市场低迷的消费者人格现象将逐步被打破，消费者可以从个人欲望的角度出发购买商品，满足他们的个性化需求，个性化消费将成为未来消费的主流。

其次，增加消费者主动性。它源于个性化消费被充分激发后，人们对于商品的需求欲望将更深层的被激发。在当今社会分工日益精细化和专业化的驱动下，随着选择机会的增加，消费者购买商品时的风险也越来越大。这种风险会阻碍消费者的正常消费，具体表现在日常商品购买之前，消费者为了降低风险或购买后后悔的可能，经常通过咨询、他人评价等途径去获取商品的信息以便与同类产品比较。信息技术的发展使得这种对比更加精确，消费者也能在大量的比较中确定自己的主要需求，忽略次要需求。

贸易中间商、生产企业、消费者三者相对于传统贸易行业中的变化又引起了三者相互关系的进一步变化，具体表现为：

首先，加强了生产企业与贸易中介机构的合作。在电子商务环境下，贸易中间商与制造企业的核心竞争力并不冲突，二者是互惠互利关系。对于贸易中间商而言，其核心竞争力在于产品销售环节，即如何让适合的消费者接受自己的商品。而对生产企业而言，其核心竞争力体现在产品的生产环节上，即如何生产更加符合消费者需求的商品。在这种情况下，制造商可以集中自己的优势资源在产品研发和生产上，贸易中间商则可以充分发挥其建立的良好的国际品牌声誉，为消费者提供更好的服务的情况下建立自己的品牌。而这种贸易中间商与生产企业的合作，发挥了各自的竞争优势，在增强双方实力，增强自身在行业中的竞争力的同时，真正实现互利互赢。

其次，改变贸易中间商的构成。这一点体现在对贸易中间商职能的转变中，互联网信息技术普及和应用，使传统的贸易中介机构面临前所未有的挑战。为了适应这种市场环境的变化，除了一些强大和高度国际化的贸易中介机构外，其余的贸易中介机构已经开始了原有角色的转变。一方面，企业开始加强物流配送系统的建设。与生产企业相比，贸易中间商一般具有一定的物流能力、商品交付能力和仓储能力，因此生产企业为了实现货物的高效高质配送，也愿意与贸易中间商合作，通过中间商向消费者提供产品。在这种情况下，贸易中介机构可以利用信息技术进一步巩固和发展其仓储、货运、物流能力，保证商品在最后销售阶段的服务品质。另一方面，中间商开始了从传统企业到虚拟企业的转换。贸易中间商从解决制造企业和消费者进入网络的障碍的角度入手，通过建立虚拟市场、向企业及消费者提供信息服务和建立代理网站实现从传统到虚拟的转变。

综合来看，上述的过程可以总结为市场职能权利结构的变化。第一，生产企业兼有部分贸易中间商的职能。制造企业可以借助信息网络与目标客户直接联系，从而减少对贸易中间商的信息发布和信息反馈市场职能的依赖，提高企业生产自主权。第二，消费者的权利得到了进一步的维护。在商品销售环节，电子商务环境下由于网络信息技术的广泛应用，消费者可以很容易地在全球范围内获得的产品信息，从而降低传统的国际贸易结构中对中介的依赖，摆脱了完全受中介管理的命运。第三，对承担中间业务的贸易中间商，虽然企业和消费者权益的生产得到了加强，但中间商并不会因此消失，而是由于其专注于某一特定领域，同时在这个领域拥有巨大的规模、领域的知名度也很高，生产者和消费者已经形成了一定的认同。

2. 对监管结构的转变

在监管结构上，电子商务还进一步促进了电子政务的发展。具体来看，主要表现有：（1）在中国基于中国国际电子商务网出口商品配额实行电子招投标，使企业可以参与投标资格的竞争和及时了解调整信息，使得最短时间出货成为可能；（2）进出口货物直接通过网络应用从外贸部门申请进出口许可证，而不需要按部就班地经由多个部门窗口办理进出口许可证；（3）在海关监管区内，引入海关报关电子管理系统的电子化管理，大大简化海关手续，简化海关监管程序，提高监管效率；（4）我国在商品检验检疫管理中，通过实施进口、出口商品的数据通信网络管理系统，解决了进出口货物的检验和验收的低效率问题，能够在最短时间内颁发、检验证书及其他重要文件；（5）外贸业务操作流程实现完整的电子化作业。对于客户而言，在国际贸易中或相关贸易伙伴的合作中，可以通过符合国际标准的商品网络实时跟踪存取货物的物流流程，大大降低了获取信息的成本，减少货物的损失风险，也降低了产品成本控制风险。总体来看，电子商务技术的革新实现了对国际贸易市场中交易主体与监管主体的革新，进一步实现了整个宏观交易环境的革新[①]。

二、交易技术的改变

电子商务系统是基于计算机、互联网、多媒体、应用软件等信息技术为核心组件的交互信息网络，其改变了传统企业的经营理念和经营模式，打破空间、时

---

① 姜雨竹：《电子商务下的国际贸易创新研究》，载于《中国高新技术企业》2016 年第 12 期，第 11 ~ 12 页。（2016 – 04 – 01）［2017 – 08 – 31］. http：// kns. cnki. net/kcms/detail/11. 4406. n. 20160401. 1705. 101. htmlDOI：10. 13535/j. cnki. 11 – 4406/n. 2016. 12. 005.

间对市场的约束,通过虚拟化手段将生产、销售、售后的信息完全集成起来,传统观念上的空间隔阂被突破。物质流、现金流、信息流被充分整合成开放的、良性循环的综合网络体系,为外贸企业的发展提供了一个有利的国际环境和市场氛围,同时也为对外贸易提供了一个高效的贸易平台,帮助外贸企业提高可持续的竞争力①。这种技术革新带来了国际贸易市场上交易技术的重大变化。

从微观主体角度看,市场中出现了虚拟公司这种新的生产经营模式。这种经营模式是利用互联网技术,将不同公司在各自专业领域的技术优势进行有机组合,从而充分发挥彼此的核心技术优势,实现互利共赢,完成一个传统公司不能承担的复杂的市场职能②。这种新的企业组织形式使得企业可以在不具备相互资本关系的条件下进行合作,通过信息采集、处理和传输将彼此连接在一起。跨国企业的战略联盟成为这种"虚拟公司"组织形式的主要形式。"虚拟企业"的实现,使企业通过开放系统的动态网络联盟的组合来寻找资源,以适应存在日益激烈竞争和不断变化的消费者个性化需求的经济环境,这种多元化的、分工合作、优势互补、资源共享、互利共赢的发展趋势为跨国企业的发展开启了新的契机。

另外,与"虚拟公司"的组织形式对应,"虚拟市场"这种新型交易场所出现在国际贸易市场上。通过网络虚拟的信息交换,现代交易市场形成了一个崭新的、开放的、多维的交易空间,传统市场需要依托一定地理空间的存在为前提条件的限制被突破③,交易各方依托信息网络组成一个统一的市场,各种要素在这个市场中自由流动,各个统一市场又通过网络联系从而在世界经济范围内形成大的全球市场。商品、技术、资本、人力等生产要素在信息流的促进下有机组合,从根本上促进了生产力的发展。在这种机制的促进下,各国贸易联系和合作得到了极大的加强。电子商务依靠交互式信息网络的建立提供了一个更加自由、趋近于完全竞争的市场环境,在国际贸易中链接世界经济,实现资源和生产要素跨国界高效配置,在全球范围发挥市场机制的资源配置作用④。这种贸易模式实现的"四流一体",即以物流为依托,资金流为形式,信息流为核心,商流为主体的全

---

① 李钢:《基于电子商务的国际贸易壁垒问题研究》,载于《中国市场》2008年第28期,第94~95页。
② 栗欢:《电子商务给我国外贸企业带来的机遇与挑战》,载于《科技创新导报》2012年第34期,第200~202页。
③ 郭丰晨:《网络贸易:国际贸易中的必然选择——试论网络贸易对传统国际贸易理论和实践的影响》,载于《中国新技术新产品精选》2006年第2期,第40~42页。
④ 李吉:《电子商务对国际贸易的影响及对策研究》,河南大学硕士学位论文,2012年。

新经营管理模式，为商贸服务注入了新的活力①。

正是因为许多虚拟企业、虚拟市场的出现，大量的个性化产品或定制服务在世界市场上涌现出来。尽管电子商务技术的使用最初仅仅是在单一的公司或企业，但现在这种通过统一的网络组织生产交易的趋势已经愈发明显，这种新型的交易趋势也为全球市场提供了更多的、更好的服务和产品。国际贸易中商流、物流、信息流和资金流的"四流合一"，在宏观调配意义上，达到了资源的更高效配置。信息网络所扮演的这个全球市场的计划者的角色，正通过逐步淘汰落后企业，借助信息网络及时传递企业和消费者的信息的方式，贴合用户需求实现有目的的供给，零库存的目标也因此得以成为现实。

电子化的贸易方式改变了传统贸易的运作格局，在传统贸易中物流是单向的，而在电子化商业模式下，传统运作格局依托虚拟企业与虚拟市场，转变为"四流合一"的立体运作机制。并且由于网络信息的充分性和即时性特征，减少了交易中信息非对称性及其导致的逆向选择等现象，从而进一步促进了全球竞争市场的发展。

三、电子商务经济酝酿全球经济发展新格局

世界经济仍然处于深度调整阶段，新一轮的科技革命和产业变革正在孕育兴起，随着信息网络空间的不断拓展延伸，全球化、网络化的生产组织方式不断进步，加快了电子商务经济对生产、流通和消费领域的渗透和重组，电子商务经济从网络经济、信息经济，开始进入数字经济时代。电子商务创造了一个虚拟的全球市场，通过信息网络链接，形成了一个立体开放的市场，随着过去被地理位置束缚的市场观念发生瓦解，原始地理区域所限制的商品和服务交换被这个虚拟市场打破。在全球货物流通和服务流通中，信息流动，货物流动的加快，信息不对称的现象将大幅减少，资本、技术等因素在全球的自由流动，在很大程度上保证了商品经济中价值规律的作用，因为信息不对称现象被削弱，使得市场更加趋近于完全竞争市场，有效维护了市场机制对资源配置的正面作用。同时，电子商务的商务模式使得消费者能够通过互联网了解同类商品与服务的信息，因而消费者也有了更多的选择余地，客户的主动性大大加强。这会导致原本的卖方市场也演变为买方市场，市场由"产品技术为中心"转变为"用户为中心"。

在这种竞争加剧的大背景下，无论是发达国家还是发展中国家，都在围绕电

---

① 倪勇、刘元宁、李闯：《我国信息化条件下国际贸易实务研究》，载于《情报科学》2006年第10期。

子商务经济，探索发展新方式、寻求发展新动力。欧、美、日已开始向赛博经济阶段发展。目前，大部分国家处于网络经济层面，我国与部分国家进入信息经济层面，少数发达国家则已开始进入赛博经济层面。欧盟为摆脱能源、资源、环境的束缚，将新能源与信息革命结合起来，大力发展"能源互联网"探索新能源革命，积极探索新经济模式。美国将信息网络与制造业结合起来，提出了"再工业化"战略（2009年），启动"大数据研究和发展计划"（2012年）[①]，加强信息资源的占有、支配和深度开发能力，积极探索类似互联网的新兴制造业经济。日本2004年提出"u-Japan"构想，2009年推出《"i-Japan"战略2015》，交通、医疗、智能家居、环境监测、物联网等成为发展重点。我国也出台了《大数据产业发展规划（2016~2020年）》，强化大数据技术产品研发、深化工业大数据创新应用、促进行业大数据应用发展。

总体上看，全球电子商务经济发展的广度和深度均呈现快速发展态势，竞争日趋激烈。发达国家正在积极推动国际电子商务制度、规则和标准的制定，意图主导世界的新经济潮流。我国发展电子商务经济具备多重优势、面临战略机遇，有望掌握竞争主导权。

四、电子商务推动形成全球协作的国际电子商务大市场

电子商务的迅猛发展正改变着整个世界的市场环境，形成"全球协作的国际电子商务大市场"：

1. 贸易标准的国际化和统一化

全球统一交易市场的产生极大地改变了国际贸易交易方式，催生出应对特定需求的弹性企业，衍生出全球虚拟市场。未来为了方便彼此间交易，进一步深化国际分工，实现资源配置全球的优化，未来的贸易标准也势必更加国际化与统一化，目前EDI（电子交换数据）技术已能够将发票、海关申报单等经济信息，用国际标准化的文件通过网络进行传输[②]，"全球协作的国际电子商务大市场"将在互联网时代下变得更加便捷、快速。

2. 营销趋势的全球化

经济全球化和全球信息化使得企业营销的全球化、国际化趋势越来越明显。电子商务突破传统交易中的空间约束，实现交易多边化，更进一步地达到了资本

[①] 蔡和岑：《美国制造业的发展及面临的挑战》，中共中央党校硕士学位论文，2016年。

[②] 王向阳：《论电子商务对我国国际贸易的影响》，载于《网友世界·云教育》2003年第Z3期，第124页。

"时间消灭空间"的目标。在全球网络市场交易中构建的电子货币体系,发挥了与传统货币相同的交易功能。市场中"点对点"的单边交易逐渐变为"点对面""多对多"的多边交易[①],资源可以更加顺畅的在这个大型的虚拟全球市场配置流通;同时,现代信息技术使得相关公司联合成为虚拟公司,共同承担市场职能,更加高效的为消费者提供商品和服务,生产布局的全球化日益明显,在这种背景下,企业就需要考虑不同地域、文化对产品的需求差异,国际化营销趋势也就愈发明显了。

3. 国际合作的全球化

电子商务无疑促使国家间的国际合作从深度和广度上都得到了加强。从广度上看,作为厂商,生产布局的全球化使得比以往更多的厂商参与到产品的生产任务中,参加生产交易的商品品种也得到了空前的丰富;从深度上看,由于消费的个性化与商品品种的丰富化,企业间的合作将更加紧密深入,国家间由于关税、国际支付等问题,相互之间的电子商务谈判和合作交流也就更加频繁,所谈判的事项也较过去更加重要,政府趋向于建立更紧密的国际组织及更高效的主要贸易伙伴的交流合作机制,来扩大电子商务领域的双向开放。

---

① 李春香:《世界贸易组织对我国电子商务的影响》,载于《中国商贸》2009 年第 17 期,第 169~170 页。

第八章

电子商务对我国传统零售业的影响

　　零售企业一直面临着高成本、高竞争、资源垄断、低回报、难扩张等难题。实体店和电商作为零售企业两大运营模式,由于电商具有宜购、廉价和省事三大优势,其发展潜力很大。电子商务的快速发展对有些传统零售行业的发展具有很大的拉动效应,但是对有些传统零售业的发展具有较小的拉动效应。本章将具体分析电子商务对我国超级市场、百货商店和便利商店三种零售业态的影响。具体结构安排如下:第一节分析电子商务对我国传统零售业的冲击;第二节阐述电子商务影响传统零售业发展的理论机制;第三节是电子商务影响我国超级市场的实证研究和案例分析;第四节是电子商务影响我国百货商店的实证研究和案例分析;第五节是电子商务影响我国便利商店的实证研究和案例分析。

第一节 电子商务对我国传统零售业的冲击

　　零售业是指以买卖的形式将生产者生产的产品直接售卖给终端消费者的商品销售行业。终端消费者不仅包括个体消费者,而且也包括具有一定规模的社会团体。长期以来,我国零售行业依次经历了集贸式、大商场式、连锁店式和电子商务等四种不同的发展模式。实际上,这四种模式之间并非是此消彼长的替代关系,而是能够以竞争状态并存的。以下简要介绍这四种零售业的发展业态。

　　第一种是集贸式零售模式,它的最大特点就是运营周期长。在这种模式下,企业完成商品销售至少需要一个月到一个半月，并且有多层中间渠道商，渠道成本占总成本的比例较高，接近30%～50%。例如，北京中关村数码产品卖场就是最具代表性的集贸式零售模式。以笔记本销售为例，一台笔记本电脑的销售过程分别经过厂家生产，到达区域总代理，再由区域总代理配送到各级分销商，并且经过层层分销商流转才能到达终端的销售地点。整个过程从产品的生产到消费者见到产品的时间大约为75天，这种发展业态在四种模式中是最耗费时间的，而且分销商层层分割还会不断抬高商品的销售价格。

第二种是大商场式的零售模式，相比于前一种，大商场式的运营周期有所缩短，一般为40～60天，但渠道成本并没有出现实质性降低。第三种模式是连锁店式，如国美、沃尔玛就是最典型的连锁零售模式。这种连锁的零售模式，由于大大减少了中间商渠道，因而明显优于前两种模式。连锁店模式的渠道成本可以降低至总成本的12%～20%。由此可见，这使得商品销售的价格极具竞争优势。

第四种是电子商务模式，它是随着互联网的出现而产生的。电子商务凭借低成本、高效率的优势给传统零售业带来了巨大冲击。在零售业四种模式的发展过程中，每一次新模式的出现都是技术进步、成本降低以及效率提高所带来的。各种模式在不断的发展过程中都是以一种更为先进的运营方式来实现消费者和企业生产者的双赢，从而改变零售业的格局。

一、传统零售业的发展困境

传统零售业一般是指在开设实体门店的基础上提供商品销售和相关服务的零售模式。长期以来，传统零售业在我国占据着重要地位，并且发挥着至关重要的作用。但是，随着我国互联网技术、信息技术产业的快速发展，互联网逐渐成为人们生活必不可少的一部分，以网络购物为代表的电子商务也开始在我国兴起并迅速发展起来。由于网络购物具有极大的便捷性、简单性和低廉的价格等优势，越来越多的消费者成为网络购物群体中的一员。根据联商网统计数据显示（见表8-1），我国2007年的网络购物交易额仅为561亿元。其中，C2C的交易额为518亿元，占网络购物交易总额的92.3%；B2C的交易额为43亿元，只占网络购物交易总额的7.7%。2007～2014年间，网络购物交易额从561亿元增加到28 145亿元，总体增加了49倍。同一时期，C2C交易额从518亿元增加到15 263亿元，增加了28.5倍，B2C交易额从43亿元增加到12 882亿元，增加了299倍。不难发现，我国在过去十年间，网络购物交易规模经历了迅猛扩大。由此可见，以互联网为依托的电子商务在我国的快速发展给传统零售业的发展带来了前所未有的巨大挑战。

表 8-1 我国网络购物交易规模的描述性统计（2007~2014 年）

单位：亿元

年份	网络购物交易额	网络购物交易额：C2C	网络购物交易额：B2C
2007	561	518	43
2008	1 282	1 195	87
2009	2 600	2 397	203
2010	4 610	3 978	632
2011	7 736	5 941	1 795
2012	13 040	9 170	3 870
2013	18 410	11 748	6 661
2014	28 145	15 263	12 882

资料来源：联商网，http://www.linkshop.com.cn/。

二、传统零售业正在遭受巨大冲击

传统零售业在长期的发展过程中形成了比较固定的发展模式，主要包括超级市场、百货商店和便利店这三种业态。经过长时期的发展，三种业态都已趋于成熟，并保持既竞争又互补的共存状态。然而，在互联网技术发展起来以后，新兴的电子商务模式给我国传统零售业带来了巨大冲击。电子商务之所以对传统零售业造成巨大冲击，除了电子商务具备低成本与高效率的特性以外，还与消费群体和消费结构的改变、传统零售业自身的特点等因素密不可分。下面将从消费群体与消费结构、传统零售业的自身局限、运营成本、运营模式（过度连锁）等角度来分析传统零售业遭受到的各类冲击。

（一）消费群体与消费结构的改变

随着经济快速发展，计算机与互联网技术也日益成熟，网络正成为千家万户的日常必需品。在 20 世纪 90 年代以前，人们获取信息的主要方式是报纸、杂志与电视。然而，随着互联网技术和电脑的普及，人们开始借助网络来获取各类资讯，逐渐摆脱传统的信息获取方式。不仅如此，互联网还为人们提供了更多的休闲娱乐方式与沟通交流方式，在一定程度上大大节约了信息搜寻和传递的成本。于是，越来越多的人开始借助互联网来解决生活中的各类问题。例如，淘宝商城成立之初并不被外界看好，然而互联网对人们生活模式的改变却是惊人的，淘宝在随后的发展过程中不仅被大众广泛接受，而且网上购物也逐渐成为我们日常生活中的一部分。天猫商城在"双11"连续创造销售额奇迹就是最好的证明。同时，其他电子商城（如京东、唯品会等）争相发展也充分显示出网络购物这种方式正成为一种不可抗拒的社会潮流。进一步分析发现，网络购物的消费者群体通常具有年轻化特点。由于消费观念和生活方式的改变，其购买行为也会发生重要变化。尤其在生活节奏加快和提倡高效率的时代，消费者更倾向于选择便捷、高效的网络购物方式，这有助于降低在购物上所花费的时间和精力。

（二）传统零售业的局限性

基于消费者的消费倾向考虑，在商品质量和产品类型相似的情况下，消费者当然更愿意选择简单便捷的方式。传统零售业之所以受到如此之大的冲击与传统零售业自身的局限性是分不开的，具体体现在商品本身与时间投入方面。其一是商品本身的局限。由于门店面积的限制，传统零售业单独门店能够进行销售的商品种类十分有限，虽然实体门店商品质量有保障，但是受到门店面积和地域限制，实体门店的商品种类无法做到面面俱到，因而可供消费者选择的商品种类是有限的。相比电子商务模式的线上店铺，尽管商品品质存在不确定性，但是线上商店不受地域限制，销售的商品种类也相对齐全，因而可供消费者选择的空间就比较大，能够更好地满足消费者多样化的消费需求。其二是时间上的局限。一般而言，传统零售的实体门店都有固定的营业时间，消费者不能随时选购商品。线上网店购物时间的无限制给消费者带来了极大便利，并且购物下单仅仅几分钟就可以完成，具有耗时较短的优势。因此，在商品种类和时间上的局限性使传统零售门店无法较好地满足消费者多样性和灵活性的消费需求。因此，在线上门店销售的商品与传统零售业实体门店销售的商品相差不大的情况下，消费者更愿意从线上选购物美价廉的商品。

（三）传统零售业运营成本过高

由于传统零售业态的特殊性，运营成本一般都比较高。原因之一是传统零售业必须建立在开设实体店的基础上，实体店的建立不仅需要店铺租金，还包括店面的装修及维护费、水电费、物业费等。同时，实体店的经营需要配备一定数量的员工，那么运营成本也包括一大批员工工资和管理培训费用。当然，商品的采购和运输费用也是实体店运营成本的重要组成部分。相比传统零售业，线上店铺的运营成本就小得多。这是因为网上店铺可以省去店铺租金和装修维护费用，只需要存放商品的仓库即可，租金费用也会大幅减少。虽然一些电商平台会要求入驻费，但与实体店铺的租金相比却小得多。同时，线上店铺不需要大量的员工，不需要支付高额的员工工资和管理培训费,即具有较低的人工成本。最后,商品的采购和运输与第三方物流合作也会大大减少成本。随着各种生产要素成本的不断提高,尤其是房屋租金和人工成本的连续上升,使得开店与维持实体店正常运营的成本都在快速增加,这将会大大降低传统零售业企业的盈利能力和生存空间。如果再加上电商冲击,传统零售业的高成本、低盈利的发展模式将难以生存。

(四) 传统零售业过度连锁的弊端

在传统零售业的发展过程中,无论是超级市场、百货商店还是便利店,企业为追求品牌效应与规模扩张,都会走上连锁经营的道路。在电子商务兴起之前,传统零售业为抢占市场而选择连锁经营模式是必然的。在资金充裕的条件下,企业进行连锁经营的确会给企业带来诸多好处,比如能够快速地实现从地区经营向全国经营的目标转变,尤其在众多外资企业连锁经营的冲击下,企业纷纷把连锁经营当作自身发展的必然选择。然而,连锁经营在企业的发展过程中虽然可以带来销售额与营业利润的增加,但企业过度的连锁经营反而会阻碍企业的整体发展。这是因为连锁门店对资金与管理人员素质要求较高,连锁运营的成本也会随之提高,并且市场份额在电子商务挤压下不断缩小,使得连锁企业在扩张中不可避免的出现产品积压、经营成本加剧等问题。甚至有不少连锁店陷入连续的关店和开店循环中,这并未真正提升企业的效益。

总的来说,传统零售业虽然具有业态存在时间久和商品质量可靠的优点,但在电子商务冲击下暴露出其在自身商品经营,运营成本和运营战略上的诸多弊端。这也是传统零售业之所以受到电子商务冲击的主要原因。

三、电子商务是促进传统零售业转型升级还是毁灭性打击

近年来,我国电子商务的迅猛发展给传统零售业造成了巨大冲击,有不少评论人士认为,电子商务发展与传统零售业发展之间是不可兼容的替代关系,电子商务发展越好,越不利于传统零售业发展,甚至会给传统零售业发展带来灭顶之灾。传统零售业受到电子商务的冲击的确不容忽视,但是这种冲击的影响并不是毁灭性的。相反,电子商务的出现与发展为传统零售业的发展注入了新鲜活力,使得传统零售业不断转型与升级。以往的历史经验表明,零售业态会随着技术进步的更新与交替不断产生新形式,但新形态的出现并不会使前一种旧业态完全消失。多数情况下,它们是以一种互相补充、互相促进的方式来增加零售业态的多元化。基于上述历史规律,我们不难得出,电子商务的发展虽然在一定程度上对传统零售业的发展产生了挤出效应,但是它同时给传统零售业的发展提供了新

的思路与方向，而且后者的作用和效果更加明显。

（一）传统零售业具有不可忽视的先天优势

电子商务的出现并不能完全替代传统零售业的重要原因是传统零售业存在着电子商务无法取代的先天优势，即客户体验。虽然传统零售业相比于电子商务存在着一些劣势，但传统线下客户体验的优势是电子商务的线上模式所无法比拟的。虽然传统零售业存在诸多局限性，但客户体验上的优势足以使得传统零售业立于不败之地。尤其在我国的市场信用体系建设还不够完善的前提下，消费者无法做到100%信任线上平台传递的商品信息。同时，传统零售业中存在一大批成熟的品牌企业，这些企业的品牌价值、供应链体系、管理体系、渠道、客户群体等都具有较大的优势，这些是诸多电商平台在短期所无法达到的高度。

以客户群体为例，图8-1展示了2015年社会主力消费人群与网络购物人群的年龄结构分布。图8-2显示了2016年中等收入人群的年龄结构分布。由图8-1和图8-2可知，网购群体逐渐转为年轻化，20~29岁的年轻人群体是最主要的网购消费群体。如果就购买力而言，中等收入群体更加成熟。虽然，当前的网购群体人数不断扩大，但消费者长期形成的消费习惯在短期内是很难立即改变的。因此，电子商务发展对传统零售业的影响并不是毁灭性的，它给了传统零售业充足的时间去应对和调整。

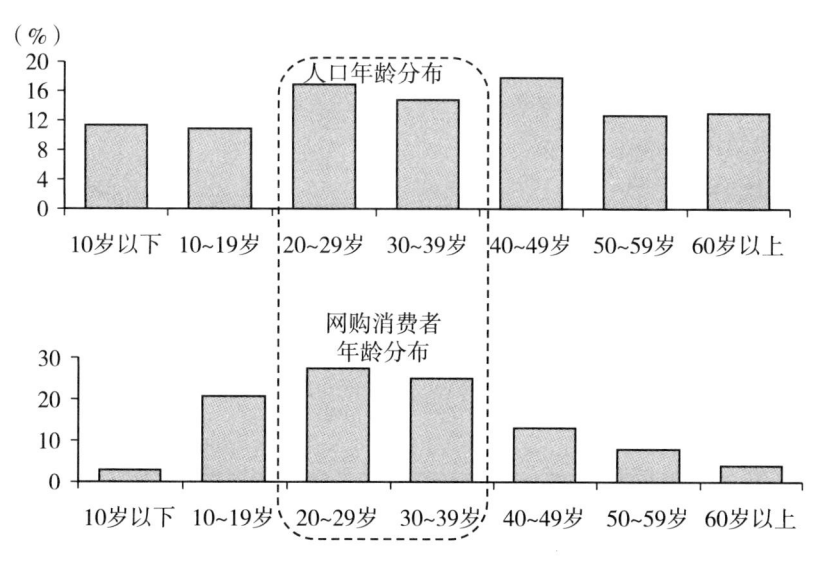

图8-1　2015年社会主力消费人群与网络消费人群年龄结构

资料来源：长江证券行业分析报告。

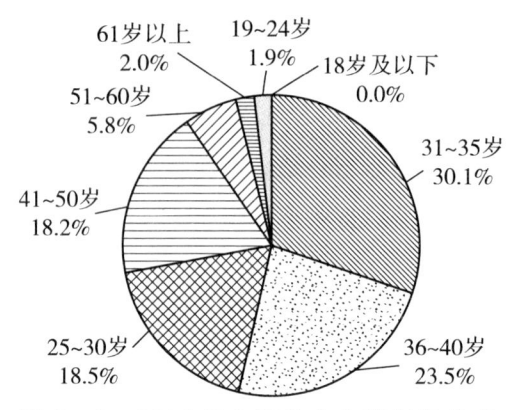

图 8-2　2016 年中等收入人群年龄分布

资料来源：艾瑞咨询行业分析报告。

（二）电子商务自身发展的瓶颈

电子商务发展之初展现出强大的上升势头，例如，2010 年前后出现一大批的电商平台。然而近年来，随着电子商务规模的不断扩大，电子商务的发展也遇到不小的瓶颈。首先，随着我国城乡居民家庭的消费结构升级，以往产品凭借低价吸引顾客的方式逐渐失效，而这正是电商平台的立命之本。图 8-3 显示，近年来我国城镇居民人均可支配收入呈逐年递增趋势。与此同时，我国城镇与农村居民家庭的恩格尔系数正在逐年递减，这些信息都纷纷表明，我国居民消费结构正处在不断优化与升级的过程中（见图 8-4）。

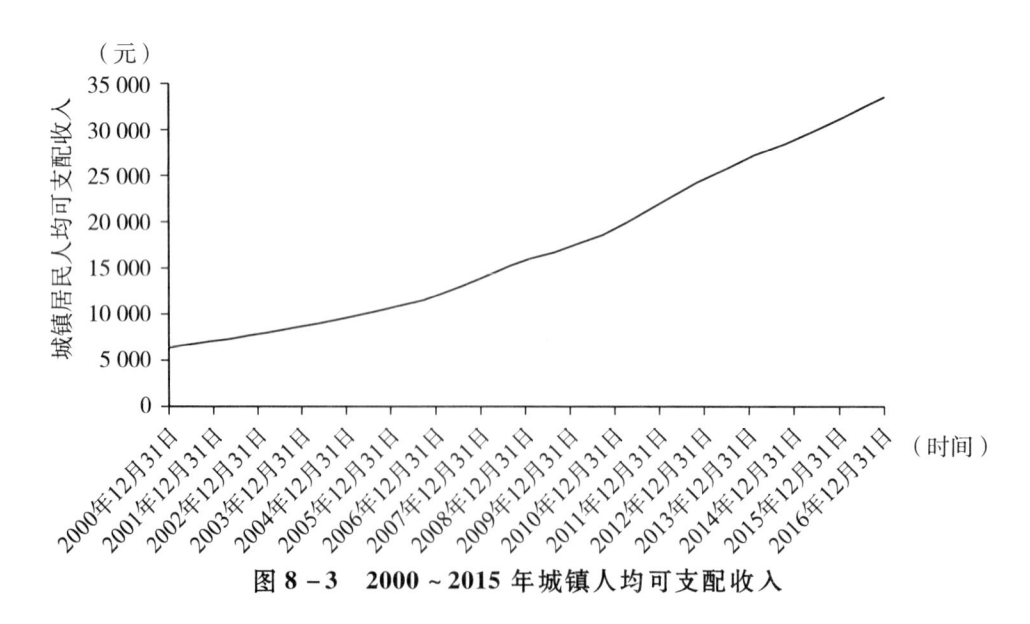

图 8-3　2000~2015 年城镇人均可支配收入

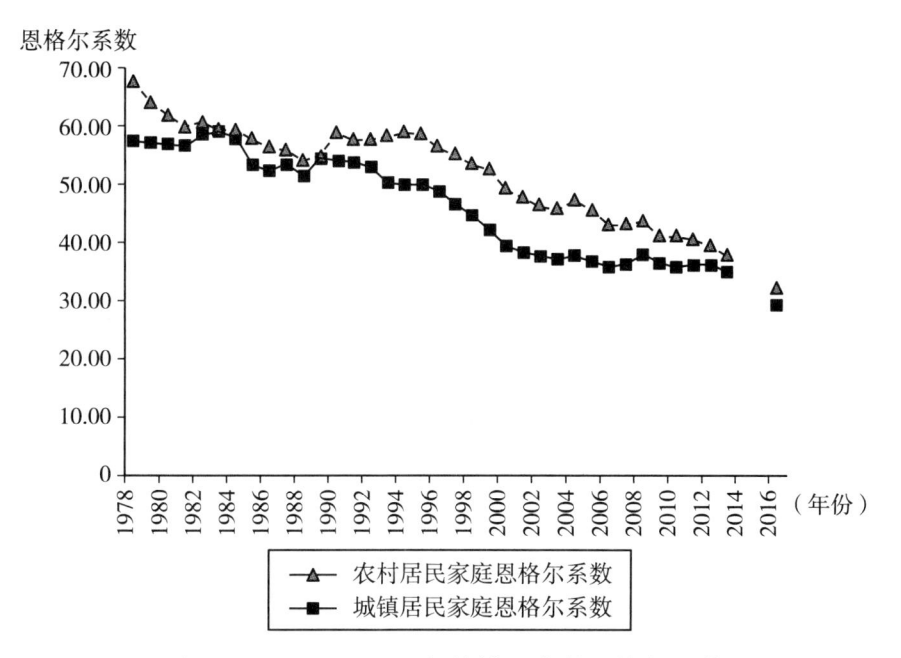

图 8-4　1978~2016 年城镇与农村恩格尔系数

资料来源：中国国家统计局网站 http：//www.stats.gov.cn/。

其次，随着电子商务发展到一定阶段，线上竞争愈发激烈，企业运行、货物配送成本的增加也在蚕食电商企业相比传统零售业的优势。具体来看，从网店的设计费用、广告费用、流量费到仓储配货费用、物流费用，电商企业面临的成本逐年增加。不仅如此，电子商务进入到成熟的发展阶段后，对物流系统的要求更为严格，如何控制库存、如何保证发货速度，这些都是电商企业不得不面对的现实问题，当年红极一时的凡客诚品的衰落就是最好的警示。

总的来看，电子商务在发展之初相比传统零售业具有较大的发展优势，然而这并不预示着电子商务的发展模式能够完全替代传统零售业发展模式。相比之下，我国传统零售业在电子商务的冲击下，不断优化自身发展模式，在当前和未来的自身发展模式中较好地吸取了电子商务发展模式中的互联网思维，这为我国传统零售业的发展提供了广阔的空间。事实上，无论是何种形式的经营方式，以消费者为导向，以产品为核心，依靠完善的供应链体系，形成高产品附加值都将是企业长期生存的重要法宝。当然，无论是单纯的电子商务模式还是传统的零售模式都不会是未来的主流，只有两者优势互补，线上借力线下，线下突破线上，用互联网的思维方式来结合，才是我国传统零售业未来的出路所在。

第二节 电子商务影响传统零售业发展的理论机制

在第一节中,我们讨论了电子商务对我国传统零售业的影响。电子商务凭借低成本和高效率的特点对传统零售业的采购生产环节、最终销售环节都会带来冲击。本节将从价值链和供应链的角度来分析电子商务对传统零售业的影响机制。

企业生产的价值链是哈佛大学的迈克尔·波特教授 1985 年在《竞争优势》一书中首次提出的。他将企业看作是进货、设计、生产、营销、及维护产品等各项活动的集合,并提出用价值链来表示所有的生产活动。在迈克尔·波特教授的理论基础之上,彼特·海恩斯伊教授把原材料和顾客纳入到价值链观点中,进一步发展了波特价值链理论。他建议把顾客对产品的需求视为整个生产过程的终点,把企业利润当作是满足这一目标的副产品,并把信息技术的运用看作是构成辅助价值活动的重要环节。随着信息技术的进一步发展和普及,新的关于虚拟价值链的观点开始出现,这种观点认为一个企业的价值链由实物价值链和基于信息的虚拟价值链构成,突出强调利用先进的信息沟通的重要性。到了 20 世纪 90 年代,基于价值链基础上的供应链理论开始出现。具体来说,企业的供应链是涉及从原材料采购开始到制成中间产品、加工完成最终产品以及最后由销售网络把产品出售给终端消费者的,连接供应商、制造商、分销商、零售商到最终用户所形成的整体功能的网链结构。

电子商务活动由于其高效性,可以有效缩短企业的供应链。由于传统企业销售环节包括了众多的分销商和零售商,从而使得分销商具有很强的议价能力,分销商层层分割必然会影响企业的最终利润。而电子商务的出现则可以突破时间和空间的限制,无论是快速寻找最优合作商,还是采用网上直销的方式,都可以有效缩短供应链,从而实现在较低的零售价格下完成较多的产品销售。通过与相应的物流活动进行配合,最终实现让利于消费者和扩大市场份额的目的。可见,电子商务和互联网技术的发展会影响传统零售企业关于价值链和供应链的布局,本部分通过分析电子商务对传统零售企业供应链各个环节上的影响来剖析背后的理论机制。

一、通过采购和供应商的传导渠道

从企业的价值链和供应链角度来看,电子商务可以有效降低采购成本和生产成本。在实际的生产经营活动中,传统企业活动基本上包括从原材料采购和零部件提供、制造生产、技术支持、商品和服务供应、分销等众多环节。然而,由于市场、技术、资源状况等因素的影响,整条供应链上各环节的资源供应、市场竞争、进入难易程度都差别很大。企业既不可能实现囊括价值链上所有环节,也不可能涉足过多的行业进行生产经营活动。一般而言,企业会根据自己的资源禀赋和优势来选择价值链上的某些环节进行经营,从而强化企业的市场竞争力,努力实现企业的长远发展。伴随着电子商务的快速发展,企业可以借助电子商务活动在资源上进行整合,并在业务组合上实现供应链纵向一体化。所谓供应链的纵向一体化是指企业在现有业务和资源的基础上,实现向上下游的扩展,实现在原有价值链环节上的延长,并且电子商务的应用对企业资源的重新组合会相对减少企业对物质资源的需求。同时增加企业对知识资源和人力资源的需求,从整体上优化企业的资源配置结构和企业质量。

在电子商务的影响下,零售企业可以花更少的时间和成本来搜索更低成本的供应商,从而在更大的范围内搜寻到合适的供应商来降低采购成本。当然,也可以通过企业 ERP 系统的应用来加强对上游生产过程的控制,优化采购和库存的管理,努力降低企业采购成本。同时,企业可以选择更优质的供应商,并实现在管理中互相渗透企业理念和文化,提高企业双方的信任度,完成及时生产和供应,从而实现双方合作共赢的目的。总之,在电子商务的影响下,传统零售业企业不仅可以实现采购成本的降低,还可以使供应渠道更加多样化,当然供应商也能够得到进一步优化。

二、通过产品运营系统的传导渠道

对于兼顾生产和销售的零售企业来说,改进生产方式、提高生产效率是他们长期追求的重要目标。事实上,这种目标既可以通过技术进步来实现,也可以通过采用先进的管理技术来实现。电子商务作为一种较新的运营模式,必然会对企业的生产运营方式产生重要影响。

首先,电子商务将会影响企业的运营方式。由于生产周期较长,传统企业一般会根据以往的销售记录对下一期的销售量进行预测,并结合企业自身的生产能力进行安排加工生产。具体的销售则是在产品生产出来之后再进行安排。在传统方式下,企业自行组织大批量生产,并维持大量库存,这会占用企业一部分的资金。相比之下,借助电子商务平台,企业可以加强与外界的联系,通过采取以市场为导向的订货生产方式来改变固有的生产方式。在市场需求导向下,企业采用即时生产方式将会大大减少库存。同时,也能够实现以小批量、个性化生产来代替传统的大批量生产。由此可见，企业可以实现库存减少，生产周期缩短，资金占用减少，资金周转速度提高等目标。

其次，电子商务将会影响企业的运营流程。企业的运营流程是由多个互相联系但又相互独立的环节构成，企业可以选择自己运营或外包给其他企业。在采用电子商务技术之后，企业就可以实现把更多的业务流程外包给其他企业，只需要保留企业核心技术和核心部门即可，从而企业可以集中有限的资源来提高专业化程度和企业自身的核心竞争力。电子商务对运营流程最突出的影响是对运输环节的影响。电子商务技术的应用会大大增加企业产品的销售范围。另外，企业引进电子商务技术后会导致以往物流配送方式无法满足企业生产、销售产品的更高要求。因此，企业就会逐步改善物流活动。资金雄厚的企业会加大对物流建设的投入，开展自身的物流业务，而规模较小的企业则会寻求第三方物流来合作，从而完善自身的运营流程。传统零售企业在产品运输时一般会选择就近的供应商进行采购，从而来降低运输成本。但在电子商务的发展过程中，整体的物流水平开始提升，越来越多的物流公司给市场提供更加专业化的物流服务，从而来辅助电子商务的发展。在这种情况下，物流公司的增加和物流配送体系的完善都可以降低企业的运输成本。

最后，电子商务会影响企业运营系统。例如：企业可以采用ERP、CRM、SCM等管理软件将企业的运营连接为一个整体。更为重要的是，企业会在这些软件的使用过程中转变经营管理观念。

三、通过产品销售和营销的传导渠道

长期以来，零售企业一般通过产品销售和服务提供来获取收入。在这个过程中，企业不会对顾客和用户加以区分，然而，顾客和用户是有区别的。传统经营过程中，顾客和用户很难被区分出来，所以只能被统一对待。但在电子商务的影响下，这两者逐渐被区分开来。因此，顾客和用户实现了分离。企业收入来源主要是顾客购买产品的支付，这不仅取决于参与交易的顾客数量，而且还取决于每一个顾客的交易量和交易次数。根据20/80原则，企业20%的顾客会贡献80%的收入，而剩余80%的客户中的绝大部分对企业来说是微利的。在电子商务出现之前，由于企业对客户群体是不能进行精确分类的，所以传统企业只能将客户管理的重点放在扩大顾客的数量上，对长期顾客的关系维持缺乏有效管理手段。然而，企业的这种扩大顾客数量的做法并不科学。据相关机构测算，企业开发一个新客户所需的成本是留住一个老客户所需成本的5倍，而流失一个老客户的损失必须通过增加10个新客户才能弥补。因此，企业将客户管理的重点放在扩大顾客数量而非维持顾客关系上并不是最优策略。当前，借助于电子商务发展，企业可以扭转这种不利局面。通过电子商务技术的应用，企业可以充分挖掘客户潜力，更加全面地审视客户，使企业从单纯地扩大客户数量转移到与现有客户关系维持上来。

当然，在电子商务的影响下，企业还可以更多地借助互联网开展产品的营销活动，使企业的营销活动更加多样化。由于电子商务具有高度的及时性和较强的供需双方互动性，所以消费者可以直接通过企业在互联网上发布的产品信息来进行购买。企业借助互联网进行宣传和销售也可以有效降低成本。更为重要的是，企业还可以增加顾客可获取的价值量。通过开展电子商务活动，不仅可以使产品的购买和销售变得更加容易，而且客户也可以通过互联网发布的信息，来进行自我服务，这为企业节省了大量的服务成本。与此同时，消费者在购买产品后反馈的产品信息也将给企业的产品生产决策和销售决策提供有力的支持与依据。在企业引入电子商务的活动后，从整个供应链的角度来说，电子商务的应用则是大大缩短了分销级次，提高了信息反馈速度。

四、通过终端消费者的传导渠道

电子商务活动对于价值链的最后一环——终端消费者的影响主要体现在消费体验上。通过引入电子商务，终端消费者可以提高自我服务的意识和能力，能够改变传统从层层分销商到零售商再到终端消费者的模式，使终端消费者可以直接面对产品，从而有效减少产品流通的中间环节。在全新的消费体验中，由于中间费用降低，在相同成本条件下，消费者可以获取更高的产品价值和个性化的服务。不同于传统的供需双方相互隔离，借助互联网可以实现供需双方更有效的沟通与反馈，这就赋予了企业更加完善的客户交流能力，从而满足客户的不同需求，这有助于提高客户体验，最大化客户的效用。同时，企业也可以利用客户关系管理系统（Customer Relationship Management，CRM）来收集、追踪和分析每一个客户，充分了解和掌握他们的内在需求。在掌握客户需求的基础上，企业可以提供更加快速、周到的服务，在吸引新客户的同时也能够维持老客户。当然，企业还能够通过观察和分析客户行为数据，测算出客户行为变化对企业利润的影响，帮助制定最优化决策。在电子商务的影响下，企业可以更好地进行客户管理。总而言之，电子商务对企业整个供应链的影响，可以由表8-2反映出来。

表 8-2　　　　　电子商务对传统零售业影响的理论机制

供应链环节		电子商务实施前	实施电子商务后
采购环节（资源获取模式）	资源组合	对物质资源要求更高	对人力资源、知识资源要求更高
	供应渠道	多地区，少国家，跨国更少	无国界，供应渠道多样化
	供应商	供应商数量多，选择范围较窄	供应商数量减少，质量提高，选择范围拓宽
生产环节	生产方式	备货生产、大批量生产	低库存、小批量、个性化生产
	生产流程	设计、采购、生产、销售全掌握	部分运营环节外包，服务环节被强化和细化，运输部分更多依赖第三方物流
	生产系统	手工、纸质化办公，决策定性化	无纸化办公、ERP 等管理软件将系统联系得更加紧密
销售环节	销售对象	有形产品和服务	有形商品、电子产品，服务收入在收入中的比重增加
	营销渠道	以多层营销渠道为主，多个营销中介	逐步采用直接营销的形式
	价格组合	产品出厂价 + 销售费用（多层分销商利润 + 广告费）+ 运输费 + 服务费	产品出厂价 + 运输费 + 广告费 + 服务费
	消费者管理	引导顾客消费，与顾客接触较少，主要对象为付费获取产品和服务的顾客	与顾客直接接触，跟随顾客消费，免费获取服务的顾客增多，强调低成本和差异化的产品和服务

资料来源：由作者整理并分析所得。

第三节　电子商务影响我国超级市场的实证研究

　　超级市场是我国传统零售行业的主要业态之一。20 世纪 80 年代，超级市场在我国开始出现并逐渐成为我国零售行业的主要支柱。目前，国内外许多学者对超级市场的发展进行了较为深入的研究。如黄海、干淑华和李翠芳①（1995）以国外超级市场的产生、分类以及发展条件为视角切入，对超级市场这种零售方式进行了早期论述，并从经济发展方面对超级市场的产生和发展所需要的条件作了明确说明。在此基础上，他们通过对我国超级市场的产生原因、发展现状及发展过程中出现的问题进行综述后提出了加快我国超级市场发展的若干建议。顾国建②（1996）从超级市场的业态功能、连锁经营的实质、超市规模和"一次性购足"现象、配送中心等方面提出了我国超级市场在发展中所遇到的各种问题，同时还分析了与超级市场相关的其他零售业态所遇到的难题。不仅如此，顾国建还从配送中心和门店 POS 机的使用上提出了电脑管理在超级市场中的应用。

目前，随着互联网技术的普及和电子商务的兴起，传统领域的超级市场正面临着巨大冲击。彭荷芳③（2008）从顾客满意度和客户忠诚度的角度论述了超级市场所面临的问题，并对顾客忠诚度的意义进行研究后得出，顾客忠诚度包括销量上升、巩固竞争地位、减少费用、减少价格战、有利于新产品销售这五个方面。相应的，彭荷芳还从提高顾客满意度、突出特色、发挥口碑作用、与顾客保持联系、联谊活动、实行会员制六个方面提出如何提高超级市场顾客忠诚度。刘丹④（2016）则分析了处于零售业转型变革期的我国零售业的现状和发展趋势，得出我国超级市场具有"规模化、大众化、规范化、自动化、信息化"等特点。

与此同时，还有一些学者从电子商务角度来分析我国传统零售业发展所面临的机遇与挑战，特别是电子商务快速发展对我国超级市场的影响。张博⑤（2008）通过对我国网民数量和网络购物规模的统计数据分析后得到，经常参加网络购物的网民人数达 4 640 万人，占全国网民总数的 22%，由此带来的网络销售额规模超过百亿人民币。进一步分析发现，经常参与网购的网民主要分布在大中城市和发达地区。王慧⑥（2012）认为，虽然传统的零售企业较电商企业具有更加丰富的运营经验，但是网络销售模式却对传统零售企业造成巨大冲击。在这种冲击下，传统零售企业尝试进入电商领域会出现"定位模糊"等问题。因此，传统零售企业需要结合电商发展机遇和平台，来完善信息系统、营销系统、客户服务系统，合理搭建电商平台，并打通物流、支付、供应链等环节。吕大娥、肖

---

① 黄海、干淑华、李翠芳：《我国超级市场发展问题研究》，载于《财贸经济》1995 年第 9 期。
② 顾国建：《中国超级市场发展亟待解决的问题》，载于《商场现代化》1996 年第 1 期。
③ 彭荷芳：《浅议超级市场顾客忠诚与顾客满意的关系》，载于《中国集体经济》2008 年第 1 期。
④ 刘丹：《电商时代超级市场和购物中心的经营管理比较》，载于《商业研究》2016 年第 8 期。
⑤ 张博：《电子商务在超市的应用》，载于《中国流通经济》2008 年第 6 期。
⑥ 王慧：《基于 O2O 模式下的中小企业移动商务发展策略研究》，载于《电子商务》2012 年第 8 期。

逾白和吕辉[①]（2012）从我国本土超市出发，分析了在存在外资连锁超市激烈竞争的市场中，本土超市发展所面临的困境，如市场定位模糊、与供应商关系矛盾、重视价格竞争，忽视改善服务、营销管理能力低下等问题。对此，他们基于 4C 理论（包括顾客需求、成本、便利和沟通）对本土超级市场的发展提出了针对性的建议。

当然，还有少数学者结合实际案例来讨论电子商务对我国超级市场的影响。如徐亦阳[②]（2014）以某地区性龙头超市（以下简称"BD 超市"）为研究对象，梳理了我国零售企业在发展过程中遇到的问题，具体包括销售商品种类单一、成本上涨、电商冲击力大、内在转型等方面。对此，他对传统零售企业转型提出了许多有益的建议。李潇潇[③]（2014）选取湖北省某代表性超市 DF 为研究案例，通过对超市发展过程中存在问题的分析得出，DF 超市应该采取"农村包围城市"的空间战略、品牌战略、多元化战略、"降本增效"的成本控制战、人才战略等，并以这些战略为基础提出了 DF 超市的未来发展规划。安媛[④]（2015）基于 O2O 的模式以大型跨国连锁超市 M 为代表，利用 SWOT 模型分析企业自身的优劣势以及外部的机遇和威胁，分析总结出企业的发展战略。对此，安媛提出大型跨国连锁超市 M 适合 O2O 的线上线下全闭环的发展战略，在利用线下多年经营的品牌优势的基础上，充分利用 O2O 来开拓线上市场，采用线上只做服务，线下完成交易体验的经营策略，从而实现在激烈的竞争环境中的脱颖而出。

一、电子商务影响超级市场的实证研究

本节主要是从实证研究的角度考察电子商务对我国超级市场的影响。首先，我们从 Wind 行业资讯金融终端、Choice 金融终端、中国国家统计局等渠道获得 2010 年第 1 季度~2016 年第 3 季度的中国大卖场与超级市场规模指数（点）、中国电子商务市场规模（亿元）、中国国内生产总值（亿元）、网络经济市场规模（亿元）、B2B 电子商务运营商的营收规模（亿元）、电商 B2B 互联网支付规模份额（%）、网络购物互联网支付规模份额（%）等变量的季度数据，以及中国月度环比 CPI 数据。

[①] 吕大娥、肖逾白、吕辉：《基于 4C 理论的本土超级市场营销策略》，载于《营销策略》2012 年第 10 期。
[②] 徐亦阳：《电子商务在百大超市中的运用对策》，载于《南昌大学》2014 年，第 16~34 页。
[③] 李潇潇：《DF 超市发展战略研究》，载于《昆明理工大学》2014 年，第 17~54 页。
[④] 安媛：《基于 O2O 的 M 大型跨国连锁超市经营策略优化研究》，载于《中国海洋大学》2015 年，第 15~51 页。

接着，对上述选取的原始数据进行预处理。具体步骤如下：

（1）采用中国大卖场与超级市场规模指数来衡量中国超级市场的发展情况，并记为 supindex。这里，大卖场与超级市场规模指数是本部分的被解释变量。

（2）根据中国国家统计局公布的月度环比 CPI，计算得到 2010 年第 1 季度～2016 年第 3 季度的季度环比 CPI（令 2010 年 1 月 = 100）。随后，采用季度环比 CPI 将中国电子商务市场规模折算为实际值，并记为 dianshang。本部分采用中国电子商务市场规模的实际值来衡量我国电子商务的发展情况。这里，电子商务市场规模的实际值是本章核心的解释变量。

（3）根据上面计算得到的季度环比 CPI 将中国国内生产总值、网络经济市场规模、B2B 电子商务运营商的营收规模都转换为实际值，分别记为 realgdp、wangjing、yingshou。这里，上述三个变量都是控制变量。此外，我们还选择电商 B2B 互联网支付规模份额、网络购物互联网支付规模份额作为其他控制变量，分别记为 pay11 和 pay22。所有变量的描述性统计请参见表 8-3。

表 8-3　　　　　　　　所有变量的描述性统计

变量	观测值个数	均值	标准差	最小值	最大值
supindex	27	4 701	1 310	2 938	7 952
dianshang	27	23 534	9 843	9 950	43 505
realgdp	27	128 652	20 011	87 179	163 898
wangjing	21	1 540	1 003	352	3 177
yingshou	26	39	10.36	20.7	68
pay11	13	4.9	1.4	3.7	8
pay22	17	30.9	9.8	13.4	47

资料来源：由作者计算并整理所得。

图 8-5 表明，在过去七年间，我国电子商务发展与超级市场发展之间存在着正相关关系，即电子商务市场规模越大，我国超级市场的指数也越高。其中，在电子商务早期发展阶段，特别是当电子商务市场规模处在 10 000 亿～20 000 亿元之间，我国超级市场指数大约为 5 000～6 000 点；当电子商务进入中期发展阶段，市场规模达到 20 000 亿～30 000 亿元时，我国超级市场指数却降至 3 000～4 000 点；当电子商务进入高速发展阶段时，市场规模也达到 30 000 亿元之上，此时，我国超级市场指数稳定的维持在 5 000 点之上。从整体上看，我国电子商务发展能够促进国内超级市场的发展。但是，两者的相关性具有显著的阶段性特征。这种阶段性特征表现为明显的"U"型特征。

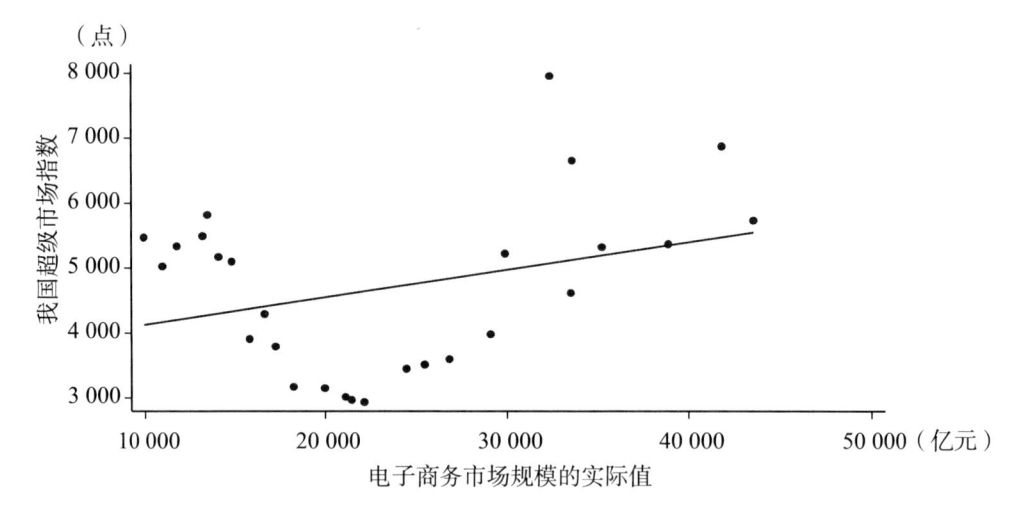

图 8-5　电子商务与我国超级市场的发展趋势 (2010~2016 年)

资料来源：由作者计算得到。

图 8-6 显示，我国实际 GDP 与超级市场发展之间存在着微弱的正相关关系，即我国经济发展越快，在一定程度上能够带动国内超级市场的发展。与图 8-5 相似，我国实际 GDP 与超级市场指数之间的关系也存在着阶段性特征。其中，当实际 GDP 低于 12 万亿元时，超级市场指数大于 5 000 点；当实际 GDP 处于 12 万亿~14 万亿元规模时，国内超级市场指数大约在 3 000~4 000 点之间；当实际 GDP 大于 14 万亿元时，国内超级市场指数在 4 000 点以上。

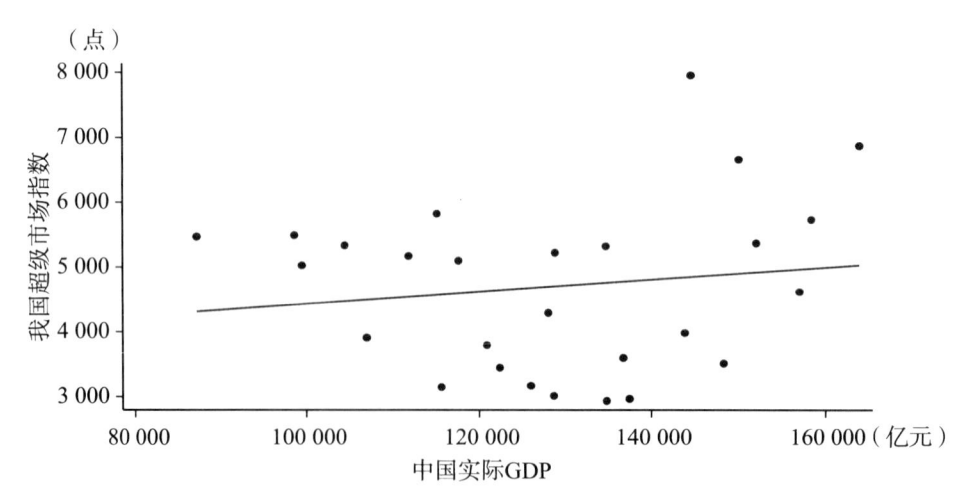

图 8-6　中国实际 GDP 与超级市场发展的趋势 (2010~2016 年)

资料来源：由作者计算得到。

图 8-7 显示，我国网络经济市场规模与超级市场发展之间存在着较弱的正相关关系，即网络经济的市场规模越大，越能够促进我国超级市场的发展。然而，图 8-8 却表明，我国 B2B 电子商务营收规模与超级市场发展之间存在着明显的负相关关系。这一结果暗示着，B2B 电子商务营收规模的快速扩展，非但不能促进我国超级市场发展，反而会进一步压缩传统零售企业的发展和生存空间。

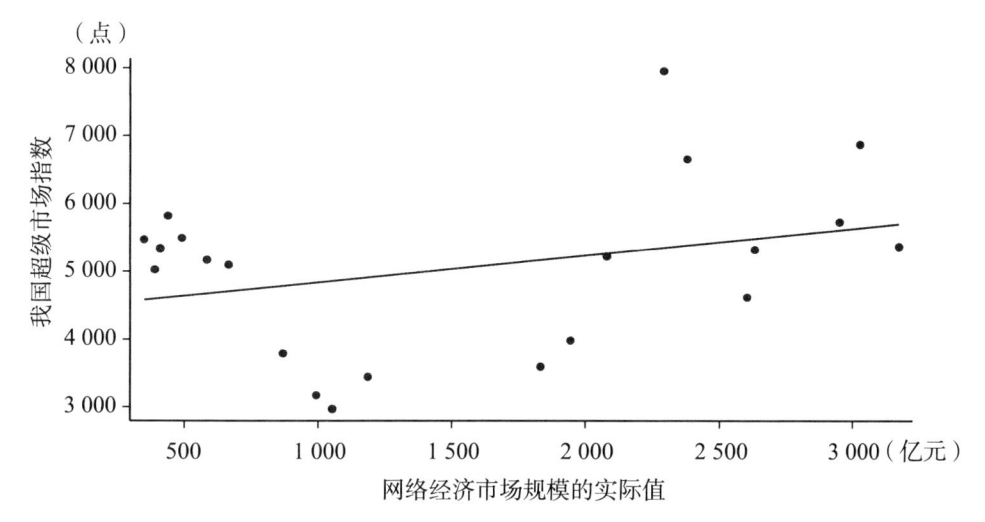

图 8-7 网络经济市场规模与我国超级市场的发展趋势（2010~2016 年）
资料来源：由作者计算得到。

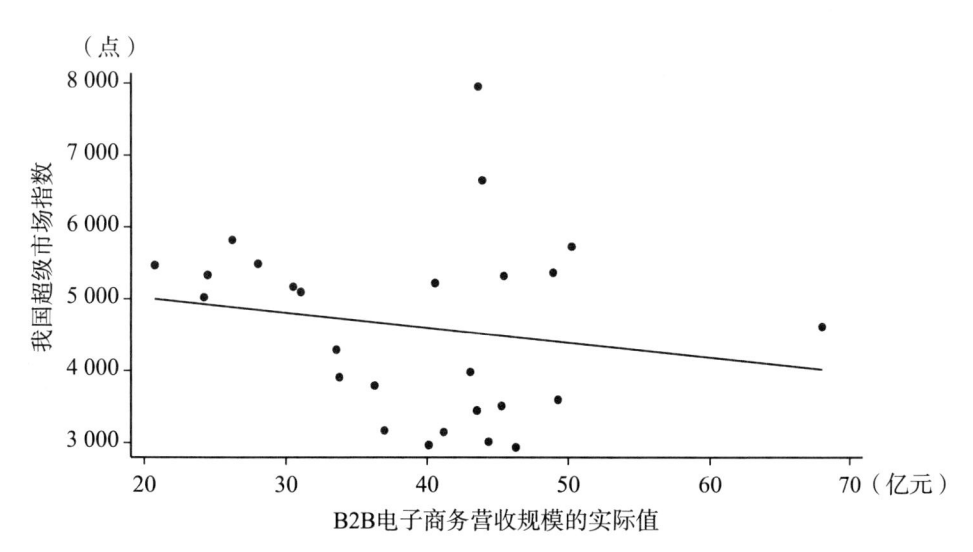

图 8-8 B2B 电子商务营收规模与我国超级市场的发展趋势（2010~2016 年）
资料来源：由作者计算得到。

图 8-9 表明，我国电商 B2B 通过互联网支付规模份额越高，越能够提升我国超级市场指数。然而，图 8-10 却表明，网络购物通过互联网支付规模的份额越高，反而会降低我国超级市场指数。这一结果表明，网络购物和通过超级市场购物之间是一种此消彼长的替代关系。

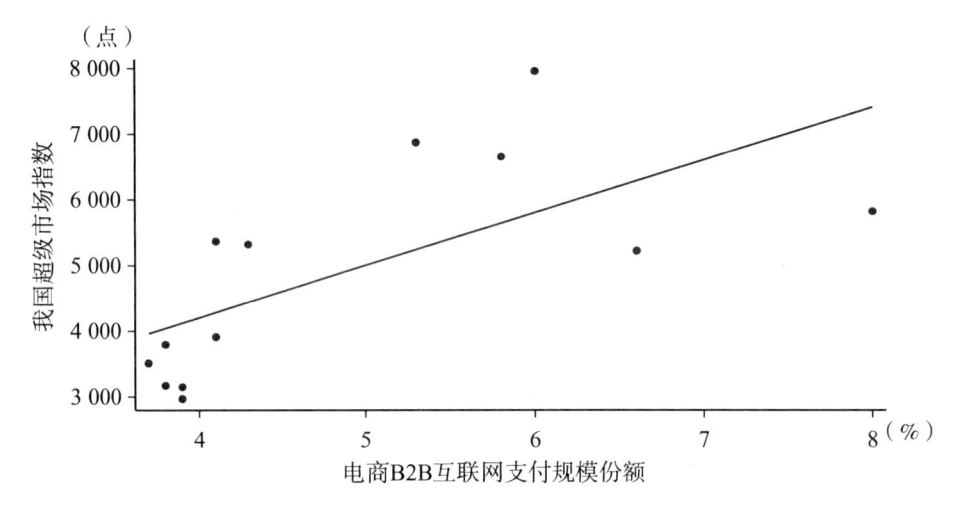

图 8-9 电商 B2B 互联网支付规模份额与超级市场的变化趋势（2010~2016 年）

资料来源：由作者计算得到。

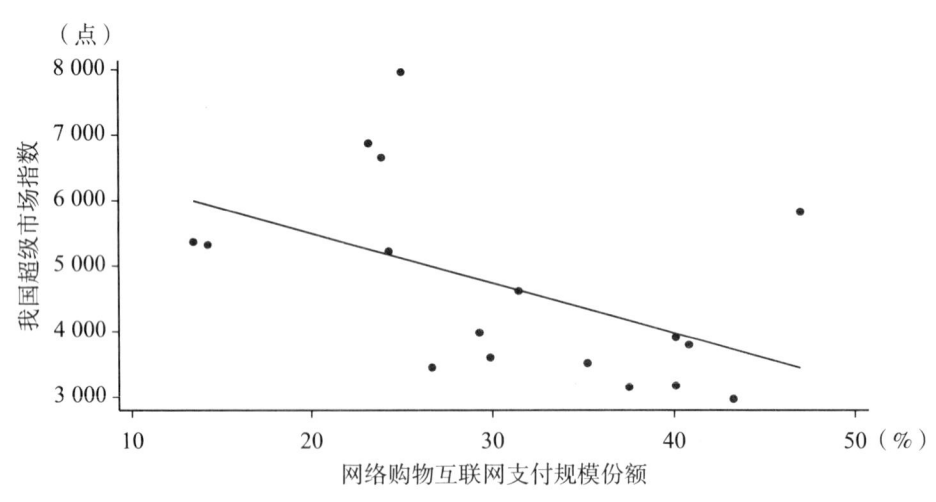

图 8-10 网络购物互联网支付规模份额与超级市场的变化趋势（2010~2016 年）

资料来源：由作者计算得到。

为了考察电子商务对我国超级市场发展的影响,我们构建了如下的计量模型:

$$supindex_t = \alpha_t \cdot dianshang_t + x_t\beta_t + u_t \quad (8.1)$$

这里,supindex 是本节的被解释变量,即超级市场指数;dianshang 是解释变量,表示电子商务市场规模;x_t 表示控制变量,包括实际 GDP、网络经济市场规模的实际值、B2B 电子商务运营商营收规模的实际值、电商 B2B 互联网支付规模份额、网络购物互联网支付规模份额等。u_t 是误差项。

由表 8-4 可知,当不考虑控制变量时,电子商务发展对我国超级市场指数具有一定的正面影响,影响大小为 0.042,即当电子商务市场规模的实际值增加 1 亿元时,我国超级市场指数将会增加 0.042 个点。从影响程度上来看,影响力极为有限。这一结果表明,电子商务发展对我国超级市场发展具有正面影响,但是这种影响较为有限。当加入其他控制变量时,回归结果出现较大变化。一方面,当只加入 B2B 电子商务运营商营收规模这一变量时,电子商务发展对我国超级市场指数的正面影响有所加大,回归系数为 0.152,且在 1% 显著性水平上显著。这一结果表明,当控制 B2B 电子商务运营商营收规模这一变量时,电子商务对我国超级市场发展的影响将会出现较大幅度的提升,而且是积极的正面影响。从回归系数上来看,B2B 电子商务运营商营收规模的估计系数为 -133.12,表示两者之间存在负相关关系。另一方面,如果继续增加其他控制变量,如实际 GDP、网络经济市场规模的实际值、电商 B2B 互联网支付规模份额和网络购物互联网支付规模份额等变量时,会导致电子商务发展对我国超级市场没有任何显著的影响。

表 8-4 　　电子商务发展影响我国超级市场指数的实证结果

解释变量	解释变量		
	supindex	supindex	supindex
dianshang	0.042 * (0.025)	0.152 *** (0.037)	-0.967 (1.186)
yingshou	—	-133.12 *** (33.60)	507.19 (803.59)
realgdp	—	—	0.283 (0.241)
wangjing	—	—	-5.584 (8.551)
pay11	—	—	1 848.89 (1 458.60)

续表

解释变量	解释变量		
	supindex	supindex	supindex
pay22	—	—	-737.76 (701.08)
样本量	27	26	9
R^2	0.1004	0.435	0.854

注：supindex 表示超级市场指数，dianshang 表示电子商务市场规模的实际值，yingshou 表示 B2B 电子商务运营商营收规模的实际值，realgdp 表示实际 GDP，wangjing 表示网络经济市场规模的实际值，pay11 和 pay22 分别表示电商 B2B 互联网支付规模份额和网络购物互联网支付规模份额。*、*** 分别表示在 10%、1% 的显著性水平上显著，括号内为标准差。

总之，电子商务发展对我国超级市场的发展具有积极的正面影响，但是这种影响程度较弱，不足以成为支撑我国超级市场快速发展的核心原动力。

二、电子商务影响超级市场的案例分析——以三江购物为例[①]

超级市场自 20 世纪 80 年代在我国兴起以来，在这 30 多年中经历了"发展—萎缩—再发展"的过程。由于我国超级市场的发展远远落后于国外超级市场，加上资金短缺、实力薄弱等问题，尤其是缺乏系统有效的管理方式与物流配送经验，这造成我国超级市场发展举步维艰。电子商务的出现，为我国超级市场的发展提供了新的契机，使得超级市场与电子商务的线上线下相融合的"新零售"模式成为传统超级市场发展的突破口。

我们将以三江购物企业为例进行案例分析。具体思路如下：首先，对三江购物的概况进行分析。其次，使用 PEST 分析法对宏观大环境进行分析。最后，使用 SWOT 分析法对三江购物企业自身及外部环境进行分析。在此基础上，我们试图从个体案例来揭示电子商务发展对超级市场的影响，从而提出更有针对性的建议。

三江购物成立于 1995 年 9 月，第一家门店曙光店开业标志着三江购物的诞生。经过 20 多年的发展，三江购物目前是浙江省连锁零售业龙头企业、国际独立零售商联盟（IGA）成员、中国连锁业百强，同时也是浙江省政府重点扶持的

---

① 本部分案例由作者根据网上公开资料整理。

大型连锁企业，并多次获得宁波市纳税50强企业、宁波市百强企业、宁波市抗洪救灾先进集体、消费者信得过单位、浙江省重点流通企业、中国连锁百强企业等称号。

三江购物自成立之初始终坚持"便宜、便利"的价值理念，坚持"用较少的钱，过更好的生活"的公司使命，以满足社区老百姓的日常生活所需为立足点，旨在为会员顾客带来"新鲜、实惠每一天"的顾客体验。秉承这样的发展理念，三江购物20多年来，不断完善自身的管理，取得了长足的发展。2008年11月18日，公司改制为三江购物俱乐部股份有限公司，并于2011年3月2日，在上海证券交易所成功挂牌上市。三江购物作为浙江省的地方企业，虽然发展良好，但外界关注相对较少。然而在2016年，阿里巴巴以21.5亿元收购其32%的股份，成为三江购物的第二大股东，这使得三江购物一度成为资本关注的焦点。

三江购物一直以来坚持做深耕连锁超市多年，据统计，截至2016年6月底，公司拥有门店165家，其中超市137家，总建筑面积为40.92万平方米。邻里店28家，总建筑面积为1.02万平方米。而且这些门店主要位于重要商圈和成熟社区内，遍布浙江省内的宁波、杭州、绍兴、台州、丽水、嘉兴、舟山等地市。公司至今拥有近9千名员工，130多万付费会员，每天进出门店或在互联网上购买三江的商品的顾客多达30多万人，有超过1 500多家的核心供应商和服务商，有30多亿元的流动资产和固定资产。

表8-5展示出从2006年到2016年6月间三江购物的门店数量与门店面积的变化趋势。从表8-5可以看出，三江购物在2006年12月只有82家门店，经过10年发展，目前门店数已达到165家，是2006年6月的2倍多，实现83家的净增加。其中，2009年与2010年店铺数量增加最多。除去调整关闭的门店，新增加店面数分别为20家和19家。2015年，全年新开店铺26家，但同时调整关闭16家，仍实现10家店铺的净增加。在这其中，唯一出现店铺负增长的年份是2012年，除去新开的4家门店，全年关闭店铺数为6家。与此同时，我们可以看到店铺面积在2012年因净关店数量大于零，而导致店铺面积减少。而在2015年，虽然有门店数目10家的净增长，但店铺面积全年增长为负，可以看出三江购物正在做出店面布局的调整，在向增加店铺数目转向店铺规模方面调整。这一趋势在2016年的上半年得到进一步佐证。2016年上半年，三江购物新开店铺12家，调整关闭11家，店铺面积缩减一万两千多平方米。这也是三江购物在面对新的竞争环境作出改变原有扩展计划的体现。

表 8-5　2006~2016 年三江购物店面数量及店面面积的变化

时间	累计门店数量（家）	新增门店数量（家）	关闭门店数量（家）	累计门店面积（平方米）	新增门店面积（平方米）
2006 年 12 月	82	—	—	242 549	
2007 年 12 月	97	15	—	294 466	51 917
2008 年 12 月	106	9	—	324 678	30 212
2009 年 12 月	126	22	2	379 917	55 239
2010 年 12 月	145	21	2	441 424	61 507
2011 年 6 月	148	4	1	456 868	15 444
2011 年 12 月	151	11	8	465 851	8 983
2012 年 6 月	150	1	2	463 031	-2 820
2012 年 12 月	146	3	8	447 450	-15 581
2013 年 6 月	148	4	2	454 827	7 377
2013 年 12 月	150	5	3	449 635	-5 192
2014 年 6 月	150	1	1	450 613	978
2014 年 12 月	154	8	4	449 635	-978
2015 年 6 月	154	7	7	428 043	-21 592
2015 年 12 月	164	19	9	431 523	3 480
2016 年 6 月	165	12	11	419 386	-12 137

资料来源：Wind 金融终端，Choice 金融终端等。

图 8-11 描绘了 2006~2016 年间三江购物门店数量与店面面积增长率的变化趋势。不难发现，三江购物门店数目与店面面积的增长率基本保持一致。2007~2008 年增长率下降与全球经济危机导致的经济不景气密切相关。2008 年，三江购物公司改名为三江购物俱乐部股份有限公司，改制后增长率快速上升，然而 2009 年后增长率又开始放缓。到了 2011 年，三江购物俱乐部股份有限公司在上海证券交易所的成功挂牌上市也并未能带来增长率的回升，甚至在 2012 年出现了负增长。此后两种增长率在正增长和负增长之间徘徊，公司不断进行调整，然而整体起色不佳，证明公司的发展可能已经面临瓶颈阶段，需要及时的战略调整。

基于上述分析，不难发现，三江购物增长速度自 2012 年以来增长缓慢甚至出现负增长，三江购物的发展需要新的突破点。2016 年 11 月，阿里巴巴以 21.5 亿元收购其 32% 的股份，成为三江购物的第二大股东，这使得三江购物一度成为资本关注的焦点，改变了昔日股价不温不火的态势。自 2016 年 11 月 21 日三江购物公告"阿里系"将入股并复牌以来,仅在 17 个交易日里,公司股价累计涨幅已达 310.5%,出现了 14 个涨停板。

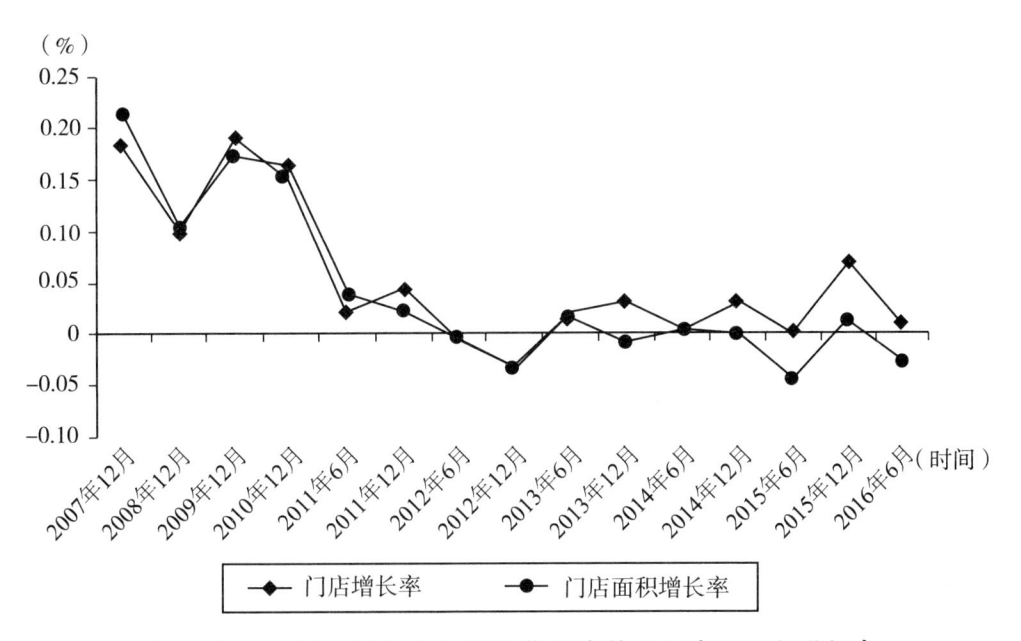

图 8-11　2006~2016 年三江购物门店数目与店面面积增长率

根据双方签订的《合作框架协议》表明,三江购物和阿里方面将合作展开门店的设立、升级和创新,实现零售业务转型升级,并通过合资设立公司,为创新门店提供相关服务。为此,三江购物与阿里巴巴泽泰拟共同出资人民 5 000 万元设立双方的合作平台——宁波泽泰网络技术服务有限公司(以下简称"宁波泽泰"),专门负责鲜生店的建店服务和日常的线上运营活动,包括相关 App 运营、物流履约运营以及生鲜店其他的业务运营。

阿里入股三江购物也被看作实施新零售战略的一个动作,促进传统零售与电商的线上与线下的融合。此前,阿里已经布局了主要包括日日顺、苏宁、银泰百货在内的线下零售网络,而在超市、消费品领域没有太多的投资。正如京东与沃尔玛、永辉的合作,阿里出于对三江购物在供应链能力、传统零售网点以及提升最后一公里效率等方面的看好,促成了两者合作。但不同于服装、家电销售,生鲜食品属于快速消耗品,这类商品容易获得更好的用户黏性,购买频率也高于其他产品,此外消费习惯、产品质量等方面的存在,都使得传统超市拥有更强的竞争力。当然,这也提醒电商巨头们需要到线下去,与传统超级市场融合来提高它们在消费者心中的信任度才能更好的抢占生鲜市场。早在 2016 年 3 月,阿里巴巴向生鲜连锁"盒马鲜生"投资 1.5 亿美元,后者于同年 1 月开设了第一家盒马鲜生体验店，布局线下生鲜。包括阿里、京东在内的电商巨头已经越来越意识到线下门店的供应链、服务的价值，而三江购物作为传统的超级市场在生鲜市场具有较强的竞争优势，同时由于自身发展遇到瓶颈，线上线下的融合也将会为其以后的发展带来新的契机，所以三江购物与阿里的融合是两者共同谋求新的发展方向的尝试。双方有望把阿里领先的数字商业基础设施同三江购物的线下实体、供应链优势和配送能力充分结合，为消费者带来无缝衔接的购物体验，同时驱动三江购物实现全渠道发展，推动实体零售的转型升级。

整体来看，三江购物引入阿里是双赢的商业模式。三江购物作为浙江省本土连锁超市龙头，近年来经营稳健，本次借助阿里的强大电商运营实力与移动互联、大数据、云计算等技术，通过优势互补与资源共享，全面优化升级现有实体门店、会员管理、仓储物流系统、存货管理等，实现由单一线下模式向全渠道融合发展转变。据此，三江购物与阿里巴巴的主要合作有两点：一是智慧化改造升级超市门店、仓储物流基地；二是加速主业转型升级，打造互联网时代的社区平价超市。旨在对接电商资源、共享供应链优势和零售业务转型升级。结合三江购物成熟的线下超市开设、运营管理经验和高效的供应链管理体系，引入阿里巴巴后将加强和充实公司的技术实力，从而实现三江购物从单一线下发展模式向全渠道融合发展模式转变。具体表现在以下两方面：一方面，要立足原有优势，在公司现有门店布局的基础上，将门店改造为区域社区服务平台，提升门店经营能力，构建基于全渠道的"新零售"模式，以更好的满足新一代消费者对到家业务的需求；另一方面，依托于阿里巴巴先进的电商经营理念与解决方案，利用互联网技术与手段降低公司的运营成本，提高盈利能力，同时优化公司现有会员、支付、库存及供应链等系统，开启商超智能商业升级序幕。

下面我们分别进行 PEST 分析和 SWOT 分析。随着电子商务在我国发展日渐成熟，电商巨头已经不能满足于单一的线上销售模式，线上线下融合的趋势正成为未来实体零售发展的方向，电商巨头争相抢占打通传统零售的"最后一公里"，纷纷与超市联合，而传统超级市场也不能一直固守传统的经营模式，应该积极适应新的潮流，做出战略升级，实现全渠道的发展。在这个过程中，三江购物深入了解了其面对的外部环境，并对自身优势、弱点、面对的威胁和机会有明确的认识，在充分发挥优势把握机会的基础上，克服弱点规避威胁，不断的进行战略创新，引资阿里实现与电子商务的完美融合。以下将应用 PEST 分析法和 SWOT 分析法来对三江购物与阿里的融合进行分析。

PEST 分析方法是用来帮助企业分析其面对的外部环境的一种方法。具体是指影响一切行业和企业的各种宏观力量，并对宏观环境因素作分析。不同行业和企业会根据行业和自身特点及经营需要进行具体的分析，分析的内容有所不同，但一般都会从政治（political）、经济（economic）、技术（technological）和社会（society）这四大类影响企业的外部环境因素进行分析。简而言之，称之为PEST分析法。

● P（politics）——政治环境。我国作为一个社会主义国家，首先，一直以来政治环境稳定，各项政治制度确保了我国社会环境的安稳，为我国各项经济事业及各种类型的企业的发展提供了一个良好的政治环境，并且随着制度的进一步完善，这个大环境也逐渐变得更好。再者我国拥有较为完善的法律制度，形成了以《宪法》为统领，在各项法律法规的共同作用下的良好法律环境。进入"十三五规划"后，国家推行创新、共享的发展理念，从而为资源共享，提高利用率提供了良好的契机。在这样的环境下，三江购物和阿里巴巴的融合创新了传统的发展模式，实现线上线下资源的共享，积极响应了国家的号召。

● E（economy）——经济因素。2016年，我国实际国内生产总值增速达到6.7%，由于我国人口基数较大，即使经济增速放缓，但经济的实际增量依旧可观。再加上人均收入的不断增加，我国居民购买力也不断上升，各种迹象表明我国经济增长自2016年以来有所好转，这将使得居民的消费水平进一步得到提升，从而有利于零售行业的发展。

● S（society）——社会环境。在电子商务经历了快速发展之后，人们逐渐接受了网购购物方式，尤其是网购的普及程度已经远远超出人们的想象，不同于互联网刚兴起阶段，现阶段的网购直接成为人们日常生活必不可少的一部分。与此同时，传统的消费习惯并未被完全抛弃，尤其是对于快消商品与生鲜食品，人们仍坚持原有的消费习惯，这就为O2O这种新模式的出现提供了机会，从而这种结合传统与现代的方式将会更能得到消费者的青睐。

● T（technology）——技术环境。互联网技术的发展促进了电子商务的发展，而电子商务的进一步成熟与完善则又推动了互联网技术的发展。在移动互联、云计算、大数据等技术的支持下，可以实现电商资源与传统实体零售门店的对接，从而优化供应链系统、存货管理、顾客服务等。而自媒体和多媒体迅速发展又为企业提供了更多渠道和更多形式的营销方式，从而更好的打造自身品牌和优势。

经过PEST分析法，我们看到三江购物面对良好的电商发展的新环境，O2O的新模式将会给公司的发展带来新的契机，所以阿里和三江购物的融合体现了对大环境的适应。以下将对三江购物进行SWOT分析，借此来确定企业自身的竞争优势、竞争劣势、机会和威胁，从而进一步揭示三江购物与阿里融合的动力与原因。

根据前面对三江购物发展概况的分析，以及阿里入股三江购物战略升级的分析，我们得出三江购物的 SWOT 分析法下的各个项目，具体见表 8-6。

表 8-6　　　　　　　　　三江购物的 SWOT 分析

项目	内容
优势 (strengths)	(1) 三江购物起步早，是浙江本地的龙头企业，具有地区优势。 (2) 连锁企业，实体门店数量众多，地区范围内分布相对广泛。 (3) 线下实体店经营成熟，经营生鲜经验丰富。 (4) 拥有完善的供货渠道与物流系统，具有稳定优质的供应商和服务商。 (5) 强大的资金技术支持，与阿里巴巴融合后，可以借助阿里成熟的电商经营理念和互联网技术。 (6) 有充足的、保证质量的货源，三江购物除了拥有稳定优质的供应商还拥有自己的生鲜基地，从而使得货源更充足与安全。 (7) 拥有良好的客户群体，由于生鲜消费的特殊性，具有一大部分忠诚的客户
劣势 (weaknesses)	(1) 品牌知名度有限。虽然是浙江的龙头企业但在全国范围内知名度有限，相对于外资企业和知名电商企业的知名度存在差距。 (2) 缺乏线上经营的经验。三江购物多年来一直坚持做传统超市行业的深耕连锁超市，对电子商务涉足较晚，缺乏线上经营管理经验。 (3) 专业人才和技术的缺乏，由于线上经营的缺乏，导致缺少专门的人才和关键技术，这些只能依靠外部引入，无法自己完成。 (4) 公司发展到一定阶段，遭遇发展瓶颈，需要新的突破点
机会 (opportunities)	(1) O2O 的迅速发展与各项技术的逐渐成熟为电商与传统实体零售的融合提供强大的技术支持。 (2) 中国网购市场正在逐渐成熟，用户对于网购的消费需求也越来越多，网购用户规模越来越大。 (3) 具备个性化服务的消费需求正在逐步形成
威胁 (threats)	(1) 激烈的竞争为布局线下零售与线上电商的融合提供契机，电商巨头纷纷与传统商超合作，比如京东与永辉超市和沃尔玛的融合 (2) "新零售"只是在概念阶段，短期内很难发生实质性的改变，外来游资的威胁加大

资料来源：由作者整理并分析所得。

通过分析三江购物的优势，劣势，机会和威胁，总结得到如下战略（见表 8-7）。

(1) 充分把握与阿里合作的契机，打造品牌知名度，立足自身实体门店优势，合理利用阿里巴巴的电商资源，实现传统零售与电商的对接，达到资源共享、流程优化的目的。

（2）坚持高品质的商品质量与优质服务，妥善运营、管理线上产品，努力实现线上线下同标准、同质量、同价格、同服务的运营模式。

（3）充分发挥原有物流系统、供货渠道的优势，留住优质的供货商与服务商，实现线上线下融合全渠道的发展模式。

表 8-7　　　　　　　　三江购物的 SWOT 战略组合

内部能力	优势（strength）： 物流系统优势、实体门店优势、货源品质优势	劣势（weakness）： 品牌知名度有限、经验、技术、人才缺乏
机会（opportunity）：网购技术发展成熟，市场前景良好	SO 战略：充分利用实体店铺积累的客户资源与管理经验，进一步完善物流系统	WO 战略：不断提升品牌知名度，制定有效的营销策略
威胁（threats）：竞争激烈，外部风险加大	ST 战略：坚持高质量的产品与服务，平衡风险，形成具有自身特色的品牌	WT 战略：不断学习与进步，从各个方面提升自身，从而克服自身劣势

资料来源：由作者整理并分析所得。

总之，三江购物与阿里的融合是其创造新的发展模式的契机，要想实现战略升级，开创智能商超的时代，在抓住与阿里的合作机会外，还要注重品牌知名度的提升和品牌特色的塑造，进一步完善已有的物流与供应链管理系统，在立足自身发展优势的基础上，稳步制定战略升级的规划，充分发挥优势，抓住 O2O 的机遇。

三、研究发现和小结

本章第三节分别从实证研究角度和案例分析的视角考察了电子商务对我国超级市场的影响，整体来看，电子商务对我国超级市场的影响具有微弱的正向作用，其传导途径也是多样化的。同时，三江购物的发展经验对一般的超级市场发展具有一定的参考价值。接下来，我们将对本节的主要结论进行简要总结，具体如下。

1. 一般性结论

电子商务的发展在一定程度上促进了我国超级市场的发展，这一结论从实证结果和案例分析中都得到了验证。从实证结果看，电子商务对我国超级市场存在正向的影响，但影响程度较弱。同时，其他因素也会对我国超级市场的发展产生一定程度的影响。从案例分析来看，三江购物作为行业内一家普通企业，其发展路径具有普适性，但也具有企业本身的特殊性，因此不能简单照搬三江购物的发展方式去指导其他处在超级市场行业中的企业。综合来看，我们应该从一个更一般的角度去审视电子商务发展对我国超级市场的影响。当然，如果抛开定量分析的影响，我们认为，电子商务带给超级市场发展的还有一种观念上的冲击。电子商务模式为超级市场的发展提供了新的发展思路，这种思路涵盖了企业价值链的各个方面，尤其是经营理念、渠道选择、供应链系统、营销思路等。

2. 电子商务对超级市场发展的启示

电子商务带来的互联网思维对传统超级市场的发展具有较强的借鉴意义，这有助于我国超级市场的结构优化和企业效率的大幅提升，当然，伴随而来的是消费者福利的改进和增加。从长期来看，超级市场与互联网模式的融合也许是未来的发展方向。

图8-12展示了我国超市行业发展的各种影响因素。不难看出，除了受到宏观大环境影响外，超市发展主要受上游供应商、下游消费者以及自身经营的影响。在传统的零售模式下，超级市场只能从新开店面，压缩采购成本等因素出发，追求利润的最大化。但一旦遇到宏观经济形势恶化，各种成本上升，超市的利润空间将不断缩小，传统的经营方式正急需一场新的改革。结合电子商务对传

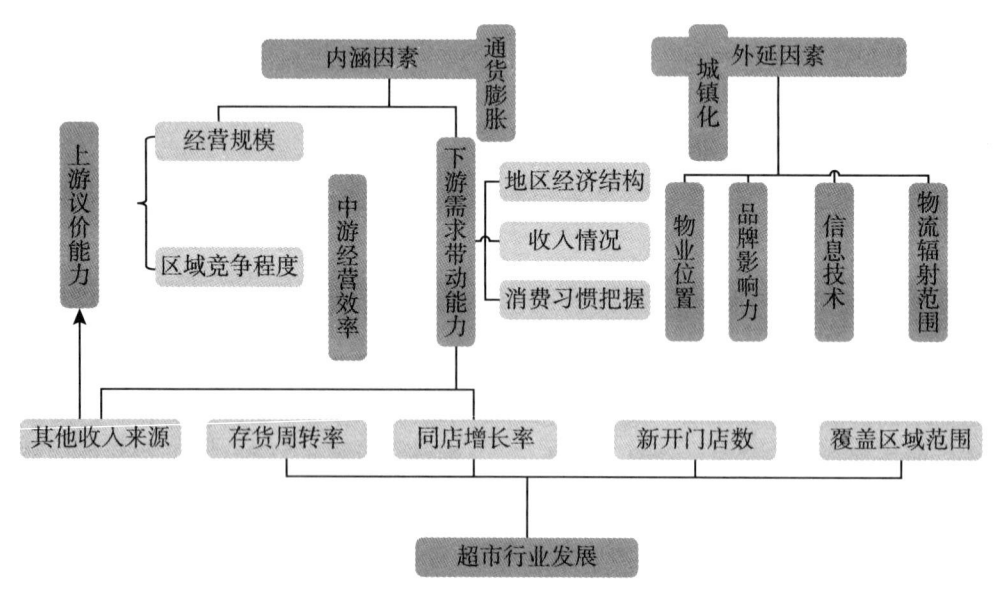

图 8-12 影响超市行业发展的各种因素

资料来源：Wind 资讯。

统零售影响的机制考虑，我们认为，超级市场可以借助互联网思维从盈利模式、供应链系统、营销模式、内部管理等渠道和途径来促进我国超级市场的发展。从更长远的角度来看，电子商务与超级市场的结合可以打破当前的超级市场行业分布和旧格局，实现我国超级市场地域分布的整体优化与升级。电子商务如何从不同方面来优化我国超级市场的发展。

（1）盈利模式优化。

一般而言，超市的盈利模式包括价值链盈利模式与通道收入模式两类。目前，我国超级市场企业的盈利模式主要以通道收入为主，这种方式通过向供货商收取返利与进场费来维持盈利。在这种模式下，规模越大、采购能力越强的超市企业拥有较强的议价能力，相应地，也可以获得更大的市场份额和利润。但该模式并不能提高整条供应链的效率，其本质只是实现了利润从上游供货商向零售超市的区块转移。当前，我国内资超市企业规模相对较小，无法与大型外资超市相抗衡，只能在区域内采购，对上游供货商的议价能力也相对较弱，因此通道费用收入模式并不利于我国内资超市企业的发展。

在传统情况下，价值链盈利模式一般需要一定的规模优势才可以实现整条供应链的整合，如沃尔玛采用的"统一采购、全球定位的物流车队、商业卫星系统的价值链盈利模式"。随着互联网与物流技术的发展，统一采购、高效的物流系统，以及有效的信息共享系统的模式可以轻松实现，尤其在传统超市与大型电商平台的合作模式出现之后，超市企业可以借助电商平台的技术与信息优势实现由通道费用收入模式向打造高效供应链系统的价值链盈利模式转变。

表 8-8 显示了我国主要上市超市企业的商业模式。从表 8-8 可以看出，我国超市企业正逐渐向打造高效供应链系统，降低成本的商业模式转变。

表 8-8　　　　　我国主要上市超市企业的商业模式

超市企业	商业模式	模式对管理要求	模式对物业条件要求	评价
高鑫零售	非生鲜类商品供应链效率国内最高（类全价优），以小型 Mall 模式吸引客流，转租收入摊薄成本	高	高，物业面积3万平方米以上，且位置/配套要求高	模式优，但条件要求高以自有开发/租赁为主，限制了中小型优商圈标的的整合可行性

续表

超市企业	商业模式	模式对管理要求	模式对物业条件要求	评价
永辉超市	以生鲜为突破口，品类、便利、价格、安全优势聚客效应强，整合供应链提升直采比例，高毛利品类实现利润	高	低，5 000~8 000平方米的卖场，8 000平方米以上的大卖场均可复制，也具备5 000平方米以下社区店经营经验	模式优，可复制能力强，对整合标的选择范围广
步步高	湖南三四线城市传统超市先发优势强；自建购物中心助力超市扩张	较高	一般	在超市经营上与同行差异化不明显，外资团队提升了运营效率
人人乐	以食品用品类为主打产品，服务周边客群	较高	一般	在超市经营未形成独特优势，直面竞争分流
新华都	以食品用品类为主打产品，服务周边客群	较高	一般	在超市经营未形成独特优势，直面竞争分流
物美商业	以食品用品类为主打产品，通过后台效率降低运营成本	高	一般	在超市经营未形成独特优势，直面竞争分流
华联综超	以食品用品类为主打产品，服务周边客群	较高	一般	在超市经营未形成独特优势，直面竞争分流

资料来源：Wind资讯。

(2) 供应链系统优化。

电子商务技术可以从供应链的各个环节优化整个供应链系统。首先，超市企业可以依托互联网技术开发适合企业的ERP系统，对企业进行全流程的管理与控制。高效的 ERP 系统可以实现对企业的信息化管理，从而实现企业内部的高效运作。

其次，超市企业可以充分利用大数据技术，建立企业 CRM 系统，从而实现全方位的客户管理。当然，企业还可以依托 CRM 系统对客户需求进行精准定位，从而优化超市在售商品的结构，实现库存的优化管理、提高周转率、降低仓储成本等。同时，CRM 还可以帮助企业加强对客户的管理，完善各种会员、积分制度，系统高效地完成对客户的信息维护，以及提升消费者的消费满意度。

最后，供应链的优化还体现在企业可以与更优质的上游供货商合作方面，在确保商品质量的同时能够获得资本融资的优势。随着供应链金融的快速发展，超市企业在完善的供应链基础上可以获得更多渠道的资金融资，这对中小企业来说是福音。此外，超市企业可以依托上游大型供应商，获得预付款的融资，如经销商融资，保兑仓融资等。对大型超市企业而言，企业可以作为供应链上的核心企业，借助银行为上游小型供应商提供包括打包贷款、订单融资等一系列融资的好处，实现自身的延迟付款，从而减轻资金周转的巨大压力。

互联网及物流技术的普及，使得企业可以高效整合物流、资金流、信息流，从而通过供应链的优化实现企业整体效率提高与成本降低。图 8-13 为超市企业供应链管理图。

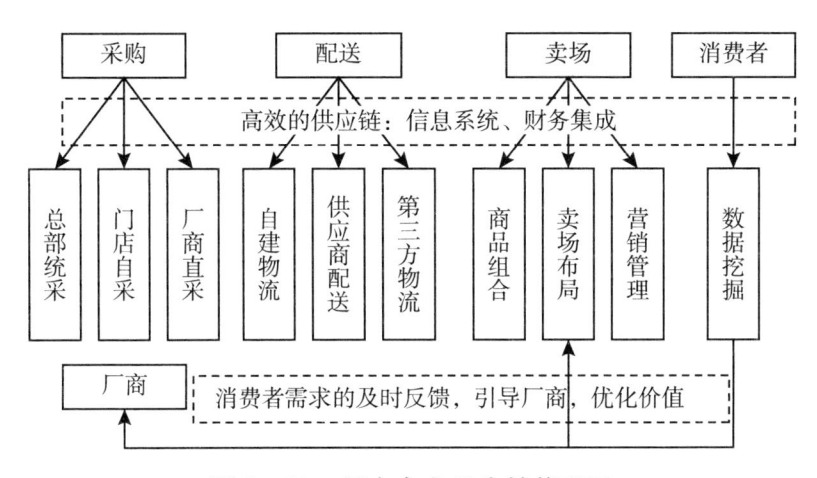

图 8-13　超市企业供应链管理图

资料来源：Wind 资讯。

（3）营销模式优化。

当然，电子商务带来的互联网思维可以进一步优化传统零售超市的营销模式，从营销思路到营销方式再到营销效果的持续优化可以帮助企业迅速树立品牌，扩大社会知名度。由于不同超市间的替代性很强，消费者的转换成本较低，因此高质量、多元化的商品供给，成熟的品牌塑造，差异化的战略选择将会是未来超市发展和突破的重点所在。而互联网下的营销模式在一定程度上可以帮助企业快速提升品牌知名度，同时通过良好的营销方式，可以将企业价值更好地传递给消费者。电子商务的发展已经改变了长期以来"酒香不怕巷子深"的观念，企业在确保产品质量的前提下，将企业理念与价值观紧密结合起来，从早期的盯住零售，到向消费者传递一种价值观、一种生活态度转变，这会充分发挥新媒体与粉丝经济的作用，最终提高消费者对超级市场企业的品牌忠诚度。

（4）长期的地区分布优化与行业结构优化。

不可否认，我国本土超级市场企业与外资超级市场企业相比，在各方面都存在不小的差距。本土超级市场的地区分布极度不均，本土超市以区域连锁为主，强调区域深耕，在全国扩张的难度极大。图8-14为中国超市行业销售额与增长速度。

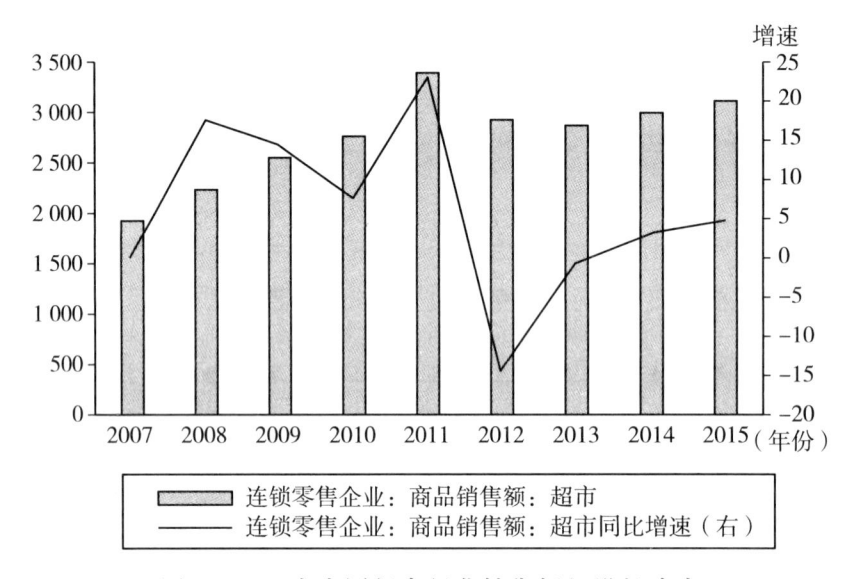

图8-14 为中国超市行业销售额与增长速度

资料来源：Wind资讯。

由于外资超市的资金实力雄厚、管理经验与技术先进，中国的本土超市很难与其竞争，但由于市场容量一定，两者的正面交锋在所难免。电子商务带来的互联网思维为中国本土超市的发展创造了新的机遇，单纯的传统零售超市已经无法与外资超市抗衡，但如果本土超级市场企业能够借助阿里、京东等大型电商平台，加上互联网思维下的管理营销思路，本土超市企业就可以实现全国扩展的战略规划，从而与外资超市进行抗衡。

电子商务给我国传统超级市场的发展带来了新的思路，但由于我国超市行业并未形成颇具规模的品牌效应，区域性企业又面临各种发展瓶颈。因此，我国的本土超市还有很长一段路要走。不同的企业还需要根据自身的发展阶段与特征进行有效规划。案例分析中的三江购物的发展经验就具有很好的借鉴意义。不论是电子商务模式还是未来将会出现的新模式，归根到底，企业只有结合自身资金实力，审时度势，在富有创新的精神下，立足长远、因地适宜的进行企业战略规划才是企业应该遵循的原则。

第四节　电子商务影响我国百货商店的实证研究

百货商店作为传统零售行业出现较早的业态，在发展过程中并非一帆风顺，尤其在电子商务出现之后，电子商务对百货商店的影响也引来众多学者的广泛研究和关注。在电子商务出现之前，我国许多百货商店主要采用"招商进店"的模式，然而这种方式存在诸多弊端，尤其在百货商店自身不经营商品的情况下，百货商店的发展就脱离了现代物流及电子商务带来的积极效应，然而电子商务的兴起却可以使得百货商店"回归经商"，从而给百货商店的发展再次带来机遇[1]。

宗文[2]（2001）梳理了传统零售业步入电子商务时代后，超级市场、百货商店、连锁店的发展建议。其中，对百货商店的发展提出了进销信息化，即"电子进货、电子销售"的建议，并以沃尔玛为例分析了电子商务带来的好处。此外，还有不少学者从零售业竞争对手众多、大型商场数量多、布局不合理、经营无特色、营销观念等方面入手，分析了大型百货商场面临困境的原因，并在此基础上提出了帮助百货商场发展的营销对策，如找准市场定位、培育市场新亮点、更新营销观念、发展电子商务等[3]。

近年来，电子商务发展迅猛，淘宝和天猫双十一销售额连年突破新高，创造了前所未有的消费神话。王建[4]（2013）对电子商务的发展状况与百货商店销售做出对比后得出，传统百货商店应当走"实体店＋电商"的发展之路。齐晓斋[5]

---

[1] 董虹方：《百货商场：借电子商务回归经商》，载于《信息与电脑》2001年第1期。
[2] 宗文：《零售业步入电子商务》，载于《中国计算机用户》2001年第6期。
[3] 孙文会、胡豹：《我国大型百货商场现状分析及营销对策》，载于《经济师》2002年第2期。
[4] 王建：《电商来袭传统百货业还有春天吗》，载于《中国信息报》2013年11月20日。
[5] 齐晓斋：《传统商业如何走出困境？》，载于《宁波通讯》2014年第3期。

(2014) 提出, 改粗放型经营为精耕细作、发挥体验优势和服务优势、营销创新、线上线下融合、开发新产品和新品牌以及扩大自营。杨文玲[①] (2015)、李俊阳[②] (2016) 从零售业结构调整和供给侧改革的角度入手, 分析了百货商店中心化以及大型企业发展缓慢等问题。同时, 结合小企业数量增多、零售业地区发展不平衡等现状, 他们从供给侧提出诸多有益的政策建议。史国瑞[③] (2015) 从店铺创新的角度提出, 可以通过强化消费者的感受, 来增强对店铺场所的依赖, 并借此突出百货商店的地位。陈阳琴[④] (2012) 则从强化服务体验、购物安全感、便利性等角度来提出政策建议。孙佳丽[⑤] (2014) 从银泰网的 O2O 模式出发, 结合消费者进行线上消费时的心理和行为特征, 从价值主张、价值创造、价值传递等方面对 O2O 模式的发展及网络营销水平的提高进行了理论和实践上的论述, 最后得出 O2O 模式能够带来巨大增值空间的结论。蒋晓敏[⑥] (2014) 也是以银泰网为研究对象, 对其 O2O 模式的基本框架进行研究, 归纳出百货商店 O2O 模式的发展现状, 并得出它可以通过再定位来积极拓展网上业务的发展方向。

一、电子商务影响百货商店的实证研究

本节主要是从实证研究的角度考察电子商务对我国百货商店的影响。首先, 我们从 Wind 行业资讯金融终端、Choice 金融终端、中国国家统计局等渠道获得 2010 年第 1 季度~2016 年第 3 季度的中国百货商店规模指数 (点)、中国电子商务市场规模 (亿元)、中国国内生产总值 (亿元)、网络经济市场规模 (亿元)、B2B 电子商务运营商的营收规模 (亿元)、电商 B2B 互联网支付规模份额 (%)、网络购物互联网支付规模份额 (%) 等变量的季度数据, 以及中国月度环比 CPI 数据。接着, 我们采用与第三节相同的处理方法, 得到本部分的被解释变量, 即中国百货商店指数, 用它来衡量中国百货商店的发展, 并记为 stoindex。解释变量是中国电子商务市场规模的实际值, 记为 dianshang。控制变量是 realgdp、

[①] 杨文玲:《现代商业业态下对百货业经营发展的思考》, 载于《商业研究》2015 年第 4 期。
[②] 李骏阳:《当前我国零售行业发展态势和供给侧改革》, 载于《中国流通经济》2016 年第 11 期。
[③] 史国瑞:《百货商店店铺形象创新能引起顾客依恋吗?——顾客感知价值的中介》, 载于《安徽财经大学》2015 年, 第 7~20 页。
[④] 陈阳琴:《以愉悦体验"黏住"顾客——百货商店如何应对电商冲击》, 载于《上海商学院学报》2012 年第 6 期。
[⑤] 孙佳丽:《基于银泰网 O2O 模式的传统零售业网络营销模式探究》, 载于《经营管理者》2014 年第 36 期。
[⑥] 蒋晓敏:《基于 O2O 视角的银泰百货连锁经营商业模式的研究》, 浙江理工大学, 2014 年, 第 31~35 页。

wangjing、yingshou、pay11 和 pay22，分别表示中国实际 GDP，网络经济市场规模的实际值，2B 电子商务运营商的营收规模的实际值，电商 B2B 互联网支付规模份额、网络购物互联网支付规模份额等。所有变量的描述性统计请参见表 8-9。

表 8-9　　　　　　　　　所有变量的描述性统计

变量	观测值个数	均值	标准差	最小值	最大值
stoindex	27	2 783	769	1 847	5 079
dianshang	27	23 534	9 843	9 950	43 505
realgdp	27	128 652	20 011	87 179	163 898
wangjing	21	1 540	1 003	352	3 177
yingshou	26	39	10.36	20.7	68
pay11	13	4.9	1.4	3.7	8
pay22	17	30.9	9.8	13.4	47

资料来源：作者根据计算所得。

图 8-15 表明，在过去七年间，我国电子商务发展与百货商店发展之间存在着正相关关系，即电子商务市场规模越大，我国百货商店的指数也越高。其中，在电子商务早期发展阶段，特别是当电子商务市场规模处在 10 000 亿~15 000 亿元之间，我国百货商店指数在 3 000 点左右；当电子商务进入中期发展阶段，市场规模达到 15 000 亿~30 000 亿元时，我国百货商店指数却降至 2 000 点附近；当电子商务进入高速发展阶段时，市场规模也达到 30 000 亿元之上，此时，我国百货商店指数稳定的维持在 3 000 点之上。总之，从整体上看，我国电子商务发展能够促进国内百货商店的发展。但是，两者的相关性具有显著的阶段性特征。这种阶段性特征表现为明显的"U"型特征。

图 8-16 显示，我国实际 GDP 与百货商店发展之间存在着微弱的正相关关系，即我国经济发展越快，在一定程度上能够带动国内百货商店的发展。与图 8-6 相似，我国实际 GDP 与百货商店指数之间的关系也存在着阶段性特征。其中，当实际 GDP 低于 12 万亿元时，百货市场指数大约为 3 000 点；当实际 GDP 处于 12 万亿~14 万亿元规模时，国内百货市场指数大约 2 000 点；当实际 GDP 大于 14 万亿元时，国内百货市场指数在 2 000 点以上。

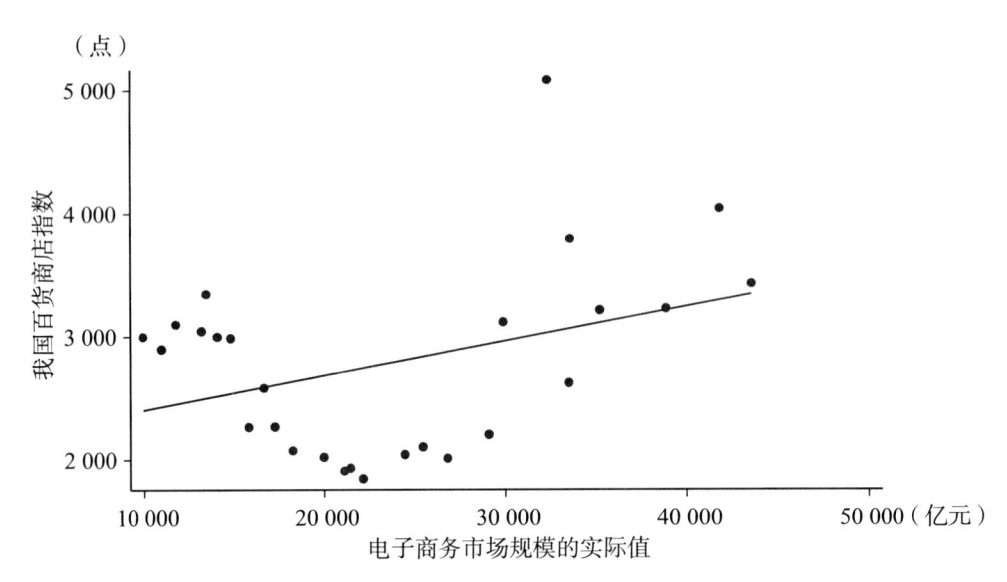

图 8-15　电子商务与我国百货商店的发展趋势（2010～2016 年）

资料来源：由作者计算所得。

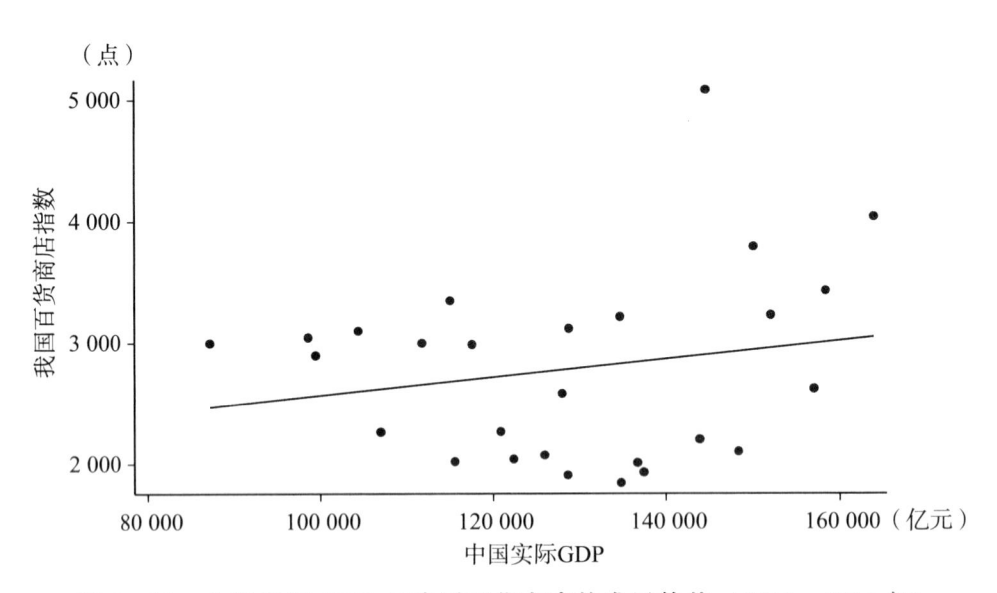

图 8-16　中国实际 GDP 与我国百货商店的发展趋势（2010～2016 年）

资料来源：由作者计算所得。

图 8-17 显示，我国网络经济市场规模与百货市场发展之间存在着较弱的正相关关系，即网络经济的市场规模越大，越能够促进我国百货市场的发展。然而，图 8-18 却表明，我国 B2B 电子商务营收规模与百货市场发展之间存在着负相关关系。这一结果暗示着，B2B 电子商务营收规模的快速扩展，非但不能促进

我国百货商店发展，反而会进一步压缩传统零售企业的发展和生存空间。

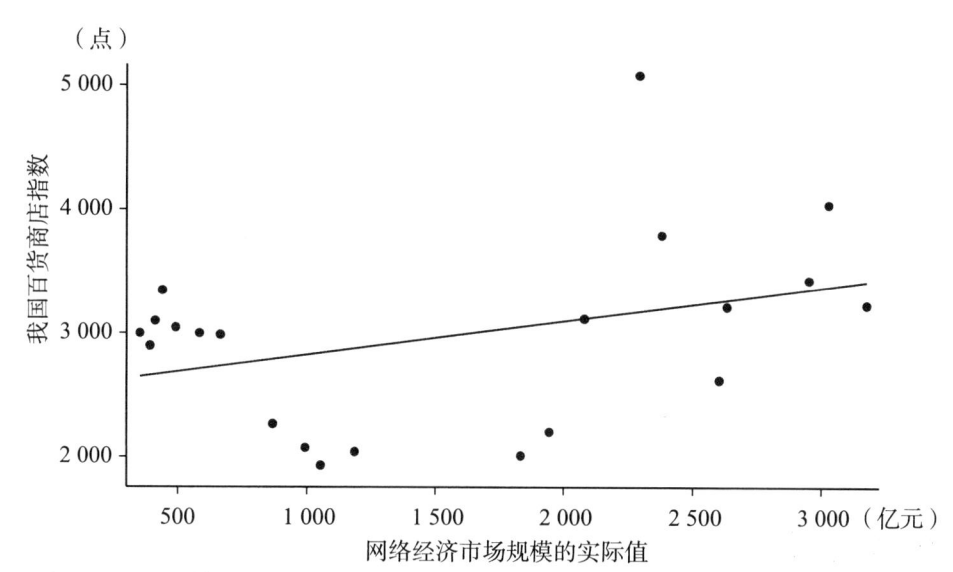

图 8-17 网络经济市场规模与我国百货商店的发展趋势（2010~2016 年）

资料来源：由作者计算所得。

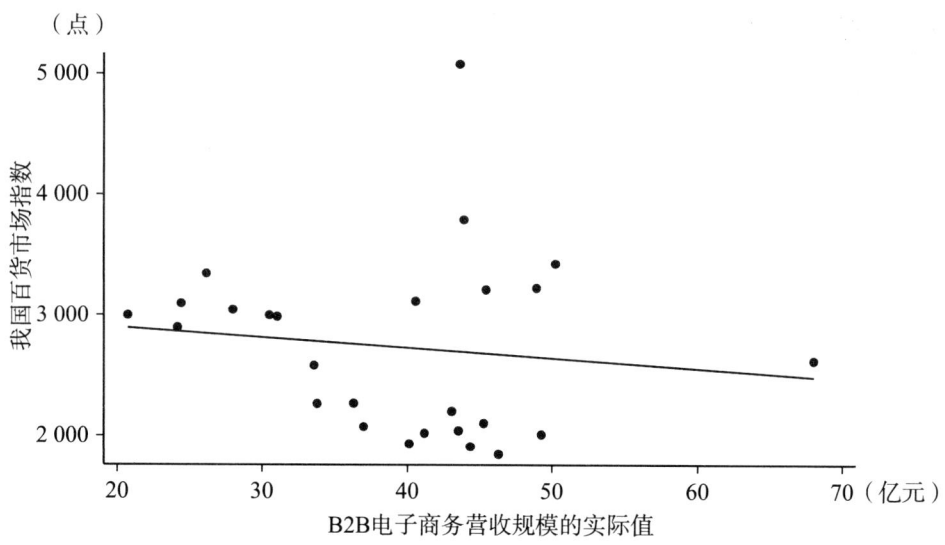

图 8-18 B2B 电子商务营收规模与我国百货商店的
发展趋势（2010~2016 年）

资料来源：由作者计算所得。

图 8-19 表明，我国电商 B2B 通过互联网支付规模份额越高，越能够提升我国百货商店指数。然而，图 8-20 却表明，网络购物通过互联网支付规模的份额

越高，反而会降低我国百货商店指数。这一结果表明，网络购物和通过百货商店购物之间是一种此消彼长的替代关系。

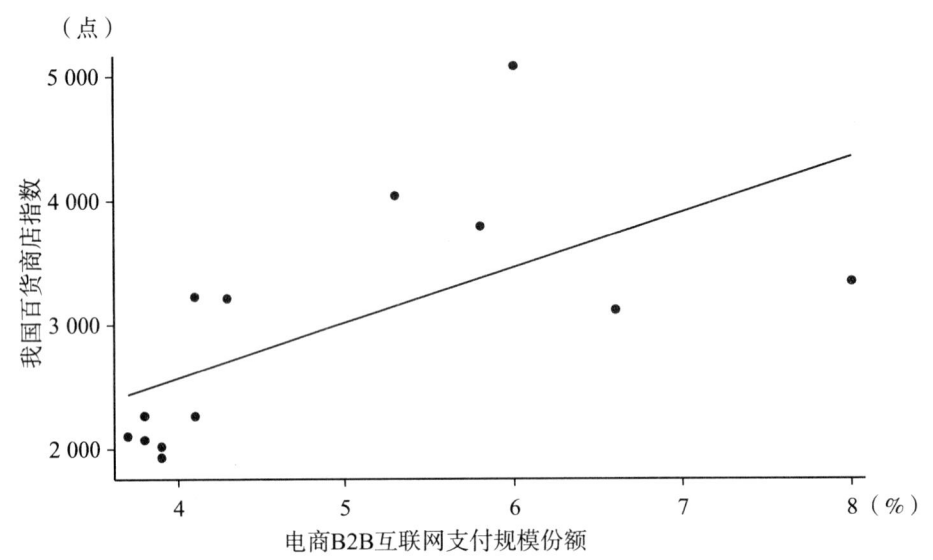

图 8－19　电商 B2B 互联网支付规模份额与我国百货商店的
变化（2010～2016 年）

资料来源：由作者计算所得。

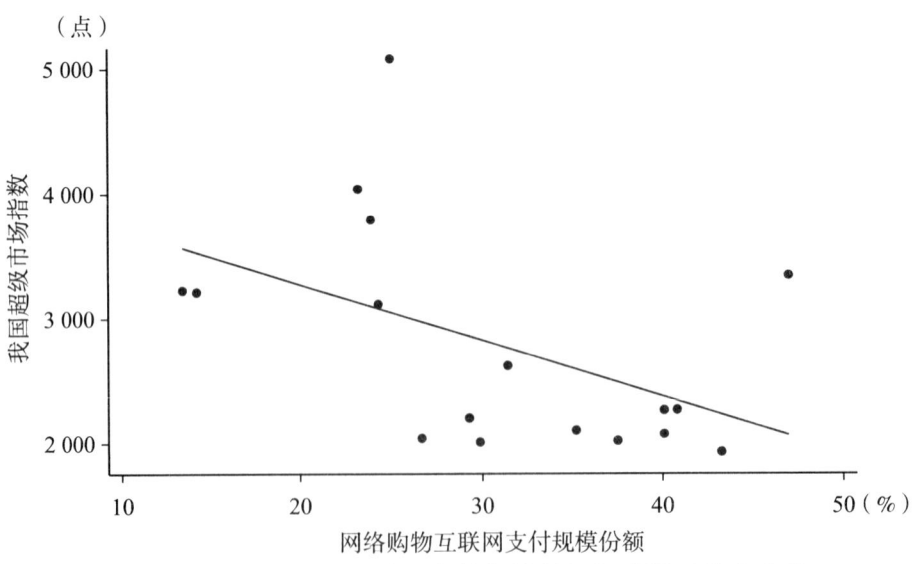

图 8－20　网络购物互联网支付规模份额与我国百货商店的
变化（2010～2016 年）

资料来源：由作者计算所得。

为了考察电子商务对我国百货商店发展的影响,我们构建了如下的计量模型:

$$\text{stoindex}_t = \alpha_t \times \text{dianshang}_t + x_t \beta_t + u_t \qquad (8.2)$$

这里,stoindex 是本节的被解释变量,即百货商店指数;dianshang 是解释变量,表示电子商务市场规模;x_t 表示控制变量,包括实际 GDP、网络经济市场规模的实际值、B2B 电子商务运营商营收规模的实际值,电商 B2B 互联网支付规模份额、网络购物互联网支付规模份额等。u_t 是误差项。

由表 8 - 10 可知,当不考虑控制变量时,电子商务发展对我国百货商店指数具有一定的正面影响,影响大小为 0.028,即当电子商务市场规模的实际值增加 1 亿元时,我国百货商店指数将会增加 0.028 个点。从影响程度上来看,影响力极为有限。这一结果表明,电子商务发展对我国百货商店发展具有积极的正面影响,但是这种影响较为有限。当加入其他控制变量时,回归结果出现较大变化。一方面,当只加入 B2B 电子商务运营商营收规模这一变量时,电子商务发展对我国百货商店指数的正面影响有所加大,回归系数为 0.091,且在 1% 显著性水平上显著。这一结果表明,当控制 B2B 电子商务运营商营收规模这一变量时,电子商务对我国百货市场发展的影响将会出现较大幅度的提升,而且是积极的正面影响。从回归系数上来看,B2B 电子商务运营商营收规模的估计系数为 -76.38,表示两者之间存在负相关关系。另一方面,如果继续增加其他控制变量,如实际 GDP、网络经济市场规模的实际值、电商 B2B 互联网支付规模份额和网络购物互联网支付规模份额等变量时,会导致电子商务发展对我国百货商店没有任何显著的影响。

表 8 - 10　电子商务发展影响我国百货商店指数的实证结果

被解释变量	stoindex	stoindex	stoindex
dianshang	0.028 * (0.015)	0.091 *** (0.022)	- 0.666 (0.861)
yingshou		- 76.38 *** (19.65)	414.61 (583)
realgdp			0.163 (0.175)
wangjing			- 3.057 (6.209)
pay11			1 241 (1 059)

续表

被解释变量	stoindex	stoindex	stoindex
pay22			−437.74 （509）
样本量	27	26	9
R^2	0.129	0.441	0.785

注：stoindex 表示百货市场指数，dianshang 表示电子商务市场规模的实际值，yingshou 表示 B2B 电子商务运营商营收规模的实际值，realgdp 表示实际 GDP，wangjing 表示网络经济市场规模的实际值，pay11 和 pay22 分别表示电商 B2B 互联网支付规模份额和网络购物互联网支付规模份额。*，*** 分别表示在 10%，1% 的显著性水平上显著，括号内为标准差。

总之，电子商务发展对我国百货商店的发展具有积极的正面影响，但是这种影响程度较弱，不足以成为支撑我国百货商店快速发展的核心动力。

二、电子商务影响百货商店的案例分析——以银泰百货为例[①]

经过上文实证研究发现，电子商务的快速发展虽然能够在一定程度上带动我国百货商店发展，但是这种正向的带动作用较为有限。近年来，在电子商务蓬勃发展的冲击下，百货零售业遭遇了增速减缓、利润水平下降等挑战。到 2015 年，在多重因素的影响下，出现了一批百货商店的关店潮。据联商网公布的《2015 年上半年主要零售企业关店统计》显示，仅在 2015 年上半年百货业态关闭门店就高达 26 家，其中包括了中国百货业的知名企业，如万达百货、马莎百货、新世纪百货等。

在百货商店发展的黄金时期过后，中国的百货销售该如何发展已成为众多企业家必须面对的重大问题。不同的百货商店也进行了不同的发展战略调整，其中银泰百货作为传统零售百货业的标杆，从 1998 年杭州武林店起步，不断的变革创新，以实现连锁经营、专业化、集约化为目标，充分结合自身优势实现管理创新、业态创新，实施品牌战略，形成具备银泰商业文化特色的大型零售企业品牌。

首先，对银泰百货（以下简称"银泰"）的概况进行分析。其次，使用 PEST 分析法对宏观大环境进行分析。最后，使用 SWOT 分析法对银泰百货自身及外部环境进行分析。在此基础上，我们试图从个体案例来揭示电子商务发展对

[①] 本部分案例由作者根据网上公开资料整理。

百货商店的影响,从而提出更加针对性的建议。

从 1998 年杭州的一家百货店(银泰百货武林店)开始,在近 20 年的时间里,银泰百货在不断发展和进行业态创新的过程中形成了银泰集团(中国银泰投资有限公司)众多业务模块中的一部分——银泰零售,成为涵盖百货零售、购物中心、电子商务的大型零售品牌。

2007 年 3 月,银泰百货经过九年的发展实现在香港联交所成功挂牌上市,成为第一家在港交所上市的中国大陆百货公司。随着电子商务的兴起与发展,银泰百货管理层于 2010 年 3 月决定成立银泰网,并于同年 10 月上线,银泰百货成为第一家斥巨资单独成立合资公司并试水电商的传统零售百货公司。银泰网的成立开启了银泰百货涉足电子商务业态的进程,并在后来的发展中弥补了传统业态销售额下滑的损失。2013 年,"银泰百货(集团)有限公司"更名为"银泰商业(集团)有限公司",形成了百货、购物中心、银泰网为主业的业态分布。

2014 年 3 月,阿里巴巴以 53.7 亿元港币对银泰商业进行战略投资,构建新商业零售体系,同年 6 月为了进一步完善银泰集团对高端客群生活方式需求的布局,在北京发布了全新的高端商业运营品牌 in。2015 年,继阿里巴巴对银泰投资后,银泰集团董事长沈国军先生为进一步强化银泰与阿里巴巴集团的深度合作,努力推动银泰商业的互联网化进程。银泰商业先后推出喵街、喵货、喵客等互联网产品,为消费者提供一站式服务应用,逐步实现银泰商业与互联网的完美结合。并在 2017 年 1 月 10 日,董事长沈国军先生联合阿里巴巴集团发起银泰商业私有化。

目前,银泰已发展成为国内与奢侈品品牌合作最多的企业之一。自成立以来,银泰商业以立足浙江为基础,逐渐辐射全国为发展轨迹,凭借雄厚的资本、灵活的经营、科学的管理、严格的制度,取得了一系列骄人的业绩,形成了具有"银泰"特色的三大商业运作模式——"银泰百货""银泰购物中心""银泰网"。银泰商业作为新时代消费解决方案提供商,已成为传统零售业与互联网融合的典范。

2006 年 12 月~2016 年 6 月间,银泰百货与新世纪百货的门店数以及店面面积出现了较大变化。从表 8-11 中可以看出,银泰百货的店面数量一直处于增加,店面面积也在增加。自 2006 年成立 5 家店开始,在随后的十年间增加到 46 家,是 2006 年店面数量的 9.2 倍。其中,增长较快的时期是 2008 年的后半年,仅六个月的时间门店数量就增加 6 家。继 2011 年上半年店铺数量零增长后,下半年又出现店铺的快速增加,增加数量达 5 家之多,实现店铺总数达到 28 家。2013 年 6 月到 2014 年 12 月间,更是以每半年增加 4 家的速度快速增长。到 2014 年,店铺总数达到 44 家,同期店铺面积与店数量基本实现协同增长。

通过与新世纪百货的数据对比可以看出，新世纪百货在 2007 年 6 月的店铺数为 28 家，远远高于同期银泰百货的店铺数量（为 5 家）。然而到 2016 年 6 月，银泰百货实现了 41 家店面的净增加，然而新世纪百货门店数也仅有 41 家店铺，更为严峻的是，在 2014～2015 年两年间，新世纪并无店铺增加，而且在 2016 年上半年反而减少 2 家。可以看出，在竞争对手缩减规模的大环境下，银泰百货还能持续增加店铺数量，是良好发展的有力象征。

表 8-11　　　　　　　2006 年 12 月～2016 年 6 月银泰百货与
新世纪百货店面数及面积变化

时间	银泰百货累计店面数（家）	银泰百货新增店面数（家）	银泰百货店面面积（平方米）	新世纪百货累计店铺数（家）	新世纪百货新增店面数（家）	新世纪百货店铺面积（平方米）
2006 年 12 月	5	—	—	—	—	—
2007 年 6 月	5	0	—	28	—	562 500
2007 年 12 月	8	3	255 515	31	3	649 000
2008 年 6 月	10	2	—	32	1	703 100
2008 年 12 月	16	6	578 536	33	1	768 200
2009 年 6 月	18	2	646 667	33	0	786 500
2009 年 12 月	21	3	824 939	33	0	807 500
2010 年 6 月	22	1	850 939	35	2	904 900
2010 年 12 月	23	1	898 939	36	1	947 400
2011 年 6 月	23	0	898 939	37	1	995 000
2011 年 12 月	28	5	1 214 939	39	2	1 012 800
2012 年 6 月	29	1	1 252 939	39	0	1 069 200
2012 年 12 月	30	1	1 367 486	41	2	1 169 750
2013 年 6 月	32	2	1 477 906	41	0	1 190 360
2013 年 12 月	36	4	1 774 130	43	2	1 319 200
2014 年 6 月	40	4	2 117 116	43	0	1 323 920
2014 年 12 月	44	4	2 600 793	43	0	1 348 590
2015 年 6 月	45	1	2 733 793	43	0	1 346 230

续表

时间	银泰百货累计店面数（家）	银泰百货新增店面数（家）	银泰百货店面面积（平方米）	新世纪百货累计店铺数（家）	新世纪百货新增店面数（家）	新世纪百货店铺面积（平方米）
2015年12月	46	1	2 895 674	43	0	1 342 130
2016年6月	46	0	2 924 654	41	-2	1 280 440

资料来源：Wind资讯金融终端，Choice金融终端。

图8-21和图8-22分别从店铺数量的增长速度与店面面积增长速度两个方面来比较银泰百货和新世纪百货的发展情况。从图8-22和图8-23可以看到，除去个别年份外，银泰百货无论在店面增长率还是店铺面积增长率上都明显高于新世纪百货，这种对比可以更加直观的显示，银泰百货虽然起步晚于新世纪百货，但是在近些年的发展中却呈现出良好的发展势头，以至于店铺数量与店铺面积的增长率都高于新世纪百货。尤其在2015年之后，新世纪百货出现负增长，这与百货商店行业整体不景气有关。即便如此，银泰百货也只是增长速度放缓而

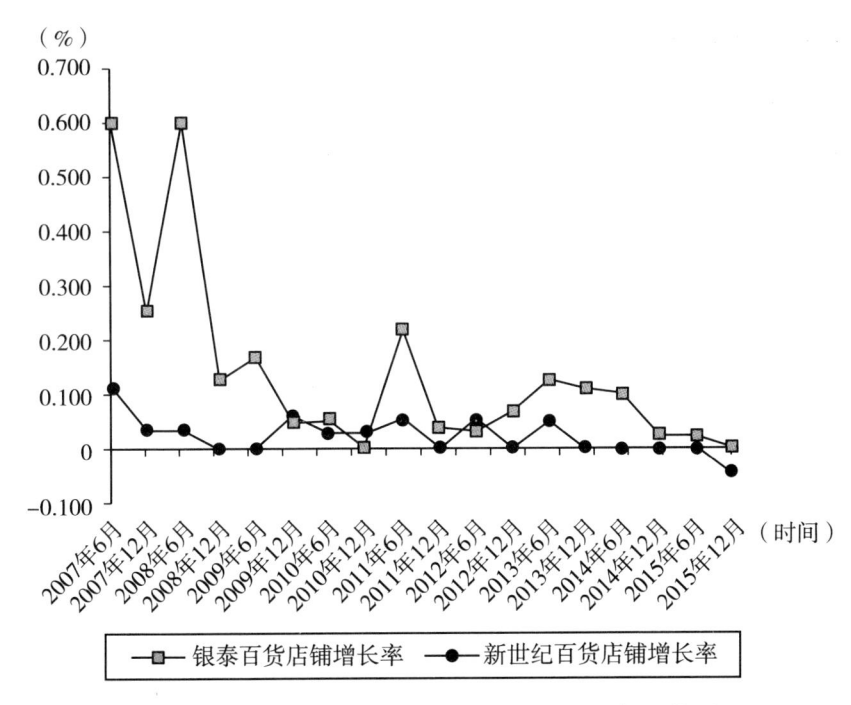

图8-21　2007年6月~2016年6月银泰百货及新世纪百货店面数量增长率

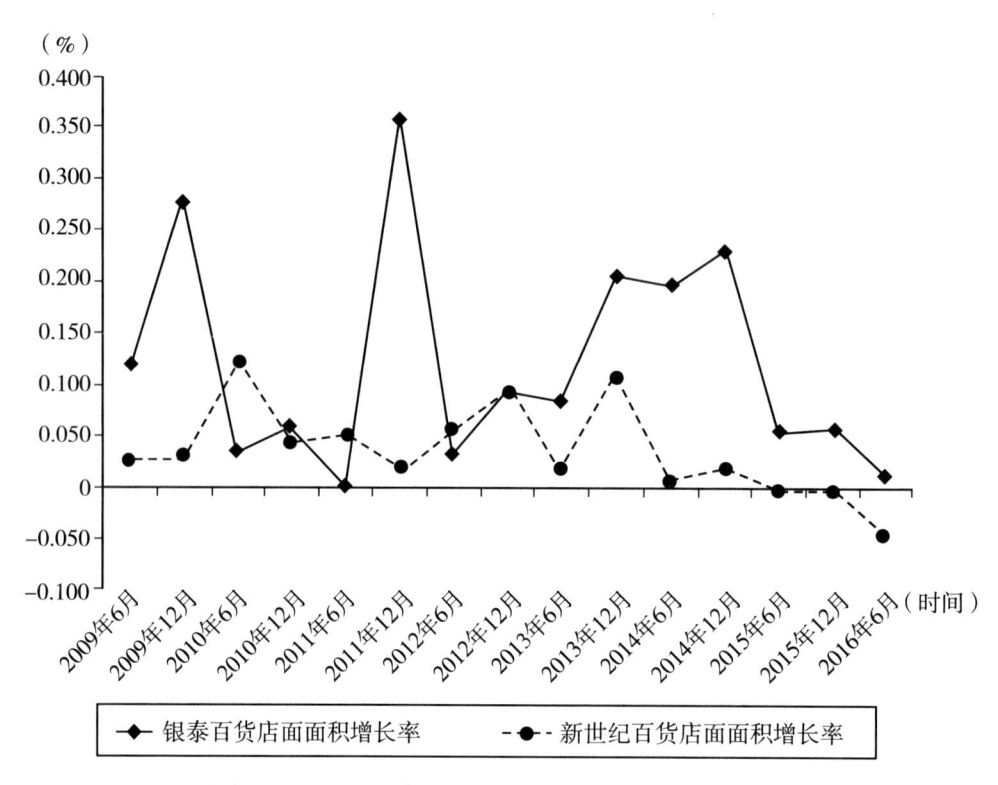

图 8-22 2009 年 6 月~2016 年 6 月银泰百货及
新世纪百货店面面积量增长率

资料来源：Wind 资讯金融终端，Choice 金融终端。

已。截至 2016 年，每半年仍有新的店铺开张，店铺面积也在增加，并未受到其他百货店关店潮的影响。银泰百货的这种强势表现与其全业态的发展模式，以及与阿里进行合作实行全渠道经营的发展战略是密不可分的。

2010 年 10 月，银泰百货投资上线了专注于精品时尚百货经营的大型 B2C 电子商务平台——银泰网（www.yintai.com），这是电子商务带来的直接产物。怀着"为中国人传递生活美学"的梦想，银泰网以"最好的时尚、最好的品牌、最好的质量和最优惠的价格"为宗旨，力求成为中国卓越的精品时尚百货购物网站。

继银泰网之后，银泰百货于 2011 年底推出"手机银泰"，正式加入移动端电子商务的浪潮。线上商城成立，线上线下实现互通。从严格意义上讲，银泰 O2O 真正实现应是从 2012 年推出 I'M 名品集合店开始。2013 年 10 月，银泰百货入驻微信平台，开设"喜欢银泰"公众账号。银泰微信店铺现已完成"商场信息推送—购物—支付—维权"的支付闭环。

2013年"双十一"期间，银泰百货携手天猫商城，展开O2O布局。顾客在银泰店内体验商品后扫描二维码，进入天猫旗舰店下单购买。2014年4月，阿里战略投资银泰，为未来的深入合作提供便利。

银泰联手阿里集团，先后推出了银泰宝、喵货、喵街等一系列线上线下融合的产品。例如："喵街"类似于大众点评，是一款大数据产品，可以基于用户当前的地理位置信息，向其提供并推荐周边商场及其品牌门店信息，是提供吃喝玩乐购的一站式服务应用。作为银泰百货的发展基地——杭州银泰百货自然就成了"喵街"的试验场地，"喵街"的地推人员已经开始在线下门店全面推广"喵街"。2015年7月，"喵街"拓展到北京市场，8月先后进入上海、广州、南京等城市。

通过上述分析可以看出，银泰商业推行的泛渠道策略——银泰网、天猫精品店、天猫O2O店、爱逛街、O2O分会场、MINI银、门店微信账号端、晓店及银泰宝九大渠道，积极探索新的O2O业务模式，这在行业内是相对领先的。2013年，银泰网销售额达9亿元，占集团销售总额的5.9%。然而，这并不能阻止利润的缩减，2015年7月19日，阿里巴巴成为银泰商业的最大股东，实际掌控银泰商业。2017年1月，董事长沈国军先生联合阿里巴巴集团发起银泰商业私有化，阿里巴巴正逐步加快对银泰商业的改造。

随着计算机和互联网技术的发展与普及，电子商务的发展已经渗透到人们生活的方方面面，从淘宝、京东、唯品会等各种电商平台的出现，人们的购物方式在不知不觉中发生着改变，传统商店的销售也受到影响。面对电子商务的冲击，不同的企业在这个过程中选择了不同的发展战略，也取得了不同的成果，有的企业固守传统，最终销售业绩不断下降，亏损严重不得已开始进行关店。有的企业选择全面转型，但由于对外部环境和自身把握不足也不可避免的遭受失败。由此可见，一个企业的发展战略必须首先充分考虑其面对的外部环境和自身特点，才能做出最适合自身发展的决策。在这个过程中，银泰百货充分了解其面对的外部环境，并对自身优势、弱点、面对的威胁和机会有明确的认识，在充分发挥优势、把握机会的基础上，克服弱点、规避威胁，不断的进行战略创新，实现传统百货零售与电子商务的完美融合。接下去，我们将采用PEST分析法和SWOT分析法来对银泰百货的发展转变进行分析。

PEST分析方法是用来帮助企业分析其面对的外部宏观环境的一种方法。具体如下：

● P（politics）——政治环境。首先，我国的政治形势一直处于稳定状态，现有的政治体制、经济体制、国家经济发展的宏观政策都是有利于企业发展的，十二五规划期间（2011~2015年），电子商务被列入战略性新兴产业，已经成为我国战略性新兴产业与现代流通方式的重要组成部分。其次，随着电子商务逐渐成为我国商业零售领域的热点，政府对电子商务的重视程度也逐步提高，相继出台了一系列法律政策来规范并鼓励电子商务的健康发展。如自 2010 年 7 月 1 日起施行的国家工商行政管理总局局务会审议通过的《网络商品交易及有关服务行为管理暂行办法》，2010 年 9 月 1 日开始实施的由中国人民银行制定的《非金融机构支付管理办法》，都为电子商务的健康发展提供了良好的法律环境。最后，信用认证、支付标准等行业规范逐步完善，为电子商务的健康发展提供了良好的行业环境。所以，银泰百货在 2010 年 10 月投资上线银泰网是看到了电子商务良好的发展前景。

● E（economy）——经济因素。改革开放以来，我国经济一直处于良好的发展状态，长时间保持经济的高速增长。2008 年全球金融危机也对我国的经济发展带来了一定影响，但也仅在 2009 年出现短暂的增速放缓，第一季度增长率为 6.2%，随后增速开始回升。2010 年经济恢复高速增长，四季度的增长率均在 10% 之上，最高达到了 12.2% 的高增长率。2012 年我国国民经济运行平稳，全年我国 GDP 同比增长 7.8%，城镇居民人均可支配收入扣除价格因素实际增长 9.6%，农村居民人均纯收入实际增长 10.7%，均高于全年 7.8% 的 GDP 增速。随着居民可支配收入的增加，社会购买力将会有所提升，经济增长也会带来市场规模的扩大，将直接体现在居民用于购买商品或服务的货币支付能力上。内需的巨大潜力对零售企业与电子商务的发展都是有利的。2013 年 12 月 10 日，在中央经济工作会议上，习近平总书记首次提出"新常态"。银泰百货也在这个过程中不断作出新的战略调整，其中，2013 年将"银泰百货"更名为"银泰商业"，目的是进行百货零售、购物中心、电子商务的协同发展。

表 8-12 为 2009~2016 年我国国内生产总值及同比增长率的变动趋势。

表 8-12 2009~2016 年累计实际国内生产总值及同比增长率

项目	累计实际国内生产总值同比增速（%）	累计实际国内生产总值（亿元）
2009 年第 1 季度	6.2	74 053
2009 年第 2 季度	7.1	158 035
2009 年第 3 季度	8.3	248 049
2009 年第 4 季度	9.2	349 081
2010 年第 1 季度	12.2	87 617
2010 年第 2 季度	11.4	187 149

续表

项目	累计实际国内生产总值同比增速（%）	累计实际国内生产总值（亿元）
2010 年第 3 季度	10.9	293 388
2010 年第 4 季度	10.6	413 030
2011 年第 1 季度	10.2	104 641
2011 年第 2 季度	10.0	223 816
2011 年第 3 季度	9.8	350 797
2011 年第 4 季度	9.5	489 301
2012 年第 1 季度	8.0	117 594
2012 年第 2 季度	7.7	249 276
2012 年第 3 季度	7.6	387 899
2012 年第 4 季度	7.7	540 367
2013 年第 1 季度	7.8	129 747
2013 年第 2 季度	7.6	273 714
2013 年第 3 季度	7.7	426 619
2013 年第 4 季度	7.7	595 244
2014 年第 1 季度	7.3	140 618
2014 年第 2 季度	7.3	297 080
2014 年第 3 季度	7.3	462 792
2014 年第 4 季度	7.3	643 974
2015 年第 1 季度	7.0	150 987
2015 年第 2 季度	7.0	319 490
2015 年第 3 季度	6.93	496 200
2015 年第 4 季度	6.9	689 052
2016 年第 1 季度	6.7	161 573
2016 年第 2 季度	6.7	342 316
2016 年第 3 季度	6.7	532 846
2016 年第 4 季度	6.7	744 127

资料来源：国家统计局网站。

● S（society）——社会环境。随着互联网与计算机技术的普及，我国网民群体不断扩大。在互联网的影响下，人们正改变着获取信息、交流的方式，比如获取新闻资讯不再是依赖报纸与电视，购物也不用亲自去商场，只要在网购平台上选好下单即可。随着网络购物的深入人心，参与网络购物的人群也在不断扩大，网络购物行为逐渐从青少年向更具有购买力的其他年龄阶层蔓延。这些都为电子商务的发展提供了强有力的保障。

● T（technology）——技术环境。以网络购物为代表的电子商务的兴起与发展离不开互联网信息技术的支持，而移动互联的进一步发展更是为电子商务的发展提供了强大的技术支持。云计算、大数据及互联网应用加速，数据营销及现代物流发展成熟，SNS、微博等社会化媒体迅猛发展，这些都为电子商务的发展提供了良好的环境。这些正是电子商务的交易模式区别于传统零售的地方。电子商务体现出更高的效率和便捷性。在电子商务发展初期，难免存在着技术及信任问题，比如网络欺骗、支付诈骗、商品质量的问题。但随着移动互联技术的不断发展，在线支付、网络安全、信用服务等各个领域都不断地取得了一系列的技术突破，并且出现许多更安全、更便捷的新兴电子商务创新服务模式。比如，"支付宝"作为第三方平台的出现就通过"第三方担保交易模式"成功解决了消费者购物时的担忧。随着我国电子商务技术的不断发展与成熟，以及基础设施的不断完善，制约我国电子商务发展的诸多问题都将被逐一解决，电子商务也将会获得更快的发展。

以下将对银泰百货进行SWOT分析，从而进一步揭示出银泰百货发展转变的动力及原因。我们根据银泰百货的发展概况及自身情况，总结出银泰百货的SWOT分析法下的各个项目，具体如表8-13所示。

表8-13　　　　　　　　　银泰百货SWOT分析

项目	内容
优势（strengths）	（1）银泰百货门店地理位置优越，经营业态多样化。银泰百货门店均坐落在当地最繁华的市中心、闹市区，从而保证了银泰百货客流量的稳定。商业集团业务涵盖百货、购物中心、电子商务的业态模式。 （2）投资电商获得丰富经验，2010年投资上线银泰网，具有商品渠道和供应链优势。 （3）雄厚的资本支持，阿里巴巴在2014年以53.7亿元港币对银泰商业进行战略投资，并于2017年发起集团私有化。 （4）强大的技术和平台支持，银泰与阿里巴巴集团深度合作，推出喵街、喵货、喵客等互联网产品，为零售行业及消费者提供"一站式"服务应用。

续表

项目	内容
优势 (strengths)	(5) 具有不断改革创新的管理经验与优秀的管理投资团队。以董事长沈国军先生为代表的睿智的企业管理团队。 (6) 自有物业的优势,在面对物业租金成本下,银泰商业与银泰置地同属银泰集团,在自有物业方面有先天的优势
劣势 (weaknesses)	(1) 相对的无价格优势,银泰百货的百货商场是一种相对传统的销售业态,单个店面的面积一般为 1 000~20 000 平方米。由于走相对高端综合路线,要求对顾客提供相对全面周到的服务,所以劳动的成本也会较高,此外加之银泰集团在地点上的要求、销售品种繁多、内外部管理复杂等问题,很难缩减总成本。 (2) 品牌知名度有限。截至 2016 年,银泰在全国仅有 46 家门店。相对于沃尔玛、乐福企业等缺乏品牌竞争力
机会 (opportunities)	(1) 中国网购市场正在飞速发展,用户对于网购的消费需求也越来越多。 (2) 网购用户规模越来越大。 (3) 消费者追求个性化消费的需求旺盛
威胁 (threats)	(1) B2C、O2O 市场面临着激烈的竞争,像京东、卓越、当当这样的线上公司,还有像国美线上线下结合的零售商。 (2) 线下百货公司竞争同样激烈,都在寻求创新发展模式

资料来源:由作者整理并分析所得。

通过分析银泰百货的优势,劣势,机会和威胁,我们总结出了如下战略:

(1) 对于银泰百货已有的电子商务模块——银泰网,充分利用电子商务打造自己的网上品牌,因为面对传统百货零售的业绩下滑,仅仅有线下实体百货店的品牌是不够的,应充分发挥电子商务优势,提高市场占有率。

(2) 协调线上与线下业务,妥善运营互联网产品,避免实体店与网店、手机客户端价格不一致的情况发生,从而引发消费者不满。

(3) 坚持全业态的发展模式,充分利用资金优势开拓市场。丰富产品的种类,提供更多的货物资源,实现原有业务的深耕细作与新业务的创新发展(见表 8-14)。

表8-14　　　　　　　　银泰百货SWOT战略组合

内部项目	优势（strength）：资金支持雄厚，门店地理位置优越，强大的合作伙伴，自有物业优势	劣势（weakness）：价格不具有竞争力，品牌知名度有待提高
机会（opportunity）：网络购物用户庞大，网购市场前景良好	SO战略：充分利用现有优势抢占市场份额，提高市场占有率	WO战略：完善供应链，降低成本，进一步提高知名度，以获得长期发展
威胁（threats）：B2C、O2O市场竞争激烈，竞争对手众多	ST战略：提高服务质量，创新服务模式，形成具有自身特色的品牌特色	WT战略：着力于现有问题的解决和管理优化

资料来源：由作者整理并分析得到。

总之，银泰百货在传统百货零售业遇到发展瓶颈时，要想取得新增长，除了全业态的发展途径之外，更要注重品牌知名度和品牌特色的塑造。在巩固传统百货、购物中心的优势之外，应该优化与完善电子商务的发展，要想在电子商务领域与天猫、京东这些优势电商比肩，就要明确自己所处的位置，合理制定好规划，发挥自身优势解决问题，抓住机遇应对挑战。在线下实体经营未能提升商品力的前提下，大数据、云计算以及互联网技术终究是工具和手段，现有业务的电子化还要依赖于供应链的打造。

三、研究发现和小结

本章第四节针对电子商务对传统百货商店的影响进行分析，通过实证结果与银泰百货的案例揭示了电子商务对百货商店在一定程度上具有促进作用。实证结果显示，电子商务对百货商店存在积极的正面影响，但这种正向影响的大小较弱。有所不同的是，银泰百货的案例分析表明，银泰百货的战略规划使得其呈现出良好的发展态势。同时，随着银泰向百货、购物中心、电子商务的全业态布局，使其获得了新的增长点。银泰的发展模式对其他百货公司是具有很高的借鉴意义。具体来看：

1. 一般性结论

目前，我国百货业的发展仍处于不成熟阶段，相比于超级市场，仍然存在较大的上升空间。但受整体宏观经济环境的影响，近年来的发展并不理想。由于百货行业的竞争重点在于核心商圈与地理位置的竞争，同时区域经济发展不平衡的特征导致不同商圈之间存在着严重的垄断与割据，因此区域性的百货龙头企业具有鲜明的地域性特点。对致力于全国扩张的大型百货商场而言，如天虹商场、银泰百货等，需要面对不同地区的龙头企业竞争，因此扩张压力较大，需要寻求不同于传统的单纯商圈竞争的方式来进行全国性布局。同时，我国传统百货商场的盈利模式主要以联营模式为主，商场提供营业场所，按扣点盈利，品牌商与代理商承担商品销售的风险，百货商店本身的风险较低，但毛利也较低，这些特征都使得百货商场的核心竞争力局限在商圈位置、品牌招商能力与品牌组合能力等方面。长期以来，品牌联营的收入占我国百货商场总收入的80%~90%，远远高于欧美国家，这也凸显出我国百货商场的自我盈利能力不足。更为严峻的是，网购方式的大肆兴起，进一步挤压着我国百货商场的盈利空间。目前，品牌商更倾向于进驻电商平台而不是实体百货商场，因此，传统百货商场必须要寻求新的发展模式，否则生存空间将越发狭窄。在这种情况下，电子商务的发展给我国百货业发展既带来冲击，也带来了机遇。百货企业可以借机进行电商业务的开展，同时可以向更具有发展优势的购物中心转型。

2. 银泰百货的发展启示

银泰百货作为一家致力于面向全国扩展的百货企业，凭借其雄厚的资金优势强势进军电子商务领域，相继开设银泰网，并在后续过程中不断深化电商业务的发展，同时不断布局全业态的发展模式，在全国范围内建立大型购物中心。银泰拥有强大的资本支持（依托银泰集团），同时又与阿里进行战略合作，从而拥有了其他百货企业没有的巨大优势。在互联网快速发展的时代，唯有不断地进行革新、改变才可能有新的出路，固守旧思维只会被淘汰。从银泰的发展思路出发，我们可以得到适合其他企业发展的一般化建议。

（1）精耕细作，确保客户体验。

互联网改变了人们日常生活的方方面面，就企业自身而言，互联网带来的最大冲击就是思维模式的创新。在互联网思维下，客户为王，产品为核心，客户体验为重心的思维模式是百货企业可以借鉴的。对于短期内无法通过增加资金投入来扩张生产规模的百货企业来说，这种思维模式尤为重要。地区性百货企业面对外来百货企业的竞争时，除去商圈的位置优势，提供优质的客户体验将是其留住客户最为可行的方案。尤其对于定位中高端客户群体的百货商场，单纯的购物消费已经不能满足广大消费者的消费需求，购物体验的升级、客户服务质量的提高才是百货商场的未来突破点。

（2）从百货商场到购物中心。

购物中心具有集购物、娱乐、餐饮于一体的一站式购物体验的特征，在综合经营能力、专业化能力、集客能力上都比百货商场有优势。作为具有商业地产项目本质的购物中心，更是可以整合包括金融、物流、地产、商业在内的整体产业链条。因此，购物中心凭借多元化的优点与极强的商圈辐射能力受到了投资者的青睐。传统百货企业凭借多年的经营经验与多渠道的资金优势向购物中心转型将是未来百货发展的新方向之一。表 8-15 是截至 2013 年底，我国传统零售公司购物中心化进程的表现。

表 8-15　　　　　　传统零售公司购物中心化进程　　　　　　单位：个

公司	门店数	第一家购物中心开业时间	已有购物中心门店数	储备购物中心门店数
银泰商业	34	2009 年	5	6
王府井	29	2011 年	1	4
天虹商场	58	2013 年	1	2
新世界百货	37	2013 年	1	6
友谊股份	43	1999 年	17	6
欧亚集团	16	2000 年	7	6
鄂武商	9	2007 年	2	8
南京中商	8	2010 年	2	7
友阿股份	8	2011 年	1	3
友好集团	10	—	0	3
步步高	24	2009 年	5	7
苏宁集团	3	2010 年	3	19

资料来源：Wind 资讯。

(3) 长期线下线上的全渠道融通。

百货商场在进行购物中心化的进程中，不可忽视的是电商化进程。线下百货商店拥有成熟的经营渠道与众多的品牌合作商，因此由线下突破线上拥有良好的线下渠道与实体店体验优势，尤其是长期形成的品牌效应会使得线上平台更易获得消费者信任。传统百货商店的全渠道融通实现以后，将比一般的电商平台更具优势，能够展现出线上线下相互促进、协调发展的效应。

总而言之，传统百货商店在面临发展瓶颈时，应充分考虑自身优势，借助各种渠道与方法，进行适合自身的发展战略调整与规划。但不论以何种形式提供商品与服务，以何种思维与渠道经营，不变的都是企业赖以生存的基础——高质量的产品品质、深得人心的品牌理念、完善的销售渠道、持续的资金供应、精细的供应链管理以及内部管理能力。

第五节 电子商务影响我国便利商店的实证研究

便利店（convenience store）是一种用来满足消费者应急性、便利性需求的零售业态，由于超市发展过程中的大型化与郊外化，便利店这种能够满足顾客便利购买需求的业态应运而生。随着便利店的发展，以及电子商务的普及，网上便利店作为一种新兴业态也开始流行起来。

在关于电子商务对便利店的影响研究中，如陈静[①]（2014）通过分析提出，连锁便利店目前正遭遇发展的瓶颈期，要想摆脱困境，就必须进行开创性的企业创新——即进行O2O的线上和线下的融合。尚翔[②]（2014）则提出，互联网企业与便利店的融合是互联网企业为了寻求线下合作伙伴实现自身O2O模式转变的一种发展策略。王语睿和马晓梅[③]（2014）对连锁便利O2O模式从构建主题上进行了分类，分成了电商整合实体零售店的模式、实体零售店的线上拓展模式、快递公司的物流网络模式等三种模式，并从O2O模式形成所需要的条件、O2O模式的线上平台建设等角度，分析了连锁便利店转型升级为O2O模式的过程，在对比分析传统零售业和电子商务优缺点的基础上，将两者进行优势互补，提出设计电子商务体验店的见解。

陈思[④]（2013）以电子商务与连锁便利店的关系为基础，提出了O2O的商业模式是适合连锁便利店未来发展的模式，并认为连锁便利店O2O模式的线上线下融合是渐进式的深度合作的过程，不能一蹴而就。最后从四个方面，即融合企业有效信息资源、支付方式、多渠道营销、个性化服务等方面提出了企业发展的诸多建议。庄世军[⑤]（2014）提出了O2O模式下电子商务与连锁便利店融合发展的可能性，即从营销社会化、商品数字化、服务人性化、渠道多样化论证了两者的融合可以带来更加高效、便捷的生活。同时他还提出，可以加强和完善网络信息基础设施建设，通过O2O模式发展增强客户体验感、打造企业的网络品牌等

[①] 陈静：《关于零售企业发展O2O模式的探究——以苏宁云商为例》，载于《企业导报》2014年第1期。
[②] 尚翔：《便利店O2O：且行且珍惜》，载于《销售与市场（评论版）》2014年第9期。
[③] 王语睿、马晓梅：《O2O模式便利店营销模式的嬗变》，载于《中国商贸》2014年第3期。
[④] 陈思：《电商冲击下传统零售业未来的发展方向》，载于《商场现代化》2013年第25期。
[⑤] 庄世军：《传统零售与电子商务共生：O2O模式分析》，载于《现代商业》2014年第18期。

建议。海川[①]（2015）从思维、战略、渠道、支付四个方面给出了连锁便利店采取 O2O 模式发展的意见。陈永遥与王俊[②]（2014）以快客便利店为例，分析了在 O2O 模式转型中，连锁便利店面临的诸多问题，最后得出连锁便利店 O2O 模式在转型过程中应重视的问题——即互联网思维和 O2O 高效闭环等。郑可意，李於可，陶宇鑫等（2016）以红旗连锁店为典型案例，在对红旗超市传统销售模式分析后，得出红旗的优势、劣势、机遇和威胁，最后提出了加快发展红旗连锁超市的有益建议。

一、电子商务影响便利店的实证研究

本节主要是从实证研究的角度考察电子商务对我国便利商店的影响。首先，我们从 Wind 行业资讯金融终端、Choice 金融终端、中国国家统计局等渠道获得 2006～2015 年的便利店连锁零售企业门店总数（个）、便利店连锁零售企业年末零售营业面积（万平方米）、便利店连锁零售企业统一配送商品购进额（亿元）、便利店连锁零售企业商品销售额（亿元）、便利店连锁零售企业年末从业人数（万人）、便利店连锁零售企业商品购进总额（亿元）、网络经济的市场规模（亿元）、网络购物的互联网支付规模份额（%）、B2B 电子商务运营商的营收规模（亿元）、中国名义 GDP 和定基 CPI（2006 年 = 100）等变量数据。

接着，对上述选取的原始数据进行预处理。具体步骤如下：

（1）采用定基 CPI（2006 年 = 100）将销售额、市场总额和中国名义 GDP 等变量的名义值折算成实际值。这里，被解释变量包括便利店连锁零售企业门店总数（个）、便利店连锁零售企业年末零售营业面积（万平方米）、便利店连锁零售企业统一配送商品购进额的实际值（亿元）、便利店连锁零售企业商品销售额的实际值（亿元）、便利店连锁零售企业年末从业人数（万人）、便利店连锁零售企业商品购进总额的实际值（亿元），分别记为 CVS1，CVS2，CVS3，CVS4，CVS5，CVS6。我们采用这些变量来反映我国便利店的发展情况。

（2）采用网络经济的市场规模的实际值（亿元）来反映我国电子商务市场的发展，作为本节的核心解释变量，并记为 EXP1。

（3）网络购物的互联网支付规模份额（%）、B2B 电子商务运营商的营收规

[①] 海川：《传统零售业 O2O 转型困境》，载于《新经济导刊》2015 年第 9 期。

[②] 陈永遥、王俊：《基于电商 O2O 模式在我国零售业的应用分析和探索——以苏宁易购等零售巨头为例》，载于《电子商务》2014 年第 8 期。

模的实际值（亿元），以及中国实际 GDP 是本节的控制变量，分别记为 EXP2，EXP3 和 realgdp。所有变量的描述性统计请参见表 8-16。

表 8-16　　　　　　　所有变量的描述性统计

变量	观测值个数	均值	标准差	最小值	最大值
CVS1	10	14 997.9	1 519.3	13 277	17 675
CVS2	10	135.3	23.5	107.2	184.2
CVS3	9	150.2	38.6	91.3	191.8
CVS4	10	236.9	30.8	188.4	296.5
CVS5	10	8.1	1	6.95	9.79
CVS6	9	201.5	27.3	155.2	242.7
EXP1	10	2 311	2 998	0	8 736.5
EXP2	9	39.9	8.4	24.1	48
EXP3	9	102.5	50.1	39.4	182.1
realgdp	10	378 793	106 155	219 439	524 826

资料来源：作者根据计算所得。

图 8-23 显示，网络经济的市场规模与我国便利店连锁零售企业的门店数量呈正比，即电子商务发展越迅速，网络经济的市场经济规模越大，越有助于提升便利店连锁企业的门店数量。

图 8-24 显示，网络经济的市场规模与便利店连锁零售企业年末零售营业面积之间存在正相关关系，但是这种正相关性比较弱。这一结果也暗示着，我国电子商务的快速发展对于便利店连锁零售企业年末零售营业面积并没有突出的促进作用。

图 8-25 显示，网络经济的市场规模与便利店连锁零售企业统一配送商品购进额之间存在较强的正相关关系。这一结果也暗示着，我国电子商务的快速发展对于便利店连锁零售企业统一配送商品购进额具有积极的促进作用。

图 8-26 显示，网络经济的市场规模与便利店连锁零售企业商品销售额之间存在较强的正相关关系。这一结果也暗示着，我国电子商务的快速发展对于便利店连锁零售企业商品销售额具有积极正面的促进作用。

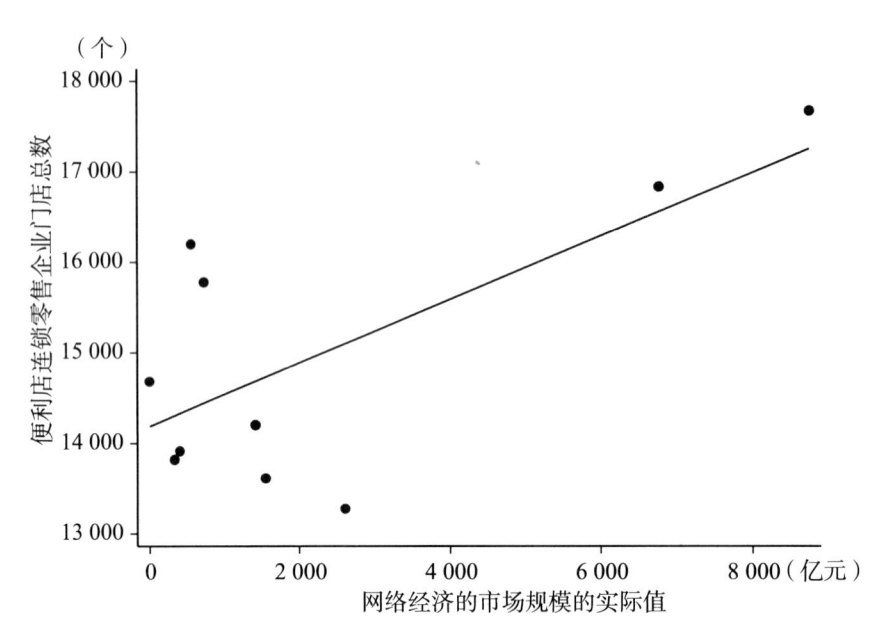

图 8-23 网络经济市场规模与我国便利店企业门店数变化（2006~2015 年）

资料来源：作者根据相关资料整理。

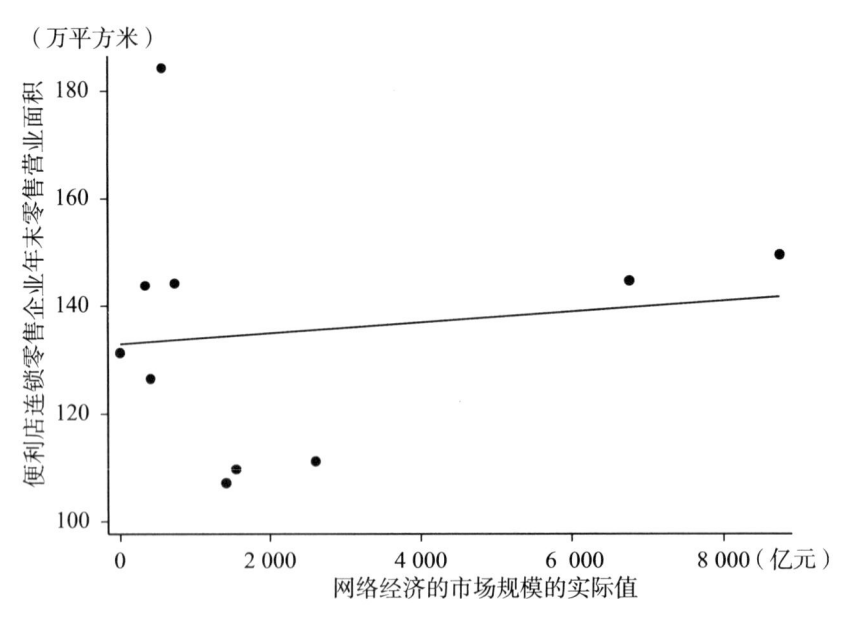

图 8-24 网络经济市场规模与便利店连锁零售企业零售营业面积变化（2006~2015 年）

资料来源：作者根据相关资料整理。

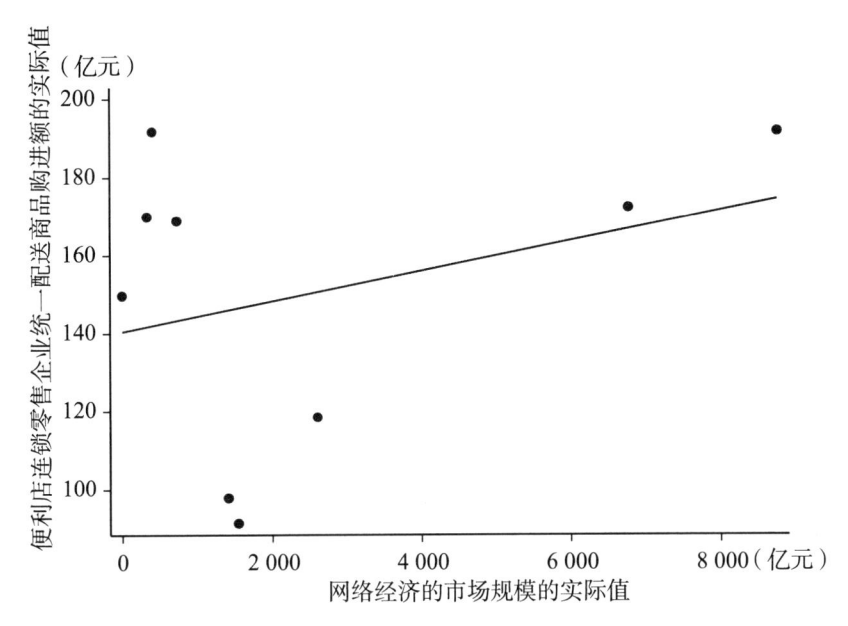

图 8-25　网络经济市场规模与便利店连锁零售企业统一配送
商品购进额变化（2006~2015 年）

资料来源：作者根据相关资料整理。

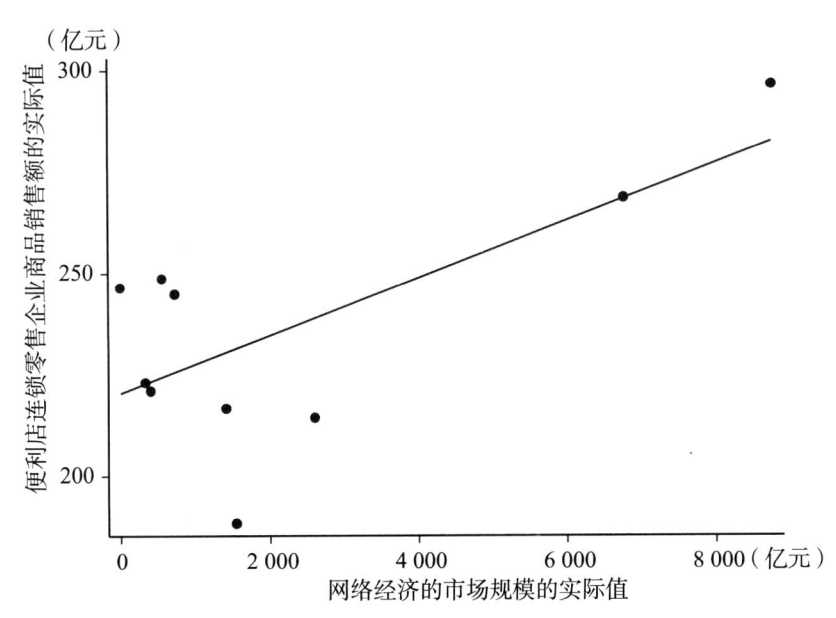

图 8-26　网络经济市场规模与便利店连锁零售企业商品
销售额变化（2006~2015 年）

资料来源：作者根据相关资料整理。

图 8-27 显示，网络经济的市场规模与便利店连锁零售企业年末从业人数之间存在较强的负相关关系。这一结果也暗示着，我国电子商务的快速发展反而会抑制便利店连锁零售企业年末从业人数的增加。

图 8-28 显示，网络经济的市场规模与便利店连锁零售企业商品购进总额之间存在较强的正相关关系。这一结果表明，我国电子商务的快速发展对于便利店连锁零售企业商品购进总额具有正面的促进作用。

为了考察电子商务对我国便利商店发展的影响，我们构建了以下的计量模型：

$$Y_t = \alpha_t \times EXP1_t + x_t \beta_t + u_t \qquad (8.3)$$

这里，Y_t 表示本部分的被解释变量，也就是便利店的发展情况，它包括六个方面，依次是便利店连锁零售企业门店总数（个）、便利店连锁零售企业年末零售营业面积（万平方米）、便利店连锁零售企业统一配送商品购进额的实际值（亿元）、便利店连锁零售企业商品销售额的实际值（亿元）、便利店连锁零售企业年末从业人数（万人）、便利店连锁零售企业商品购进总额的实际值（亿元），分别记为 CVS1，CVS2，CVS3，CVS4，CVS5，CVS6。EXP1 是本课题的核心解释变量，采用网络经济的市场规模的实际值（亿元）来反映我国电子商务市场的发展。x_t 是控制变量，包括网络购物的互联网支付规模份额（%）、B2B 电子商务运营商的营收规模的实际值（亿元），以及中国实际 GDP。u_t 是误差项。

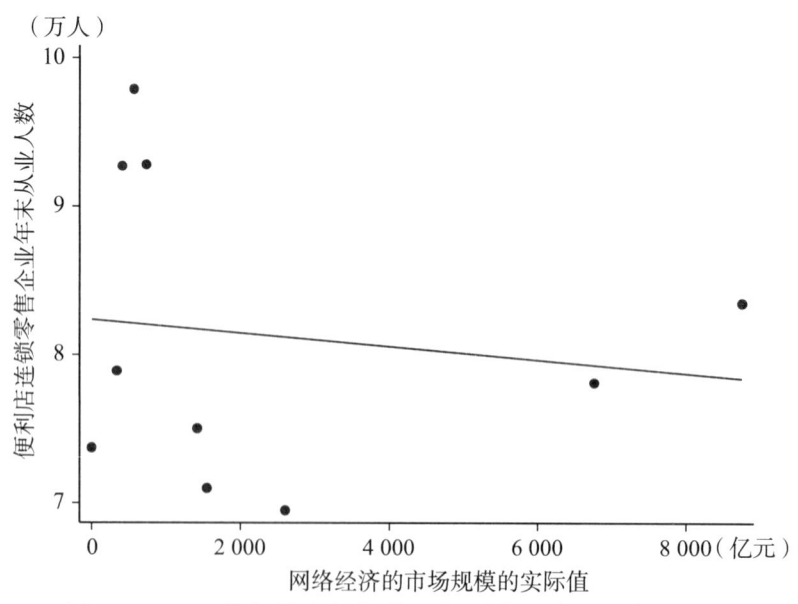

图 8-27　网络经济市场规模与便利店连锁零售企业年末
从业人数变化（2006~2015 年）

资料来源：作者根据相关资料整理。

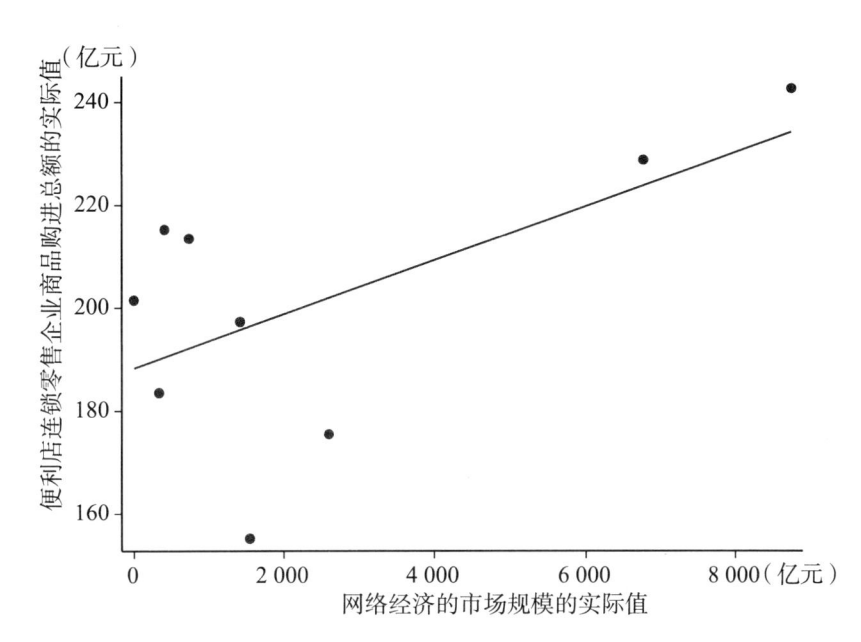

图 8-28　网络经济市场规模与便利店连锁零售企业商品购进
总额变化（2006~2015 年）

资料来源：作者根据相关资料整理。

由表 8-17 可知，电子商务发展对我国便利商店总体上有积极的正面影响。特别是，网络经济的市场规模扩大能够显著促进便利店连锁零售企业门店总数、便利店连锁零售企业商品销售额的实际值、便利店连锁零售企业商品购进总额的实际值增加，其影响大小分别为 0.351、0.007 和 0.005。具体表示为，当网络经济的市场规模增加 1 亿元时，便利店连锁零售企业门店总数增加 0.351 个，便利店连锁零售企业商品销售额的实际值增加 0.007 亿元，便利店连锁零售企业商品购进总额的实际值增加 0.005 亿元。然而，当加入其它控制变量时，上述回归结果都会消失。

表 8-17　　电子商务发展影响我国便利店发展的实证结果

变量	CVS1	CVS2	CVS3	CVS4	CVS5	CVS6
Exp1	0.351** (0.129)	0.001 (0.003)	0.004 (0.004)	0.007** (0.003)	-0.00 (0.00)	0.005* (0.003)
Exp2						
Exp3						
realgdp						

续表

变量	CVS1	CVS2	CVS3	CVS4	CVS5	CVS6
样本量	10	10	9	10	10	9
R^2	0.481	0.017	0.098	0.476	0.018	0.36

变量	CVS1	CVS2	CVS3	CVS4	CVS5	CVS6
Exp1	0.105 (0.34)	−0.003 (0.01)	−0.004 (0.01)	−0.001 (0.00)	−0.00 (0.00)	0.00 (0.00)
Exp2	−189.2 (157.2)	−5.194 (2.7)	−9.53 (3.35)	−4.079 (2.02)	−0.142 (0.07)	−3.87 (2.40)
Exp3	−9.41 (25.1)	−0.05 (0.43)	−0.05 (0.44)	−0.282 (0.32)	−0.008 (0.01)	−0.089 (0.317)
realgdp	−0.01 (0.02)	−0.00 (0.00)	−0.001 (0.00)	0.00 (0.00)	−0.00 (0.00)	−0.00 (0.00)
样本量	8	8	7	8	8	7
R^2	0.671	0.610	0.854	0.837	0.880	0.800

注：*，** 分别表示在10%，5%的显著性水平上显著，括号内为标准差。

二、电子商务影响便利店的案例分析——以联华快客为例[①]

中国市场最早出现的连锁便利店是1992年从日本引入的7-11连锁便利店，此后外资连锁便利店便开始逐步占领中国的零售市场。这种状况一直持续到1997年，在这一年，中国本土品牌的连锁便利店才开始发展起来。虽然，相比外资的连锁便利企业，我国的连锁便利店起步较晚，但随着近年来中国经济的增长与消费结构的改变，中国本土连锁便利店也逐渐实现了标准化、规模化和统一化。尤其发展到现阶段，一直作为传统零售补充业态的便利店却显示出了独特的优势。面对经济下行和电商冲击的双重压力，超市、百货商店等作为传统零售主要业态增速放缓，出现一大批"关店潮"，甚至还出现了"用工量""面积"双下滑的局面。但便利店在互联网时代却"一枝独秀"实现逆势增长，充分显示出其与电子商务互补发展的特征。

由于客户服务体验、产品质量等方面的问题，单纯的电商发展实际上也面临

---

① 本部分案例由作者根据网上公开资料整理。

巨大瓶颈，线上电商需要新的突破点，更需要连接线下实体店。目前，O2O 线上、线下相融合的商业模式刚好为此提供了一种互利共赢的契机，也为连锁便利企业提供了新的发展机遇。联华快客便利作为中国本土连锁便利店中的杰出代表，在与众多外资企业竞争过程中，不断优化发展战略，调整结构，取得了一系列的成功。下面以联华快客为案例，来分析它在互联时代的发展。

联华快客便利超市有限公司成立于 1997 年 11 月 28 日，是我国发展起步较早的连锁便利企业之一，隶属于上海百联（集团）有限公司，是以发展商业零售连锁便利店为目标的专业公司。目前，联华快客网点达到 1 000 多家、其整体规模、销售额和营业利润在同行业中均处于领先地位，是中国本土连锁便利业态中最具实力的公司之一。联华快客便利公司以学生、居民、白领、年轻时尚一族作为目标消费群体，以"我尽力、您方便"为口号，努力做到经营上和超市、大卖场商品经营的差异化，以此突出便利店业态的个性。一般而言，快客便利规模在 60 平方米左右，其中经营 30 个大类，将近 2 000 种商品，在发展过程中不断优化店铺设置，同时推出多种便民服务，增加便民设备，满足消费者多样化、差异化的消费需求，充分体现其便利性。

2003～2016 年，联华快客门店数目的变化反映出该企业的发展历程，具体如表 8-18 所示。

表 8-18　　2007 年 6 月～2016 年 6 月联华快客新开门店变化

时间	联华快客：新开便利店数量—总计（家）	联华快客：新开便利店数量—直营（家）	联华快客：新开便利店数量—加盟（家）
2007 年 6 月	130	5	125
2007 年 12 月	—	—	—
2008 年 6 月	1 959	939	1 020
2008 年 12 月	1 957	—	—
2009 年 6 月	2 026	938	1 088
2009 年 12 月	1 980	—	—
2010 年 6 月	2 026	935	1 091
2010 年 12 月	2 015	934	1 081
2011 年 6 月	2 033	943	1 090
2011 年 12 月	2 014	947	1 067
2012 年 6 月	2 021	958	1 063

续表

时间	联华快客：新开便利店数量—总计（家）	联华快客：新开便利店数量—直营（家）	联华快客：新开便利店数量—加盟（家）
2012 年 12 月	2 031	984	1 047
2013 年 6 月	1 966	957	1 009
2013 年 12 月	1 905	929	976
2014 年 6 月	1 822	887	935
2014 年 12 月	1 719	842	877
2015 年 6 月	1 662	819	843
2015 年 12 月	1 603	817	786
2016 年 6 月	47	15	32

资料来源：Wind 资讯行业数据库。

从表 8-18 可以看出，联华快客在 2007 年 6 月~2016 年 6 月间，除去数据缺失年份以及 2007 年上半年和 2016 年上半年，新开门店总数每半年均远远大于 1 000 家。从 2010 年到 2012 年底，每半年新开门店总数超过 2 000 家。在 2013~2015 年间，每半年新开门店总数也超过 1 600 家。自 2013 年下半年起，每半年新开门店数目有所减少，尤其在 2016 年上半年，新开门店仅有 47 家，造成这一结果的原因有可能与联华快客新的战略调整有关。在 2006 年联华快客直营转加盟后，除去 2015 年下半年，加盟店每年新开数目均大于直营店新开数目，除去数据缺失年份，2008~2013 年上半年实现每半年新开加盟店数大于 1 000 家。加盟店自 2013 年下半年起开始下降，波动幅度稍大于直营店，到 2016 年上半年，加盟新开门店数目骤降至 32 家。

联华快客隶属上海百联集团，也是联华超市股份有限公司旗下三大主要零售业态之一的便利店业态。联华快客在发展过程中得到了上海百联集团充足的资金支持，这为其不断的店铺扩张与升级提供了强大的支持。联华快客至今曾出现过两次重大调整，第一次是 2006 年的直营转加盟店，第二次是 2009 年 "Q + E" 互联网模式的提出。

为了应对便利店盈利能力有限的问题，联华快客在 2006 年做出重大调整，即推出直营店转加盟店。在 2006 年以前，便利店基本都采用直营的形式，但便利店的直营店一半以上都是亏损的。相比于直营店，加盟店的亏损比例则要小得多。在转加盟后，快客便利的加盟店年均关店率不足 5%。联华快客这一直营转加盟的形式不仅提升了整体的盈利水平，而且经过一段时间的探索，快客对加盟店从简单收取加盟费，逐渐发展为加盟商和企业利益分成，最终促使公司总部的管理效率、营销能力不断提升。

2009年，联华快客提出"Q+E"的互联网模式，开始试水互联网发展模式。2010年，快客推出"新概念店"，对原有业务进行升级改造，在商品和服务创新的同时进行经营模式的创新。具体表现为，一方面，与当地经营商、房屋所属的产权方联合经营，形成战略联盟。另一方面，与多家知名餐饮企业形成联合，使得所有企业的优惠信息可以通过店内设立的视惠信息系统查询，消费者可以方便、快捷的获取相关优惠信息，而且也可以通过此系统将优惠券打印出来去相应的餐饮店中消费。这在当时是一个很重要的服务创新。更为重要的是，店内开始设立拉卡拉和ATM取款机的服务则成为联华快客甩掉传统经营的一个重要标志。

2011年，联华快客加快推进店铺布局。当年5月，在四川北路开出了第一家高端店，以国际化便利店的标准与模式进行门店建设，从而形成具有地区特色的快客品牌。快客所推高端店的主要客户群体是学生、青年白领群体，主攻方向是学校型、商务型、流量型的商圈。具体表现为：（1）门店的设计更加国际化，突出强调体验消费的愉悦感和时尚性；（2）商品的经营更具特色，在原有商品的基础上加入更具有个性、时尚和感染力的商品和服务，从而提高消费者个性化的体验以及对店铺的依赖程度。例如：新鲜食品、进口食品的引入更能吸引年轻消费者，而金融理财自助专区的设立则是满足白领的全天候理财需求；（3）门店服务专业化，除了店面内商品的陈列和员工的服务都具有统一的标准和规范外，门店内还增设了许多金融服务项目、免费服务项目以及提供休闲区等增值服务，使消费者在享受到高水准、人性化的服务同时还可以享受到更多增值服务；（4）营销活动市场化，快客高端店的营销活动采用官方微博、企业网站等网络平台与消费者进行互动，注重消费者体验和品牌的推广，从而增加消费者满意度。

总体而言，2011年快客高端店的亮相，代表了其在经营模式上的重大突破，标志着快客正由中端便利市场向高端市场迈进。当然，这也是联华快客坚持"创新驱动、转型发展"的发展战略所致。

本着"做强直营、做大加盟、加快发展高端店"的转型改造计划，继2011年快客高端店亮相之后，联华快客在2012年开始进行全面的门店改造，分别从店铺形象、商品种类结构和增加功能三个方面展开。通过优化门店环境、优化商品种类结构和增加门店内商品和服务的功能来提升门店的服务质量。门店升级改造的效果在2013年与2014年开始显现。快客单店、同店销售额基本都增加30%。

到2015年，快客加快了在全国范围内的扩张，并且把重点放在了特许加盟业务上。在与罗森、7-11等外资便利店的加盟竞争中，更加注重复合型便利店，快客致力于把便利店打造成为一个多元的"集成商"角色，并根据消费者需求的变化迅速调整盈利模式。随着电商和互联网巨头纷纷介入便利店的发展，出现了众多的线上线下企业与便利店的合作及试点案例。在这个过程中，便利店的时间和空间上的优势逐渐显示出来，便利店在时间上是24小时营业，在空间上具有距离近的优势，而空间上的优势是电商发展至今最需要融合的地方，便利店和电商的"抱团"互补也促成了便利店的发展。因此，快客也在做互联网转型，实现线上与线下的合作，并且在转型过程中更加注重客户的体验，把客户体验放在第一位。与此同时，快客致力于用优质商品和服务去回报消费者。首先，在商品上，快客力求把包括进口品牌商品、鲜食商品以及自有品牌商品三个品类都做起来，以突出商品的差异性。其次，快客也正在向餐饮化发展。在这个过程中努力发展自有品牌，希望做出品牌特色与品质。

在前两节我们做了关于超级市场和百货商店在不同阶段的宏观环境的 PEST 分析，这种宏观大环境对于便利店同样适用。但是，由于便利店业态的碎片化和补充业态的特点，我们将从更细致的行业环境来进行分析，主要是借助波特的五力模型进行分析，从而得到联华快客的外部环境特点。并且结合快客的自身特点做出 SWOT 分析，给出针对性建议。

下面将运用波特五力模型分析来探讨联华快客的转型升级之路。波特五力分析模型主要用于行业环境分析，具体包括从同行业潜在竞争者分析、同行业竞争者分析、替代品的替代能力、供应商的讨价还价能力和买方讨价还价能力五个方面对行业中竞争的性质和所具有的潜在利润进行分析，这种分析将有助于深入、系统、透彻地了解和掌握该行业市场上的主要竞争压力以及特性。

（1）潜在竞争者分析。我国便利店行业在经历了很长一段时间的沉寂之后，趁着超级市场和百货行业的不景气，开始形成一股便利店发展热潮。在大卖场发展放缓、电子商务迅猛发展的双重冲击下，便利店显示出强大的生存优势，具体体现在便利店的存活能力强、再生能力强、自我更新能力强。相比于大卖场关闭一家门店的代价，便利店关一家门店、开一家门店对企业的影响小得多。在经历过经营困难的阶段后，国内便利店的发展迎来高速扩张的黄金期。据统计，现在每三天就会有一家新的便利店门店开业，而且每家便利店企业的扩展计划都很庞大。

（2）同行业竞争者分析。由于我国本土的便利连锁企业发展起步晚，便利店市场很长一段时间被先进入的外资企业所占据，如7-11、罗森、全家等，这些外资企业具有比较成熟的经营模式和管理经验，因此更具有竞争优势。在便利店行业的快速扩展过程中，7-11、全家、罗森这些外资便利连锁企业也无一例外都在加大特许加盟的扩展速度。而且在门店形象管理、门店功能一体化管理上，外资便利店比本土便利店都做得好。因此，快客想要在竞争激烈的市场中获得一席之地，就必须基于顾客的需求去改造店铺，提升客户满意度。

（3）替代品的替代能力。由于便利店业态的发展模式吸引了电商加入，从而便利店就开始朝着线上线下融合的方向发展。然而，原来的超级市场和百货商店也开始进行线上线下的整合。因此，不可避免地受到来自纯电商平台相似产品的替代压力，超级市场的互联网化也给便利店发展造成了巨大压力。在互联网和电子商务的发展下，O2O 模式的出现、移动互联技术的应用以及外卖快递的普及，使得很多企业都可以提供与便利店一样的产品和服务。因此，联华快客要想在众多替代品中保持优势就必须坚持差异化的产品和服务。

（4）供应商的讨价还价能力。便利店主要经营商品品类无外乎三种——自有品牌商品、进口品牌商品以及鲜食食品，这些品类中除了自有品牌无需外部供应商之外，进口产品和鲜食食品需要从不同的供应商处取得供货。尤其是便利店涉足餐饮就更需要抓住鲜食商品，如果供应商的商品质量和价格不能得到保证，则会使得便利店无法获得利润。而且在便利店企业不断增加的情况下，供应商拥有更大的选择权去选择服务于不同的便利店，因此供应商具有很强的讨价还价能力。便利店想要获取主动权就必须不断扩大自有品牌，提高自有品牌的认可度，全面打造供应链系统。

（5）买方讨价还价能力。首先，从消费者的偏好角度来看，便利店的消费群体不同于传统的超市和百货商店，主要集中在上班族、学生、年轻一族。便利店之所以受到欢迎与便利店的便利性密切相关。尤其是"80 后""90 后""00 后"消费群体对便利店的认可程度不断提高，他们更注重消费的体验和个性化的需求。"90 后""00 后"都是将来的消费主力，相比于价格优势，他们更愿意花更高的价格去满足个性化需求和享受优质的服务。因此，消费群体和消费观念的这一改变对便利店来说就十分重要，只有抓住年轻消费者的消费行为和习惯，并根据消费者需求去调整模式，才可抓住了便利店发展的未来。其次，从收入的角度来看，随着经济水平的不断提高，收入水平也在相应提高，人们开始拥有选择更高生活质量的机会，因此会更加注重消费体验，这为便利店发展提供了新的契机。

基于五力分析模型我们得出，便利店这种业态具有较大的发展空间。虽然竞争十分激烈，但来自不同消费者的不同需求正给了不同企业做差异化产品和品牌的机会，通过不同的上下游的发展策略和附加服务的提供，从而形成具有自身特色的品牌，从而增加消费者的依赖程度。这对所有的便利店的发展都是适用的。接下来，我们将对联华快客进行 SWOT 分析，通过确定企业自身的竞争优势、竞争劣势、机会和威胁来明确企业进行转型升级的方向。

根据前面对联华快客的概况分析，以及之前的战略调整分析，我们得出联华快客 SWOT 分析法下的各个项目，具体如表 8-19 所示。

393

表 8-19　　　　　　　　　　　　联华快客 SWOT 分析

项目	内容
优势（strengths）	（1）联华快客起步早,是第一批进行便利店经营的本土连锁便利企业连锁企业。 （2）目前连锁门店数量众多,地区范围内分布相对广泛,从上海起步,基本遍布了整个华北和华东地区。 （3）背靠大树好乘凉,联华快客的背后是联华超市股份有限公司,且隶属上海百联集团。 （4）拥有完善可行的发展战略及丰富的转型升级经验,在电子商务的推动下,进行全渠道布局,实施差异化战略
劣势（weaknesses）	（1）品牌知名度有限,相对于外资的连锁便利企业,仍然缺乏知名度。 （2）缺乏全渠道尤其是线上经营的经验,相比于相对成熟的电商企业,联华快客明显的缺乏对线上业务的管理与经营
机会（opportunities）	（1）O2O 的迅速发展与各项技术的逐渐成熟为联华快客向互联网型企业转型提供了技术支持。 （2）消费群体结构与消费观念的改变,更加注重消费体验与便利性
威胁（threats）	（1）竞争对手众多,不仅有本土品牌的不断加入,还有强势外资企业的挤压。 （2）替代品众多,可提供便利化消费和服务的渠道增多

资料来源：由作者整理并分析所得。

通过分析联华快客的优势,劣势,机会和威胁,总结得到如下战略：

（1）联华快客应该继续坚持对门店的升级改造,提供差异化的产品和服务,注重产品品质与顾客体验,打造品牌知名度。

（2）快客便利店应该加快打通线上线下业务,实现线上线下的融合,将全渠道的经营落到实处（见表 8-20）。

表 8-20　　　　　　　　　　　　联华快客 SWOT 战略组合

项目	优势（strength）：起步早、强大的后盾支持、良好的发展战略	劣势（weakness）：品牌知名度有限、缺乏线上经营经验
机会（opportunity）：消费结构改变、O2O 技术成熟	SO 战略：起步早的优势和管理经验,以满足消费者需求为导向进行战略升级	WO 战略：差异化产品与服务,注重品质和服务质量,不断提升品牌知名度

续表

项目	优势（strength）：起步早、强大的后盾支持、良好的发展战略	劣势（weakness）：品牌知名度有限、缺乏线上经营经验
威胁（threats）：竞争对手众多、替代品众多	ST战略：坚持高质量、特色化的产品与服务，形成具有自身特色的品牌	WT战略：引进线上管理的人才，积极开展线上业务，从各个方面提升自身，从而克服自身劣势以应对挑战

资料来源：由作者整理并分析所得。

经过前面的实证分析和案例分析可以看出，便利店存在巨大的发展空间，但便利店连锁企业如何抓住机会来扩展自己的市场占有率，就需要结合自身优势来进行转型升级，该过程既不能固守传统模式（主要依赖产品和服务优化），也不能舍本逐末的去追求纯电商化。归根结底，企业经营的重点还是要落在消费者的体验和消费需求上。便利店只有做到让消费者满意，提高消费者的信赖程度才可能有光明的未来。

三、研究发现和小结

便利店业态因其便利的选址、延长的营业时间、丰富的商品种类等优点可以快速满足消费者的需求，而体量小且密集的分布、针对性强且多样的商品与服务提供使得便利店深受上班族、青年学生等群体的青睐。目前，我国便利店发展仍处于成长阶段，外资便利店正努力进行外延扩张，而我国本土便利店起步晚，生存空间受外资便利店挤压严重，大多仍处于微利状态。便利店在全国范围的发展可以划分为三个区域：北京、上海、深圳等一线城市的成熟区域；以区域经济中心为代表的高速发展区域；包括二三线城市的导入区。国内的便利店区域发展程度如表8-21所示。除相对成熟区域外，其余地区的便利店竞争仍处于抢占渠道阶段，竞争状况与发展阶段相适应，随着电子商务的发展，便利店的竞争模式将更加多样化。

表 8-21　　　　　　　　便利店区域发展状况

便利店 发展区域	地理位置	人均 GDP （万美元）	人口密度 （人/平方公里）	便利店竞争状况/ 发展潜力
相对成熟区	北、上、广、深、成都	1.3	2 146	门店拓展空间收窄，竞争激烈，进入聚客能力、后勤效率和创新能力精细化比拼阶段
高速发展区	36座处于区域经济中心的一级城市	1.07	1 584	市场不断成熟，处于门店高速拓展期，需平衡开店速度与门店培育、后勤管控来保障盈利能力
导入区	184座处于座次区域中心的二线、三线城市	0.56	1 017	部分市场开始成熟，进入便利店对杂货店、超市的替代阶段，选址和培育能力尤为关键

资料来源：Wind 资讯。

由本章第五节的实证研究结果与联华快客的案例分析可以发现，便利店的特性使其可以很好地解决电子商务"最后一公里"的问题，这有助于便利店成为线上大型电商看好的落地平台。不同于超级市场借力电子商务发展的思维与技术，以及百货企业线下向线上突破的融通，便利店的区位分布优势、营业时间优势可以很好的成为大型电商平台突破线下的着力点。实证结果也充分证明了这一点，电子商务的发展对便利店的发展具有积极的正面影响。同时，联华快客的发展也充分证实了电子商务与便利店联合发展的优势及广阔前景。鉴于此，我们对便利商店的发展提出了若干建议，具体如下：

（1）特色经营，打造差异化产品优势。

联华快客作为国内本土便利店，其发展虽不及外资便利店，但在本土企业中仍是佼佼者，因此相对于外资企业的经营经验，联华快客的发展路径对本土企业而言更具有借鉴性。便利店的消费群体偏年轻化，个性化的诉求较强烈，因此便利店就需要在提供一般商品与服务的同时加强个性服务的提供，以更人性化和高质量的服务赢得较高的客户黏性，提高复购率。

（2）加强与电商企业合作，实现双赢。

电子商务在我国经历了飞速发展阶段，从 B2B、B2C 等一系列形式再到 O2O

模式，电商的发展也正面临瓶颈。电商的落地需求、超市发展的乏力使得便利店终于迎来了全新的机遇。

线上订单，线下体验的消费模式能够最大化消费者购买的便利性，在生活节奏日益加快的今天，这一优势深受广大消费者喜爱。因此，O2O 的全渠道模式必然是未来零售发展的方向，尤其是移动互联技术的成熟更是使得这种趋势被进一步坐实。电商平台借助便利店可以最大程度的满足消费者需求，无论是线上购买、线下实体店取货或者享受服务，还是到实体店选好商品，通过线上下单预定，都可以轻松实现。大型电商平台一般具有资金实力雄厚、供应链体系成熟与完善、强大的技术支持等优势，因而可以为便利店提供资金、供应链渠道、技术上的诸多支持。同时，便利店大多分布在人群密集地区，营业时间长与商品种类丰富这两大优势就可以解决电商平台的配送、无法满足客户体验等不足。因此，两者如果能够实现全方位合作，实现优势互补，那么将会大大降低成本，提高运营效率，最终使得消费者体验得到大幅提升。

总之，电子商务的发展无疑会促进我国便利店行业的发展，然而在两者融合初期仍存在许多问题，无论是技术革新还是新模式的适用，都需要经过不断的完善与改进。我国的便利店行业本身还不太成熟，在全国范围内的分布网点具有不平衡性。同时，国内电商平台竞争激烈，线上线下的模式也尚不成熟，因此电商平台与便利店的融合仍有很漫长的路要走。

第九章

跨境电子商务对国际贸易的影响

跨境电子商务是一种新型贸易方式和新型业态，2014年被很多业内人士称为跨境进口电商元年。跨境电子商务对缓解贸易失衡、外贸出口企业长期处于产业链低端、长期的服务贸易逆差等对外贸易困境带来了良好的发展机遇。目前，从运营模式来看，跨境进口零售电商可划分为垂直自营类、综合平台类和综合自营类、垂直平台类四种类型。跨境电商未来的发展极具潜力。

第一节 跨境电子商务及对治理体系的挑战

本节试图从政府角度立意并分析当前我国在跨境电商监管领域的认识，创新以及不足。本节共分为三部分：第一部分介绍2008年经济危机后跨境电商的迅速崛起，正因为其正在成长为我国经济增速的重要支柱，因此对于跨境电商的监管就显得愈发重要；第二部分介绍了国内跨境电商监管方面的现状，提及了当前跨境电商监管方面的创新；第三部分阐释了当前监管领域的不足之处。

一、跨境电商成为贸易的新增长点

跨境电子商务（以下简称"跨境电商"），这一国际商业活动近几年来取得了惊人的跨越式发展。据海关总署数据显示，2016年我国外贸进出口总值达到

24.33 万亿元人民币，同比增速下降 0.9%，其中出口总值 13.84 万亿元人民币，同比增速下降 2.0%，进口总值 10.49 万亿元人民币，同比增速上升 0.6%，与此同时，2016 年我国跨境电商市场交易规模达到了 6.5 万亿元人民币，占外贸进出口比例的 26.72%，较 2015 年相比上升 4.72 个百分点，我国跨境电商交易规模增速始终保持在 20% 以上。以上数据显示，自 2008 年经济危机以来，我国传统贸易市场不断萎缩的趋势愈发明显，而与这种情况形成鲜明对比的是跨境电商产业发展，跨境电商产业总趋势不断向好，现已成为创新驱动发展战略的重要引擎和大众创业、万众创新理念实现的重要渠道。对内而言，跨境电商能够增加居民收入、提高就业率，从外部来看，还为我国贸易产业开辟了崭新的市场空间，为提升国家贸易地位、国际贸易话语权以及发展中国经济都带来了新的动力。

这种趋势印证了我国经济形势正在进入"新常态"，即在国内的三大产业生产领域逐步进入信息化时代的大背景下，我国各项产业亟待转型的现实国情。在当前的情形下，跨境电商的蓬勃发展势头必然会与传统低效的监管体系产生矛盾，如果这些矛盾得不到妥善解决，就会对经济稳定增长、产业转型升级产生不利影响，因此完善跨境电商监管体系，适应当前跨境电商的高速发展现状势在必行。

以国际视角看我国的跨境电商发展状况，相对于欧美国家，我国跨境电商起步虽晚但发展迅速，增长幅度居世界前列，与欧美国家相比主要的差距体现在技术层面、物流运作层面及产品服务方面，如何通过完善监管体系来提高产品质量、厂商服务态度以弥补与发达国家之间的差距，在激烈的国际贸易竞争中平稳完成产业升级，也就成为政府必须直面的问题。

（一）2014：跨境电商元年

2014 年被称为中国跨境电子商务发展的元年。元年并不是指跨境电子商务仅从 2014 年开始发展。事实上，进入 21 世纪以来，我国跨境电子商务就开始方兴未艾。2003~2006 年是我国电子商务发展的萌芽期，2007~2013 年是我国电子商务发展的成型期，2013 年以后，跨境电子商务的基础设施：跨境物流体系已经基本建立完成，以物流体系为核心的跨境电商生态圈正在逐步形成。2014 年"双十一"前，亚马逊中国宣布开通海外六大站点直邮中国服务，高调推出"海外购"，国外商品直采供应国内市场；"双十一"期间，阿里巴巴也高调公布了进军全球的市场战略，联合旗下天猫国际、淘宝海外、速卖通这三个平台首次亮相；之后，包括京东、苏宁、聚美优品、唯品会、一号店、顺丰优选在内的国内电商纷纷推出海外购物渠道和有关服务，中国跨境电子商务正式进入快速发展时期。

跨境电子商务的发展和相关政策的调整是不无关系的。2014年9月12日，国务院印发的《物流业发展中长期规划（2014~2020年）》中，提出要积极推动国际物流发展，完善物流基础设施建设，加强边境贸易的发展，形成国际贸易一体化。实现国内企业"走出去"与全球业务相对接，实现全球贸易。此外，开展电子商务物流工程建设，结合推进跨境贸易电子商务试点，完善一批快递转运中心。这一规划的提出为我国跨境电子商务物流业发展奠定了良好的基础。

从2014年当年来看，跨境电商平台主打两种模式：一是"订单未动、物流先行"的备货模式，二是订单产生后再发货的集货模式。其中，备货模式的跨境电子商务对于参与企业的实力提出了较高要求。对于此类企业而言，保税区、自贸区的仓储中转必不可少，因为货品单一，需要进行大数据分析以确定最优存储量，如果货物堆积太多达不到预期销量，则损失更为惨重。此外，备货模式的跨境电子商务还存在商检过程相对复杂等问题。与之相对的，大多数跨境电商企业都选择运营成本相对较低、对企业自身资质要求不高的集货模式。这一模式要求企业有效布局海外仓、边境仓，同时合理规避国内外相应的法律法规限制。随着时间的发展，这两种不同的发展模式也继续保持了各自的比较优势，并在发展过程中表现出相互融合、相互学习的发展特征。

2014年的跨境电商的发展在"高歌猛进"之外也遇到了一些突出问题。这些问题集中体现在三个方面。第一，末端物流亟待完善。原来传统贸易是以时间换空间，但现在随着跨境贸易的即时化、动态化、碎片化，电商已经跑在了前面，对物流提出的要求却不总是能得到满足。第二，平台资源有待整合。随着跨境电子商务的兴起，诞生了一批中小型新兴企业，其中超过90%的企业整体在国内，在国外并没有相应的仓库及稳定货源，呈现野蛮生长的状态。这一状态无疑是不可维持的。第三，文化差异也有待消融。无论是在产品、服务还是物流上，跨境电子商务都存在国内外接轨难题，在跨境电商刚刚起步的前几年尤为突出。

回顾2014年我国的跨境电子商务发展，可以发现，尽管我国的对外贸易整体速度缓慢，但我国的跨境电子商务业务却在快速发展，如果按照这个增长速度，在不久的将来，跨境电商将成为未来贸易的枢纽，越来越多的传统企业开始重视跨境电子商务业务。根据海关总署数据，从2013年7月到2014年底，将近30亿元用于中国跨境电子商务试点，有10亿元用于进口业务。在出口方面，截至2014年12月底，上海、重庆、杭州等16个城市先后开展出口业务，累计验放清单3 823.5万份，出口到181个国家和地区，价值约20.4亿元。我国跨境电子商务发展开局良好，前景广阔。

（二）2015～2016年跨境电商发展

进入 2015 年，跨境电商面临初步洗牌。通过 2014 年的发展，跨境电子商务的商业模式更加合理，商品轮转更加规范，商品品类结构更加丰富。PayPal 和国际市场研究机构 Ipsos 联合发布的《第二届全球跨境贸易调查报告》中称，2015 年，有 35% 的中国网购消费者有过"海淘"经历。换句话说，三个网购者中就有一个人尝试过海淘。跨境电商的商品品类结构，已经从 2014 年到 2015 年年初的单一品类重点品牌为主，逐步在向多品类，多重点，甚至无重点的阶段过渡。

2015 年 4 月 28 日的国务院常务会议上提出，从降低进口关税、增设口岸进境免税店等五个方面部署完善消费品进出口相关政策，丰富国内消费者购物选择，并要求"有关部门抓紧拿出具体方案"，以"消费升级"和"中国品牌走向世界"为抓手，完善税收改革，营造良好的进出口氛围。鼓励发展面向"一带一路"沿线国家的电子商务合作，扩大跨境电子商务综合试点，建立政府、企业、专家等各个层面的对话机制，发起和主导电子商务多边合作。

除了政策上的直接支持外，"互联网+"对跨境电子商务起了很重要的作用。"互联网+外贸=跨境电商"是电子商务领域的恒等式。在国际市场整体需求不振的大背景下（2014 年我国对外贸易进出口总值仅增长 2.3%），跨境电子商务成为为数不多的亮点。"互联网+外贸"不仅能有效节约交易时间，节省交易成本，而且打破国外企业在渠道上的垄断，在一定程度上开拓营销渠道，为我国企业创建品牌以及提升品牌的知名度提供及其有效的途径，尤其是给一些小企业创造更大更新的发展空间。

在商业模式方面，跨境电商 B2B 模式将长期占主导地位，发展越来越成熟，行业发展格局越来越稳定。跨境电商 B2C 模式受降低交易成本、满足消费者个性化需求的驱动，以及互联网技术、物流支付环节的支持，近年来迎来较大成长空间，但总体规模受限。

2016 年是我国跨境电子商务高速发展的一年。2014～2015 年的跨境电商基本发展趋势得到了维持和加强，同时呈现出了一些新的特征。

2016 年 3 月 23 日，为加快电子商务物流发展，提升电子商务水平，根据国务院《物流业发展中长期规划（2014～2020 年）》，商务部、发展改革委、交通运输部、海关总署、国家邮政局、国家标准委制定了《全国电子商务物流发展专项规划（2016～2020 年）》（以下简称"新规划"），其中对于跨境电子商务的发展提出了新的愿景。2016 年 10 月 24 日商务部、中央网信办和国家发改委发布的《电子商务"十三五"发展规划》中，提出要让跨境电子商务成为外贸增长新动力。为了发展跨境电子商务，需要推进跨境电子商务综合试验区建设，积极参与电子商务国际规则制定，完善跨境电子商务产业链。这一规划为我国在"十三五"期间建立电子商务基础行动纲领，明确电子商务未来发展方向起了很大的作用。

根据《2016年度中国电子商务市场数据监测报告》，2016年中国跨境电商的交易量为6.7万亿元，同比增长24%。并且，2016年中国跨境电商的交易模式跨境电商B2B交易占比高达88.7%，可见，B2B交易占主导地位，跨境电商B2C交易占比则比较小，为11.3%，B2B交易仍占绝对主体，但是差距有所缩小，主要原因是订单越来越碎片化和建立的中后端供应链，越来越多的消费者已经开始直接从海外供应商购买商品。此外，2016年我国跨境电子商务还出现了一些新的趋势。例如，跨境支付业务异军突起。目前，跨境支付主要包括两个方面："跨境收结汇"主要服务于大陆境内的外贸（出口）企业，面向境外合作企业进行人民币/外币资金结算、结账收款入境。"跨境购付汇"主要服务于大陆境内的外贸（进口）企业，向境外企业进行人民币/外币资金清算、结账打款出境使用，也可为实名认证过的个人用户在电商网站购买商品的订单付款。这两类业务在2016年都保持了很高的增长速度。

（三）2017年跨境电商发展的新亮点

在当今的互联网环境下，国际上的贸易形势正在不断变化，跨境电子商务已经是一种新型的贸易方式，已在全球范围内蓬勃发展。我国的跨境电子商务也呈现出多边化、直接化、小批量、高频度、数字化这些特征。传统的跨境贸易主要是两国之间的双边贸易，呈线状结构。我国跨境电子商务特征的直接化则是指跨境电商贸易比起传统国际上贸易，更直接，效率更高。而且跨境电子商务的单笔订单大多为小批量的，比传统贸易的大批量交易灵活很多。此外，跨境电子商务比起传统的国际贸易也存在很多问题，比如在税收方面存在潜在隐患。

根据2017年前半年跨境电子商务的发展情况，我们总结出当前跨境电商发展的五大新亮点。

1. 全球性、多边化

与传统的交易方式相比，电子商务的一个重要特征是无边界交易，传统交换的损失具有地理因素，但电子商务可以克服这一损失。互联网用户可以向市场提交产品，特别是高附加值产品和服务，而不必考虑跨境。网络全球特征的积极影响是信息的最大共享。负面影响是用户必须面对文化、政治和法律上的差异。跨境电子商务可以通过一国的交易平台，实现贸易往来的信息、物流、现金流等，逐渐从传统的双边贸易走向多边贸易，实现网状结构，重新构建了新的世界经济秩序。与互联网相连的跨境电子商务也具有全球性和分散的特点。

但是，远程交易同时带来了相应的缺点，那就是税收问题。税收权力只能严格的在一国范围内实施，网络的这种特性为税务机关对超越一国的在线交易行使税收管辖权带来了困难。从 2014 年开始，我国政府就一直积极试图在跨境电子商务税收上寻求国际合作，但是目前来看进展比较缓慢。各国政府在对跨境电子商务的税收管辖上都更多的关注本国如何能够获得更多的税款，合作困难较大。

2. 效率高、小批量

电子商务由于其在线上交易的特点，具有高效和小批量的优势。高效是因为电子商务需要的进出口环节相对传统交易要少很多，节省时间，同时成本也相对较低，从而效率高；电子商务的小批量特点也源自其线上交易的特点，可以进行大量的小批量交易。

跨境电商通过电子商务交易和服务平台实现跨国公司、企业和终端消费者之间的直接交易，由于是单个企业之间或单个企业与单个消费者之间的交易，相对于传统贸易而言，大多是小批量，甚至是单件。而且一般是即时按需采购、销售和消费，相对于传统贸易而言，交易的次数和频率高。

3. 无形性、匿名性

与传统的贸易交易相比，电子商务通过线上网上交易，一切通过数字化的形式运行，这导致了电子商务具有无形性和匿名性的特点。电子商务是数字传播活动的一种特殊形式。它的无形性使税务机关难以控制和检查零售商的销售活动。税务机关面临的交易记录都以数据编码的形式体现，因此税务核查人员不能准确计算销售和利润，导致税务困难。

在虚拟社会中，身份的隐藏很快导致了自由和责任的不对称。这里的人们可以享有最大的自由，但只承担最小的责任，甚至逃避责任。由于跨境电子商务的非集中性和全球性质，很难识别电子商务用户的身份和地理位置。网上交易的消费者通常不显示他们的真实身份和地理位置，这一点很重要，这并不影响交易，网络的匿名也允许消费者这样做。

2017 年 5 月，勒索病毒"Wannacry"肆虐全球，黑客通过锁定电脑文件来勒索用户交赎金，而且只收电子货币比特币，主要原因就是比特币的线上交易是各国监管机构都难以直接控制或追踪的，成为黑客获得收益和洗钱的天然渠道。这个案例就是去中心化的电子商务带来额外的交易风险的一个突出例子。

4. 即时性、无纸化

与传统的交易相比，电子商务线上交易的特点使电子商务具有即时性，网速大大快于现行的任何交通速度，信息的发送和接收可以在瞬间进行。此外，电子商务主要采取无纸化操作的形式，是电子商务交易的主要特征。在电子商务中，电子计算机通信记录取代了一系列基于纸张的交易文件。用户发送或接收电子信息无纸化的负面影响是将信息从纸上的限制中获取，但由于许多传统法律的规范都是基于"基于纸的交易"的规范，无纸化导致了一定程度的法律混乱

5. 快速演进

基于互联网的电子商务活动也在快速变化的过程中。在短短几十年的时间里，电子商务经历了从 EDI 到电子商务零售的过程。数字产品和服务也不断改变着人类的生活。跨境电商交易规模持续扩大，扩大了中国进出口贸易的比重。互联网是一个新生事物，在这个阶段它仍然处于一个非常年轻的时代，对网络设施的未来发展和相应的软件协议有着巨大的不确定性。

二、跨境电商监管国内现状

我国为了探索跨境电商监管模式的完善方向、创新监管制度，从实践角度出发，陆续建立了上海、重庆、杭州、宁波、郑州、广州、深圳、天津、福州、平潭等 10 个跨境电商试点城市；2015 年 3 月 7 日，国务院又设立中国（杭州）跨境电商综合试验区；在 2016 年 1 月 6 日，国务院常务会议决定在宁波、天津、上海、重庆、合肥、郑州、广州、成都、大连、青岛、深圳、苏州这 12 个城市新设一批跨境电商综合试验区，以探索新监管模式、为外贸发展提供新支撑。以这些地区、城市为切入点，试点先行，探索经验并形成模式，并计划逐步推向全国。可以说从宏观看，目前我国的这种监管主要由试点负责、极富特色的监管模式，可以被称为试点模式。

而在具体监管制度的探索上，国内也围绕提高通关效率、改进监督质量、便利化交易中金融法律程序、创新物流方案等几个维度，做出了以下几点具体改进。

（一）构建"单一窗口"综合服务体系

针对跨境电商通关、检验检疫、结汇、缴进口税等环节可能出现的漏检、职责不明、信息不畅等各种问题，监管部门目前开始着手构建"单一窗口"综合服务体系来提升效率。以天津上海两个试点城市为例，上海市在 2013 年 12 月，推出了"跨境通"跨境电商平台。加强了海关、质检各部门合作，有利于各部门针对跨境电商的特点，制定具有针对性的质检和报关计划。天津市则于 2016 年 3 月建立了一个多系统对接、多层数据交换的信息化管理和服务平台，2016 年 6 月底又切入海关总署同一版本（中国电子口岸）运行。至此各信息平台间实现互联互通，从监管层实现了信息接口的互通，同时还提供了对电商、支付、物流、仓储、报关等相关的企业信息接口对接，大力支持产业发展，为跨境交易提供更加

便利化的监管与服务。

（二）"大通关"货物监管模式

针对传统通关过程中流程烦琐效率低的特点，众多跨境电商实验试点也开始着手进行简化申报审批流程、提高通关效率的工作。以上海自贸区新政为例，上海自贸区围绕提升通关效率这一目标，在报关环节推行先进区、后报关制度来简化报关手续、提高物流效率，并且创新采用"多票一报"的申报方式，扩大企业申报自主权，减少中间环节提高通关效率；在区内货物流通环节，实行区内货物自行运输制度，既优化区内物流效率同时有效降低企业成本负担；在通关监管环节采用货物监管前移模式、通关作业随附单证简化制度、批量报关制度、集中纳税制度、智能化卡口验放管理制度，综合细化这些举措，上海自由贸易区成功开创了"大通关"这一概念，从而有效提高效率，减少审批程序和办事环节，为口岸各方建立了方便快捷有效的协调机制，真正实现"快进快出"的目标。

（三）结汇金融服务创新

跨境电商产业的迅猛发展在对传统通关监管体系造成冲击的同时，由于其自身高度信息化的特点还对传统的支付体系提出了新的挑战。杭州综合实验区正着手构建新金融服务体系[①]，为此已分别与建设银行、中国银行等六家银行签订战略合作协议，在依托大数据分析的技术背景下，共同推进跨境电商金融服务创新。在各类跨境电商的外汇收支渠道已打通的同时，杭州已有3家电子支付公司开展跨境外汇支付试点，单笔交易金额也提高至5万美元。根据政府公告，在未来，跨境支付和收付汇还会进一步便利化，单笔交易限额将会提高，而银行间跨境外币清算成本也将更加合理。

（四）税收新政

2016年3月24日，财政部发布了《关于跨境电子商务零售进口税收政策的通知》，至此电商税改拉开序幕。此后政府又经过多次调研，跨境电商新政中诺干政策被给予了一年缓冲期，为电商行业的调整提供了更多的时间。从目前结果看，尽管电商新政略显仓促且有许多不合理之处，但是不失为跨境电商监管领域

[①] 杨夏悦：《跨境电商发展的现状、机遇与挑战——以杭州跨境电子商务综合试验区发展为例》，载于《黑龙江科技信息》2016年第18期，第294~295页。

的一次大胆创新试错[①]。

(五) 物流方案创新

为了解决跨境电商中存在的物流问题,相关部门先后提出了保税备货、海外直邮、海外转运和国内现货等创新物流方式,其中保税备货模式最受交易双方青睐,国家海关通过设立专门的保税仓库用于保存保税货物及其他未办结海关手续货物的仓库,这样的措施可以有效加快物流速度降低成本提高透明度。目前,国内从事保税备货模式的"5+2试点"分别为上海、杭州、郑州、重庆、宁波、广州、深圳七个主要城市。目前,阿里、京东、苏宁等国内主流电商都已经采用保税备货模式。在2015年9月,国家海关总署又出台了《关于加强跨境电子商务网络保税进口监管工作的函》,进一步对相关试点城市及试点工作进行了规范。

三、跨境电商发展存在的问题

当前监管下出现的种种问题可以拆分为两个部分,即电商本身带来的贸易碎片化问题以及跨境贸易中出现的跨境支付、结汇、法律、信用等问题,二者相互纠集造成了当前监管体系上的一系列漏洞,具体表现为:

(一) 贸易碎片化带来的问题

跨境电商的问题源自信息技术打破了传统的贸易生态链,与传统外贸中大额订单、批量多、批次少、货品种类单一的特点相比,跨境电商中小订单、小包裹、定制化、去中间商化、反向补贴政策等种种新趋势,使得贸易变得更加碎片化,这种碎片化就对多部门联合监管带来了新的挑战,而就目前我国的监管举措看还有很大漏洞与不足。

首先,是跨境电商交易中商品的种类大大丰富的问题,因为跨境电商中的商品是以个人消费品的角色通关的,品类十分丰富,而面对如此繁多的监管种类,单一部门往往力不从心。譬如在时下热门的跨境商品品类中,既包含了母婴用品,电子产品,高端奢侈品,化妆品这类常见的日常用品又包含生物制品、药品等等不常见的商品,且即便是同种商品,因为跨境电商产品定制化的特点,往往

---

① 章君:《跨境电子商务零售进口税收政策解读》,载于《财会通讯》2016年第22期,第97~98页。

形态功能也具有较大的差别①。在这其中母婴用品、药品等需要食品药品监督管理局进行监测而生物制品由于其可能对生态环境产生的不利影响又需要生态环境的相关部门监测，有些保健品则由于其具有的复合属性而处于食品与药品之间的灰色地带，这就意味着仅靠单一部门必然会使如此丰富种类的产品检测产生疏漏，对于这些商品的检验，往往需要食品药品、税务、卫生安全、环境保护等多部门联合监管，而就目前的情形看，这种协同监管的有效机制尚未形成。

其次，之所以多部门多层次的联合监管体系难以形成，客观上也是因为国内大数据技术的相对欠缺，各个试点之间还没有形成一个统一信息共享平台。这一方面是因为试点管理的碎片化，另一方面是因为各部门自身的统计口径、数据标准不一致，各部门基础信息标准以及接口规范的不一致的后果，一是降低监管效率，增大联合监管的难度；二是给违禁商品交易以可乘之机，危险的违禁商品可以通过拆分隐藏、伪装在大量的普通商品中进行交易，针对这个现象，单单靠传统的人力监管明显心有余而力不足，这就要求监管部门大规模利用大数据技术对海量的商品种类进行分类筛查及对可能的风险进行评估，而就目前监管技术水平看，这个要求明显是不达标的；三是使跨境电商参与主体难以适从，买家卖家在错综复杂的申报要求下往往不知如何正确的申报审批自己的商品，错误的申报信息又进一步加剧了监管上的难度，这就造成了监管上的一种恶性循环。

再次，由于跨境电商中的商品多是个人消费品，这类商品有对通关速度和通关效率的较高要求，这种要求明显与传统低效的"事中监管"模式相矛盾。在贸易碎片化的时代背景下，如果还是坚持在事中监管，只会极大的拖累跨境贸易的发展速度，不利于我国外贸产业的高速发展，对实体经济也会产生不利影响，这对于跨境电商的进一步发展而言是极为不利的，从这个角度看，上海自贸区的大通关理念可以说是很先进的。

最后，目前国内监管还是以政府为主导，没有充分利用市场上"看不见的手"即其自身的监管调节作用。未来随着电商贸易的发展，由于商品的定制化，贸易碎片化会愈加严重，如果仅仅只是依靠政府主导下的监管，而没有合理的第三方监管机制存在，就意味着没有正确认识社会主义市场经济中市场的关键作用，也就无法形成包含市场因素在内的多层次的综合监管体系，这对跨境电子商务的发展是极为不利的。

（二）互联网背景下跨境支付、结汇存在风险

跨境电商由于是建立在信息平台上，缺少实体，因而具有隐秘度高、不透明

---

① 赵滨元：《中国跨境电子商务发展及政府监管问题研究——以小额跨境网购为例》，载于《改革与战略》2017年第1期，第133~135页。

度高等特点，这就带来了众多支付、结汇风险。首先，在支付风险上，由于跨境交易中企业之间的大额资金支付通常是以网上银行作为支付渠道，交易金额较大，有可能对银行带来流动性风险[1]；其次，第三方电子支付平台在长期的支付服务中会累积大量流动资金，这些沉积的资金得不到妥善的监管会对交易双方造成大量损失，有必要对其加强资金监管；最后，是来自网络安全因素的影响，由于黑客以及其他犯罪分子的存在及互联网本身隐匿性的特点，跨境电子支付中互联网或银行支付网络都要承担因为可能的非法网络攻击而遭受损失的风险，近年来社会上也频发因信息安全事故财产受到侵害的案例，有银行身份认证漏洞造成的，也有因交易信息泄露出现的电子诈骗的，不过究其原因还是信息安全方面的监管不足。因此，安全性成为跨境电子支付关注的重要问题，防范风险，在交易中防止欺骗，加强监管是电子支付服务监管的重要内容。

在结汇风险上，由于网络的私密性等问题，跨境电商可以通过开设多个个人账户变相提高额度、利用国内个别地区不限制结汇额度的特殊外汇政策、通过地下外汇中介处理这三个手段违规结汇。据统计，我国跨境电商企业中约有30%～60%的资金以非正规渠道解决[2]。这种情况要求相关部门采取相关措施进行优化和便利化结汇监管。

（三）税收制度创新问题

首先，通常情况下，传统贸易企业往往要承担并缴纳大量税负，包括进出口关税、增值税以及后续的一系列税负，而由于跨境电商在缴纳水平上要明显低于传统外贸企业。在这样的情况下跨境电商的商品价格就低于传统外贸，也就使得其具有更大的盈利空间，这在一定程度上挤占了传统实体进口市场，因而会导致大量的传统对外贸易企业纷纷转型进入跨境电商产业。在缺乏合理税收制度引导的情况下，大量企业的进入竞争会使行业体系变得混乱不堪，乱象丛生，部分企业甚至出现为了短期利益、侵吞市场份额、垄断市场而大打价格战、降低商品质量甚至制假贩假的恶劣情况。因而合理的税制改革可以限制市场的不良发展，保证行业整体的稳定持续增长。

其次，在认识到税收制度改革的重要性时，也要兼顾税制改革的公平合理。税制改革并不是要通过重税来限制跨境电商这一新兴行业的发展，对于跨境电商产业来说，由于较少的中间环节故其高效率、高利润率相对于传统外贸产业而言

---

[1] 穆承刚：《我国小额跨境电子商务模式研究》，上海社会科学院，2014年。
[2] 来有为：《中国跨境电子商务发展形态、障碍性因素及其下一步》，载于《改革》2014年第5期，第68~74页。

具有天然性。税制改革切不可通过重税抹杀这种更高效的外贸方式，而是要通过税收引导市场走向更加合理规范的发展道路上。

（四）相关法律规章有待完善

要想建立一套合理的监管制度体系，首先就需要出台相关的法律法规，使交易主体做到有法可依。但由于目前《中华人民共和国电子商务法》尚在草案阶段，在这种情况下，出现了电商相关监管法律在法律体系中层次较低，监管权配置模糊以及跨境监管法律合作有待建设的问题。首先，目前有关电子支付的相关规定的制定大多数由中国人民银行负责，其法律效力与电子支付服务中的风险相比，不能有效地解决实际问题，而监管权规定的模糊不清往往导致多部门都有监管权，致使多个部委监管混乱甚至监管权配置模糊，比如中国人民银行、商务部、银监会、工业和信息化部等，无法形成有效的风险管控监督体系。而对第三方支付平台服务主体的监管方面的相关法律制度也不完善，第三方支付平台行为得不到有效的法律约束。其次，在相关税法方面，跨境电商中，确定纳税义务人和税款征收的方法很困难。我国现行的关税税收法规与跨境电商发展的这种不匹配，标志着传统的税收规定早已不能满足跨境电商发展需要，而新的税政改革尚在试行阶段还需要相当的时间进行调整。最后，跨国法律协调机制尚未形成，由于跨境电商交易往往涉及多个国家的买家与卖家，发生争端时，买家卖家该使用哪国法律捍卫自身权利，这在跨境电商监管法律发面尚属灰色地带，还需要相关部门在国际上的协调。

另一个需要特别注意的法律问题是跨境知识产权问题，这不仅仅是境内电子商务行业需要面对的问题，也是我国在产业升级阶段亟待突破解决的问题。我国作为传统工业国，与发达国家相比，技术相对落后且在知识产权方面的重视程度不足，在传统商品领域就充斥着大量低端的仿制廉价商品。而在电商市场上由于很多企业缺乏产品定位，企业往往竞相模仿热销的低技术商品，在恶性竞争环境下，大量的低附加值、质量不高、无品牌的假货仿品充斥着跨境电商市场。而这种行为极易在商业环境良好且法律体系较为完善的发达国家引起知识产权纠纷，在中国日益对外开放、全球化趋势加剧的今天，面对激烈的贸易竞争，如果由于前述的法律问题而导致我国贸易地位的下滑明显得不偿失了，因此，政府需要专门出台知识产权保护法规范跨境电商平台。

（五）跨国信用问题

跨境电商相对于国内电商而言，一方面由于跨境交易中不同国家、不同文化间价值观、文化认同感之间的差异，另一方面由于电子交易中其不透明度高，隐秘度高的特点，买卖双方信息常常存在严重的不对称现象因而引发市场资源配置扭曲。首先，买方无法通过卖方网上图片展示和文字描述了解商品的真实质量，卖方也可以通过在第三方平台刷信誉、恶意刷单等方法使得买方很难对卖方的信用以及售后做出准确的判断；其次，卖家难以对国外顾客的资信水平做出判断，买家可以用信用卡支付而在收到货物后撤回资金，或以各种理由拒绝收货，甚至退货时换货使得卖家陷入钱货两空的困境①；最后，跨境零售产品产地来源广、批次多、批量少造成监管部门难以集中检测，这也使得商品的质量很难保障。这些买卖双方互相不信任，互相坑害对方的现象发生的背后原因，一方面是还没有公开统一的对买卖双方的身份认证、资质审查、信用评价方面的监管平台，我国信用体系建设起步较晚，已公布的《企业信息公示暂行条例》也仅仅是对近期境内企业信用记录进行公示，而未能将企业跨境交易信息予以公示，并且也缺少对于买方购买行为的监督管制措施；另一方面是目前世界上的法律法规难以对跨国侵权行为进行追缴，当交易纠纷或侵权行为发生时，维权方究竟应该适用哪国的法律进行维权，以什么样的标准进行追缴，这方面显然需要贸易各国的同力协商才有可能解决。

（六）跨境电商人才教育问题

一方面，由于跨境电商较低的进入门槛、贸易碎片化的影响，大量的非专业从事海外贸易的个人进入到跨境电商行业中，与传统贸易行业的相关专业人士相比，这些人对于相关通关材料的审批、申报流程并不熟悉，对电商平台的使用也缺乏规范，导致监管效率的严重下滑，政府应该考虑是否应当设立相关的教育机构对这方面的相关人员进行培训甚至是鼓励第三方企业进入提供相关的服务，此外有大量的相关从业人员也需要进行再教育。

另一方面，与国内电商不同，跨境电商需要面对来自世界各地的交易主体，加上电子商务本身涉及的在线支付、物流、计算机网络等方面的知识，所以，一个优秀的跨境电商从业者需要掌握繁多的相关知识技能。而目前国内高校这类复合型人才培养的专业并不多，少数培训机构往往是第三方出于商业目的设立的，以机构盈利为目标，难以满足人才市场的需求的同时，不规范的培养方案以及恶性竞争也破坏了市场秩序，难以为跨境电商发展提供高素质人才②。

综上所述，由于我国目前监管尚处于试点模式下，国内的监管创新主要集中

---

① 吴青：《大数据背景下跨境电子商务信用评价体系构建》，载于《商业经济研究》2017年第6期，第62~64页。

② 王莉莎：《"互联网+"时代下跨境电商人才培养模式探讨——以广东外语外贸大学继续教育学院为例》，载于《亚太教育》2016年第32期，第203~204页。

在通关方面；在多部门联合监管上，由于大数据建设上的欠缺而没有形成统一的信息接口和统计口径，国内各试点的海关、商检、税务、外汇等部门的数据并不是共享的，对于跨境电商参与主体的注册备案管理、行政许可管理、日常监管、稽查执法、信用评定的信息平台建设也并不全面；在法律规章上，国家间消费维权协调协商机制还有待建立，知识产权保护方面的相关法律法规应该进一步完善；在跨境支付上，跨境支付系统还存在很大的漏洞，需要监管的不只是买家卖家行为，更应该监管支付平台的行为；在信用体系建设上还没有建立第三方跨国鉴证机构对境外电商平台实施信誉认证体系，建设商品质量监管体系、国际贸易风险预警防控体系；而在人才培养上，亟待政府出台相对应的措施提高跨境电商参与主体的素质。

第二节　电子商务影响对外贸易发展的理论机制

目前，跨境电商与进出口贸易方向的研究很多，现有文献主要集中在两个方面：一方面主要论述我国跨境电商的发展方向和未来趋势，另一方面则主要从实证角度来分析跨境电商对进出口贸易的影响，下面则从电子商务推动我国企业提高国际化水平、跨境电子商务加快我国经济转型升级和跨境电子商务对外贸中本地市场效应的影响展开论述。

一、电子商务推动我国企业提高国际化水平的机制

企业国际化是指全世界的企业的生产经营活动一体化的过程。在此过程中，电子商务将促进对外贸易，刺激企业研发、生产、销售以及售后服务的一体化。

电子商务将潜在改变商业运营中所涉及的各个环节。电子商务能够从以下几个方面促进企业开展国际化业务。

第一，有助于企业打开海外市场，拉拢消费者。在企业产品第一次进入国外市场时，产品知名度与影响度往往较低，如果凭借传统渠道推广产品往往困难而且成本较高。在 B2C 模式下，国外消费者能够通过线上交易平台直接对产品信息进行全面的了解，能够通过与自己实际需求及喜好匹配的类型直接进行选择。电子商务降低了跨国贸易之中可能存在的差异与隔阂，如实体店面往往涉及受众人数与类型的不同，而线上交易平台则不存在自然地理中地域的隔阂，通过目前已经相当普及的互联网这个开放的平台将产品推广到所有潜在客户面前。互联网

平台的高度整合性将企业希望表达的内容以统一简洁的形式展现出来，而避免了线下传统推广模式中可能出现的文化差异与沟通不畅所导致的市场流失。电子商务信息交换流畅，这一点还有助于企业与当地企业之间进行战略性联盟，共享资源与信息，从而接触到更多的消费者。总而言之，电子商务将企业产品以符合时代潮流发展方向的方式展现在了国外消费者面前，在全球消费总体呈现出线上消费比例稳步攀升的情况下，电子商务是最适合企业打开海外市场，进而开展国际化业务的方式。

第二，有助于节约海外运营成本，提升企业营业利润。电子商务平台上消费者对产品的评价能够使企业第一时间了解产品的质量水平程度，进而相应的调整供应链的供给状况，提高供应链的供货效率。不仅如此，企业内部各部门之间的信息化水平提升同样能够大幅度提升管理效率，增进企业各业务部门之间的信息交换与业务学习能力。电子商务平台能够为TQM（全面质量管理）的引入，以及国际化业务中面临的BPR（业务流程再造）活动提供优势。一些行业，如物流、航空行业，通过引进自助服务既降低了人力资源成本，又提升了服务客户的速度与质量。传统销售方式中跨境业务往往会引入本地经销商来推进业务在当地的推广，而电子商务平台能够省去中间商，使得企业直接面对消费者，这样不仅消除了中间商赚差价积压的利润空间，更使得企业获取当地客户资源，建立与客户之间的亲密关系，更好地利用信息资源进行产品服务的销售。这些供给、管理、销售水平的提升都有助于降低企业的成本，提升利润水平。

第三，有助于提高企业海外服务水平与创新能力。企业与海外消费者之间本身就可能存在交流上的屏障，传统营销方式与售后方式更难以提供完整的服务。企业通过电子商务平台能够清晰迅速地得到消费者对产品的反馈情况，进而快速反应进行相应的售后服务与交流。无论是B2B还是B2C两种模式当中的哪种，企业都能够凭借电子商务的反馈情况对销售对象进行相应的服务，从而减少了传统销售模式当中售后服务低效不及时的缺点。比如在物流行业、零售行业、航空行业中，电子商务几乎已经成为必不可缺的服务保障，物流行业要求企业对物件进行实时跟踪，零售行业要求企业对价格横向比较与纵向比较完整地呈现在消费者面前，航空行业要求航班信息及时更新，而这些行业又恰恰是国际化业务比重较大的。在线下销售模式当中，通过纸质问卷方式提取消费者满意情况得到的信息量极少，市场调研方式下产品换代速度往往低于消费者需求，厂商与消费者之间的关系是脱节的。利用互联网的即时性与数据库的信息能力，企业能够更好的分析出相应市场的产品需求，进行开拓性的产品开发。通过电子商务平台企业能够形成与海外消费者的良性沟通，提高海外服务水平与创新能力。

未来我国企业通过电子商务开展国际化需要做出以下调整。

第一，加强品牌建设，提高品牌知名度。我国国有企业往往利用自身雄厚的资本兼并收购国外企业从而试图达到开拓海外业务的目的，而结果往往事与愿违。在 2017 年全球最具价值品牌 500 强里，中国大型国企排名远远低于其营收规模在世界 500 强中的排名地位。开展国际化业务不能依靠于企业在国内的垄断地位，加强品牌建设是打开国际市场的好办法。而我国民营企业，尤其是 BAT 这样大型的知名互联网企业能够利用互联网中带来的品牌知名度更好的开展国际化业务。电子商务平台下的产品信息不像书面介绍中具有详尽的参数，消费者往往更加信任品牌及其信誉度与评价而不是产品本身的质量特点。在通过电子商务开展国际化业务的过程当中，我国企业应该利用目前流行的新型传播媒介推广品牌，通过品牌这一强大的形象更好地推广产品。

第二，实施本土化战略，推行多元文化管理。开展国际化业务要求跨国企业不再是简单的单向的管理组织结构，全新的复杂业务必然要求企业引入本地人才进行适应与重建。成功的跨国公司，如苹果在中国的 90% 员工都是中国人，本土化战略无疑会促进企业更好的适应不同的市场。电子商务平台下的国际业务往往也面临着陌生的互联网环境，本地人才能够更好地处理线上销售过程中可能存在的问题纠纷与相关的法律政策差异。电子商务平台化运营的过程中企业会面对陌生的互联网环境与具有不同文化背景的员工组成，要求企业改进管理和销售过程背后的文化构建，推行多元化的文化管理。

第三，改进企业理念，提升创新能力。我国企业在 2001 年中国加入 WTO 后才逐步有机会进入海外市场，国际化业务能力较薄弱，经验不足。在技术水平对经济增长的贡献逐渐超越劳动力的国际趋势下，中国企业应该逐渐更新自身的企业理念，摆脱中国作为"世界工厂"的陈旧形象。在发达国家与发展中国家企业开展国际化业务的优势比较当中，前者通过专利技术与邻近资本市场获取了大量海外市场的份额，而后者往往只能凭借自身低廉的劳动力逐渐进入其他国家的市场。我国企业应该运用电子商务平台这一目前尚无垄断性实力存在的平台通过自身产品的创新来吸引国内消费者。另外，我国企业在开展国际化业务的过程当中应当淡化国别差异，建立跨国大企业的包容形象，在海外市场吸收具有不同文化背景与审美标准的消费者。电子平台下的国际化业务还要求企业引进新型复合型人才，兼具信息化能力、商务能力与国际交流能力的专业人才才能够符合企业在新业务中的复杂要求。

二、跨境电子商务加快我国经济转型升级的机制

跨境电子商务虽然发展迅速，但总体而言仍然还处于初期阶段。如何具体落

实现行实施的政策，这些跨境电商如何运用这些政策和措施，最终形成一个具有国际竞争力的跨境电商发展模式，有待检验。由于这个问题的复杂性，中国跨境电商的发展还没有形成一个相对成熟的发展模式，类似于国内电子商务。未来还会发生许多变化。为此，本书将系统地研究、设计和规划跨境电子商务的发展，并解决长期困扰我国外贸发展的各种困难和问题：

（1）贸易不平衡。长期出口导向型政策导致严重的贸易失衡，这引发了频繁的国际贸易摩擦。他们不仅造成了大量的贸易顺差，而且积累了大量的美元外汇储备，对国家的经济利益和经济安全构成了威胁。与此同时，人民币国际化也很困难。

（2）外贸出口企业长期处于产业链低端，拥有大量的贴牌（OEM）和加工企业。外国进口商和分销商拥有更大的定价能力，并在产业链中获得了绝大多数利润。其结果是，我国不仅没有盈利，而且还消耗了更多的国内资源，并造成严重的环境问题。

（3）长期的服务贸易逆差也是长期存在于我国对外贸易中的重要问题。

同时，跨境电子商务将带来良好的发展机遇：

（1）服务贸易将迅速增长。一方面，电子商务平台的配套和配套电子商务服务将从国外转移到国外。另一方面，其他领域的服务贸易（如信息内容服务和文化创意产业）也将得到快速发展。

（2）全球统一的互联网使我们的产品能够直接接触到世界各地的消费者。中国物美价廉的产品将极大地增强外国消费者的购买欲望。与此同时，跨境电商也将扩大国内消费者的购买选择，从而刺激我国跨境电子商务的快速发展。随着我国国内电子商务环境的不断成熟和我国各项推广政策的实施，我国对外贸易将增加新的稳定力量。

（3）跨境电子商务将帮助国内产品和服务企业减少国外进口和分销环节，获得更高的利润。同时，也为国内制造企业摆脱OEM困境，打造自有品牌提供了可行的解决方案。

三、跨境电子商务对外贸中本地市场效应的影响机制

国内电子商务的发展为本国企业带来了效率上的提升，进而增强了产品与服务竞争力，由于存在规模经济，国内电子商务的扩大会使得单位产品与服务的成本降低，从而使得国内企业获得出口竞争力。因此，在一国拥有较大的国内市场规模并获得产品的出口能力时，该国对外贸易持续发展的动力除无法改变的天然要素禀赋优势之外还包括基于规模经济的本地市场效应。

在新经济地理理论的范畴里，通过不完全竞争和规模报酬递增将市场规模和产业结构、贸易模式联系在一起。电子商务的发展在国内有利于打破地方保护主义与国内贸易壁垒，创造较大的国内统一市场，国内统一市场的规模将促进本国企业或产业的竞争力提升。

由于本地市场效应的存在，企业为降低成本，在选择投资的过程中将倾向于规模较大的市场。在规模报酬递增的情况下，企业将通过不断增加投资的方式获得规模经济，并且在满足本地市场需求的情况下还将满足周边规模较小的市场需求，从而使市场规模较大的国家成为净出口国。

传统理论中对于交易成本和运输成本的假设往往较为严格。如果放松对两国运输成本的限制条件，本地市场效应将产生变化。研究将对电子商务将降低交易成本，加强信息交流，并讨论在放松运输和交易成本的限制条件下，电子商务对本地市场效应所产生的作用。

电子商务对于本地市场效应的提升主要有以下几个方面。

第一，扩大国内需求。中国出口贸易长期比较优势来源是低廉的劳动力，即所谓的"人口红利"。在劳动力成本逐渐上升的情况下，以及面临欧美发达国家以不正当竞争为由进行贸易制裁的打击下，运用低廉的劳动力进行国际市场的竞争已经不能再作为中国长期发展的前景。在本地市场效应框架下，国内需求的增加在规模经济的影响下将使得制造成本的降低大于贸易成本的增加从而给企业带来利润。在中国网民数量、国内电子商务交易量稳步增加的背景下，电子商务平台能够运用信息技术的便捷性与购买过程的个性化服务扩大国内市场空间，增加国内消费者购买的动力。国内需求的扩大能够促进企业引入投资与加强供应链效率，综合利用规模经济效应的好处促进国际化业务的开展，电子商务平台的利用无疑能够给跨国企业带来本地市场效应的优势，利用内生动力使我国由"引进外资—扩大出口—拉动发展"的发展模式向"内需开发—吸引外资—拉动发展"的模式转变。

第二，降低交易成本。本地市场效应中对出口的增加部分体现在交易成本的降低上。在国内外需求同时存在的情况下，通过信息技术的便利与人工成本的降低，如物流行业与航空行业中自助服务的普及使得交易成本大幅度减少。总之，电子商务平台的引进，一方面能够降低国内交易成本，从而扩大国内需求量，进一步扩大制造成本的降低程度；另一方面在海外市场的交易过程减少交易成本。交易成本的降低能够给跨国企业带来本地市场效应中的成本增加量减少，促进企业的发展。

第三，加强信息交流。电子商务平台加强信息交流体现在多个方面：促进企业与消费者之间的互动从而加强本地市场的运营与保障，促进企业与供应链之间的互动通过提升产品质量与创新程度从而加强本地消费者对产品的满意程度与忠诚度，促进企业内部管理结构之间的信息交流以及生产过程当中的信息交换从而促进本地效应中规模经济的假设。电子商务平台带给企业的信息化销售、管理、生产模式，改善企业的生产结构、消费者结构与市场策略，通过促进规模经济的实现与国内需求的改善增加带动企业的发展。

第三节　跨境电商如何影响进出口贸易的实证研究

跨境电商无疑对进出口贸易有着十分深远的影响。首先，跨境电商是进出口贸易的一个有机组成部分。其次，跨境电子商务能够在很大程度上跨越传统进出口贸易所面临的现实壁垒。在本节中，我们将根据实际情况结合已有文献分别从进口和出口的角度对跨境电商对进出口贸易的影响机制进行梳理。

本节实证研究了跨境电子商务和综合电子商务分别如何影响进出口贸易。回归结果显示，无论是跨境电商还是一体化电子商务，都对出口贸易和进出口贸易有显著的拉动作用。相比之下，跨境电商对进口贸易的发展有显著的积极影响。综合电子商务对于进口贸易的解释力不强。回归结果显示，促进跨境电子商务的发展能够有效拉动我国进出口贸易增长。

一、跨境电商对进出口贸易的影响机制

目前，有大量的文献从实证角度分析了跨境电商对进出口贸易的影响，不同的文章运用不同的数据，不同的计量方法从不同的角度探究了跨境电商对进出口贸易的影响。

例如，郑红明（2016）运用单位根检验、格兰杰检验、协整关系检验、ARCH模型及向量自回归模型等方法实证分析了跨境电商对我国进出口贸易的影响，并利用计量经济学中的一些方法和模型分析了跨境电商发展与我国进出口贸易的长期均衡关系，最后作者提出了相关的政策建议：要加强跨境电子商务法制建设和基础设施建设，改善跨境电商信用环境，以及积极推进技术创新和模式创新。

李子、杨坚争（2014）则采用理论模型与实证分析相结合的方法，研究了中国跨境电子商务发展对进出口贸易及贸易周期的影响。首先，文章以不完全竞争市场为基础，建立电子商务环境下的国际贸易市场模型，说明了电子商务的发展会影响一国的进出口贸易额。同时运用实证分析方法，通过协整分析方法，找出

跨境电商发展与进出口之间的关系，进一步建立 ARCH 模型和向量自回归模型。分析了电子商务发展对贸易周期波动的影响。他们的研究表明，跨境电商发展与进出口贸易之间存在长期的均衡关系。跨境电商的发展可以增加进出口贸易的波动性。

茹玉骢、李燕（2014）通过电子商务在梅利茨（Melitz，2003）模型中的引入，讨论了电子商务对异构企业出口行为的影响。理论模型表明，电子商务的发展促进了中国企业的边际出口扩张和边际出口的增长。这种贸易促进的规模效应与企业的生产效率和规模呈正相关。摘要利用我国世界银行制造业企业的微观调查数据，对其主要结论进行了检验，并结合广义趋势评分匹配的剂量响应函数，对其进行了处理。研究结果表明：（1）电子商务不仅促进了中国企业出口密集型边缘化的增长，而且促进了企业出口边际增长的扩大，而对扩大边缘化的边际效应降低；（2）电子商务的使用在一定程度上缓解了"生产率悖论"的现象在我国低效企业的出口，也就是说，激励更多高质量的国内企业参与出口市场，而电子商务的使用增加了企业出口规模的重要性；（3）具体地说，电子商务的利用对外资企业的出口促进作用比国内企业和民营企业对国有企业的促进作用更大。对于大型企业来说，企业的推广力度要大于小型企业。

张环宇（2013）发现电子商务对国际贸易的主要影响是电子商务对国际消费偏好的差异化。中小企业市场是由电子商务虚拟市场提供的。国际贸易职能角色的生产者和消费者的变化。电子商务带来的国际贸易创新方式主要集中在贸易、载体、手段、法规等方面。

冯志豪、蔡筱霞（2016）则以宁波商圈为对象分析电子商务对贸易的影响。文章首先分析了宁波进出口贸易的现状，然后剖析了跨境电商对宁波商圈进出口贸易的影响，发现电子商务降低了企业成本、改变了进出口贸易的经营主体和交易方式，以及改善了外贸企业的经营管理模式，同时作者提出了宁波商圈在进出口贸易中存在国际电子商务知识缺乏、物流配送滞后、支付安全性不足、专业人才紧缺和营销水平落后等问题，最后提出了宁波商圈利用跨境电子商务推动进出口贸易的相关对策，要争取更多的政府支持，也要自身不断优化和完善管理。

李柏杏、潘开灵（2016）以 Cournot Duopoly 模型为基础，通过纳什均衡的求解分析了电子商务对一国进出口总量的影响。通过将电子商务发展与我国对外贸易发展进行对比，以及运用协整理论和格兰杰检验方法等实证分析了电子商务对进出口贸易的影响，得出了跨境电子商务与对外贸易间存在长期的正向影响关系的结论，并通过二者相互影响的弹性系数计算，进一步确定了两者之间的具体关联程度。最后就未来跨境电子商务的发展方向提出了建议。

在先前研究者研究的基础上，本书致力于考察跨境电子商务对我国进出口贸易的影响，分别从案例和实证的角度展开分析，得出比较有说服力的结论。

（一）跨境电商对出口贸易的影响机制

我国出口企业长期处于外贸出口企业产业链低端，过去赖以发展的低劳动力成本等比较优势已经荡然无存。从理论上讲，跨境电商的迅速发展能够为我国出口贸易破局乃至经济整体复苏提供有利支持。具体看来，跨境电商对于出口贸易的影响可以概括为以下四个方面。

第一，跨境电子商务拓展了出口贸易企业的目标市场。对于出口贸易企业来说，跨境电子商务约等于开放的全球市场。跨境电子商务的基础形式是海外仓，海外仓保证了中国出口企业在海外能够保证充足的产品供给，是中国出口企业在海外立足的基础。跨境电子商务高阶形式是全球零售，在解决商品问题之后解决知识产权问题，实现中国品牌在海外立足。对于出口贸易企业来说，跨境电子商务允许他们在相对成本较低的情况下参与全球竞争，带来了极大的发展机遇。

第二，跨境电子商务为出口贸易企业提供了全球市场动向的关键信息。全球化构建了一个完整的全球市场，在这个市场中最重要的就是信息的获取和吸收。经验研究表明，仅仅依靠传统贸易提供的市场信息的出口企业，对于市场风向的反应总是滞后的。跨境电子商务将能有效缩短这一滞后期。国外消费者的消费行为变化，将通过跨境电商数据直接被出口贸易企业吸收，允许这些企业在最短时间内调整自己的经营策略和产品布局，既不错过关键商机，同时又能对于市场变化做出迅速调整。

第三，跨境电子商务允许国内出口贸易企业和产业链同级或上下游企业开展跨国合作。我国出口贸易企业面临的一个突出问题是长期位于产业链低端。同时，由于在贸易对话中其处于劣势地位，出口企业向产业链上级升级面临较大困难。通过跨境电子商务，国内出口企业能够与国外企业开展线上合作，更好的发挥自身优势，实现国际产业链、供应链的深度融合，合理规避传统贸易中十分突出的监管和税收难题，撬动贸易格局，成为全球化时代下的新蓝海。

第四，跨境电子商务对于服务贸易出口企业有很强的拉动作用。服务贸易出口一项是我国出口贸易的传统弱项。中国的服务贸易需要更多地和借助跨境电子商务平台，采取"干中学"的发展方式，以提升服务质量为优先目标，结合"一带一路"倡议规划的发展契机，加快建立网络渠道品牌，增加信息技术服务出口，重塑中国的贸易生态圈。

（二）跨境电商对进口贸易的影响机制

跨境电子商务对于进口的影响更多的集中在居民消费上。目前我国正处于经济结构转型期，居民消费正在逐渐成为我国经济增长的主要动力，对于 GDP 增速的贡献不断提高，中国消费者也逐渐成为全球最重要的消费群体之一。跨境电商的蓬勃发展对于中国消费市场打入了一针强心剂。具体说来，跨境消费者对于进口贸易的影响集中在以下三点。

第一，跨境电子商务拓展了消费者的选择空间。相对于传统进口贸易，跨境电子商务的发展为消费者提供了更加快速便捷的消费体验，通过网上购物平台和直营网站直接购买沟外商品，方便快捷的物流体系让消费者几乎不用等待就可以消费到国外的优质商品，对于进口贸易的迅速增长有很强的促进作用。

第二，跨境电子商务降低了消费者的购物成本。和传统进出口贸易相比，跨境电子商务减少了国内销售渠道等多项成本，辅以完善便捷的跨境物流体系，极大的降低了"海淘"的成本。随着"互联网+"的不断发展，国内消费者可以轻松比较同一种商品不同销售渠道下的价格和质量，极大的降低了消费国外产品的难度。

第三，跨境电子商务提高了消费品市场的监管难度。目前，对于跨境电子商务的行政监管尚处探索阶段。跨境电商发展迅速，经营模式也在创新的过程中，但是对这一新领域的监管，工商部门仍在不断探索之中，也存在着监管不力的问题。目前，对于跨国电商进口的监管协调机制尚未建立。海关、商检、工商等部门仍只是在各自范围内开展监管工作，未能建立有效协作机制。

（三）模型构建与实证研究

本节主要关注跨境电商对进出口贸易的影响。影响进出口贸易的因素有很多，若直接作进出口贸易量对跨境电商交易额的简单回归，则极容易受到遗漏变量的影响，因而产生巨大的偏误。因此，本书控制了其他可能影响进出口贸易的因素，以减少回归结果中的偏误。其中，国民总收入 GDP 体现了经济发展水平，对外贸易情况受到的影响会随着 GDP 变化而变化；汇率也会影响进出口交易量，此外，第三产业比重对我国进出口贸易也有不可忽视的重要影响。利用外资 FDI 也可以促进我国对外贸易的发展，一般表现为直接用于进口；最后，居民物价指数 CPI 对进出口贸易也有相当大的影响。高的物价指数将会导致出口商品成本上升，会有反向影响的作用。

上述变量的数据来源于两个方面，其中进出口贸易量和其他控制变量来源于《中国统计年鉴》，跨境电子商务交易额数据来源于《中国电子商务市场数据检测报告》，时间跨度为 2008~2015 年。其中，汇率数据为中美、中欧、中日、中港汇率加权平均后的结果。

本节采用的实证模型具体如表 9-1 所示：

$$Y = \beta_1 \times etrade + \beta_2 \times + exchangerate + \beta_3 \times prothird + \beta_4 \times fdi$$
$$+ \beta_5 \times cpi + \beta_6 \times gdp + \varepsilon$$

其中，Y 为进口量或出口量，etrade 为跨境电子商务贸易量，gdp 为国民生产总值，exchangerate 为汇率，prothird 为第三产业比重，fdi 为外商直接投资，cpi 为居民消费价格指数，ε 则为误差项。在回归具体过程中，对全部变量取自然对数，于是回归系数衡量了变量之间的弹性关系。

具体回归结果如表 9-1 所示。

表 9-1　　　　　　跨境电子商务和进出口贸易的回归结果

被解释变量	(1)	(2)	(3)	(4)	(5)	(6)
	进出口总额		出口额		进口额	
跨境电商交易额	0.258*** (0.067)	0.491*** (0.002)	0.271*** (0.054)	0.522 (0.189)	0.242** (0.085)	0.473 (0.242)
GDP		0.563*** (0.004)		0.017 (0.301)		1.239 (0.385)
第三产业比重		-9.932*** (0.023)		-8.946 (1.929)		-11.291 (2.463)
外商直接投资		0.323*** (0.003)		0.470 (0.236)		0.106 (0.302)
CPI		-2.532** (0.021)		-1.527 (1.736)		-3.870 (2.216)
汇率		-3.940** (0.015)		-4.050 (1.217)		-3.853 (1.554)

注：**，*** 分别表示在 5%，1% 的显著性水平上显著，括号内为标准误。

第一列是进出口总额对跨境电商交易额进行截面回归后得到的结果，从中可以看到，两者关系显著为正，跨境电商交易额每增加 1%，进出口总额增加 0.258%，这说明跨境电商对于进出口贸易有很强的拉动作用；第二列是控制了其他变量后的回归，可以看到两者关系依然显著，同时系数变大，说明跨境电商的拉动作用更强，控制变量的系数也全都显著，这也印证了前面的猜想。

第三列~第六列则是分别针对出口额和进口额的回归，从表中可以发现，跨境电商交易额对出口额与进口额具有较强的正向影响，两者系数大小与第一列系数接近，说明跨境电商对进口和出口有同样的拉动作用。在控制了其他变量后，结果显示，两者系数均不在显著，但依然为正，说明跨境电商对进出口贸易仍有促进作用。系数不显著的原因可能在于样本量过少，延长时间跨度应该能够解决这一问题。

二、综合电子商务影响进出口贸易研究

除了对于进口贸易和出口贸易分别的异质影响外，跨境电子商务还对进出口贸易拥有综合的同质影响。此类影响集中在以下几个方面。

第一，跨境电子商务从总体上降低了进出口贸易成本。跨境电子商务的内核是互联网经济，具有互联网经济的一切优点，其中十分重要的一项就是成本低廉。无论是对于出口企业还是国内消费者，有效的使用跨境电子商务能够帮助其降低交易成本，极大地促进了国内外商品和服务的流通。

第二，跨境电子商务拓展了进出口贸易的范围。传统的进出口贸易很大程度上受产品类型、运输距离、销售渠道等多方面因素影响，贸易范围受限颇多。跨境电子商务不断打破传统贸易的原有界限，基本上涵盖了所有种类的商品服务，为全球化受到一定阻力的如今进出口贸易进一步在全球扩大创造了条件。

第三，跨境电子商务增加了进出口贸易面临的不确定性。需要认识到的一点是，虽然跨境电子商务相对于传统进出口贸易具有很多优势，其发展过程也不是一帆风顺的，同时在发展过程中遇到了一系列问题。以跨境进口贸易为例，关税如何收取、消费者如何获得售后服务、如何维权、政府如何监管都是尚未解决的难题。这些问题的解决都需要深层次的国际合作，目前来看还存在很多不足。

综合以上分析，我们认为，在未来的一段时间内，跨境电子商务由于其存在的天然优势，将在很大程度上替代传统的进出口贸易所发挥的职能，或者可以说，跨境电子商务将重塑进出口贸易。

（一）数据来源和变量描述性统计

本节主要是从实证研究的角度考察电子商务对我国进出口贸易的影响。首先，我们从 Wind 行业资讯金融终端、Choice 金融终端、中国国家统计局等渠道获得 2010 年第 1 季度~2016 年第 3 季度的进出口总额（亿美元）、进口额（亿美元）、出口额（亿美元）、中国电子商务市场规模（亿元）、第三产业比重（%）、外商直接投资（亿美元）、电商 B2B 互联网支付规模份额（%）、网络购物互联网支付规模份额（%）等变量的季度数据，以及中国月度环比 CPI 数据。

接着，对上述选取的原始数据进行预处理。具体步骤如下：

（1）根据中国国家统计局公布的月度环比 CPI，计算得到 2010 年第 1 季度~2016 年第 3 季度的季度环比 CPI（令 2010 年 1 月 = 100），记为 cpiq。

（2）随后，采用季度环比 CPI 将中国电子商务市场规模折算为实际值，并记为 real_dianshang。本部分采用中国电子商务市场规模的实际值来衡量我国电子商务的发展情况。这里，电子商务市场规模的实际值是本部分核心的解释变量。

（3）此外根据计算得到的季度环比 CPI 将进出口额、外商直接投资都转换为实际值，分别记为 real_sumq、real_chukouq、real_jinkouq 和 real_fdiq。此外，我们还选择电商 B2B 互联网支付规模份额、网络购物互联网支付规模份额作为其他控制变量，分别记为 pay_b2b 和 pay_online。所有变量的描述性统计请参见表 9-2。

表 9-2　　　　　　　　　变量描述性统计

变量名	观测值	均值	标准差	最小值	最大值
sumq	27	9 464	1 259	6 177	11 411
real_sumq	27	8 437	941.9	6 105	9 875
chukouq	27	5 137	784.9	3 161	6 458
real_chukouq	27	4 574	573.3	3 124	5 570
jinkouq	27	4 326	544.5	3 016	5 062
real_jinkouq	27	3 863	445.2	2 809	4 423
dianshang	27	26 850	12 327	10 068	52 034
real_dianshang	27	23 534	9 843	9 950	43 505
fdiq	27	289.3	38.4	207.8	354.1
real_fdiq	27	258.4	31.63	179.6	302.3
thirdq	27	0.474	0.0408	0.411	0.566
cpiq	27	112	5.701	101.1	119.7
pay b2b	13	4.869	1.359	3.7	8
pay online	17	30.9	9.797	13.4	47

资料来源：由作者整理所得。

（二）图例分析

本部分我们将采用图例的方式来反映电子商务市场与进出口贸易之间的关系，从一个直观的角度初步把握电子商务与进出口贸易之间的关系。

图 9-1 展示了进口额、出口额以及进出口总额随时间的变化趋势，可以看

出三者展现出十分相似的变化趋势。首先，在 2010～2014 年间，三者的数额均呈现一个逐步上升的态势，而在 2015～2016 年间则呈现略微下降的趋势，整体来说先升后降，存在明显的阶段性特征，三者均大概在 2014 年第 4 季度达到顶峰。

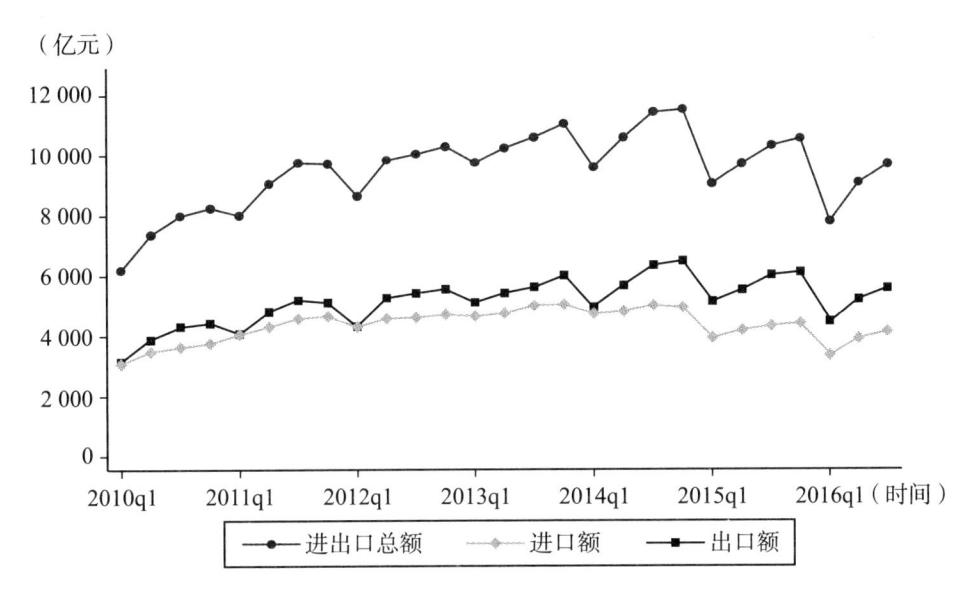

图 9-1　进口额、出口额以及进出口总额随时间变化图

资料来源：由作者根据相关资料整理。

图 9-2 则展示了电子商务市场规模随时间的变化趋势，可以发现电子商务市场规模整体呈现一个指数上升的发展势头，同时其增长趋势也存在着阶段性特征。在 2010～2013 年间电子商务市场增长趋势较为平缓，然而 2014 年后其增长速度明显加快，展现出爆炸增长的势头，仅仅两年间其规模便从 30 000 亿元增加到 50 000 亿元，增加额达到惊人的 20 000 亿元左右。与图 9-1 相比较而言，进出口贸易的增长势头较为缓慢，电子商务市场规模的增加则更为迅猛，两者之间有相似的地方，但具体关系仍不确定。

图 9-3 显示了电子商务市场规模约进出口总额之间显著的正相关关系，即电子商务市场规模越大，我国进出口总额也越大，电子商务对进出口贸易有着很强的促进作用。但这只是总量层面的相关关系，下面我们分别从出口和进口层面剖析电子商务与进出口贸易间的关系。

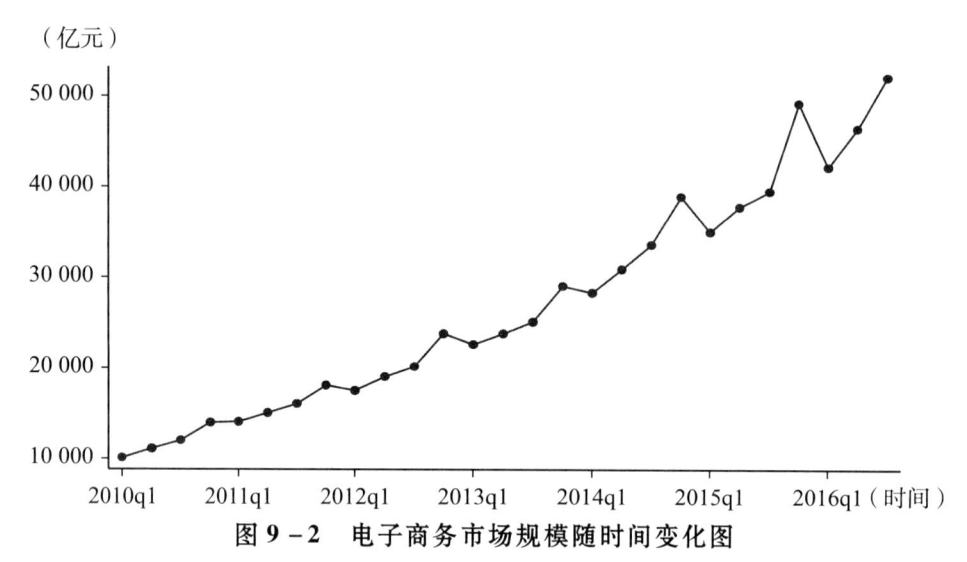

图 9-2 电子商务市场规模随时间变化图

资料来源：由作者根据相关资料整理。

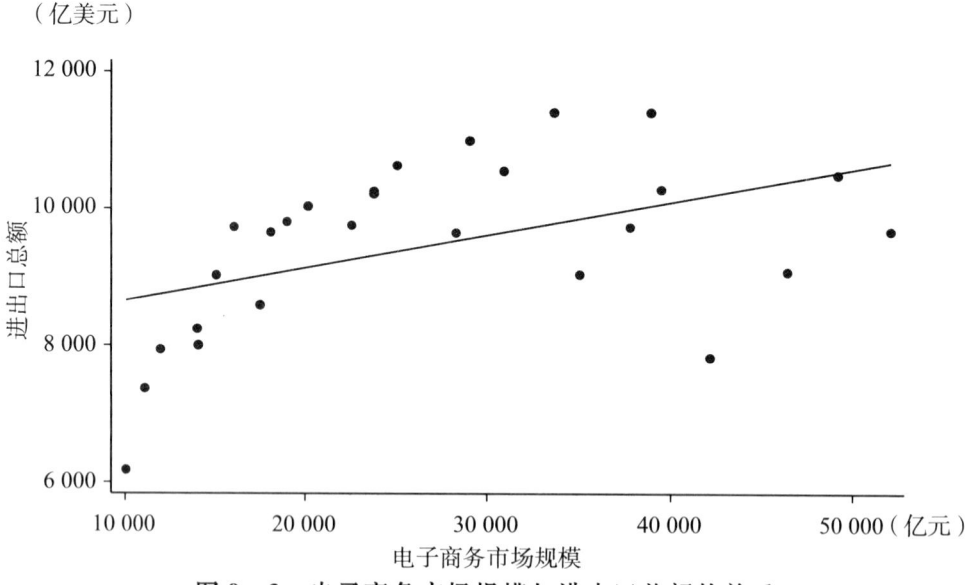

图 9-3 电子商务市场规模与进出口总额的关系

资料来源：由作者根据相关资料整理。

图 9-4 则表明电子商务市场规模与出口额之间存在着显著的正相关关系，即电子商务市场发展越快，越能够在一定程度上拉动出口贸易的发展。由图可以发现，散点大都分布在拟合线附近，证明了两者之间强烈的正相关关系。

图 9-5 则展示了电子商务市场规模与进口额之间微弱的正相关关系，说明电子商务市场对进口贸易的拉动作用很有限。从图中可以看出，散点的分布相当

分散，并没有存在任何规律性的特征，说明两者之间并不存在某种强烈的关系。

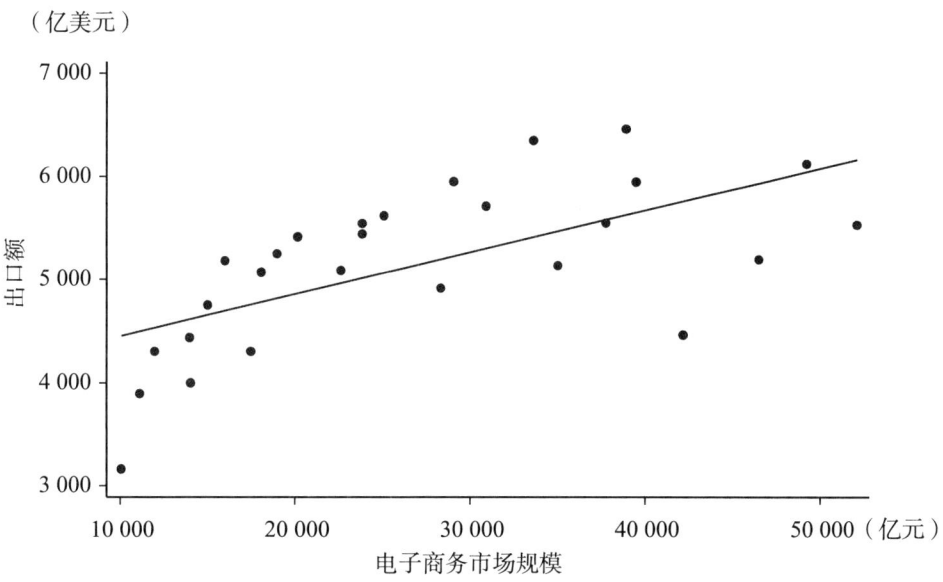

图 9-4 电子商务市场规模与出口额的关系

资料来源：由作者根据相关资料整理。

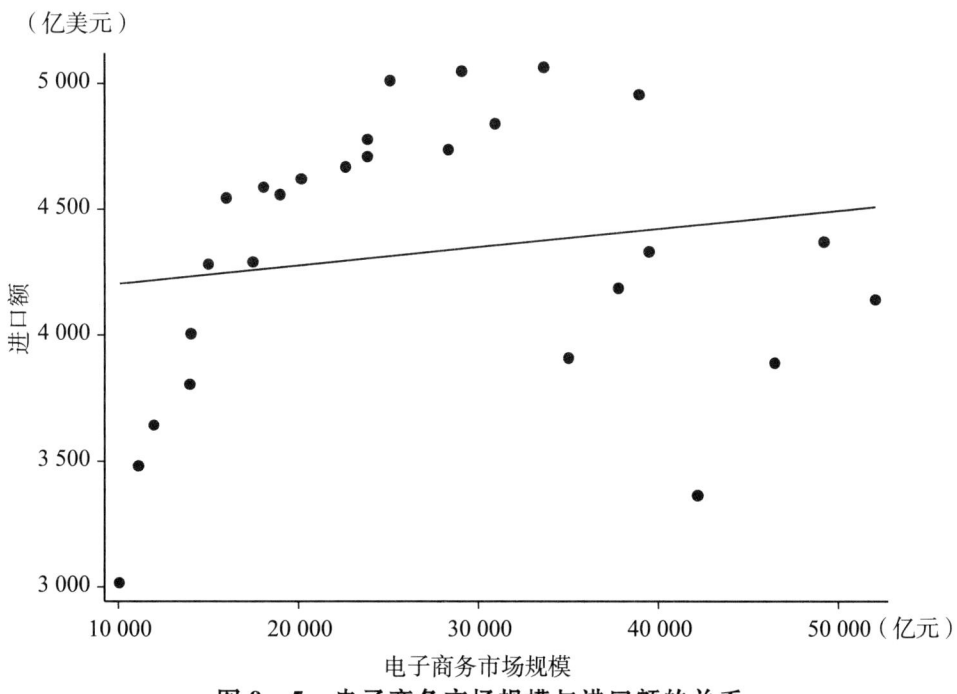

图 9-5 电子商务市场规模与进口额的关系

资料来源：由作者根据相关资料整理。

(三) 实证回归结果

为了研究电子商务对进出口贸易的影响,本部分构建了如下的实证模型:

$$Y = \beta_0 + \beta_1 \times dianshang + \beta_2 \times fdiq + \beta_3 \times thirdq + \beta_4 \times pay\_b2b + \beta_5 \times pay\_online + \varepsilon$$

其中,Y 为被解释变量,即为进口量、出口量或进出口总额,dianshang 为核心解释变量,即中国电子商务市场规模,third 为第三产业比重,fdi 为外商直接投资,pay_b2b 和 pay_online 分别为电商 B2B 互联网支付规模份额、网络购物互联网支付规模份额,ε 则为误差项。

我们关注的是电子商务对进出口贸易的影响,但是影响进出口贸易的因素有很多,若直接作进出口贸易量对跨境电商交易额的简单回归,则极容易受到遗漏变量的影响,因而产生巨大的偏误。因此,本书控制了其他可能影响进出口贸易的因素,以减少回归结果中的偏误。其中,第三产业比重对我国进出口贸易也有不可忽视的重要影响。利用外资 FDI 也可以促进我国对外贸易的发展;此外,电商 B2B 互联网支付规模份额、网络购物互联网支付规模份额可能与电子商务市场规模有关,所以我们将它们作为额外的控制变量加以控制。

(1) 中国电子商务规模对进出口总额的影响。

首先,我们考察电子商务市场规模对进出口总额的影响,即总量层面的一个估计。具体地,我们采用各变量经季度 CPI 修正后的实际值来进行回归,原因在于名义值会往往受到货币、通货膨胀或其他因素的影响,从而使回归出现偏误,实际值更加能够反映真实状况,得到的结果也更加准确。详细的回归结果如表 9-3 所示。

表 9-3　　电子商务市场规模对进出口总额的影响

变量名	(1)	(2)	(3)
	被解释变量:real_sumq		
real_dianshang	0.018 (0.021)	0.055** (0.020)	0.109** (0.039)
thirdq		-17 538.879*** (4 120.461)	-2 915.907 (5 369.060)
real_fdiq		-4.628 (4.468)	-11.610*** (3.083)

续表

变量名	(1)	(2)	(3)
	被解释变量：real_sumq		
pay_b2b			-92.091
			(96.054)
pay_online			106.434**
			(41.078)

注：**，***分别表示在5%，1%的显著性水平上显著，括号内为稳健标准误。

第一列是进出口总额对电子商务市场规模进行简单回归后得到的结果，从中可以看到，在不加入控制变量的情况下，两者关系为正，但不显著，电子商务市场规模每增加1亿元，进出口总额增加0.018亿美元，这说明跨境电商对于进出口贸易有正面的拉动作用，另外绝对数值较小，说明正面的刺激作用还很有限。

第二列是控制了第三产业比重和外商直接投资金额后的回归，可以看到结果出现了一定的变化，首先，系数绝对数值变大，变为0.055；另外，显著性增强，系数在5%的显著性水平上显著，这表明加入了控制变量增强了结果的说服力，电子商务对进出口贸易确有很强的拉动作用。另外，第三产业比重如同预期的一样对进出口有负向的影响，外商直接投资的系数则不显著。

第三列是进一步加入了电商B2B互联网支付规模份额、网络购物互联网支付规模份额这两个控制变量后的回归结果，可以看到，回归系数进一步增大，显著性水平不变，更印证了之前回归的结果的正确性。

下面为了进一步印证上述结果的有效性，我们采用各变量名义值作和表2同样的回归，作为对之前结果的稳健性检验，具体结果如表9-4所示。

表9-4　电子商务市场规模对进出口总额的影响（名义值）

变量名	(1)	(2)	(3)
	被解释变量：sumq		
dianshang	0.048**	0.082***	0.141**
	(0.020)	(0.021)	(0.048)
thirdq		-18 454.590***	556.755
		(5 730.070)	(7 674.307)

续表

变量名	（1）	（2）	（3）
	被解释变量：sumq		
fdiq		-2.055 (5.903)	-12.267** (4.264)
pay_b2b			-162.949 (136.262)
pay_online			132.052* (60.136)

注：*，**，*** 分别表示在10%、5%、1%的显著性水平上显著，括号内为稳健标准误。

由表9-4可以看出，采用名义值代替实际值对回归结果没有太大的影响，中国电子商务规模和进出口总额仍呈正相关关系，在加入了控制变量之后，系数变大，显著性增强，电子商务市场规模每增加1亿元，进出口总额增加0.141亿美元；同时，整体结果与表9-2没有太大差异，这进一步证明了我们表9-2结果的稳健性。

总之，电子商务的发展对我国的进出口贸易有着十分积极的影响，在经过一系列的检验后，结果依然稳健。

（2）中国电子商务规模对出口额的影响。

在此部分，我们考察电子商务市场规模对出口额的影响，探究电子商务对进出口贸易的出口层面的结构性作用。同上，我们采用各变量经季度CPI修正后的实际值来进行回归，详细的回归结果如表9-5所示。

表9-5　　　　电子商务市场规模对出口额的影响

变量名	（1）	（2）	（3）
	被解释变量：real_chukouq		
real_dianshang	0.026** (0.012)	0.049*** (0.010)	0.073** (0.022)
thirdq		-10 904.741*** (2 005.988)	-2 876.581 (3 250.126)
real_fdiq		-1.690 (2.268)	-7.560*** (1.720)

续表

变量名	(1)	(2)	(3)
	被解释变量：real_chukouq		
pay_b2b			6.912 (56.972)
pay_online			50.276* (22.475)

注：*，**，*** 分别表示在 10%，5%，1% 的显著性水平上显著，括号内为稳健标准误。

第一列是出口额对电子商务市场规模进行简单回归后得到的结果，从中可以看到，在不考虑控制变量时，两者关系显著为正，电子商务市场规模每增加 1 亿元，出口额增加 0.073 亿美元，这说明跨境电商对于出口贸易有强烈的正面的拉动作用，但同时系数的绝对数值较小，说明正面的刺激作用还很有限。

第二列是控制了第三产业比重和外商直接投资金额后的回归结果，可以看到系数绝对值变大，变为 0.049；第三列是进一步加入了电商 B2B 互联网支付规模份额、网络购物互联网支付规模份额这两个控制变量后的回归结果，可以看到，回归系数进一步增大，显著性水平不变，说明电子商务市场规模对出口额的确有积极的拉动作用。

同第一部分一样，我们继续使用各变量名义值重复之前的回归，作为对之前结果的稳健性检验，具体结果如表 9-6 所示。

表 9-6　电子商务市场规模对出口额的影响（名义值）

变量名	(1)	(2)	(3)
	被解释变量：chukouq		
dianshang	0.041*** (0.011)	0.062*** (0.011)	0.092** (0.027)
thirdq		-11 668.632*** (2 691.366)	-1 074.326 (4 528.476)
fdiq		-0.441 (2.896)	-7.896** (2.314)

续表

变量名	(1)	(2)	(3)
	被解释变量：chukouq		
pay_b2b			-25.579 (78.666)
pay_online			63.716* (33.526)

注：*，**，*** 分别表示在10%，5%，1%的显著性水平上显著，括号内为稳健标准误。

从表9-6可以看出，回归结果与表9-5没有太大差异，各列回归系数的绝对数值相对变大，显著性略有提高，电子商务规模和出口额之间仍呈正向关系，这说明了我们结论的稳健性。

总之，电子商务的发展对我国的出口贸易也有着相当积极的影响，电子商务市场规模每增加1亿元，进出口总额大概增加0.073亿美元。

(3) 中国电子商务规模对进口额的影响。

此部分，我们进一步考察电子商务市场规模对进口贸易的影响，从进口层面探究总量层面的作用。同样地，我们继续采用各变量经季度CPI修正后的实际值来进行回归，详细的回归结果如表9-7所示。

表9-7　　　　　电子商务市场规模对进口额的影响

变量名	(1)	(2)	(3)
	被解释变量：real_jinkouq		
real_dianshang	-0.008 (0.009)	0.006 (0.010)	0.035* (0.018)
thirdq		-6 633.805*** (2 253.977)	-39.153 (2 375.781)
real_fdiq		-2.939 (2.426)	-4.050** (1.577)
pay_b2b			-99.003* (43.123)
pay_online			56.159** (20.184)

注：*，**，*** 分别表示在10%，5%，1%的显著性水平上显著，括号内为稳健标准误。

首先，从表9-7中我们明显地可以看到进口额回归结果与之前总额和出口额的结果有很大的差异。第一列是进口额对电子商务市场规模进行简单回归后得到的结果，可以看到，不考虑控制变量时，两者之间并不存在显著相关关系，有的话也是微弱的负向关系，这说明电子商务对进口贸易没有明显的拉动作用。

第二列同样是控制了第三产业比重和外商直接投资金额后的回归结果，可以看到结果依然不显著；第三列进一步加入了电商B2B互联网支付规模份额、网络购物互联网支付规模份额这两个控制变量，可以看到，回归系数在10%的显著性水平上显著，并没有达到之前的显著性标准，而且绝对数值较小，说明影响程度十分微弱。总体来说，电子商务市场规模对进口额的作用极其有限。

紧接着，同前两部分一样，我们使用各变量名义值重复之前的回归，作为对之前结果的稳健性检验，具体结果如表9-8所示。

表9-8 电子商务市场规模对进口额的影响（名义值）

变量名	（1）	（2）	（3）
	被解释变量：jinkouq		
dianshang	0.007 (0.009)	0.021* (0.010)	0.050* (0.022)
thirdq		-6 785.537** (3 168.315)	1 631.284 (3 404.453)
fdiq		-1.614 (3.195)	-4.371* (2.129)
pay_b2b			-137.369* (61.092)
pay_online			68.337** (28.220)

注：*，**分别表示在10%，5%的显著性水平上显著，括号内为稳健标准误。

从表9-7可以看出，不管是否加入控制变量，不论控制变量的数目，两者之间均呈现微弱的正相关关系，这说明电子商务对进口贸易的拉动作用从统计上看不显著。

尽管从统计上看电子商务对我国的进口贸易的作用比较有限，但是对于这一实证结果我们要能够正确理解。首先，电子商务对于进口贸易无疑存在一定程度的拉动作用，这一结果并不能完全反映在这里使用的回归中。无论从样本量，考虑的变量数还是回归方法上，本书都存在一定的改进之处，在之后的研究中，我们会进一步加以完善。其次,如之前的理论分析中所说,跨境电子商务的发展对于传统进口贸易有一定的替代作用,这也可能解释了为什么我们在这里看到的回归系数不显著。

第四节 跨境电子商务对我国内外贸易发展趋势的影响

世界经济仍然处于深度调整期,新一轮科技革命和产业变革正在孕育兴起,无论是发达经济体还是发展中经济体,都在围绕电子商务经济,探索发展新方式、寻求发展新动力。当前,全球电子商务经济竞争格局尚未定型。我国发展电子商务经济具备多重优势、面临战略机遇,发展电子商务对于推进我国产业结构调整和经济发展方式转变,实现由"中国制造"转变为"中国创造"、由"世界工厂"转变为"世界市场"、由"中国被动"转变为"中国主动",掌握信息网络时代全球经济发展主导权,具有十分重要的战略意义。

一、电子商务推动我国内外贸易实现三个转变

电子商务的发展将有利于我国实现由"中国制造"向"中国创造"的转变。依托电子商务,可以加快传统产业转型升级,在全球范围之内进行优势资源配置,占据高端产品或高端产业价值链,转移低端产品或低端产业链。例如,根据商务部数据显示,2011 年,我国纺织服装行业销售达 13 457.26 亿元,同比增长率为 27.61%,但由于大多服装企业的核心业务是加工制造,居纺织服装产业链低端,平均利润率约为 5%。2011 年,服装行业网络销售市场规模为 2 670 亿元,年增长率为 93.5%,高于网络销售市场总体增长率 20.6 个百分点,呈快速发展势头,通过电子商务实现纺织服装业由"中国制造"向"中国创造"的趋势逐步显现。

电子商务的发展将有利于我国实现由"世界工厂"向"世界市场"的转变。中国具有世界上最庞大的制造产业集群,被誉为"世界工厂",但世界市场的核心在欧美等发达国家,外贸出口依赖度高,利润率低,物资资源消耗大。依托电子商务,可以创立规模庞大、国际影响力强的网络市场,从而转变成为全球的市场中心。据不完全统计,2008~2011 年,年均交易规模增长 80% 以上,是全球交易规模增长最快的地区。加快发展电子商务,有望形成世界市场的信息中心、交易中心和结算中心,由"世界工厂"逐步转变为"世界市场",外移加工制造

环节，降低外贸出口依赖度和物资资源消耗，占据各产业价值链高端，提高利润率。

电子商务的发展将有利于我国实现由"中国被动"向"中国主动"的转变。电子商务的发展，不仅将扩大内需，增加进出口贸易，保持经济持续稳定增长，更将重构世界经济竞争新格局，形成国际竞争新格局。要在信息网络时代赢得国际竞争优势，必须掌握全球经济发展的主导权，包括重要战略物资控制权、交易信息拥有权、支付结算优先权、交易规则等标准规范的话语权。获取重要战略物资控制权、交易信息拥有权、支付结算优先权、交易规则等标准规范的话语权的有效途径发展电子商务。

（一）实现由"中国制造"转变为"中国创造"

从"中国制造"走向"中国创造"的转变是个长期过程。其中，电子商务为"中国制造"向"中国创造"的转变提供了途径。如，线上零售商凡客，抓住销售环节，把生产、制造、物流外包，这种业态模式就有可能实现由"中国制造"向"中国创造"的转变。

国家统计局、科学技术部、财政部联合发布了《2015 年全国科技经费投入统计公报》（以下简称《公报》）。数据显示，2015 年我国研发经费支出规模比上年增长了 8.9%，达到了 14 169.9 亿元，支出规模位居世界第二位。《公报》表明，投入基础研究的力度加大，2015 年我国基础研究经费支出比上年增长 16.7%，已经达到 716.1 亿元，使在研发经费支出的占比达到 5.1%，这是近 9 年来首次对 5% 这个门槛的突破。我国在自主创新方面迈出了新的步伐，资金投入量不断增加，表明了我国已经在"中国制作"向"中国创造"转变的道路上迈出了一大步。

"中国创造"的转变是个逐步推进的过程。2016 年以来，我国跨境电商市场快速发展，行业竞争进一步加剧，生产、需求、流通等环节的跨境电子商务渗透进一步增强。电子商务的发展为我国从"中国制作"向"中国创造"的转变提供了机制和路径。近年来，我国电子商务产业蓬勃发展，电子商务实现了从新兴产业到国民经济重要组成部分的转变，为我国经济运行提供了更加高效便利的交易平台和金融工具。根据商务部数据显示，2016 年，中国电子商务交易额 26.1 万亿元，增长了 19.8%，交易额约占全球电子商务零售市场的 39.2%，电子商务服务业市场规模实现新突破，达到 2.45 万亿元，同比增长 23.7%。专门从事电子商务服务的企业规模不断扩大。传统制造商、品牌商、服务商、渠道商、零售商等多种角色纷纷瞄准网上零售市场，网商的群体力量逐渐增强。

电子商务作为我国战略性新兴产业，是未来经济发展的必然趋势，然而目前中国的互联网企业，外国控股占了约85.5%，而中国只占14.5%，一年4.5万亿元的营业额流向西方国家。一直以来，中国企业家都想打造属于自己的全球性销售渠道，去赚取（6+1）产业链当中6的利润，但事实上中国企业创造的价值90%都被欧美等国家拿走了，中国不能一直充当"中国制造"的角色，因为中国越制造，西方国家越富裕。当三笑集团被美国高露洁收购；当"大宝"被美国强生收购；当南孚电池被美国吉列收购；当哈尔滨啤酒被美国百威啤酒收购；当娃哈哈被法国达能收购；当苏泊尔被法国SEB收购；等等；外资零售业占领了中国66%的市场，外资快递占领中国20%的市场，10年内将达到80%。外资控股互联网电子商务占领中国85.5%的市场。在当前经济形势下，企业面临着逐渐增大的竞争压力。如何在开源的同时实现节流，成为许多企业进行成本控制或业务发展的出发点。伴随社会化网络和移动应用的日趋普及，传统电子商务已经无法满足企业在采购、销售及市场推广等各方面的需求。时代呼唤更加灵活的商务模式出现，以满足企业更加灵活的商务需求。消费者的需求日趋个性化，加之社会化网络和移动应用的日趋普及加速了消费者行为的变化。以制造业为例，大家对传统制造业的理解都是在工厂里组装产品、有后台的供应链，这是中国制造业的一个特点。但实际上，真正的制造业在往前走的时候，要达到消费者的要求，就一定要实现大规模定制的、人性化的生产系统。这种生产系统一定需要的是前端的信息，生产过程的信息，生产采购的信息快速的无缝的信息的传递整个整合这样的一个过程。电子商务提到了消费者的这种信念，不但要求前端也要求了内部流程的改进。电子商务的出现，意味着企业的创意师要设计出七、八种产品来，这七、八种产品生产出来之前要先通过互联网让自己互联网的消费群选择要订购哪几个，这不是在卖东西，而是一种营销，是一种消费者意见的提前的获取，通过这样的方式会让企业的商业决策，业务决策变得更加智能，更加聪明。中国是个消费大国，消费就是生产力，就是竞争力。BMC商业模式完全颠覆了传统，解决了传统电子商务模式的发展瓶颈，它最大限度地保证了消费者的消费权益，有利于商家、消费者、国家、金融和经营者，在保护中国经济的同时，实现生产制造在全中国和全世界，消费在全中国和全世界，订单在中国的全新商业格局。这种电子商务模式促使着我国从"中国制作"向"中国创造"的转变。此外，要注重创新人才的培养，现代的人才应该具备全方位的素质。我国为了成为一个经济强国，需要大批人才和大批具有知识和能力的企业家，也需要大批熟练的高级技工人才。

（二）实现由"世界工厂"转变为"世界市场"

近几年，跨境交易会出现疯狂的增长，对中国的制造业和服务业产生很大的促进作用。

随着中国跨境电商的迅速发展,我国的全球贸易伙伴队伍不断壮大。近年来,中国加快转变经济增长方式,着力扩大内需,逐步实现从"世界工厂"到"世界市场"的转变。同时,实现由"世界工厂"到"世界市场"的转变,电子商务起着很大的作用。跨境电子商务的发展不仅可以推动开放型经济的转型升级,打造新的经济增加点,并且也为消费者提供了更多选择。传统商业模式下海尔、TCL 等企业要成为国际品牌可能要 50~80 年,但在电子商务模式下,在网络上创建品牌,5~8 年就可能成为国际品牌。目前,电子商务正在重构全球经济竞争格局,包括经济结构及分布、产业链分工、产业转移等。加快发展电子商务,有望形成世界市场的信息中心、交易中心和结算中心。

中国作为一个世界大国,电子商务所促成的中国转向"世界市场"的这一转变不仅给中国带来了更多机会,同时给世界各地都带来了巨大收益。近 40 年来,中国已经从一个国际社会的参与者,逐步成长为一个优秀的倡导者和推动者以及引领者。中国的全球化进程重要的事件节点有三个。首先是 1979 年改革开放,中国把自己向世界经济开放,成了一名参与者;其次是 2001 年加入 WTO,主动地参与全球贸易规则的执行,成为一名推动者;最后是 2013 年,中国倡议"一带一路"的事实,这标志着中国正成为世界经济的引领者。近几年,中国推动经济转型的同时,也在促进消费的夸大。跨境电子商务促使着中国从"世界工厂"变为"世界市场"。

(三) 实现由"中国被动"转变为"中国主动"

中国作为一个发展中大国,要提升国际社会地位,谋求全新世界格局,实现中华民族伟大复兴,实现"中国梦",实现从"中国被动"向"中国主动"的转变是必不可少的。而"中国被动"到"中国主动"的转变则是一个长期性的,阶段性的过程,政府需要着眼全局,运用全方位的技术和手段来加快进程。其中,跨境电子商务便是极佳的助推剂,可以大力促进"中国被动"向"中国主动"的转变。

跨境电商的发展有利于扩大内需,增加进出口贸易,保持经济持续稳定增长,进而扩大国内市场,掌握全球经济发展的主导权,包括重要战略物资控制权、交易信息拥有权、支付结算优先权、交易规则等标准规范的话语权。电子商务可以从话语权上的主动和发展上的主动两个方面来促进向"中国主动"的转变。

首先是话语权上的主动。过去,中国的经济实力不够强大,技术能力也相对落后,在国际市场中往往不能够掌握充分的话语权,最终的结果是消耗了大量的人力物力，得到的利润却极其微薄，大部分的收益都被发达国家占有。在这种情境下，中国属于国际贸易中"被动"的一方，在国际经济竞争中处于劣势的地位。而跨境电商的出现和发展则可以帮助我国制定新的贸易规则，克服转变中的困难，突破这一境况，进而成为国际贸易中"主动"的一方。

话语权的主动主要体现在规则制定上的主动，具体而言，在跨境电商的发展过程中建立规模庞大的网络交易平台，物品定价权便是其中一项重要的权力。我的钢铁网便是物品定价权方面一个很好的例子。该网站主要业务是钢铁市场信息及交易服务，它的服务方式依赖于网站和手机报。网站形成了中国钢铁市场价格指数，受到了国内外企业的一致认可，紧接着可能会影响甚至掌握钢铁定价权，赢得国际竞争优势。

此外，阿里巴巴在赢得国际话语权方面也走在了时代前列。2016年以来，阿里巴巴集团提出了世界电子贸易平台（Electronic World Trade Platform，eWTP）倡议，呼吁顺应当前数字经济飞速发展的时代潮流，更好帮助中小微企业发展，促进全球普惠贸易和数字经济增长，孵化互联网时代的全球化贸易新规则。eWTP倡议提出后，得到了国际社会包括联合国机构在内的国际组织、政府机构、工商界、智库学者的积极回应和高度认同。

阿里巴巴创始人马云称"这是为全世界中小企业打造一个真正属于自己、可以自由公平开放贸易的平台"。在过去的几十年里，WTO驱动着全球贸易与投资，然而，由于主要成员国在农业和非农产品市场准入问题上存在巨大分歧，谈判一直没有很大进展。在过去的15年里，全球经济发生了翻天覆地的变化，而WTO却停滞不前，甚至内部矛盾不断。显然，WTO已经严重滞后于全球经济。同时双边或区域性的贸易协定，如TPP（跨太平洋伙伴关系协议）和TIPP（跨大西洋贸易与投资伙伴协议）等，则掺杂着许多政治性的因素。因此通过建立eWTP，以商业手段来推动全球贸易规则的改革，从而重塑国际商业贸易格局，中国可以真正地掌握国际贸易中的话语权，阿里巴巴也可以做成一家真正的全球性企业。这便是跨境电商促进实现由"中国被动"向"中国主动"转变的鲜活案例。

其次是发展上的主动。发展上的主动主要是指经济发展上的主动，我们主要着眼于跨境电商与"一带一路"倡议的结合，从两者协同发展的角度探究电子商务对赢取发展上主动的影响。

为了解决我国在新时期和新阶段的发展问题，中央政府提出了宏大的"一带一路"倡议，着力于打造海陆两条"丝绸之路"。而跨境电商可以很好地和"一带一路"倡议结合在一起，既能促进自身的发展，又能推动"一带一路"倡议的进一步实施，从而为我国赢取发展上的主动。"一带一路"倡议无疑会为我国赢取发展上的主动，进而实现从"中国被动"到"中国主动"的转变。

从地方数据来看，"一带一路"沿线18个省份的出口B2B贸易总额占全国78%，是出口贸易的重点省份。"一带一路"倡议的深化发展，为企业"走出去"带来了巨大机遇，也影响了近几年各省份增速排名的变化——其中，宁夏、青海和内蒙古的增速在2016年排名前三。"一带一路"沿线省份中，中西部地区的跨境电子商务发展空间极为巨大。可以看出，跨境电商对地方的经济发展有极大的促进作用，实现了发展上的主动。

从国际贸易数据来看，中亚、俄罗斯、南亚和东南亚国家是"一带一路"倡议的优先地区；中东和东非国家是"一带一路"的交会之地；而欧洲、独联体国家和非洲部分国家从长远看也可融入合作。"一带一路"倡议所涉及的60多个国家中，从贸易规模来看，俄罗斯的销售额持续排名第一，且增速也有上涨；从贸易增速来看，不丹、吉尔吉斯斯坦和卡塔尔排名前三。跨境电商也极大促进了我国的进出口贸易。

同时，跨境电子商务的发展潜力在这个大战略背景下是绝大的。在全球贸易持续低迷的背景下，2016年，中国与"一带一路"沿线国家货物贸易总额在同期中国货物进出口总额中的占比达到了25.7%，数字为9 478亿美元，与"一带一路"沿线国家服务进出口总额达到了1 222亿美元，占比15.2%。根据麦肯锡预测，到2050年，"一带一路"沿线国家和地区将会贡献全球GDP增量的80%左右，发展潜力巨大。因此，跨境电商会为中国极大地赢得发展上的主动，为"中国被动"到"中国主动"的转变过程注入强大动力。

二、跨境电子商务发展呼唤贸易规则推陈出新

（一）跨境电子商务在全球快速发展，必将成为未来国际贸易主渠道

与传统国际贸易相比，跨境电子商务呈现一系列新特征：

特征一：多边化。基于互联网的跨境电子商务，可以通过设在不同国别的交易平台、支付结算平台、物流平台，实现参与国家间的直接贸易。贸易过程中相关的信息流、商流、物流、资金流由传统的双边逐步向多边演进，增加了各参与国均等的发展机会。

特征二：直接化。跨境电子电子商务通过电子商务交易与服务平台，实现不同国别企业之间、企业与消费者之间的直接交易，减少了传统进出口冗长、烦琐的贸易环节，时间短、成本低、效率高，因此为人们所钟爱，是真正依据市场信

号做出商业决定的典范。

特征三：高频度。个性定制、按需采购是跨境电子商务发展的原动力，也是信息化时代国际贸易竞争的新领域。但这一特点也导致了跨境电子商务呈现高频度、小批量的特征。因此，发展跨境电子商务必须破解小批量、高频度进出口所面临的通关、商检、结汇等难题（现行的通关、商检、结汇管理制度是针对传统进出口企业大批量、成规模进出口方式设置的）。

特征四：数字化。数字化产品（软件、影视作用、游戏等）是跨境电子商务交易的新内容，最近呈现明显上升趋势。但是目前数字化产品的跨境贸易还没有纳入政府相关部门的有效监管、贸易统计、收缴关税的范围，这种管理上的"真空"会在一定程度上影响跨境电子商务发展。

综上所述，跨境电子商务有发展动力、成长空间和拓展机遇，必将成为今后国际贸易的主渠道。

（二）网络贸易区必将取代传统自由贸易区，成为信息网络时代区域国际贸易的主流形式

面对跨境电子商务的发展，传统自由贸易区的理念与做法，由于其固有的局限性，显得越来越不适应，主要表现在以下几个方面：

（1）固定的物理边界。传统自由贸易区往往具有固定的物理边界，只有自由贸易区内的企业或机构才能进行贸易协定环境下的国际贸易活动，贸易的发展潜力与规模受限，与网络的时空无限性发展趋势不相适应。

（2）大批量间接贸易。传统自由贸易区的贸易活动大多数是国家或地区间面向企业的批量贸易，而且通常由专门从事国际贸易的中间商进行，贸易环节多。与通过网络面向企业及消费者、小额、高频、直接国际贸易的发展趋势不适应。

（3）差异化的管理与服务方式。自由贸易区各经济体之间的管理与服务方式、手段、过程不一致或协同性差，与网络化协作贸易发展趋势不适应。

从发展的角度讲，跨境电子商务必将是国际贸易的主渠道。为了适应跨境电子商务的发展趋势，推动跨境电子商务健康快速发展，必须突破传统自由贸易区的局限，形成网络贸易区。

网络贸易区是依托网络贸易区管理与服务平台管理的、以跨境电子商务的方式进行国际贸易的不同国家或地区的企业或机构所覆盖的无固定物理边界的动态贸易区域。其主要特征是：

第一，无固定物理边界。任何遵守网络贸易规则的国家或地区的合法企业过机构均可进行国际贸易活动，反之，任何违反网络贸易规则的国家或地区的企业和机构不得进行国际贸易活动，不受固定的物理边界约束。

第二，全程在线。任何遵守网络贸易规则的国家或地区的合法企业和机构均通过跨境电子商务的方式开展多边、直接、高频度、小批量、数字化贸易活动，成本低、时间短、效率高。

第三，政务协同。任何遵守网络贸易规则的国家或地区，基于标准、规范、统一的通关、商检、结汇、退税等规则，依托互联的网络贸易区管理与服务平台，通过企业、商品、贸易单证等基础信息交换与共享，实现高效的政务管理与服务。

（三）跨境电子商务的发展，呼唤世界网络贸易组织（eWTO）的诞生与发展

类似于万国邮联、国际电联，跨境电子商务需要打通国际贸易的网络通道。

在一国之内：需要建立与完善适应跨境电子商务发展的法规体系、标准规范体系、公共服务平台，实现异地通关、商检、结汇、退缴税一站式公共服务，形成低成本、高效率、无缝衔接的跨境电子商务境内通道。对于进出口企业而言，只要通过跨境电子商务网站进行贸易活动，就如同进行境内贸易活动一样，无须亲自进行商品报关、报检等烦琐的贸易环节，相关的商品报关、报检等业务由跨境电子商务综合服务平台代理完成；对于消费者而言，只要通过跨境电子商务网站购买境外商品，就如同购买境内商品一样，只需境内货币支付即可，无须考虑外汇支付，相关的外汇兑换业务由跨境支付平台代理完成。

在国际上：需要建立与完善适应双边或多边跨境电子商务的法规体系、标准规范体系、公共服务平台体系，通过相关公共服务平台互联互通，实现境内外通关、商检、结汇、退缴税的一站式互通互认，形成低成本、高效率、无缝衔接的国际通道。双边或多边电子商务综合服务平台通过互联互通，共享双边的进出口企业、商品、电子合同/订单、电子发票信息和物流运单信息及报关、商品检验检疫、外汇、税务处理相关信息，实现单边通关放行及商品检验检疫（即中方通关放行及进行商品检验检疫后，当商品到达对方后不必再次进行通关放行前的审核及商品检验检疫，反之亦然）的目标。

（四）历史性机遇：我国有望掌控信息网络时代国际贸易的主导权

跨境电子商务打破了传统国际贸易的竞争格局，如果把握得当，我们就会在获取交易信息拥有权、支付结算优先权、标准规范话语权等方面赢得先机，真正成为竞争规则的制定者。从这点讲，也许会比我们用发展传统自贸区的方式去适应全球贸易竞争新规则，开辟国际贸易新空间，带动投资、金融等一系列贸易自

由化改革，更具操作性、普遍性和战略意义。

1. 我国跨境电子商务龙头企业已具备国际竞争能力，初显交易信息拥有权优势

交易信息主要包括交易主体、交易客体及交易内容信息，拥有这些实时、准确、动态的国际贸易信息资源可以适时掌握国际贸易市场动态、预测国际市场发展态势、打击违禁商品或服务贸易。

交易信息拥有权可以通过发展通过规模大、国际竞争力强的跨境电子商务交易与服务平台获得。目前我国跨境电商平台企业已超过5 000家，开展跨境电子商务的企业已超过20万家。已经涌现出阿里巴巴、敦煌等一大批优秀电子商务企业，在与亚马逊、ebay等国际电子商务巨头的竞争中具有一定优势。

2. 我国跨境电子商务外汇支付业务试点已经启动，巨大的市场需求有望拥有支付结算优先权

跨境电子商务的支付结算主要是指通过第三方在线支付与结算平台、基于各类固定和移动终端、采用在线支付方式实现的多币种支付与结算过程。拥有跨国支付结算优先权，可以适时掌握国际金融市场资金流向动态、外汇市场发展态势、打击国际洗钱等违法犯罪活动。

支付结算掌控权可以通过发展规模大、国际竞争力强的支付与结算平台获得。目前国家外汇管理局已经启动跨境电子商务外汇支付业务试点，由于巨大的市场需求，规模快速扩张的第三方支付企业已成为首批获得跨境电子商务外汇支付业务试点资格的企业，它们获得授权的业务资格包括跨境电子商务外汇支付业务、货物贸易等多个领域。

3. 跨境电子商务标准规范及相关制度还未形成，我国有实力率先发起制定并拥有话语权

跨境电子商务相关的标准规范及制度包括跨国电子认证、在线交易、跨境支付、跨境物流、通关、商检、跨境交易纠纷处理等。由于跨境电子商务是正在兴起的国际贸易新形态，相关标准规范及制度尚未建立与形成。

我国在2012年已经成为全球小额跨境（面向消费者的消费品领域）电子商务第一大国。在相关标准规范及制度尚未建立的今天，率先发起制定并建立相关标准规范及制度，有助于获取交易信息拥有权和支付结算优先权，通过建立相关技术壁垒逐步掌控网络环境下国际贸易的主导权。

4. 制度优势

我国正在推进"一带一路"倡议实施，中央和地方协同推动电子商务发展的工作局面已初步形成。在电子商务领域，我国将继续加大对于跨境电子商务和电子商务走出去的政策支持力度，积极推进国家电子商务示范城市、跨境电子商务试点和综合试验区等建设，鼓励电子商务创新发展，形成政府和市场的合力，共同推进电子商务国际化发展。

在"十三五"规划建议中，明确指出，建立便利的跨境电子商务等新型贸易方式的体制，全面实施单一窗口和通关一体化。提高自由贸易试验区建设质量，在更大范围内推广复制。

三、推动建立"网上自由贸易区"掌控竞争主导权

目前跨境电子商务除基础信息规范性和可信性出现与传统一般贸易无法匹配和衔接的问题外，在交易过程中面对在线跨境零售模式还存在与现行通关、商检、结汇、物流、支付关键环节的流程无法匹配的问题，需要在现有这些关键环节的先行模式和流程上研究设计适度的调整优化措施，建立跨境电子商务需要的互联互通的快速、经济、便利的解决方案。跨境电子商务网络自由贸易区的建立将为跨境电子商务发展提供"一站式"综合发展促进服务。跨境电子商务目前所遇到的通关结汇等问题是暂时的门槛问题，企业的长期发展需要获得国际贸易政策支持和系统提供的推动，因此需要研究建立"跨境电子商务网络自由贸易区"发展战略，世界各自由贸易区发展模式和经验借鉴到电子商务领域，抢先以电子商务促进虚拟自由贸易区模式形成。

通过构建"网上自由贸易区"，打破各地区、各部门的职能分割，将海关、质检、工商、税收等部门的职能进行有机的联接，进一步为电子商务的支付、税收、商检提供统一化的管理和便利化的服务。"网上自由贸易区"将包括所有已经参与了与我国有自由贸易协定的国家和地区。各贸易协定的成员国家或地区之间的贸易通关手续都在这个平台上"一站式"解决，从而增加透明度，减少通关手续，节省时间。这个平台也可以对非成员国家或地区开放，并以此平台为立足点，增强我国在国际贸易中的核心地位与凝聚力，进而展开更多自由贸易区谈判。

构建"网上自由贸易区"的主要任务包括：（1）建立网络贸易区协调管理机构。制定并完善网络贸易区准入条件，电子认证、交易、支付、物流、通关、商检、关税等相关协议、规则和管理制度。（2）研究制定网络贸易区相关标准规范。主要包括企业基础信息、贸易商品及服务基础信息、贸易单证基础信息等方面的标准规范。（3）建设网络贸易区管理与服务平台并实现互联，在各经济体间实现跨境电子商务企业、商品及服务、电子单证等基础信息交换与共享，全程在线处理跨境贸易相关的通关、商检、结汇、退缴税政务，为贸易企业、机构、个人提供通关、商检、结汇、退缴税、交易纠纷处理等服务。

近年来，包括 B2B 模式和 B2C 模式在内的跨境电子商务发展迅猛，已经成为国际贸易的重要模式，并且有望成为未来的主导模式。目前，除基础信息规范性和可信性方面出现与传统一般贸易无法匹配和衔接的问题外，在线跨境交易模式也存在与各国现行通关、商检、结汇、物流、支付关键环节的流程无法匹配的问题。

1995 年 1 月 1 日成立的世界贸易组织（WTO）是具有法人地位的国际组织，主要职能是管理、组织、协调、调节和提供成员国贸易之间所产生的各种问题的解决途径。WTO 是针对线下的货物贸易、服务贸易以及知识产权贸易，努力达成互惠互利协议，大幅度削减关税及其他贸易障碍和政治国际贸易中的歧视待遇。随着跨境电子商务的发展，有必要建立基于网络贸易的世界网络贸易组织——World e-Trade Organization（e-WTO）。这是一个与工业经济时代的世界贸易组织（WTO）相对应的适应互联网经济发展的新型国际贸易组织。

世界网络贸易组织（e-WTO）是各国跨境电子商务企业自发组织的民间商业机构，旨在适应电子商务开放性、全球性、低成本、高效率的特点，形成一套跨境电子商务规则体系，管理、组织、协调、调节各国跨境电子商务企业之间产生的各种问题，促进以跨境电子商务方式扩大货物贸易、数字产品贸易和服务贸易。

建立 e-WTO 可以做什么？

建立双边或多边跨境电子商务标准规范与制度。由于跨境电子商务是正在兴起的国际贸易新形态，相关标准规范及制度尚未建立与形成。跨境电子商务相关的标准规范及制度包括跨国电子认证、在线交易、跨境支付、跨境物流、通关、商检、跨境交易纠纷处理等。

帮助中小企业通过跨境电子商务方式开展国际贸易。鼓励和帮助各国建立双边或多边跨境电子商务公共服务平台，实现境内外报关、通关、商检、结汇、退缴税的"一站式"互通互认的公共服务，形成低成本、高效率、无缝衔接的跨境电子商务境内通道和国际通道。

保护跨境电子商务消费者的权益。保护消费者进行电子交易时的个人信息，禁止对线上商业消费者造成损害或潜在损害的诈骗和商业欺诈行为，处理消费者投诉，提供消费者跨境电子商务的便利。

积极组织地区和多边跨境电商国际论坛，促进电子商务发展。

积极寻求解决跨境电子商务贸易争端，提供处理各项协定和协议有关事务的谈判场所和技术援助。

如何建立 e-WTO？

电子商务的快速发展，已经超出了原有网络交易的范畴，正在打通生产、流通和消费全环节，促进生产和组织方式变革，催生新的商业模式和新业态，引领和推动人类社会由工业经济时代向互联网经济时代迈进。我国跨境电子商务发展迅猛，有实力率先发起建立世界网络贸易组织（e-WTO），制定跨境电子商务标准规范及相关制度。

推动我国跨境电商试点城市与境外城市对接。对点城市之间选择制约跨境电商发展的主要问题加以突破，就特定的产品、服务领域签订促进相互间的跨境电子商务合作文件，在双方建立跨境电子商务保税物流中心，以降低物流成本，增强配送时效。

推动跨境电商商会组织与境外商会组织联手发展跨境电商。

组织跨境电商双边或多边国际论坛，呼吁成立世界网络贸易组织（e-WTO）。

成立全球跨境电商联盟，联合跨境电商平台、国家标委、专家学者建立世界网络贸易组织（e-WTO）研究院，研究跨境电商双边或多边跨境电子商务标准规范与制度。

同时，由于国内电子商务与跨境电子商务存在着显著的差别，以国内电子商务为基础构建以电商平台为核心的跨境电子商务服务业生态仍然较为困难，境外电子商务的相关贸易规则由其他国家所控制，电子商务经济体系的构建在较大程度上仍然取决于当地的经济信息化发展条件。如何构建跨境电子商务体系还有待进一步深入研究。

第十章

电子商务促进内外贸易的对策建议

电子商务经济是未来世界经济的主要形态,我国的电子商务经济已经进入新的发展阶段。促进内外贸易发展就是要依托电子商务整合线上线下资源,努力推进电子商务贸易调整升级。这一方面依赖于提高我国电子商务竞争水平和服务品质,继续推进线上线下产业融合发展;另一方面要加强电子商务经济的治理,建立健全电子商务交易保障机制和监测统计体系,积极完善电子商务治理体系,创新电子商务经济治理模式,充分发挥电商商务经济服务贸易、活跃经济的作用。

第一节 提升电子商务竞争水平和服务品质

电子商务企业或平台发展到今天已日趋成熟,但仍需要提升竞争水平和服务品质,打造品质电商。转变以往粗放式发展模式,注重内涵式发展;推动电子商务提质升级,走技术与模式创新之路;发展电子商务平台经济,打造新一代电子商务平台;构建内外贸一体化的电子商务市场,对内形成公平有序的统一市场,对外形成规则相通的开放市场。

一、鼓励电子商务平台注重内涵式发展

电子商务的内涵式发展强调结构优化、质量提高和实力增强,是一种源于内在需求,主动变革的发展模式,电子商务平台通过提升自身科技水平,加快商业模式、技术水平和组织形式创新,发展绿色经济、共享经济,加强产品开发设计和品牌建设,提升服务能力等方式,全面提升电子商务平台的竞争水平。

提升电子商务平台自身科技水平。政府应当制定优惠政策鼓励中小电子商务企业利用新技术创新创业,运用减税政策、专项基金支持等方式改善初创科技企业经营环境。电子商务行业的引领企业应当划分专项资金用于支持科技创新,初创企业应当专注研发和利用新技术创造新的商业模式和市场组织形式,促进行业整体良性竞争。

加快电子商务平台自身商业模式和市场组织形式创新。电子商务平台应当根据自身所处的细分市场,创造出更适合自身发展的商业模式,引导平台内的电子商务企业选择适合自己的商业模式和市场组织形式。电子商务行业应当针对不同细分市场采取不同的管理制度。

利用电子商务平台发展绿色经济、共享经济。电子商务行业应当使社会资源利用效率最大化,盘活资源存量,减少资源浪费,降低资源环境压力,维持绿色共享的发展方式。政府应当重视电子商务平台对于建立新型绿色经济、带动本国经济发展和跨越国际边界方面的作用,在政策制定和财政税收方面,大力支持电子商务平台对于绿色经济和共享经济的创新尝试。

加强产品开发设计和品牌建设,提升服务能力,打造电子商务创新型服务产业。电子商务平台应当利用大数据技术捕捉用户需求动向,帮助品牌产品快速直接触达广大消费群体,同时个性化、定制化服务帮助品牌产品降低生产、库存等成本,推动企业研发高附加值智能化产品,跨境电子商务平台帮助国内OEM企业独立走出国门,打造自有品牌。政府应当扩大优质产品认证种类,如农产品的"三品一标"认证,利用质量信息服务平台为企业和消费者提供"一站式"质量服务。电子商务行业应当完善商标品牌评价体系,定期组织行业消费者满意度调查。

二、推动电子商务企业走技术与模式"双创新"之路

技术创新与模式创新是电子商务企业的两个重要创新方向,技术创新是基础,模式创新是核心。走技术与模式创新之路就是要将推动实体零售转型作为

"双创新"之路的方向，将提升电子商务科技水平作为"双创新"之路的重点，将充分发掘和运用数据资源作为"双创新"之路的重要渠道，发展个性化、定制化、服务型制造新模式，同时加强面向中小客户的电子商务新金融。

推动实体零售转型作为走"双创新"之路的方向。政府应当支持传统实体零售从销售商品单一模式向引导生产和引领生活方式的转变，从粗放式发展向注重质量效益的内涵式发展转变，从分散独立的竞争主体向融合协同新生态圈转变，坚持市场主导、需求引领和驱动创新，推进简政放权，强化政策支持。电子商务企业应当促进线上线下融合，创新服务体验，如 AR 虚拟现实购物、虚拟试衣间等，开展试点示范带动。在推动实体零售创新转型方面，采用人才、财金、技术、服务、行业标准等多角度探索的方式。

走"双创新"之路的重点在于着力提升电子商务科技水平，提高生产效率。电子商务行业应当建立产学研研究平台，鼓励企业与高校共同研究，促进科技成果转化。电子商务企业应当利用人工智能技术促进消费，如聊天机器人、人工智能个人助理，参照大数据整合的消费者个人消费信息，根据用户以往购物经历推荐商品，同时为消费者提供更便捷更多样的支付方式，如生物识别技术，戒指手表等穿戴设备支付，优化消费者购物体验。

充分利用数据资源是走"双创新"之路的重要渠道。互联网技术让大数据作为新的资源参与到企业运营之中，相较于数据本身，数据之间的关系则有更大的实际价值，电子商务企业应当提炼数据，理清数据与数据的链接，利用有价值的数据为企业科学的制定计划和准确的决策分析提供技术支持，如根据大数据预测分析消费者购物趋势，以及利用大数据更好的管理供应链等。

发展个性化、定制化、服务型制造新模式。我国"新制造"正在从"大规模、标准化"向"个性化、定制化"转型，消费者参与产品的设计与创造过程将很可能成为一种趋势。政府应当支持电子商务企业在个性化定制、服务型智造等新模式上的发展尝试，开展智能解决方案的试点示范，推动中小制造企业与互联网平台对接，打造产品从生产、制造到营销、物流的一体化生态圈，加大财税、金融、用地等政策扶持。电子商务企业应当以个性化定制提高消费者忠诚度，提高产品智能化水平，构建企业紧密型生态圈，满足消费者个性化需求。

加强面向中小企业的融资，研发面向消费者个人的新金融产品。传统金融行业中的"二八定律"在新金融领域并不适用。新金融服务对象中也多数人从中受益，给社会带来一种平等和一种普惠效应。政府应当健全增长的动力机制，提高中低收入者的报酬水平，不断完善社会保障体系，发掘社会资本投资潜力，降低中小企业融资门槛。电子商务企业应当利用大数据技术进一步完善消费者信用体系，研发多样化个人金融产品促进超前消费，对接垂直细分领域的优质金融资产，如风险低、受经济周期波动影响小的个人消费信贷，以及一线城市核心城区的房屋抵押贷等。

三、打造新一代电子商务平台

云计算、大数据、人工智能等技术的应用，让电子商务平台不仅仅局限于交易中间商的角色，而是变成了服务提供商。新一代的电子商务平台是基于社交网络、与现实互联的移动电子商务平台，所提供的是针对不同消费者，点对点私人订制式的服务。新一代的电子商务平台需要加强数据收集与数据的信息挖掘，鼓励先导性技术在电子商务领域开展创新应用，线上与线下相结合的新型平台生态体系。

基于社交网络的电子商务平台。电子商务平台应当加入社交化元素，满足消费者在电子商务交易过程中产生的分享、互动、讨论等需求，通过与其他社交软件平台和自媒体等新兴渠道合作，完成企业营销、推广和商品的最终销售，如即时通讯软件的一对一销售、策划购物，买手推荐，微博"大V"商品推荐、直播平台发布产品营销、粉丝经济等。

与现实互联的移动电子商务平台。玛丽米克尔发布的2017年互联网趋势报告中指出：相较于桌面系统，移动设备使用时间持续增加，电子商务中移动端购物已经成为主流。电子商务平台应当提供更加简便易用的移动应用或者移动网站，此外，电子商务平台需要改进消费者消费体验，如依靠移动图像识别技术，消费者可以将现实中的拍摄物品直接在电子商务平台中找到同样或类似的商品来进行选购。

私人订制式的产品内容，针对不同消费者的点对点个性化营销。电子商务平台可以在社交媒体上发布针对个体消费者有质量和吸引力的内容，吸引消费者主动消费，同时，玛丽米克尔发布的2017年互联网趋势报告中指出视频广告对商品营销有很大影响，在设计精良的视频广告中，点击商品即可链接到购买页面。

数据作为新生产要素，成为新电子商务平台的基石。未来的互联网经济的新生产要素是数据，未来的经济是数据驱动的经济。电子商务行业应当汇总各类企业与各种商品种类的消费数据，成立独立的第三方机构，定期公布客观的调查报告，供企业与消费者参考。电子商务平台应当关注消费者行为数据，如在线评论对于后续消费的引导、根据历史数据为消费者提供个性化购物体验等。

打通线上与线下，强化分布式站点的新电子商务平台。新一代电子商务平台将利用线上和线下一切渠道，将商店带给消费者，而不是迫使消费者必须进入特定商店消费。电子商务平台应当在线上将销售渠道链接到消费者日常使用的社交服务软件中，如将商品购买渠道分布到微信、微博等网站，在线下则依靠实体连锁店，让消费者能够就近在实体店获得网上所购商品。

四、对内形成公平有序的统一市场

对内形成公平有序的统一市场，就是要充分发挥部际联席会议机制作用，营造宽松便捷的市场准入环境，维护全国统一市场，破除地域准入限制，加强市场监管，加强反不正当竞争执法，确立统一完善的市场交易法律制度。

充分发挥整规部际联席会议机制作用。针对电子商务行业网络化数字化的市场特征，政府应当从维护电子商务全国统一市场和公平有序的角度，会同相关部门研究部署整顿规范电子商务线上线下市场秩序的工作，强化部门协作和督查督办。

营造宽松便捷的市场准入环境。政府应当建立审批清单制度，定期向社会公布，对于不在清单上的政府审批全部取消，同时各部门之间协调各自管理权限，避免重复审批和重复管理。建立面向全社会的统一市场准入制度，为投资创业创造提供高效公平的准入环境。

维护全国统一市场，破除地域准入限制。政府应当废除妨碍全国统一市场和公平竞争的规定和做法，不得限定经营、购买、使用特定经营者提供的商品和服务，将本地商品、服务与异地商品、服务实施统一标准管理，不得针对本地商品、服务进行排他性补贴和特殊优待。

加强市场监管，加强反不正当竞争执法。政府应当严厉打击网络售假、虚假宣传、虚假交易、商誉诋毁、流量劫持等不正当竞争行为，维护公平有序的市场竞争，将打击侵权假冒工作纳入地方政府绩效考核体系，改善执法装备和检验检测技术条件，提高执法监管能力。

建立统一完善的市场交易法律制度。政府应当尽快出台《电子商务法》，为电子商务健康发展奠定法律框架，并且协调多部委共同完成电子商务交易法律制度的制定。电子商务企业应当在日常交易实践中总结出规则和制度，积极参与政府主导的电子商务市场交易法律的制定。

五、对外形成规则相通的开放市场

对外形成规则相通的开放市场，就是要以"一带一路"倡议实施为抓手，开拓跨境电子商务市场，推进制定国际贸易领域电子商务规则，建立贸易交易信息网络，完善全球电子贸易平台，加快全球贸易设施联通，整合电子商务物流产业链，扩大资金融通，建立全球交易支付清算网络。

以"一带一路"倡议实施为抓手，开拓跨境电子商务市场。政府应当推动首届"一带一路"国际合作高峰论坛一系列重要共识落地。各级政府应当制定与本区域相适应的建设实施方案，电子商务企业要抓住千载难逢的机遇，借助政策红利来加快跨境发展布局。

推进制定国际贸易领域电子商务规则。政府应当建立跨境电商零售商品海关税收征管体系；建立"单一窗口"数字口岸；加强无纸化贸易，促进跨境电子商务的便利化，推进我国电子商务企业的跨境贸易。完善贸易数据以境内存储为原则，以跨境传输为例外的规则。未来在国际谈判领域，引领建立评估基础上的规则体系，促进商业数据的跨境流动。政府要主导推动国家间建立跨境电子商务国际经贸规则，对比总结国内外产品的生产质量标准、检验检疫标准，推动各国之间标准互相认定，缩短跨境电商通关时间。同时，在国家间物流、知识产权保护、信息安全等方面建立国际社会相互认同的规则。

建立贸易交易信息网络，完善全球电子贸易平台。以地区间跨境电商为基础，例如将亚投行成员国、上海合作组织成员国之间作为试点，建立成员国之间商业贸易交易信息方面互通互认的跨境电商绿色快捷通道，同时鼓励成员国之间的企业通过全球电子贸易平台进行商业模式创新和国际经贸合作。

加快全球贸易设施联通，整合电子商务物流产业链。政府应当加强基础设施联通，加快全球贸易在陆、海、空、网四个层面的一体贯通。支持电子商务企业和物流企业、外贸服务企业、跨境电商服务平台企业形成产业链和供应链联合发展的格局。跨境电子商务企业需要通过整合成行业联盟，打造出真正符合自身需求的电商生态圈模式。在这个生态圈中，供给侧改革需要到线下完成，将原材料、产品设计、信息整合到电子商务行业联盟中，将供给侧和需求侧进行对接，让需求侧带动供给侧的变革。

扩大资金融通，建立全球交易支付清算网络。政府应当鼓励政策性金融机构、丝路基金及亚投行等多边金融机构加大对区域合作项目的融资支持，加强区域国家之间和国际经贸成员国之间的资金合作，加强跨境贸易商务谈判与合作的话语权。跨境电子商务行业要在国家间确立的商贸框架下进行商业往来，利用现有电子交易支付领域的优势，建立跨境货币结算清算合作机制和金融信息安全保护机制。

第二节　推动电子商务与传统产业融合发展

积极推进电子商务与传统产业深度融合，就是以电子商务推动农业供给侧结构性改革，打造"中国智造"推动制造业提档升级，加快商贸流通业创新发展，使电子商务成为三大产业转型升级、提质增效的新动能。与此同时，以"协调和创新"引领发展，促进电子商务经营模式融入传统经济领域，开创线上线下互动融合的协调发展局面，培育电子商务大数据服务，以更好地适应电子商务。

一、电子商务推动农业供给侧结构性改革

以电子商务促进农业转型升级，推进结构调整，提高农业供给质量和效率；培育知名农业农村品牌，推动农产品产销衔接，依靠优质农产品打通农村到城市销售网络上行通道，同时积极应用大数据新技术服务农业商务，加强监测统计和调查研究。

培育知名农业农村品牌。政府要依托本地优势农业产业，探索技术、设备、场地统一配置的集约化生产，联合食品卫生、产品质检等部门进行统一监管，高品质高效率的打造本土特色产品品牌，同时通过农户入股等形式，参与村镇企业发展，利用电子商务要素，改造提升传统知名品牌。电子商务企业应当加大优质农业农村特色品牌的宣传推广力度，以网络销售额、消费评价等数据为依据，培育一批社会认可度高的农业企业和农产品品牌。

推动农产品产销衔接。各地政府要在与传统鲜活农产品零售渠道合作的同时，开拓电子商务新零售渠道，在城市社区街道试点设立农产品线下体验店、线上农产品自提点，开展农场会员宅配、社区支持农业等模式探索，建立农产品社区直供系统。支持具备条件的新型农业经营主体、农产品加工流通企业与电子商务企业全面对接融合，以委托生产、订单农业等形式，建立长期稳定的产销关系。联合组织电商平台企业开展产销对接活动，重点推动"三品一标""一村一品"、特色农产品优势区产品上网销售。鼓励支持农产品批发市场发展电子商务。加强农产品滞销舆情监测，建立应急促销联合工作机制。加快提升绿色、有机农产品认证的权威性和公信力。电子商务企业应当加快应用农产品质量安全网上追溯机制，详细列出农产品自出厂到零售的全部流程。

提高农产品网络上行的综合服务能力。政府应当建立和完善农产品供应链管

理体系，为农产品生产和流通企业提供从源头原材料供应，到生产期间品质管控，以及农产品加工、包装、物流仓储、营销策划和金融保险等全链条服务。提高传统农业企业的电商销售比例，加大电商示范县投入力度，广泛推广其示范成果，充分发挥农村电商公共服务中心、益农信息社、行业组织、农民合作社、龙头企业和专业运营公司的作用，强化资源整合和集成。地方企业应当加强电子商务营销体系建设，加快企业供给与城市农产品需求对接，利用农产品电子商务平台和现代快速物流，满足城市日常农产品需求，支持农户通过电子商务式订单农业参与产品销售，分享收益。

强化农产品电子商务大数据应用。政府可以采用政府购买服务的方式，与电子商务平台合作，获取农产品商务数据，分析消费者差异化需求，从而帮助农产品生产企业精准定位，依照大数据分析结果进行柔性化生产，为进一步开展农产品流通服务创新和商业模式创新提供数据支撑。同时，对本地农产品品类、企业及其资质等信息进行摸底调查，与电子商务交易数据进行对接，提高市场信息传导效应，有针对性地制定优势产业发展计划。国家农业管理部门可以汇总地方农业数据，结合国外农业信息共同进行调查分析，统筹各类大数据平台资源，建立集数据监测、分析、发布和服务于一体的国家农业数据平台。

加强农业调查研究和数据监测统计。各地政府应当重视农业基础信息的调查研究工作，做到线上线下数据一致，准确掌握本地农业电商经营情况，便于开展电商扶贫的政策措施。要建立与农业电商企业的数据信息共享机制，健全农产品电子商务监测统计，加强对县乡村三级电商服务体系和物流体系建设和运营情况监测，充分发挥乡村电商站点的作用，大力推广在实践中创造出的新模式。

二、打造"中国智造"推动制造业提档升级

电子商务拉动制造业提档升级，提升工业电子商务发展水平，让传统动能转变为新动能；基于大数据实现工业生产精准化、定制化；拓展服务型制造新模式，助力推广中小企业工业电子商务；发挥特色产业引领作用，培育区域工业电子商务；建立健全工业电子商务服务体系。

提升工业电子商务发展水平，让传统动能长出新动能的翅膀。提高电子商务企业网络集中采购水平，形成透明、高效、低成本的网络集中采购体系，推动产业链高效协作；鼓励工业企业与电子商务平台合作，工业企业内部集采集销平台借由互联网企业进行网络营销，打造线上线下融合、产供销一体的营销新体系；培育制造业与互联网融合新模式，从供应链导向转向需求链导向，满足消费者个性化工业服务。

基于大数据实现工业生产精准化、定制化。工业大数据渗透于工业企业的研发、生产、运营、营销和服务等价值链的各个环节，企业应当基于大数据分析，实现精准化、定制化生产，应对制造业库存困局。借助大数据分析市场需求的变化和组合形式，进行需求预测，调整产品研发、生产和销售策略。基于大数据的客户类型细分和行为模式描述，企业可分析不同类型用户的价值贡献度和潜在需求，制定差异化的生产和服务策略。挖掘和分析客户动态数据，实现客户参与产品的需求分析和设计等活动，依托柔性化的生产流程，为用户生产出量身定做的产品。工业大数据因自身数据量大、非结构与半结构数据分析困难、精度要求高、可靠性要求高，利用价值可观，企业需要对工业大数据进行有效的治理，以提高数据质量与应用效率。

拓展服务型制造新模式，助力推广中小企业工业电子商务。推动中小企业交易方式和经营模式的网络化，鼓励中小企业依托第三方工业电子商务平台开展网络采购和网络营销，推动自身各环节的变革，培育个性化定制模式；加快中小企业制造能力和资源开放共享，支持中小企业与基于互联网的开放式"双创"平台开展合作，打造制造、营销、物流等高效协同的生产流通一体化新生态。

发挥特色产业引领作用，培育区域工业电子商务。政府可以培育基于工业电子商务的区域产业新生态，培育一批工业电子商务示范区；培育"电子商务+特色产业集群"示范园区，支持各地面向产业集群、区域特色产业和各类专业市场，培育和发展一批电子商务平台，鼓励特色产业集群积极引进国内外知名工业电子商务平台，加速特色产业集群新旧动能转换。

建立健全工业电子商务服务体系。夯实工业电子商务物流基础，政府应当支持物流企业加大对物流基础设施信息化改造，推动智能物流信息平台建设；提升网络基础设施水平，继续实施"宽带中国"战略，构建新一代信息通信基础设施，加强移动互联网等技术研发和综合应用；完善工业电子商务标准规范体系，以标准引导工业电子商务探索发展；完善工业电子商务信用保障体系，维护好工业电子商务市场主体信息库，推广数字证书、电子合同，支持建立工业电子商务网络安全防护、应急处置和灾备体系。

三、抢占第三次流通革命制高点加快流通业创新发展

被称为"第三次流通革命"的电子商务已深刻改变全球流通业态、广泛影响生产消费。对于正从工业化中后期转向服务型经济、从制造业出口依赖转向内需驱动的中国而言，电子商务在推动产业结构转型、提振内需、增加就业、参与全球贸易新秩序构建等方面都将带来颠覆性影响。我国在这次产业革命中与发达国

家同步并局部领先，但整体认识水平不高、培育促进机制偏弱，有利条件要转化为现实优势仍面临障碍。当前应抓住机遇，加快与互联网的跨界融合发展；重构流通产业链，从关注供应链转移到关注需求链；创建线上线下融合新场景，激发消费新需求；强化流通产业基础物流设施建设，加强流通产业平台信息智能处理能力。

加快与互联网的跨界融合发展。企业应当结合当前"一带一路""互联网+""大众创业，万众创新"等国家战略，与稳增长、调结构、促消费、去产能、降成本、提效益等中心工作一道借力而行，形成"互联网+批发市场""互联网+零售""互联网+物流"等新流通浪潮。政府应当借此机会培育和增强经济发展的新动能。

重构流通产业链，从关注供应链转移到关注需求链。企业应当改变传统流通产业链以生产和产品为中心的单向链条，重组流通产业链，将链条的动能来源和传递方向调转过来，从最终消费者需求出发，以消费者为中心，通过商流、物流、资金流、信息流和数据流构成的渠道体系，导向生产和供给，再造产业链、供应链、服务链、信息链、数据链，并使之成为连接生产者、消费者、第三方以及整个经济运行的核心。传统流通企业应当利用电子商务加快企业转型，根据消费者购买需求制定供应链货品的库存和品类，加快线下商店以连锁加盟的方式降低成本，发挥实体店高时效性优势，结合跑腿类互联网企业业务，拓展服务功能，加快平台化发展，发挥好引导生产、促进消费的作用。通过众创、众包、众扶等多种互联网商业参与形式，建立流通产业链上下游企业、创业者之间的垂直纵深与横向一体化协作关系，提高社会资源优化配置水平。通过以上措施，重构现代流通产业链，从而形成与中国经济发展相适应的现代流通体系。

创建线上线下融合新场景，激发消费新需求。线上线下如何对接已经成为全球商业发展的重要趋势，有利于将更多散、小、弱的交易主体纳入商品交易中来。企业应当转变传统的流通思维方式，明确现代流通在去产能、去库存、促消费以及培育新动能等方面的特殊重要性。改变传统实体商业受制于商圈选址、业态模式、营业时间等限制，被动地满足区域内不同类型的消费者需求，主动融入消费者体验、个性化消费、线上线下互动以及大数据、物联网、智能终端等新要素，进一步激发和创造更多消费新需求，使企业对消费需求、消费数据把握的更加精准。

强化流通产业基础物流设施建设。企业应当加大流通基础设施信息化改造力度，建立与电子商务新流通相适应的流通基础设施，科学规划和布局物流体系中各个节点，利用人工智能、机器人、物联网等新技术，完善智慧物流配送体系，提高物流设施的工作效率。政府应当加大对企业自行建立物流设施的政策性扶持力度，运用经济手段引导企业集中规划和建设一批智慧物流产业园，推进电子商务与物流行业协同发展。

加强流通产业平台信息智能处理能力。电子商务平台应当继续在语音识别、神经网络、图像识别、自然语言处理等方面进行科研投入，电子商务平台线上商品与线下店内所有商品相连接，线下与线上实时同价，实体店内商品支持自动结账，用在线支付工具可在线上了解商品的详细情况及用户评价，顾客可选择当场提货或送货上门。电子商务平台可以将其智能化交易平台、人工智能销量预测平台、客流分析平台，变成自身商业优势。

四、促进线上线下深度融合发展

电子商务发展至今日，线上线下的界线已经日渐模糊，为了促进线上线下的相互融合、共同发展，需要健全线上与线下法规标准体系，利用新技术形成更多消费场景，积极开拓智能消费新领域，鼓励支持电子商务进社区，同时加快完善线上企业保障制度。

健全线上与线下法规标准体系。政府应当梳理现行流通领域法律法规，修订其中与"互联网+流通"创新模式与应用不相适应的法律法规，加快完善电子商务在流通领域的立法，健全流通领域内的标准体系，使其适应电子商务发展需要，以严格执行标准引导企业规范发展。线上与线下标准规则要统一，研究建立线上与线下在流通保障、流通秩序维护等方面相适应的制度。

利用新技术加快形成多种消费场景。支持百货店、连锁店、实体书店、专业市场等传统流通企业在供应链、支付、客户服务、商品营销等方面积极利用电子商务实现线上线下协同发展。鼓励家政、房屋租赁、招聘求职、餐饮娱乐、在线旅游等线下生活服务企业和大型电子商务生活服务平台对接，促进线上线下跨界创新。

积极开拓智能消费新领域。政府应当加快一线城市特色商业街区的示范工程建设，鼓励条件成熟的城市构建线上线下融合的体验式智慧商圈，利用线上消费客户信息资源共享，打造线下商圈中经营模式和业态优势互补，由传统商圈的被动销售向智能服务和个性化服务转变。将虚拟现实、现实增强等人工智能新技术新服务落地，推广可交互、可穿戴的智能化物联网产品，从而提高智能化服务供给能力和体验水平。地方城市应当发挥本地资源禀赋优势，提高特色化、差异化、精准化服务水平，助力城镇商业。

鼓励支持电子商务进社区。政府应当注重社区电子商务发展，鼓励互联网企业研发和实验社区服务应用，支持企业对老旧小区信息化改造，利用小区闲置房间、地下空间建立多种形式的便民服务点，加强电子商务企业与社区商业网点相结合，为社区居民提供电子缴费、快递自提等"一站式"便民服务，提升社区居民的生活品质。电子商务企业可以围绕社区统筹建设服务社区居民的餐饮住宿、家政维修、美容美发、娱乐休闲等生活服务实体店，提高社区居民生活的便利性。

加快完善线上企业保障制度。各地政府应当对照《高新技术企业认定管理办法》，对符合条件的线上企业简化认定审批手续，联合城市工商部门，对线上企业施行水、电、天然气等资源补贴，鼓励线上企业采取先买后租、先建后租等方式引导线上企业到线下开设实体店，同时对实体店实行租金减免等优惠，推动线上线下融合发展。

五、培育电子商务大数据新服务

各类信息服务企业，可以探索推动信息和数据资源的产品化和服务化，探索安全的大数据服务产业化发展方式。做好消费数据记录，强化信息检索；通过大数据细化服务领域，提供个性化服务；保证数据产品服务质量和效率；强化科技和教育对大数据新服务的支撑作用。

做好消费数据记录，强化信息检索。企业应当记录好消费数据，例如消费者浏览、购买以及消费喜好等历史记录，从而使消费者在浏览商品时能够提供精准信息，节省消费者检索时间。不断创新消费数据挖掘模式，针对感官体验类大数据深挖数据，针对不同消费者的消费数据，推荐其感兴趣的消费信息，结合商品历史评价和历史价格，为消费者对比商品和购买决策提供支持信息。

细化服务领域，提供个性化服务。企业可以根据收集到的消费者消费信息，通过数据分析，找到与之相匹配的消费人群，从而提供更细化的产品和服务，还要进一步细分服务领域，集合专业服务与中间服务，深挖细分商品的同时，以历史大数据为经验引导帮助消费者决策，针对每个消费者提供个性化服务。新兴企业也应当关注垂直细分领域的各个环节，做精、做专，更加专注于为消费者提供高质量的个性化服务。

保证数据产品服务质量和效率。具有规模的平台电商企业可利用自身消费体量优势，将其平台消费数据产品化包装以后销售给其他电商企业，比如京东、淘宝等大型电商平台，可以将数据信息整合成统一格式，与微信、新浪微博等社交平台共同进行数据挖掘。在大数据时代背景下，数据产品服务可以作为一种资源，为其他电商企业二次利用，政府也应当健全商业数据标准和所有权机制，规范数据产品服务质量，提高数据产品服务应用效率。

强化科技与教育的支撑作用。政府应当引导高等院校加强电子商务学科建设和人才培养，注重现实科技实践与教育教学相结合，为电子商务行业提供更多的高级复合型人才。强化产学研结合的企业技术中心、工程技术中心、重点实验室建设，鼓励企业组建产学研协同创新联盟，加强企业与研究机构优势互补，在云计算、大数据、物联网、智能交易等关键技术联合研发，为电子商务行业的持续发展奠定基础。

第三节 建立健全电子商务交易保障机制

发展电子商务可信交易保障公共服务，各监管部门之间实现部门信息互换、监管互认、执法互助，逐步形成电子商务交易主体、交易客体、交易结果完整、准确、实时、动态的网络经济信息资源，完善电子商务信用服务保障制度，构建电子商务交易保障体系，形成"一网、三库、六平台"的电商信用体系总体布局。

一、加强电子商务信用保障体系基础设施建设

在电子商务交易之中，交易双方的信用信息对于交易的成功至关重要，如何保证交易双方能够进行可信交易，需要政府协调推进信用制度和技术支撑系统的建设，同时健全褒奖诚信行为机制，惩戒失信行为机制和构建两者的协同运作机制，最后还需加强法规宣传和诚信文化建设。

协调推进信用制度和技术支撑系统的建设。电子商务的基础设施，实际上是以公共服务的方式支撑和保障电子商务市场规范、高效运行的相关法规、标准规范、技术手段的总成。政府应当主导相关信用法规、技术规范等配套设施建设，行业与企业应当依据生产中的经验，给予政府政策实施反馈和建议。

健全褒奖诚信行为机制。政府应当联合相关部门，共同建立各类社会主体的信用记录，鼓励电子商务行业协会完善会员企业信用评级，同时定期将信用状况优良的行政相对人、行业协会推荐的诚信会员向社会媒体推介，引导企业发布信用承诺并接受社会监督，以各种形式奖励一批诚信企业，形成良好社会氛围。

健全惩戒失信行为机制。政府应当加强对失信行为的惩戒，建立失信黑名单，对于屡次失信企业给予警告、一定期限内禁止经营等惩罚，存在违法行为的，依法追究责任，并通过社会媒体向全社会公布。电子商务行业协会应当实时

更新会员企业信用信息，将严重失信行为记入会员信用档案，与第三方信用服务机构合作，对会员企业信用等级评价，视情节轻重对失信会员实行警告、行业内通报批评、公开谴责、劝退等惩戒措施。

构建守信激励和失信惩戒的协同运作机制。电子商务行业协会应当结合会员企业信用状况建立红黑名单制度，并定期向社会公布，建立健全红名单奖励制度和黑名单企业退出机制，在各类审核评价过程中，突出对于守信企业和失信企业的差异化处理，引导电子商务企业向守信企业发展，同时将会员企业守信失信信息上报政府相关部门。政府应当建立全国化的企业信用信息收集共享平台，归集各级地方信用信息收集共享平台信息，联合多个相关部门，建立守信奖励失信惩戒机制，实现守信企业处处受优待，失信企业无处躲藏的形势，利用信息化手段实时联动更新奖惩名单，并通过社会媒体向全社会公布。

加强法规宣传和诚信文化建设。政府应当在严格执行守信奖励和失信惩罚法规的基础上，联合社会传统媒体、网络新兴媒体、企事业单位、街道社区等单位机构，共同创造诚信经营的舆论氛围，多渠道多角度的宣传诚信企业，对失信企业依法加大曝光力度，引导消费者参与评议批评失信行为，形成对失信企业的消费者压力和道德约束，同时加强对失信企业的教育和帮助，建立失信企业纠正机制，为失信企业提供改过自新的渠道。

二、建立电子商务基础信息共享与交换服务网

政府应当整合相关业务主管部门及企事业单位信息资源，建设电子商务市场主体基础信息库和服务平台，推进与电子商务网站的信息共享与交换；建设电子商务市场主体信用信息库和信息公布服务平台；促进电子商务信用信息与社会其他领域相关信息的交换和共享，归置统一企业信息；建立交易主体、客体和交易结果的实时信息共享机制和通关、商检、结汇、退缴税等跨境电子商务信息共享机制。

建立电子商务产品基础信息库和服务平台。整合相关业务主管部门及企事业单位信息资源，建设电子商务产品规范化基础信息库和服务平台，并在平台中加入认监委统一查询平台（CCC证书数据库系统）链接，为各类电子商务网站提供电子商务产品基础信息共享与交换服务。建设电子商务产品规范化质量信息库和服务平台，为各类电子商务市场主体提供相关电子商务产品质量信息共享与交换服务，促进电子商务产品质量提升。

建立全国性电子商务市场主体信用信息库和信息公布服务平台。政府应当基于中央信用平台的统一技术标准，指导推动地方信用平台建设，做好中央平台与

地方平台的数据对接工作。企业应当主动配合政府完成基础数据采集工作，确保数据真实性、准确性。

促进电子商务信用信息与社会其他领域相关信息的交换和共享，归置统一企业信息。政府应当利用商务部商务领域企业信用信息交换共享平台，逐步实现与高等法院、海关、税务、工商、质检等相关部门的信息交换共享，将部门内的"小网络"联通成信息共享的"大网络"，让企业信息在各个领域达到同步更新。

建立交易主体、客体和交易结果的实时信息共享机制。政府应当将交易主体信息库、交易客体信息库和交易结果信息库"三库"信息联通共享，将交易主体信用信息作为市场准入、项目审批、资质资格审核的重要依据，在交易完成时，将来自"三库"的配对信息实时向社会发布。

通关、商检、结汇、退缴税等跨境电子商务信息共享机制。政府应当利用"一带一路"带动建立跨境电商交易主体、客体、交易结果等信息通道，为政府决策提供支撑。同时通过跨境政府间合作，将跨境电子商务信息进行共享，例如在外国办理异地退税后，满足要求的国外消费记录中的所缴税费将直接退汇至本国账户中，通关货物信息也可以在不同国家海关间共享，有利于打击走私行为。

三、建立电子商务交易主体、交易客体和交易信息库

电子商务市场主体及其信用信息库、电子商务产品及其质量信息库、基于电子合同或订单和电子发票的电子商务交易信息库并称为"三库"。通过实行统一社会信用代码制度，完善电子商务行业网店实名制；制定国家级各类交易主体和交易客体基础信息规范；制定国家级各类交易的电子合同和电子订单的基础信息规范；健全电子商务企业客户信用管理和交易信用评估制度；建立电子商务交易活动信息公布平台等方法确保"三库"的建立，可以有效降低整个电子商务市场运行成本，提升电子商务市场运行效率。

推行统一社会信用代码制度，完善电子商务行业网店实名制。政府应当推广企业"一企一证"制度，对于网络交易主体实行线下实名制。保证电子商务企业在线上线下信息一致，避免线下"李鬼"变成线上"李逵"。

制定国家级各类交易主体和交易客体基础信息规范。政府应当主导制定各类交易客体基础信息规范，各类生产企业从事电子商务活动前必须通过公共服务网站备案其商品服务信息，公共服务机构信息审核其基础信息并发布，并全社会共享。

制定国家级各类交易的电子合同和电子订单的基础信息规范。政府应当推广应用各类规范化的电子合同和电子订单，解决电子交易中双方协商合同时的公平

性与合法性问题，避免消费者与商家签订不公平合约的风险，减少交易纠纷的出现。

健全电子商务企业客户信用管理和交易信用评估制度。电子商务平台应当记录交易双方信用信息和交易评价信息，建立交易信息数据库，针对历史数据信息评估交易双方信用状况。政府和行业应当定期审查信用和评价较差企业的资质和公司运行情况，督促其改善。

建立电子商务交易活动信息公布平台。政府应当建立记录储存交易活动的信息平台，所有从事电子商务的企业共享这个平台发布的信息，为可能出现的交易纠纷提供历史数据记录。

四、加强电子商务可信交易保障平台建设

"六平台"是指电子商务市场主体信息管理与认证和评价平台，电子商务产品信息管理与服务平台，电子印章管理、电子合同和电子发票信息管理与服务平台，电子商务通关综合管理与服务平台，跨境电子商务监测统计平台，电子商务信用调查、信用评估、信用担保等第三方信用服务平台。加强"六平台"建设可以通过以下方式入手：积极推动建立统一的电子合同与印章系统；推广和完善电子发票制度；创新快速赔偿机制，处理交易纠纷；制订电子商务通关标准规范和管理办法；建立电子商务综合服务网。

积极推动建立统一的电子合同与电子印章系统。政府应当制定和颁布电子合同标准规范及相关管理制度，在全国范围内建立统一的电子合同公共服务系统，该系统可以接入各类电子商务平台，为市场交易当中各类主体提供规范化的电子合同服务。建立电子印章可追溯系统，为各类电子商务市场交易中电子合同的在线签署、主体认证和保障网络交易各方合法权益等方面提供支持。

推广和完善电子发票制度。政府应当继续推广电子发票的使用，逐步替代纸质发票作为交易的凭证，构建全国性的电子发票信息系统，各地政府建立电子发票信息库，并将信息库实时共享到全国电子发票信息系统中，面向社会开放电子发票应用接口，发挥电子商务企业数据和技术优势，强化电子发票对电子商务的促进和保障作用。

创新快速赔偿机制，处理交易纠纷。电子商务平台可以利用电子发票等法定方式取证，网络化取证流程，也可以采用平台先行垫付赔款，后向商家追讨的方式办理快速赔偿。政府应当修改《消费者权益保护法》中的相关规定，创新简化流程。

制订电子商务通关标准规范和管理办法。政府应当会同相关部门协商出台统

一的标准法规，根据电子商务线上交易的特点，建立便捷快速的通关办法，实施普通项目分批审批，特殊项目集中快速审批等措施，提高电子商务通关效率。

建立统一的电子商务综合服务网。政府应当整合电子商务各类服务平台的交易信息，做到集中统计集中处理。将各大电子商务服务平台的交易数据资源整合统一到政府主导的综合服务网，方便企业进行线上政府业务办理，简化政府职能。

五、加强网络交易安全保障体系建设

建立与网络交易相适应的国家相关信息安全标准，建立电子商务信息安全检测和风险评估服务体系，对失信主体建立行业限期禁入的"黑名单"制度，鼓励第三方支付服务创新，推动第三方信用服务在电子商务中的应用。

建立与网络交易相适应的国家相关信息安全标准。政府应当牵头组织电子商务企业和行业研究机构专家，对网络交易相关的国家信息安全标准进行商讨，成立专门的标准制定小组，撰写征求意见稿向全社会公开，最终形成政府与社会协商一致的国家网络交易信息安全标准，并参照实施。

建立电子商务信息安全检测和风险评估服务体系。政府和行业应当联合监管，建立定期巡查机制，联合电子商务平台进行风险评估，对有信息安全隐患的电子商务企业进行定期查访，将电子商务市场中检测到的以次充好，造假售假，虚假广告，服务违约等欺诈行为进行零容忍，立即予以惩处。

对失信主体建立行业限期禁入的"黑名单"制度。电子商务平台企业对于入住商家或个人内外勾结、伪造流量和商业信誉的行为，采用风险警告和加入"黑名单"禁止交易的形式进行严厉打击。政府和行业对于失信主体的失信行为应记录在案，情节严重的加入政府信用"黑名单"。

鼓励第三方支付服务创新。电子支付服务企业可以结合最新技术，如虹膜识别、3D身体部分识别等，为电子商务提供更加安全、便捷、高效的支付服务，减少消费者对传统数字密码的依赖，增加个人隐私数据盗取的难度。

推动第三方信用服务在电子商务中的应用。政府应当支持传统银行和互联网企业合作，在网络交易当中涉及的信用评估、信用贷款、信用支付等问题，鼓励第三方提供信用服务，互联网企业应当利用技术优势，对电子商务网站进行可信认证服务，推广网站可信标识，为消费者在电子商务市场中识别仿冒网站提供帮助。

第四节　建设电子商务经济监测统计体系

在当前大数据时代的背景下，电子商务经济信息需要通过对数据进行处理才能得到，这个处理的过程离不开监测和统计。如何能够在海量的电子商务数据中获取有效的经济信息，需要政府加强数据监测和统计的能力，健全经济信息监测预警机制，加强商品市场信息统计和发布，建立行之有效的电子商务经济监测统计体系，以满足电子商务行业发展对经济信息的需求。整套体系需要对不同电子商务数据进行实时监视，测量有效数据，最后对数据进行统计分析。因此，按照数据的不同用途，建设电子商务经济监测统计体系分为：建设电子商务经济运行监测平台，建立电子商务产品质量监管监测平台，建立守信激励和失信惩戒机制与网络失信举报平台。同时，还要发挥电子商务协会的统计监测作用，加强智库建设夯实电子商务研究。

一、建设电子商务经济运行监测平台

为了进一步加强电子商务经济运行监测平台建设，政府需要完善机制建设，构筑制度保障；加强人才队伍建设，健全激励机制；加大资金投入，构建信息化平台；科学合理监测，提高监测质量。

完善监测机制，构筑制度保障。政府应当建立电子商务经济运行监测机制，明确各个部门牵头职责，将经济运行监测工作划分为不同任务，下发到各个牵头部门，落实到具体工作单位，有计划的逐步推进监测工作的进展。同时完善各个部门之间协调交流机制，建立电子商务重点企业联系机制，定期到重点企业调查研究，以点带面，综合了解和掌握电子商务行业经济运行状态和趋势。电子商务行业协会也要发挥政府和企业之间的纽带作用，将政府部门的政策意图下达到电子商务企业，同时将电子商务企业所遇到的问题向政府部门反映。

加强人才队伍建设，健全激励机制。政府应当与科研院所沟通交流，适当引进一批高级专业技术人才，提高队伍专业素养，同时加强现有工作人员的专业水平学习，邀请知名业内人士进行培训，提高人员业务素质。将电子商务经济运行监测任务与部门绩效和人员考核结合起来，促进监测工作切实有效的开展。积极营造良好工作环境，在薪酬、荣誉等方面坚持向电子商务经济运行监测一线员工倾斜，激发基层人员工作积极性。

加大资金投入，构建信息化平台。政府应当加大资金在信息化建设方面投入，构建电子商务经济运行监测数据共享平台，各地政府利用监测数据网络管理系统对电子商务企业数据进行归口管理，电子商务企业应当配合政府，通过数据接口将企业数据上传至政府管理系统中，同时应当保证数据来源的真实有效。数据共享平台应当具备日常查询统计、发布预警等功能，确保专职人员熟练使用监测数据共享平台，便于将电子商务经济运行状况实时汇报给决策层。

实行科学监测，提高监测质量。政府应当针对电子商务经济特点，充分参考业内专业人士和电子商务企业的高级管理人员的意见，科学选取各项监测指标，对主要指标进行进一步细分，形成适合电子商务经济的监测指标体系。同时运用定性与定量研究相结合的方法，包括文字描述、模型分析、图表展示等方式，对电子商务行业总量、增量、结构、重点进行全面监测分析。选取不同区域来源的监测分析数据，邀请专家学者、电子商务企业负责人一道，多角度多层次的监测分析，力求高质量的监测电子商务经济运行情况。

二、建立电子商务产品质量监管监测平台

借助互联网、大数据、云计算、人工智能等新技术，利用信息公共服务平台，建立电子商务产品质量监管监测平台，构建社会共治格局，建立完善产品抽检机制，以奖惩相结合的方式推动平台建设，在保障电子商务平台企业基本利益的基础上，提高电子商务企业共享信息的积极性。

借力互联网、大数据、云计算、人工智能等新技术。政府可以与互联网企业合作，借助其技术优势，建立电子商务质量监管监测平台，利用新技术可以有效减轻质量监管监测工作量，推动政府监管监测工作的便捷化、科学化和智能化，有效提高电子商务产品质量治理水平。

利用信息公共服务平台，构建社会共治格局。政府可以将现有的"全国电子商务产品质量大数据应用中心"作为依托，更简便、准确地汇集、分析和应用数据，为政府后续建立电子商务产品质量监管监测平台提供支持。同时开展标准宣贯，帮助企业建立健全质量管理体系，提升企业的产品质量保障能力。建立产品质量追溯和网店经营者信用管理制度，建立有效运行产品质量风险分析和投诉处理系统，提升企业的产品质量管控能力。构建企业主体、政府监管、公众参与、社会协同、法治保障的电子商务产品质量社会共治格局。

建立完善产品抽检机制。政府应当联合电子商务平台，定期对平台上销售的产品组织开展抽查检验，根据监测的消费者评价信息，精准定位不合格产品并及时清理，倒逼电子商务企业提高产品质量，净化电子商务市场环境。电子商务平

台应当积极配合政府部门抽查检验，并且将产品生产企业的追溯信息记录在案。

以奖惩相结合的方式推动平台建设，提高平台企业共享信息的积极性。政府应当在电子商务产品质量监管监测平台建设过程中，积极与电子商务平台企业沟通产品相关数据对接，对于积极参与并如实反馈不合格产品信息的电子商务平台，可给予税费上的优惠，同时提供政府质量认证，发挥其示范带头作用。对于消极应对隐瞒产品质量信息的电子商务平台，要组织核查其内部品控体系，在定期抽查的基础上，组织对该类平台开展以不合格产品信息为目标的定向监督抽查，抽查结果向社会公布，质量问题突出者列入政府质量黑名单。

三、建立守信激励和失信惩戒机制与网络失信举报平台

政府应当打通部门间信息通道，建立跨部门的信息共享和联动协作机制；与行业协会合作拓展多种渠道，监查网络失信行为；推动信用信息公开，方便社会查询市场主体的信用状况；完善信用激励与惩戒的机制，大力提高失信成本；加快网络失信举报平台接入全社会征信系统，为构建守信激励和失信惩戒机制提供可靠信息来源。

打通部门间信息通道，建立跨部门的信息共享和联动协作机制。政府应当整合现有失信信息平台，如 12312、12315、12348、12301 等平台的电子商务失信信息，将失信信息共享、推送到集中的网络失信举报平台，同时针对不同部门的信用数据进行共享，建立多部门纵横联动协同管理机制，整合优化执法资源。

拓展多种渠道，监查网络失信行为。电子商务平台企业应当完善网上交易在线投诉及售后维权机制，对于失信行为据实详细记录，运用大数据技术对异常数据进行监查，同时完善以随机抽查为重点的日常监督机制，将失信行为数据与政府部门实时共享，便于后期调查取证。

推动信用信息公开，方便社会查询市场主体的信用状况。政府应当详细记录并且公开电子商务市场的监管执法信息，将信用良好的电子商务企业和失信企业向社会曝光，并且将信用信息与电子商务平台对接。电子商务平台企业也应当在商品销售页面展示市场主体的信用状况，让交易双方能够清晰认知双方信用状况。

完善信用激励与惩戒的机制，大力提高失信成本。政府应当采用信用积分制，对电子商务企业诚信行为和失信行为酌情增减分数，对于长期坚持诚信经营，信用积分达到较高数值的电子商务企业，给予税费减免、减少审批等优惠措施，对于信用积分较低的电子商务企业，将其失信行为向社会公布，同时给予重点审查、罚款、停业整顿等方式提高企业失信成本。

加快网络失信举报平台接入全社会征信系统，作为守信激励和失信惩戒机制的可靠来源。政府应当将网络失信举报平台数据接入全国统一的全社会征信系统，将网络失信行为纳入社会信用主体的负面信息分类，网络失信举报平台应当汇集各地的举报平台中网络失信信息，按照互联互通、全国交换的原则，统一使用相同信用信息类别，从根本上消除网络失信信息"孤岛"，为守信激励和失信惩戒机制提供可靠证据来源。

四、发挥电子商务协会的统计监测作用

发挥电子商务协会的统计监测作用，就是为了进一步理顺和优化政府与行业协会的关系，加快形成"政社"互补的市场调节格局。首当其冲的就是确立电子商务协会地位，明确电子商务协会定位；建立统计标准和统计数据采集指标体系，按设计计划开发系统；编制电子商务行业发展指数等行业报告；通过对大数据挖掘，动态监测行业情况和风险状况。

确立电子商务协会地位，协会受国家行政法规的约束和保护。政府应当将电子商务统计正式上升到国家行政法规层面，虽然我国电子商务行业发展迅速在全民经济中举足轻重，但是相对应的电子商务协会地位却较低。电子商务协会作为了解电子商务行业的非政府组织，能够作为电子商务企业与政府之间的纽带，并且协助政府参与社会治理，因此，政府应当给予电子商务协会与之相匹配的社会地位，电子商务协会对于行业的统计监测作用也会与电子商务行业的规范发展和地位确认协调促进发展。

明确电子商务协会定位。电子商务协会定位于民间专业的非政府组织，经常会受到国家委托，开展电子商务行业的统计工作，因此，作为电子商务协会的会员企业，有报送数据的义务，也享有获得数据服务的权利。这种权利既包括享用数据成果的权利，也包括参与国家电子商务统计工作的权利。电子商务行业协会应当广泛宣传和宣教，让协会会员企业了解数据报送方面的责任和义务，同时统计成果也应为数据报送企业所分享。

建立统计标准和统计数据采集指标体系，开发统计监测系统。行业协会应当成立专门的指标体系设计小组，组织相关领域的专家和从业人员，商讨和建立标准和指标体系。根据设计计划，按部就班的实施电子商务行业统计监测系统开发工作。

编制电子商务行业发展指数等行业报告。行业协会可以通过自身可获取的数据资源，组织专业技术人员建立数据分析模型进行研究，定期编制电子商务行业报告，对行业工作进行阶段性汇总，指导行业未来发展。

通过数据挖掘，动态监测行业情况和风险状况。企业应当详实记录运营数据信息，行业协会可以通过统一的数据中心获取企业数据信息，对于异常数据进行检测分析，实时掌握行业运行状态，将企业运营信息与企业征信系统相联通，根据征信系统评估企业风险状况。

五、加强智库建设夯实电子商务研究

互联网时代信息瞬息万变，我国电子商务的可持续发展需要强有力的智库和研究力量。政府需要整合决策研究力量，凝聚各方智慧，发挥人民政协独特优势，让智库能够真正参与决策，提高决策的科学化水平，完善资金支持，为智库建设夯实基础。

整合决策研究力量，形成有序高效的研究格局。政府应当梳理现有工作和机构设置，组建统一的研究网络，加强各部门之间沟通，最大限度地整合现有研究力量，对于现有政府智库，赋予教化职能，提升其在人才培养、决策咨询和社会影响中的作用，夯实推进民意基础。一方面，高校建立研究院应当结合电子商务立法工作的需要，开展具有基础性、前瞻性的互联网和电子商务法律法规的研究；另一方面，跟踪电子商务热点问题，解决行业发展中的难点问题。为国家及地方政府决策建言献策，提供前瞻性的战略研究成果。

广泛吸引国内外电子商务领域的行业专家及业界精英，凝聚各方智慧。政府应当集中国内外高校跨学院、跨学科研究力量，通过课题研究、决策咨询、规划设计、社会培训和信息交流服务等方式，深入开展电子商务科研活动，打造成为电子商务领域，集科研、应用和服务于一体的，政府、企业不可或缺的现代化专业智囊团。同时将研究型官员和国内外优秀企业家纳入决策咨询工作中，人员构成"专业化、年轻化"，可以采取众包购买服务的方式，委托专业咨询机构提供解决方案，作为决策参考。

发挥人民政协参政议政权利，使其成为政府决策的重要智库。政府应当利用我国社会主义制度优势，在人民政协系统中，有来自社会各个行业的优秀人才，政府可以通过人民政协，收集群众的不同意见，对一些宏观上具有重大意义的长期规划进行深入讨论和研究，做出观察角度不同的分析和判断，为政府决策提供参考。

让智库能够真正参与决策，提高决策的科学化水平。各地政府应当出台与本地相适应的"重大决策专家咨询论证办法"，进一步完善政府重大决策过程中的科学规范设计，落实"投资项目咨询顾问聘请方案"中对于咨询专家和机构的聘请流程，将"智库谋划，部门决策"应用到重大决策程序的必要环节当中，提高政府科学决策水平。

完善资金支持,为智库建设夯实基础。政府应当制定奖励办法,鼓励专家和机构开展决策研究和咨询活动,对已被采纳或部分采纳的咨询成果,给予评审奖励。设立政府专项智库建设经费,保障智库决策咨询研究,建立经费使用制度,规范使用程序,提高资金使用效率。

第五节 完善电子商务治理体系和治理模式

电子商务治理体系和治理模式的建立需要政府、行业和企业多方面的通力合作,政府重点抓电子商务法律法规和标准规范体系建设,同时与企业一道运用新技术新模式治理电子商务经济,还要同整个行业形成监管合力,共同商讨建立电子商务公平税负体系,并切实加强电子商务经济发展的安全保障。

一、推进电子商务法律法规和标准规范体系建设

电子商务法律法规和标准规范体系作为电子商务行业健康发展的基石和准绳,需要政府采取切实行动,以《电子商务法》为基本法不断健全相关法律法规,以及相关规章制度,逐步形成完整的电子商务法律体系;推进电子商务数据管理标准建设,电子商务知识产权保护管理标准体系建设,电子商务快递物流标准体系建设和电子商务安全支付标准体系建设。

以《电子商务法》为基本法不断健全相关法律法规,以及相关规章制度,逐步形成完整的电子商务法律体系。及时调整阻碍电子商务经济发展的法规制度。推进法规制度适应性变革,强调"立改废"协调,面对电子商务新业态发展需要,强化对现有法规规定的修订和解释工作,制定新的法规规定之前,确保政府相关监管职权有法可依。建立适应电子商务新技术和行业变革要求的标准动态调整机制,发挥企业和团体标准对国家标准调整的积极推动作用,及时向社会公开相关标准制定和修订情况。

推进电子商务数据管理标准建设。政府应当逐步健全底层通用基础性标准体系,制定数据共享管理办法,梳理制定政府数据资源共享目录体系,编制数据共享开放目录,依法推进数据开放。同时,与电子商务平台协商,建立大数据资源管理使用标准体系以及大数据商业应用标准体系。政府应当将电子商务市场中存在的各类商业行为进行梳理分类,制定相应的数据管理标准。各类电子商务企业

平台可以通过自身情况，建立基于政府标准且符合企业自身需求的数据管理制度。

推进电子商务知识产权保护管理标准体系建设。知识产权行政保护是打击假冒伪劣，促进商贸发展的重要环节，电子商务企业需要强化知识产权意识，了解国外电子商务行业技术、知识产权等法律法规，对于知识产权保护的相关案例进行跟踪研判和分析评议。政府应当健全知识产权公共服务网络，增加电子商务商品知识产权信息公共服务产品供给，制定严格的品牌授权审查、定期抽查侵权商品的标准制度规范，进一步加强电子商务涉外知识产权事务的统筹协调，参与更多的知识产权国际规则制定。

推进电子商务快递物流标准体系建设。政府应当联合电子商务快递物流行业共同制修订快递包装、快递集装容器、快递服务与不同运输方式衔接等标准，以及城市配送车辆专业化的国家标准；推动企业建立智慧物流信息服务平台，加速相关技术标准的研制；制定快递服务资源社会化，货源、车源和快递服务等信息高效匹配的建设性服务标准。

推进电子商务安全支付标准体系建设。政府应当针对金融基础设施和终端服务场景，建立安全支付服务使用标准规范，研制支付码在安全识别、风险防范、保险理赔等应用环节的相关服务标准规范；围绕新消费领域设立专业化消费金融组织，建立相应的准入门槛标准规范和资质评价标准体系。

二、用新技术和新模式治理电子商务经济

电子商务作为新兴经济，需要改变传统经济的治理方式，创新适应电子商务发展的新型监管模式，做到政府监管与社会监督相结合，构建立体市场监管体系，建立动态审慎监管体系，健全事中事后监管机制，运用大数据技术制定和调整监管制度和政策，推动政府向社会力量购买数据资源和技术服务的新模式。

创新适应电子商务发展的新型监管模式。政府应当积极运用云计算、物联网、人工智能等新技术创新监管手段，发展移动、在线、大数据监管能力和队伍建设。探索跨界融合产品、服务的跨部门协同监管机制，通过信息互换、监管互认、执法互助等方式，形成监管合力。

政府监管与社会监督相结合，构建立体市场监管体系。政府应当开放电子商务交易数据查询，公开电子商务信用信息，促进社会电子商务信息资源的共享，提高电子商务市场主体交易活动的透明度，对违法失信者进行社会性约束和惩戒。利用开放共享的资源为新闻媒体、行业组织、消费者共同参与电子商务市场监督创造条件，形成全社会广泛参与的电子商务市场监管格局。

建立动态审慎监管体系，健全事中事后监管机制。政府应当在坚持底线监管基础上，包容处于发展初期的新业态发展。在敏感领域，根据行业和企业申请，对处于研发阶段、缺乏成熟标准或完全不适用现有监管体系的新产品和新服务，开展并行研究和监测分析，准确把握产品和服务发展规律和监管诉求，研究科学有效的监管方法。创新电子商务市场经营交易行为监管方式，在电子商务企业监管、线上食品药品安全、电子支付安全、电子商务企业信用体系建设等方面，推动汇总整合相关数据，并及时向社会公开电子商务市场监管数据、权威机构检验数据、违法失信数据，对企业的商业轨迹和历史交易行为进行整理和分析，全面客观的评估企业经营状况，实现对电子商务企业的事中事后监管。

运用大数据技术制定和调整监管制度和政策。

政府应当引导电子商务企业积极与政府部门对接市场经营、销售物流等数据，以便构建大数据监管模型，建立科学合理的仿真模型，对监管对象、市场和社会反应进行预测，及时掌握市场主体经营行为、规律与特征，便于监管机构能够主动识别潜在违法违规行为，并就可能出现的问题及早做出部署预案，同时可以跟踪监测有关制度和政策的实施效果，及时反馈给政府机构决策层。

政府向社会力量购买数据资源和技术服务的新模式。政府应当充分利用电子商务平台企业在信息技术、数据资源整合开发和服务等方面的优势，按照有利于降低行政成本、提升服务质量的原则，通过政府购买服务的方式，强化政府与电子商务企业合作，健全政府购买服务的流程机制，严格采购需求管理和服务绩效评价，对所购买的数据资源和技术服务进行有效性评估，为政府科学决策、高效服务提供保障。

三、理顺政府治理责权关系形成监管合力

面对新旧矛盾，亟须进一步理顺政府和市场之间、政府部门之间、政府和社会之间的"三重"关系。合理确定政府与市场关系，破解"多头管理"，理顺管理部门责权关系；破解基层商务管理部门弱化难题，强化基层管理力量；坚持"行业自律+政府监管"的模式，发挥社会治理的作用；加强警企合作，实现社会治理的优势互补；加强"媒体治理"，形成社会治理的"多元共治"。

破解"多头管理"，理顺管理部门责权关系。政府应当注重集中管理责权，避免过多交叉，建立协作机制或由更高一级部门牵头的协调委员会，逐步理顺各部门职能，减少空白、加强衔接，科学合理地划分政府各层级的权力和责任。进一步简政放权，按照"应放尽放"的原则，最大限度的将权力下放，基层部门采用"扁平化管理"以减少管理层级，简化审批流程，从制度上解决权界不清，执

法重叠的问题。

破解基层商务管理部门弱化难题，强化基层管理力量。政府应当积极强化基层商务系统的行政管理力量，指派专门领导负责基层商务系统工作，明确基层商务系统工作职能，健全基层商务主管部门的组织机构，建立从上级部门到下级部门对口业务负责制的管理流程。

坚持"行业自律＋政府监管"的模式，发挥社会治理的作用。电子商务行业应当依据国家法律和电子商务法规，定期审查电子商务企业是否符合相关法律法规要求，建立随机抽查机制，对不符合要求的企业劝其整改。政府应当整理权责清单，按照权责清单上的权力进行电子商务行业监管，逐步形成政府与社会联动的电子商务治理机制。

加强警企合作，实现社会治理的优势互补。政府应当结合警企优势，利用警方执法职权和电子商务企业的技术优势，依法合作，在打击网络违法犯罪方面，电子商务企业为警方提供技术支持，为警方侦破案件、精准打击犯罪发挥积极作用，实现优势互补、互利双赢。

加强"媒体治理"，形成社会治理的"多元共治"。"媒体治理"是社会治理的新型主体，政府可以建立媒体权力清单制度，确保"媒体治理"在宪法允许的框架内展开，媒体要对自己的权力有明确的认识，并且时刻保持敬畏。"媒体治理"是对法治和政府治理的有效补充，它让法治和政府治理能各司其职，在化解社会矛盾，协调社会各方利益，整合社会方面，媒治、法治和政府治理三者有着良性互动。

四、建立电子商务公平税负体系

电子商务作为战略性新兴行业，在确定向谁征税和征多少税、制定怎样的行业政策时，都应当以促进电子商务行业可持续发展、提高社会整体福利为主要考量，在兼顾当前利益和长远利益的基础上形成合理方案。降低小微企业税负，加强大企业和高净值人群的税收管理；简化税种透明税制，促进纳税遵从；培育扩大税基，将电子商务作为战略性新兴产业给予税收优惠；政府可通过分段征税的施策办法逐步过渡到统一的征税体系；建立线上线下相一致的税收征管体系。

降低小微企业税负，加强大企业和高净值人群的税收管理。实施精准高效的结构性减税，进一步提高小微企业起征点（如7万元）①。应把加强大企业税收管理，作为稳定税源、保证国家财政收入增长的主要渠道。发挥个人所得税调节个人收入分配的功能，加强高净值人群税收征管，促进社会公平。

简化税种透明税制，促进纳税遵从。应积极推动纳税人自主申报，建立社会联合奖惩机制，把促进纳税遵从、营造社会整体诚信环境和构建新的税收文化作为电子商务税收治理的目的。结合国家税制改革方向和电子商务趋势特征的基础上，着重培育所得税，使其逐渐成为电子商务的主体税种

培育扩大税基，将电子商务作为战略性新兴产业给予税收优惠。利用电子商务企业税收的透明性，扩大税收基数，免除起征点以下纳税人的税务登记义务，进一步推进简政放权和放管结合，对现行税收登记管理办法进行修订，将交易金额较小的电子商务企业纳税人按照农村流动商贩（《税务登记管理办法》第二条）明确豁免税收登记义务。

政府可通过分段征税的施策办法逐步过渡到统一的征税体系。政府缴税需以公平为原则，针对电子商务平台上的小微企业，按照营业规模的大小，在不同阶段有不同梯度的征税金额，对于新兴电子商务企业，可以进行免税扶持，但是扶植政策要有一定年限和门槛要求。

建立线上线下相一致的税收征管体系。政府应当保持线上线下征管规则统一，纳税人自主申报为主、第三方协助为辅，注重实质公平。线下中小企业、个体工商户存在征管监管缺失现象，充分考虑电子商务交易透明、扩大税基和税负增加的现实，保持线上线下实质性公平。同时，避免不同平台的征管失衡，防止商家异常迁移，扭曲商业和市场。

五、切实加强电子商务经济发展安全保障

电子商务经济发展离不开安全保障，政府、电子商务行业和电子商务企业应当从各自的角度出发，通过完善网络和信息安全管理体系，加强网络基础设施安全防护，加强网络数据安全管理，强化工业互联网安全保障能力，防范电子商务运行风险，严厉打击新型网络违法犯罪行为等方面，切实加强安全保障。

完善网络和信息安全管理体系。政府应当与企业一道，针对电子商务市场特点，调整完善网络安全监管模式，要抓好网络与信息安全责任体系建设，强化网

---

① 2016年2月25日，西南财经大学中国家庭金融调查与研究中心发布的《小微企业税收政策研究报告》提出，提高起征点对小微企业减税可以拉动经济增长，起征点提高到5万元/月，拉动约0.12%的经济增长，起征点提高到7万元/月，拉动约0.22%的经济增长，起征点提高到10万元/月，拉动约0.36%的经济增长。

络与信息安全应急管理，针对突发安全事故要有应急预案。

加强网络基础设施安全防护。政府和企业应当建立健全分级保护、动态调整的网络基础设施安全保护体系，加强对与云计算、物联网等重点领域的网络安全防护，同时加强建设应急通信保障能力，减少网络瘫痪造成的影响。

加强网络数据安全管理。加强企业、行业和政府数字资源安全保护。加强大数据场景下网络用户个性信息保护，督促电信和互联网企业切实落实用户个人信息保护责任。

强化工业互联网安全保障能力。政府应当加大工业互联网关键安全技术的研发投入，提升工业互联网安全掌控能力，推动形成工业互联网基础设施、工业数据、工业物联网控制系统等重要节点的安全保障机制。

防范电子商务运行风险。政府和企业应当建立风险防范预警体系，建立电子商务运行市场风险监测体系、评价体系、预警体系，及时发现潜在风险，采取合理治理措施，提升风险防控能力。

严厉打击新型网络违法犯罪行为。政府应当从严打击电信诈骗、网络攻击窃密、网络盗版侵权、网络非法售卖个人信息、网络传销、网络诈骗、网络非法集资、网络赌博等违法犯罪行为，构建健康的市场环境。

第六节 推动网上丝绸之路建设发展跨境电商

网上丝绸之路是指，"一带一路"沿线国家或地区通过推动信息基础设施建设、信息产业、高技术产业、智慧城市等领域合作，建立规制互认、设施互联、信息互通、企业互信、产业互融的发展环境，开展网上经济与文化交流与合作，在互联网上构建连接亚欧、辐射全球的经贸交易平台、文化交流平台和政治互信平台，逐步形成的互联网商业贸易通道和网络化经济社会形态的命运共同体。

在未来，跨境电子商务成为我国对外贸易的主流的新型贸易模式，发挥电子商务的先导作用，构建安全可信、规范有序、协同共享、贸易畅通、货币流通、政策沟通和人心相通的网上丝绸之路经贸体系，对实施"一带一路"倡议的支撑作用贡献显著提高。建立由跨境网络零售、跨境B2B流通服务与生产制造业构成的新型外贸产业体系，进一步培育一批具有国际影响力的电子商务企业和商品（服务）品牌，促进外贸增长方式由"境内产能驱动"向"境外消费拉动"转变，促进我国经济发展模式由"外需＋WTO"向"互联网＋产业＋内外贸易一体化＋线上线下互动融合"转变。

研究制定网上丝绸之路发展规划。建议政府部门牵头,联合相关部门,加强统筹和顶层设计,调动地方政府和企业的积极性,研究制定网上丝绸之路发展规划,明确"十三五"期间网上丝绸之路的发展目标、重点任务及重大举措。分类分区域发展网上丝绸之路。针对网上丝绸之路不同的区域和国家,根据经济发展水平高低,制定不同的电商发展策略,重点发展欠发达国家和地区的跨境电子商务。

建设网上丝绸之路关键节点网络经济合作试验区。建议国家发改委牵头,综合考虑我国边境区位特点及"一带一路"总体布局等因素,选择国内若干城市与"一带一路"沿线国家或地区相关城市对接,合作建设网络经济试验区,推动双边信息基础设施、智慧城市等建设,开展电子商务、智能电网、智慧医疗、高新技术产业等领域的深度合作,推进合作区域的物流、仓储、产业园区等基础设施建设,促进互联互通、跨境电商资源共享、标准互认和法规协同。

建立网上丝绸之路智库。鼓励设立网上丝绸之路智库,支持民间建立 eWTO(全球网络贸易联盟),发展工商界、研究界、文化界、媒体界的精英人士加盟,研究网上丝绸之路的总体发展战略,开展与相关国家和组织的学术交流、论坛与合作,为国家和有关部门提供决策支撑。

"一带一路"跨境电商示范工程。设立网上丝绸之路示范园区、示范企业、示范项目。从国家战略层面积极支持海外投资重要跨境电商平台及其上下游链条,发展境外电子商务产业园区;支持跨境电商可信交易平台建设,严打假冒伪劣,积极与贸易伙伴国家携手建立诚信市场和消费者保护机制;支持发展大型跨境电商平台,支持中国制造走出国门与当地企业合作、开展国际产能合作、布局全球供应链,打造"中国+周边国家"的制造基地布局模式;鼓励企业探索跨境B2B交易新模式,实现从生产品牌商到消费者的"F2C"。

支持建立网络国际品牌和全球价值链。重视跨境电商"OBM"(原始品牌制造商)发展。依托网络自由贸易区,中国代加工"OEM"模式,将会升级为原始设计制造商"ODM"模式,并且通过跨境电商最终升级为自主品牌制造商"OBM"。积极探索沿"一带一路"倡议构建由我主导的全球价值链。

主导形成全球网络贸易规则体系。以城市对接为基础,逐步加强国家之间跨境电子商务标准协同与互认,开展多边双边、区域次区域电子商务政策与法规协作,推动形成新的网络全球贸易规则体系。

大力支持自贸区和综示区创新。大力支持上海、福建、天津、广东等自贸区中电子商务的创新。鼓励无纸化等领域的创新。比如,深圳可以利用深港合作的机遇在电子商务领域进行创新测试,推广使用电子报关、电子认证和电子签名。进一步探索通信和电子商务领域的开放,尤其是跨境数据自由流动的先行先试。

比如，上海等自贸区可以积极引入大型跨国电子商务企业入驻，引入新的竞争模式和管理模式，利用市场竞争的力量规范国内的电子商务市场。积极发挥跨境电商综示区的创新功能。鼓励综示区先行先试，在通关、商检、退税、结汇等方面大胆创新，支持综示区跨境电商平台探索新的商业模式。

支持"一带一路"沿线国家和地区信息基础设施建设。国家援外资金加强"一带一路"沿线国家和地区信息基础设施建设，国家设立产业基金支持沿线国家信息基础设施建设。

参考文献

[1] 阿里研究院：《2013年中国城市电子商务发展指数报告》，阿里研究院，2014年。

[2] 阿里研究院：《中国淘宝村研究报告》，阿里研究院，2016年，2017年。

[3] 安媛：《基于O2O的M大型跨国连锁超市经营策略优化研究》，中国海洋大学，2015年。

[4] 鲍晓华：《国际反倾销的新动向及其对我国产业安全的启示》，载于《世界经济探索》2010年第1期。

[5] 鲍晓华：《中国是否遭遇了歧视性反倾销？——兼与其他出口国的比较》，载于《管理世界》2011年第3期。

[6] 陈爱贞、刘志彪、吴福象：《下游动态技术引进对装备制造业升级的市场约束——基于我国纺织缝制装备制造业的实证研究》，载于《管理世界》2008年第2期。

[7] 陈海波、朱华丽：《我国外贸发展方式转变的实证研究——基于全球价值链视角》，载于《国际贸易问题》2012年第12期。

[8] 陈健：《跨国公司全球价值链、区位分布及其影响因素研究》，载于《国际贸易问题》2010年第12期。

[9] 陈静：《关于零售企业发展O2O模式的探究——以苏宁云商为例》，载于《企业导报》2014年第1期。

[10] 陈坤、武立：《物联网网络外部性内生机制研究——以打车软件为例》，载于《财经问题研究》2014年第9期。

[11] 陈璐：《2013年京东"双十一"整合营销传播策划案》，浙江大学，2014年。

[12] 陈强：《我国电子商务产业优化升级的路径选择》，载于《金融科技时代》2016年第8期，第59~63页。

[13] 陈琼：《我国跨境电子商务的发展和应用研究》，云南大学博士论文，

2015年。

[14] 陈思：《电商冲击下传统零售业未来的发展方向》，载于《商场现代化》2013年第25期。

[15] 陈显友：《电子商务信用评价与治理研究》，中国财政经济出版社2014年版。

[16] 陈阳琴：《以愉悦体验"黏住"顾客——百货商店如何应对电商冲击》，载于《上海商学院学报》2012年第6期。

[17] 陈永遥、王俊：《基于电商O2O模式在我国零售业的应用分析和探索——以苏宁易购等零售巨头为例》，载于《电子商务》2014年第8期。

[18] 邓向阳、荆亚萍：《中国文化产业新业态创新模式及其发展策略》，载于《中国出版》2015年第16期。

[19] 杜晓君：《跨国公司国际生产模式：内部化、外部化与趋势》，载于《国际贸易问题》2005年第8期。

[20] 杜宇玮、周长富：《锁定效应与中国代工产业升级——基于制造业分行业面板数据的经验研究》，载于《财贸经济》2012年第12期。

[21] 鄂立彬、黄永稳：《国际贸易新方式：跨境电子商务的最新研究》，载于《东北财经大学学报》2014年第2期。

[22] 樊茂勇、王海东：《电子商务对国际贸易的影响》，载于《国际贸易问题》2001年第11期。

[23] 高彦彦、刘志彪、郑江淮：《技术能力、价值链位置与企业竞争力——来自苏州制造业的实证研究》，载于《财贸经济》2009年第11期。

[24] 顾国达、周蕾：《全球价值链角度下我国生产性服务贸易的发展水平研究——基于投入产出方法》，载于《国际贸易问题》2010年第5期。

[25] 关涛、任胜钢：《跨国公司内部化理论的发展脉络与扩展——市场、优势内部化与内部混合市场》，载于《中南大学学报（社会科学版）》2008年第2期。

[26] 郭志光：《电子商务环境下的信用机制研究》，北京交通大学，2012年。

[27] 国家商务部：《中国电子商务报告2016》，中国商务出版社2017年版。

[28] 洪涛、洪勇：《2016年中国农产品电子商务发展报告》，经济管理出版社2016年版。

[29] 侯昊鹏：《国内外企业信用评级指标体系研究的新关注》，载于《经济学家》2012年第5期。

[30] 侯经川、赵雪梅：《基于国家竞争力视角的中国网络大市场发展策略研究》，载于《中国软科学》2014年第7期。

[31] 侯茂章、汪斌：《基于全球价值链视角的地方产业集群国际化发展研究》，载于《财贸经济》2009 年第 5 期。

[32] 华广敏：《全球价值链下中美两国出口品技术含量的动态研究》，载于《国际贸易问题》2012 年第 6 期。

[33] 黄海、于淑华、李翠芳：《我国超级市场发展问题研究》，载于《财贸经济》1995 年第 9 期。

[34] 蒋晓敏：《基于 O2O 视角的银泰百货连锁经营商业模式的研究》，浙江理工大学，2014 年。

[35] 金虹、林晓伟：《我国跨境电子商务的发展模式与策略建议》，载于《宏观经济研究》2015 年第 9 期。

[36] 李乖琼：《中国社会信用体系建设研究》，中共中央党校，2016 年。

[37] 李吉：《电子商务对国际贸易的影响及对策研究》，河南大学，2012 年。

[38] 李京文：《新经济及对中国经济与企业的挑战》，载于《中国工业经济》2000 年第 11 期。

[39] 李骏阳：《当前我国零售行业发展态势和供给侧改革》，载于《中国流通经济》2016 年第 11 期。

[40] 李骏阳：《电子商务对贸易发展影响的机制研究》，载于《商业经济与管理》2014 年第 11 期。

[41] 李凯杰：《供给侧改革与新常态下我国出口贸易转型升级》，载于《经济学家》2016 年第 4 期。

[42] 李治文、仲伟俊、熊强：《B2B 平台间接网络外部性维度及竞争策略分析》，载于《系统工程学报》2014 年第 8 期。

[43] 李子、杨坚争：《跨境电子商务对进出口贸易影响的实证分析》，载于《中国发展》2014 年第 5 期。

[44] 梁俊伟、代中强：《发展中国家对华反倾销动因：基于宏微观的视角》，载于《世界经济》2015 年第 11 期。

[45] 梁淑慧、荣聚岭、周永圣：《电子商务物流发展现状与对策研究》，载于《中国市场》2015 年第 12 期。

[46] 廖淑洁：《浅谈电子商务中的知识产权法律保护问题》，载于《知识经济》2011 年第 22 期。

[47] 林斯颖：《跨境电子商务促进外贸增长方式转变的机理研究》，福州大学，2014 年。

[48] 刘弘艺：《网络外部性下的电商合作研究分析》，载于《电子商务》2016 年第 7 期。

[49] 刘林青、周潞、陈晓霞：《比较优势、单位价值和本土企业竞争优势——中国运动鞋产业国际竞争力脆弱性分析》，载于《财贸经济》2009年第6期。

[50] 刘亚军、储新民：《中国"淘宝村"的产业演化研究》，载于《中国软科学》2017年第2期。

[51] 刘颖、李强强：《从蚂蚁金服看大数据背景下互联网金融征信的兴起》，载于《河北金融》2016年第2期。

[52] 刘志彪、张杰：《我国本土制造业企业出口决定因素的实证分析》，载于《经济研究》2009年第8期。

[53] 吕玉明、吕庆华：《电子商务对营销渠道管理的影响》，载于《商业研究》2013年第6期。

[54] 罗勇、曹丽莉：《全球价值链视角下我国产业集群升级的思路》，载于《国际贸易问题》2008年第11期。

[55] 孟卫东、邱冬阳、赵世海：《网络外部性下基于溢出效应的供应链合作研发模型》，载于《系统管理学报》2011年第6期。

[56] 沐年国、杨佐平：《论新经济增长理论与虚拟经济增长之间的鸿沟》，载于《经济问题探索》2010年第12期。

[57] 倪得兵、唐小我：《网络外部性、柔性与市场进入决策》，载于《管理科学学报》2006年第2期。

[58] 平新乔：《政府保护的动机与效果——一个实证分析》，载于《财贸经济》2004年第5期。

[59] 骞芳莉：《充分发挥电子商务作用 积极推进供给侧结构性改革》，载于《中国人大》2016年第19期。

[60] 强蔚蔚：《中国跨境电商现状及对策的研究》，云南师范大学博士论文，2016年。

[61] 裘索：《电子商务对国际贸易的影响及应用现状分析》，载于《现代经济信息》2013年第24期。

[62] 茹玉骢、李燕：《电子商务与中国企业出口行为：基于世界银行微观数据的分析》，载于《国际贸易问题》2014年第12期。

[63] 上海社会科学院经济研究所课题组、石良平、汤蕴懿：《中国跨境电子商务发展及政府监管问题研究——以小额跨境网购为例》，载于《上海经济研究》2014年第9期。

[64] 邵敏：《出口贸易是否促进了我国劳动生产率的持续增长——基于工业企业微观数据的实证检验》，载于《数量经济技术经济研究》2012年第2期。

［65］申明浩、杨永聪：《基于全球价值链的产业升级与金融支持问题研究——以我国第二产业为例》，载于《国际贸易问题》2012 年第 7 期。

［66］施炳展：《互联网与国际贸易——基于双边双向网址链接数据的经验分析》，载于《经济研究》2016 年第 5 期。

［67］孙佳丽：《基于银泰网 O2O 模式的传统零售业网络营销模式探究》，载于《经营管理者》2014 年第 36 期。

［68］孙健、林则夫、王稳：《试论电子商务对企业管理的挑战》，载于《中国软科学》2000 年第 8 期。

［69］孙蕾、王芳：《中国跨境电子商务发展现状及对策》，载于《中国流通经济》2015 年第 3 期。

［70］孙文会、胡豹：《我国大型百货商场现状分析及营销对策》，载于《经济师》2002 年第 2 期。

［71］孙武军、陈宏民、陈梅：《基于网络外部性的市场结构动态演化分析》，载于《管理科学》2006 年第 2 期。

［72］孙学文：《电子商务可信交易环境建设研究》，载于《商业时代》2014 年第 20 期。

［73］孙余骁：《贸易公平还是贸易保护：对多国遭受反倾销次数的回归分析》，载于《国际商务研究》2014 年第 4 期。

［74］唐东波：《贸易政策与产业发展：基于全球价值链视角的分析》，载于《管理世界》2012 年第 12 期。

［75］唐海燕、张会清：《中国在新型国际分工体系中的地位——基于价值链视角的分析》，载于《国际贸易问题》2009 年第 2 期。

［76］陶锋、李诗田：《全球价值链代工过程中的产品开发知识溢出和学习效应——基于东莞电子信息制造业的实证研究》，载于《管理世界》2008 年第 1 期，第 2 页。

［77］万琳：《电子商务对我国产业升级的影响及推动效果研究》，载于《商业经济研究》2016 年第 8 期。

［78］汪斌、侯茂章：《地方产业集群国际化发展与区域创新体系的关联研究——基于生命周期和全球价值链的视角》，载于《财贸经济》2007 年第 3 期。

［79］汪斌、侯茂章：《经济全球化条件下的全球价值链理论研究》，载于《国际贸易问题》2007 年第 3 期，第 92~97 页。

［80］王惠敏：《跨境电子商务与国际贸易转型升级》，载于《国际经济合作》2014 年第 10 期。

［81］王慧：《基于 O2O 模式下的中小企业移动商务发展策略研究》，载于

《中国商贸》2012年第23期。

[82] 王晋之、胡滨：《互联网消费信贷风险分析与应对——基于"京东白条"案例的分析与思考》，载于《金融与经济》2017年第3期。

[83] 王骊：《浅论电子商务对国际贸易的影响》，载于《中国商贸》2010年第22期。

[84] 王孝松、谢申祥：《中国究竟为何遭遇反倾销——基于跨国跨行业数据的经验分析》，载于《管理世界》2009年第12期。

[85] 王孝松、翟光宇、林发勤：《反倾销对中国出口的抑制效应探究》，载于《世界经济》2015年第5期。

[86] 王宇、魏守华：《网络交易市场中第三方标记的有效性研究——基于信号传递理论的一个解释》，载于《管理评论》2016年第9期。

[87] 王语睿、马晓梅：《O2O模式便利店营销模式的嬗变》，载于《中国商贸》2014年第3期。

[88] 吴解生：《中国制造业的全球价值链融入及其区位优势提升》，载于《国际贸易问题》2005年第4期。

[89] 吴晶妹：《我国社会信用体系建设五大现状》，载于《征信》2015年第9期。

[90] 吴青：《大数据背景下跨境电子商务信用评价体系构建》，载于《商业经济研究》2017年第6期。

[91] 行伟波、李善同：《地方保护主义与中国省际贸易》，载于《南方经济》2012年第1期。

[92] 徐从才、盛朝迅：《大型零售商主导产业链：中国产业转型升级新方向》，载于《财贸经济》2012年第1期。

[93] 徐萌萌：《中国跨境电商发展的现状及问题研究——基于阿里巴巴的SWOT分析》，安徽大学博士学位论文，2016年。

[94] 徐亦扬：《电子商务在百大超市中的运用对策》，南昌大学，2014年。

[95] 许南、李建军：《产品内分工、产业转移与中国产业结构升级》，载于《管理世界》2012年第1期。

[96] 许南、李建军：《国际金融危机与中国加工贸易转型升级分析——基于全球生产网络视角》，载于《财贸经济》2010年第4期。

[97] 杨洵、张权、王红亮：《基于网络外部性的网络融合经济学分析》，载于《西安邮电大学学报》2015年第5期。

[98] 杨振华、郭怡君：《中国跨境电商出口贸易现状及发展趋势展望》，载于《商业经济研究》2015年第30期。

[99] 于兆吉：《电子商务在线信誉评价理论与方法》，北京师范大学出版社 2012 年版。

[100] 占明珍：《"双十一"我国电商企业促销战的冷思考》，载于《对外经贸实务》2013 年第 4 期。

[101] 张博：《电子商务在超市的应用》，载于《中国流通经济》2008 年第 6 期。

[102] 张环宇：《电子商务对国际贸易的影响测度及方式创新》，载于《商业经济研究》2013 年第 8 期。

[103] 张杰、刘志彪、季新野：《转型背景下中国本土企业的出口与创新——基于江苏地区制造业企业的实证研究》，载于《财贸经济》2008 年第 6 期。

[104] 张杰、新夫：《中国纺织业企业的出口与生产率变化趋势研究》，载于《财贸经济》2010 年第 3 期。

[105] 张杰、周晓艳、李勇：《要素市场扭曲抑制了中国企业 R&D?》，载于《经济研究》2011 年第 8 期。

[106] 张联锋：《浅析电子商务对国际经济贸易的影响及对策》，载于《中国商贸》2012 年第 13 期。

[107] 张少军、刘志彪：《区域一体化是国内价值链的"垫脚石"还是"绊脚石"——以长三角为例的分析》，载于《财贸经济》2010 年第 11 期。

[108] 张少军：《全球价值链与国内价值链——基于投入产出表的新方法》，载于《国际贸易问题》2009 年第 4 期。

[109] 张云秋、唐方成：《平台网络外部性的产生机理与诱导机制研究》，载于《北京交通大学学报（社会科学版）》2014 年第 10 期。

[110] 张宗庆、郑江淮：《技术无限供给条件下企业创新行为——基于中国工业企业创新调查的实证分析》，载于《管理世界》2013 年第 1 期。

[111] 郑红明：《基于产业链视角下的跨境电商对我国进出口贸易影响分析》，载于《价格月刊》2016 年第 5 期。

[112] 郑珺、赵文燕：《浅谈我国跨境电商知识产权保护制度》，载于《经营管理者》2016 年第 33 期。

[113] 郑燕伟：《阿里巴巴集团农村电子商务战略评论》，载于《电子商务》2016 年第 2 期。

[114] 中国社科院财经战略研究院课题组、荆林波：《电子商务：中国经济发展的新引擎》，载于《求是》2013 年第 11 期。

[115] 周振华：《信息化进程中的产业融合研究》，载于《经济学动态》

2002 年第 6 期。

[116] 左京生、王茂林：《探索适应电子商务特点的监管方式营造良好网络交易环境》，载于《电子商务立法》2016 年第 11 期。

[117] Acemoglu, D., Johnson, S. and J. Robinson, 2001. The Colonial Origins of Comparative Development: An Empirical Investigation [J]. *American Economic Review*, 91 (5): 1369 – 1401.

[118] Affarwal, A. 2004. Macro Economic Determinants of Antidumping: A Comparative Analysis of Developed and Developing Countries [J]. *World Development*, 32: 1043 – 1057.

[119] Albornoz, F., Pardo H. F. C., Corcos G., et al., 2012. Sequential exporting [J]. *Journal of International Economics*, 88 (1): 17 – 31.

[120] Alessandrini, M., B., Fattouh., B, Ferrarini and P, Scaramozzino, 2011. Tariff liberalization and trade specialization: Lessons from India [J]. *Journal of Comparative Economics*, 39 (4): 499 – 513.

[121] Antras, Pol, and Davin Chor, 2013. Organizing the Global Value Chain [J]. *Econometrica*, 81 (6): 2127 – 2204.

[122] Badinger, H. and P. Egger, 2008. "Intra-and Inter – Industry Productivity Spillovers in OECD Manufacturing: A Spatial Econometric Perspective," CESifo Working Paper Series 2181.

[123] Bai, C. E, Lu J, Tao Z., 2007. How does privatization work in China? [J]. *Journal of Comparative Economics*, 37 (3): 453 – 470.

[124] Balassa, B., 1978. Exports and Economic Growth [J]. *Journal of Development Economics*, 5: 181 – 189.

[125] Bernstein, J. I. and M. I. Nadiri, 1989. Research and Development and Intra-industry Spillovers: An Empirical Application of Dynamic Duality [J]. *Review of Economic Studies*, 56 (2): 249 – 267.

[126] Bertrand, M., 2004. From the Invisible Handshake to the Invisible Hand? How Import Competition Changes the Employment Relationship [J]. *Journal of Labor Economics*, 22 (4): 723 – 765.

[127] Bitzer, J. and Geishecker, I., 2006. What Drives Trade-related R&D Spillovers? Decomposing knowledge-diffusing trade flows [J]. *Economics Letters*, Elsevier, 93 (1): 52 – 57.

[128] Bojnec, S., Fertö, I., 2010. Internet and International Food Industry Trade [J]. *Industrial Management & Data Systems*, 110 (5): 744 – 761.

[129] Bown, C. P. and R, McCulloch, 2005. U. S. Trade Policy toward China: Discrimination and its Implications [C]. PAFTAD 30 Conference at the East – West Center, Mimeo.

[130] Bown, C. P., 2010. *China's WTO Entry-antidumping, Safeguards and Dispute Settlement* [M]. University of Chicago Press.

[131] Brandt, L., Biesebroeck J. V., Zhang Y., 2009. Creative Accounting or Creative Destruction? Firm-level Productivity Growth in Chinese Manufacturing [J]. *Journal of Development Economics*, 97 (2): 339 – 351.

[132] Brückner, M. and D. Lederman, 2012. "Trade Causes Growth in Sub – Saharan Africa", World Bank Policy Research Working Paper No. 6007.

[133] Bruce, A. B. and Chad P. B., 2003. Antidumping and Retaliation Threats [J]. *Journal of International Economics*, 60: 249 – 273.

[134] Buckley, Peter J. & Casson, Mark C., 1998. Analyzing Foreign Market Entry Strategies: Extending the Internalization Approach [J]. *Journal of International Business Studies*, 29 (3): 539 – 561.

[135] Chad, P. B. and Tovar, P., 2011. Trade Liberalization, Antidumping, and safeguards: Evidence from India's Tariff Reform [J]. *Journal of Development Economics*, 96: 115 – 125.

[136] Chad, P. B., 2004. Trade Disputes and the Implementation of Protection under the GATT: an Empirical Assessment [J]. *Journal of International Economics*, 62: 263 – 294.

[137] Chandra, P. and C., Long, 2013. Anti-dumping Duties and their Impact on Exporters: Firm Level Evidence from China [J]. *World Development*, 51: 169 – 186.

[138] Chang, Kuo – Pin & Graham, Gary, 2012. E – business Strategy in Supply Chain Collaboration: An Empirical Study of B2B E – Commerce Project in Taiwan [J]. *International Journal of Electronic Business Management*, 10 (2): 101 – 112.

[139] Clarke, G. R. G., 2008. Has the Internet Increased Exports for Firms from Low and Middle-income Countries? [J]. *Information Economics & Policy*, 20 (1): 16 – 37.

[140] Clarke, G. R. G., Scott J. Wallsten, 2006. Has the Internet Increased Trade? Developed and Developing Country Evidence [J]. *Economic Inquiry*, 44 (3): 465 – 484.

[141] Clemons, E. K., S. P. Reddi, and M. C. Row, 1995. The Impact of In-

formation Technology on the Organization of Economic Activity: The "Move to the Middle" Hypothesis [J]. *Journal of Management Information Systems*, 10 (2): 9-35.

[142] Costinot, A. J. Vogel, and S. Wang, 2013. An Elementary Theory of Global Supply Chains [J]. *Review of Economic Studies*, 80 (1): 109-144.

[143] Dai, Q., and R. J. Kauffman, 2002. Business Models for Internet-Based B2B Electronic Markets [J]. *International Journal of Electronic Commerce*, 6 (4): 41-72.

[144] Dehkordi, Goodarz Javadian & Rezvani, Samin & Rahman, Muhammad Sabbir & Nahid, Firoozeh Fouladivanda Neda & Jouya, Samaneh Faramarzi, 2012. A Conceptual Study on E-marketing and Its Operation on Firm's Promotion and Understanding Customer's Response [J]. *International Journal of Business and Management*, 7 (19): 114-124.

[145] Doherty, Neil F & Ashurst, Colin & Peppard, Joe, 2012. Factors Affecting the Successful Realization of Benefits from Systems Development Projects: Findings from Three Case Studies [J]. *Journal of Information Technology*, 27: 1-16.

[146] Evans, K. R., 2003. Cross-Border E-Commerce and the GST/HST: Towards International Consensus or Divergence [J]. *Canadian Journal of Law and Technology*, 2 (1): 1-13.

[147] Fama, Eugene F., 1980. Agency Problems and the Theory of the Firm [J]. *Journal of Political Economy*, 88 (2): 288-307.

[148] Feder, G., 1983. On Exports and Economic Growth [J]. *Journal of Development Economics*, 12: 59-73.

[149] Feenstra, R. C., 1994. New Product Varieties and the Measurement of International Prices [J]. *American Economic Review*, 84 (1): 157-177.

[150] Feinberg, M. F. 1989. Exchange Rates and Unfair Trade [J]. *The Review of Economics and Statistics*, 71: 704-707.

[151] Feinberg, R. M. and Reynolds, K. M., 2006. The Spread of Anti-dumping Regimes and the Role of Retaliation in Filings [J]. *Southern Economic Journal*, 72: 887-890.

[152] Frankel, J. A. and D. Romer, 1999. Does Trade Cause Growth? [J]. *American Economic Review*, 89 (3): 379-399.

[153] Freund, C. L., Weinhold, D., 2004. The effect of the Internet on International trade [J]. *Journal of International Economics*, 62 (1): 171-189.

[154] Freund, C., 2003. The Internet and International Trade in Services [J].

American Economic Review, 92 (2): 2433 - 2434.

［155］Gawer, Annablle and Cusumano, Michael A., 2014. Industry Platforms and Ecosystem Innovation［J］. *Product Innovation Management*, 31 (3): 417 - 433.

［156］Georgiadis, G. and J, Grab. Growth, Real Exchange Rates and Trade Protectionism since the Financial Crisis［J］. *Review of International Economics*, 2016, 24: 1050 - 1080.

［157］Gil - Pareja, S., Llorca - Vivero, R., and Oliver - Alonso, J., 2010. The Border Effect in Spain［J］. *World Economy*, 28 (11): 1617 - 1631.

［158］Grossman, G. M., and E. Helpman, 2005. Outsourcing in a Global Economy［J］. *Review of Economic Studies*, 72 (1): 135 - 159.

［159］Hammer M., and Champy J., 1993. *Reengineering the Corporation*［M］. Harper Collins Pub.

［160］Harms, P., O. Lorz, and D. Urban, 2012. Offshoring Along the Production Chain［J］. *Canadian Journal of Economics*, 45 (1): 93 - 106.

［161］Hekpman, E., M. J. Melitz, and Y. Rubinstein, 2008. Estimating Trade Flows: Trading Partners and Trading Volumes［J］. *Quarterly Journal of Economics*, 123 (2): 441 - 487.

［162］Helpman, E. and P. Krugman, 1987. *Market Structure and Foreign Trade: Increasing Returns, Imperfect Competition, and the International Economy*［M］. The MIT Press.

［163］Helpman, E., M. J. Melitz, and S. R. Yeaple, 2004. Exports versus FDI With Heterogeneous Firms［J］. *American Economic Review*, 94 (1): 300 - 316.

［164］Hendler, James & Golbeck, Jennifer, 2008. Metcalfe's law, Web 2.0, and the Semantic Web, Web Semantics: Science［J］. *Services and Agents on the World Wide Web*, 6 (1): 1 - 20.

［165］Hornle, Julia, 2002. Online Dispute Resolution in Business to Consumer E - commerce Transactions［J］. *Journal of Information, Law and Technology*, 1 - 14.

［166］Hummels, David, Jun Ishii, and Kei - Mu Yi., 2001. The Nature and Growth of Vertical Specialization in World Trade［J］. *Journal of International Economics*, 54 (1): 75 - 96.

［167］Hummels D., Klenow P. J., 2002. The Variety and Quality of a Nation's Exports［J］. *American Economic Review*, 95 (3): 704 - 723.

［168］Huo, Da and Hung, Ken, 2015. Internationalization Strategy and Firm Performance: Estimation of Corporate Strategy Effect Based on Big Data of Chinese IT

Companies in A Complex Network [J]. *Romanian Journal of Economic Forecasting*, 18 (2): 148 – 163.

[169] Irwin, D. A., and M. Tervio, 2002. Does Trade Raise Income? Evidence from the Twentieth Century [J]. *Journal of International Economics*, 58: 1 – 18.

[170] John, H. and John M., 1995. National Borders Still Matter For Trade [J]. *Policy Options/Options Politiques*, 16 (5): 44 – 48.

[171] Johnson, Robert C., and Guillermo Noguera, 2012. Accounting for Intermediates: Production Sharing and Trade in Value Added [J]. *Journal of International Economics*, 86 (2): 224 – 36.

[172] Kao, K. and C. Peng, 2016. Anti-dumping Protection, Price undertaking and Product Innovation [J]. *International Review of Economics & Finance*, 41: 53 – 64.

[173] Koopman, Robert, Zhi Wang, and Shang – Jin Wei, 2012. Estimating Domestic Content in Exports When Processing Trade Is Pervasive [J]. *Journal of Development Economics*, 99 (1): 178 – 89.

[174] Koopman, Robert, Zhi Wang, and Shang – Jin Wei, 2014. Tracing Value – Added and Double Counting in Gross Exports [J]. *American Economic Review*, 104 (2): 459 – 94.

[175] Lu Y, Tao Z, Zhang Y., 2013. How do Exporters Respond to Antidumping Investigations? [J]. *Ssrn Electronic Journal*, 91 (2): 290 – 300.

[176] Lu, Y., Z. Tao and Y. Zhang, 2013. How do Exporters Respond to Antidumping Investigations? [J]. *Journal of International Economics*, 91: 290 – 300.

[177] Mallick H., 2014. Role of Technological Infrastructures in Exports: Evidence from a Cross-country Analysis [J]. *International Review of Applied Economics*, 28 (5): 669 – 694.

[178] Melitz, M. J., 2003. The Impact of Trade on Intra-industry Reallocations and Aggregate Industry Productivity [J]. *Econometrica*, 71 (6): 1695 – 1725.

[179] Michael M. K., Thomas J. P., 2003. Macroeconomic Factors and Anti-dumping Filings: Evidence From Four Countries [J]. *Journal of International Economics*, 61: 1 – 17.

[180] Nataraj, S., 2011. The Impact of Trade Liberalization on Productivity: Evidence from Lndia's Formal and Informal Manufacturing Sectors [J]. *Journal of International Economics*, 85: 292 – 301.

[181] Nguyen, D. X., 2010. Demand uncertainty: Exporting Delays and Expor-

ting Failures [J]. *Journal of International Economics*, 86 (2): 336 – 344.

[182] Oh, Jong – Chul & Yoon, Sung – Joon & Park, Byung-il, 2012. A Structural Approach to Examine the Quality Attributes of E – shopping Malls Using the Kano Model [J]. *Asia Pacific Journal of Marketing and Logistics*, 24 (2): 305 – 327.

[183] Patel, Nikhil, Zhi Wang, Shang – Jin Wei, 2014. Global Value Chains and Effective Exchange Rates at the Country – Sector Level [J]. *NBER Working Paper* No. 20236.

[184] Prusa, J. T. and S Skeath. , 2002. Modern Commercial Policy: Managed Trade or Retaliation? [J]. Wellesley College Working Paper.

[185] Prusa, T. J. , 1998. Cumulation and Antidumping: A Challenge to Competition [J]. The *World Economy*, 821: 1021 – 1033.

[186] Ricci L A, Federico Trionfetti, 2012. Productivity, Networks, and Export Performance: Evidence from a Cross-country Firm Dataset [J]. *Review of International Economics*, 20 (3): 552 – 562.

[187] Rodrik, D. , Subramanian, A. and trebbi, F. , 2004. Institutions Rule: The Primacy of Institutions over Geography and Integration in Economic Development [J]. *Journal of Economic Growth*, 9 (2): 131 – 265.

[188] Tafirenyika, S. , 2017. Foreign Direct Investment, Exports and Economic Growth: ADRL and Causality Analysis for South Africa [J]. *Research in International Business and Finance*, 114: 434 – 444.

[189] Terzi, N. , 2011. The Impact of E-commerce on International Trade and Employment [J]. *Procedia Social and Behavioral Sciences*, 24: 745 – 753.

[190] Timmer, Marcel, ed. , 2012. The World Input – Output Database (WIOD): Contents, Sources and Methods [J]. WIOD Working Paper 10.

[191] Wirtz B. W. , Lihotzky N. , 2003. Customer Retention Management in the B2C Electronic Business [J]. *Long Range Planning*, 36 (6): 517 – 532.

[192] Wolf, H. C. , 2006. Intranational Home Bias in Trade [J]. *Review of Economics and Statistics*, 82 (4): 555 – 563.

[193] Yadav, 2014. The Role of Internet Use on International Trade: Evidence from Asian and Sub – Saharan African Enterprises [J]. *Global Economy Journal*, 14 (2): 189 – 214.

[194] Yi, Kei – Mu, 2010. Can Multi – Stage Production Explain the Home Bias in Trade? [J]. *American Economic Review*, 100 (1): 364 – 93.

[195] Yi, Kei-Mu., 2003. Can Vertical Specialization Explain the Growth of World Trade? [J]. *Journal of Political Economy*, 111 (1): 52-102.

[196] YU, Miaojie, 2014. "Moving Up the Value Chain in Manufacturing for China", in Huang Yiping and Juzhong Zhuang (eds.), Can China Avoid the Middle-Income Trap? ADBI, forthcoming.

教育部哲学社会科学研究重大课题攻关项目成果出版列表

序号	书 名	首席专家
1	《马克思主义基础理论若干重大问题研究》	陈先达
2	《马克思主义理论学科体系建构与建设研究》	张雷声
3	《马克思主义整体性研究》	逄锦聚
4	《改革开放以来马克思主义在中国的发展》	顾钰民
5	《新时期　新探索　新征程——当代资本主义国家共产党的理论与实践研究》	聂运麟
6	《坚持马克思主义在意识形态领域指导地位研究》	陈先达
7	《当代资本主义新变化的批判性解读》	唐正东
8	《当代中国人精神生活研究》	童世骏
9	《弘扬与培育民族精神研究》	杨叔子
10	《当代科学哲学的发展趋势》	郭贵春
11	《服务型政府建设规律研究》	朱光磊
12	《地方政府改革与深化行政管理体制改革研究》	沈荣华
13	《面向知识表示与推理的自然语言逻辑》	鞠实儿
14	《当代宗教冲突与对话研究》	张志刚
15	《马克思主义文艺理论中国化研究》	朱立元
16	《历史题材文学创作重大问题研究》	童庆炳
17	《现代中西高校公共艺术教育比较研究》	曾繁仁
18	《西方文论中国化与中国文论建设》	王一川
19	《中华民族音乐文化的国际传播与推广》	王耀华
20	《楚地出土戰國簡册［十四種］》	陈伟
21	《近代中国的知识与制度转型》	桑兵
22	《中国抗战在世界反法西斯战争中的历史地位》	胡德坤
23	《近代以来日本对华认识及其行动选择研究》	杨栋梁
24	《京津冀都市圈的崛起与中国经济发展》	周立群
25	《金融市场全球化下的中国监管体系研究》	曹凤岐
26	《中国市场经济发展研究》	刘伟
27	《全球经济调整中的中国经济增长与宏观调控体系研究》	黄达
28	《中国特大都市圈与世界制造业中心研究》	李廉水

序号	书　名	首席专家
29	《中国产业竞争力研究》	赵彦云
30	《东北老工业基地资源型城市发展可持续产业问题研究》	宋冬林
31	《转型时期消费需求升级与产业发展研究》	臧旭恒
32	《中国金融国际化中的风险防范与金融安全研究》	刘锡良
33	《全球新型金融危机与中国的外汇储备战略》	陈雨露
34	《全球金融危机与新常态下的中国产业发展》	段文斌
35	《中国民营经济制度创新与发展》	李维安
36	《中国现代服务经济理论与发展战略研究》	陈　宪
37	《中国转型期的社会风险及公共危机管理研究》	丁烈云
38	《人文社会科学研究成果评价体系研究》	刘大椿
39	《中国工业化、城镇化进程中的农村土地问题研究》	曲福田
40	《中国农村社区建设研究》	项继权
41	《东北老工业基地改造与振兴研究》	程　伟
42	《全面建设小康社会进程中的我国就业发展战略研究》	曾湘泉
43	《自主创新战略与国际竞争力研究》	吴贵生
44	《转轨经济中的反行政性垄断与促进竞争政策研究》	于良春
45	《面向公共服务的电子政务管理体系研究》	孙宝文
46	《产权理论比较与中国产权制度变革》	黄少安
47	《中国企业集团成长与重组研究》	蓝海林
48	《我国资源、环境、人口与经济承载能力研究》	邱　东
49	《"病有所医"——目标、路径与战略选择》	高建民
50	《税收对国民收入分配调控作用研究》	郭庆旺
51	《多党合作与中国共产党执政能力建设研究》	周淑真
52	《规范收入分配秩序研究》	杨灿明
53	《中国社会转型中的政府治理模式研究》	娄成武
54	《中国加入区域经济一体化研究》	黄卫平
55	《金融体制改革和货币问题研究》	王广谦
56	《人民币均衡汇率问题研究》	姜波克
57	《我国土地制度与社会经济协调发展研究》	黄祖辉
58	《南水北调工程与中部地区经济社会可持续发展研究》	杨云彦
59	《产业集聚与区域经济协调发展研究》	王　珺

序号	书　名	首席专家
60	《我国货币政策体系与传导机制研究》	刘　伟
61	《我国民法典体系问题研究》	王利明
62	《中国司法制度的基础理论问题研究》	陈光中
63	《多元化纠纷解决机制与和谐社会的构建》	范　愉
64	《中国和平发展的重大前沿国际法律问题研究》	曾令良
65	《中国法制现代化的理论与实践》	徐显明
66	《农村土地问题立法研究》	陈小君
67	《知识产权制度变革与发展研究》	吴汉东
68	《中国能源安全若干法律与政策问题研究》	黄　进
69	《城乡统筹视角下我国城乡双向商贸流通体系研究》	任保平
70	《产权强度、土地流转与农民权益保护》	罗必良
71	《我国建设用地总量控制与差别化管理政策研究》	欧名豪
72	《矿产资源有偿使用制度与生态补偿机制》	李国平
73	《巨灾风险管理制度创新研究》	卓　志
74	《国有资产法律保护机制研究》	李曙光
75	《中国与全球油气资源重点区域合作研究》	王　震
76	《可持续发展的中国新型农村社会养老保险制度研究》	邓大松
77	《农民工权益保护理论与实践研究》	刘林平
78	《大学生就业创业教育研究》	杨晓慧
79	《新能源与可再生能源法律与政策研究》	李艳芳
80	《中国海外投资的风险防范与管控体系研究》	陈菲琼
81	《生活质量的指标构建与现状评价》	周长城
82	《中国公民人文素质研究》	石亚军
83	《城市化进程中的重大社会问题及其对策研究》	李　强
84	《中国农村与农民问题前沿研究》	徐　勇
85	《西部开发中的人口流动与族际交往研究》	马　戎
86	《现代农业发展战略研究》	周应恒
87	《综合交通运输体系研究——认知与建构》	荣朝和
88	《中国独生子女问题研究》	风笑天
89	《我国粮食安全保障体系研究》	胡小平
90	《我国食品安全风险防控研究》	王　硕

序号	书　名	首席专家
91	《城市新移民问题及其对策研究》	周大鸣
92	《新农村建设与城镇化推进中农村教育布局调整研究》	史宁中
93	《农村公共产品供给与农村和谐社会建设》	王国华
94	《中国大城市户籍制度改革研究》	彭希哲
95	《国家惠农政策的成效评价与完善研究》	邓大才
96	《以民主促进和谐——和谐社会构建中的基层民主政治建设研究》	徐　勇
97	《城市文化与国家治理——当代中国城市建设理论内涵与发展模式建构》	皇甫晓涛
98	《中国边疆治理研究》	周　平
99	《边疆多民族地区构建社会主义和谐社会研究》	张先亮
100	《新疆民族文化、民族心理与社会长治久安》	高静文
101	《中国大众媒介的传播效果与公信力研究》	喻国明
102	《媒介素养：理念、认知、参与》	陆　晔
103	《创新型国家的知识信息服务体系研究》	胡昌平
104	《数字信息资源规划、管理与利用研究》	马费成
105	《新闻传媒发展与建构和谐社会关系研究》	罗以澄
106	《数字传播技术与媒体产业发展研究》	黄升民
107	《互联网等新媒体对社会舆论影响与利用研究》	谢新洲
108	《网络舆论监测与安全研究》	黄永林
109	《中国文化产业发展战略论》	胡惠林
110	《20世纪中国古代文化经典在域外的传播与影响研究》	张西平
111	《国际传播的理论、现状和发展趋势研究》	吴　飞
112	《教育投入、资源配置与人力资本收益》	闵维方
113	《创新人才与教育创新研究》	林崇德
114	《中国农村教育发展指标体系研究》	袁桂林
115	《高校思想政治理论课程建设研究》	顾海良
116	《网络思想政治教育研究》	张再兴
117	《高校招生考试制度改革研究》	刘海峰
118	《基础教育改革与中国教育学理论重建研究》	叶　澜
119	《我国研究生教育结构调整问题研究》	袁本涛 王传毅
120	《公共财政框架下公共教育财政制度研究》	王善迈

序号	书名	首席专家
121	《农民工子女问题研究》	袁振国
122	《当代大学生诚信制度建设及加强大学生思想政治工作研究》	黄蓉生
123	《从失衡走向平衡：素质教育课程评价体系研究》	钟启泉 崔允漷
124	《构建城乡一体化的教育体制机制研究》	李 玲
125	《高校思想政治理论课教育教学质量监测体系研究》	张耀灿
126	《处境不利儿童的心理发展现状与教育对策研究》	申继亮
127	《学习过程与机制研究》	莫 雷
128	《青少年心理健康素质调查研究》	沈德立
129	《灾后中小学生心理疏导研究》	林崇德
130	《民族地区教育优先发展研究》	张诗亚
131	《WTO主要成员贸易政策体系与对策研究》	张汉林
132	《中国和平发展的国际环境分析》	叶自成
133	《冷战时期美国重大外交政策案例研究》	沈志华
134	《新时期中非合作关系研究》	刘鸿武
135	《我国的地缘政治及其战略研究》	倪世雄
136	《中国海洋发展战略研究》	徐祥民
137	《深化医药卫生体制改革研究》	孟庆跃
138	《华侨华人在中国软实力建设中的作用研究》	黄 平
139	《我国地方法制建设理论与实践研究》	葛洪义
140	《城市化理论重构与城市化战略研究》	张鸿雁
141	《境外宗教渗透论》	段德智
142	《中部崛起过程中的新型工业化研究》	陈晓红
143	《农村社会保障制度研究》	赵 曼
144	《中国艺术学学科体系建设研究》	黄会林
145	《人工耳蜗术后儿童康复教育的原理与方法》	黄昭鸣
146	《我国少数民族音乐资源的保护与开发研究》	樊祖荫
147	《中国道德文化的传统理念与现代践行研究》	李建华
148	《低碳经济转型下的中国排放权交易体系》	齐绍洲
149	《中国东北亚战略与政策研究》	刘清才
150	《促进经济发展方式转变的地方财税体制改革研究》	钟晓敏
151	《中国—东盟区域经济一体化》	范祚军

序号	书　名	首席专家
152	《非传统安全合作与中俄关系》	冯绍雷
153	《外资并购与我国产业安全研究》	李善民
154	《近代汉字术语的生成演变与中西日文化互动研究》	冯天瑜
155	《新时期加强社会组织建设研究》	李友梅
156	《民办学校分类管理政策研究》	周海涛
157	《我国城市住房制度改革研究》	高　波
158	《新媒体环境下的危机传播及舆论引导研究》	喻国明
159	《法治国家建设中的司法判例制度研究》	何家弘
160	《中国女性高层次人才发展规律及发展对策研究》	佟　新
161	《国际金融中心法制环境研究》	周仲飞
162	《居民收入占国民收入比重统计指标体系研究》	刘　扬
163	《中国历代边疆治理研究》	程妮娜
164	《性别视角下的中国文学与文化》	乔以钢
165	《我国公共财政风险评估及其防范对策研究》	吴俊培
166	《中国历代民歌史论》	陈书录
167	《大学生村官成长成才机制研究》	马抗美
168	《完善学校突发事件应急管理机制研究》	马怀德
169	《秦简牍整理与研究》	陈　伟
170	《出土简帛与古史再建》	李学勤
171	《民间借贷与非法集资风险防范的法律机制研究》	岳彩申
172	《新时期社会治安防控体系建设研究》	宫志刚
173	《加快发展我国生产服务业研究》	李江帆
174	《基本公共服务均等化研究》	张贤明
175	《职业教育质量评价体系研究》	周志刚
176	《中国大学校长管理专业化研究》	宣　勇
177	《"两型社会"建设标准及指标体系研究》	陈晓红
178	《中国与中亚地区国家关系研究》	潘志平
179	《保障我国海上通道安全研究》	吕　靖
180	《世界主要国家安全体制机制研究》	刘胜湘
181	《中国流动人口的城市逐梦》	杨菊华
182	《建设人口均衡型社会研究》	刘渝琳
183	《农产品流通体系建设的机制创新与政策体系研究》	夏春玉

序号	书　名	首席专家
184	《区域经济一体化中府际合作的法律问题研究》	石佑启
185	《城乡劳动力平等就业研究》	姚先国
186	《20世纪朱子学研究精华集成——从学术思想史的视角》	乐爱国
187	《拔尖创新人才成长规律与培养模式研究》	林崇德
188	《生态文明制度建设研究》	陈晓红
189	《我国城镇住房保障体系及运行机制研究》	虞晓芬
190	《中国战略性新兴产业国际化战略研究》	汪　涛
191	《证据科学论纲》	张保生
192	《要素成本上升背景下我国外贸中长期发展趋势研究》	黄建忠
193	《中国历代长城研究》	段清波
194	《当代技术哲学的发展趋势研究》	吴国林
195	《20世纪中国社会思潮研究》	高瑞泉
196	《中国社会保障制度整合与体系完善重大问题研究》	丁建定
197	《民族地区特殊类型贫困与反贫困研究》	李俊杰
198	《扩大消费需求的长效机制研究》	臧旭恒
199	《我国土地出让制度改革及收益共享机制研究》	石晓平
200	《高等学校分类体系及其设置标准研究》	史秋衡
201	《全面加强学校德育体系建设研究》	杜时忠
202	《生态环境公益诉讼机制研究》	颜运秋
203	《科学研究与高等教育深度融合的知识创新体系建设研究》	杜德斌
204	《女性高层次人才成长规律与发展对策研究》	罗瑾琏
205	《岳麓秦简与秦代法律制度研究》	陈松长
206	《民办教育分类管理政策实施跟踪与评估研究》	周海涛
207	《建立城乡统一的建设用地市场研究》	张安录
208	《迈向高质量发展的经济结构转变研究》	郭熙保
209	《中国社会福利理论与制度构建——以适度普惠社会福利制度为例》	彭华民
210	《提高教育系统廉政文化建设实效性和针对性研究》	罗国振
211	《毒品成瘾及其复吸行为——心理学的研究视角》	沈模卫
212	《英语世界的中国文学译介与研究》	曹顺庆
213	《建立公开规范的住房公积金制度研究》	王先柱

序号	书名	首席专家
214	《现代归纳逻辑理论及其应用研究》	何向东
215	《时代变迁、技术扩散与教育变革：信息化教育的理论与实践探索》	杨　浩
216	《城镇化进程中新生代农民工职业教育与社会融合问题研究》	褚宏启 薛二勇
217	《我国先进制造业发展战略研究》	唐晓华
218	《融合与修正：跨文化交流的逻辑与认知研究》	鞠实儿
219	《中国新生代农民工收入状况与消费行为研究》	金晓彤
220	《高校少数民族应用型人才培养模式综合改革研究》	张学敏
221	《中国的立法体制研究》	陈　俊
222	《教师社会经济地位问题：现实与选择》	劳凯声
223	《中国现代职业教育质量保障体系研究》	赵志群
224	《欧洲农村城镇化进程及其借鉴意义》	刘景华
225	《国际金融危机后全球需求结构变化及其对中国的影响》	陈万灵
226	《创新法治人才培养机制》	杜承铭
227	《法治中国建设背景下警察权研究》	余凌云
228	《高校财务管理创新与财务风险防范机制研究》	徐明稚
229	《义务教育学校布局问题研究》	雷万鹏
230	《高校党员领导干部清正、党政领导班子清廉的长效机制研究》	汪　曦
231	《二十国集团与全球经济治理研究》	黄茂兴
232	《高校内部权力运行制约与监督体系研究》	张德祥
233	《职业教育办学模式改革研究》	石伟平
234	《职业教育现代学徒制理论研究与实践探索》	徐国庆
235	《全球化背景下国际秩序重构与中国国家安全战略研究》	张汉林
236	《进一步扩大服务业开放的模式和路径研究》	申明浩
237	《自然资源管理体制研究》	宋马林
238	《高考改革试点方案跟踪与评估研究》	钟秉林
239	《全面提高党的建设科学化水平》	齐卫平
240	《"绿色化"的重大意义及实现途径研究》	张俊飚
241	《利率市场化背景下的金融风险研究》	田利辉
242	《经济全球化背景下中国反垄断战略研究》	王先林

序号	书　名	首席专家
243	《中华文化的跨文化阐释与对外传播研究》	李庆本
244	《世界一流大学和一流学科评价体系与推进战略》	王战军
245	《新常态下中国经济运行机制的变革与中国宏观调控模式重构研究》	袁晓玲
246	《推进21世纪海上丝绸之路建设研究》	梁　颖
247	《现代大学治理结构中的纪律建设、德治礼序和权力配置协调机制研究》	周作宇
248	《渐进式延迟退休政策的社会经济效应研究》	席　恒
249	《经济发展新常态下我国货币政策体系建设研究》	潘　敏
250	《推动智库建设健康发展研究》	李　刚
251	《农业转移人口市民化转型：理论与中国经验》	潘泽泉
252	《电子商务发展趋势及对国内外贸易发展的影响机制研究》	孙宝文
……		